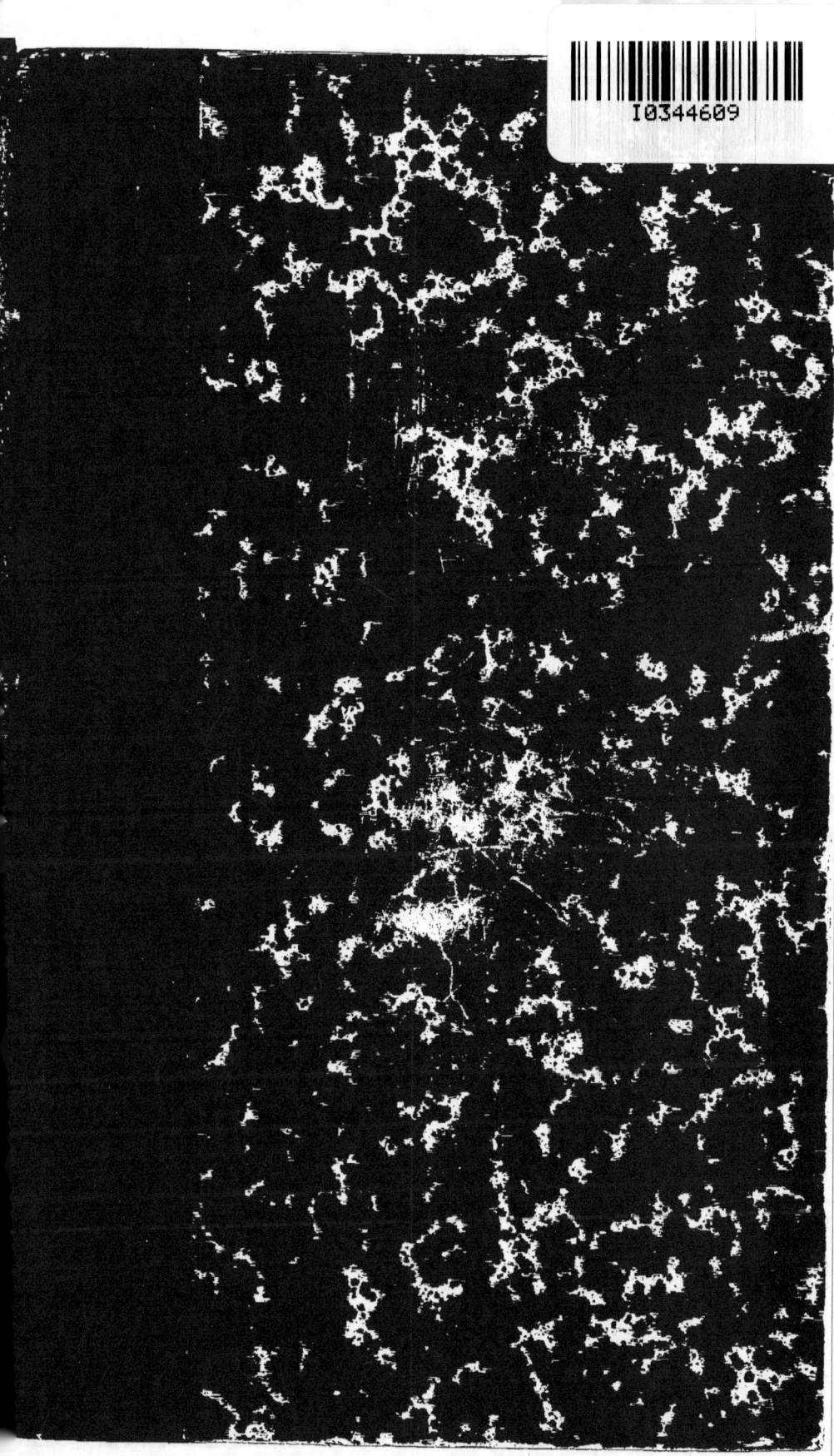

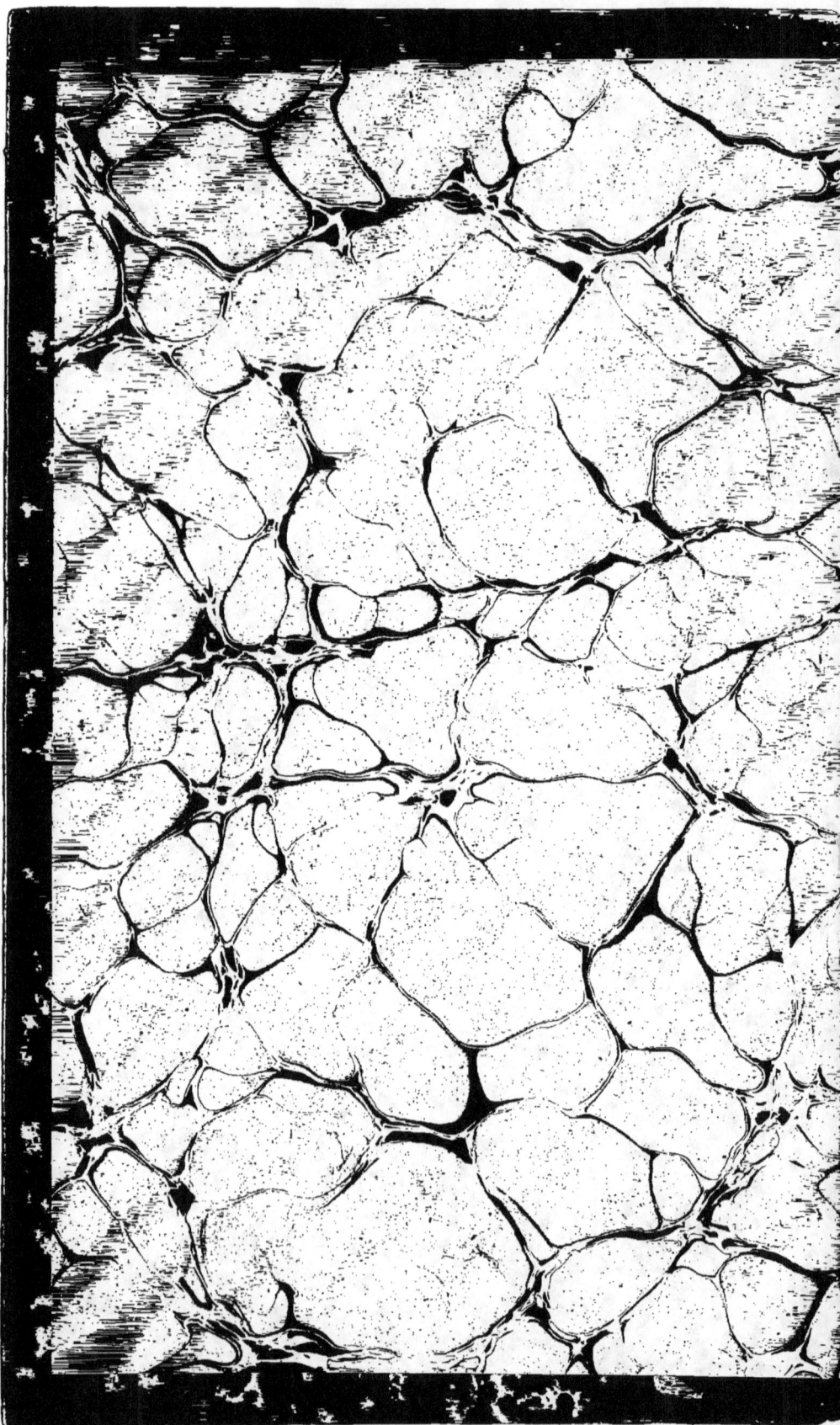

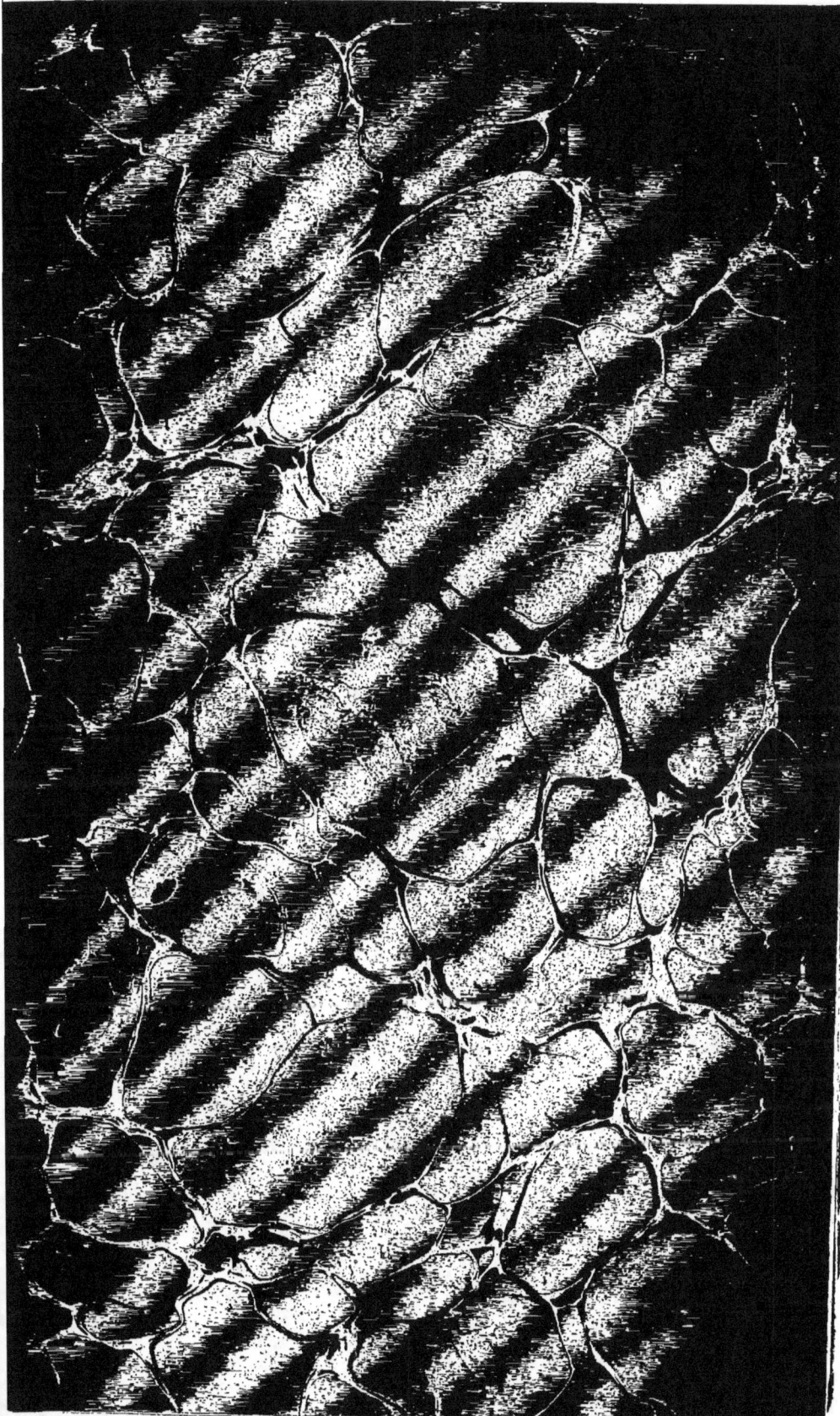

LA Guerre DE 1870-71

LA DÉFENSE NATIONALE EN PROVINCE

MESURES GÉNÉRALES D'ORGANISATION

(DOCUMENTS ANNEXES)

PARIS
LIBRAIRIE MILITAIRE R. CHAPELOT ET Cie
IMPRIMEURS-ÉDITEURS
30, Rue et Passage Dauphine, 30

1911

Tous droits réservés.

LA

GUERRE DE 1870-71

LA DÉFENSE NATIONALE
EN PROVINCE

MESURES GÉNÉRALES D'ORGANISATION

(DOCUMENTS ANNEXES)

Publié par la Revue d'Histoire

rédigée à la Section historique de l'État-Major de l'Armée

LA Guerre DE 1870-71

LA DÉFENSE NATIONALE
EN PROVINCE

MESURES GÉNÉRALES D'ORGANISATION

(DOCUMENTS ANNEXES)

PARIS
LIBRAIRIE MILITAIRE R. CHAPELOT ET Cie
IMPRIMEURS-ÉDITEURS
30, Rue et Passage Dauphine, 30
—
1911
Tous droits réservés.

SOMMAIRE

	Pages.
CHAPITRE 1er. — La délégation du Gouvernement de la Défense nationale en province......................	1

CHAPITRE II. — **La délégation du ministère de la Guerre à Tours et à Bordeaux.**

§ 1. *L'administration centrale*...................... 8
§ 2. *Bureau des renseignements sur les militaires tués, blessés, etc...* (Pas de documents publiés.)
§ 3. *Service des renseignements : Bureau des reconnaissances. Prévôtés civile et militaire. Bureau de la presse*...................... 21
§ 4. *Transports par chemins de fer. Inspection principale des chemins de fer, etc*...................... 32
§ 5. *Bureau topographique*...................... 41
§ 6. *Commission scientifique de la Défense nationale. — Commission d'étude des moyens de défense*...................... 42

CHAPITRE III. — **Recrutement et avancement des officiers.** 50

CHAPITRE IV. — **Augmentation des effectifs.**............ 69

CHAPITRE V. — **Infanterie.**

§ 1. *Armée régulière (infanterie de ligne, chasseurs à pied, zouaves, etc.)*...................... 90
§ 2. *Troupes de la Marine*...................... 118
§ 3. *Garde nationale mobile*...................... 163
§ 4. *Garde nationale mobilisée*...................... 170

CHAPITRE VI. — **Cavalerie.**

§ 1. *Armée régulière*...................... 173
§ 2. *Garde nationale mobile*...................... 186
§ 3. *Remonte*...................... 188

CHAPITRE VII. — **Artillerie.**

§ 1. *Armée régulière (artillerie de terre et de la marine).* 195
§ 2. *Garde nationale mobile*...................... 291
§ 3. *Garde nationale mobilisée*...................... 312

§ 4. *Matériel d'artillerie de campagne*.................. 323
§ 5. *Armes portatives*............................ 351
§ 6. *Cartouches*................................ 381
§ 7. *Harnachement*.............................. 408
§ 8. *Commission spéciale de l'armement par le concours de l'industrie privée*........................ 417
§ 9. *Comité technique de l'artillerie...* (Pas de documents publiés.)
§ 10. *Organisation en compagnies ou bataillons des ouvriers travaillant dans les ateliers utilisés pour la confection du matériel de guerre*.............. 418
§ 11. *Personnel et matériel d'artillerie fournis par la marine*.................................. 421

CHAPITRE VIII. — **Génie.**
§ 1. *Armée régulière*............................. 436
§ 2. *Garde nationale mobile.* — *Garde nationale mobilisée.* — *Génie auxiliaire*...................... 439
§ 3. *Génie civil aux armées*...................... 450
§ 4. *Missions télégraphiques (service de la télégraphie aux armées)*.................................. 455
§ 5. *Destructions*............................... 470

CHAPITRE IX. — **Gendarmerie**.................. 497

CHAPITRE X. — **Train des équipages militaires**.......... 504

CHAPITRE XI. — **Services administratifs.**
§ 1. *Personnel*.................................. 563
§ 2. *Commission pour la liquidation des marchés.* — *Commissions d'achat pour les subsistances et pour l'habillement et le campement*................ 567
§ 3. *Service des vivres.* — *Approvisionnements.* — *Alimentation en campagne*........................ 570
§ 4. *Habillement.* — *Équipement.* — *Campement*....... 581

CHAPITRE XII. — **Service de santé**................ 591

CHAPITRE XIII. — **Corps francs**.................. 637

CHAPITRE XIV. — **Douaniers et forestiers**............ 642

CHAPITRE XV. — **Service postal aux armées**.......... 643

CHAPITRE XVI. — **Discipline.** — **Justice militaire**...... 647

CHAPITRE XVII. — **Organisation d'un Conseil administratif dans chaque division militaire**................ 657

CHAPITRE XVIII. — **Instruction**.................. 664

CHAPITRE XIX. — **Organisation de la défense dans les départements.**

§ 1. *Répartition sur deux lignes des bataillons de la garde nationale mobile disponibles le 21 septembre*..... 674
§ 2. *Commandements supérieurs régionaux*............ 680
§ 3. *Comités de défense. — Comités militaires départementaux*................................. 688
§ 4. *Évacuation des approvisionnements devant l'ennemi.* 694

CHAPITRE XX. — **Camps d'instruction**............... 696

DOCUMENTS ANNEXES

I

La délégation du Gouvernement de la Défense nationale en province.

Note.

11 septembre.

M. le général Lefort, directeur de la 3e direction, est désigné pour suivre, comme représentant le Département de la Guerre, la portion du Gouvernement de la Défense nationale qui va s'établir hors Paris.

Il s'agit de définir les attributions de cet officier général.

On pense que ces attributions doivent être fixées comme il suit :

Tant que les communications avec la capitale ne seront pas interrompues, le rôle de M. le général Lefort restera naturellement secondaire, et il n'agira qu'en vertu des instructions qui lui seront adressées par le Ministre de la Guerre.

Une fois isolé du Ministre, M. le général Lefort opérera comme secrétaire général de la Guerre sous l'autorité de l'un des Ministres hors Paris devenant intérimaire de la Guerre.

Par suite, M. le général Lefort aura à assurer par lui-même, sous le contrôle supérieur du Ministre intérimaire, la marche de tous les services militaires dans les portions du territoire isolées de la capitale.

Le Ministre de la Guerre au Général directeur de la 3e direction au ministère de la Guerre.

Paris, 12 septembre.

J'ai l'honneur de vous informer que je vous ai désigné pour suivre, comme représentant le Département de la Guerre, la portion du Gouvernement de la Défense nationale qui va s'établir hors Paris.

Tant que les communications avec la capitale ne seront pas interrompues, votre rôle restera naturellement secondaire et vous n'agirez qu'en vertu des instructions que je vous adresserai.

Lorsque les communications cesseront d'exister, vous opérerez comme secrétaire général de la Guerre, sous l'autorité de l'un des Ministres hors Paris, devenant intérimaire de la Guerre. Vous aurez alors dans ce cas à assurer par vous-même, sous le contrôle supérieur du Ministre intérimaire, la marche de tous les services militaires dans les portions du territoire isolées de la capitale.

Vous prendrez la direction supérieure de tous les services détachés du ministère de la Guerre, et vous aurez sous vos ordres directs le personnel détaché du cabinet, des 1re, 2e et 3e directions.

Le Ministre de la Guerre aux Généraux commandant les divisions et subdivisions territoriales et actives, aux Préfets des départements, Intendants et Sous-Intendants militaires, etc.

Paris, 15 septembre.

En prévision de l'investissement de Paris, le Gouvernement de la Défense nationale a délégué un de ses membres, M. Crémieux, Ministre de la Justice, pour le représenter et exercer ses pouvoirs dans toutes les portions du territoire qui auront cessé d'être en communication avec la capitale.

M. Crémieux, qui est actuellement à Tours, a auprès de lui un chef de service du Département de la Guerre, M. le général Lefort.

Dès que les communications avec la capitale seront interrompues, M. le général Lefort, qui prend le titre de secrétaire général de la Guerre, aura plein pouvoir pour diriger, sous le contrôle supérieur du délégué du Gouvernement, toutes les affaires militaires. A cet effet, il correspondra directement avec les autorités militaires auxquelles il transmettra les ordres du Gouvernement, et qui lui rendront directement compte de l'exécution.

En même temps que je vous notifie ce qui précède, j'ai l'honneur de vous informer que M. le général de division de La Motte Rouge est nommé au commandement du nouveau corps d'armée, le 15e, qui va se former sur la Loire et qui aura provisoirement son quartier général à Tours.

En marge de la présente circulaire, signée de la main du général Le Flô, se trouve la note suivante : « A composer la présente circulaire qui remplace et annule celle ci-jointe (1).

« Le 15 septembre 1870.

« *Le Chef de bureau du service intérieur.* »

---

(1) Reproduite immédiatement après. On remarque que d'après cette

Le même aux mêmes.

Paris, 15 septembre.

En prévision de l'investissement de Paris, le Gouvernement de la Défense nationale a délégué un de ses membres, M. Crémieux, Ministre de la Justice, pour le représenter et exercer ses pouvoirs dans toutes les portions du territoire qui auront cessé d'être en communication avec la capitale.

M. Crémieux, qui est actuellement à Tours, a auprès de lui un chef de service du Département de la Guerre, M. le général Lefort.

Dès que les communications avec la capitale seront interrompues, M. le général Lefort, qui prend le titre de délégué du ministère de la Guerre, aura plein pouvoir pour diriger, sous le contrôle supérieur du délégué du Gouvernement, toutes les affaires militaires. A cet effet, il correspondra directement avec les autorités militaires, auxquelles il transmettra les ordres du Gouvernement, et qui lui rendront directement compte de l'exécution.

En même temps que je vous notifie ce qui précède, j'ai l'honneur de vous informer que M. le général de division de La Motte Rouge est nommé au commandement d'un nouveau corps d'armée, le 15e, qui va se former sur la Loire, et qui aura provisoirement son quartier général à Tours.

Le Ministre de la Guerre au Général, secrétaire général de la Guerre, à Tours.

Paris, 17 septembre.

Un décret du Gouvernement de la Défense charge M. le Ministre de la Marine d'exercer, par délégation, les fonctions de Ministre de la Guerre auprès de la partie du Gouvernement siégeant hors Paris. M. l'amiral Fourichon se rend à Tours, où il doit exercer de concert avec M. le Garde des sceaux et M. Glais-Bizoin, les pouvoirs du Gouvernement dans les départements non occupés par l'ennemi. La situation faite à M. le Ministre de la Marine ne peut que faciliter l'accomplissement de l'importante mission dont vous êtes chargé et prévenir

---

circulaire, le général Lefort doit avoir le titre de : « *Secrétaire général de la Guerre* », titre qu'il prit du reste, et non celui de : « *Délégué du ministère de la Guerre* ».

Il semble cependant que c'est la deuxième circulaire qui ait été envoyée.

beaucoup d'embarras. C'est dans cette pensée principalement que la mesure a été prise par le Gouvernement.

Ne manquez pas, mon cher Général, tant que les communications resteront libres, de correspondre avec moi. Il est indispensable que je sois tenu au courant de tout ce que vous faites, des mesures que vous prenez, de leur exécution et même de vos impressions personnelles.

Je crois devoir vous rappeler que votre action ne doit s'exercer qu'à l'extérieur de Paris et non point à l'intérieur. J'insiste d'autant plus sur ce point que j'ai été informé d'ordres donnés par vous à l'intérieur de Paris à deux dépôts qui s'y trouvent. Il y a eu là une erreur d'interprétation que je tiens à vous signaler pour en prévenir le retour; vos instructions vous donnent tous mes pouvoirs, mais en dehors de Paris, et lorsque nous ne communiquerons plus entre nous.

Je suis en correspondance active avec M. le Gouverneur général de l'Algérie, qui soulève de nombreuses et persistantes objections au sujet de l'appel en France des régiments d'Afrique. La manière de voir de M. le général Durrieu n'a pas modifié la mienne, et je n'en suis pas moins décidé à faire venir, au moins en partie, les régiments en question. En attendant la solution définitive de cette question, continuez l'organisation des 5 régiments de marche, ainsi que nous en sommes convenus.

Vous vous rappelez que les zouaves arrivent d'Afrique aux dépôts d'Aix, d'Avignon et de Montpellier pour reconstituer les 3 régiments de zouaves. Des ordres sont donnés aujourd'hui même par la 1re direction (Correspondance générale) pour que les débris de ces 3 régiments, réunis actuellement à Saint-Cloud, soient dirigés sur ces points.

Concertez-vous avec M. le général de La Motte Rouge au sujet de la concentration de vos bataillons de garde nationale mobile. Faites-leur distribuer des fusils Chassepot autant que les ressources le permettront. Procédez sans relâche à leur instruction, et intercalez ces bataillons dans des régiments de nouvelle formation.

Telles sont, mon cher Général, les seules recommandations que j'ai à vous faire. J'ai toute confiance en votre expérience et votre activité pour mener à bonne fin l'œuvre qui vous est confiée.

Le général Lefort, commandant la 13e division militaire, au Ministre de la Guerre.

Bayonne, 10 février 1871.

Le 17 octobre dernier, j'ai eu l'honneur de vous rendre compte par dépêche chiffrée de la nécessité où j'étais d'abandonner le poste que vous m'aviez confié; mais, craignant que cette dépêche ne vous soit pas parvenue, je prends aujourd'hui la liberté de vous la confirmer.

Comme je vous le disais, Monsieur le Ministre, dans ma dépêche précitée, j'ai poursuivi avec succès sous la direction de l'amiral Fourichon, la voie que vous m'aviez tracée. En effet, en moins d'un mois, plus de 100,000 hommes ont été encadrés, équipés, habillés, armés et concentrés sur la Loire. 65,000 à 70,000 hommes composaient le 15e corps aux ordres du général de La Motte Rouge ; le 16e corps, aux ordres du général d'Aurelles de Paladines, était en voie de formation : les deux premières divisions comptaient déjà 25,000 à 30,000 hommes ; les contingents de la 3e étaient en marche ; enfin 10,000 hommes, sous les ordres du général Dupré, avaient été envoyés au général Cambriels.

Tous les gardes mobiles disponibles étaient répartis dans les départements et formaient une ligne de défense sur la rive droite de la Loire, s'étendant des Vosges à la Manche, ayant pour mission de défendre en partisans le territoire et de protéger l'organisation de l'armée de la Loire. Des instructions, dont vous trouverez ci-joint copie (1), avaient été adressées à tous les généraux pour leur indiquer l'emploi qu'ils devaient faire de ces jeunes troupes et les soins qu'il convenait d'apporter pour compléter leur habillement, leur équipement et leur armement. D'un autre côté, cela en conformité à vos ordres, un régiment de mobiles était encadré dans chaque brigade des 15e et 16e corps et recevait des fusils Chassepot.

La cavalerie, le génie, l'artillerie, le service des ambulances et autres, étaient représentés dans nos corps d'armée, dans une proportion bien supérieure à celle qui avait été arrêtée dans l'organisation de l'armée du Rhin.

Nos grands commandements militaires étaient constitués sous les ordres des généraux de Polhès, Fiéreck et Cambriels.

Enfin, ainsi que le constatent la proclamation et les circulaires ci-jointes (2), des mesures rigoureuses avaient été prescrites pour le

---

(1) Copie non retrouvée avec le document. Il s'agit sans doute des instructions envoyées de Tours le 21 septembre au sujet de la répartition des batallions de mobiles et le 2 octobre 1870 au sujet des effets d'habillement et d'équipement nécessaires aux gardes nationaux mobiles.

(2) Copies non retrouvées avec le document. Il s'agit de la proclamation de l'amiral Fourichon du 27 septembre, de la circulaire n° 1 du 26 septembre au sujet de la répression des crimes et délits militaires, du décret du 2 octobre 1870 sur les cours martiales, et des circulaires diverses concernant l'organisation des dépôts dans le but de faciliter l'instruction.

rétablissement de la discipline, l'armement de la Nation, et pour pousser avec activité l'instruction des jeunes soldats.

Un incident s'est produit dont il vous a été rendu compte, Monsieur le Ministre : je veux parler de l'arrestation arbitraire du général Mazure, commandant à Lyon, qui, malgré les protestations énergiques de M. l'amiral Fourichon, a été maintenu en prison pendant un certain laps de temps. Cet incident ayant déterminé le Ministre de la Marine à donner sa démission de Ministre de la Guerre par intérim, le Gouvernement de la Défense nationale me proposa de remplacer l'amiral à la Guerre. Mais, j'ai considéré comme un devoir pour moi de refuser : je partageais, en effet, entièrement la manière de voir de M. le Ministre de la Marine, au sujet de la brutalité dont le général Mazure avait été victime, et j'ai déclaré que les motifs que l'amiral faisait valoir pour se retirer, je les invoquais moi-même pour ne pas accepter un poste impossible pour tout officier général. Toutefois, je m'empressai par dévouement pour la chose publique, et surtout en vue d'empêcher la désorganisation de tous les services de l'armée, de dire aussitôt que j'étais prêt à continuer à me mettre comme Secrétaire général à la disposition de M. Crémieux, Ministre intérimaire, et à poursuivre la tâche que vous aviez bien voulu me confier.

Telle était la situation, Monsieur le Ministre, lorsque M. Gambetta a pris le ministère de la Guerre et tout autorisait à penser qu'en présence des résultats considérables obtenus dans l'organisation de nos forces vives, rien ne serait changé. Mais le nouveau Ministre, à peine installé, a déclaré ne pouvoir diriger lui-même les divers services et ne voulant pas abandonner la direction au secrétaire général, qui n'était pas l'homme de son choix, il s'est attaché, en qualité de délégué, M. de Freycinet, ingénieur des mines.

Je n'ai pas tardé à reconnaître que mes fonctions faisaient double emploi avec celles du délégué ; en outre, mon action était entravée et l'on engageait les affaires dans une voie où je ne pouvais me lancer sans assumer sur moi, aux yeux de tous, une responsabilité morale bien plus grave que la responsabilité matérielle qui incombait au Ministre intérimaire. Vous reconnaîtrez en effet, Monsieur le Ministre, par l'examen de grand nombre de décrets rendus depuis le 11 octobre que, sous prétexte d'imprimer plus d'énergie au commandement, on a tout fait pour détruire les principes de l'autorité et de la hiérarchie militaires.

Sur ces entrefaites, sous le coup des contrariétés et des fatigues résultant d'un travail incessant et du nombre tout à fait insuffisant des collaborateurs mis à ma disposition, ma santé a été si sérieusement éprouvée que j'ai dû demander à être relevé de mes fonctions. Le Ministre intérimaire a accepté ma démission et, sur le désir que j'ai exprimé, j'ai été désigné pour le commandement de la 13ᵉ division militaire.

Je n'ai pas besoin de vous dire, Monsieur le Ministre, que c'est avec le plus grand regret que j'ai pris cette détermination; j'aurais voulu qu'il me fût possible d'accomplir jusqu'au bout la mission que vous m'aviez donnée. Mais j'ose espérer que cet exposé de la situation qui m'a été faite par M. Gambetta, vous permettra de reconnaître que je n'avais pas d'autre parti à prendre. J'aurais voulu toutefois, en quittant le Ministère, pouvoir exercer un commandement actif à l'armée, mais le triste état dans lequel se trouvait ma santé s'y opposant, j'ai dû me résigner à venir à Bayonne où je savais d'ailleurs, qu'en raison du nombre considérable de dépôts qui se trouvaient dans la division, je pourrais encore rendre d'utiles services à l'armée et à mon pays.

II

La délégation du ministère de la Guerre à Tours et à Bordeaux.

§ 1ᵉʳ. — L'administration centrale.

Le Secrétaire adjoint du Gouvernement au Ministre de la Guerre.

Paris, 8 septembre.

Le Gouvernement a décidé que tous les Ministres seraient invités à soumettre, ce soir 8 septembre, au Conseil, les moyens pratiques de transférer hors de Paris, une partie de leurs services respectifs.

En note de la main du général Le Flô, Ministre de la Guerre.
« Dédoublement du ministère. Un directeur sur deux à l'extérieur qui concentreraient, chacun de son côté, les deux services. Celui de l'infanterie, par exemple, resterait à Paris, celui de la cavalerie suivrait la fraction du Gouvernement. De même pour les deux directions du génie et de l'artillerie. La direction du mouvement et des opérations détacherait un sous-directeur. L'administration un directeur adjoint, et la comptabilité un intendant général ordonnateur. L'Algérie enverrait un délégué. Cela constituerait ainsi un ministère de la Guerre dont le Ministre intérimaire serait le Ministre des Affaires Étrangères ou un autre ».

Le Président du Gouvernement de la Défense nationale au Ministre de la Guerre.

Paris, 9 septembre.

Le Gouvernement a décidé ce matin, en principe, que pendant le siège de Paris, il serait représenté au dehors, pour les services les plus importants de chaque département ministériel, par des délégations dont chacun de ces départements a fixé ou va fixer les attributions avec le personnel appelé à les exercer.

Veuillez, *cette après-midi même*, consulter vos chefs de service à ce sujet, et apporter ce soir à la réunion de l'Hôtel de ville (9 heures) le projet auquel vous vous serez arrêté.

En note : « Recrutement. — Il me semble qu'il est de la plus grande urgence de prendre des mesures au sujet de la classe 1870 des départements de l'Oise, Seine-et-Marne, Seine-et-Oise qui vont être envahis. Les hommes de cette classe deviendront par ce fait complètement inutiles pour la défense du pays ».

Rapport fait au Ministre le 9 septembre 1870.

En prévision du déplacement d'une partie des administrations publiques pour assurer les services du Gouvernement pendant la durée du siège de Paris, on a l'honneur de proposer au Ministre d'adopter les dispositions suivantes en ce qui concerne le ministère de la Guerre.

Chaque service désignera nominativement ceux des employés dont le déplacement est rigoureusement indispensable.

Chacune des personnes désignées recevra :

1° Une indemnité uniforme de déplacement de 300 francs ;

2° Le payement immédiat du mois courant ;

3° Un supplément du quart en sus de ses appointements pendant la durée du déplacement.

Dès que le Ministre aura fait connaître ses ordres, on prendra les mesures nécesaires pour qu'ils soient exécutés sans retard.

En marge : « Approuvé. Signé : général Le Flô. Décision du 9 septembre ».

Arrêté du Ministre de la Guerre.

Paris, 11 septembre.

Le Gouvernement de la Défense nationale ayant décidé que, pendant la durée du siège de Paris, les services les plus importants de chaque département ministériel seraient transférés hors de cette ville, le Ministre de la Guerre arrête, en ce qui le concerne, les dispositions suivantes :

Seront transférés hors de Paris, pour assurer l'expédition des affaires, les services ci-après :

Employés de tous grades sous les ordres de M. le général LEFORT, directeur de la 3e direction :

Enregistrement des dépêches 3

1re direction	Correspondance générale.........	2
	États-majors................	1
	Recrutement.................	1
	Justice militaire..............	1
	Dépôt de la guerre.............	»
2e direction	Infanterie....................	4
	Garde nationale mobile..........	3
3e direction	Cavalerie....................	3
	Remontes....................	2
	Gendarmerie.................	1

Employés de tous grades sous les ordres de M. le général Véronique, directeur de la 5e direction :

4e et 5e directions réunies	Artillerie...................	4
	Génie.....................	2

Employés de tous grades sous les ordres de M. l'intendant militaire Audemard, directeur-adjoint de la 6e direction :

6e, 8e directions et service de l'Algérie réunis	Intendance militaire.............	2
	Subsistances.................	2
	Hôpitaux....................	2
	Habillement..................	2
	Solde.......................	4
	Contrôle....................	1
	Fonds......................	2
	Service intérieur...............	2
	Algérie.....................	1
Trois directeurs et un secrétaire	....	4

M. le général Lefort, directeur de la 3e direction, aura en outre la direction supérieure de tous les services détachés.

L'ordonnancement des dépenses est délégué à M. le sous-intendant militaire Audemard.

Des allocations spéciales seront accordées au personnel déplacés.

Au crayon, au bas de l'arrêté : « Nota. — Le Ministre a approuvé sur une demande verbale de M. le Directeur de la 6e direction, l'adjonction de trois nouvelles personnes : intendance 1 ; habillement, 1 ; subsistance, 1. Total égal 3 ».

Note du Bureau du service intérieur pour le Conseiller d'État, directeur de la 8e direction.

Paris, 11 septembre.

Par suite du déplacement d'une partie de l'Administration centrale, il y a lieu de désigner le personnel des agents secondaires qui devront être attachés aux services appelés à fonctionner hors de Paris.

Comme ces services seront très groupés, il semble convenable de restreindre le plus possible le nombre des agents dont il s'agit.

On pense que huit (deux huissiers et six garçons de bureau) pourront suffire à tous les besoins.....

Une indemnité de 150 francs serait allouée à ces agents pour frais de déplacement et ils bénéficieraient, en outre, des autres avantages accordés aux employés appelés à partir.

En marge. « Approuvé. Décision du 11 septembre ».

Le Ministre de la Guerre au Préfet du département d'Indre-et-Loire, à Tours.
Paris, 12 septembre.

J'ai l'honneur de vous confirmer ma dépêche télégraphique de ce jour, relative à l'installation de la portion du ministère de la Guerre envoyée à Tours pendant la durée du siège de Paris.

Le personnel dont il s'agit se compose de (1) officiers généraux, fonctionnaires et employés de tous grades.

M. Lebrun, chef de section, est chargé de s'entendre avec vous en ce qui concerne les détails de l'installation qui se fera, au besoin, par réquisition.

Avis à MM. les Directeurs et à M. le Chef du Cabinet.
Paris, 12 septembre.

On a l'honneur d'informer MM. les Directeurs et M. le Chef du cabinet des dispositions de détail ci-après, concernant le départ de la portion du personnel de l'Administration centrale appelée à quitter Paris.

1° La résidence désignée est la ville de Tours;

2° Le départ aura lieu demain matin 13 courant à 10 h. 45, de la gare du chemin de fer d'Orléans, où MM. les employés porteurs de leur ordre de départ et d'un billet personnel (*a*), devront être rendus, avec leurs familles, à 10 heures. Une salle d'attente sera spécialement désignée à cet effet;

3° Le matériel emporté par chaque service sera remis, aujourd'hui,

---

(1) Indication laissée en blanc dans l'original.

avant 8 heures du soir, au bureau du Service intérieur (Dépôt des imprimés), ainsi que les bagages de MM. les fonctionnaires et employés;

4° Le paiement des appointements du mois courant et des indemnités de déplacement sera effectué aujourd'hui dans l'après-midi.

Ces dispositions sont applicables aux agents secondaires qui accompagneront ces services.

MM. les directeurs sont priés de vouloir bien les notifier d'urgence au personnel sous leurs ordres.

(a) Ces billets vont être envoyés par le chemin de fer d'Orléans et seront adressés aux intéressés par l'intermédiaire de leurs directions respectives.

Note pour le Ministre (émanant de la comptabilité générale).

(Sans date.)

Une portion de l'Administration centrale devant se rendre très prochainement en province, il devient nécessaire de déterminer, en ce qui concerne la comptabilité générale, le mode de fonctionnement du service.

A compter du lendemain du départ de la fraction du personnel appelée au service extérieur, l'entière disposition des crédits du Département de la Guerre, passera au Ministre intérimaire ou suppléant le Ministre titulaire.

En conséquence, les ordonnances de délégation aux ordonnateurs secondaires et de paiement pour les dépenses dont le solde n'est acquitté qu'après liquidation seront émises par le Ministre intérimaire.

Quant au service de Paris, il sera assuré au moyen de réquisitions de paiement, comme cela a lieu dans toutes les places assiégées.

Compte rendu du Chef du bureau du Service intérieur du ministère de la Guerre.

Paris, 13 septembre.

Conformément aux ordres du Ministre, les fonctionnaires et employés qu'il avait désignés pour composer la portion de l'Administration centrale à détacher hors Paris pendant le siège sont partis avec leurs familles ce matin pour Tours à 10 h. 45 par le chemin de fer d'Orléans.

Ce personnel arrivera à Tours vers 4 heures de l'après-midi, accompagné de ses bagages administratifs.

Ce transport ainsi que les mesures qui s'y rattachaient ont été exécutés ainsi que le Ministre l'avait prescrit.

Notification du Secrétaire général.

Tours, 14 septembre.

Par décision ministérielle du 12 septembre courant, M. le général Lefort, directeur de la 3e direction, est nommé Secrétaire général de la Guerre et, à ce titre, prendra la direction supérieure de tous les services détachés du ministère à Tours.....

. . . .

MM. les directeurs sont instamment priés de vouloir bien se réserver toute la signature courante de leurs propres affaires et de ne soumettre au visa de M. le secrétaire général que celles d'entre elles qui exigeraient impérieusement l'intervention du Ministre lui-même.

Notification du Secrétaire général pour les 1re, 2e et 3e directions.

Paris, 15 septembre.

Par décision de ce jour, la répartition du personnel et des affaires de service a été faite ainsi qu'il suit :

Cabinet du directeur. — Enregistrement des dépêches, correspondance générale, états-majors.

1er bureau. M. TEMPLIER, chef. — Infanterie, garde nationale mobile, recrutement, justice militaire.

2e bureau. M. POYER aîné, chef. — Cavalerie, remonte, gendarmerie.

Messieurs les employés appartenant aux bureaux ci-dessus relèveront directement des chefs de bureau désignés par le Secrétaire général et devront faire parvenir, par leur intermédiaire, leur travail quotidien au cabinet du général.

N. B. — Le courrier devra être remis à l'enregistrement tous les jours à 4 heures.

Notification du Secrétaire général.

Tours, 16 septembre.

En raison du grand nombre de dépêches qui arrivent la nuit, il est indispensable d'établir un service de nuit. En conséquence, une installation sera préparée dans un des pavillons qui avoisinent l'une des grilles de l'entrée de l'hôtel du Maréchal, et un employé sera commandé chaque soir à 9 heures pour ce service spécial ; il ouvrira toutes les dépêches qui lui seront remises par le factionnaire préposé à la garde de l'hôtel.

Selon leur caractère d'urgence, l'employé de service la nuit ferait remettre au cabinet du Secrétaire général les dépêches qui lui paraîtraient devoir recevoir une solution immédiate et conserverait les autres jusqu'au lendemain matin 6 heures.

Un tour de marche serait organisé et la 1re direction commencerait le roulement, qui sera continué par chacune des autres directions sur avis du cabinet du Secrétaire général.

Notification du Secrétaire général.

Tours, 20 septembre.

On a l'honneur de faire connaître à MM. les directeurs et chefs de services que les décrets et décisions soumis à la signature du Délégué du Gouvernement seront centralisés au cabinet du Secrétaire général qui en fera la remise au bureau des Archives lors de la rentrée à Paris.

Chacun des services détachés du ministère aura d'ailleurs à adresser à M. le chef de la division de la presse, à la préfecture, copie des documents destinés à être insérés au *Bulletin officiel* conformément à une notification de ce jour.

Le Général commandant le 15e corps au colonel de Loverdo, à Vierzon (D. T.).

Tours, 22 septembre.

Revenez à Tours pour être attaché au cabinet du Ministre. Emmenez vos chevaux.

Notification du Secrétaire général.

Tours, 22 septembre.

D'après une décision du Ministre, en date de ce jour, M. de Loverdo, colonel d'état-major, est appelé à exercer *provisoirement* les fonctions de Directeur adjoint auprès de la fraction du ministère détachée à Tours.

A ce titre, M. le colonel de Loverdo aura sous sa direction la partie du service de la 1re direction qui se compose des bureaux des états-majors, de la correspondance générale et des opérations militaires.

M. de Loverdo entrera en fonctions du jour de sa prise de possession, qui sera ultérieurement notifiée.

En note au crayon : « Entré en fonctions le 24 septembre 1870 ».

Notification du Secrétaire général.

Tours, 26 septembre.

La 8ᵉ direction du ministère, qui a dans ses attributions le bureau des archives, étant représentée dans la délégation à Tours, il paraît plus rationnel que ce soit à elle qu'appartienne le soin de centraliser les décisions et décrets soumis à la sanction des membres du Gouvernement et qui ont été réunis, jusqu'à ce jour, au cabinet du secrétaire général.

On a en conséquence l'honneur de faire connaître aux différents services que dorénavant la notification de la signature de ces décisions ou décrets leur sera faite par la 8° direction à laquelle sont remis ceux conservés jusqu'à présent au secrétariat général, et à cette occasion on renouvelle aux différents bureaux l'avis qui leur a été déjà donné d'avoir à adresser au service intérieur, pour le *Moniteur universel*, copie de ceux de ces documents qui peuvent recevoir la publicité des journaux.

Le Ministre de la Guerre à l'Intendant militaire de la 14ᵉ division, à Bordeaux.

Tours, 7 octobre.

Dans la prévision des déplacements des bureaux de la Guerre actuellement à Tours, j'ai l'honneur de vous prier de vous concerter avec le service du génie, afin d'aviser aux moyens d'installer lesdits bureaux dans les bâtiments militaires, ou à défaut dans ceux des facultés, qu'une vague connaissance des localités me fait croire être propices à cette installation, ou enfin dans tous autres que vous jugerez convenables (le grand séminaire par exemple).

Je ne dois pas vous laisser ignorer que les autres ministères viendront faire concurrence au département de la Guerre pour leur établissement, et je vous prie de veiller à ce que cette concurrence n'entrave pas l'installation de nos bureaux.

Les services de la Guerre à installer sont :

Le secrétariat général (M. le général Lefort et ses deux secrétaires)	3
L'enregistrement des dépêches (un sous-chef, un commis principal et un auxiliaire)...............................	3
Un directeur chargé de la 1ʳᵉ direction (M. le colonel de Loverdo) et ses secrétaires.................................	4
La 1ʳᵉ direction, comprenant les services de la correspondance générale, des états-majors, du recrutement et de la justice militaire (un sous-chef de bureau et cinq chefs de section et commis de tous grades).................................	6

La 2ᵉ direction, comprenant les services de l'infanterie et de la garde nationale mobile (un chef de bureau, un sous-chef et quatre commis de tous grades)........................... 6

La 3ᵉ direction, comprenant les services de la cavalerie, des remontes et de la gendarmerie (un chef de bureau, un sous-chef et cinq chefs de section et commis de tous grades)....... 7

Un directeur chargé des 4ᵉ et 5ᵉ directions (M. le général Véronique)... 1

La 4ᵉ direction, artillerie (deux chefs de bureau, deux sous-chefs et quatre employés gardes d'artillerie).................... 8

La 5ᵉ direction, génie (un chef de bureau et deux gardes du génie).. 3

Un directeur chargé des 6ᵉ et 8ᵉ directions et du service de l'Algérie (M. l'Intendant militaire Audemard et son secrétaire) 2

La 6ᵉ direction, comprenant les services de l'intendance, des subsistances, des hôpitaux, de l'habillement et de la solde (cinq sous-chefs et dix commis de tous grades)............. 15

La 8ᵉ direction, comprenant les services du contrôle, des fonds, le service intérieur et provisoirement celui de l'Algérie (deux sous-chefs et quatre chefs de section et commis de tous grades). 6

Plus une trentaine de commis aux écritures et gardes nationaux mobiles employés comme secrétaires...................... 30

Agents secondaires à placer près des directeurs et des chefs..... 6

TOTAL.......... 100

Ce seraient donc des bureaux pour une centaine de personnes qu'il faudrait préparer. Je vous prie de vouloir bien prendre les mesures nécessaires pour que le mobilier desdits bureaux puisse être mis en place au reçu de l'avis que je vous donnerai par télégraphe du départ de Tours pour Bordeaux.

Le même au même.

Tours, 8 octobre.

J'ai eu l'honneur de vous écrire hier pour vous prier de vous concerter avec le service du génie au sujet de l'installation probable des bureaux. Cette mesure était motivée par la réunion dans cette ville de l'Assemblée constituante.

Bien que l'élection de cette Assemblée soit de nouveau ajournée, je vous prie de donner suite, pour que nous soyons prêts à toute éventualité, à ma lettre précitée et de m'adresser le plus tôt possible le résultat de vos investigations, appuyé d'un croquis détaillé et explicatif des locaux.

A la liste des directeurs à loger que je vous ai donnée hier, il y a lieu d'ajouter le directeur adjoint du personnel dont le logement (une pièce au moins) devra être le plus rapproché possible de celui du Secrétaire général.

Notification du Secrétaire général de la Guerre.

Tours, 10 octobre.

M. Gambetta, membre du Gouvernement de la Défense nationale, ministre de l'Intérieur, prend, à dater de ce jour, l'intérim du ministère de la Guerre.....

M. de Freycinet à M. Gambetta.

Tours, 13 octobre.

C'est toujours le même réponse : « Impossible de faire mieux ». Pour sortir de là et imprimer une bonne fois aux services la salutaire ardeur que vous voulez, je vous demande en grâce de nous réunir au moins une bonne fois en conférence avec tous les chefs de service de la Guerre. Vous leur direz ce que vous voulez, et votre parole aura plus d'effet que la mienne. Fixez-moi une heure pour aujourd'hui. Nous irons vous trouver, à moins que vous ne préfériez venir ici. Fixez-moi l'heure, je convoquerai ces Messieurs.

En marge : « Convoquez-les à 5 heures, au ministère de la Guerre ».

GAMBETTA.

Note pour les bureaux de la délégation du ministère de la Guerre.

Tours, 15 octobre.

Le Délégué du Ministre a l'honneur de faire connaître à MM. les directeurs, directeurs adjoints et chefs de service, que M. le colonel de Loverdo, promu général de brigade et nommé directeur par intérim, prend en cette qualité la direction des services qui étaient confiés à M. le général Lefort, appelé au commandement de la 13ᵉ division militaire, à l'exception de la section de l'enregistrement et du secrétariat qui relèveront du cabinet du Délégué.

Le cabinet du Délégué est ainsi composé : M. Byse, chef du cabinet et MM. Férot, de Serres, Sourdeaux, Vinet, attachés.

Le service de nuit continue comme par le passé, et l'employé de garde vient avant 5 heures prendre les instructions du chef du cabinet.

Le Délégué à la Guerre au Général directeur des 1re, 2e *et* 3e *directions.*

Paris, 24 octobre.

Il est convenu que le lieutenant-colonel Deshorties sera, selon votre désir, votre directeur adjoint.

Mais je désire qu'il ait, entre autres attributions, la centralisation spéciale des affaires de personnel, et je me réserve, toutes les fois que je le croirai utile, de le mander en tiers avec nous pour l'examen de ces questions. D'après ce que vous m'en avez dit spontanément hier, cette combinaison met fin à toutes les susceptibilités en jeu.

État indiquant la composition des différents bureaux de la délégation du ministère de la Guerre.

5 décembre.

Désignation des services.	Nombre de personnes.	Nombre de pièces nécessaires.
Cabinet du Ministre. Enregistrement. — Service intérieur. — Renseignements sur les blessés. — Envois de documents divers...	44	18
Bureau des reconnaissances, etc............	6	2
— de la presse française et étrangère...	6	2
Cabinet du général directeur des 1re, 2e et 3e directions.....................	11	4
Bureau de la correspondance générale....... des états-majors................	8	3
— du recrutement.................	3	1
— de la justice militaire............	4	2
— de l'infanterie..................	12	5
— de la garde nationale mobile.......	6	2
— de la cavalerie................. des remontes.................. de la gendarmerie................	12	3
Artillerie................................	28	10
Génie...................................	6	3
Cabinet de M. le Directeur de la 6e Direction.	5	3
Bureau de l'intendance militaire...........	24	6
— des subsistances militaires.........	8	3
— des hôpitaux.................... de l'habillement................	30	8
A reporter.........	213	75

Désignation des services.	Nombre de personnes.	Nombre de pièce nécessaires.
Report..........	213	75
Bureau de la solde.................	4	2
— du contrôle................	7	3
— des fonds..................		
Service de l'Algérie...............	1	1
Inspection des transports...........	3	1
Commission d'étude des moyens de défense..	5	2
Ingénieurs civils (MM. Dhormoy et Michaud, etc.)...............	4	2
TOTAL..........	237	86

Au crayon en bas de l'état : « Familles, ordonnances, plantons, environ 200. Soit 400 à 430 personnes ».

Le Délégué à la Guerre au Général directeur des 1re, 2e et 3e directions.

Bordeaux, 23 décembre.

Je regrette vivement que l'état de votre santé vous oblige à vous démettre des fonctions que vous occupiez avec tant de compétence, de directeur de l'infanterie et de la cavalerie au ministère de la Guerre. Je transmettrai votre démission à M. Gambetta qui, j'en suis sûr, partagera mes regrets.

Je vous prie de remettre provisoirement le service au général Haca, que je charge de l'intérim des trois premières directions jusqu'à désignation définitive de votre successeur.

Note du Délégué à la Guerre pour le ministre de l'Intérieur et de la Guerre.

M. le général de Loverdo a donné sa démission, pour raison de santé, des fonctions qu'il occupait au ministère de la Guerre comme directeur de l'infanterie et de la cavalerie.

Enregistrement de la note faisant envoi de la liste des électeurs appartenant à la délégation du ministère de la Guerre.

Bordeaux, 5 février 1871.

Le soussigné, chargé du service intérieur de la délégation du ministère de la Guerre à Bordeaux, certifie que les 394 personnes ci-dessus dénommées, appartiennent à un titre quelconque à ladite délégation.

Note.

Mars 1871.

Un certain nombre d'expéditionnaires employés dans les bureaux des 1re, 2e et 3e directions du ministère de la Guerre à Bordeaux, appartiennent à la Garde nationale mobilisée ou mobile.

Comme il serait onéreux de les emmener à Paris pour les licencier ensuite, on a l'honneur de proposer de les renvoyer de Bordeaux dans leurs foyers, en leur donnant une feuille de route individuelle et une gratification d'un mois de solde pour ceux employés depuis le 25 septembre 1870, et d'un demi mois pour ceux moins anciens.....

État établi au sujet du règlement à la Compagnie d'Orléans du transport de Tours à Bordeaux, dans la nuit du 8 au 9 décembre 1870, du personnel de l'administration centrale de la guerre attaché à la délégation du Gouvernement de la Défense nationale.

Paris, 13 avril 1871.

NOMBRE DE PERSONNES transportées d'après la lettre écrite au directeur de la Compagnie.		TOTAL.	DÉCOMPOSITION							TOTAL ÉGAL.	OBSERVATIONS.
			DE L'ÉLÉMENT CIVIL.				DES MILITAIRES.				
Employés civils.	Militaires.		Fonctionnaires.	Employés.	Agents secondaires, etc.	Familles.	Officiers supérieurs.	Officiers.	Troupe.		
257	200	457	56	42	10	149	49	25	156	457	
			257				200 (1)				

(1) De ces chiffres il faut déduire 3 officiers et 101 hommes de troupe, effectif de la compagnie H du 1er régiment d'infanterie de la marine, qui fut transporté de Tours à Bordeaux avec la délégation du ministère de la Guerre.

Relevé des bons de réquisition établis pour le transport du personnel de l'Administration centrale de la Guerre attaché à la délégation de Bordeaux. (Retour de Bordeaux).

Paris, 13 avril 1871.

TRAJETS ACCOMPLIS.	NOMBRE DE PERSONNES TRANSPORTÉES.					TOTAUX.
	1re CLASSE.			2e CLASSE.		
	Militaires.	Fonctionnaires et employés civils.	Familles.	Fonctionnaires, employés et agents civils.	Familles.	
Bordeaux à Tours............	»	3	»	3	2	8
— à Pau............	»	»	»	1	1	2
— à Amboise........	»	»	»	1	»	1
— à Paris (par Châteauroux).......	»	1	3	»	»	4
— à Paris (par Landerneau)........	»	1	»	»	»	1
— à Paris (par Arvant et Langogne)...	»	1	2	»	»	3
— à Paris (directement)..........	14	49	66	6	5	140
TOTAUX...	14	55	71	11	8	159

Ces transports ont été exécutés du 7 au 16 mars 1871.

§ 3. — **Service des renseignements : Bureau des reconnaissances, Prévôtés civile et militaire, Bureau de la presse.**

Le Ministre de la Guerre au Général commandant à Blois (D. T.).

Tours, 18 octobre.

Envoyez à Tours quelques prisonniers prussiens choisis parmi les premiers pris pour y subir un interrogatoire spécial.

L'ingénieur ordinaire des Ponts et Chaussées Pelletreau à .....

Gien, 11 novembre au soir.

..... Le service des reconnaissances est ici bien organisé.

Voici les noms des agents avec lesquels le bureau peut communiquer.

A Châteauneuf, M. C..., agent des ponts et chaussées. C'est le seul qui soit bon.

MM. M... et N..., architectes à Gien. Ce dernier a fait des pointes très hardies dans le pays occupé par l'ennemi. Il suit Martin des Pallières. Les renseignements sont transmis par les cantonniers jusqu'aux brigades de gendarmerie à cheval.

L'agent de Châteauneuf écrit qu'on s'est battu à Olivet et que les deux ponts de bateaux sont restés.

. . . .

Gambetta à M. de Freycinet.

Tours, 25 novembre.

Je vous prie de me présenter dès demain, un projet pour l'ouverture d'un crédit de 300,000 francs, destiné à solder les dépenses de toute nature que nécessitent les recherches sur les mouvements de l'ennemi.

Le Ministre de la Guerre au Général commandant l'armée de la Loire, à Saint-Jean-de-la-Ruelle (D. T.).

Tours, 28 novembre, 4 h. 30 soir.

Laissez passer aux avant-postes le nommé....., chargé d'une mission spéciale et porteur de papiers constatant son identité.

Le Ministre de la Guerre au Sous-Préfet, à Vendôme (D. T.).

Tours, 28 novembre, 4 h. 30 soir.

Veuillez vous entendre avec M. G....., aide-major, pour l'envoi d'éclaireurs dans les lignes prussiennes. M. G..... vous donnera la preuve de son identité et vous fournira les explications voulues.

Le Ministre de la Guerre au général Briand, à Rouen (D. T.).

Tours, 29 novembre, 11 h. 5 soir.

En réponse à votre dépêche du 28 courant, nous vous ouvrons un crédit de 10,000 francs pour constituer vos fonds secrets.

Note.

12 décembre.

Le service des reconnaissances fournit chaque jour un tableau résumant ses renseignements et représentant graphiquement la situation et l'importance des forces ennemies.

Il est nécessaire qu'un travail analogue soit fait pour les forces françaises en ligne ou en réserve et que, sur un tableau tenu constamment au courant, le Ministre de la Guerre puisse retrouver à chaque instant la position de *tous* les corps en campagne et l'importance des renforts dont il dispose pour les opérations militaires.

La comparaison de ces tableaux servira de base à une étude raisonnée des mouvements de l'ennemi qui ne peuvent être compris qu'imparfaitement quand les renseignements sont limités à ce qui concerne la marche des Prussiens.

Cette comparaison qui éclairera de la manière la plus nette les mouvements relatifs des armées en présence et mettra à jour les combinaisons prussiennes, préparera l'étude de nos mouvements stratégiques, permettra de rechercher, d'examiner avec détail et de déterminer les points de concentration, les lignes de marche et de ravitaillement et en même temps de ménager les lignes de retraite et de prévoir les moyens d'évacuation.

Cette étude, faite d'une manière continue et poursuivie constamment au fur et à mesure de l'arrivée des dépêches et renseignements de toute nature, sera un travail préparatoire dans lequel le Ministre trouvera des éléments précis et coordonnés pour baser ses décisions.

Signé : CARNOT.

Un bureau spécial comprenant dans ses attributions la réception et le classement des dépêches, sera chargé de ce travail et prendra la dénomination de Bureau des Mouvements.

Arrêté.

Bordeaux, 13 décembre.

Le membre du Gouvernement de la Défense nationale, Ministre de l'Intérieur et de la Guerre,

Considérant qu'il importe de régulariser le services des reconnaissances,

Arrête :

A dater de ce jour, le service des reconnaissances institué au ministère de la Guerre constituera un bureau spécial qui relèvera du chef du cabinet.

M. Cuvinot, ingénieur des ponts et chaussées, est nommé chef dudit bureau.

Tous les documents et travaux émanant du service des reconnaissances seront transmis au Ministre par l'intermédiaire du chef du cabinet, au visa duquel seront soumises également toutes les demandes de crédit.

Organisation du service des reconnaissances.

Bordeaux, 13 décembre.

Considérations générales sur l'utilité et l'objet du service. — Les attributions du bureau des reconnaissances n'ont pas été jusqu'à ce jour nettement définies et le défaut d'organisation a réduit à bien peu de choses les services que l'on devait en attendre.

Ce bureau a pour objet principal la détermination des positions, des forces et des mouvements de l'armée ennemie et la représentation graphique de ces mouvements. La carte qui, chaque jour, résumerait tous ces documents doit être considérée comme le plus précieux élément d'information pour la direction des mouvements de l'armée française. Ce premier travail est d'une indispensable nécessité.

Indépendamment des corps d'armée ennemis qui sont destinés à agir contre nos troupes aux divers points du territoire, il est bon de se renseigner aussi sur l'emplacement et l'importance des colonnes mobiles ou des postes chargés d'assurer les communications de l'ennemi et de garder ses approvisionnements en vivres et en munitions. Il arrivera souvent en effet que l'interruption des communications et la destruction ou l'enlèvement des magasins exigeront de faibles efforts, et qu'avec de légers sacrifices, on pourra causer à l'ennemi le plus grand mal. Le bureau des reconnaissances fournirait encore à cet égard de très utiles indications. Enfin, à l'organisation si parfaite de l'espionnage prussien, il faut répondre par des mesures énergiques en vue de parer aux conséquences de cet espionnage.

Éléments d'information. — Les éléments d'information à l'aide desquels on peut déterminer la composition et les mouvements des armées ennemies sont puisés dans les dépêches adressées au Ministre, dans les interrogations des prisonniers et dans la presse étrangère, ou sont recueillis par des éclaireurs spéciaux.

Les interprètes de l'armée et l'interprète principal attaché au ministère de la Guerre sont chargés de l'interrogatoire des prisonniers. Le bureau de la presse étrangère est déjà constitué et il ne semble pas opportun de le modifier quant à présent.

Le service des éclaireurs laisse au contraire beaucoup à désirer. Par suite de malentendus regrettables et du défaut d'instructions précises, la plupart des agents qui avaient été envoyés de Tours ont été arrêtés aux avant-postes français et n'ont pu remplir leur mission. Il convient d'établir entre le bureau des reconnaissances au ministère et chaque corps d'armée des communications régulières.

Ces communications auraient aussi un autre avantage; elles permettraient de rectifier à chaque instant les situations des jours précédents et de présenter un tableau constamment exact des forces que l'on peut avoir à combattre.

Il est inutile d'insister sur les conséquences de ces dispositions. Leur application permettrait de diriger avec la plus grande certitude les mouvements de nos armées et d'éviter les surprises d'un ennemi supérieur en nombre en même temps que les paniques engendrées par la crainte de ces surprises.

Prévôtés. — Les prévôtés établies au siège du Gouvernement ont pour but de rechercher et d'arrêter les agents occultes au service de la Prusse.

La situation du fonctionnaire chargé de la direction des prévôtés n'est pas régularisée ; ce fonctionnaire n'ayant pas qualité pour donner des ordres pourrait se trouver à certains moments dans une position assez embarrassante.

Je suis d'avis qu'il y a lieu de la part de M. le Ministre de la Guerre de prendre un arrêté portant en substance que les prévôtés établies au siège du Gouvernement seront placées sous la direction immédiate d'un attaché au cabinet.

Circulaire aux généraux. — En ce qui concerne plus spécialement le service des reconnaissances, on pourrait se borner à adresser à tous les généraux de corps d'armée une circulaire conforme au libellé ci-joint (1).

Bureau de la presse étrangère. — Le bureau de la presse étrangère continuerait à se rattacher au service des reconnaissances, sans qu'il soit nécessaire de formuler des prescriptions nouvelles.

Service budgétaire. — Le service budgétaire des prévôtés dépendrait toujours du chef du cabinet du Ministre. Le service des reconnaissances et de la presse étrangère devrait au contraire avoir un budget spécial centralisé entre les mains du chef de ce service.

Signé : CUVINOT.

Le Ministre de la Guerre aux Généraux commandant en chef (général Bourbaki à Nevers, général Chanzy au Mans, général Bressolles à Lyon, général Faidherbe à Lille et général Garibaldi à Autun) (D. T.).

Bordeaux, 23 décembre.

Je vous prie de désigner, si vous en avez de disponible pour cela, un officier d'état-major ou un ingénieur, qui sera chargé de centraliser

---

(1) Circulaire non retrouvée avec le document.

pour votre corps le service des reconnaissances et de correspondre directement avec le chef du bureau des reconnaissances au ministère de la Guerre, pour échange de renseignements sur les positions de l'ennemi.

Le Ministre de la Guerre aux Généraux commandant les armées, les corps d'armée, les divisions actives et les divisions et subdivisions territoriales.

Bordeaux, 31 décembre.

J'ai l'honneur de vous adresser, sous forme de tableaux, l'état complet des forces allemandes actuellement répandues sur le territoire français.

Les corps d'armée, et dans certains cas les divisions d'infanterie, font l'objet d'un tableau spécial, où sont portés les numéros des régiments compris dans chaque division, ainsi que le nombre de bataillons de chaque régiment. On y a fait figurer également les régiments de cavalerie et le nombre de bouches à feu attachés aux divisions d'infanterie. Un travail analogue a été fait pour les divisions de cavalerie et pour les divisions de landwehr.

Vous pourrez ainsi apprécier l'ensemble des forces que nous avons à combattre.

Pour les troupes qui vous sont directement opposées, il me sera presque toujours possible, d'après les renseignements recueillis par le bureau des reconnaissances, de vous indiquer à quelle division elles appartiennent.

Si les bataillons et les escadrons étaient au complet, vous obtiendriez ainsi avec la plus grande facilité les effectifs de l'armée ennemie, mais ces effectifs ont généralement diminué dans une très forte proportion. Les interrogatoires des prisonniers ont permis de constater, en effet, que des compagnies, qui, dans le début, comptaient 250 hommes, étaient réduites à 110 ou 115 et quelquefois moins.

Il me sera très difficile de vous fournir en temps opportun des indications utiles à cet égard ; c'est au service spécial des reconnaissances établi auprès de vous qu'il appartiendra de remplir les lacunes des tableaux que je vous transmets.

Les éclaireurs que vous devrez employer et les déclarations des prisonniers vous permettront presque toujours d'arriver à un résultat assez précis.

Je m'empresserai d'ailleurs de vous faire parvenir tous les renseignements que, de son côté, le bureau des reconnaissances aura recueillis.

Indépendamment des tableaux dont je viens de parler, je vous adresse, pour les interprètes de votre corps d'armée, une instruction pratique sur la façon de procéder à l'interrogation des prisonniers et un catalogue des uniformes de l'armée allemande. Cette dernière pièce permettra de contrôler les dires des prisonniers et de rectifier, s'il y a lieu, leurs allégations.

Le Ministre de la Guerre au général Mazure, à Bourges (D. T.).

Bordeaux, 24 janvier 1871, 5 h. 15 soir.

M. D..., capitaine de francs-tireurs girondins, est envoyé par le bureau des reconnaissances, pour se renseigner sur la position et les forces de l'ennemi. Je vous prie de lui donner toutes facilités pour l'accomplissement de sa mission, en gardant d'ailleurs le secret que vous jugerez nécessaire concernant le mouvement de nos troupes.

Le Ministre de la Guerre au Général commandant la subdivision, à Angers (D. T.).

Bordeaux, 24 janvier, 5 h. 15 soir.

Je vous prie de faire mettre en liberté immédiate les nommés C... et P..., et de leur donner un sauf-conduit pour qu'ils ne soient plus inquiétés. Ces deux individus avaient été adressés à M. le général Chanzy par le bureau des reconnaissances. On pourrait les employer utilement comme éclaireurs, mais, après l'incarcération dont ils ont été l'objet, il est douteux qu'ils acceptent de nouveau la mission pour laquelle ils avaient été envoyés. Vous pourrez cependant leur en faire la proposition, en leur fournissant les moyens de se présenter au général Chanzy ou de rentrer chez eux.

Note relative à la suppression du bureau des reconnaissances.

Bordeaux, 12 février.

M. Cuvinot, chef de bureau, a donné sa démission, qui a été acceptée par le Ministre.

Le bureau des reconnaissances comprenait plusieurs services :
1° Bureau des reconnaissances proprement dit ;
2° Prévôté civile ;
3° Prévôté militaire ;
4° Bureau des traductions ;
5° Service des inspecteurs des évacuations ;

6° L'ordonnancement des dépenses pour fournitures de dynamite sur demande faite par les chefs des corps d'armée.

1° *Bureau des reconnaissances.* — Deux employés. — Ces deux employés, conducteurs des ponts et chaussées, ont été remerciés, payés jusqu'au 15 février et mis à la disposition du Ministre des Travaux publics.

2° *Prévôté civile.* — Un prévôt et dix agents. — Le prévôt, M..., ancien commissaire central, a été remercié, payé jusqu'au 15 février et mis à la disposition du Ministre de l'Intérieur..... Les dix agents ont été payés jusqu'au 15 février, et remerciés.

3° *Prévôté militaire.* — Un prévôt et cinquante-deux sous-officiers, brigadiers ou gendarmes. — Le prévôt, M. Viven, chef d'escadron de gendarmerie, et les militaires sous ses ordres, ont été placés sous la direction du général commandant la 14e division militaire pour le service des camps qui entourent Bordeaux.

4° *Bureau des traductions.* — M. Serré, lieutenant de garde mobile de Marseille, a été payé jusqu'au 15 février de l'indemnité de 100 francs par mois qui lui avait été allouée et ira rejoindre son bataillon à Marseille.

Les autres employés, en nombre variable, ont été également remerciés.

5° *Service des évacuations.* — Ce service comprenait, autant qu'il a été possible de s'en rendre compte, quatre inspecteurs des évacuations et deux délégués.

1° M. Brisemure, inspecteur, n'a jamais reçu sa commission, qui ne lui sera pas envoyée;

2° M. Dupré, inspecteur, à Bordeaux en ce moment, a été prévenu de la suppression du service et invité à produire un compte de frais qui lui sera payé;

3° M. Lejeune, inspecteur à Nevers, sera prévenu par lettre d'avoir à cesser ses fonctions, et invité à présenter son compte de frais.

4° M. Chaiznan, inspecteur, actuellement en résidence inconnue, sera prévenu par M. Descombes, son parent, président de la commission d'étude (qui sera dissoute demain), de la suppression du bureau des reconnaissances, et invité également à produire son compte de frais.

5° M. Marquet, professeur de mathématiques, délégué à Segré (Maine-et-Loire), sera prévenu par lettre d'avoir à cesser ses fonctions, et invité à remettre son registre à souches de bons de réquisitions à l'intendant militaire d'Angers et à produire ses comptes.

6° M. Colomb, inspecteur des écoles à Angers, délégué, sera invité par lettre à agir comme son collègue.

6° *Bureau.* — Quant aux dépenses de dynamite, la première demande qui en sera faite sera soumise au Ministre de la Guerre.

En dehors de ces employés connus, le chef du bureau des reconnaissances où les attachés envoyaient en mission des individus, qui reviennent et reviendront sans doute apporter des notes de frais qui seront examinées et payées s'il y a lieu.

En note : Les traitements de la prévôté civile se composaient de deux parties, une solde mensuelle, qui sera réglée pour le mois de février, une indemnité journalière qui a été réglée jusqu'au 15 février, mais donnée à titre d'indemnité jusqu'au 30. La différence des dépenses n'est que de 117 francs.

Service des reconnaissances. — Aperçu sommaire des opérations entreprises pendant la période du 18 octobre 1870 au 7 février 1871 (1).

Bordeaux, 20 février.

Le service des reconnaissances, établi au ministère de la Guerre, a commencé à fonctionner vers le 18 octobre.

Une commission de trois membres était chargée de recueillir et de coordonner les renseignements obtenus sur les positions, le nombre et les mouvements des troupes ennemies.

On s'adressa tout d'abord aux préfets et une circulaire ministérielle (du 24 octobre) les invita à transmettre au Ministre de la Guerre toutes les observations qui pourraient leur être fournies par l'intermédiaire des maires et des sous-préfets.

Les ingénieurs des départements limitrophes de la zone envahie furent invités également à prêter leur concours au service des reconnaissances.

Enfin des émissaires spéciaux, directement envoyés par le bureau, étaient chargés d'explorer certaines régions que l'on avait intérêt à mieux connaître.

Les éléments d'information se complétaient par les interrogations des prisonniers et par les documents recueillis dans la presse étrangère.

Un rapport journalier était adressé au Ministre. Lorsque la position des corps d'armée allemands était bien définie, une carte accompagnait le rapport.

La commission des reconnaissances a fonctionné jusqu'au 12 décembre.

---

(1) Sans signature, mais probablement de M. Cuvinot, chef du bureau des reconnaissances.

A cette date, un bureau spécial fut institué. Par suite des circonstances, ses attributions se sont augmentées, et en dernier lieu elles comprenaient :

1° Les reconnaissances proprement dites et l'interrogation des prisonniers ;

2° La presse étrangère ;

3° Les prévôtés civile et militaire ;

4° Le service des évacuations ;

5° L'appel des contingents dans la zone envahie ;

6° La destruction des lignes télégraphiques et des voies de communication utilisées par l'ennemi.

1° *Reconnaissances*. — Les renseignements contenus dans les dépêches télégraphiques émanant des préfets et sous-préfets manquaient souvent d'exactitude et de précision.

On pouvait néanmoins, en les groupant, tirer de leur ensemble des indications assez probables sur les positions et les mouvements de l'ennemi.

Quelques ingénieurs avaient organisé dans leur département un service d'éclaireurs à l'aide des cantonniers.

On a obtenu de ce côté une plus juste appréciation du nombre de l'armée ennemie et de ses mouvements.

Un assez grand nombre d'émissaires spéciaux avaient été envoyés avec mission de pénétrer dans les lignes ennemies et de faire connaître aux chefs de corps les plus voisins le résultat de leurs observations.

En dépit des précautions prises, des commissions données et des avis télégraphiques adressés aux généraux, la plupart de ces agents ont été arrêtés aux avant-postes français et quelquefois mis en prison ; le fait s'est produit même pour les agents adressés directement aux généraux commandants de corps d'armée et envoyés par eux en avant des lignes françaises.

Les entraves continuelles apportées au service des émissaires proviennent uniquement du défaut d'organisation de ce service. Les chefs de corps et les officiers détachés n'avaient aucun signe de reconnaissance et les commissions les plus régulières revêtues du cachet du ministère de la Guerre ne garantissaient pas les agents de l'incarcération. On ne voyait partout qu'espions prussiens, et les agents français échappaient difficilement à cette qualification.

Malgré les ennemis de toute nature qu'ils ont rencontrés, plusieurs agents ont pu remplir leur mission avec succès, et les généraux ont été prévenus, soit directement soit par mon intermédiaire, de l'importance et de la position des forces ennemies opposées à nos troupes.

Les renseignements fournis par le bureau des reconnaissances sont devenus plus précis le jour où j'ai pu achever les tableaux donnant la composition des armées ennemies. Ces tableaux comprenaient le nombre et les numéros des régiments d'infanterie ou de cavalerie incorporés dans chaque division et le nombre des bouches à feu de chaque corps d'armée. A l'aide des émissaires ou par l'interrogatoire des prisonniers, il était facile de constater la présence de tel ou tel régiment et d'en déduire, avec une grande approximation, l'importance des troupes que l'on avait à combattre.

En même temps que le Ministre de la Guerre adressait aux chefs de corps les tableaux dont je viens de parler, il avait prescrit pour chaque corps d'armée la désignation d'un officier d'état-major ou d'un ingénieur chargé de centraliser tous les faits de reconnaissances et de correspondre avec le bureau spécial établi au ministère de la Guerre.

Ici encore, le défaut d'une organisation antérieure s'est fait sentir. Les officiers chargés du service spécial des reconnaissances ont été employés à d'autres travaux, et l'échange des reconnaissances a eu lieu d'une façon trop irrégulière.

L'interrogatoire des prisonniers s'est fait sans suite et ne m'a jamais été transmis.

On comprend qu'avec des éléments aussi peu coordonnés, la mission que j'avais acceptée n'ait pu être accomplie aussi complètement que je l'aurais voulu. Je m'étais proposé de remplir une véritable lacune dans l'organisation du service des éclaireurs de l'armée.

Je dois avouer que, malgré l'appui constant du Ministre, mes efforts n'ont pas toujours été couronnés de succès ; les efforts ont prouvé néanmoins que l'on pouvait arriver à des résultats sérieux.....

Corps d'éclaireurs. — Deux corps d'éclaireurs avaient été créés. L'un, comprenant 300 cavaliers sous le commandement de M. le chef d'escadrons de Kerdoël, portait le nom de corps des cavaliers détachés. Il avait pour mission de reconnaître les mouvements de l'armée ennemie loin des lignes françaises et d'étudier les marches et contremarches des corps d'armée avant leur concentration.

Un corps d'éclaireurs régulier, comprenant 200 fantassins et 25 cavaliers, avait été confié à M. le chef de bataillon Odoul. Ce commandant avait reçu pour mission de fournir au bureau des reconnaissances tous les renseignements qu'il pourrait recueillir et de se porter sur les communications de l'ennemi en faisant appuyer son corps d'éclaireurs par des forces locales qu'il parviendrait à grouper. L'armistice est venu interrompre la série bien commencée des opérations que l'on se proposait d'entreprendre.....

2º *Presse étrangère.* — La lecture des journaux étrangers (anglais et allemands) m'a permis de contrôler les renseignements provenant d'autres sources et de vérifier l'exactitude de mes prévisions.

Les télégrammes d'origine prussienne et les lettres des correspondants mentionnaient fréquemment la composition des corps d'armée, les numéros des régiments, les noms des généraux.

Tous ces éléments d'information avaient une très grande importance.....

La presse autrichienne et les journaux russes pouvaient aussi être consultés avec fruit.

3° *Prévôté civile et militaire.* — La prévôté civile et la prévôté militaire avaient été rattachées au bureau des reconnaissances. Leur objet principal était la recherche et l'arrestation des espions prussiens, des déserteurs et des réfractaires.

Un certain nombre d'agents de la prévôté civile ont été envoyés aux armées dans le même but. Malheureusement leur service à l'armée était mal défini, mal apprécié, et la plupart ont quitté leur poste peu satisfaits d'eux-mêmes et de leurs chefs.....

5° *Appel des contingents dans la zone envahie.* — Les jeunes gens faisant partie des classes appelées sous les drapeaux, les mobiles ou mobilisés de la zone envahie restaient souvent chez eux, alléguant le manque d'ordres de départ. D'autres, qui n'auraient pas hésité à répondre à l'appel du Gouvernement de la Défense nationale, ignoraient ces décrets.

Il était nécessaire d'envoyer dans les départements occupés par l'ennemi des personnes sûres et dévouées, avec mission de faire connaître aux autorités locales les obligations de leurs compatriotes.

Le service des reconnaissances s'est chargé de pourvoir à ce besoin, notamment dans les départements de l'Est et du Nord-Est....

6° *Destruction des lignes télégraphiques et des voies de communications utilisées par l'ennemi.* — Un assez grand nombre d'agents ont été envoyés par le bureau des reconnaissances pour intercepter les lignes télégraphiques utilisées par l'ennemi. Le but a été atteint pendant des périodes plus ou moins longues sur diverses lignes.....

§ 4. — Transports par chemins de fer, Inspection principale des chemins de fer, etc.

L'Intendant en chef de l'armée de la Loire au Ministre de la Guerre.

12 octobre.

Bien que les ordres d'expédition donnés par vous soient exécutés promptement au point de départ, il arrive trop souvent que les denrées ou le matériel n'arrivent pas à destination en temps utile ; de là des mécomptes qui peuvent amener des désordres. Pour remédier en partie à un semblable état de choses, il y a lieu, à mon avis, de prendre les mesures suivantes :

1° Prescrire à tout fonctionnaire de l'intendance ordonnant un mouvement de denrées ou, à son défaut, à tout comptable expéditeur, d'aviser télégraphiquement du départ des trains l'intendant général de l'armée ou, si l'on ignore où il se trouve, le Ministre qui, alors, aviserait l'intendant général ;

2° Faire autant que possible accompagner les convois, ne fût-ce que par un simple ouvrier d'administration, porteur d'un état indiquant les quantités de denrées qui se trouvent dans le train ; ce planton devant sans retard et à destination aller avertir l'autorité administrative de l'arrivée du convoi ;

3° Créer parmi le personnel sans emploi des chemins de fer et pris autant que possible dans les compagnies de l'Ouest, d'Orléans et de Lyon, des agents qui, placés aux points principaux d'expédition (en ce moment Cherbourg, Lyon et Saint-Nazaire), ou à ma disposition, auraient pour mission de parcourir les lignes de chemin de fer et d'empêcher que le matériel ne soit conservé indéfiniment dans des gares intermédiaires. On pourrait commencer par quatre employés seulement, suivant le droit que vous m'avez donné.

L'Intendant en chef de l'armée de la Loire au Ministre de la Guerre.

16 octobre.

Je sais que vous vous préoccupez vivement des moyens de prévenir, à l'armée de la Loire et dans toute la France, le retour des désastreux encombrements des gares et des retards dans l'arrivée du matériel le plus impatiemment attendu et que vous voulez aussi éviter ces directions arbitraires et souvent malheureuses données nécessairement par les chefs de gare à des approvisionnements importants, lorsqu'une ligne venait à être menacée ou coupée par l'ennemi. Il serait bien à désirer que nous puissions mettre, comme la Prusse, les lignes ferrées en quelque sorte sur le pied de guerre et installer partout des commandants militaires de gare. Ces commandants sont maîtres de réduire ou de supprimer les trains civils, surveillent le mouvement du matériel de la guerre, donnent la préférence au plus pressé et, surtout, changent en connaissance de cause la direction d'un chargement de matériel ou d'un détachement de troupes, lorsque les événements de la guerre empêchent d'atteindre le point primitif de destination. Une telle organisation serait précieuse, car elle empêcherait la fuite aux stations des mauvais soldats qui se dérobent au devoir, la distribution de vins et de liquides de toutes sortes faite à nos soldats et à nos blessés par le zèle inintelligent des populations, distribution qui jette des hommes ivres ou malades sur le champ de bataille et qui développe la fièvre chez nos malades. Je sais que le personnel des chemins de fer, et je l'ai plus d'une fois constaté, lutte courageusement contre ces déplorables abus; mais il n'a pas l'autorité d'un chef militaire, et l'unique gendarme qui le seconde n'est pas toujours là. Si nous ne pouvons pas militariser complètement le service de toutes les gares, on peut au moins le faire dans les principales places au moyen d'officiers en retraite ou d'officiers de la garde sédentaire secondés par quelques gardes. L'action de ces officiers serait combinée avec celle d'agents spéciaux pris dans le personnel des Compagnies qui ne fonctionnent plus, telle que celle de l'Est. Des inspecteurs appartenant aux corps des ponts et chaussées, auxquels les mouvements militaires seraient confidentiellement communiqués au besoin par le commandement, et qui seraient tenus constamment au courant par l'administration de tous les mouvements de matériel, auraient la haute direction et l'inspection permanente du service. Concurremment avec ces mesures générales, l'administration de la Guerre, qui disposera de huit sous-employés, fera accompagner les convois les plus importants.

Le Ministre de la Guerre aux Généraux commandant les divisions et subdivisions territoriales.

Tours, 7 novembre.

Dans l'intérêt de la bonne exécution des mouvements de troupes, je crois utile que vous rappeliez à qui de droit les dispositions ci-après :

« Les généraux ne doivent jamais prescrire la mise en route d'un corps ou détachement par voies ferrées sans indiquer immédiatement par télégraphe à l'autorité militaire, au point de destination, l'effectif de la troupe, le jour et, s'il est possible, l'heure d'arrivée.

« Pour les troupes qui voyagent par étapes, avis du passage dans les gîtes doit être donné sur toute la ligne aux fonctionnaires civils et militaires chargés d'assurer le logement et la nourriture.

« Un officier ou sous-officier, appartenant à la colonne qui voyage, doit être envoyé au lieu de destination vingt-quatre heures avant l'arrivée de la troupe, pour recevoir des instructions relatives à son établissement soit en caserne, soit chez l'habitant, soit dans un campement.

« L'officier ou sous-officier envoyé ainsi en avant se porte à la rencontre de la troupe arrivant à la gare du chemin de fer ou sur la route, et fait connaître au commandant de ladite troupe de quelle manière elle doit être établie.

« Il désigne l'emplacement du campement si ce mode d'installation a été adopté.

« Un planton envoyé par la place se tient prêt à donner tous les renseignements qui seraient demandés à ce sujet.

« Les troupes de toutes armes mises en route emportent avec elles quatre jours de vivres, afin d'être pourvues de moyens de subsistance le jour même de leur arrivée ».

Veuillez tenir la main à ce que ces prescriptions soient exactement exécutées.

Le Ministre de la Guerre à M. Lemercier, chef de l'exploitation à la Compagnie d'Orléans (Très urgent).

Tours, 14 novembre, 10 heures soir.

Tenez-vous prêt à faire des trains spéciaux aujourd'hui, la nuit prochaine et demain, pour acheminer sur Orléans des travailleurs, des troupes, de l'artillerie, etc.

Vous interromprez, si cela vous est utile, tout service public entre Tours et Orléans, et même entre Vierzon et Orléans. La présente vous y autorise.

Faites toutes diligences pour rétablir la circulation jusqu'à Orléans.

Le Délégué à la Guerre à M. Lemercier, chef de l'exploitation à la Compagnie d'Orléans (Confidentiel).

Tours, 22 novembre.

Toutes les fois que vous aurez quelque difficulté pour concilier la circulation de nos trains militaires avec les trains publics, n'hésitez pas, plutôt que de mettre nos trains en retard, à supprimer les trains publics. Agissez en un mot comme si une réquisition directe vous avait été faite à cet égard. Nous régulariserons la chose après coup et, sur votre demande, nous vous couvrirons par une réquisition en bonne forme. Le grand objet *c'est de ne jamais retarder nos trains militaires.*

Le même au même (Urgent).

Tours, 25 novembre.

Nous faisons expédier ce soir deux batteries de Toulouse, *extrême urgence*, par trains grande vitesse. Veuillez donner des ordres pour que ces trains ne soient arrêtés par rien sur vos lignes (Via Bordeaux).

Le Ministre de la Guerre aux Généraux commandant l'armée de la Loire, les corps d'armée, les divisions et subdivisions militaires, aux Intendants et Sous-Intendants militaires et leurs suppléants légaux.

Tours, 3 décembre.

J'ai appris avec une pénible surprise que des corps de troupe, ayant à parcourir de grandes distances sur les voies ferrées, ont été trop souvent embarqués sans avoir été pourvus à l'avance des vivres nécessaires pour leur subsistance, soit en route, soit au lieu de destination, si l'arrivée doit s'opérer à une heure avancée de la nuit.

Cependant, mes instructions ont prévu ce cas, et ma circulaire du 6 novembre 1855 (*J. M.*, p. 189) renferme la prescription suivante :

« Suivant l'ordre du commandement, la troupe emporte pour un ou deux jours de vivres selon la durée du trajet ».

Cette prescription ne doit pas rester à l'état de lettre morte. Le commandement a pour devoir d'ordonner à l'avance toutes les mesures nécessaires ; les fonctionnaires de l'intendance et les chefs de corps ont le devoir d'en assurer l'exécution en ce qui les concerne.

J'espère que ce rappel au règlement suffira pour prévenir toute nouvelle infraction.

Le Ministre de la Guerre aux Directeurs des Compagnies de chemins de fer.

Bordeaux, 4 décembre.

Les derniers événements militaires et les transports de troupes qui les ont suivis, ainsi que l'encombrement qui s'est produit sur certains points, m'ont amené à interdire sur plusieurs lignes, les plus indispensables aux transports militaires, tout service de trains de grande et de petite vitesse affectés au public et au commerce.

Mon administration avait tout lieu d'espérer que pendant ce laps de temps les compagnies auraient la possibilité de dégager leurs gares et leur matériel des marchandises du commerce dont le transport avait été arrêté en conséquence de l'envahissement des troupes ennemies.

Bien que sur certains réseaux ce répit n'ait pas été mis à profit comme il aurait pu l'être, je reçois des préfets des plaintes telles sur l'épuisement de certaines marchandises nécessaires à l'administration publique, à l'éclairage des villes et aux travaux indispensables à la vie, qu'il importe de concilier les exigences du service de la guerre avec les besoins publics les plus urgents. Il convient, en conséquence, d'organiser des services de trains restreints sur chaque ligne, mais suffisants pour donner satisfaction aux mouvements indispensables des voyageurs et à la consommation journalière des villes sur tous les points où les populations ne peuvent tirer leurs approvisionnements par des voies navigables.

Je vous prie de recevoir, en conséquence, les farines, les denrées, les sels, les huiles, les viandes et autres marchandises de consommation usuelle.

Pour éviter la circulation d'un grand nombre de trains, il paraît possible de limiter les expéditions et de les échelonner par destination.

En ce qui concerne les voyageurs, un ou deux trains de voyageurs peuvent être mis en marche sur les sections les moins fréquentées par les transports de la guerre, indépendamment du train de poste.

En cas de mouvements importants de troupes, ces trains publics pourront être suspendus d'une manière absolue, mais seulement pendant la durée de ces transports.

Je fais de nouveau appel à votre patriotisme pour assurer l'alimentation des populations dans des conditions telles qu'il ne puisse en résulter aucune gêne pour la défense nationale.

Le Délégué à la Guerre à M. Lemercier, chef de l'exploitation à la Compagnie d'Orléans (Urgent).

Tours, 7 décembre.

Je vous engage à évacuer les wagons de ravitaillement pour Paris que vous aviez préparés sur vos lignes. La position va se trouver découverte en Sologne et le long de la Loire, d'Orléans à Nevers, etc.

Gare de Blois.

Situation au 8 décembre, à 3 heures du soir, des wagons contenant des subsistances, de l'équipement et des munitions.

Wagons de subsistances :
Biscuit	4
Lard	1
Pain	31
Sucre	2
Biscuit et lard	1
Pommes de terre	1
Eau-de-vie	2
Sel, café, sucre	1
Vin et légumes	2

Avoine 16
Foin 11
Paille 3

   Total des wagons de subsistances.... 75

Wagons d'équipement, etc. :
Objets de campement et d'équipement............... 20
Chaussures... 7
Bagages... 2
Capotes et souliers.................................... 1
Couvertures.. 1
Balles de drap... 1
Pelles et pioches...................................... 3
Agrès de marine....................................... 1
Matériel d'ambulance.................................. 1
Fers pour chevaux..................................... 1

   Total des wagons d'équipement, etc.... 38

Wagons de munitions :
Poudre.. 1
Cartouches et poudre.................................. 1
Obus... 1
Cartouches... 2
Armes.. 1

   Total des wagons de munitions.... 6

Récapitulation :

Wagons de subsistances................................ 75
Wagons d'équipement, etc............................. 38
Wagons de munitions.................................. 6

   Total général............... 119

Gare de Mer.

Situation au 8 décembre, à 4 heures du soir, des wagons contenant des subsistances, de l'équipement et des munitions.

Wagons de subsistances :
Biscuit... 37
Lard.. 10
Pain.. 7

Sucre	6
Café et sucre	1
Café	3
Café et campement	1
Riz	12
Sel	2
Eau-de-vie	4
Avoine	26
Foin	24
Sel et vin	1
Sel et eau-de-vie	1
Comestibles	1
Bœufs	3
Viande fraîche	1
TOTAL des wagons de subsistances	140

Wagons d'équipement :

Objets de campement	1
Effets de mobiles	1
Bagages	3
Ambulance du général Camô	1
Charpie	1
TOTAL des wagons d'équipement	7

Wagons de munitions :

Obus	14
Cartouches	5
Obus et cartouches	7
TOTAL des wagons de munitions	26

Récapitulation :

Wagons de subsistances	140
Wagons d'équipement	7
Wagons de munitions	26
TOTAL GÉNÉRAL	173

Le Ministre de la Guerre au Directeur de la Compagnie d'Orléans.

Bordeaux, 30 décembre.

Beaucoup trop fréquemment nos pauvres soldats sont retenus indéfiniment dans les trains, sans qu'on prenne même la peine de leur dire pour combien de temps. Ainsi le 22, un détachement du 28ᵉ, commandé par le capitaine Besson, venant de Nantes par Niort, est arrivé vers 4 heures du matin à la station de Saint-Benoist, près Poitiers. Il a attendu *pendant cinq heures* l'entrée en gare de Poitiers. Enfin, il n'est parti pour Bordeaux qu'à 5 heures du soir, soit *treize heures après Saint-Benoist*, sans qu'on l'ait un seul instant renseigné sur la durée probable du stationnement.

Le Ministre désire connaître les punitions exemplaires qui ont dû être infligées et les mesures prises pour prévenir le retour de ces faits.

Le Ministre de la Guerre au Général commandant en chef la Iʳᵉ armée, à Bournois (D. T.).

Bordeaux, 12 janvier 1871, 9 h. 35 soir.

M. Jacqmin, directeur des chemins de fer de l'Est, à Bâle, hôtel des Trois-Rois, met à votre disposition MM. Dessans, inspecteur principal, Buf et Humbert, inspecteurs. Ils auront à se concerter directement avec vous pour la mise en exploitation des lignes ferrées de l'Est nécessaires à votre ravitaillement. Vous leur donnerez vos instructions.

Le Ministre de la Guerre au Général commandant le 19ᵉ corps, à Carentan; au Général commandant le 25ᵉ corps, à Vierzon; au Général commandant la IIᵉ armée, à Sillé (Sarthe) (D. T.).

Bordeaux, 13 janvier 1871, 9 h. 30 soir.

Des inconvénients ayant eu lieu par suite de l'envoi précipité de troupes par chemin de fer, et sans que les compagnies aient eu le temps de préparer leurs moyens de transport ou de débarquement, je décide qu'à l'avenir, à moins d'une action militaire engagée qui nécessitera l'expédition immédiate de renforts, aucun transport par chemin de fer d'un effectif de troupes supérieur à une brigade ne s'effectuera sans mon autorisation préalable.

Le Ministre de la Guerre au Général commandant la Iʳᵉ armée, à Bournois (D. T.).

Bordeaux, 13 janvier 1871, 9 h. 30 soir.

Le directeur de chemin de fer Audibert nous télégraphie :
« Il y a un grand nombre de trains ainsi arrêtés, non seulement

entre Chagny et Besançon, mais même entre Nevers et Chagny. Si l'on ne prend pas le parti de débarquer une partie des trains dans d'autres gares convenablement aménagées comme Dijon ou Gray, par exemple, cette situation se prolongera forcément ».

Je vous prie, Général, de donner des ordres immédiats pour faire cesser cet état de choses. Faites venir par voie de terre les troupes les plus rapprochées de vous, et envoyez les trains d'artillerie et de cavalerie dans les gares pourvues de moyens de débarquement.

Ces faits prouvent qu'on a eu le plus grand tort de faire continuer le 15e corps par voie ferrée au delà de Besançon.

Dorénavant et pour éviter des encombrements, je décide qu'à moins d'une action engagée qui nécessite l'envoi immédiat de renforts à tout prix, le transport par chemin de fer d'un détachement de troupes supérieur à une brigade n'aura jamais lieu sans mon autorisation.

Arrêté.

Bordeaux, 17 janvier.

Article premier.

Il est institué une commission pour rechercher les moyens d'assurer et de régulariser sur les chemins de fer les transports militaires, ceux de l'intendance et du ravitaillement de Paris, ainsi que ceux réclamés par les autorités locales et par le commerce, en tenant compte de l'importance relative de ces transports, eu égard aux circonstances.

Art. 2.

Cette commission est composée ainsi qu'il suit :

MM. Férot, directeur de l'administration du ministère de la Guerre
  président ;
  Maniel, inspecteur général des ponts et chaussées ;
  Cézanne, ingénieur des ponts et chaussées ;
  Pierron, chef de bataillon d'infanterie ;
  Mathieu, chef d'escadron d'artillerie.

§ 5. — Bureau topographique.

Le Ministre de la Guerre au Président de la Commission scientifique.

Bordeaux, 28 décembre.

J'ai vu au *Moniteur* un avis faisant connaître que la Commission scientifique délivrera des cartes du théâtre de la guerre à nos chefs de corps. Permettez-moi de vous signaler la double considération qui rendrait bien préférable, selon moi, que la distribution se fît par les services du ministère de la Guerre : 1° on est exposé aux doubles emplois ; 2° des officiers qui se croiront pourvus, ayant vos cartes en mains, seront exposés à suivre mes instructions sur des cartes qui ne seront pas identiques avec les nôtres, sur lesquelles ces mêmes instructions sont rédigées. Le dernier inconvénient est même si grand, que je crois devoir insister auprès de vous, pour vous prier de vouloir bien nous rétrocéder les cartes dont vous disposez.

Le même au même.
Bordeaux, 29 décembre.

Je ne puis que vous prier de remercier la Commission scientifique de la bonne grâce avec laquelle elle a bien voulu accéder au désir de l'administration de la Guerre.

Le Ministre de la Guerre à M. Marqfroy, ingénieur, à Bayonne (D. T.).
Bordeaux, 14 janvier 1871, 11 h. 50 soir.

Je crois que vous trouveriez facilement à Bayonne et Montpellier une collection des cartes de l'état-major. Vous feriez les carrés de Châtillon-sur-Seine, Troyes, Chaumont, Mirecourt, Nancy, Commercy, Bar-le-Duc, Vassy, Châlons, Lunéville, Épinal, en suivant l'ordre. La question de prix est importante à fixer. La réduction photographique que nous avons adoptée est la carte au 1/120,000°.

§ 6. — Commission scientifique de la Défense nationale, Commission d'étude des moyens de défense.

Commission d'étude des moyens de défense.

Procès-verbal de la séance du 15 novembre 1870.

La Commission, instituée par l'arrêté ministériel du 11 novembre 1870, s'est réunie à 1 heure de l'après-midi, dans la salle ordinaire des délibérations du Comité institué auprès du Département de la Guerre pour l'étude des moyens de défense, sous la présidence du colonel Deshorties.

La séance ayant été ouverte, M. le Président dépose sur le bureau les divers documents réunis sur la question par le ministère de la Guerre et adressés à la Commission par lettre ministérielle en date du 13 novembre 1870.

Avant de procéder à la discussion générale, la Commission prend connaissance de ces divers documents dans l'ordre suivant :

N° *1*. — Projet d'instruction à adresser aux troupes d'infanterie par M. Patin, capitaine adjudant-major au 9e bataillon de chasseurs à pied, (Tours, 6 novembre 1870).

La lecture de ce projet donne lieu aux observations suivantes :

a) M. le lieutenant-colonel Dehorties propose d'ajouter au chapitre 2 :

« Dans les camps, pendant la nuit, l'emplacement des divers états-majors sera indiqué, savoir :

« État-major de brigade : par une lanterne à vitres ordinaires. — État-major de division : par une lanterne à vitres rouges. — Grands quartiers généraux : par deux lanternes à vitres bleues ».

b) La Commission estime que le chapitre 6 (sacs d'infanterie) pourrait être distrait du projet présenté et remis immédiatement, avec son approbation, à M. Férot, directeur des services administratifs.

c) Le chapitre du projet, traitant de la progression de l'instruction, a été l'objet de l'addition suivante proposée par M. le colonel Deshorties et acceptée par la Commission : « École du soldat — Défense absolue à l'instructeur de réciter la théorie devant les hommes. Il convient de ne point perdre de temps en explications superflues ».

« On se bornera donc, autant que possible, à enseigner les mouvements en les exécutant et en les décomposant. Les soldats à instruire seront formés en carré autour de l'instructeur ».

d) Plusieurs membres de la Commission proposent de supprimer dans le projet soumis à leur examen la partie de la progression relative aux mouvements généraux de bataillons, régiments, brigades, etc.

e) Les membres de la Commission, par suite de considérations spéciales, décident :

Le paragraphe suivant sera ajouté à la progression d'instruction : « Jusqu'à nouvel ordre, il ne sera tiré aucune cartouche à balle pendant le cours de l'instruction des troupes d'infanterie. Les séances qui devraient être consacrées au tir seront remplacées par des séances de pointage, dans lesquelles on simulera les feux à volonté et surtout les feux à commandements, exécutés à la voix et au sifflet ».

La Commission renvoie à la séance du lendemain 16, la suite de la lecture et de l'étude des autres documents déposés sur le bureau. Elle charge M. Patin, rapporteur, de lui soumettre sur chacun d'eux une analyse succincte.

La séance est levée à 5 heures du soir.

Commission d'étude des moyens de défense.

Procès-verbal de la séance du 16 novembre 1870.

La séance est ouverte à 1 heure de l'après-midi.

M. le capitaine Ogylvy, de l'armée anglaise, est admis à présenter devant la Commission, les développements relatifs au document adressé par lui au Ministre de la Guerre (Smyrne, 18 octobre 1870).

La Commission prend en considération les conclusions de M. le capitaine Ogylvy, et charge le rapporteur de coordonner les propositions faites par cet officier dans celles du même genre, contenues dans les derniers documents soumis à son examen.

M. Patin soumet ensuite à la Commission l'analyse des documents suivants :

N° 3. — Instruction sur le service des francs-tireurs à la guerre, par M. le lieutenant-colonel Deshorties (Marseille, 28 août 1870).

N° 4. — Lettre de MM. Anatole de La Forge, Georges Perin et Lissagaray (Tours, 30 octobre 1870).

Note sur l'organisation d'un camp d'instruction à Toulouse (sans date ni signature).

Autre note sur l'organisation d'un camp à Toulouse (sans date ni signature).

N° 5. — Organisation d'armées ; Plan de campagne, par M. Maignieu (Saint-Lô, 31 octobre 1870).

N° 6. — Note concernant la Défense, par M. Ch. Dupré (Tours, 7 novembre 1870).

N° 7. — Coordination d'après un plan d'ensemble des emplacements à donner aux camps retranchés, par M. Croizette-Desnoyers, ingénieur en chef (Tours, 7 novembre 1870).

N° 8. — Note d'un agent forestier (sans nom d'auteur, 8 novembre 1870).

N° 9. — Quelques mots pouvant être annexés au plan de la Défense nationale, par un proscrit du 2 Décembre venu de l'étranger pour se faire soldat (sans date et sans nom d'auteur).

N° 10. — Observations présentées par deux capitaines du génie, MM. de Kermainguouet et de La Bouglix (sans date).

Le travail de M. le capitaine Ogylvy ayant été développé par lui, le rapporteur n'a soumis à son égard aucune analyse à la Commission. Ce travail était classé sous le n° 2.

La Commission estime que ces divers documents, présentant presque tous un véritable intérêt au point de vue de la Défense nationale, sont néanmoins étrangers à l'objet actuel de ses délibérations.

Elle charge le rapporteur d'établir, sur les bases fournies par le document n° 3, un projet d'instruction spéciale destinée aux corps de partisans.

Le rapporteur devra aussi coordonner et développer les propositions contenues dans les documents n°s 4, 5, 6, 7, 9, 10, sous les titres suivants :

1° Camps retranchés ;

2° Camps d'instruction ;

3° Plan de campagne résultant des considérations stratégiques présentées sur la position des armées belligérantes.

En conséquence, après avoir procédé à l'étude et à la discussion des projets présentés, la Commission formule à l'unanimité ses conclusions de la manière suivante :

Le travail présenté par M. le capitaine Patin recevra les deux annotations indiquées dans le procès-verbal de la séance du 15 novembre 1870. La partie de la progression relative aux mouvements de bataillons, régiments, etc., sera supprimée.

Ce travail ainsi modifié sera présenté au Ministre de la Guerre sous forme de : Projet d'instruction destiné aux troupes d'infanterie.

La séance est levée à 5 heures.

Projet de défense de la France (1).

(Sans date).

Dans la situation actuelle, la défense de la France peut se partager en cinq régions :

1° *Nord*, limitée par les départements : Seine-Inférieure, Oise, Aisne ;

2° *Ouest*, limitée par les départements : Eure, Eure-et-Loir, Loiret ;

3° *Centre, Sud-Ouest* et *Sud*, limitée par la Loire ;

4° *Sud-Est*, entre la Loire et les Alpes ;

5° *Est*, limitée par le Rhône et la Saône d'une part et par les Alpes de l'autre.

Trois éléments sont appelés à y concourir : les corps réguliers de l'armée, la garde mobile et la garde nationale mobilisée.

Les forces régulières de l'armée sont presque entièrement appelées sur la limite du terrain à défendre, à l'exception de la classe de 1870 qui est dans les dépôts. La plus grande partie de la garde mobile a reçu la même destination.

---

(1) Par le lieutenant-colonel Deshorties et le chef de bataillon de Pontlevoye.

Quant à la garde nationale mobilisée, à peine si quelques fractions de cette troupe ont été mises en route dans l'Est.

Le présent projet a pour objet d'appeler à l'action immédiate toutes les forces disponibles appartenant principalement à la garde mobile et à la garde nationale mobilisée et armée.

1° *Région du Nord.* — Cette région étant en grande partie couverte par des places fortes, les points de concentration des troupes y sont naturellement indiqués ; il y a exception, toutefois, pour les départements de la Seine-Inférieure et de la Somme.

Les points à occuper dans ces deux départements seraient : Pont-de-l'Arche, Rouen, Pont-Saint-Pierre, Charleval, Croisy, Gournay, Formerie, Poix, Amiens (citadelle), Corbie, Bray, Péronne (place fortifiée).

Les gardes nationales du Nord, du Pas-de-Calais, de la Somme, de la Seine-Inférieure, de l'Aisne et des Ardennes formeraient la défense de la ligne du Nord.

2° *Région de l'Ouest.* — Cette région est assez vaste pour assurer par elle-même la défense de sa frontière entre la Loire et la mer.

Les positions principales qu'elle doit occuper sont généralement choisies sur la ligne de partage des eaux et à l'origine des vallées ; elles commandent, en outre, la plupart des routes. Ce sont : Lisieux, Le Merlerault, Mortagne, Bellême, Nogent-le-Rotrou, Authon, Mondoubleau, Vendôme, Blois, Château-Renault.

Cette ligne de défense, située en avant du chemin de fer de Tours à Caen, a pour but de protéger la voie ferrée et d'empêcher qu'elle ne tombe entre les mains de l'ennemi.

Le centre de cette ligne est à Mortagne. Le quartier général serait établi à Alençon.

L'importance des positions ci-dessus désignées nous paraît telle qu'il y aurait lieu de les mettre en état de défense, soit en utilisant les obstacles qu'elles présentent, soit en y créant des ouvrages de campagne qui auraient l'avantage de protéger des troupes jeunes et manquant de solidité.

Toutes les gardes nationales mobiles et mobilisées de la région de l'Ouest seraient appelées à défendre la première ligne et à organiser en deuxième ligne la défense même de la voie ferrée de Tours à Caen et à Cherbourg.

3° *Région du Centre, Sud-Ouest, Sud.* — Les points de cette région à occuper seraient : Angers, Saumur, Candes, Chinon, Azay-le-Rideau, Tours, Montbazon, Amboise, Montrichard, Saint-Aignan, Selles-sur-Cher, Mennetou, Vierzon, Bourges, Sancerre.

Les centres de la défense seraient Poitiers et Châteauroux.

Les gardes nationales mobiles et mobilisées des Basses-Pyrénées, Hautes-Pyrénées, Landes, Gers, Lot-et-Garonne, Gironde, Dordogne, Charente-Inférieure, Charente, Vendée, Maine-et-Loire, Indre-et-Loire, Cher, Indre, Deux-Sèvres, Vienne, Haute-Vienne, Corrèze et Lot seraient appelées à défendre la portion de la région comprise entre Angers et Sancerre.

4° *Région du Sud-Est.* — Les points de cette région à occuper sont : Cosne, Donzy, Entrains, Clamecy, Vézelay, Avallon, Epoisses, Semur, Montbard, Châtillon-sur-Seine, Aignay-le-Duc, Beaune, Autun, Chalon-sur-Saône, Mâcon, Cluny, Charolles, Charlieu, Beaujeu, Belleville, Villefranche, Thizy, Roanne, Lyon.

Le centre de la défense de cette région serait Nevers, ville placée au saillant du bec de l'Allier.

C'est évidemment sur elle que se porteraient les forces de l'ennemi, puisque sa possession lui permettrait de franchir, en même temps la Loire et l'Allier, de menacer Bourges et de prendre à dos l'armée de la Loire. Une force très considérable devrait, dès à présent, être réunie sur ce point.

Les départements de l'Allier, de la Creuse, du Cantal, de l'Aveyron, du Tarn-et-Garonne, de l'Ariège, des Pyrénées-Orientales, de l'Aude, du Tarn, du Gard, de la Lozère, de la Haute-Loire, de Saône-et-Loire, de la Nièvre seraient chargés de défendre la région comprise entre Cosne, Clamecy, Avallon, Semur, Beaune et Lyon.

5° *Région de l'Est.* — Les points à occuper sont : Bourg, Lons-le-Saulnier, Saint-Claude, Nantua.

Les départements des Bouches-du-Rhône, Var, Alpes-Maritimes, Basses-Alpes, Hautes-Alpes, Vaucluse, Drôme, Isère, Ain, Jura, Savoie et Haute-Savoie seront chargés de la défense de la région de l'Est comprise dans les départements de l'Ain et du Jura.

Les gardes nationales des départements du périmètre de l'action partiellement envahis se joindront à chacun des groupes les plus rapprochés de leur région.

Il est extrêmement urgent que les mesures nécessaires pour la réalisation de ce plan soient ordonnées sans perte de temps.

L'armée ennemie qui assiégeait Metz est devenue disponible. Elle va évidemment venir renforcer les forces engagées autour de Paris et d'Orléans et celles qui marchent sur Lyon.

Il n'y a pas une minute à perdre. L'exécution de cette mesure rendrait d'ailleurs les 15°, 16°, 17° et 18° corps libres de leurs mouvements.

Le Délégué à la Guerre au Président de la Commission d'étude des moyens de défense.

Tours, 1ᵉʳ décembre.

J'ai eu lieu de constater que, dans la pratique, quelques difficultés se sont produites par suite de ce que des propositions de la Commission pour l'étude des moyens de défense, que vous présidez, ont reçu l'approbation du Ministre sans avoir été instruites par les services compétents. Pour éviter ces difficultés, je désire qu'à l'avenir toutes les propositions, sans exception, de la Commission me soient transmises et qu'aucun marché ne puisse être conclu par elle que moyennant mon intermédiaire.

Le Ministre des Travaux publics au Ministre de la Guerre.

Bordeaux, 18 janvier 1871.

M. le Président de la Commission des engins de guerre, sous la surveillance de laquelle la Compagnie d'Orléans a été chargée de construire trois batteries sur trucks, vient de me faire connaître qu'une de ces batteries est sur le point d'être terminée et que les deux autres suivront de près.

Je m'empresse de porter ces informations à votre connaissance, afin que vous puissiez aviser aux mesures à prendre pour la mise en activité de ce matériel.

Je crois devoir en outre appeler votre attention sur le point suivant : dans le principe, il a été question de faire établir par chacune des grandes Compagnies de chemins de fer une batterie sur trucks, ce qui portait à cinq le nombre de ces batteries, et vous aviez adopté cette proposition. Mais depuis lors, quand le système de ces batteries a été modifié, il n'a plus été question que de trois batteries à faire établir par la Compagnie d'Orléans. Je vous prie de me faire connaître si vous êtes d'avis que l'on s'en tienne à ces trois batteries, ou de m'indiquer le nombre qu'il y aurait lieu de faire construire, afin que je puisse prendre les dispositions nécessaires suivant l'avis que vous émettrez.

Batteries roulant sur trucks de chemins de fer (1).

Au moment où les batteries sur trucks, que la Commission des engins a été chargée de faire construire, vont se trouver successivement ter-

---

(1) Cette pièce est annexée au document précédent.

minées, la sous-commission qui a procédé à leur installation émet le vœu que le commandement en soit confié à l'un de ses membres, M. le capitaine de vaisseau....., qui est tout disposé à accepter cette mission.

L'emploi partiel dans ces batteries de grosses pièces de marine qui seront nécessairement servies par des matelots-canonniers, l'assimilation que, sous beaucoup de rapports, on peut faire avec un bâtiment de cet ensemble de pièces roulant sur un chemin de fer, tout semble indiquer que, dans cette circonstance, il y a lieu d'avoir recours à la direction d'un officier de vaisseau. D'un autre côté, personne ne semble plus apte à remplir cet emploi que le commandant....., qui s'y trouve tout naturellement préparé par l'étude spéciale qu'il a dû faire avec la Commission des batteries dont il s'agit.

III

Recrutement et avancement des officiers.

Le Ministre de la Guerre aux Généraux commandant les divisions militaires.
Paris, 4 septembre.

Aux termes de l'article 3 de la loi du 29 août 1870, les anciens militaires de tous grades sont autorisés à rentrer dans l'armée, pour y servir activement, pendant la durée de la guerre, dans les grades dont ils étaient jadis titulaires.

Il se présente, dans l'application de ce principe, une question importante à trancher en tant qu'il s'agit de *troupes de ligne* : c'est celle de savoir à qui doit être attribué le commandement lorsque se trouvent en présence, par exemple, deux officiers d'un grade égal, dont l'un a repris du service en exécution de la loi nouvelle, et dont l'autre n'a pas cessé d'appartenir à l'armée.

En règle générale, l'ancienneté en déciderait ; mais, dans l'espèce, il y a lieu évidemment, par une raison d'équité indiscutable, de déduire de l'ancienneté de grade de l'officier rentré dans l'armée en vertu de la loi nouvelle le temps qu'il a passé hors du service.

J'ai décidé, en outre, que l'officier auxiliaire, pourvu d'une commission provisoire pour la durée de la guerre, ne serait admis, dans aucun cas, à exercer les fonctions soit de chef de corps ou de service soit de commandant de dépôt.

Je vous invite à notifier à qui de droit ces dispositions, qui sont applicables à tous les grades, et je vous recommande de veiller avec le plus grand soin à ce qu'elles soient strictement observées dans les corps.

Le Ministre de la Guerre aux Généraux commandant les divisions et subdivisions militaires.
Paris, 8 septembre.

J'ai constaté que des mouvements considérables avaient lieu dans la composition des cadres à peine formés de la garde nationale mobile, par suite de démissions.

Il est inadmissible, dans les circonstances actuelles, que les personnes qui ont sollicité et obtenu l'honneur d'être pourvues d'un grade d'officier puissent ainsi se démettre de leurs fonctions, d'autant plus que les mutations incessantes qui en résultent portent une grave atteinte à l'organisation de la garde nationale mobile.

J'ai donc décidé, afin de bien faire comprendre aux officiers qui seraient tentés d'offrir leur démission à l'avenir toute la gravité d'une pareille détermination, qu'à moins de considérations absolument exceptionnelles et constatées par les officiers généraux commandant les divisions militaires territoriales ou actives sous les ordres desquels ils seraient placés, ces offres auraient pour conséquence, non pas l'acceptation des démissions, mais la révocation des titulaires des emplois, sans préjudice des obligations auxquelles ils resteraient soumis, selon leur âge, au point de vue du service comme simples soldats, soit dans l'armée active, soit dans la garde nationale mobile, soit dans la garde nationale sédentaire.

Je vous prie de prescrire que cet avertissement soit porté par la voie de l'ordre à la connaissance des officiers de tous grades des bataillons, compagnies et batteries de la garde nationale mobile de votre division.

Vous m'accuserez réception de la présente circulaire.

Le Ministre par intérim de la Marine et des Colonies aux Préfets maritimes.
Paris, 10 septembre.

Plusieurs officiers de la division active de l'infanterie de la marine sont récemment revenus en France. Ils doivent être dirigés sur les dépôts de leurs régiments respectifs.

Les uns se sont évadés des prisons de l'ennemi. D'autres ont été compris dans la capitulation de Sedan et se seraient engagés à ne pas servir activement pendant la guerre.

Ces derniers officiers ne pourront donc être appelés à servir dans les corps qui pourront être engagés avec l'ennemi. Peut-être pourraient-ils être employés dans les dépôts, dans les divers services de leur arme et loin du théâtre de la guerre.

Ceux qui ont signé l'engagement exigé, et qui croiraient que cet engagement ne leur permet pas d'être employés soit dans les dépôts, soit dans le service territorial, loin du théâtre de la guerre, soit même aux colonies, seront mis en non-activité pour cause de rentrée de captivité de l'ennemi.

Vous voudrez bien prendre à cet égard la déclaration des officiers dont il s'agit et leur assigner une destination en conséquence.

Les Officiers de la légion étrangère au Président du Gouvernement, à Paris (D. T.).

Mascara, 12 septembre, 11 h. 50 soir. Expédiée le 13 septembre à 2 h. 50 matin.

La République fait appel à tous les citoyens pour repousser l'étranger. Nous vous prions instamment de nous faire concourir à la défense de la Patrie. Notre régiment, par suite de l'accroissement de son effectif, peut, sans dégarnir les postes qui lui sont confiés, disposer de 3,000 soldats formés, Belges pour la plupart, qui tous désirent ardemment combattre pour la France, leur patrie d'adoption. Si des raisons graves ne permettent pas au régiment, tel qu'il est constitué, de marcher contre les envahisseurs du sol national, prenez du moins la plus grande partie des officiers; que nous n'ayons pas la douleur de rester tous inactifs quand la Patrie est en danger. Malgré des appels incessants, notre voix jusqu'à présent n'a pas été écoutée. Nous espérons que le Gouvernement de la Défense nationale voudra bien accepter les services d'officiers éprouvés par de nombreuses campagnes et qui tous n'ont qu'un désir, combattre pour le salut de la France et venger leurs frères d'armes.

Le Ministre de la Justice aux Préfets (D. T.).

Tours, 17 septembre, 10 h. 5 matin.

Faites-moi connaître, le plus vite possible et par dépêche, les noms d'un capitaine, d'un lieutenant et d'un sous-lieutenant dans chaque bataillon de garde mobile qui voudraient entrer immédiatement dans l'armée avec leur grade. Faites-moi aussi connaître, par la même dépêche, le nom d'un sous-officier par bataillon, ayant servi, qui voudrait entrer dans l'armée avec le grade de sous-lieutenant.

Répondez-moi de suite, il y a urgence.

J'attends votre dépêche à Tours.

Le Ministre de la Guerre à l'amiral Fourichon, à Tours (D. T.).

Paris, 18 septembre, 6 heures soir.

M. le Garde des sceaux a envoyé une circulaire aux préfets pour qu'on lui fît connaître les noms d'un capitaine, d'un lieutenant et d'un sous-lieutenant qui voudraient entrer immédiatement dans l'armée avec leur grade. Je vous prie d'arrêter immédiatement l'application de cette mesure inexécutable.

Le Général, Secrétaire général de la Guerre, au Ministre de la Guerre.

Tours, 18 septembre.

J'ai vu arriver avec le plus grand plaisir M. l'amiral Fourichon; sa présence ici était impérieusement commandée à tous les points de vue.

Nous poursuivons l'organisation du 15e corps; déjà, des compagnies sont arrivées sur les points de concentration, mais je crains que l'opération soit longue, surtout si le Gouverneur ne nous vient en aide. L'absence des zouaves, qui sont retenus à Saint-Cloud, complique aussi la question; les petits dépôts de ces corps ne possèdent, en effet, que très peu d'officiers.

Sur la proposition du Gouvernement, j'ai demandé aux préfets de me faire connaître les noms des officiers de la garde mobile qui consentiraient à servir, à titre temporaire, avec leur grade, capitaines, lieutenants et sous-lieutenants, dans nos régiments d'infanterie, mais j'attendrai vos ordres, Monsieur le Ministre, avant de prendre une mesure qui pourrait nous tirer d'embarras en nous donnant des cadres, mais, qui, sous le rapport de la discipline, pourrait présenter des inconvénients.

Je vous prie de vouloir bien me faire connaître votre décision par le télégraphe.

Le Ministre de la Guerre aux Généraux commandant les divisions militaires.

Paris, 18 septembre.

Les officiers de tous grades, faisant partie de l'armée qui a capitulé à Sedan et qui, liés par un engagement écrit, ont cru devoir rentrer en France, seront immédiatement dirigés sur l'Algérie pour être mis à la disposition du Gouverneur général intérimaire.

Je vous invite à assurer la prompte exécution de cette disposition.

Il ne sera fait exception à la mesure qu'à l'égard de ceux de ces officiers qui, blessés ou malades, justifieraient par des certificats de médecins, de l'impossibilité de se rendre immédiatement en Algérie. Ils devront, du reste, recevoir cette destination aussitôt après leur guérison.

Le Vice-Amiral, Ministre de la Guerre par intérim, aux Généraux commandant les divisions militaires.

Tours, 21 septembre.

Il est du plus grand intérêt de compléter, le plus tôt possible, nos cadres en officiers.

Veuillez, à cet effet, stimuler activement la rentrée dans l'armée des officiers en retraite ou démissionnaires.

Afin de supprimer tous les délais qui pourraient retarder l'entrée en fonctions de ceux de ces officiers qui consentiront à reprendre du service à titre provisoire, je vous autorise à leur assigner dans votre commandement telles destinations que vous jugerez convenables et à leur délivrer, par délégation du Ministre, des ordres de service en conséquence.

Vous aurez soin seulement de me faire connaître les réadmissions dont il s'agit, au fur et à mesure que vous les aurez prononcées.

Le Ministre de la Guerre aux Généraux commandant les divisions et les subdivisions territoriales et actives; aux Intendants et Sous-Intendants militaires; aux Chefs de corps des régiments d'infanterie; aux Commandants des bataillons de chasseurs à pied et aux Commandants des dépôts de ces corps.

Tours, 24 septembre.

J'ai l'honneur de vous adresser ci-joint, ampliation d'un décret du 23 septembre courant, prescrivant la création de quatre nouveaux cadres de compagnies dans chacun des dépôts des régiments d'infanterie de ligne et de deux cadres de même nature dans chaque dépôt des bataillons de chasseurs à pied.

Les développements donnés depuis le commencement de la guerre à l'effectif de la troupe ont mis cet effectif hors de proportion avec le nombre des officiers chargés de l'instruction des recrues.

En second lieu, la mobilisation récente de deux des compagnies de ces mêmes dépôts y a créé une situation qui a dû appeler l'attention du Gouvernement de la Défense nationale.

Les termes du décret vous feront connaître les résolutions qui ont été prises pour arriver à la formation rapide des cadres à créer. Elles constituent des moyens exceptionnels commandés par la situation. En principe, une organisation doit se faire à l'ancienneté et au choix sur toute l'arme, et, le 9 août dernier, on a suivi cette règle pour la constitution des 5e et 6e compagnies des IVes bataillons. Les résultats ont prouvé que, quand un grand nombre de régiments sont devant l'ennemi, on appelle en vain des officiers ou des sous-officiers de ces régiments à passer avec avancement dans d'autres corps. Les événements de guerre les empêchent de rejoindre, et les cadres dont la formation a été prescrite restent vides.

Pour éviter, cette fois, ces graves inconvénients, on a dû recourir aux moyens suivants :

Toute la formation sera faite au choix par les généraux commandant les divisions, sauf ratification par le Ministre de la Guerre.

Il pourra être dérogé aux conditions de temps imposées pour passer d'un grade à un autre.

Les officiers démissionnaires, âgés de moins de 50 ans, qui demanderont à rentrer dans l'armée active, qui auront un passé honorable et qui seront valides, pourront être réadmis, au titre français, avec leur ancien grade.

Les anciens sous-officiers seront susceptibles d'être réintégrés dans leur grade, jusqu'à l'âge de 40 ans, et d'être ultérieurement promus sous-lieutenants pour la durée de la guerre. S'ils se distinguent par leur manière de servir, ils pourront obtenir d'être nommés à titre définitif.

Ces diverses dérogations aux prescriptions de la loi sont commandées par les circonstances. Lorsque les officiers et sous-officiers qui satisfont aux conditions voulues sont dans l'impossibilité de rejoindre, il est de toute nécessité d'appliquer et même d'étendre les dispositions de l'article 19 de la loi du 14 avril 1832. C'est dans cet ordre d'idées que je vous prie de procéder aux créations prescrites par le décret relaté d'autre part.

Je compte trop sur votre patriotisme pour ne pas être assuré que vous ne porterez votre choix que sur des candidats dignes en tout point de l'épaulette.

Vous vous entourerez de tous les renseignements qui vous permettront de bien apprécier chacun d'eux, et vous me rendrez compte des nominations provisoires que vous aurez faites, en me transmettant les procès-verbaux de constitution des compagnies nouvelles.

Le Ministre de la Guerre aux Généraux divisionnaires et aux Intendants militaires.

Tours, 27 septembre.

J'ai décidé le 25 de ce mois que les officiers qui ont signé la capitulation de Sedan et se sont engagés à ne pas servir contre la Prusse, pendant la durée de la guerre actuelle, recevront la solde de non-activité par suppression d'emploi, depuis le jour de la capitulation jusqu'à celui où ils seront pourvus d'un emploi dans les dépôts ou en Algérie.

Cette disposition sera applicable à tous les officiers qui signeraient ultérieurement de semblables engagements.

Le Ministre de la Guerre au Général commandant la 18ᵉ division militaire.

Tours, 27 septembre.

Plusieurs majors commandant des dépôts d'infanterie refusent de recevoir et d'employer dans ces dépôts des officiers revenant de Sedan.

Veuillez leur rappeler que la place de tout isolé rentrant de l'armée est au dépôt de son régiment.

Les officiers qui reviennent au dépôt de leur corps doivent y être reçus et employés s'ils le demandent. Ils connaissent leur situation. Si leur compagnie venait à être mobilisée, on pourrait, à l'aide d'une permutation, les empêcher d'aller aux bataillons de guerre et de porter les armes contre la Prusse.

Je n'ai pas à donner une nouvelle lettre de service à un officier qui rallie son dépôt.

Le Ministre de la Guerre par intérim aux Généraux commandant les divisions militaires.

Tours, 28 septembre.

Des divergences d'opinion se sont produites, en ce qui touche la position et le rôle des officiers signataires de la capitulation, qui ont été réadmis dans les dépôts.

Les uns pensent que ces officiers peuvent reprendre un service actif, quant à l'administration et à l'instruction des recrues, sauf à ne pas être replacés dans les cadres de compagnies ou de bataillons envoyés en ligne du côté du théâtre de la guerre.

D'autres croient, au contraire, que ces officiers, liés par un étroit serment d'honneur, ne doivent plus être appelés à tirer l'épée, même dans leurs dépôts, mais qu'ils peuvent être employés soit dans les parquets des conseils de guerre, soit dans l'administration intérieure du corps.

Les officiers signataires de la capitulation réadmis dans les dépôts sont seuls à même d'apprécier l'étendue des obligations qui résultent pour eux de l'engagement qu'ils ont souscrit.

Mais le département de la Guerre ne saurait maintenir en activité ceux de ces officiers qui ne se croiraient pas en droit de concourir à l'administration ou à l'instruction des recrues, et ces officiers devront, par suite, être mis en non-activité. Leur maintien au corps n'aurait plus, en effet, de raison d'être s'ils devaient s'abstenir de toute participation à ces diverses parties du service.

Sous le rapport de la solde, les officiers signataires de la capitulation ont droit à la solde de non-activité, du jour où ils ont souscrit l'engagement de ne pas servir contre la Prusse jusqu'à celui où ils sont pourvus d'un emploi dans les dépôts ou en Algérie, et à la solde de présence, du jour où ils sont employés dans ces dépôts ou en Algérie.

Le Général commandant la 2e division militaire au Général commandant la subdivision de l'Eure.

3 octobre.

Le Ministre de la Guerre apprend qu'un grand nombre d'officiers échappés des prisons de l'ennemi ou qui ont voulu adhérer à la capitulation de Sedan sont rentrés provisoirement dans leurs foyers. Il prescrit de les envoyer à leurs dépôts. Si des compagnies de ces dépôts sont mobilisées, ils n'en feront pas partie. S'ils ne croient pas pouvoir faire un service intérieur de dépôt, vous me le ferez savoir afin qu'ils soient mis en non-activité pour la durée de la guerre et remplacés.

Le Ministre de la Guerre aux Généraux commandant les divisions territoriales.

Tours, 4 octobre.

Pour faire suite à ma circulaire du 22 septembre dernier, relative à la formation d'un cadre provisoire d'escadron dans les dépôts de cavalerie, je vous autorise à nommer les trois officiers auxiliaires qui doivent entrer dans la composition de ce cadre.

Vous vous bornerez à me rendre compte des nominations que vous aurez faites et des emplois auxquels vous n'aurez pas pu pourvoir.

Cette nouvelle disposition rend inutile l'envoi de la liste de candidature qui vous était demandée par le dernier paragraphe de ma circulaire du 23 septembre précitée.

Le Ministre de la Marine au Gouverneur de la Cochinchine.

Tours, 5 octobre.

Un certain nombre d'officiers d'infanterie de la marine, signataires de l'article 2 de la capitulation de Sedan, ont déclaré ne pas pouvoir servir en France, mais pouvoir être employés aux colonies.

J'ai décidé que plusieurs de ces officiers seraient immédiatement envoyés en Cochinchine, pour y remplir, au moins numériquement, les vacances qui existent dans les détachements des quatre régiments de l'arme.

Ces officiers sont les suivants..... (1):

L'arrivée de ces officiers, outre qu'elle comblera presque toutes les vacances, vous permettra de renvoyer plus facilement en France les officiers malades ou fatigués par un trop long séjour dans la colonie.

Décret.

Tours, 13 octobre.

Le Gouvernement de la Défense nationale, vu l'article 106 de l'ordonnance du 16 mars 1838, sur le rapport du Vice-Amiral Ministre de la Marine et des Colonies, décrète :

ARTICLE PREMIER.

Le général commandant en chef le 15e corps d'armée est autorisé à nommer provisoirement aux emplois de sous-lieutenant qui viendront à vaquer dans les détachements d'infanterie de la marine faisant partie de ce corps d'armée.

ART. 2.

Le Vice-Amiral Ministre Secrétaire d'État de la Marine et des Colonies est chargé de l'exécution du présent décret.

Le Ministre de la Guerre aux Généraux commandant les divisions territoriales et actives (D. T.).

Tours, 20 octobre.

Quand des sous-officiers d'infanterie libérés et n'ayant pas dépassé l'âge de 40 ans se présenteront à vous pour reprendre du service, examinez si quelques-uns d'entre eux sont dignes d'être nommés officiers et, si vous les considérez comme tels, faites-les sous-lieutenants d'infanterie si vous manquez de sujets dans les corps.

Le Ministre de la Guerre aux Généraux commandant les divisions militaires (D. T.).

Tours, 26 octobre, 7 heures soir.

Plusieurs généraux de division me demandent si un lieutenant, prisonnier sur parole, qui est employé dans le dépôt de son corps avec

---

(1) Ces officiers étaient au nombre de 11, savoir : 2 chefs de bataillon, 1 capitaine, 3 lieutenants et 5 sous-lieutenants.

son grade, peut être nommé capitaine lorsqu'il y a une vacance dans le dépôt ou dans une compagnie mobilisée.

Les prisonniers sur parole sont considérés comme des prisonniers qui sont en Allemagne ; ils sont prisonniers de guerre et doivent être traités comme tels. Ils ne peuvent pas être attachés à une compagnie mobilisée ; mais, comme on les emploie dans les dépôts, dans des compagnies non mobilisées, on peut leur donner un seul avancement, l'ancienneté, sauf à les laisser toujours au dépôt.

Toutefois [dans] les circonstances actuelles et jusqu'à la fin de la guerre, les dérogations à la loi sur l'avancement ont été reconnues indispensables. Si donc, pour avoir des officiers pouvant marcher sur-le-champ, il est nécessaire d'ajourner l'avancement d'un prisonnier sur parole, on le peut, surtout quand ce prisonnier est le plus ancien du dépôt, sans être le plus ancien du régiment.

Circulaire du Ministre de la Guerre.

Tours, 30 octobre.

Le télégramme concernant l'ajournement de l'envoi en Algérie des officiers d'infanterie prisonniers sur parole (1) ayant été interprété d'une manière générale par certains officiers généraux, je crois devoir vous rappeler que les dispositions de ma circulaire du 18 octobre dernier, *relative aux officiers de cavalerie se trouvant dans cette position* (2) doivent être immédiatement exécutées, c'est-à-dire qu'ils doivent être dirigés sans exception sur l'Algérie.

Le Colonel commandant par intérim la subdivision d'Alger au Major du 1er régiment de Tirailleurs.

Alger, 2 novembre.

Le Ministre de la Guerre, consulté au sujet de l'avancement des officiers prisonniers sur parole, a répondu par le télégramme suivant du 28 octobre dernier :

« Les prisonniers sur parole doivent être traités comme les autres prisonniers de guerre.

« *Ils ne peuvent être attachés en France à des compagnies mobilisées* et ne sont susceptibles d'avoir qu'un seul avancement *à l'ancienneté*.

---

(1) Document non retrouvé.
(2) *Ibid.*

« Vous pouvez cependant leur donner leur avancement dans une compagnie de nouvelle formation, *en Algérie, si cette compagnie n'est pas appelée à prendre part à la guerre contre la Prusse* ».

Le Ministre de la Marine au Général commandant supérieur de l'armée de l'Ouest.

Tours, 6 novembre.

Par un décret dont vous trouverez ci-joint ampliation, le général commandant en chef le 15e corps d'armée a été autorisé à nommer provisoirement aux emplois de sous-lieutenant qui viendraient à vaquer dans les détachements d'infanterie de la marine faisant partie de son corps d'armée.

C'était alors le seul qui, avec l'armée de Paris, comprit des troupes de cette arme.

Un bataillon d'infanterie de la marine se trouvant sous votre commandement, le décret dont il s'agit lui est applicable. Vous pouvez dès lors vous considérer comme autorisé à pourvoir provisoirement aux vacances qui pourraient s'y produire par des nominations au grade de sous-lieutenant.

La circulaire du 13 octobre, dont vous trouverez également ci-joint copie, indique les motifs qui m'ont permis d'étendre cette faculté à d'autres grades.

Le Délégué à la Guerre au général de Loverdo.

Tours, 7 novembre.

Il demeure entendu, d'après vos explications, qu'il n'y aura plus en Algérie, à partir du 20 novembre, que les forces suivantes :

1° 1,500 chevaux de cavalerie régulière;
2° 6 batteries;
3° Le génie nécessaire;
4° Les hommes dans les dépôts, qu'on en retirera le plus vite possible;
5° Les mobiles ou les mobilisés, armés exclusivement de fusils à percussion;
6° Exclusivement des officiers prisonniers sur parole, sauf MM. de Colomb, Cérez et Augeraud (1).

Le maximum de toutes ces forces ne dépassera pas 50,000 hommes et en décembre on pourra en retirer une dizaine de mille hommes.

---

(1) Le général de Colomb, général de brigade du 23 mars 1870,

Note du Général directeur par interim de la 1re direction pour la 4e direction.
Tours, 12 novembre.

..... Les cadres en officiers pour les troupes de toutes armes en Algérie seront constitués exclusivement, autant que possible, avec des officiers prisonniers sur parole. Les remplacements à cet effet devront être opérés sans retard.....

Le Délégué à la Guerre au Ministre de l'Intérieur et de la Guerre.
Tours, 13 novembre.

Vous voyez par la lettre ci-jointe, du 12 novembre, de M. le Ministre de la Marine (1), que le temps s'écoule en dissertations et que nous ne pouvons utiliser les ressources en personnel du Département de la Marine. Voilà un mois que j'ai soulevé la question pour la première fois, et elle n'est pas résolue! Vous pouvez apprécier tout le dommage que nous a causé pendant un mois le manque de bons officiers supérieurs.

Le Ministre de la Guerre au Général commandant le 20e corps d'armée, à Gien.
Tours, 22 novembre.

Les généraux commandant les divisions territoriales et actives ont le droit de faire des nominations provisoires d'officiers, jusqu'au grade de chef de bataillon *exclusivement*.

---

commandait depuis sa nomination la subdivision de Tlemcen. Le 2 décembre, il fut nommé commandant de la 1re division d'infanterie du 15e corps.

Le général Cérez était général de brigade du 31 octobre. Il commandait comme colonel le cercle de Laghouat. Maintenu à la disposition du général commandant les forces de terre et de mer en Algérie, il fut nommé le 29 novembre au commandement de la division d'Oran, puis, le 16 janvier 1871, à celui de la 1re division du 16e corps.

Le général Augeraud, général de brigade du 14 juillet 1870, commandait en cette qualité la subdivision de Sétif. Le 11 décembre, il fut nommé commandant provisoire de la division de Constantine (Archives administratives du ministère de la Guerre).

(1) Lettre non retrouvée.

Un commandant de corps d'armée a, comme conséquence, le droit de faire des promotions de cette nature sur la proposition des généraux de division.

La date de ces nominations provisoires doit m'être notifiée avec les noms et les grades de ceux qu'elles concernent.

Le Ministre de la Guerre aux Généraux commandant les corps d'armée.

Tours, 26 novembre.

Le Ministre de la Guerre a proposé à diverses reprises par la voie diplomatique au gouvernement prussien de faire des échanges de prisonniers, mais aucune réponse n'arrive de sa part, et cependant il y aurait un intérêt immense, pour la défense du pays, à avoir de nouveau à sa disposition le plus grand nombre possible d'officiers français, soit prisonniers sur parole, soit captifs en Allemagne.

Dans cette situation, il y a lieu de se mettre immédiatement en communication par parlementaires, avec les commandants de l'armée ennemie à proximité de nos avant-postes, et de leur demander s'ils seraient disposés à faire des échanges.

Le Ministre de la Guerre au Général commandant en chef l'armée de la Loire et aux Généraux commandant les corps d'armée.

Tours, 30 novembre.

Dans les divisions réunies en corps d'armée, les promotions aux emplois d'officiers doivent être faites par le général commandant le corps d'armée et non par le général commandant la division.

Avant d'être envoyées au Ministre de la Guerre, les listes de nominations provisoires doivent être soumises à l'approbation du commandant en chef de l'armée, lorsque les corps d'armée sont sous ses ordres.

Le Ministre de la Marine aux Généraux en chef et commandant des corps d'armée, aux Préfets maritimes et aux Gouverneurs des colonies.

Tours, 4 décembre.

Par un décret en date du 13 octobre dernier, le général commandant en chef le 15e corps d'armée a été autorisé à nommer provisoirement aux emplois de sous-lieutenant qui viendraient à vaquer dans les détachements d'infanterie de la marine faisant partie de ce corps d'armée.

Le 15ᵉ corps d'armée était en ce moment le seul organisé. Depuis lors, la même faculté a été étendue aux armées du Nord et de l'Ouest, dans lesquelles l'arme de l'infanterie de la marine est aussi représentée.

Mais cette mesure, qui pouvait être utile lorsque les cadres n'étaient pas encore constitués et lorsque les différentes armées étaient séparées, n'a plus aujourd'hui sa raison d'être.

Les corps sont aujourd'hui concentrés, leur formation est complète, et je suis toujours à portée de pourvoir aux emplois qui viendront à vaquer.

D'un autre côté, il est nécessaire que je me préoccupe de l'extension qui pourrait être inutilement donnée au système des nominations provisoires. Les cadres restreints de l'arme de l'infanterie de la marine et les intérêts du Trésor m'en font une loi.

En conséquence, par un décret en date du 4 décembre, rendu sur ma proposition, le décret du 13 octobre dernier a été abrogé.

Dorénavant, les commandants en chef auront à m'adresser, par l'intermédiaire de M. le Ministre de la Guerre, les propositions qu'ils croient devoir faire pour pourvoir à toutes les vacances qui surviendront dans les emplois d'officiers des détachements d'infanterie de la marine placés sous leurs ordres.

Vous voudrez bien en donner avis à qui de droit.

Note du Général directeur par intérim de la 1ʳᵉ direction pour la 4ᵉ direction.

Bordeaux, 16 décembre.

Les dépêches télégraphiques ci-après ont été adressées par le Ministre, savoir :

1° A M. le Général commandant le 22ᵉ corps d'armée.

« Faites toutes les nominations nécessaires dans l'infanterie, la cavalerie et la garde mobile, jusqu'au grade de colonel exclusivement.

« Vous pourrez désigner aussi des colonels et des généraux de brigade, mais seulement provisoirement, et ils attendront ma décision pour prendre leurs grades. Vous suivrez le même mode pour les nominations dans les états-majors et les armes spéciales ».

2° A M. le général Bressolles, commandant la 8ᵉ division militaire et le corps d'armée en formation à Lyon :

« Je vous autorise à faire toutes les nominations que vous jugerez utiles, jusqu'au grade de colonel exclusivement, et à me proposer les officiers qui vous paraîtraient devoir être pourvus de grades à titre auxiliaire pour remplir les emplois vacants d'officiers généraux ou chefs de corps ».

Note de la 4ᵉ direction pour la 1ʳᵉ direction (1ᵉʳ bureau).

Bordeaux, 18 décembre.

L'artillerie a pu jusqu'à présent suivre son personnel officiers et employés, en tenir un contrôle exact et, c'était l'important, ne pas apporter à l'avancement un trouble plus grand que celui nécessité par les événements.

Il n'en sera plus de même avec l'autorisation donnée aux généraux commandant le 22ᵉ corps et à Lyon de nommer à tous les grades, jusqu'à celui de colonel, attendu qu'ils ont sous leurs ordres un personnel d'artillerie trop restreint pour faire des promotions équitables. Les uns seront favorisés au détriment des plus méritants et sans avantages réels pour le service. De là, des découragements et jalousies que l'on doit éviter.

On prie donc instamment la 1ʳᵉ Direction de ne pas maintenir pour l'artillerie l'autorisation donnée au 22ᵉ corps et à l'armée de Lyon.

Le Général commandant en chef la Iʳᵉ armée au Colonel commandant le génie de l'armée.

Nevers, 23 décembre.

Le Ministre de la Guerre m'adresse la dépêche suivante relative au droit de nomination :

« Le droit de nomination n'est donné aux commandants d'armée et de corps d'armée que pour l'infanterie, la cavalerie, la garde mobile et les corps francs. Pour les armes spéciales, ces commandants font de simples désignations et le Ministre nomme ; mais en attendant les nominations, les candidats exercent les fonctions du grade pour lequel ils ont été désignés, ce qui permet de faire marcher le service sans interruption. »

Veuillez assurer en ce qui vous concerne, l'exécution des ordres du Ministre.

Le Ministre de la Guerre aux Généraux commandant les deux armées et aux Généraux commandant les divisions militaires (D. T.).

Bordeaux, 30 décembre.

Des généraux commandant les divisions militaires me demandent s'ils ont les pouvoirs nécessaires pour nommer sous-lieutenants à titre provisoire les candidats reconnus admissibles à Saint-Cyr.

Je consens à ce que les généraux fassent ces nominations en cas de besoin, après avoir vérifié les titres d'admissibilité. Toutefois ces jeunes officiers devront toujours être placés dans des dépôts d'infanterie afin d'y apprendre leur métier avant d'être envoyés aux bataillons actifs.

Le Délégué à la Guerre au général Haca.

Bordeaux, 1er janvier 1871.

Il a été décidé par M. Gambetta que les prisonniers évadés et *non engagés par écrit* pourront être réemployés dans les corps d'armée et même recevoir de l'avancement.

. . . .

Le Ministre de la Marine et des Colonies aux Généraux commandants d'armée et de corps d'armée.

Bordeaux, 11 janvier 1871.

J'ai eu l'honneur de vous faire connaître par une circulaire du 4 décembre, qu'un décret de même date avait abrogé les dispositions d'un autre décret du 13 octobre, permettant des nominations provisoires dans l'infanterie de la marine.

Cette circulaire vous demandait d'ailleurs de m'adresser, lorsqu'il y aurait lieu, par l'intermédiaire de M. le Ministre de la Guerre, des propositions d'avancement.

Je vous prie de procéder, en ce qui concerne l'artillerie de la marine, de la même manière que pour l'infanterie.

Note de la 1re direction à la 2e direction (Bureau de l'infanterie).

Paris, 13 janvier 1871.

Le Ministre, consulté sur la question de savoir si les officiers compris dans la capitulation de Sedan, qui n'ont pu quitter Paris avant l'investissement, doivent être considérés comme étant en congé pendant la durée de la guerre, et, par suite, s'il y a lieu de leur accorder la solde, dite de congé, a fait connaître son opinion en ces termes :

« Je ne saurais admettre que des officiers rentrés en France par suite de convenances toutes particulières, fussent mieux traités que leurs camarades qui ont repoussé les faveurs prussiennes et je considère que la solde de captivité doit être purement maintenue ».

Le Ministre de la Guerre au Général commandant en chef les 22ᵉ et 23ᵉ corps d'armée, à Lille.

Bordeaux, 18 janvier 1871.

Je dois vous faire remarquer que le droit de nomination concédé par le télégramme du 21 novembre aux généraux commandant en chef s'applique exclusivement aux armes de l'infanterie et de la cavalerie ainsi qu'à la garde nationale mobile et seulement pour les *vacances produites par le feu (tués, blessés grièvement, prisonniers)*.

Un télégramme subséquent, portant la date du 18 décembre dernier, a précisé le droit de nomination accordé au commandement et a ajouté que « pour les armes spéciales les commandants de corps d'armée font de simples désignations et le Ministre nomme; mais, en attendant les nominations, les candidats exercent les fonctions du grade pour lequel ils ont été désignés; ce qui permet de faire marcher le service sans interruption »......

Le Ministre de la Guerre au Général commandant la 18ᵉ division militaire.

Bordeaux, 5 février 1871.

L'examen des nominations faites dans certaines divisions militaires donne lieu de remarquer que des officiers passent après quelques jours d'un grade à un autre.

Bien que les nécessités créées par de nombreuses organisations expliquent pour la plupart des cas la rapidité de l'avancement actuel, on ne saurait admettre qu'un officier général soit forcé, par exemple, de donner le grade de lieutenant à un sous-lieutenant de la veille. Il faut laisser cet officier sous-lieutenant sauf à mettre deux sous-lieutenants dans une même compagnie pour remplacer le lieutenant qui manque. Il importe en effet de ne pas prodiguer les grades si l'on veut leur conserver leur valeur.

En conséquence, je vous engage à peser avec le plus grand soin les nominations que vous êtes appelé à faire. En pareil cas, vous devez examiner les états signalétiques des candidats, leurs notes et leurs services. Vous devez comparer les mérites de chacun et ne vous en rapporter qu'à vous seul du soin de faire passer un officier d'un grade à un autre. Mieux vaut laisser un emploi vacant que de le donner à un sujet n'ayant pas eu le temps de le mériter.

Enfin, quand vous nommez au grade supérieur un officier ou un sous-officier n'ayant pas le temps voulu pour l'obtenir, vous devez toujours mentionner sur sa lettre de service qu'il est nommé à titre provisoire.

Le Ministre de la Guerre aux Généraux commandant les divisions militaires et les corps d'armée.

Bordeaux, 22 février 1871.

La Commission de la Guerre instituée par l'Assemblée nationale s'est émue de la reproduction par les journaux français de diverses publications allemandes relatives à des officiers français qui, au mépris d'engagements d'honneur, contractés par écrit ou sur parole, seraient rentrés en France et y auraient repris du service, se soustrayant ainsi personnellement à une obligation qui devait être sacrée et engageant en même temps, jusqu'à un certain point, la dignité et l'honneur de l'armée tout entière et de la Nation elle-même. J'ai lieu de penser que l'Assemblée provoquera des explications sur ce sujet délicat de la part du Gouvernement.

La réponse du Ministre de la Guerre, au nom du Gouvernement, ne saurait être douteuse; mais avant de prendre aucune résolution, il a besoin d'être éclairé et de recevoir des officiers mêmes, qui se trouveraient dans cette pénible situation, les explications justificatives de leur conduite.

Je vous prie, en conséquence, Général, de rechercher les officiers de votre division ou de votre corps d'armée, qu'une erreur regrettable ou un sentiment mal compris d'un devoir rigoureux aurait conduits à reprendre du service, et de m'en adresser dans le plus bref délai un état nominatif.

Vous devrez joindre à cet état, et pour chacun de ces officiers, une lettre émanant d'eux et explicative des motifs qui les ont fait agir.

Le Ministre de la Guerre à   (D. T.).

26 février 1871.

La plus vulgaire équité comme les plus sérieux intérêts de l'armée, au point de vue du présent autant que de l'avenir, exigent qu'aucun grade dans l'armée auxiliaire, ni aucun grade à titre dit provisoire ne soient reconnus définitivement jusqu'à nouvel ordre.

Les officiers de l'armée de Metz, de Sedan ou de Paris seraient, autrement, odieusement sacrifiés.

Une commission sera ultérieurement nommée qui examinera les titres ou droits de chacun et proposera les résolutions.

Le Ministre de la Guerre aux Généraux commandant les divisions militaires.

Paris, mars 1871.

J'ai l'honneur de vous informer qu'à la date du 12 mars courant, j'ai pris la décision suivante :

« Les officiers démissionnaires ou retraités qui ont servi comme auxiliaires pendant la guerre seront, s'ils le demandent, renvoyés dans leurs foyers dès à présent ».

Vous voudrez bien assurer, en ce qui vous concerne, l'exécution de cette décision.

IV

Augmentation des effectifs.

Le Ministre de la Guerre aux Généraux commandant les divisions et subdivisions territoriales et aux Préfets des départements.

Paris, 3 septembre.

J'ai été saisi de nombreuses réclamations relatives aux dispenses à titre de soutiens de famille accordées par les conseils de revision aux gardes nationaux mobiles appelés à l'activité. D'après les renseignements qui m'ont été transmis, j'ai acquis la certitude que, dans un certain nombre de localités, ces dispenses n'ont pas toujours été accordées aux gardes nationaux mobiles ayant le plus de titres à cette faveur.

Cette situation, que je voudrais pouvoir imputer uniquement à la rapidité des opérations des conseils de revision, mais à laquelle n'est certainement pas étrangère la trop grande facilité qu'apportent certains maires à la délivrance des certificats modèle n° 5, est extrêmement regrettable. Elle est d'autant plus de nature à mécontenter les populations que, d'après la loi nouvelle, les gardes nationaux mobiles peuvent être appelés à faire partie de l'armée active, ce qui aggrave nécessairement les conséquences des erreurs qui ont pu être commises. Il est donc nécessaire d'y remédier.

A cet effet, j'invite MM. les Préfets à vouloir bien vérifier d'urgence et sérieusement la position des hommes qui leur seraient désignés comme ayant été inscrits à tort sur les listes de soutiens de famille. Ils signaleront aux généraux subdivisionnaires les gardes nationaux mobiles qu'un examen consciencieux leur aura démontré ne pouvoir être maintenus dans leurs foyers sans blesser l'équité et le sentiment public, et les généraux les feront mettre immédiatement en route, après réintégration sur les contrôles de la garde nationale mobile.

Lorsque des hommes auront été ainsi mis en route, MM. les Préfets désigneront aux mêmes généraux les gardes nationaux mobiles des classes correspondantes qui leur auront paru, d'après les indications fournies par les maires, et qu'ils contrôleront eux-mêmes au besoin, avoir le plus de titres à être maintenus exceptionnellement dans leurs foyers. Les généraux leur délivreront des sursis de départ. Le nombre de ces sursis ne devra jamais dépasser celui des hommes renvoyés à leurs corps.

Je n'ai pas besoin de faire remarquer à MM. les Préfets combien il importe que les présentes dispositions soient appliquées avec fermeté et mesure. Ils me feront d'ailleurs parvenir, d'ici au 15 septembre prochain, un état indiquant le nom des jeunes gens rayés des listes de soutiens de famille, en indiquant en regard du nom de chacun d'eux les motifs qui les auront déterminés à opérer la radiation.

Le Préfet de l'Aube au Ministre de l'Intérieur, à Paris (D. T.).

Troyes, 7 septembre, 12 h. 30 soir.

Les opérations du tirage au sort et de la revision pour la classe de 1870 seront terminées samedi prochain. Je pourrai, dès les premiers ordres que je recevrai, commencer à diriger les hommes sur les lieux qui me seront indiqués. Le tirage et la revision ont eu lieu sans incidents. L'armement des trois bataillons de la mobile de l'Aube est à peu près complet; ces troupes peuvent être considérées, dès à présent, comme prêtes à marcher. L'esprit des populations n'est pas opposé à la République, mais il manque de ressort et d'énergie. Le sentiment dominant, on rougit de le constater, est celui de la paix à tout prix.

Le Sous-Préfet de Meaux au Préfet de Melun (D. T.).

Meaux, 8 septembre, 3 h. 25 soir.

La réunion du conseil de revision me paraît impossible, les trois quarts de la population sont partis partout; si vous le jugez comme moi convenable, nous ne ferons pas de convocations et nous avertirons les membres du conseil de revision; pas de nouvelles certaines, mais on me télégraphie de La Ferté que les Prussiens sont à peine à Épernay.

Le Général commandant la subdivision territoriale au Général commandant la 1re division militaire, à Paris (D. T.).

Melun, 8 septembre, 9 h. 55 soir.

Dépêche reçue de M. le Sous-Préfet de Meaux : « L'appel à l'activité de la classe 1870 concernant l'autorité militaire, je viens vous demander un contre-ordre pour le conseil de revision qui a été fixé au 13 courant. La population est partie presque tout entière, nous n'aurons personne ».

Le Préfet de l'Aube au Ministre de la Guerre, à Paris (D. T.).

Troyes, 16 septembre, 8 h. 40 matin.

J'appelle votre attention sur l'utilité de recommencer les opérations des conseils de revision pour la classe de 1870. Les réclamations pleuvent ici, et en considérant le rapport qui existe entre le nombre des jeunes gens inscrits et celui des jeunes gens réformés, surtout dans certains cantons, je suis amené à penser que les plaintes sont fondées. On ne réclame pas tant du reste en faveur de ceux déclarés propres au service que contre ceux qui ont été indûment réformés.

Le sentiment public est que la justice a été violée et que les riches ont été favorisés par la complaisance des médecins civils.

Le Délégué à la Guerre au Général directeur de la 1ʳᵉ direction au ministère de la Guerre, à Paris (D. T.).

Tours, 17 septembre, 3 h. 5 soir.

Quand le contingent de la classe de 1870 sera-t-il appelé à l'activité? Plusieurs généraux même dans les départements du Midi demandent à le mettre immédiatement en route. Je ne serais pas de cet avis, nos dépôts sont déjà encombrés.

Le Ministre de la Guerre aux Généraux commandant les divisions et subdivisions militaires.

Tours, 25 septembre.

Les militaires rentrant de Sedan qui sont dirigés isolément sur les dépôts de leurs corps arrivent chaque jour, en grand nombre, soit à Tours, soit dans certains autres grands centres, y séjournent, parfois contrairement aux indications des titres dont ils sont porteurs, et y donnent le spectacle du désordre et de l'indiscipline.

D'un autre côté, beaucoup d'entre eux ont de très longs trajets à faire pendant lesquels ils sont perdus pour le service de leurs corps.

Afin de remédier à cette situation, j'ai décidé que tous les militaires dont il s'agit, qui se présenteront à l'autorité militaire pour être acheminés sur leurs corps, seront versés et incorporés dans les dépôts de leur arme le plus à portée.

Toutefois, dans le cas où l'effectif des dépôts dans lesquels on aurait à faire ces versements serait signalé comme ayant atteint un chiffre qui ne pourrait être augmenté sans inconvénient, les isolés à incorporer seraient dirigés sur des dépôts placés dans un rayon plus éloigné. A ce sujet, lorsque des dépôts seront suffisamment garnis, les généraux en informeront leurs collègues des divisions et subdivisions voisines en les invitant à cesser tout envoi d'hommes sur ces dépôts.

Le Commandant du dépôt de recrutement de Maine-et-Loire au Général commandant la 2ᵉ subdivision, à Angers.

Angers, 25 septembre.

Par dépêche télégraphique du 24 du courant, M. le Ministre de la Guerre m'écrit ce qui suit :

« Les jeunes soldats de la classe 1870 qui, d'après la circulaire de répartition du 9 septembre sont affectés à des corps dont les dépôts sont bloqués, doivent être répartis entre les corps de la même arme les plus à proximité. Les hommes désignés pour la 1ʳᵉ et la 13ᵉ section d'ouvriers d'administration ainsi que pour la section des commis aux écritures des bureaux de l'intendance seront versés dans l'infanterie. Prenez des dispositions en conséquence et prévenez-moi directement par la voie ordinaire de ces changements de destination..... »

Le Ministre de la Guerre au Ministre de l'Intérieur.

Tours, 1ᵉʳ octobre.

La loi du 10 août 1870 a appelé à l'activité, pour la durée de la guerre, tous les hommes non mariés ou veufs sans enfant, âgés de 25 à 35 ans, qui ont satisfait à la loi sur le recrutement de l'armée et qui ne font pas partie de la garde nationale mobile.

Ces hommes forment trois catégories distinctes :

1° Les anciens militaires ;

2° Les jeunes soldats des deuxièmes portions des contingents ;

3° Les jeunes gens qui n'ont pas servi.

La loi a déjà été exécutée en ce qui concerne les hommes des deux premières catégories, c'est-à-dire ceux qui étaient susceptibles de rentrer immédiatement dans les rangs. Il reste, pour en compléter l'exécution, à procéder à l'appel sous les drapeaux des hommes qui n'ont pas servi et qui forment la troisième catégorie des jeunes gens appelés par la loi du 10 août 1870.

Dans l'état actuel des choses, le département de la Guerre se trouve obligé d'ajourner cet appel. Les dépôts des divers corps qui ont reçu successivement les jeunes soldats de la classe 1869, les anciens militaires de 25 à 35 ans, et qui vont incessamment recevoir les jeunes soldats de la classe 1870, seraient en effet dans l'impossibilité de pourvoir à l'instruction des hommes de 25 à 35 ans n'ayant pas servi.

Cependant, il m'a semblé que, dans les circonstances où nous nous trouvons, des ressources de cette importance devraient être utilisées pour la défense nationale et j'ai pensé que, conformément aux instructions récemment émanées de votre département, ces hommes pourraient être inscrits sur les contrôles de la garde nationale sédentaire, où ils seraient de préférence mobilisés. La loi du 10 août 1870 exceptant de l'appel sous les drapeaux ceux qui sont mariés ou veufs avec enfants, ainsi que ceux qui se trouvent dans un des cas d'exemption ou de dispense prévus par les lois du 21 mars 1832 et du 1er février 1868, la mobilisation ne devrait s'appliquer à ces derniers que s'ils y consentaient.

La mesure que j'ai l'honneur de vous proposer, et qui a déjà été prise dans le département de la Seine, serait d'une exécution d'autant plus facile que, conformément aux ordres que j'ai donnés le 31 août, il a été dressé dans chaque mairie des états nominatifs des hommes de 25 à 35 ans n'ayant pas servi, états qui ont été centralisés dans les préfectures et dans les divisions militaires. Il reste, au surplus, entendu que les hommes dont il s'agit et qui recevront un commencement d'instruction militaire dans les rangs de la garde nationale n'en demeurent pas moins à la disposition de l'autorité militaire, qui se réserve, le cas échéant, de leur donner une destination en rapport avec les besoins du service.

Je vous serai obligé de vouloir bien me tenir au courant de la suite donnée à la présente communication.

Le Ministre de la Guerre aux Généraux commandant les divisions et subdivisions territoriales, aux Préfets des départements, aux Intendants et Sous-Intendants militaires, etc...

Tours, 1er octobre.

Un décret, en date du 1er octobre 1870, dont je vous envoie ci-joint ampliation, appelle à l'activité les jeunes soldats de la classe de 1870 dans tous les départements où les opérations pour la formation du contingent ont pu s'effectuer.

La mise en route aura lieu, pour l'armée de terre comme pour l'armée de mer, du 10 au 14 octobre prochain.

Vous vous conformerez, pour cet appel à l'activité, aux règles tracées par les instructions sur la matière.

Des ordres ont déjà été donnés pour que les jeunes soldats qui, d'après la circulaire du 9 septembre, ont été affectés à des corps dont les dépôts sont bloqués, fussent répartis entre les corps de la même arme les plus à proximité et dont les dépôts sont les moins encombrés.

Quant à ceux qui ont été désignés pour les 1ʳᵒ et 13ᵉ sections d'ouvriers d'administration, ainsi que pour la section des commis aux écritures des bureaux de l'Intendance, j'ai également prescrit de les verser dans les corps d'infanterie.

Les jeunes soldats appelés à l'activité ne pourront plus faire admettre de substituants ou de remplaçants à partir du cinquième jour qui précédera leur mise en route.

Pour les hommes affectés au corps de l'Algérie et de la Corse, on devra faire en sorte qu'ils arrivent à Marseille *de jour et la veille* du départ du bâtiment sur lequel ils s'embarqueront.

Les généraux commandant les divisions territoriales m'adresseront, sous lettre d'envoi (bureau du recrutement), deux états, l'un pour l'armée de terre, l'autre pour l'armée de mer, présentant par département les résultats numériques de l'appel à l'activité (modèles annexés à la circulaire du 17 septembre 1869).

Ces états devront me parvenir le 1ᵉʳ décembre prochain.

Le Ministre de la Guerre aux Préfets des départements (D. T.).

Tours, 1ᵉʳ octobre.

Les circonstances exigeant que les régiments de zouaves et de cavalerie soient immédiatement utilisés, les hommes qui se présenteront pour s'engager à destination de ces corps ne pourront être acceptés que s'ils ont servi au moins un an.

Donnez des instructions en conséquence aux maires des chefs-lieux de canton.

Le même aux mêmes (D. T.).

Tours, 6 octobre.

Les hommes qui se présenteront pour s'engager à destination des régiments du génie et du train des équipages militaires ne pourront à l'avenir être acceptés que s'ils ont servi au moins un an.

Les engagements volontaires pour les sections d'ouvriers d'administration, la section de commis aux écritures des bureaux de l'Intendance et les sections d'infirmiers sont suspendus jusqu'à nouvel ordre.

Donnez des instructions en conséquence aux maires des chefs-lieux de canton.

Avis adressé aux Chefs de corps le 12 octobre.

Les gardes nationaux mobiles, qui s'engagent pour l'armée active et s'y font remplacer, retombent dans la garde nationale mobile.

En conséquence, ces hommes devront, immédiatement après leur remplacement, être signalés aux capitaines-majors des départements aux contingents desquels ils appartiennent.

MM. les chefs de corps auront soin de veiller à ce que cette formalité soit strictement accomplie.

Le Ministre de la Guerre aux Généraux commandant les divisions et subdivisions territoriales, aux Préfets et aux Capitaines-Majors.

Tours, 24 octobre.

Par suite de l'appel à l'activité de toute la classe 1870, le chiffre du contingent des jeunes gens de cette classe devant appartenir à la garde mobile sera nécessairement fort restreint, alors surtout qu'on en aura déduit les 14 p. 100 maintenus dans leurs foyers comme soutiens de famille, et ceux qui, appartenant à des départements envahis, ne pourront pas se rendre à leur destination.

D'un autre côté, dans beaucoup de départements, les compagnies de dépôt laissées au chef-lieu par les régiments et les bataillons de garde mobile qui ont été appelés sur d'autres points du territoire, ont été formées elles-mêmes en bataillons actifs et ont reçu ou recevront une destination les éloignant de leur centre d'origine; d'où il résulte que, dans ces départements, il n'existe pas de dépôts où l'on peut réunir, équiper et instruire les gardes mobiles de la classe 1870.

Dans cet état de choses, j'ai pensé qu'il y avait lieu d'appliquer aux gardes nationaux mobiles de la classe 1870 les dispositions du décret relatif à la mobilisation de la garde nationale sédentaire, portant que tous les Français de 21 à 40 ans, non mariés ou veufs sans enfant, *y compris ceux qui sont appelés à faire partie de l'armée active*, seront mobilisés jusqu'au jour où ils seront réclamés par le département de la Guerre.

J'ai décidé, en conséquence, que dans tous les départements où il n'existe pas de dépôt de garde nationale mobile, les jeunes gens du contingent de 1870, destinés à faire partie de cette garde, seront, par exception, versés dans la garde nationale sédentaire mobilisée, où ils seront habillés et instruits, et dont ils suivront la destination en attendant que le retour des bataillons en marche aux chefs-lieux des départements permette de les rendre à la garde nationale mobile.

Partout ailleurs, c'est-à-dire dans les départements où il y a une ou plusieurs compagnies de garde mobile formant un dépôt, les hommes de la classe de 1870 n'appartenant pas à l'armée active, et qui n'auront pas été exemptés du service pour infirmités ou défaut de taille, ou dispensés par les conseils de revision (article 4 de la loi du 1er février 1868), seront immédiatement versés dans ces dépôts.

Je vous prie de prendre, chacun en ce qui vous concerne, les mesures nécessaires pour assurer l'exécution de ces dispositions, et de me rendre compte.

Le Ministre de l'Intérieur au Ministre de la Guerre.

Tours, 3 novembre.

J'ai reçu la lettre que vous m'avez fait l'honneur de m'adresser à la date du 29 octobre au sujet de l'incorporation dans la garde nationale mobilisée des jeunes gens appartenant aux classes de 1863 à 1869 et maintenus dans leurs foyers à titre de soutiens de famille.

Vous pensez que ces jeunes gens, qui continuent à figurer sur les registres matricules des corps de l'armée active et qui restent par conséquent à la disposition de votre département, ne sauraient être portés sur les contrôles de la garde nationale mobilisée.

Je reconnais que les hommes dont il s'agit restent, jusqu'à l'expiration du temps de leur classe, à la disposition du Ministre de la Guerre; il a été cependant décidé qu'à moins d'une exception spéciale, ils devaient le service dans la garde nationale mobilisée tant qu'ils n'étaient pas appelés dans l'armée active. Leur situation est, à cet égard, la même que celle des hommes de 25 à 35 ans appelés par la loi du 12 août.

On ne pouvait agir autrement sans s'exposer à des inégalités choquantes. En effet, comme les dispenses à titre de soutiens de famille sont très rares dans la garde nationale mobilisée (plusieurs conseils de revision n'en ont admis aucune) il serait arrivé que les jeunes gens des classes de 1863 à 1869, bien que liés à l'armée active, auraient échappé à toute obligation, tandis que les hommes des classes antérieures, placés dans la même situation de famille et qui doivent moins à l'État, auraient été mobilisés.

Je ne crois donc pas qu'il y ait lieu de revenir sur la décision prise, mais il demeure entendu que les hommes inscrits sur les registres matricules de l'armée, tout mobilisés qu'ils soient, restent à l'entière disposition du Ministre de la Guerre qui pourra les appeler lorsqu'il le jugera nécessaire.

Note au crayon en marge du dernier paragraphe : « Le département de la Guerre pourrait les laisser dans les mobilisés ».

Note pour la direction de l'artillerie.

Tours, 7 novembre.

Les conseils de revision qui ont opéré pour la garde nationale mobilisée, composée de célibataires et veufs sans enfant, n'ont pas reconnu les exemptions qui avaient été accordées à titre de fils de veuve, de frère de militaire, en vertu de la loi du 10 août 1870. Par suite, un certain nombre d'anciens militaires et de jeunes soldats des deuxièmes portions du contingent, admis antérieurement au bénéfice des exemptions dont il s'agit, ont été mobilisés. Or, les hommes mobilisés peuvent, aux termes du décret du 29 septembre dernier, être réclamés par le département de la Guerre pour le service de l'armée active.

Les dépôts des corps de l'infanterie, de la cavalerie, du génie et des équipages militaires sont tellement encombrés qu'il n'y a pas lieu d'y faire entrer, quant à présent, de nouvelles recrues, mais peut-être l'artillerie trouverait-elle de précieuses ressources parmi les anciens militaires et les jeunes soldats des deuxièmes portions que la loi du 10 août 1870 n'a pas atteints. Dans ce cas, le bureau du recrutement pourrait donner des ordres pour que ces hommes soient immédiatement réclamés pour le service de l'artillerie et dirigés sur les corps de cette arme auxquels ils ont appartenu.

On a l'honneur de prier M. le Général directeur du service de l'artillerie de vouloir bien faire connaître son avis à cet égard.

Note de la 4e direction (Artillerie) pour la 1re direction (Bureau du recrutement).

Tours, 8 novembre.

En réponse à la note du 7 novembre courant, relative aux anciens militaires et aux hommes des deuxièmes portions du contingent, qui avaient été laissés dans leurs foyers comme soutiens de famille et ont été mobilisés, on a l'honneur de prier le bureau du recrutement de donner des ordres pour que ceux de ces hommes, qui appartiennent à l'artillerie et au train d'artillerie, soient réclamés par le département de la Guerre et soient dirigés sur les dépôts de l'arme.

Ces hommes peuvent être une ressource précieuse dans les circonstances actuelles.

Les dépôts d'artillerie sont, il est vrai, encombrés déjà, mais il sera possible de diriger un certain nombre de recrues sur le 3e régiment d'artillerie en Algérie, attendu qu'on lui a repris récemment 750 hommes et qu'on lui en a rendu 300 seulement.

Le Ministre de l'Intérieur au Délégué du Ministre de la Guerre.

Tours, 11 novembre.

Vous m'avez fait l'honneur de m'écrire au sujet des anciens militaires et des jeunes soldats des deuxièmes portions du contingent qui, ayant obtenu des exemptions en vertu de la loi du 10 août 1870, ont été atteints par la mobilisation de la garde nationale. Vous exprimez l'opinion que ces hommes pourraient être réclamés pour le service de l'armée active en vertu des dispositions du décret du 29 septembre.

Je regrette de ne pouvoir partager votre sentiment. Les hommes dont il s'agit ont été exemptés du service militaire, et la mesure qui les rappellerait dans l'armée les priverait, en réalité, du bénéfice de la situation qui leur est acquise. Le décret du 29 septembre met, il est vrai, les gardes nationales mobilisées à la disposition du Ministre de la Guerre aussitôt que leur organisation est terminée. Mais, aux termes de l'article 4, cette mesure a un caractère général ; elle s'applique aux corps eux-mêmes et non individuellement aux hommes qui les composent.

J'ajouterai, à titre d'observation, que les anciens militaires que la guerre aurait intérêt à réclamer sont précisément les hommes sur lesquels nous devons le plus utilement compter pour fournir des instructeurs ou des officiers aux corps mobilisés.

P.-S. — Si, cependant, cette mesure vous paraissait indispensable dans l'intérêt de la défense nationale, elle pourrait faire l'objet d'un décret délibéré en Conseil de Gouvernement, et vous pourriez compter pour la prompte levée des hommes sur le concours de mon administration.

Note de la direction de l'artillerie.

Tours, 17 novembre.

L'artillerie trouve très difficilement les cadres qui lui sont nécessaires.

Quelques-uns de ses régiments n'auront pas des hommes en quantité suffisante pour les batteries ou compagnies qui sont demandées.

On insiste par suite sur la nécessité d'incorporer dans l'artillerie les anciens canonniers qui avaient été maintenus dans leurs foyers comme exempts et qui ont été récemment mobilisés.

Le Ministre de la Guerre aux Préfets (D. T.).

Tours, 29 novembre, 11 h. 40 soir.

D'après une circulaire du 18 novembre, les gardes nationaux mobilisés célibataires ou veufs sans enfant ayant appartenu à l'artillerie sont rappelés au service dans cette arme. J'ai décidé qu'il serait fait exception pour ceux de ces militaires qui, à la date d'aujourd'hui, ont un grade d'officier ou d'adjudant dans la garde mobile, mobilisée ou sédentaire. Ils resteront dans leur grade ou emploi et il ne sera pas fait d'autre exception.

Note de la direction de l'artillerie pour la 1re direction (Bureau du recrutement).

Tours, 3 décembre.

On prie le bureau du recrutement de faire donner 200 ou 250 hommes à chacun des quatre régiments d'artillerie, à Rennes (7e, 8e, 10e, 15e).

Les deux régiments du train d'artillerie pourront également recevoir prochainement 300 ou 400 hommes, indépendamment de ceux qui leur ont été déjà versés.

Enfin, les cinq régiments de Toulouse pourront également recevoir chacun 250 hommes (9e, 12e, 13e, 14e, 18e), y compris, pour ces derniers, les hommes déjà envoyés à l'un d'eux.

Rapport au Ministre.

Tours, 4 décembre.

La direction de l'artillerie a demandé au bureau du recrutement de faire verser dans les régiments d'artillerie environ 3,050 hommes choisis de préférence dans la cavalerie. Elle annonce, en outre, officieusement, que là ne se borneront pas ses demandes.

La cavalerie ne peut fournir que 700 hommes au maximum. Il manquera donc à l'artillerie 2,350 hommes.

Il serait possible de puiser dans l'infanterie, mais, ne convient-il pas de ménager les ressources de cette arme en vue des éventualités de l'avenir, surtout lorsque la classe de 1870 ayant été appelée une année à l'avance, il ne saurait être question de lever la classe de 1871, composée de jeunes gens de 18 ans.

Dans cette situation, on a pensé que de même qu'on vient de diriger sur des régiments d'artillerie les célibataires et veufs sans enfant âgés de 21 à 40 ans, ayant servi dans cette arme, on pourrait prendre dans la garde nationale mobilisée et donner la même destination aux hommes de la catégorie ci-dessus désignée, qui ont appartenu à la cavalerie.

La solution de cette question, concernant à la fois les départements de l'Intérieur et de la Guerre, on prie le Ministre de faire connaître ses intentions à cet égard.

Il ne faut pas se dissimuler que les préfets pourront se plaindre de voir enlever à la garde nationale mobilisée des anciens militaires, mais leur nombre est restreint, puisqu'il ne s'agit guère que des célibataires et des veufs sans enfant, âgés de 35 à 40 ans, ceux de moins de 35 ans ayant déjà été atteints par la loi du 10 août.

D'un autre côté, les anciens cavaliers ne paraissent pas pouvoir être utilisés efficacement dans la garde nationale mobilisée qui ne sera composée que d'infanterie.

Note pour le Général directeur.

Bordeaux, 13 décembre.

D'après le décret du 29 avril 1868, les hommes qui se présentent pour s'engager doivent produire un certificat d'aptitude au service délivré par les chefs de corps ou par les commandants des dépôts de recrutement.

Afin de faciliter les engagements volontaires, le Ministre a décidé, le 10 août dernier, que les maires des chefs-lieux de canton auraient également la faculté de certifier l'aptitude des engagés au service militaire.

L'expérience a démontré que les maires se montrent très faciles dans l'acceptation des hommes. Il en résulte que les régiments se recrutent d'hommes ou trop jeunes, ou usés par l'âge, ou atteints d'infirmités. Ces hommes sont réformés après un court séjour au corps, et l'État se trouve avoir fait en pure perte des frais pour leur mise en route, leur entretien et leur habillement.

C'est là un abus auquel on couperait court immédiatement en revenant à l'application pure et simple des dispositions du décret du 29 avril 1868, c'est-à-dire en réservant exclusivement aux commandants des dépôts de recrutement la délivrance des certificats d'acceptation, mais cette mesure soulèverait des réclamations, et on pourrait encore reprocher à l'autorité administrative d'entraver l'élan des populations. On pense donc qu'on doit se contenter de recommander aux maires des chefs-lieux de canton d'apporter plus de sévérité dans le choix des hommes, en leur faisant comprendre qu'au besoin, ils encourront la responsabilité de leur négligence.

Rapport au Ministre.

Bordeaux, 14 décembre.

Les circonstances actuelles exigent que l'effectif de l'armée soit toujours maintenu au niveau des besoins du service. Or les vides qui surviennent ne sauraient être comblés à l'aide de l'appel d'une classe, puisque celle de 1870 a été levée une année à l'avance et qu'il ne peut être question, au moins quant à présent, d'appeler la classe de 1871, qui est composée de jeunes gens de 18 ans, en majorité trop faibles pour supporter les fatigues de la guerre.

On a donc pensé que le meilleur moyen de renouveler incessamment notre armée serait d'y verser les gardes nationaux mobilisés toutes les fois que cela sera jugé nécessaire. Cette mesure aura, en outre, l'avantage de permettre d'utiliser immédiatement des ressources précieuses pour la défense nationale.

Tel est le but des deux décrets joints au présent rapport.

Le premier autorise le Ministre à prélever immédiatement dans la garde nationale mobilisée les hommes qui ont servi dans les divers corps des armées de terre et de mer.

Le second autorise également le Ministre à faire passer de la garde nationale mobilisée dans les divers régiments, bataillons ou batteries de la garde nationale mobile, au fur et à mesure des besoins du service, le nombre d'hommes jugé nécessaire pour compléter ces corps.

Les autres articles de ces décrets sont relatifs à des détails d'exécution.

Si le Ministre approuve, on le prie de vouloir bien soumettre les décrets dont il s'agit à la signature des membres de la délégation du Gouvernement de la Défense nationale.

Le Ministre de la Guerre aux Généraux commandant les divisions territoriales.

Bordeaux, 18 décembre.

Aux termes d'un décret en date du 14 décembre 1870, le département de la Guerre est autorisé à prélever dans la garde nationale mobilisée, au fur et à mesure des besoins du service, le nombre d'hommes nécessaire pour compléter les régiments de la garde nationale mobile.

En vue de l'exécution de cette mesure, il y a lieu de vider les dépôts des régiments de garde mobile, et d'en diriger les hommes sur les bataillons actifs, sous la conduite d'un cadre de compagnie, qui rétrogradera ensuite sur le dépôt. Vous aurez à faire immédiatement l'application de cette disposition aux dépôts de mobiles stationnés dans votre division, sauf à ceux dont les bataillons seraient à Paris.

Les hommes des régiments appartenant aux 15e, 18e et 20e corps devront être d'abord dirigés sur Bourges, ceux des régiments des 16e, 17e et 21e corps et de la colonne mobile du général Tripard, sur Le Mans. On enverra à l'armée de Lyon les hommes appartenant aux régiments constituant cette armée ; si vous aviez besoin, d'ailleurs, de renseignements sur l'emplacement de quelques bataillons actifs, vous me le feriez savoir par voie télégraphique, et je m'empresserais de satisfaire à votre demande par la même voie.

Vous voudrez bien m'accuser réception de la présente circulaire, et me rendre un compte immédiat de l'exécution des dispositions qu'elle contient.

Le Ministre de la Guerre aux Commandants des dépôts de recrutement (D. T.).

Bordeaux, 23 décembre.

Comme complément aux circulaires des 12 et 17 décembre, j'ai décidé que les anciens militaires élus sous-officiers dans la garde nationale mobilisée seraient exceptés de l'appel prescrit par les décrets du 14 décembre s'ils sont en possession dudit grade à la date de ce jour.

Avis de cette décision est donné aux préfets des départements.

Le Ministre de la Guerre aux Généraux commandant les divisions militaires et les corps d'armée (D. T.).

Bordeaux, 23 décembre.

Prenant en considération les demandes d'un grand nombre de préfets, le Ministre de la Guerre a décidé qu'il n'y aurait pas lieu de faire exécuter rigoureusement, en ce qui concerne les anciens militaires, le décret du 14 décembre partout où l'application de cette mesure donnerait lieu, de la part des autorités et des populations, à une répugnance bien constatée. Dans tous les départements, la dispense, qui n'avait été étendue que jusqu'aux anciens militaires élus sous-officiers, comprendra également ceux élus caporaux. Prévenez les autorités civiles.

Note pour le Général directeur.

Bordeaux, 25 décembre.

Par décret du 14 décembre, le Ministre de la Guerre a été autorisé à prélever dans la garde nationale mobilisée les hommes qui ont servi dans les divers corps des armées de terre et de mer.

Des instructions pour l'application de ce décret ont été adressées dès le 17 décembre aux autorités civiles et militaires.

Cependant les préfets s'opposent de toutes les façons à l'exécution de la mesure dont il s'agit et ils semblent y être autorisés par le département de l'Intérieur et, jusqu'à un certain point, par des ordres émanés du cabinet du délégué à la Guerre.

Le bureau du recrutement aurait, en conséquence, besoin de savoir s'il doit continuer de reprendre dans la garde nationale mobilisée les anciens militaires ou si les instructions du 17 décembre doivent être considérées comme non avenues.

Quelle que soit la décision prise, il semble que les mesures antérieures au décret précité du 14 décembre devraient ne pas cesser de recevoir leur exécution.

Par circulaire du 12 décembre, en effet, le Ministre a prescrit de diriger sur des régiments d'artillerie les gardes nationaux mobilisés ayant servi dans la cavalerie. La majeure partie de ces gardes nationaux ont déjà rejoint, et il serait d'autant plus regrettable d'interrompre l'exécution de ces prescriptions que la direction de l'artillerie ne cesse de demander des hommes au service du recrutement, qu'elle en a le plus grand besoin et qu'il n'y a aucun autre moyen de lui en donner.

Ci-joint les circulaires des 12 et 17 décembre.

En note, de la main du général Haca : « Faire exécuter rigoureusement la circulaire du 12 décembre en ce qui concerne les cavaliers, artilleurs ; se montrer tolérant pour l'infanterie ».

Le Délégué au département de la Guerre au Délégué du ministère de l'Intérieur.

Bordeaux, 30 décembre.

Vous avez appelé mon attention sur les inconvénients que présente le décret du 14 décembre dernier qui appelle à l'activité pour l'armée active les anciens militaires incorporés dans la garde nationale mobilisée.

J'ai l'honneur de vous transcrire ci-dessous une copie de la dépêche télégraphique que j'ai adressée à cet égard, dès le 23 de ce mois, aux autorités militaires :

. . . .

Je ne doute pas que les prescriptions de cette dépêche ne fassent cesser les inconvénients que vous m'avez signalés et vous pouvez au besoin les porter de votre côté à la connaissance des préfets.

La disposition qui précède ne comprend pas, bien entendu, les gardes nationaux mobilisés qui avaient précédemment servi dans la cavalerie. Cette mesure date du 12 décembre, c'est-à-dire qu'elle est antérieure au décret précité du 14. Elle est en cours d'exécution dans tous les départements. Elle est d'ailleurs nécessitée par les besoins les plus impérieux du service. Vous n'ignorez pas, en effet, qu'en raison du rôle de l'artillerie dans la guerre actuelle, les ressources de cette arme sont devenues promptement insuffisantes. Or, il n'existe pas en ce moment d'autres moyens de la recruter et il est d'un intérêt majeur que ses pertes soient immédiatement réparées.

Le Ministre de la Guerre au Préfet des Bouches-du-Rhône.

Bordeaux, 30 décembre.

. . . . . Je suis informé que les commandants des dépôts de recrutement rencontreraient, pour la mise en route des anciens cavaliers, de sérieux obstacles de la part des chefs de corps de la garde nationale mobilisée.

Je suis loin de méconnaître le sacrifice demandé en cette circonstance aux légions de la garde nationale, et je m'explique jusqu'à un certain point les difficultés dont il s'agit. C'est pour ce motif que j'ai dispensé de ce rappel à l'activité les gardes nationaux en possession du grade d'officier, de sous-officier et de caporal. Vous me trouverez également disposé à conserver à cette garde, toutes les fois que les besoins du service l'exigeront, les anciens militaires ayant servi dans l'infanterie, alors même qu'ils ne seraient pourvus d'aucun grade. Mais en ce qui concerne les anciens cavaliers, il y va, je le répète, de l'intérêt du pays..... (1).

Le Ministre de la Guerre aux Généraux commandant les divisions et les subdivisions territoriales et actives (D. T.).

Bordeaux, 31 décembre.

Maintenez sous les drapeaux tous les militaires libérables le 31 décembre.

Rapport au Ministre.

Bordeaux, 31 décembre.

Les militaires actuellement incorporés comme jeunes soldats de la classe de 1863 ont droit à leur libération le 31 décembre courant.

D'après l'article 30 de la loi du 21 mars 1832, les jeunes soldats d'une classe ne peuvent, après l'expiration de leur période de service légal, être retenus à leur corps que si le contingent destiné à le remplacer n'est pas encore arrivé. Or, le contingent de la classe de 1870, destiné à remplacer les hommes libérables le 31 décembre, étant incorporé depuis le mois d'octobre, il y aurait lieu de procéder à la libération des hommes dont il s'agit.

Toutefois, en présence de la loi du 10 août 1870, qui a rappelé au service tous les anciens militaires, il n'est pas douteux qu'il convienne de conserver au drapeau (*sic*) les jeunes soldats dont il s'agit, et on a préparé un décret dans ce sens. On prie Monsieur le Ministre de vouloir bien soumettre ce décret à la signature des membres de la délégation du Gouvernement de la Défense nationale.

---

(1) Une lettre semblable était envoyée le 10 janvier au Général commandant le camp de La Rochelle.

En note : « Le général directeur a fait connaître qu'un décret n'était pas nécessaire, qu'il convenait de s'en tenir à la dépêche télégraphique. 1ᵉʳ janvier 1871 ».

Le Ministre de la Guerre aux Préfets des départements et aux Sous-Préfets.

Bordeaux, 2 janvier 1871.

Il y a lieu de s'occuper dès à présent de la formation des tableaux de recensement de la classe de 1871, afin que ces tableaux puissent être publiés et affichés, conformément à l'article 8 de la loi du 21 mars 1832, dans le plus bref délai possible.

Je vous invite à donner aux maires des ordres en conséquence.

Les tableaux de recensement doivent comprendre tous les jeunes gens qui auront atteint l'âge de 20 ans révolus dans le courant de l'année 1871, c'est-à-dire les jeunes gens nés du 1ᵉʳ janvier au 31 décembre 1851. Vous recevrez incessamment les instructions relatives aux opérations préliminaires de ladite classe.

Le Commandant du dépôt du recrutement d'Ille-et-Vilaine au Ministre de la Guerre.

Rennes, 6 janvier 1871.

Compte rendu, en exécution de la dépêche télégraphique de M. le Ministre de la Guerre du 5 janvier 1871, du nombre de gardes nationaux mobilisés dirigés sur l'armée active à la date du 1ᵉʳ janvier 1871 :

	Hommes.
Ont été dirigés sur le 7ᵉ régiment d'artillerie............	4
— 8ᵉ —	9
— 10ᵉ —	7
— 15ᵉ —	6
TOTAL pour l'artillerie......	26
Ont été dirigés sur le 86ᵉ régiment de ligne............	12
— sur la division de Brest................	2
— sur la division de Lorient.............	2
TOTAL pour la flotte......	4

Récapitulation.

Artillerie...................................	26
Infanterie	12
Équipages de la flotte...................	4
TOTAL....................	42

Dans les comptes rendus précédents, j'ai fait connaître à Monsieur le Ministre quelles étaient les causes pour lesquelles des gardes nationaux mobilisés (anciens militaires de 21 à 40 ans) avaient été dirigés *en si petit nombre* sur l'armée active.

J'ai l'honneur de les lui exposer de nouveau :

1° Contrairement aux prévisions de Monsieur le Ministre, les listes des gardes nationaux mobilisés qui se trouvent entre les mains des diverses autorités (maires, sous-préfets et préfets) ne contiennent pas les indications nécessaires pour distinguer les hommes qui ont déjà servi. Ces listes ne donnent que les noms et prénoms, etc. Les ordres de Monsieur le Ministre ne peuvent donc être exécutés à l'aide de ces listes et il faut avoir recours à la gendarmerie et aux maires pour connaître ceux de ces mobilisés qui sont anciens militaires.

2° Toute la garde nationale mobilisée d'Ille-et-Vilaine étant au camp de Conlie, on n'a pu obtenir de M. le général de Marivault, commandant les troupes de ce camp, d'envoyer à Rennes les mobilisés ayant servi. Il s'y est refusé par une lettre qu'il a adressée, le 21 décembre, à M. le Général commandant la subdivision d'Ille-et-Vilaine.

3° La dépêche télégraphique de Monsieur le Ministre de la Guerre aux Généraux commandant les divisions territoriales, datée du 23 décembre, et portant « qu'il n'y avait pas lieu de faire exécuter *rigoureusement* le décret du 14 du même mois partout où l'application de la mesure donnerait lieu de la part des autorités et des populations à une répugnance bien constatée », a arrêté complètement le recrutement des mobilisés pour l'armée active. Les préfets et les officiers des légions usent de leur influence pour conserver dans les légions ces hommes qui, il faut bien le reconnaître, préfèrent y rester.

4° Enfin, cette dépêche télégraphique précitée, étendant la dispense d'incorporation dans l'armée active aux anciens militaires élus *sous-officiers et caporaux*, il en résulte que les non-gradés sont en très petit nombre puisque chaque compagnie comporte un cadre de 14 hommes, dont les quatre cinquièmes en moyenne ont servi.

M. le Ministre peut voir, par l'exposé qui précède, combien ses ordres sont d'une exécution difficile, même impossible. Pour obtenir que tous les mobilisés anciens militaires soient incorporés dans l'armée active, il est de toute nécessité que des ordres *absolus* soient adressés aux généraux et chefs de légion commandant la garde nationale mobilisée, et de leur prescrire, sous leur responsabilité, de diriger sans retard, avec la liste nominative, sur le dépôt de recrutement du département dans lequel la troupe est cantonnée, tous les mobilisés anciens militaires. Le recrutement fera ensuite la répartition de ces hommes dans les différents régiments le plus à proximité.

Je continue les recherches dans les trois bataillons d'Ille-et-Vilaine en voie d'organisation, mais comme ils se composent des gardes mobiles de la classe 1870, des jeunes soldats des classes de 1863 à 1869, qui avaient été maintenus dans leurs foyers en qualité de soutiens de famille par des conseils de revision, et d'hommes de 21 à 40 ans qui avaient fait valoir précédemment des motifs légaux d'exemption, les résultats ne répondent pas à nos efforts. Je les continue également dans les bataillons de passage à Rennes ou qui doivent séjourner dans le département, mais, je le répète, la dépêche télégraphique du 23 décembre paralyse mes efforts.

Le Ministre de la Guerre aux Généraux commandant les divisions et les subdivisions militaires et aux Préfets des départements (D. T.).

Bordeaux, 14 janvier 1871.

Les engagements volontaires sont autorisés pour les corps des armées de terre et de mer dans les conditions prescrites par la loi et les règlements en vigueur.

Sont seules exceptées de cette disposition les compagnies d'ouvriers d'artillerie, de canonniers artificiers, d'ouvriers du génie et d'ouvriers constructeurs des équipages militaires, la 13e section d'ouvriers militaires d'administration, la section des commis aux écritures des bureaux de l'intendance et les sections d'infirmiers militaires.

Les engagés volontaires pour la cavalerie devront justifier qu'ils on l'habitude du cheval.

Donnez des instructions en conséquence.

Le Ministre de la Guerre aux Généraux commandant les divisions et subdivisions territoriales et aux Préfets.

Bordeaux, 16 janvier 1871.

Le décret du 14 décembre 1870, qui prescrivait de verser dans les dépôts de garde mobile un nombre d'hommes appartenant aux mobilisés du département suffisant pour porter l'effectif de ces dépôts à 1,000 hommes, avait pour but d'assurer le recrutement des portions actives.

Soit que l'utilité de cette mesure n'ait pas été suffisamment appréciée, soit que son exécution ait rencontré des difficultés imprévues, son application a donné lieu à de nombreuses réclamations, dont il paraît d'autant plus nécessaire de tenir compte qu'elles se sont produites sur des points fort différents du territoire.

Comme d'ailleurs, l'alimentation des effectifs de la garde mobile à l'aide des mobilisés ne pourrait continuer par ce moyen puisque les mobilisés eux-mêmes sont organisés ou s'organisent pour un service actif, on peut admettre qu'il n'y aurait qu'un avantage restreint à maintenir, malgré les répugnances qui se sont manifestées, une mesure qui ne pourrait avoir qu'un caractère momentané.

D'un autre côté, le maintien des dépôts de mobiles dans certains départements au moment où les mobilisés sont mis en marche, n'a pas non plus été suffisamment compris. On ne s'est pas rendu compte que les hommes de ces dépôts ne pouvaient être envoyés aux portions actives de leurs corps qu'après avoir été instruits et équipés, et surtout après avoir reçu les armes qui font défaut, dans certaines limites, dans chacun de ces dépôts.

Quoi qu'il en soit, c'est encore un sentiment avec lequel il faut compter, et il paraît bien difficile que les dépôts puissent être maintenus, surtout quand ils présentent un effectif un peu nombreux, dès que les mobilisés reçoivent ou exécutent l'ordre de partir.

Dans ces conditions, il m'a paru nécessaire de ne point poursuivre davantage l'application d'une mesure dont l'utilité n'a pas été comprise, et dont les inconvénients se sont montrés plus grands qu'on n'avait lieu de s'y attendre.

L'abandon de cette mesure a d'ailleurs été comme annoncé par les autorisations qui ont été données, dans un certain nombre de cas et de départements, de ne pas tenir la main à son exécution toutes les fois qu'elle rencontrerait des répugnances trop grandes.

D'après ces considérations, j'ai décidé que tous les hommes appartenant à la garde mobilisée qui ont été versés en vertu du décret du 14 décembre 1870 dans les dépôts de la garde mobile, feront retour à la garde mobilisée.

Quant aux hommes de la garde mobile qui sont dans les dépôts et dont le nombre n'est pas considérable, ils rejoindront naturellement la portion active de leurs corps lorsqu'ils seront suffisamment instruits et armés.

Je vous prie de vouloir bien donner les ordres nécessaires pour assurer, en ce qui vous concerne, l'exécution de cette double décision et de m'en rendre compte.

Le même aux mêmes.

Bordeaux, 16 janvier 1871.

Je suis informé qu'un grand nombre de gardes mobiles sont employés dans les bureaux des divisions militaires. Cet état de choses est regrettable sous tous les rapports : il prive l'armée de ses éléments les plus actifs, et il motive les plaintes des mobilisés, qui s'étonnent de voir des mobiles maintenus dans le département, alors qu'ils sont appelés sous les drapeaux.

Il importe de remédier au plus tôt à cet abus. J'ai arrêté à cet effet les mesures suivantes :

1° Le personnel des auxiliaires des bureaux sera réduit au strict nécessaire ;

2° Les gardes mobiles employés aux écritures seront renvoyés dans leurs corps et remplacés par des hommes âgés de plus de 40 ans et dégagés de toute obligation militaire. Il ne sera fait d'exception à cette règle que pour ceux qui, chargés d'une partie de service importante, et en raison de leurs connaissances spéciales, ne pourraient être déplacés sans dommage pour ledit service.

Je vous prie de prescrire immédiatement les mesures nécessaires pour assurer, en ce qui vous concerne, l'exécution de cette décision et de m'en rendre compte, quelles que soient les convenances antérieures, compatibles avec le passé, impossibles dans le présent.

Note du bureau des gardes nationales pour le Délégué à la Guerre.

Bordeaux, 28 janvier 1871.

	Hommes.	
L'effectif des contingents de mobilisés du premier ban, moins 23 départements envahis qui n'ont fourni que des contingents inférieurs ou insignifiants, est de.........		578,900
Passés sous l'autorité militaire par le fait même des événements de guerre...............	106,500	
Remis par le ministère de l'Intérieur au ministère de la Guerre et 1° maintenus provisoirement dans les départements ; 2° envoyés aux camps ; 3° dirigés sur les armées..........	384,300	
Total des remis à la Guerre.....	490,800	
Restés dans les départements sous l'autorité civile................................	88,100	
Égal.....	578,900	578,900
Le contingent de la 1re catégorie du second ban, hommes mariés de 21 à 30 ans, comprendra..................		290,000

V

Infanterie.

§ 1ᵉʳ. — Armée régulière (infanterie, chasseurs à pied, zouaves, etc.)

Le Ministre Secrétaire d'État à la Guerre aux Généraux divisionnaires et subdivisionnaires, aux Intendants et Sous-Intendants militaires.

Paris, 5 septembre.

Je suis informé qu'un certain nombre d'Allemands expulsés de Paris se présentent pour contracter des engagements volontaires pour les corps étrangers.

Il convient de refuser l'engagement de tous les individus qui vous paraîtront être Prussiens ou appartenir à la Confédération du Nord ou du Sud.

Ceux dont les engagements auraient déjà été acceptés seront, sans exception, dirigés sur l'Algérie.

Je vous invite à assurer, chacun en ce qui vous concerne, l'exécution de ces dispositions.

Le Général commandant la 10ᵉ division militaire au Ministre de la Guerre, à Paris (D. T.).

Montpellier, 13 septembre, 11 h. 12 matin.

Il n'y a à Montpellier aucun moyen pour armer et habiller la quantité considérable des engagés volontaires du 3ᵉ zouaves dont Marseille se débarrasse sur nous. Il y en a déjà plus de 1,600 arrivés à Montpellier, qui a dû se dégager de 400 sur Lunel. Le petit dépôt du corps, après son arrivée, sera dans la même impossibilité de satisfaire aux besoins comme à l'instruction de ces hommes. Je demande à être délivré d'une partie de ces éléments de désordre qui compliquent une situation déjà très difficile.

Le Général commandant la division d'Oran au Ministre de la Guerre, à Paris (D. T.).

Oran, 14 septembre, 3 h. 32 soir.

Depuis mon arrivée à Oran, j'ai continuellement rendu compte que nous sommes menacés d'une attaque formidable des tribus Sud, qui peut être suivie d'une révolte générale. La mesure qui m'est prescrite serait l'abandon de l'Algérie; si cet ordre est maintenu, qu'un autre que moi soit chargé de l'exécuter, son exécution serait la ruine du pays et une honte pour la France. Le Gouverneur général est du même avis que moi sur l'impossibilité d'exécuter l'ordre qu'il me transmet, et contre lequel, pour mettre ma responsabilité à l'abri, je proteste avec lui; une lettre suit.

Le Préfet d'Alger au Ministre de l'Intérieur, à Paris (D. T.).

Alger, 14 septembre.

Le Gouvernement de la Défense nationale demande 12,000 hommes en Algérie. C'est imposer à la population civile l'obligation de garder elle-même, non seulement ses établissements disséminés sur d'immenses espaces, mais encore l'obliger à concourir à la conservation des postes du territoire militaire au nombre de 55 dans les trois provinces et dont aucun ne peut être abandonné sans créer un grand danger pour le reste. La province d'Alger continue d'être calme. Dans celle de Constantine, on signale un commencement d'incendie de forêts. Dans celle d'Oran, vives appréhensions. Voici où en est l'armement des populations d'Alger : 14,000 citoyens de tous âges sont inscrits, 9,000 sont armés mais sont peu exercés. Chaque compagnie comprend des sédentaires au-dessus de 35 ans. J'organise un corps de francs-cavaliers dont l'effectif pourra être de 600 hommes. Je fais recenser les chevaux et les objets d'équipement disponibles chez les particuliers. Déjà 100 hommes peuvent rendre des services, mais une quinzaine de jours est nécessaire pour que l'organisation soit complète pour l'armement. Je devrai attendre de France des sabres, carabines, pistolets et probablement des selles. Je reconstitue les anciens goums des tribus, mais il me faut des crédits pour les payer si je les appelle à un service actif. La lente organisation des forces du pays provient de ce que la population est disséminée sur 140 points et de ce que, avant mon entrée en fonctions, faute d'armes, on s'en était peu occupé. L'appel à un service actif de 14,000 miliciens coûtera 35,000 francs par jour et exigera 15,000 francs de secours à leurs familles, soit une dépense totale de 50,000 francs. En prévision d'un mois de service actif, c'est 1,500,000 francs. Pour la même éventualité, les départements d'Oran et de Constantine doivent avoir besoin de 1 million chaque, minimum, soit pour l'ensemble, environ 4 millions; et à Alger, le service du Trésor pour les besoins courants est en instances pour obtenir 1 million. Il doit en être de même à Oran et à Constantine. Ces demandes ne prévoient pas la charge exceptionnelle de la mobilisation des milices. La Banque de l'Algérie n'a que le nécessaire pour le besoin du commerce. Donc, si l'on retire 12,000 hommes de troupe d'Algérie, il faut d'urgence nous envoyer le complément d'armes et ouvrir aux préfets des crédits éventuels. Le 17, on procédera à l'élection, d'après la loi de 1849, des cadres de milice : ce qui leur donnera une force réelle; et, le 25, à celle des corps municipaux. Ces deux réorganisations étaient urgentes dans un milieu essentiellement démocratique. Je demande l'autorisation de faire nommer les maires et les adjoints par les conseils municipaux. C'est le vœu des populations. L'autorité militaire insiste pour qu'on laisse à son appréciation le nombre d'hommes à envoyer en France. Comme elle, je pense qu'il y a lieu à une grande prudence. Ne pourrait-on pas se borner à échanger des mobiles contre de vieux régiments ? Tous mes efforts concourront à être prêt pour le moment où les troupes demandées pourront s'embarquer, mais il me faut des armes et des crédits.

Le Gouverneur de l'Algérie au Ministre de la Guerre, à Paris (D. T.).

Mustapha, 14 septembre, 12 heures matin.

C'est l'abandon de l'intérieur de l'Algérie que vous me demandez. Que faire (*sic*) population européenne que ces troupes protègent sur toute l'étendue de notre territoire ? Vous savez qu'ici pas de prisonniers; c'est leur massacre certain dans tous nos postes occupant le Sud et la Kabylie. Il me faudrait au moins un mois pour les évacuer et ramener ces troupes à la côte, traînant avec elles les populations qu'elles couvrent. Déjà, en ce moment, le pays arabe se remue, et je suis à peine en mesure de le garder. J'allais vous demander de retenir les détachements de chasseurs d'Afrique de la province d'Oran qui rejoignent leurs corps, afin de s'opposer à une invasion annoncée des Ouled Sidi Cheickh. L'Algérie a de nombreux établissements pénitentiaires qui ne seraient plus gardés et sèmeraient partout la mort et le pillage. J'espère que, informé de pareilles conséquences, vous ne maintiendrez pas des ordres aussi désastreux; n'assumez pas, je vous prie, une telle responsabilité. Si vous ne pouvez vous rendre à mes instances, je vous prie de me rappeler à la défense de la France et de donner à un autre, qui aurait moins conscience que moi des résultats de la mesure, le soin de l'exécuter.

J'attends avec confiance de nouveaux ordres avant de répandre une pareille nouvelle qui plongerait la colonie dans le deuil et le désespoir. Nos derniers revers ont modifié profondément les dispositions des indigènes à notre égard.

Toutefois, les trois généraux commandant les provinces reçoivent seuls, confidentiellement, votre communication, avec ordre de suspendre toute exécution jusqu'à nouvel ordre.

Le Ministre de la Guerre aux Généraux commandant les divisions militaires à Paris, Rouen, Lille, Besançon, Lyon, Marseille, Montpellier, Perpignan, Toulouse, Bayonne, Bordeaux, Nantes, Rennes, Bastia, Bourges, Clermont-Ferrand, Limoges (D. T.).

Tours, 15 septembre.

Faites mobiliser d'urgence dans chacun des dépôts d'infanterie sous vos ordres la 8e compagnie du IIIe bataillon. Formez-la à l'effectif de 200 hommes, officiers compris, et tenez-la prête à partir. Composez-la autant que possible d'anciens militaires, de soldats de la 2e portion des contingents et de jeunes soldats de la classe de 1869. Mettez à sa tête tous ceux de ses officiers disponibles. Rendez-moi compte à Tours de l'exécution de cet ordre.

Le Secrétaire général de la Guerre au Ministre de la Guerre, à Paris (D. T.).

Tours, 15 septembre, 6 h. 45 soir.

Pour former cinq régiments de marche à dix-huit compagnies par régiment à l'aide d'une compagnie mobilisée dans chacun des 90 dépôts d'infanterie disponibles, j'ai besoin de cinq lieutenants-colonels.

Cinq majors (de l'ex-Garde) pourraient être facilement remplacés par des majors en retraite ou même par un capitaine comptable, puisque leurs dépôts de l'ex-Garde n'ont plus que 30 hommes indépendamment de la compagnie hors rangs. Consentez-vous à les nommer lieutenants-colonels? Si oui, veuillez leur prescrire de se rendre sur-le-champ à Tours. Dans le cas contraire, veuillez faire nommer d'urgence cinq autres lieutenants-colonels pris dans les lieux circonvoisins et les faire rejoindre sans délai.

Je désirerais vivement que vous me fissiez connaître votre décision demain 16 septembre par voie télégraphique.

Le Préfet de police au Ministre de la Guerre.

Paris, 15 septembre.

J'ai l'honneur de vous transmettre, à toutes fins utiles, une note contenant des renseignements qui m'ont été adressés de la province d'Oran. Il en résulte qu'il se trouve dans cette province quatre vieux régiments qui pourraient être envoyés en France devant l'ennemi.

En post-scriptum de la main du préfet de police : « Je vous envoie ces renseignements, bien entendu, sous toutes réserves ».

En marge au crayon : « Il n'y a que quatre régiments d'infanterie complets en Algérie. La question est compliquée; elle est examinée avec soin et certainement on utilisera toutes les forces qui vont être rappelées ».

Note.

Il se trouve, en Afrique, dans la province d'Oran, quatre régiments de ligne complets, qui pourraient être envoyés en France, sans inconvénient pour cette province dont le calme ne paraît pas devoir être troublé.

Après leur départ, la province d'Oran serait d'ailleurs gardée par des troupes suffisantes, savoir : un bataillon d'Afrique, cinq bataillons de légion, 1,500 zouaves ou Tirailleurs, trois dépôts de cavalerie, le 2ᵉ spahis, deux escadrons de chasseurs, deux compagnies de discipline et tous les colons armés et organisés en bataillons ou compagnies.

Ces quatre régiments, très aguerris, sont employés en ce moment à des travaux de construction. Ils désirent vivement marcher à l'ennemi.

Le Général commandant la subdivision militaire au Ministre de la Guerre (D. T.).

Caen, 16 septembre, 3 h. 30 soir.

La 8ᵉ compagnie du IIIᵉ bataillon du 93ᵉ sera prête à partir cette nuit.

Elle se composera de 44 anciens militaires, de 27 hommes 2ᵉ portion, de 145 jeunes soldats classe 1869. Total : 216, y compris le cadre.

Cette compagnie est commandée par un capitaine et un sous-lieutenant.

Elle n'a ni cartouches ni campement.

Elle a des bonnets à soufflet au lieu de casquettes à visière.

Le Général commandant provisoirement la 20ᵉ division militaire au Ministre de la Guerre, à Paris.

Clermont-Ferrand, 16 septembre.

J'ai l'honneur de vous accuser réception de votre dépêche télégraphique en date de ce jour, ainsi conçue : « Faites mobiliser d'urgence dans chacun des dépôts d'infanterie sous vos ordres la 8ᵉ compagnie du IIIᵉ bataillon..... »

Une semblable dépêche m'a été adressée de Tours dans la soirée d'hier et j'ai immédiatement donné des ordres pour la prompte exécution de vos prescriptions.

Les compagnies sont prêtes dans les trois dépôts de la division.

Le Ministre de la Guerre au Général commandant la 7ᵉ division militaire, à Besançon (D. T.).

Tours, 16 septembre, 3 h. 50 soir.

Faites partir aujourd'hui, par les voies rapides, pour Limoges, les 8ᵉˢ compagnies mobilisées du 85ᵉ à Gray et du 78ᵉ à Besançon. Elles feront partie du 32ᵉ de marche. Rendez-moi compte aujourd'hui de ces départs.

Le même au même (D. T.).

Tours, 17 septembre, 5 h. 54 soir.

Faites partir sur-le-champ, par les voies rapides, pour le 32ᵉ de marche à Limoges, la compagnie mobilisée du 84ᵉ de ligne. Faites partir pour le 33ᵉ de marche à Nevers celle du 50ᵉ. Vous avez déjà dû mettre en route pour le 32ᵉ de marche à Limoges la compagnie du 85ᵉ et celle du 78ᵉ.

Rendez-moi compte de ces départs.

Le Ministre de la Guerre au Général commandant la 18ᵉ division militaire, à Tours.

Tours, 17 septembre.

J'ai l'honneur de vous prier de faire partir sur-le-champ, par les voies rapides, pour Bourges, où elles feront partie du 29ᵉ régiment de marche, les compagnies de dépôt mobilisées des 9ᵉ, 11ᵉ, 20ᵉ et 71ᵉ de ligne.

Veuillez me rendre compte du jour de leur départ.

Le Major commandant le dépôt du 20ᵉ de ligne au Général commandant la 18ᵉ division militaire, à Tours (D. T.).

Tours, 17 septembre, 10 heures soir.

J'ai l'honneur de vous rendre compte que la 8ᵉ compagnie du IIIᵉ bataillon partira demain 18 septembre à 10 h. 35 du matin.

Cette compagnie est ainsi composée : capitaine, 1 ; sous-lieutenant, 1; sous-officiers, 7 ; caporaux, 10; tambours et clairons, 2 ; hommes de troupe, 200. Total : 221.

Le Ministre de la Guerre au Général commandant la 18ᵉ division militaire, à Tours.

Tours, 17 septembre.

J'ai décidé que, par application du décret du 19 juillet 1870, il sera formé sans retard, au Mans, un régiment d'infanterie de marche, qui prendra le n° 31.

Il sera à trois bataillons de six compagnies. Chaque compagnie aura 200 hommes, cadres non compris. Les compagnies arriveront isolément, dans un très bref délai, par les voies rapides.

P.-S. — Le 31ᵉ sera organisé à l'aide de compagnies des 19ᵉ, 24ᵉ, 25ᵉ, 26ᵉ, 41ᵉ, 43ᵉ, 97ᵉ, 93ᵉ, 86ᵉ, 75ᵉ, 70ᵉ, 69ᵉ, 94ᵉ, 33ᵉ, 51ᵉ, 54ᵉ, 62ᵉ et 64ᵉ de ligne.

Le Général commandant la 2ᵉ division militaire au Ministre de la Guerre, à Tours (D. T.).

Rouen, 17 septembre, 4 h. 25.

La 8ᵉ compagnie du IIIᵉ bataillon du 19ᵉ est prête à partir sans ustensiles de campement.

La 8ᵉ compagnie du IIIᵉ bataillon du 41ᵉ est complètement prête à partir sans cartouches et sans campement.

Le Général commandant la 11ᵉ division militaire au Ministre de la Guerre, Paris et Tours (D. T.).

Perpignan, 17 septembre, 10 h. 25 matin.

Sont prêts à partir au premier ordre de Perpignan : le IVᵉ bataillon du 22ᵉ, effectif 905 hommes ; la 1ʳᵉ compagnie de dépôt du 22ᵉ, effectif 220 hommes, cadres compris. Ces troupes complètement habillées et armées sont très incomplètement équipées; du campement pour un dixième de l'effectif seulement.

De Narbonne : la 1re compagnie de dépôt du 52e, effectif 220 hommes, cadres compris, complètement habillée et armée, mais dépourvue de la plus grande partie de l'équipement et de tout le campement.

De Foix : la 1re compagnie de dépôt du 17e de ligne, effectif 220 hommes, cadres compris, complètement armée, seulement manquant de tout le campement, de tout l'équipement de campagne et même d'une grande partie des effets de linge et chaussures.

Ces troupes sont fort peu exercées; la plupart des hommes n'ont pas un mois d'exercices, même ceux provenant de la 2e portion des contingents des classes anciennes qui avaient tout à apprendre; les seuls instruits sont ceux qui rentrent de l'armée. A Foix et à Narbonne ils n'ont pas encore tiré un seul coup de fusil. Ceux de Perpignan y ont été une seule fois.

Je ne crois pas que l'on puisse constituer avec cet envoi une troupe solide et en état de faire campagne utilement.

Après ces départs, il ne restera plus dans les trois dépôts que les deux compagnies provisoires nouvellement créées; pour Perpignan, cela représentera une cinquantaine d'hommes.

Le Commandant du Ve bataillon du 1er étranger au Général chef d'état-major du 15e corps d'armée, à Tours.

Tours, 20 septembre.

Conformément à vos ordres, j'ai l'honneur de vous adresser un rapport sur le Ve bataillon étranger que je commande.

L'effectif du bataillon s'est élevé depuis sa création (1er septembre) à 1,808 hommes.

Par suites d'ordres du Ministre de la Guerre, 477 hommes, de nationalité allemande, ont été dirigés sur le dépôt du corps en Afrique.

L'effectif du bataillon s'élève aujourd'hui à 1,331 hommes, effectif qui augmente considérablement, car nous recevons en moyenne environ 50 hommes par jour.

Pour habiller, équiper et armer ce bataillon, nous avons reçu des magasins centraux : 1,500 fusils, 1,500 capotes, 1,500 vestes (dont 1,000 sans boutons; le 20e régiment d'infanterie nous en a fourni pour 500, il en manque encore pour 500), 1,500 pantalons, 1,500 bonnets, 1,500 ceinturons, 1,100 gibernes, 1,500 bretelles de fusil, 1,500 paires de guêtres de toile.

Il ne nous a pas été fourni un seul effet de campement, ni un seul effet de linge et chaussures. Le corps a été obligé de passer des marchés à Tours pour se les procurer.

Les effets de petit équipement sont à peu près au complet. Quant aux effets de campement, tels que tentes-abris, couvertures, sachets à cartouches, grands et petits bidons, gamelles et marmites, malgré tous nos efforts, nous n'avons pu encore nous faire livrer que 45 marmites, 45 bidons, 50 gamelles, 500 petits bidons, 300 poches à cartouches, 900 couvertures.

Il manque donc :

Pour tout l'effectif : 1,500 havresacs, 1,500 tentes-abris, 105 marmites, 100 bidons, 100 gamelles, 1,000 petits bidons (les marchés sont passés), 1,200 poches à cartouches, 600 couvertures, 4 voitures, les harnais pour 4 voitures, 2 cantines d'ambulance, 1 sac d'ambulance.

Habillement : 500 collections d'effets d'habillement, afin de pouvoir trouver des effets à la taille des hommes (les légionnaires étant pour la plupart des hommes de 30 à 40 ans, les effets de 3e taille ne peuvent être utilisés).

Le service du campement nous a annoncé le 6 septembre l'envoi de 1,500 havresacs en toile.

Depuis cette époque, malgré nos demandes souvent réitérées, il ne nous est rien parvenu.

Ce n'est que le 18 septembre que M. le sous-intendant chargé de la surveillance administrative du corps nous a autorisés à passer un marché pour la fourniture de 1,500 havresacs et 1,500 tentes-abris.

Les fournisseurs nous ont demandé un délai de 15 jours et nous sommes obligés de leur donner des ouvriers.

Ainsi que vous me l'aviez prescrit, j'ai demandé au major commandant le dépôt du 20e quels étaient les effets d'habillement et de campement qu'il pouvait me fournir. Il m'a répondu que les magasins centraux avaient pris le campement et les effets de linge et chaussures qu'il avait en réserve; il peut seulement me donner 100 pantalons, 300 vestes et 400 gibernes.

Le Ministre de la Guerre aux Généraux commandant les divisions militaires.

Tours, 24 septembre.

L'effectif de la plupart des dépôts se trouve aujourd'hui hors de proportion avec la composition de sous-officiers, caporaux ou brigadiers, ce qui ne permet plus d'assurer convenablement le service et met obstacle à l'instruction des hommes.

Afin de remédier à cette situation, je vous autorise à créer supplémentairement dans les dépôts le nombre d'emplois de sous-officiers,

INFANTERIE. 99

caporaux ou brigadiers que vous paraîtront réclamer les exigences du service.

Veuillez faire le nécessaire pour la prompte exécution de cette disposition.

Le Ministre de la Guerre au Général commandant la 18e division militaire, à Tours.

Tours, 22 septembre.

J'ai l'honneur de vous informer que, par dépêche du 20 courant, le général de La Motterouge, commandant en chef le 15e corps d'armée, a appelé mon attention sur la situation du Ve bataillon du régiment étranger, appelé à faire partie de ce corps d'armée.

D'après ses observations, j'ai décidé, comme première mesure, que les engagements volontaires des étrangers, pendant la durée de la guerre, seraient suspendus jusqu'à nouvel ordre. Les étrangers qui voudront entrer au service de la France devront souscrire des engagements au titre du régiment étranger, en garnison à Mascara.

En second lieu, je prie le général de La Motterouge de charger le commandant Arago de faire avec ses capitaines un choix des meilleurs sujets du bataillon qui seraient conservés à Tours.

Le surplus de ces hommes formerait une ou deux compagnies qu'on enverrait à Brest.

On complétera l'habillement du bataillon étranger en prenant des effets au dépôt du 20e de ligne, qui va quitter Tours.

Je vous prie de vous concerter avec le général de La Motterouge pour l'exécution de ces dispositions.

L'Administrateur supérieur des Bouches-du-Rhône au Ministre de l'Intérieur, à Tours (D. T.).

Marseille, 23 septembre.

Nos mobiles sont partis pour l'Algérie, bien équipés et bien outillés ; ils ont souliers, couvertures et le reste.

Le Général commandant la 9e division militaire au Ministre de la Guerre, à Tours.

Marseille, 23 septembre.

..... Le IIIe bataillon du 9e régiment de garde nationale mobile est arrivé à Toulon à l'effectif de 23 officiers, 1,199 hommes, le 21 septembre, à 9 h. 30 du soir. Il s'est embarqué sur la *Drôme*, à destination d'Oran.....

La légion romaine va rentrer d'Italie. Elle compte de 1,000 à 1,100 hommes ; 200 hommes et 15 officiers font partie de l'armée. Les 800 hommes restant sont compris dans la catégorie des rappelés. Ce sont des soldats instruits et aguerris. Faut-il les diriger sur leurs anciens corps, ce qui retardera le moment de les utiliser, ou bien faut-il les laisser organisés tels qu'ils sont et les diriger en corps sur le point que vous me désignerez ? 200 zouaves pontificaux, tombant sous le coup de la loi, pourraient être joints à l'effectif de la légion.....

Deux escadrons de chasseurs d'Afrique sont partis de Toulon ce matin, par étapes, se rendant à Carcassonne, savoir : 1er chasseurs d'Afrique, 1 officier, 95 hommes et 80 chevaux ; 3e chasseurs d'Afrique, 89 hommes et 80 chevaux.

..... Les bataillons de mobiles des Alpes-Maritimes, des Basses-Alpes et de Vaucluse ont été tellement négligés qu'ils ne sont pas prêts et ne pourront partir que samedi ou dimanche, malgré mes ordres formels.

Le Ministre de la Guerre au Général commandant la 7e division militaire, à Besançon (D. T.).

Tours, 25 septembre, 3 h. 42 soir.

Le dépôt du 16e bataillon de chasseurs à pied à Besançon a 1,130 hommes dont 930 présents et il a des officiers en nombre relativement considérable. D'autre part, le décret du 23 septembre courant prescrit la formation de deux nouveaux cadres de compagnie dans chaque dépôt de bataillon de chasseurs en affectant toutes les nominations d'officiers au choix sans condition d'ancienneté et en les confiant aux généraux commandant les divisions. Formez donc d'urgence, dans le 16e bataillon, deux compagnies de guerre ayant tous leurs officiers et faites-les partir par les voies ferrées pour rejoindre la 2e brigade de la 1re division du 15e corps à Nevers.

Faites-moi connaître le jour du départ.

Le Général commandant la division d'Oran au Ministre de la Guerre, à Paris (D. T.).

Oran, 23 septembre, 5 h. 52 soir.

Je viens de recevoir l'ordre du Gouverneur général relativement au retrait de ce qui reste de troupes *constituées* dans la province. La mesure fatale, prise par le Gouvernement de la République et par vous, prépare une catastrophe et la ruine complète de l'intérieur du pays ; ce n'est pas avec des régiments de garde mobile, sans cadres, sans cohésion, sans discipline, que la province pourra être défendue. Je me dégage de toute responsabilité ; c'est à vous, Monsieur le Ministre, et au Gouvernement, qu'elle revient.

Le Ministre de la Guerre au Général commandant la 18ᵉ division militaire, à Tours.

Tours, 28 septembre.

Dès que vous aurez formé les quatre cadres de compagnie dont le décret du 23 septembre prescrit la création dans chaque dépôt d'infanterie, vous mettrez 200 hommes par compagnie dans deux des cadres de compagnie des dépôts de la ligne.

Vous me direz ensuite quand ces compagnies seront prêtes à être mobilisées et à faire mouvement. Faites-en accélérer la formation.

Le même au même.

Tours, 28 septembre.

Je vous prie d'accélérer la formation des cadres de compagnie d'infanterie dont vous a chargé ma circulaire du 24 septembre.

Dans un cadre de compagnie ne nommez qu'un capitaine, un lieutenant et un sous-lieutenant.

Vous n'êtes pas autorisé à former un cadre en y mettant deux lieutenants ou deux sous-lieutenants. Si vous ne pouvez pas nommer, maintenez la vacance.

Rendez-moi compte des officiers que vous aurez nommés provisoirement.

Le même au même.

Tours, 29 septembre.

Les compagnies des dépôts envoyées aux régiments de marche doivent toujours compter aux dépôts qui les ont formées et leurs hommes rester immatriculés à leur ancien corps.

Ces compagnies ne doivent être ni rayées ni reconstituées.

C'est pour compenser leur éloignement qu'on a créé, par dépôt, d'abord deux compagnies provisoires et ensuite quatre cadres ordinaires de compagnie.

On demande des officiers subalternes dans les dépôts. Or, le décret du 23 septembre vous autorise à nommer au choix sans condition d'ancienneté et en dehors des compagnies provisoires : 1° 4 lieutenants, capitaines ; 2° 4 sous-lieutenants, lieutenants, pour remplacer ceux qui auront été nommés capitaines; 3° 4 sous-lieutenants, pour les compagnies nouvelles ; 4° 4 sous-officiers, sous-lieutenants, pour remplacer ceux qui auront été promus lieutenants; 5° 4 sous-officiers, sous-lieutenants pour les quatre nouvelles compagnies.

Vous avez donc toute latitude pour chercher et faire des officiers. Si les candidats vous manquaient, ils me manqueraient aussi.

Nommez donc à titre provisoire et rendez-moi compte. Je ferai confirmer, par décrets, les nominations que vous aurez faites.

Notifiez ces dispositions aux chefs de corps.

Le Ministre de la Guerre au Général commandant la 7e division militaire, à Besançon (D. T.).

Tours, 29 septembre, 11 h. 50 matin.

Le 3e bataillon de marche de chasseurs à pied va être organisé à Rennes. Formez dans le dépôt du 16e bataillon de chasseurs à pied qui est à Besançon une compagnie de guerre à l'effectif de 300 hommes, cadres compris, et dirigez-la sur Rennes par les voies ferrées rapides. Rendez-moi compte de son départ.

Le Ministre de la Guerre au Général commandant la 18e division militaire, à Tours.

Tours, 30 septembre.

Les quatre nouvelles compagnies de dépôt des régiments de ligne prendront le titre de 1re, 2e, 3e et 4e compagnies de dépôt.

Celles qui seraient en plus, indépendamment des deux compagnies provisoires, prendront les nos 5 et 6.

Dans les bataillons de chasseurs à pied, les compagnies seront numérotées par le même procédé.

Les compagnies mobilisées pour former des corps de marche conserveront leur numéro sur la situation du régiment ou du bataillon auquel on les aura prises.

Le général commandant le 15e corps d'armée au Général commandant la 1re division du 15e corps, à Nevers.

Bourges, 5 octobre.

Sur ma proposition, le Ministre de la Guerre a décidé, à la date du 4 de ce mois, que les 3,600 hommes qui doivent être affectés à votre division pour former le 1er régiment de marche de zouaves seront répartis en trois bataillons de 1,200 hommes chacun, au lieu de former seulement deux bataillons comme cela avait été admis.

Le Ministre va faire nommer un chef de bataillon en plus au 1er de zouaves ; vous me proposerez un officier pour le grade d'adjudant-major et vous ferez nommer un adjudant.

Vous ferez vous-même la répartition des compagnies des deux bataillons qui devront former le IIIe. Ce IIIe bataillon, dit le Ministre, sera celui qui est encore dans le Midi.

Enfin le Ministre m'informe qu'il a donné les ordres les plus formels pour qu'il ne soit plus envoyé à la portion active des corps que des hommes entièrement armés et équipés.

Le Général commandant le 15e corps d'armée au Général commandant la 2e division du 15e corps, à Bourges.

Bourges, 5 octobre.

(Lettre identique à la précédente, et concernant la formation du 2e régiment de zouaves.)

Le Général commandant le 15e corps d'armée au Général commandant la 2e division du 15e corps, à Bourges.

Orléans, 9 octobre.

Un décret du 29 septembre 1870 autorise la formation de deux nouvelles compagnies au Ve bataillon du 1er régiment étranger.

Donnez dès à présent les ordres nécessaires pour la nomination des sous-officiers, caporaux et tambours de ces compagnies.

Quant aux officiers, ils seront pris dans les deux bataillons du corps qui sont arrivés d'Afrique.

Dès que ces deux bataillons auront rejoint la division que vous commandez, vous me ferez en conséquence les propositions nécessaires pour compléter les cadres des compagnies nouvellement formées et pour remplir les vacances qui pourraient exister dans les trois bataillons qui se trouveront alors sous vos ordres.

Le Ministre de la Guerre aux Généraux et Intendants divisionnaires.

Tours, 10 octobre.

Des doutes se sont élevés sur la manière dont il y a lieu d'administrer les régiments de marche, bien que des instructions précises aient été données à cet égard par la circulaire ministérielle du 22 août dernier.

Je crois donc devoir vous rappeler les dispositions qui se trouvaient dans cette circulaire.

Chaque régiment de marche doit être pourvu d'un conseil éventuel chargé d'en diriger l'administration et de surveiller les opérations des officiers comptables. Ce conseil d'administration est constitué, aussitôt après la réunion des bataillons ou compagnies, par l'officier général dans la circonscription duquel elle a lieu, et la constatation en est faite dans un procès-verbal suivant la forme réglementaire, par les soins du fonctionnaire de l'intendance le plus voisin.

Le conseil est composé :

Du lieutenant-colonel, président ;
Du plus ancien chef de bataillon ;
D'un capitaine de compagnie faisant fonctions de major, rapporteur ;
De l'officier payeur, secrétaire ;
De l'officier délégué pour l'habillement.

Ces cinq membres ont voix délibérative.

Un état de solde collectif unique est signé par le conseil d'administration ; les fonds sont perçus au titre du régiment de marche, ainsi que les prestations en nature ; mais les feuilles de journées sont, par les soins de l'officier payeur, établies au titre de chacun des corps d'où proviennent les bataillons ou compagnies et aux dépôts desquels ces feuilles sont ensuite adressées ; la régularisation de la dépense s'y opère alors comme pour les fractions détachées en temps ordinaire.

Ces règles s'appliquent également aux bataillons de marche formant corps.

Le Délégué à la Guerre au général de Loverdo.

Tours, 22 octobre.

L'effectif des compagnies dans les bataillons de la garde mobile est souvent très considérable. Ne serait-il pas nécessaire de fixer un maximum, 120 hommes par exemple, au delà duquel on opérerait des dédoublements ?

L'élection des officiers se ferait immédiatement et l'action de cette armée ne serait, je crois, que plus efficace.

Cette disposition serait applicable à tous les nouveaux régiments en formation et on chercherait les moyens de la réaliser dans les régiments déjà divisionnés.

Il y aura lieu d'étudier l'extension de cette mesure ultérieurement aux régiments de la ligne quand la pénurie des cadres ne sera pas aussi grande.

INFANTERIE.

Le Ministre de l'Intérieur et de la Guerre aux Généraux commandant les divisions et les subdivisions territoriales et actives; aux Intendants et Sous-Intendants militaires; aux Chefs de corps des régiments d'infanterie; aux Commandants des bataillons de chasseurs à pied; aux Commandants des dépôts de ces corps.

Tours, 23 octobre.

Un décret du 23 septembre 1870, dont je vous ai adressé ampliation, a prescrit la création de quatre cadres de compagnie dans chacun des dépôts des régiments d'infanterie de ligne, et de deux cadres semblables dans chaque dépôt des bataillons de chasseurs à pied.

La formation des régiments de marche ayant enlevé aux corps la majeure partie de ces cadres, il y a lieu, pour instruire les recrues de la classe de 1870 et pour former au besoin de nouvelles troupes de marche, de réorganiser les cadres enlevés aux dépôts.

Un décret du 20 de ce mois..... autorise cette mesure et établit que, dans tous les dépôts des régiments de ligne qui n'auront plus quatre compagnies, il sera créé autant de cadres de compagnie qu'il en faudra pour élever à quatre le nombre de ces compagnies, et que, dans les bataillons de chasseurs à pied, le chiffre des compagnies actives sera de nouveau porté à deux.

En conséquence, au reçu de cette dépêche, il devra être procédé, dans les limites indiquées ci-dessus, à la formation des compagnies qui manquent dans les dépôts d'infanterie.

Vous appliquerez, pour cette formation, les dispositions de ma circulaire du 24 septembre dernier, modifiées en ce point que vous pourrez conférer des emplois de sous-lieutenants, à titre définitif, à des sous-officiers retirés du service et n'ayant pas plus de 40 ans. C'est là une précieuse ressource dont il ne faut pas se priver dans les circonstances actuelles; mais je n'ai pas besoin d'ajouter que vous ne devrez user de cette faculté qu'à l'égard de sujets capables de rendre de bons services et dignes, par leur moralité, de porter l'épaulette.

Après avoir créé ces compagnies, dont la formation devra être constatée par procès-verbal, vous n'aurez pas à en former d'autres, à moins de nouveaux ordres.

Le Délégué à la Guerre au général de Loverdo.

Tours, 24 octobre.

Les généraux commandants les 15e et 16e corps se plaignent de l'effectif trop fort des compagnies qu'il y aurait lieu de réduire. J'ai déjà eu l'occasion de vous saisir de cette question. Je vous la recommande tout spécialement et nous pourrons prendre rapidement les mesures correctives pour la garde mobile.

Le Ministre de la Guerre aux Généraux commandant les divisions militaires (D. T.).

Tours, 26 octobre, 1 heure soir.

Je viens de former le 45ᵉ, le 46ᵉ, le 47ᵉ régiment d'infanterie de marche. Si votre division doit contribuer à cette formation, vous le savez maintenant. Comme je tiens à prendre aux dépôts, le plus tôt possible, tout ce qui n'est pas de la classe 1870, je vous prie de me faire savoir par le télégraphe de quelles compagnies je puis disposer sur-le-champ dans les dépôts sous vos ordres. Ce renseignement me permettra de vous demander des compagnies avec la certitude de les voir marcher.

Le Ministre de l'Intérieur et de la Guerre aux Généraux commandant les divisions et les subdivisions territoriales et actives; aux Intendants et Sous-Intendants militaires; aux Chefs de corps des régiments d'infanterie; aux Commandants des bataillons de chasseurs à pied; aux Commandants des dépôts de ces corps.

Tours, 29 octobre.

En raison de l'effectif élevé des compagnies d'infanterie, j'ai décidé, à la date de ce jour, que, pendant la durée de la guerre, chacune de ces compagnies aurait cinq sergents de section et douze caporaux.

Déjà, le 21 septembre dernier, j'avais autorisé la nomination supplémentaire dans les dépôts des sous-officiers et caporaux nécessaires au service de ces fractions de corps.

Ces deux dispositions, que vous êtes chargés d'appliquer en ce qui vous concerne, doivent, à l'avenir, rendre inutile le maintien au dépôt de sous-officiers et de caporaux pris dans les compagnies appelées à constituer des bataillons de marche. Les compagnies mobilisées partiront donc désormais des dépôts avec tous leurs sergents et tous leurs caporaux, et dès que le corps de marche qu'elles seront appelées à constituer aura été formé, toutes les vacances d'officiers qui y existeront seront comblées par des nominations faites sur place par les généraux commandant les divisions territoriales et actives.

Je tiens essentiellement à ce que des compagnies d'un effectif considérable aient, autant que possible, trois officiers, et à ce que leurs cadres soient complets en sous-officiers et en caporaux.

Note pour le Délégué du Ministre de la Guerre.

Tours, 2 novembre.

Le Général commandant la 21e division militaire soumet des observations au Ministre relativement aux difficultés que présente l'exécution du décret du 19 octobre dernier en ce qui concerne l'effectif à donner aux compagnies des dépôts d'infanterie.

En effet, ce décret porte que l'effectif présent au dépôt sera organisé par compagnies de 100 à 150 hommes pour l'infanterie.

Or, un dépôt d'infanterie n'a, au maximum, que six cadres de compagnie et son effectif s'élève parfois à plus de 1,500 hommes. Il est donc indispensable que ce dépôt ait plus de 150 hommes par compagnie.

D'autre part, quand, pour dégager les dépôts et faire des régiments de marche, on mobilise des compagnies de ces dépôts, on les fait partir à l'effectif de 200 hommes, cadres non compris.

Afin de diminuer l'inconvénient qu'offre en garnison cet effectif considérable, on a augmenté le nombre des sous-officiers et caporaux destinés à l'encadrer. Il n'y avait jadis que 4 sergents et 8 caporaux dans une compagnie; il y a maintenant 5 sergents et 12 caporaux. On pourrait même porter ce chiffre à 6 sergents et 16 caporaux.

Organisées de la sorte, les compagnies actuelles peuvent être considérées comme des compagnies doubles et, si plus tard les nécessités de la guerre l'exigent, on pourra avec une compagnie en faire deux.

Quant à présent, si l'on organise des compagnies d'infanterie à plus de 150 hommes, c'est pour employer un moins grand nombre d'officiers. On a dû faire de nouveaux corps d'infanterie avec des ressources peu considérables en candidats à l'épaulette et le général de Noüe est dans le vrai quand il dit : « C'est avec une grande difficulté qu'on est parvenu à composer les cadres déjà existants, et pour des formations nouvelles les ressources manqueront complètement, pour le moment, pour les officiers et encore plus pour les sous-officiers ».

Dans cet état de choses, on croit devoir proposer à M. le Délégué de faire décider par le Ministre qu'on ajournera la réduction à 100 hommes des compagnies de 200 hommes jusqu'à ce qu'il soit possible de l'opérer.

On répondrait alors au général de Noüe qu'il devra considérer les compagnies actuelles comme des compagnies doubles, puisqu'elles ont une fois plus de caporaux qu'une compagnie ordinaire, et envisager le décret du 19 octobre comme exécuté dans la mesure du possible. On ajoutera qu'à la guerre les compagnies fondent vite et que, si elles ont 200 hommes en entrant en campagne, elles ne voient que trop promptement diminuer ce nombre.

En marge de la main de M. de Freycinet : « Général Loverdo. Proposez-moi un décret portant que normalement une compagnie doit avoir au plus 150 hommes et un cadre composé de 1 capitaine, 1 lieutenant, caporaux, sergents, etc., mais que, pendant la durée de la guerre et vu le manque d'officiers, les généraux de division sont autorisés à former des compagnies doubles, c'est-à-dire à placer deux compagnies ordinaires sous le commandement d'un seul capitaine ».

Décret du Gouvernement de la Défense nationale.

Tours, 2 novembre.

Le Membre du Gouvernement de la Défense nationale, Ministre de l'Intérieur et de la Guerre,

En vertu des pouvoirs à lui délégués par le Gouvernement par décret en date à Paris du 1ᵉʳ octobre 1870 ;

Considérant que les dépôts des corps d'infanterie sont encombrés par suite de l'arrivée des nouvelles recrues ;

Considérant que pour dégager les dépôts et faire des corps de marche on mobilise des compagnies de ces dépôts en les faisant partir à un effectif s'élevant parfois jusqu'à 300 hommes ;

Considérant que des compagnies aussi fortes ont besoin d'un cadre en rapport avec leur effectif ;

Décrète :

Article 1ᵉʳ. — L'effectif normal d'une compagnie d'infanterie sera de 150 hommes commandés par 1 capitaine, 1 lieutenant et 1 sous-lieutenant ayant sous leurs ordres 1 sergent-major, 4 sergents, 1 fourrier et 8 caporaux.

Toutefois, pendant la durée de la guerre et vu l'absence d'un grand nombre d'officiers prisonniers, les généraux seront autorisés à former, quand le nombre des soldats l'exigera, des compagnies d'un effectif double de l'effectif normal.

Ces compagnies n'auront que 1 capitaine, 1 lieutenant et 1 sous-lieutenant, mais elles auront 6 sergents et 16 caporaux.

Art. 2. — Les compagnies devront être composées de militaires pris dans des classes différentes, afin que les jeunes soldats aient toujours au milieu d'eux des hommes familiarisés avec les détails du service.

Art. 3. — Le Ministre de l'Intérieur et de la Guerre est chargé de l'exécution du présent décret.

Projet de décret (1) (*infanterie et garde nationale mobile*).

Le Membre du Gouvernement de la Défense nationale, Ministre de l'Intérieur et de la Guerre,

En vertu des pouvoirs à lui délégués par le Gouvernement par décret en date à Paris du 1er octobre 1870;

Considérant que, dans les régiments de l'infanterie de ligne de marche et dans les régiments de la garde nationale mobile, l'effectif des compagnies atteint un chiffre trop considérable pour la bonne action du commandement;

Décrète :

Article 1er. — Dans chaque compagnie d'infanterie de ligne de marche et de garde nationale mobile dont l'effectif dépasse 150 hommes (cadres non compris), il sera créé, en sus des cadres aujourd'hui existants, les emplois suivants : 1 sous-lieutenant, 2 sergents et 4 caporaux.

Art. 2. — Dans les cas où les généraux commandant les divisions actives ne trouveraient pas dans les corps placés sous leurs ordres les éléments nécessaires pour compléter à quatre officiers le cadre de chaque compagnie, il y sera pourvu par les soins du Ministre de la Guerre.

Art. 3. — Les anciens sous-officiers de l'armée âgés de moins de 40 ans, qui en feront la demande et qui rempliront les conditions requises, pourront être nommés à des emplois de sous-lieutenant dans l'armée active.

Note du Délégué du Ministre de la Guerre au général de Loverdo (2).

Tours, 6 novembre.

Prière de me donner promptement votre avis sur ces deux projets que j'avais demandés à MM. Deshorties et de Pontlevoye (3).

J'attends toujours le projet de décret pour le doublement des compagnies, sujet connexe avec celui-ci.

En marge (écritures inconnues) :

On ne peut guère songer à mettre deux sous-lieutenants par compagnie d'infanterie, l'étoffe manque.

---

(1) De MM. Deshorties et de Pontlevoye.
(2) De la main de M. de Freycinet.
(3) Président et membre de la Commission d'étude des moyens de défense.

Les compagnies d'infanterie ont maintenant 5 sergents et 12 caporaux (17 octobre).

Le Bureau de l'infanterie a remis il y a huit jours à M. le général de Loverdo un projet de décret à ce sujet (17 novembre).

L'effectif des compagnies de mobiles étant très élevé (200 hommes en moyenne), il y aurait toutes sortes de raisons pour leur donner au moins le supplément de cadres accordé aux compagnies d'infanterie.

Le Ministre de l'Intérieur et de la Guerre au Général commandant le 17ᵉ corps d'armée.

Tours, 15 novembre.

Les conditions dans lesquelles se fait aujourd'hui la guerre obligent à pourvoir les corps d'armée d'un plus grand nombre d'outils que par le passé, afin d'être toujours en mesure de construire les *tranchées-abris* ou autres ouvrages dont il peut être utile de faire emploi pour couvrir des lignes de bataille ou occuper des positions.

D'un autre côté, faire transporter ce supplément d'outils par des voitures offre de graves inconvénients. Ces voitures ne pourraient trouver place parmi celles qui marchent avec la troupe, et les reléguer parmi les équipages, c'est se priver de moyens d'exécution dont il importe souvent de pouvoir disposer immédiatement après l'arrivée, soit au bivouac, soit sur la position à occuper. D'ailleurs il convient de ne pas augmenter les équipages, assez nombreux déjà (une prolonge ne peut porter que 400 outils au plus).

J'ai en conséquence décidé, par un arrêté en date de ce jour, qu'à l'avenir, des outils de terrassiers et tranchants, pelles, pioches, haches et serpes, seront distribués aux troupes d'infanterie, à raison de 10 pelles, 10 pioches, 2 haches et 2 serpes par 100 hommes, pour être portées alternativement par les hommes de chaque compagnie, sur la face extérieure du havresac et à l'aide de la grande courroie.

Ces outils seront remis, sur des bons réguliers, aux corps de troupe par les soins du commandant du génie des corps d'armée, successivement et au fur et à mesure que les ressources des parcs du génie le permettront. Les remplacements seront opérés de la même manière, sur la présentation des outils brisés ou usés. Les pertes seront constatées par des procès-verbaux réguliers. Les outils dont la perte ne pourra être justifiée seront remboursés, sur états réguliers de dépense, à raison de 3 francs par pelle, 4 fr. 50 par pioche, 4 francs par hache et 2 francs par serpe, qui seront versés dans la caisse du gérant du génie.

Veuillez prescrire les mesures nécessaires pour la mise à exécution de ces prescriptions. Je donne des ordres conformes à ce qui précède au colonel commandant le génie du 17⁰ corps d'armée.

Il n'est d'ailleurs rien changé à l'organisation des parcs de corps d'armée dont les outils seront une réserve destinée à fournir au remplacement des outils confiés aux corps de troupe.

Circulaire du Ministre de la Guerre au sujet de la distribution d'outils aux troupes d'infanterie.

Tours, 15 novembre.

J'ai décidé, à la date de ce jour, que des outils de terrassiers, pelles, pioches, haches et serpes, seront distribués aux troupes d'infanterie, à raison de 10 pelles, 10 pioches, 2 haches et 2 serpes pour 100 hommes, pour être portés alternativement par les hommes de chaque compagnie sur la face extérieure du havresac et à l'aide de la grande courroie.

Cette mesure sera mise à exécution dans les corps d'armée successivement et lorsque les commandants du génie auront reçu des outils en nombre suffisant.

Les outils dont il s'agit devront être pris en charge par les corps de troupe et les pertes seront constatées par des procès-verbaux dressés régulièrement. Les outils dont la perte ne serait pas justifiée seront payés par les corps à raison de 3 francs par pelle, 4 fr. 50 par pioche, 4 francs par hache et 2 francs par serpe, à verser dans la caisse du gérant du génie des corps d'armée.

Les outils brisés dans le service ou usés seront remplacés au parc du génie des corps d'armée, sur la présentation des débris à l'officier du génie chargé du matériel.....

Le Ministre de l'Intérieur et de la Guerre aux Généraux commandant les corps d'armée et aux Commandants du génie des corps d'armée.

Tours, 27 novembre.

J'ai pris, à la date du 15 novembre courant, un arrêté prescrivant la distribution, dans les corps d'infanterie, d'un certain nombre d'outils qui devraient être portés, à tour de rôle, par tous les hommes.

Sur l'avis qui m'a été soumis par M. le Général commandant en chef l'armée de la Loire, je crois devoir modifier ainsi qu'il suit les dispositions dudit arrêté.

Les outils à distribuer pour un effectif de 100 hommes seront les suivants : 5 pelles, 5 pioches, 1 hache, 1 serpe.

Ces outils seront portés par des hommes d'élite qui recevront chacun une prime journalière de 5 centimes.

Cette prime sera payée par les soins du commandant du génie sur la présentation d'un décompte fourni par chaque corps de troupe.

Veuillez assurer, chacun en ce qui vous concerne, l'exécution de la présente décision.

Le Ministre de l'Intérieur et de la Guerre au Général commandant en chef l'armée de la Loire; aux Généraux commandant les corps d'armée, les divisions et les subdivisions actives et territoriales; aux Intendants et Sous-Intendants militaires; aux Chefs de corps des régiments d'infanterie; aux Commandants des bataillons de chasseurs à pied; aux Commandants des dépôts de ces corps.

Tours, 1er décembre.

J'ai l'honneur de vous adresser deux ampliations de décrets prescrivant : l'un la création d'un emploi d'adjudant pour chaque dépôt des corps d'infanterie, l'autre la formation dans cette arme de nouveaux cadres de compagnie.

L'adjudant étant, pendant la durée de la guerre, indispensable dans les dépôts, en raison de leur effectif élevé, devra y être nommé sans le moindre retard.

Quant aux compagnies nouvelles, il ne sera procédé à leur formation que si le service l'exige.

Les dépôts, qui auront assez de cadres de compagnie pour y faire entrer leurs hommes de troupe, resteront dans leur état actuel. Ceux qui seront affaiblis par le départ de compagnies de guerre pourront, avec l'autorisation des généraux commandant les divisions, créer de nouvelles compagnies à mesure qu'il y aura lieu, en restant toutefois dans la limite de quatre compagnies mobilisables dans les régiments d'infanterie de ligne, et de deux dans les bataillons de chasseurs à pied.

Pour ces formations, comme pour celles qui les ont précédées, les nominations aux emplois de tout grade auront lieu en conformité des prescriptions de mes circulaires des 24 septembre et 23 octobre derniers et seront faites par les généraux commandant les divisions.

Au sujet des pouvoirs dévolus aux généraux à l'effet de procéder aux nominations, je crois nécessaire de vous faire observer que, dans les divisions réunies en corps d'armée, les promotions aux emplois d'officiers doivent être faites par le général commandant le corps d'armée, et soumises au général commandant en chef, lorsque les corps d'armée sont sous ses ordres.

Quant à la correspondance relative aux nominations aux emplois

INFANTERIE. 113

d'officier supérieur, elle ne doit parvenir au Ministre de la Guerre qu'après avoir suivi la voie hiérarchique.

Note du bureau de l'infanterie pour la 1re direction.

Bordeaux, 15 décembre.

On a l'honneur d'informer le bureau de la correspondance générale qu'un dépôt du régiment étranger destiné à recevoir les engagés volontaires va être établi à Cahors.

Ce dépôt sera composé de trois cadres de compagnie (Ordre de ce jour).

Le Ministre de l'Intérieur et de la Guerre aux Généraux commandant la Ire et la IIe armée, les corps d'armée, les divisions et les subdivisions territoriales et actives; aux Intendants et Sous-Intendants militaires; aux Chefs de corps d'infanterie; aux Commandants des dépôts de ces corps.

Bordeaux, 20 décembre.

Un décret du 16 décembre courant établit que, dans les bataillons de marche de chasseurs à pied qui n'ont que quatre compagnies, ce nombre sera porté à six, toutes les fois que l'effectif du corps dépassera 800 hommes.

Il est reconnu, en effet, que la force d'une troupe dépend en grande partie de l'étendue et de la solidité de ses cadres.

Au début de la formation des corps de marche, il eût été difficile de trouver dans les dépôts des anciens bataillons de chasseurs à pied les éléments nécessaires à l'organisation de six cadres de compagnie par bataillon, mais il n'en est plus de même actuellement. Les services de guerre ont créé des titres qui permettent de conférer l'épaulette à un plus grand nombre de sous-officiers et d'accorder de l'avancement aux lieutenants et aux sous-lieutenants.

En raison des circonstances, la formation des compagnies nouvelles ne pourra pas avoir lieu à l'ancienneté et au choix sur toute l'arme. Toutefois rien n'empêchera les généraux commandant les armées ou les corps d'armée, qui seront chargés de leur organisation, de faire passer, à cette occasion, dans les chasseurs des officiers et des sous-officiers pris dans la ligne et réunissant les conditions voulues d'aptitude.

En conséquence, vous examinerez quels sont les bataillons de chasseurs à pied sous vos ordres qui devront recevoir un accroissement de compagnies, et vous vous concerterez avec les généraux commandant les armées ou les corps d'armée opérant isolément, pour procéder à l'organisation des nouveaux cadres. Les généraux ayant les commandements supérieurs ci-dessus énoncés nommeront à titre provisoire à tous les emplois d'officiers, sauf ratification par le Ministre.

Lorsque vous aurez effectué l'organisation des compagnies à former, vous m'en rendrez compte, en me faisant parvenir un procès-verbal dressé par le sous-intendant militaire chargé de la police du corps.

Rapport du Chef du bureau de l'infanterie.

Bordeaux, janvier 1871.

Lorsqu'après le désastre de Sedan, il devint nécessaire de reconstituer une armée qui, pour l'infanterie surtout, n'avait plus un seul régiment en France et ne possédait plus que 120 dépôts commandés par des majors ou des capitaines-majors, on se trouva dans la nécessité d'improviser des cadres considérables avec des éléments presque nuls.

On avait à faire : 50 régiments de ligne à 3 bataillons, 4 régiments de zouaves de marche, 1 régiment de Tirailleurs algériens, 25 bataillons de marche de chasseurs à pied et plusieurs bataillons de marche d'infanterie.

Et cependant tous les colonels, tous les lieutenants-colonels et tous les chefs de bataillon étaient bloqués ou prisonniers de guerre.

Quant aux dépôts, ils étaient encombrés de recrues n'ayant pour les commander qu'un major et cinq ou six officiers, abstraction faite des comptables.

Il fut donc nécessaire, pour présenter quelques jeunes troupes à l'ennemi qui s'approchait, de faire d'énormes compagnies commandées par très peu d'officiers, attendu que l'officier ne s'improvise pas, et que, pour commander efficacement aux autres, il faut savoir soi-même.

On peut donner jusqu'à trois grades en deux mois au même individu sans pour cela lui donner les qualités du commandement supérieur. Il fallait donc mieux ne pas gorger d'avancement des sous-officiers de quelques mois de service et faire partir de fortes compagnies avec peu d'officiers. C'est ce que l'on fit.

On forma des bataillons de chasseurs à pied de 1,200 hommes avec quatre compagnies, c'est-à-dire à 300 hommes par compagnie.

On fit des régiments d'infanterie de marche à 3,600 hommes, répartis en 3 bataillons et 18 compagnies, soit 200 hommes par compagnie.

Des lieutenants-colonels, on en trouva d'abord dans les majors seulement.

Des chefs de bataillon, on en trouva, dans le principe, dans les majors qui consentaient à devenir chefs de bataillon et dans les capitaines comptables reconnus aptes à commander un bataillon.

Quant aux capitaines et aux lieutenants, on en trouva fort peu et on compensa cette pénurie en donnant à chaque compagnie deux sous-lieutenants au lieu d'un, six sergents au lieu de quatre et douze caporaux au lieu de huit.

Mais ce n'était là qu'un expédient commandé par les nécessités du moment. Il est avéré depuis longtemps qu'une compagnie de 300 ou de 200 hommes est trop forte, et que le bataillon normal doit être de 800 hommes, soit 2,400 hommes par régiment.

La formation de la ligne de bataille donne, pour le front de bandière de 3,600 hommes, environ 700 mètres d'étendue, ce qui pour manœuvrer est au-dessus des forces de la voix d'un seul homme. Quant à l'encadrement de 200 ou 300 hommes par deux ou trois officiers, au grand maximum, il est insuffisant, et il n'est pas rare maintenant de voir après une affaire 1,800 ou 2,000 hommes d'un même régiment errer de village en village à la débandade et ne rejoignant leur corps que quand ils y sont contraints par la gendarmerie.

Le Ministre de la Guerre s'est déjà préoccupé de cette question en faisant rendre un décret portant que lorsqu'un bataillon de chasseurs à pied sera fort de plus de 800 hommes, le nombre de ses compagnies devra être porté de quatre à six. C'est encore là une demi-mesure, attendu que la ligne formée par 1,200 hommes n'est pas diminuée lorsqu'elle est divisée en six compagnies au lieu d'être divisée en quatre.

Toutefois, l'encadrement des troupes est mieux fait par six cadres que par quatre.

Si, contraint par la nécessité, on a dû faire des bataillons de 1,200 hommes et des régiments de 3,600, on croit qu'il convient, maintenant que la durée de la guerre a permis à certaines capacités de se produire, d'examiner si l'on ne pourrait pas ramener à 2,400 hommes l'effectif d'un régiment d'infanterie et à 800 hommes l'effectif d'un bataillon de chasseurs à pied.

C'est là une question d'opportunité et une question de budget.

Il est facile de décider que les nouveaux régiments qui seront formés ne le seront plus qu'à 2,400 hommes et que les nouveaux bataillons de chasseurs n'auront plus que six compagnies et 800 hommes. 2,400 hommes coûtant par an à l'État 1 million environ, 3,600 hommes coûtent donc 1,600,000 francs.

Or, avec deux régiments actuels de 3,600 hommes, on pourrait faire trois régiments à 2,400 hommes, en considérant seulement la répartition des hommes de troupe ; mais si, avec deux cadres d'officiers, on encadrait 7,200 hommes, il faudra un cadre d'officiers en plus pour encadrer ces 7,200 hommes répartis en trois régiments.

Quant aux cadres de sous-officiers, ils ont été presque doublés pour les compagnies actuelles, et, pour eux, la dépense de la formation nouvelle ne serait pas considérable.

La question, en dehors du chiffre de la dépense, pourrait se résoudre à ceci :

1° Ne plus former les régiments qu'à 2,400 hommes ;

2° Inviter les généraux commandant les armées et les corps d'armée à examiner s'il leur conviendrait de conserver dans leurs régiments d'infanterie de marche 2,400 hommes et de former avec le surplus, pris dans divers régiments, un nouveau régiment de 2,400 hommes.

Le dédoublement se ferait sur place et chaque général serait chargé d'organiser les nouveaux régiments ressortissant à son commandement.

Le Département de la Guerre ne se dissimule pas qu'il n'y ait des difficultés à dédoubler des régiments au moment où ils marchent en avant et au moment surtout, où pour une cause ou pour une autre, ils n'ont plus leurs 3,600 hommes d'autrefois.

Cependant, il estime que les généraux pourraient être consultés par une circulaire qui leur prouverait qu'on ne met nullement en oubli les principes d'organisation des corps.

Quant à la mesure au point de vue moral, elle ne pourrait que produire un bon effet, en permettant d'accorder un notable avancement aux officiers et sous-officiers qui se sont fait une bonne réputation militaire depuis le commencement de la guerre, et qui ont des titres à obtenir des récompenses.

Enfin, de nouveaux régiments permettraient de faire de nouvelles brigades et de nouvelles divisions.

Telles sont les considérations suggérées par l'examen de la question dont il s'agit.

Minute d'une Note sur l'effectif de l'infanterie.

28 janvier 1871.

. . . .

Le chiffre des hommes présents dans les dépôts d'infanterie à la date du 1ᵉʳ janvier 1871 était de.................. 66,000

Si l'on en déduit les éléments qui depuis cette époque ont concouru à la formation de :

1° 11 régiments d'infanterie de marche à l'effectif de 2,400 hommes, soit...................... 26,400

2° 4 bataillons de marche de chasseurs à pied à l'effectif de 800 hommes, soit................ 3,200

En tout.................. 29,600

On trouve que le chiffre des présents dans les dépôts d'infanterie à la date de ce jour est de.................... 36,400
Duquel chiffre il faut déduire les non-valeurs (blessés, malades, cuisiniers) évaluées à 300 hommes
par régiment d'infanterie, soit............... 30,000
100 hommes par batailllon de chasseurs.......... 2,000
En tout............... 32,000
Ce qui réduit le chiffre des hommes présents dans d'infanterie à.. 4,400

Et encore l'ordre a-t-il été donné de diriger sur Bordeaux tous les disponibles des dépôts, armés et non armés, pour qu'ils soient mis dans le 87ᵉ de marche en cours d'organisation. Il n'y a donc pas lieu de compter sur de nouvelles ressources des dépôts d'infanterie avant l'appel de la classe de 1871.

L'effectif des régiments d'infanterie de marche qui avaient été créés à 3,600 hommes au début de la guerre peut par suite des causes qui amènent des réductions dans les corps en campagne, être évalué à 2,400 hommes, ce qui donne pour 67 régiments (y compris les zouaves, les Tirailleurs et l'infanterie légère d'Afrique et le régiment étranger)............................. 160,800
Pour les mêmes motifs, l'effectif des 28 bataillons de marche de chasseurs à pied à raison de 800 hommes par bataillon peut être estimé à............................ 22,400

Ce qui donne pour le nombre total des hommes d'infanterie présents à l'armée le chiffre de..................... 183,200

Note de la 2ᵉ direction.
Bordeaux, 18 février 1871.

L'infanterie dispose actuellement, en cas de reprise des hostilités, et sans compter la partie de cette arme qui est en Algérie, de, savoir :

1° 53 régiments de marche d'infanterie à 3 bataillons d'une force moyenne de 1,800 hommes ;

2° 26 bataillons de marche de chasseurs à pied d'une force moyenne de 700 hommes ;

3° 116 dépôts d'infanterie de ligne et de chasseurs à pied pour l'instruction des recrues.

§ 2. — Troupes de la Marine.

1° INFANTERIE DE LA MARINE.

Rapport du Contre-Amiral directeur du personnel au Ministre de la Marine, sur la réorganisation des dépôts de l'infanterie de la marine.

Paris, 14 août.

Lorsque le Ministre a récemment organisé les dépôts des régiments d'infanterie de la marine, il ne s'agissait que d'y recevoir les hommes des classes 1863 et postérieures ainsi que ceux de la classe 1869.

A ce moment, les dépôts, constitués sur le pied de trois compagnies, pouvaient, à la rigueur, suffire à l'administration des hommes qui allaient être appelés sous les drapeaux. Le Ministre avait d'ailleurs pourvu à l'instruction des recrues en faisant créer quelques emplois de sous-lieutenants appelés à aider ou même à remplacer les officiers malades ou attendus des colonies, titulaires des emplois de ces trois compagnies.

Mais l'application de la loi du 10 août 1870, rappelant sous les drapeaux tous les citoyens non mariés ou veufs sans enfant, et l'incorporation imminente des jeunes soldats de la classe 1870, vont rendre ces premières mesures insuffisantes.

Il est probable, en effet, que l'effectif des dépôts en France, qui ont déjà de 1,200 à 1,500 hommes dans certains ports, va prochainement s'élever à 3,000 ou 4,000 hommes. Dans cette situation, il me paraît impossible de laisser l'administration confiée à trois cadres de compagnie.

Je propose donc au Ministre de faire immédiatement porter à six, le nombre des compagnies à affecter à chaque dépôt.....

Il serait entendu que dans le cas où, après la guerre, ces compagnies ne seraient pas conservées, les officiers, dont les emplois seraient ainsi supprimés, seraient placés à la suite des régiments et appelés à ne remplir que la moitié des emplois vacants de leur grade.

Il serait d'ailleurs impossible en ce moment de pourvoir aux emplois de capitaine et de lieutenant revenant à ces compagnies. Les officiers que le tour de l'ancienneté appellerait à y servir sont presque tous aux colonies. D'un autre côté, ceux qui passeraient au tour du choix devraient être naturellement pris dans les bataillons de guerre et leur brusque départ pourrait désorganiser les corps.

Pour éviter ces inconvénients, je propose au Ministre de se borner à faire des nominations de sous-lieutenants. Il existe dans les rangs des sous-officiers de l'arme en France d'excellents éléments de recrutement.

Ces sous-lieutenants, dont une partie a rempli les fonctions de sergent-major, seront parfaitement aptes à diriger l'administration des compagnies, jusqu'à ce qu'ils puissent être remplacés par des lieutenants ou capitaines rentrant des colonies ou sortant de l'hôpital.

Cette mesure se justifie d'autant plus qu'il n'a été fait aucune part à l'infanterie de la marine dans la dernière répartition des élèves de de Saint-Cyr..... Ils ont tous été incorporés dans les troupes de l'armée de terre.

Je joins ici un projet de décret..... pour consacrer la création des compagnies dont il s'agit (1).

Effectif du dépôt du 3e régiment d'infanterie de la marine au 6 septembre 1870.

Sous-officiers, caporaux et clairons disponibles......	93
Soldats exercés disponibles.....................	712
TOTAL...............	805
Compagnie hors rang........................	121
Sous-officiers, caporaux et clairons non disponibles, mariés, à l'hôpital, etc.....................	42
Soldats non disponibles, mariés, à l'hôpital, etc.....	237
Recrues non exercées.........................	568
TOTAL GÉNÉRAL.......	1,773

Effectif du dépôt du 4e régiment d'infanterie de la marine au 9 septembre.

Sous-officiers, caporaux et clairons disponibles......	196
Soldats exercés disponibles.....................	381
TOTAL...............	577
Compagnie hors rang........................	244
Sous-officiers, caporaux et clairons non disponibles, mariés, à l'hôpital, etc.....................	60
Soldats non disponibles, mariés, à l'hôpital, etc.....	329
Recrues non exercées.........................	884
EFFECTIF...............	2,094

---

(1) Décret du 15 août 1870.

Effectif du dépôt du 1ᵉʳ régiment d'infanterie de la marine au 12 septembre.

Sous-officiers, caporaux et clairons disponibles......	95
Soldats exercés disponibles.....................	236
TOTAL...............	331
Compagnie hors rang.........................	200
Sous-officiers, caporaux et clairons non disponibles, mariés, à l'hôpital, absents, etc................	67
Soldats non disponibles, mariés, à l'hôpital, absents, etc.	404
Recrues non exercées.........................	466
EFFECTIF.............	1,468

Effectif du dépôt du 2ᵉ régiment d'infanterie de la marine au 13 septembre.

Sous-officiers, caporaux et clairons disponibles......	92
Soldats exercés disponibles.....................	661
TOTAL...............	753
Compagnie hors rang.........................	118
Sous-officiers, caporaux et clairons non disponibles, mariés, à l'hôpital, etc.....................	41
Soldats non disponibles, mariés, à l'hôpital, etc......	187
Recrues non exercées.........................	583
TOTAL GÉNÉRAL.......	1,682

Le Délégué du ministère de la Marine au Ministre de la Marine, à Paris (D. T.).

Tours, 16 septembre.

A la suite d'un conseil auquel j'ai assisté, le Ministre président m'invite à vous demander quels contingents de l'infanterie de la marine nous pourrions diriger immédiatement sur l'armée de la Loire. Cette armée n'aura que 12 régiments réguliers, et 5,000 à 6,000 de nos vaillantes troupes lui seraient un secours considérable.

Le Ministre de la Marine au Préfet maritime de Rochefort.

Tours, 18 septembre.

Par une dépêche télégraphique de ce jour, je vous ai invité à diriger immédiatement sur Tours une nouvelle compagnie de marche qui sera désignée par la lettre E. Les ressources du casernement n'étant pas suffisantes, je vous ai invité à en réduire provisoirement l'effectif à 120 hommes, sauf à envoyer plus tard les 80 hommes complémentaires.

Vous devrez préparer, en outre, une autre compagnie de marche sur le pied de 200 hommes désignée par la lettre F et commandée également par trois officiers. Vous voudrez bien m'avertir dès que cette compagnie sera formée. Lorsque je donnerai l'ordre de la mettre en route, elle amènera avec elle les 80 hommes de la compagnie E. Vous désignerez, en même temps, un lieutenant ou un sous-lieutenant pour remplir auprès de ces deux compagnies les fonctions d'officier payeur, d'habillement et d'armement. En attendant, la compagnie E s'administrera isolément.

Vous devrez faire remettre au commandant un fonds de prévoyance de 500 francs, dont il rendra compte à son arrivée.

Vous voudrez bien me faire connaître le plus tôt possible les noms des officiers que vous aurez désignés pour servir dans les deux compagnies dont il s'agit.

Ainsi que cela a eu lieu lors de l'envoi à Paris des premières compagnies de marche, les deux nouvelles compagnies devront venir avec leurs effets de toute nature, campement compris, leurs armes et 90 cartouches. En outre des vivres pour la route elles devront emporter un jour de pain en plus.

Vous voudrez bien m'avertir des heures de départ et autant que possible de l'heure de l'arrivée.

Il devient de plus en plus nécessaire que vous activiez, par tous les moyens possibles, la confection des effets d'habillement et de campement, ainsi que celle des sacs de troupe. Dans le cas où vous ne pourriez délivrer des capotes, les hommes viendront avec la tunique et le manteau.....

Le Ministre de la Marine au Préfet maritime de Toulon.

Tours, 18 septembre.

Je vous ai invité, par une dépêche télégraphique de ce jour, à préparer l'organisation d'une nouvelle compagnie de marche, qui sera désignée par la lettre E.

J'espère que les ressources du port vous permettront prochainement d'en préparer une seconde, qui sera désignée par la lettre F.

Elle devra également être placée sous le commandement de trois officiers.....

Le Ministre de la Guerre au Général commandant la 18ᵉ division militaire, à Tours.

Tours, 20 septembre.

Une compagnie d'infanterie de la marine de 120 hommes arrivera le 20 du courant à Tours par les voies ferrées.

Cette compagnie, qui doit être bientôt portée à 200 hommes, sera suivie de trois autres compagnies également de 200 hommes chacune.

Ces troupes seront placées sous les ordres de l'autorité militaire et devront être administrées, au point de vue de la solde, des subsistances et des hôpitaux, par les soins du service de l'intendance, dans les conditions prévues par les règlements militaires en ce qui se rapporte aux troupes de la marine mises à la disposition du département de la Guerre.

Je vous prie de donner des ordres en conséquence.

Dans le cas où ces troupes ne trouveraient pas place dans le casernement, et où la ville ne pourrait mettre aucun bâtiment public à votre disposition pour assurer leur logement, il y aurait lieu de créer d'urgence un baraquement pour les y établir.

En attendant, elles seraient logées chez l'habitant.

Dans tout état de cause, vous prescrirez les mesures nécessaires pour qu'il soit pourvu à leur couchage, soit en caserne, soit dans le baraquement à créer.

Veuillez me rendre compte des dispositions que vous aurez prises par suite de la présente.

Le Ministre de la Marine et des Colonies au Général commandant la 18ᵉ division militaire, à Tours.

Tours, 24 septembre.

M. le Préfet maritime à Rochefort vient de m'informer que les 280 hommes d'infanterie de la marine, que j'ai donné l'ordre d'envoyer à Tours, partiront de Rochefort dimanche 25 septembre, à 9 h. 50 du matin, et arriveront le même jour à Tours vers 6 h. 50 du soir.

J'ai l'honneur de vous prier de vouloir bien donner des ordres pour que le casernement de cette troupe soit assuré pour le moment de son arrivée.

Le Ministre de la Marine au Préfet maritime de Brest.

Tours, 28 septembre.

Je vous invite à organiser immédiatement trois nouvelles compagnies de marche désignées par les lettres E, F et G.

Les ressources du port, qui, à la date du 25 septembre, contenait 890 hommes exercés, permettent sans difficulté l'organisation de ces trois compagnies, sur le pied de 200 hommes chacune, officiers compris.

Elles auront chacune un cadre de trois officiers dont vous aurez à m'indiquer les noms. A défaut de capitaines et de lieutenants valides, vous désignerez des sous-lieutenants.

Vous désignerez en même temps un capitaine ou lieutenant pour remplir les fonctions d'adjudant-major, un médecin de marine pour remplir les fonctions de médecin aide-major, et un lieutenant ou sous-lieutenant pour l'emploi d'officier-payeur, d'habillement et d'armement.

Je me réserve le soin de désigner le commandant de ce bataillon.....

Les hommes devront être, autant que possible, munis des mêmes effets d'habillement que ceux de la division active, capote et paletot de molleton. A défaut, ils auront le manteau et la vareuse.....

Le Ministre de la Marine au Préfet maritime de Rochefort.

Tours, 28 septembre.

Je vous invite à former immédiatement une nouvelle compagnie de marche qui sera désignée par la lettre G.

Vous aurez à désigner trois officiers pour former le cadre de cette compagnie qui devra être tenue prête à se rendre à Tours au premier ordre (1).

Toutes les prescriptions antérieures relatives aux compagnies E et F sont applicables à la compagnie G, sous le rapport de l'habillement, armement, campement et vivres. Autant que possible, les hommes devront venir avec le paletot de molleton et la capote.

.....Cette compagnie devra amener avec elle trois chevaux de selle pour le capitaine adjudant-major, l'officier payeur et le médecin aide-major. Ces deux derniers officiers sont déjà à Tours. De plus, elle devra se munir de six chevaux ou mulets de bât pour porter les bagages très restreints des officiers, la comptabilité et la caisse d'ambulance du bataillon du 3e régiment dont elle fera partie. Vous aurez à envoyer également la caisse d'ambulance.

---

(1) La compagnie G partit le 6 octobre à 9 h. 50 du matin (Le Préfet maritime de Rochefort au Ministre de la Marine, Rochefort, 5 octobre).

Le Préfet maritime de Rochefort au Ministre de la Marine, à Tours.

Rochefort, 29 septembre.

Un décret du Gouvernement de la Défense nationale, en date du 23 septembre courant, autorise la création de quatre nouveaux cadres de compagnie dans chacun des régiments d'infanterie de ligne et charge les généraux de division d'y pourvoir.

Je vous demande que cette mesure soit appliquée à l'infanterie de la marine, dont le dépôt manque de sous-officiers et de caporaux et que, dans ces grades-là, j'aie la faculté de combler les vides.

Le Préfet maritime de Brest au Ministre de la Marine.

Brest, 1er octobre.

Conformément à votre dépêche du 28 septembre, j'ai l'honneur de vous informer que trois nouvelles compagnies de marche se forment activement au dépôt du 2e régiment d'infanterie de la marine, sous la désignation E, F, G.....

Les sous-officiers et soldats de ces compagnies auront le même habillement que la division active, c'est-à-dire la capote et la veste.....

A partir de demain l'organisation sera complète et les trois compagnies pourraient être mises en route, si elles n'étaient retenues par la nécessité de se procurer des chevaux de selle et de bât et le harnachement.

On s'occupe de ce détail, qui sera promptement réglé.

P.-S. — La question du harnachement est difficile à résoudre promptement; j'ai fait demander à Rennes si le casernement ou l'artillerie pourraient céder à la marine six harnachements et cantines. Je n'ai pas de réponse encore.

Le Chef de bataillon commandant le Ve bataillon de l'infanterie de la marine de marche au Directeur du bureau des troupes à la délégation du ministère de la Marine, à Tours.

Brest, 1er octobre.

.....Nous serons formés en peu de temps, bataillon magnifique; ce qui arrête un peu son organisation, c'est les efforts déjà faits pour fournir des troupes.....

.....Il y a les éléments d'un autre bataillon ici..... Il y a surtout plusieurs sergents-majors échappés, qui feraient de bons officiers, car la bonne volonté s'ajoute à leur vaillance..... (1)

Le Ministre de la Marine aux Préfets maritimes de Brest et Rochefort.

Tours, 3 octobre.

En raison de la force numérique des compagnies de marche E, F, G, destinées à former un bataillon de marche pour faire partie de l'armée de la Loire, j'ai décidé que le nombre des sous-officiers de chaque compagnie serait porté de 10 à 12 et les caporaux de 12 à 16.

Chaque bataillon devra d'ailleurs comprendre une section hors rang composée de : 1 adjudant sous-officier, 1 sergent secrétaire de l'officier payeur, 1 caporal clairon, 1 caporal d'infirmerie.

Le Préfet maritime de Toulon au Ministre de la Marine.

Toulon, 3 octobre.

J'ai l'honneur de vous rendre compte que les compagnies E et F sont prêtes à marcher. Il ne leur manque plus que le campement. Les couvertures ont été délivrées aux hommes.

Le Ministre de la Guerre au Général commandant le 15ᵉ corps d'armée, à Bourges.

Tours, 4 octobre.

J'ai l'honneur de vous informer que je donne l'ordre de diriger sur Nevers, aussitôt qu'il sera prêt, un détachement d'infanterie de la marine organisé à Toulon pour faire partie du 15ᵉ corps d'armée.

Le détachement d'infanterie de la marine attaché à la 1ʳᵉ division d'infanterie de votre corps d'armée se trouvera porté à l'effectif de 1,800 hommes par l'arrivée de la fraction venant de Toulon et celle des deux autres fractions venant de Brest et Tours.

Le Ministre de la Marine au Préfet maritime de Toulon.

Tours, 4 octobre.

Je vous ai invité par dépêche télégraphique à former une nouvelle compagnie de marche désignée par la lettre G.

---

(1) Le commandant du Vᵉ bataillon signale en outre dans sa lettre la présence au dépôt du 2ᵉ régiment de nombreux officiers et sous-officiers venant de Sedan, qui demandent à reprendre du service actif.

Cette compagnie et les deux compagnies E et F formeront un bataillon de marche, qui sera placé sous le commandement de M. le chef de bataillon...... (1). Cet officier supérieur reçoit l'ordre de se rendre sans délai de Tours à Toulon pour y présider à l'organisation de son bataillon.

Indépendamment de l'officier désigné pour remplir les fonctions d'officier payeur, d'habillement et d'armement et du..... capitaine adjudant-major, vous aurez à faire choix pour ce bataillon d'un médecin aide-major. Ces trois officiers seront montés à titre gratuit.

Le bataillon comprendra en outre une section hors rang composée d'un adjudant sous-officier, d'un sergent secrétaire de l'officier payeur, d'un caporal clairon et d'un caporal infirmier. Le détachement devra en outre comprendre, autant que possible, un ouvrier armurier.

En raison de l'effectif élevé des compagnies, le nombre des sous-officiers et caporaux devra être porté pour les sous-officiers à 12, pour les caporaux à 16. Le nombre des clairons sera, autant que possible, de 4 par compagnie.....

Il devra être délivré au bataillon dix chevaux ou mulets de bât, pris à la remonte ou achetés sur place, pour les bagages des officiers, lesquels devront être aussi restreints que possible, pour la comptabilité et pour une cantine d'ambulance. Vous devrez mettre cette cantine à la disposition du bataillon.

Le Préfet maritime de Brest au Ministre de la Marine (D. T.).

Brest, 5 octobre, 1 heure soir.

Les trois compagnies d'infanterie de la marine partiront aujourd'hui à midi 10 et arriveront au Mans à minuit. Le chef de gare ne peut faire connaître l'itinéraire au delà. Des renseignements sont demandés à ce sujet. S'ils me parviennent, je vous les enverrai.

En note : 1° *De la main du contre-amiral Roussin, chef de cabinet du Ministre de la Marine :* « Le Ministre vous prie de faire connaître au Mans quelle route ces troupes doivent suivre ». *Signé :* Roussin.

2° « Communiqué au général de Loverdo. La troupe doit attendre au Mans le premier train partant ». *Signé :* Illisible.

3° « Le train est passé à Tours le 6 à 6 heures matin. A continué pour Nevers ».

---

(1) Ce bataillon devait être le VII° bataillon d'infanterie de la marine de marche.

Le Ministre de la Guerre au Ministre de la Marine.

Tours, 7 octobre.

..... Dès le 4 octobre, sur l'avis qui m'avait été donné qu'un bataillon d'infanterie de la marine, destiné au 15ᵉ corps, s'organisait à Toulon, j'ai prescrit au général commandant la 9ᵉ division militaire de faire partir cette troupe aussitôt qu'elle serait prête.

Par dépêche télégraphique de ce jour, j'invite cet officier général à diriger immédiatement sur Nevers les deux compagnies que vous me dites être en mesure de se mettre en route, et je l'invite à compléter le mouvement du bataillon dès que ce sera possible.

P.-S. — Il résulte d'un télégramme, que je reçois de M. le général commandant la 9ᵉ division militaire, qu'un détachement de 400 hommes d'infanterie de la marine est parti le 6 octobre de Toulon. Par suite, la dépêche télégraphique dont il est question dans le dernier paragraphe de la présente lettre devient sans objet, et je m'abstiens de l'adresser à cet officier général.

Le Ministre de la Marine aux Préfets maritimes.

Tours, 13 octobre.

Depuis la création de nouveaux bataillons de marche de l'infanterie de la marine, le nombre des officiers restant dans les dépôts est devenu très restreint. D'un autre côté, la force des compagnies des trois derniers bataillons de marche, portées à 200 hommes, nécessite l'emploi dans ces compagnies de 4 officiers au lieu de 3.....

Vous voudrez bien former dès à présent un détachement de 100 hommes destinés à être envoyés ultérieurement comme renfort à chacune des compagnies de marche des 2ᵉ, 3ᵉ ou 4ᵉ régiments à l'armée de la Loire. Quand je donnerai l'ordre de les mettre en route (1), vous devrez désigner également trois sous-lieutenants pour être incorporés dans les trois compagnies de marche E, F et G. Vous aurez à m'en indiquer les noms.

---

(1) Ces détachements furent mis en route le 17 octobre (Le Ministre de la Marine aux Préfets maritimes de Brest, Rochefort et Toulon, D. T., Tours, 16 octobre).

Le Ministre de la Marine au Préfet maritime de Toulon (D. T.).

Tours, 17 octobre.

Formez deux nouvelles compagnies de marche pour l'armée de la Loire. Chaque compagnie doit avoir quatre officiers. Joignez-y 400 hommes isolés à répartir dans les trois bataillons des 2e, 3e et 4e régiments, plus trois sous-lieutenants pour les compagnies E, F, G. Dirigez le tout sur Bourges.

Le Ministre de la Marine et des Colonies au Général commandant la 1re division du 15e corps d'armée, a Bourges.

Tours, 18 octobre.

J'ai donné l'ordre à M. le préfet maritime à Toulon de préparer deux nouvelles compagnies sur le même pied que les précédentes pour être ajoutées au VIIe bataillon de marche, sous les ordres de M. le commandant.....

Chacune de ces compagnies aura quatre officiers. Il vous sera, en outre, envoyé trois sous-lieutenants pour compléter également à quatre officiers les cadres des trois autres compagnies de ce bataillon.

M. le préfet maritime à Toulon a reçu en même temps des instructions pour adjoindre à ces compagnies un détachement de 400 hommes isolés destinés à être incorporés dans les compagnies des trois bataillons de marche qui se trouvent à votre disposition. Vous aurez à donner des ordres pour la répartition de ces isolés.

Toute cette troupe sera dirigée immédiatement sur Bourges. Vous aurez à en donner avis à qui de droit.

Le Préfet maritime de Toulon au Ministre de la Marine.

Toulon, 20 octobre.

J'ai l'honneur de vous rendre compte que nous sommes très retardés dans l'envoi de nos bataillons par l'absence des havresacs et tentes.

Samedi (1), nous ferons partir pour Bourges les 400 isolés d'infanterie de la marine sous le commandement des trois sous-lieutenants..... et le détachement de 200 marins pour Besançon.

---

(1) 22 octobre.

Le même au même (D. T.).

Toulon, 23 octobre, 9 h. 15 matin.

Nous avons fait partir hier soir le détachement de 200 marins et 50 ouvriers d'artillerie pour Besançon, les 70 mécaniciens pour Bourges, Indret et Nantes et les 400 isolés d'infanterie de la marine pour Bourges.

Le Ministre de la Marine au Préfet maritime de Toulon.

Tours, 25 octobre.

D'après mes instructions précédentes vous avez à envoyer à l'armée de la Loire les troupes d'infanterie de la marine ci-après :

1° 400 hommes à répartir dans les trois bataillons de marche sous la conduite de trois sous-lieutenants ;

2° Deux nouvelles compagnies de marche, désignées par les lettres H et I, sur le pied de 200 hommes chacune, le tout formant ensemble 800 hommes.

J'ai reçu de vous l'avis que les 400 hommes isolés étaient partis pour Bourges.....

..... Je désire que vous soyez également en mesure de former une nouvelle compagnie, qui serait désignée par la lettre J, sur le même pied que les précédentes, c'est-à-dire comprenant 200 hommes et 4 officiers.

Vous auriez à préparer en outre un nouveau détachement de 400 hommes isolés, qui passeraient dans les trois bataillons de marche de l'armée de la Loire.

Il vous reste donc à envoyer à cette armée : 1° les trois compagnies de marche H, I et J, soit 600 hommes ; 2° isolés, 400 hommes. Total, 1,000 hommes.

Le Ministre de la Marine au Ministre de la Guerre.

Tours, 26 octobre.

J'ai l'honneur de vous informer qu'après concert avec vous, j'ai donné des ordres pour que les détachements d'infanterie de la marine employés à l'armée de la Loire fussent portés de 1,800 à 3,500 hommes.

Déjà 400 hommes ont dû arriver de Toulon à Bourges ; 1,000 hommes vont encore y être envoyés de ce dernier port et 300 autres de Rochefort.

Le Ministre de la Marine au Préfet maritime de Brest (D. T.).

Tours, 26 octobre.

Expédiez pour Amiens le VIII° bataillon d'infanterie de la marine. M..... pourra en prendre le commandement à son passage au Mans.

Le Ministre de la Marine au Préfet maritime de Rochefort.

Tours, 26 octobre.

L'effectif du bataillon de marche de l'infanterie de la marine à l'armée de la Loire va se trouver plus que doublé par l'envoi des hommes isolés qui y sont envoyés.

Il me paraît indispensable dès lors d'augmenter le nombre des compagnies afin de ne pas en rendre l'administration et le commandement trop difficiles.

En conséquence, j'ai décidé que les 300 hommes que vous avez à envoyer seraient organisés en deux compagnies qui seront désignées par les lettres I et J.

Vous pourrez n'y mettre qu'un nombre restreint de sous-officiers et caporaux dans la limite de ceux que vous avez à votre disposition. Les cadres seront complétés sur place ainsi que l'effectif même des compagnies.....

Le Préfet maritime de Toulon au Ministre de la Marine (D. T.).

Toulon, 29 octobre, 3 h. 20 soir.

Les deux compagnies H et I sont parties le 26 et la compagnie d'infanterie de la marine J va pouvoir être formée de suite, mais il nous manque à cet effet un capitaine, un lieutenant et un sous-lieutenant. Prière de nous les envoyer. Les 400 isolés ne pourront être pris que parmi les recrues qu'il serait préférable de ne pas envoyer à l'ennemi avant une quinzaine de jours..

Le Préfet maritime de Brest au Ministre de la Marine.

Brest, 3 novembre.

J'ai l'honneur de vous informer qu'un détachement de 300 hommes du 2° régiment d'infanterie de la marine, destiné, conformément à votre dépêche du 13 octobre dernier, à renforcer, à raison de 100 hommes par compagnie, le V° bataillon de marche, est prêt à partir dès que vous en donnerez l'ordre.

Je vous prie de vouloir bien, lorsque vous m'enverrez l'ordre de départ, me faire connaître le lieu où se trouve le bataillon dont il s'agit.

Le Chef de bataillon commandant le VIe bataillon de l'infanterie de la marine de marche au Directeur du bureau des troupes à la délégation du ministère de la Marine, à Tours.

Camp d'Argent, 5 novembre.

.....Nos compagnies I et J sont arrivées le 3 novembre au soir.....
Il me manque encore 80 capotes..... et 301 cartouchières pour les compagnies I et J, sans compter celles que j'attends de Tours......

Le Ministre de la Marine au Ministre de la Guerre.

Tours, 7 novembre.

.....En réalité, il y aura une augmentation de 300 hommes d'infanterie de la marine à l'armée de la Loire, ce qui portera l'effectif total à 3,800 hommes divisés en trois bataillons, le Ve et le VIe à cinq compagnies et le VIIe à six compagnies.

Le Ministre de la Marine au Préfet maritime de Brest.

Tours, 7 novembre.

Vous m'avez fait savoir que 300 hommes isolés du 2e régiment d'infanterie de marine étaient prêts à être mis en route pour l'armée de la Loire.

Les trois compagnies du 2e régiment qui font partie du Ve bataillon de marche ont déjà reçu des hommes isolés du 4e régiment. L'incorporation de ces 300 hommes dans ces trois compagnies les porterait à un effectif beaucoup trop élevé.

J'ai décidé, en conséquence, que ces 300 hommes seraient organisés en deux nouvelles compagnies de marche, sur le pied de 150 hommes chacune. Elles se compléteront à 200 hommes à leur arrivée à l'armée.

Ces compagnies devront être désignées par les lettres M et N. Elles auront, comme les précédentes, 4 officiers chacune et le même nombre de sous-officiers et caporaux.....

.....Quant aux sous-officiers et caporaux, il suffira de n'envoyer de Brest que la moitié des cadres; le cadre sera complété sur place à l'armée.....

Le Préfet maritime de Toulon au Ministre de la Marine.

Toulon, 7 novembre.

Ainsi que je vous en ai informé par mon télégramme du 5 novembre, la compagnie J du 4ᵉ régiment d'infanterie de la marine est partie de Toulon le même jour à 4 heures.....

Le Ministre de la Marine au Préfet maritime de Cherbourg.

Tours, 10 novembre.

Conformément à votre proposition, j'ai décidé qu'il serait formé à Cherbourg un nouveau bataillon de marche dans le 1ᵉʳ régiment de l'infanterie de la marine.

Ce bataillon prendra le n° X des bataillons de marche de cette arme (1).

Il sera formé de quatre compagnies désignées par les lettres I, J, K, L.

Chaque compagnie sera portée comme les précédentes à 200 hommes, y compris les officiers. Le nombre des sous-officiers sera de 12 et celui des caporaux de 16.....

.....Il devra être distribué une hachette par 10 hommes. Chaque homme devra emporter 90 cartouches.

Il devra être fourni 1 voiture à un cheval pour le bataillon, 6 grandes cantines régimentaires et 1 cantine d'ambulance. J'adresse une demande dans ce sens à M. le Ministre de la Guerre.....

Le Préfet maritime de Toulon au Ministre de la Marine.

Toulon, 19 novembre.

J'ai l'honneur de vous informer que les 400 isolés d'infanterie de marine qu'il nous reste à diriger sur l'armée de la Loire, d'après les instructions contenues dans votre dépêche du 25 octobre, et la compagnie K, d'abord destinée à l'armée d'Avignon et dont vous avez maintenu la formation par votre dépêche télégraphique du 8 novembre, ont reçu les derniers objets de campement qui leur manquaient et sont prêts à partir.

---

(1) Ce bataillon était prêt à partir le 20 novembre.(Le Préfet maritime de Cherbourg au Ministre de la Marine, à Tours, D. T., Cherbourg, 18 novembre).

..... Le départ du capitaine..... ne m'a pas permis de donner un capitaine à cette compagnie qui n'a pour officiers qu'*un lieutenant et deux sous-lieutenants*.....

Le Ministre de la Guerre au Ministre de la Marine.

Tours, 23 novembre.

J'ai l'honneur de vous informer, en réponse à votre lettre du 22 novembre courant, que je prescris de diriger sur Orléans les 400 hommes isolés et la compagnie de 200 hommes destinés au régiment de marche d'infanterie de la marine de l'armée de la Loire.

Le Ministre de la Marine au Préfet maritime de Rochefort.

Tours, 2 décembre.

Le dernier état de situation parvenu du dépôt du 3e régiment d'infanterie de la marine constate qu'il y avait 1,300 soldats exercés et disponibles.

Je vous invite à procéder immédiatement à la formation d'un nouveau bataillon de marche qui prendra le n° XI et qui comprendra quatre compagnies, composées comme à l'ordinaire de 200 hommes avec 4 officiers. Les compagnies seront désignées par les lettres K, L, M et N.....

Après avoir indiqué le commandant du bataillon et la composition de l'état-major et des cadres des compagnies, le Ministre ajoute :

Je donne des ordres pour que les officiers désignés ci-dessus comme étant dans d'autres ports rejoignent immédiatement Rochefort. Dans le cas où ils n'arriveraient pas sans délai, vous auriez à correspondre par le télégraphe pour les faire rejoindre et à les remplacer au besoin. Vous pourrez faire entre ces officiers toutes les mutations que vous jugerez convenables sauf à m'en rendre compte.

Les compagnies auront comme les précédentes 12 sous-officiers et 16 caporaux. Au besoin, vous pourriez laisser quelques emplois vacants que le commandant du bataillon remplira après la mise en route.

Le bataillon comprendra comme les précédents un petit état-major et une section hors rang ainsi composés : 1 adjudant sous-officier, 1 sergent secrétaire de l'officier payeur, 1 caporal clairon, 1 caporal d'infirmerie, un caporal armurier, 1 soldat infirmier.

La troupe devra être munie de tous ses effets d'habillement (veste et capote), d'armement et de campement y compris la couverture. Outre la hache de campement réglementaire, il devra être distribué une hachette à main par 10 hommes. Chaque homme devra porter 90 cartouches.

Indépendamment du commandant, seront montés le capitaine adjudant-major, l'officier payeur et les deux médecins. Le bataillon a droit en outre à une voiture à un cheval ou mulet. Vous aurez à lui faire procurer ces chevaux et cette voiture sans délai. Il devra être aussi fourni au bataillon, outre le sac d'ambulance, la caisse d'ambulance garnie tenue en réserve au port.

Vous voudrez bien me faire connaître le moment où le bataillon pourra être prêt, afin que M. le Ministre de la Guerre puisse vous envoyer les ordres de route qui le concernent (1).

Le Préfet maritime de Cherbourg au Ministre de la Marine (D. T.).

Cherbourg, 7 décembre, 3 heures soir.

Nous avons une compagnie de 200 hommes d'infanterie de la marine susceptible de marcher. Un seul sous-lieutenant. Tous les autres sont partis par votre ordre. Je vais nommer provisoirement deux sous-officiers sous-lieutenants pour compléter à trois officiers la compagnie (2).

Le Ministre de la Marine au Préfet maritime de Brest (D. T.).

Tours, 8 décembre.

Formez immédiatement deux compagnies O et P sur le pied de 200 hommes chacune sous le commandement de MM..... et..... et les lieutenants et sous-lieutenants..... Dirigez-les d'urgence sur les lignes de Carentan. Si la voie ferrée est coupée, envoyez-les par mer (3).

---

(1) Le XIe bataillon partit pour Carentan le 9 décembre à l'effectif de 21 officiers, 751 sous-officiers, caporaux et soldats et 6 chevaux (Itinéraire à suivre par un détachement du 3e régiment d'infanterie de la marine envoyé de Rochefort à Carentan, Rochefort, 8 décembre).

(2) Cette compagnie, compagnie M du 1er régiment, fut envoyée au Havre. Elle revint à Cherbourg le 13 mars 1871 (Le Ministre de la Marine au Préfet maritime de Cherbourg, Bordeaux, 1er mars 1871 ; Le Préfet maritime de Cherbourg au Ministre de la Marine, Cherbourg, 13 mars 1871).

(3) Ces deux compagnies partirent le 10 décembre 1870 (Le Préfet maritime de Brest au Ministre de la Marine, D. T., Brest, 9 décembre, 3 h. 15 soir).

La compagnie O n'avait qu'un capitaine et un lieutenant et la compagnie P qu'un capitaine seulement (Le Préfet maritime de Brest au Ministre de la Marine, Brest, 10 décembre).

Le Ministre de la Marine au Préfet maritime de Brest (D. T.).

Tours, 11 décembre.

Cherbourg menacé. Envoyez-y par l'escadre tous vos hommes d'infanterie exercés avec les officiers disponibles et adjoignez-leur, si c'est possible, des officiers fusiliers (1).

Le Ministre de la Marine aux Préfets maritimes de Cherbourg et Rochefort.

Bordeaux, 24 décembre.

J'ai décidé que la compagnie de marche du 3ᵉ régiment, désignée par la lettre H, qui avait été dirigée de Tours sur Bordeaux, serait envoyée à Cherbourg pour y être incorporée dans le XIᵉ bataillon de marche du 3ᵉ régiment d'infanterie de la marine, commandé par M. ....., aux lignes de Carentan.

Cette compagnie, commandée par le capitaine ....., aura pour lieutenant M. ....., et pour sous-lieutenant M. ..... Elle aura laissé à Bordeaux, avec 1 sergent et 3 caporaux, un détachement de 30 hommes, commandé par M. le sous-lieutenant.....

A son arrivée aux lignes de Carentan, la compagnie H devra recevoir un complément d'effectif, que le commandant jugera convenable, au moyen des excédents des autres compagnies du bataillon. L'effectif de chaque compagnie devra ainsi se rapprocher autant que possible du chiffre de 200 hommes.

Le Ministre de la Marine au Ministre de la Guerre.

Bordeaux, 6 janvier 1871.

Les forces de la marine réunies dans la presqu'île du Cotentin pour contribuer à la défense des lignes de Carentan et de la place de Cherbourg sont au nombre de 3,000 hommes, dont 2,200 soldats d'infan-

---

(1) Le 26 décembre, le XIIᵉ bataillon de marche du 2ᵉ régiment d'infanterie de la marine, envoyé à Carentan, comprenait les compagnies O, P, Q et R. Il n'avait que 11 officiers. Les compagnies Q et R comptaient chacune 3 sous-lieutenants et pas de capitaine (Le Préfet maritime de Cherbourg au Ministre de la Marine, Cherbourg, 27 décembre). L'officier payeur, un médecin de 2ᵉ classe et un aide-médecin rejoignirent plus tard (Le Préfet maritime de Brest au Ministre de la Marine, Brest, 10 janvier 1871).

terie de la marine et 800 à 900 marins environ. Ces derniers me semblent indispensables et à peine suffisants pour l'entretien des batteries et la conservation du matériel d'armement. Ce ne sont point d'ailleurs des fusiliers marins dont il faille attendre un service de campagne supérieur à celui de toute autre troupe.

Quant à l'infanterie de la marine, formant deux bataillons commandés par un très bon lieutenant-colonel, elle reste à la disposition du département de la Guerre, qui est chargé et responsable de la protection de notre grand arsenal maritime.

Le même au même.

Bordeaux, 8 janvier 1871.

Conformément à votre demande, je viens d'informer M. le Préfet maritime à Cherbourg que les XIe et XIIe bataillons de marche de l'infanterie de la marine, qui étaient réunis aux lignes de Carentan, sont désormais mis à votre disposition pour faire partie d'une division d'infanterie du 25e corps d'armée à Issoudun. Je ne puis que vous engager à leur adresser leurs ordres de mouvement.

Le XIe comprend six compagnies et environ 1,200 hommes. Le XIIe n'a que quatre compagnies et 800 à 900 hommes.

Je viens d'apprendre que le lieutenant-colonel ....., à qui j'avais l'intention de confier le commandement de ces deux bataillons était indisposé. J'espère que cet officier supérieur pourra d'ici peu de temps reprendre son service actif. Dans le cas contraire, j'aviserai à son remplacement.

INFANTERIE.

Situation comparative des officiers de l'infanterie de la marine avant la guerre et au 12 janvier 1871.

GRADES.	AVANT la guerre.	SITUATION ACTUELLEMENT.			OBSERVATIONS.
		Présents.	Prisonniers.	TOTAL.	
Généraux............	5	2 (en moins 3).	2	4	En moins 1.
Colonels............	11	5 (en moins 6).	4	9	En moins 2, non compris 1 passé à la guerre.
Lieutenants-colonels.....	15	9 (en moins 6).	2	11	En moins 4, non compris 1 à la retraite.
Chefs de bataillon.......	36	30 (en moins 6).	4	34	En moins 2, non compris 1 passé à la guerre.
Capitaines............ créés pour la guerre.	238 } 249 11	223 (en moins 26)	47	270	En plus 31.
Lieutenants.......... créés pour la guerre.	217 } 228 11	183 (en moins 45)	40	223	En moins 5.
Sous-lieutenants........ créés pour la guerre.	179 } 190 11	246 (en plus 56).	50	296	En plus 106.
		Balance en moins 36 (1).	149	»	Balance en plus 123 (2).

(1) En moins 36 officiers, en remplaçant les prisonniers ainsi que le permet l'article 108 de l'ordonnance du 10 mars 1838.
(2) En plus 123 officiers, en ne remplaçant pas les prisonniers. Les 149 officiers prisonniers n'ont droit d'être replacés qu'au 4e tour pour les sous-lieutenants, lieutenants et capitaines, au 3e tour pour les chefs de bataillons et au 2e tour pour les lieutenants-colonels et colonels.

Le Ministre de la Marine au Préfet maritime de Rochefort.

Bordeaux, 12 janvier 1871.

J'ai décidé que la compagnie du 3° régiment d'infanterie de la marine, désignée par la lettre H, qui se trouve à ce moment à Bordeaux, serait envoyée au 25ᵉ corps d'armée à Issoudun, pour y rejoindre le XIᵉ bataillon de marche du 3ᵉ régiment dont elle fera désormais partie.

Cette compagnie partira de Bordeaux le 16 de ce mois. Elle y laissera un détachement de 35 hommes sous le commandement d'un officier.

La compagnie, en partant de Bordeaux, sera composée ainsi qu'il suit : 1 capitaine, 1 sous-lieutenant et 67 sous-officiers et soldats.

Il y aurait lieu de compléter cette compagnie de manière à la porter le plus près possible du chiffre de 200 hommes, sous-officiers et caporaux compris.

Vous voudrez bien composer ce détachement et l'envoyer le plus tôt possible rejoindre la compagnie H à Issoudun (1).....

Le Contre-Amiral gouverneur par intérim de la Cochinchine au Préfet maritime de Toulon.

Saïgon, 14 janvier 1871.

Le *Japon*, que j'expédie pour Toulon, vous apporte les convalescents de la Cochinchine et en outre 5 capitaines, 3 lieutenants, 1 sous-lieutenant, 20 sous-officiers d'infanterie de la marine envoyés pour aider à la défense nationale. Les sous-officiers sont les premiers numéros proposés par l'inspecteur général pour le grade de sous-lieutenant.

La 3ᵉ batterie d'artillerie de la marine rentre également à l'état de cadre dans le même but. L'adjudant ....., proposé pour sous-lieutenant, y remplit les fonctions de ce grade.

Le Ministre de la Guerre au Ministre de la Marine, à Bordeaux (D. T.).

Laval, 18 janvier 1871, 6 h. 42 soir.

Grâce à l'énergie de Chanzy, puissamment secondé par Jauregui-

---

(1) Ce détachement partit le 16 janvier (Le Préfet maritime de Rochefort au Ministre de la Marine, à Bordeaux, D. T., Rochefort, 15 janvier, 4 h. 56 soir).

berry, l'armée se refait, mais j'ai grand besoin de votre concours pour nous donner encore des officiers que vous me désignerez, lieutenants de vaisseau, capitaines de frégate et officiers supérieurs, et dont vous aurez jugé les aptitudes. Je réclame de votre bienveillant patriotisme un bataillon de 400 hommes pour chacun des trois corps d'armée, ce qui nous ferait une excellente réserve tout à fait nécessaire. La Marine est inépuisable, et nous ne pouvons pas la mettre à contribution pour de plus hauts intérêts.

Le Chef de bataillon commandant le régiment de marche d'infanterie de la marine au Directeur du bureau des troupes au ministère de la Marine.

Vierzon, 19 janvier 1871.

J'ai l'honneur de vous rendre compte que j'ai reçu hier, étant en marche sur Romorantin, la compagnie H et les 1,076 paires de chaussures annoncées par la dépêche ministérielle en date du 24 décembre 1870.

Suivant les prescriptions de cette dépêche, j'ai complété l'effectif de cette compagnie au moyen d'hommes pris dans les XIe et XIIe bataillons de marche.

Ce matin sont arrivés 1 capitaine adjudant-major et 2 lieutenants que j'ai incorporés dans les bataillons et compagnies auxquels ils étaient destinés.

Je vous adresse ci-joint l'état indiquant l'effectif nominatif et la position de chaque officier dans les deux bataillons qui viennent d'être réunis en un régiment de marche, suivant ordre du jour en date du 13 janvier 1871 (1).

Quant à l'effectif de la troupe, depuis la formation à Carentan il n'a diminué que de 5 hommes, morts de la variole qui nous a suivis à Valognes, à Saint-Côme, à Port-Bail et ici.

Seulement j'ai beaucoup de malades : maux de gorge, maladies des jambes et des pieds par suite de nos séjours dans des camps couverts soit de neige, soit de boue, avec des hommes n'ayant que des guêtres en toile et qui ont déjà beaucoup fatigué.

---

(1) D'après cet état, le régiment de marche d'infanterie de la marine comprenait au 19 janvier 1871 deux bataillons : le premier bataillon, à 4 compagnies (O, P, Q, R), 17 officiers dont un aide-major; le deuxième bataillon, à 7 compagnies, 29 officiers dont 3 à l'hôpital.

J'ai complété, chaque fois que j'en ai eu l'occasion, le campement, l'habillement pour les différents bataillons, et nous sommes maintenant infiniment mieux qu'au départ de Rochefort ou de Brest.

Le Ministre de la Marine au Général commandant en chef la IIe armée.

Bordeaux, 26 janvier 1871.

Je viens d'apprendre que, par suite des nombreux engagements qu'il a eus avec l'ennemi et du service pénible qu'il a eu à faire dans ces derniers temps, le Xe bataillon de marche du 1er régiment de l'infanterie de la marine, attaché à la 1re brigade de la 2e division du 21e corps, se trouvait aujourd'hui réduit à 250 hommes.

Il m'est impossible d'envoyer à ce bataillon des renforts pour le reconstituer. Mais je pense qu'il pourrait être amalgamé avec le IXe bataillon de la même arme.....

Ce bataillon a moins souffert que le Xe. Aux dernières nouvelles, il comprenait encore 410 hommes présents. On pourrait reconstituer le Xe bataillon..... (*Son commandant*) serait autorisé à choisir dans les deux bataillons les officiers qu'il désirerait conserver à raison de quatre par compagnie. Les autres seraient immédiatement dirigés sur Cherbourg, et y seraient très utiles pour coopérer à la défense du port avec les militaires formant le dépôt du 1er régiment.

Dans le cas où cette proposition obtiendrait votre assentiment, je vous invite à donner immédiatement des ordres en conséquence et à m'en faire connaître le résultat.

Effectif du dépôt du 1er régiment d'infanterie de la marine au 28 janvier 1871.

Sous-officiers, caporaux et clairons disponibles......	160
Soldats exercés disponibles......................	215
Total..............	375
Sous-officiers, caporaux et clairons indisponibles (mariés, à l'hôpital, en congé, etc.)............	69
Soldats indisponibles (mariés, à l'hôpital, en congé, etc.)	455
Recrues non exercées......................	15
Compagnie hors rang......................	240
Effectif..........	1,154

INFANTERIE.

Effectif du dépôt du 2ᵉ régiment d'infanterie de la marine au 27 janvier 1871.

Sous-officiers et clairons disponibles...............	90
Soldats exercés disponibles.....................	376
TOTAL...............	466
Compagnie hors rang........................	181
Sous-officiers, caporaux et clairons non disponibles (mariés, à l'hôpital, etc.).....................	57
Soldats non disponibles (mariés à l'hôpital, etc.).....	505
Recrues non exercées...........................	12
TOTAL GÉNÉRAL.......	1,221

Effectif du dépôt du 3ᵉ régiment d'infanterie de la marine à la date du 27 janvier 1871.

Sous-officiers, caporaux et clairons disponibles........	95
Soldats exercés...................................	45
TOTAL.................	140
Compagnie hors rang...........................	136
Sous-officiers, caporaux et clairons non disponibles (mariés, malades, etc.).......................	44
Soldats non disponibles (mariés, malades, etc.)........	383
Soldats employés comme infirmiers, boulangers, etc....	81
Soldats employés comme tailleurs, cordonniers (dépêche ministérielle du 21 août 1870)..................	61
Recrues non exercées...........................	54
Garnison des îles Madame et d'Aix.................	56
TOTAL GÉNÉRAL.........	955

Effectif du dépôt du 4ᵉ régiment d'infanterie de la marine au 29 janvier 1871.

Lieutenant-colonel.............................	»
Chef de bataillon..............................	»
Capitaines....................................	»
Lieutenants...................................	»
Sous-lieutenants...............................	»
Sous-officiers, caporaux et clairons disponibles.......	136
Soldats exercés disponibles......................	188
TOTAL...............	324

Compagnie hors rang	211
Sous-officiers, caporaux et clairons non disponibles (à l'hôpital, mariés, etc.)	70
Soldats non disponibles (à l'hôpital, mariés, etc.)	655
Recrues non exercées	62
EFFECTIF	1,322

Le Ministre de la Marine au Préfet maritime de Rochefort.

Bordeaux, 30 janvier 1871.

Je vous invite à préparer immédiatement un détachement de 90 hommes d'infanterie de la marine comprenant, s'il est possible, 8 sous-officiers, 10 caporaux, 3 clairons et 75 soldats pour constituer à l'effectif de 130 hommes le détachement du 3e régiment qui est en garnison à Bordeaux.

Vous devrez composer ce détachement d'hommes de choix, sur la discipline et le bon service desquels je puisse compter. Comme il s'agit surtout de faire ici un service de place, il vous sera plus facile de faire un choix en conséquence parmi tous les militaires du dépôt.

Ce détachement devra être envoyé le plus tôt possible à Bordeaux par les voies ferrées, sous la conduite d'un sous-lieutenant que vous désignerez.

Les hommes viendront, bien entendu, avec leurs armes et 90 cartouches par homme.....

Le Ministre de la Marine aux Préfets maritimes de Toulon et Brest.

Bordeaux, 31 janvier 1871.

J'ai l'honneur de vous inviter à préparer la formation d'une compagnie de 200 hommes, non compris les officiers, pour venir former, avec la compagnie du 3e régiment réunie à Bordeaux, un XIIIe bataillon de marche qui comptera du jour de sa réunion au 4e régiment.....

(Le Ministre indique ensuite la composition des cadres de l'état-major et des compagnies du bataillon. Puis, après avoir prescrit que la compagnie venant de Toulon sera désignée par la lettre L, celle venant de Brest par la lettre M et celle venant de Rochefort par la lettre N, il ajoute:)

Les compagnies compteront, comme les précédentes, 12 sergents et 16 caporaux.

Il devra être fait choix pour composer ces compagnies d'hommes d'élite, d'une conduite éprouvée, d'une moralité sûre et d'une discipline exacte. Comme ils ne sont pas destinés à entrer, en ce moment du moins, en campagne, mais à faire un service de place, vous pourrez les choisir avec soin parmi tous les hommes du dépôt.

Le bataillon comprendra d'ailleurs, comme les précédents : 1 adjudant sous-officier, 1 sergent secrétaire de l'officier payeur, 1 sergent vaguemestre, 1 caporal clairon, 1 caporal d'infirmerie, 1 caporal armurier, 1 soldat infirmier.

A l'exception de l'adjudant sous-officier, qui sera nommé à Bordeaux, les autres militaires hors rang seront fournis par le port de Toulon.

La troupe sera munie de ses effets ordinaires d'habillement, d'armement et de campement. Le commandant seul sera monté. Le bataillon aura droit à une voiture à un cheval ou mulet. La caisse et et le sac d'ambulance seront fournis par le port de Toulon.

Comme le bataillon sera en tenue de campagne, ceux des officiers qui n'auraient pas encore reçu l'indemnité d'entrée en campagne recevront cette indemnité.

Vous me ferez connaître, par le télégraphe, le moment où le détachement sera prêt à partir.

Le Général commandant en chef la IIe armée au Ministre de la Marine.

Laval, 2 février 1871.

Vous m'avez invité à examiner s'il n'y aurait pas lieu de fusionner le Xe bataillon du 1er régiment d'infanterie de la marine, attaché à la 1re brigade de la 2e division du 21e corps, dont l'effectif est très réduit, avec le IXe bataillon de l'arme, qui appartient à la 2e brigade de la même division.

Cette combinaison paraîtrait très acceptable s'il ne devait en résulter qu'une brigade se trouverait dépourvue d'une troupe de choix. Les bataillons d'infanterie de la marine tiennent lieu de bataillons de chasseurs à pied, dont le nombre n'est pas suffisant, et, pour assurer les conditions de solidité des deux brigades de la 2e division du 21e corps, il me paraît préférable que les choses restent telles qu'elles sont.

Le Préfet maritime de Toulon au Ministre de la Marine, à Bordeaux.

Toulon, 4 février 1871.

(*Après avoir rendu compte que deux officiers désignés pour le XIIIe bataillon de marche sont, pour raisons de santé, hors d'état de marcher, et que le corps ne pourra les remplacer faute de ressources, le Préfet maritime de Toulon ajoute :*)

Tout le reste du personnel..... peut être fourni, et j'espère que ce détachement sera en état d'être mis en route mardi prochain (1). Mais je dois ajouter qu'il a fallu employer, pour le former, les dernières ressources que possédait le dépôt, sauf à compromettre un peu le service de place ; nous avons dû même rappeler des soldats en garnison dans les forts de Saint-Elme et de la Carraque et les y remplacer par des militaires non valides. Il ne nous reste donc plus de soldats dont nous puissions disposer, et nous ne pourrons penser à former de nouveaux détachements qu'après l'arrivée des recrues de la classe 1871. Nous n'avons pas davantage d'officiers ; il ne nous reste que quelques sous-officiers, qu'il serait encore possible de détacher si les besoins l'exigeaient.

Le Ministre de la Marine aux Préfets maritimes de Rochefort et de Toulon, au Général commandant la 2e division du 25e corps d'armée et au Commissaire général chef du service de la Marine, à Bordeaux.

Bordeaux, 12 février 1871.

J'ai décidé que le XIe bataillon de marche du 3e régiment d'infanterie de la marine, faisant partie du 25e corps et qui est appelé à tenir garnison à Bordeaux, serait scindé en deux.

Les trois compagnies H, K et L, comprenant chacune 200 hommes, formeront un nouveau bataillon de marche, qui comptera au 3e régiment de l'arme.

Ce bataillon sera composé ainsi qu'il suit :

. . . .

(*Mêmes dispositions concernant la section hors rang et la remonte des officiers que pour le XIIIe bataillon de marche*).....

Le bataillon sera constitué dès le lendemain de l'arrivée à Bordeaux du XIe bataillon, auquel il emprunte ses éléments.

Le Ministre de la Marine au Ministre de la Guerre.

Bordeaux, 16 février 1871.

Je suis informé que la division Bruat (2), du 25e corps, qui comprend

---

(1) 7 février 1871. Le dernier détachement constitutif du XIIIe bataillon de marche arriva à Bordeaux le 9 février, à 9 h. 48 soir (Le Ministre de la Marine au Général commandant la division militaire à Bordeaux, Bordeaux, 8 février 1871).

(2) Capitaine de vaisseau Bruat, commandant la 1re division du

deux bataillons d'infanterie de la marine, est appelée à tenir garnison à Bordeaux.

J'ai l'honneur de vous proposer dès lors d'incorporer dans cette division le XIIIe bataillon de marche de la même arme qui se trouve déjà dans cette ville.

D'un autre côté, l'un des deux bataillons faisant déjà partie de la division Bruat, le XIe, ayant beaucoup plus de compagnies que les trois autres, j'ai jugé utile d'en détacher trois, pour former le XIVe bataillon de marche.....

Je vous prie de vouloir bien informer le général commandant la division, afin qu'il donne des ordres en conséquence.

Je pourrai d'ailleurs, si vous le jugez utile, mettre à la disposition de cet officier général un ou deux lieutenants-colonels de l'arme pour commander ces quatre bataillons. J'attendrai votre avis pour donner des ordres à ce sujet.

Troupes d'infanterie de la marine qui ont pris part à la guerre contre l'Allemagne, non compris la division de Vassoigne faite prisonnière à Sedan (celle-ci se composait d'environ 9,000 hommes).

Paris, 26 juin 1873.

A Paris, pendant le siège des Allemands :

	Bataillons.	Compagnies.	Hommes.
Bataillons à 800 hommes chaque.......	4	16	3,200
Hors Paris :			
D'abord au 15e corps à Orléans, ensuite à l'armée de l'Est, puis internés en Suisse......................	3	20	4,000
Armée du Nord....................	1	6	1,200
21e corps (armée de l'Ouest)..	2	12	2,050
Totaux............	10	54	10,450

Nota. — Au moment de la conclusion de la paix, on disposait, en fait d'infanterie de la marine, de quatre bataillons réunis à Bordeaux, les XIe, XIIe, XIIIe et XIVe, forts de 3,070 hommes, et qui ont été dirigés sur Versailles alors que l'Assemblée nationale quittait Bordeaux.

25e corps. Les IXe et X^e bataillons de marche d'infanterie de marine appartenaient à la 1re brigade de cette division.

2° BATAILLONS ET COMPAGNIES DE MARINS.

Le Préfet maritime de Rochefort au Ministre de la Marine.

Rochefort, 10 septembre.

Analyse du dossier. — M. ....., professeur d'hydrographie aux Sables-d'Olonne, demande l'autorisation de former avec les marins du port, une *compagnie d'artillerie sédentaire*. But : Occuper deux fortins défendant l'accès de la rade et instruire les gardes nationaux sédentaires.

En marge : « Demander à la Guerre s'il n'y a pas d'inconvénients et approuver ».

Le Préfet maritime de Brest au Ministre de la Marine, à Tours.

Brest, 1er octobre.

L'affluence de marins à la division de Brest, produite par les levées et les rappels à l'activité, m'a permis de former deux bataillons de marche, de six compagnies chacun, organisés sur le même pied que ceux qui ont été dirigés sur Paris au mois d'août dernier. Ces corps provisoires sont destinés à concourir à la défense de la place ; ils pourraient même être appelés au besoin à faire campagne. Les compagnies qui les composent comptent actuellement à la division qui les administre, tant sous le rapport de la solde et de l'habillement que sous celui des vivres.

Mais ce mode de faire présente dans l'application de fréquentes difficultés.....

En conséquence, j'ai l'honneur de vous prier de m'autoriser à distraire les marins dont je parle de la division de Brest et à leur donner une administration séparée, semblable à celle d'un bâtiment, sous le titre de *Bretagne annexe*. Tout le personnel, comptant sur ce rôle, recevrait la solde à la mer, faveur que justifient d'ailleurs les fatigues résultant des travaux et exercices auxquels ce personnel est constamment soumis.

En marge au crayon : « Les tenir prêts à embarquer ou à marcher à l'intérieur. Approuver le nouveau mode d'administration ».

Le Préfet maritime de Toulon au Ministre de la Marine, à Tours.

Toulon, 12 octobre.

Quatre compagnies du IIIe bataillon de marins qui a été formé à Toulon sont encore au port, attendant un ordre de départ. De plus, nous avons à la division les ressources nécessaires pour former un IV⁰ bataillon, et cette agglomération d'hommes, dans les circonstances actuelles, est une des causes qui entretiennent le plus l'indiscipline. Il y aurait, à mon avis, tout avantage à constituer de suite le IV⁰ bataillon et à l'employer immédiatement, ainsi que les quatre compagnies du III⁰, à la défense du pays, en les envoyant, soit à Lyon pour armer les forts, soit sur le point que vous jugerez le plus convenable.

Je dois aussi appeler votre attention, Monsieur le Ministre, sur le grand nombre d'ouvriers mécaniciens, 940, engagés pour la durée de la guerre, qui se trouvent à la division. Nous en avons employé le plus possible dans les directions des constructions navales et de l'artillerie, mais il en reste encore beaucoup sans affectation spéciale, et il serait vivement à désirer qu'on pût les utiliser, soit en les envoyant dans ceux des autres ports qui pourraient en avoir besoin, soit en les détachant dans des manufactures de l'État. Il est regrettable d'entretenir au port, sans nécessité, des hommes dont la solde est relativement élevée, et qui sont, d'ailleurs, les plus actifs fauteurs de désordre.

J'ai l'honneur de vous prier, Monsieur le Ministre, de vouloir bien me notifier, le plus tôt possible, vos ordres relativement à ces diverses propositions.

En note au crayon : « Le Ministre désire qu'on demande à Indret combien d'ouvriers mécaniciens cet établissement pourrait employer. On les enverrait de Toulon. Demander aussi à la Guerre si elle ne pourrait pas recevoir un certain nombre de ces ouvriers dans ses manufactures ».

Le Préfet maritime de Brest au Ministre de la Marine, à Tours.

Brest, 25 octobre.

Analyse. — Les officiers subalternes font défaut pour constituer des bataillons de marins ; ne pourrait-on prendre quelques officiers sur les escadres pour les verser dans les bataillons.

En marge : « Cela a été dit ».

Le Préfet maritime de Brest au Ministre de la Marine, à Tours (D. T.).

Brest, 26 octobre, 4 h. 57 soir.

Je reçois dépêche pour organisation de deux nouveaux bataillons. Le bataillon qui sera prêt dans quelques jours compte-t-il ou non dans ce chiffre.

Le Préfet maritime de Lorient au Ministre de la Marine, à Tours (D. T.).

Lorient, 26 octobre, 10 h. 7 matin.

Nous avons à votre disposition trois compagnies de marins de 120 à 150 hommes bien exercés au fusil comme au canon. Ils sont prêts à partir au premier ordre.

De la main de Gambetta : « M. de Freycinet. Au cas où l'on n'en aurait pas disposé, utiliser ces forces ».

Le Préfet maritime de Lorient au Ministre de la Marine, à Tours, et au Préfet maritime, à Brest (D. T.).

Lorient, 27 octobre, 2 h. 52 soir.

Un détachement, composé de 4 officiers mariniers et 387 quartiers-maîtres et marins, partira pour Brest demain par le train de midi.

Le Préfet maritime de Toulon au Ministre de la Marine, à Tours.

Toulon, 27 octobre.

J'ai fait partir hier matin pour Bourges les deux compagnies de marche d'infanterie de la marine composées de 392 soldats et 7 officiers, et, hier soir pour Lille, le IIIe bataillons de marins, composé de 904 hommes, sous le commandement de M. le capitaine de frégate ..... C'est pour ce bataillon que je vous ai prié d'envoyer des instructions à Vierzon.....

Le IVe bataillon placé sous le commandement de M. le capitaine de frégate..... sera prêt mercredi au plus tard ; je ne le ferai toutefois partir que jeudi, afin de ménager le sentiment qui pourrait s'attacher à un départ le jour des morts, et qui, à Toulon, ne manquerait pas de se manifester. J'assure son armement, en attendant l'envoi annoncé de Toulouse, par des chassepots prêtés par la direction d'artillerie de la Terre, à qui nous les rendrons aussitôt l'arrivée de l'envoi précité.

Je mettrai immédiatement en formation un Ve bataillon de marche avec les éléments qui me restent sous la main et j'y comprendrai la partie turbulente de l'équipage du *Magenta ;* mais les fusils me manqueront pour la plus grande partie de ce bataillon.

Nous avons bien des carabines à tige et transformées de manière à pouvoir armer environ 3,000 hommes, mais nous n'avons que 140,000 cartouches pour les carabines se chargeant par la culasse, et nous ne pouvons en confectionner davantage ; il faudrait donc être sûr que la

Guerre pourra en fournir à nos hommes sur tous les points où ils seront employés. D'ailleurs, sur ce nombre d'armes, il n'y a que 1,400 carabines se chargeant par la culasse, et la répulsion des hommes est telle pour les anciennes armes qu'il ne faudrait pas compter pouvoir utiliser les autres carabines.

Il me paraît donc indispensable, pour nous permettre de continuer la formation de nos bataillons de marins, de nous faire envoyer la quantité de chassepots nécessaires ; et je vous prie de vouloir bien intervenir dans ce sens auprès de votre collègue du département de la Guerre.

En note au crayon : « Une demande a été faite le 29, de 2,400 (*chassepots*) pour Toulon, et, suivant dépêche du 31, le département de la Guerre est prié de porter ce chiffre à 2,500. Toulon est avisé ».

Le Préfet maritime de Rochefort au Ministre de la Marine, à Tours (D. T.).

Rochefort, 30 octobre, 6 h. 35 soir.

Les 150 hommes pour Toulon doivent-ils partir d'ici avec équipement (1) et armes (2). Nous en avons très peu.

En marge : « (1) oui ; (2) non ». *A la fin :* « Partis, 31 octobre ».

Le Préfet maritime de Brest au Ministre de la Marine, à Tours (D. T.).

Brest, 31 octobre, 8 h. 59 matin.

Le IIIe bataillon de marins sera prêt à partir jeudi (*3 novembre*). Quelle destination faut-il lui donner ?

Le Préfet maritime de Cherbourg au Ministre de la Marine, à Tours (D. T.).

Cherbourg, 2 novembre, 1 h. 20 matin.

Le général Fiéreck me demande le bataillon de fusiliers marins de Carentan pour l'expédier à Nogent-le-Rotrou ; il en a le plus grand besoin. Faut-il l'envoyer ?

En note au crayon : « A répondre : Oui ».

Le Ministre de la Marine au Préfet maritime, à Toulon (D. T.).

Tours, 3 novembre.

Formez d'urgence une colonne de 1,500 hommes au moins, comprenant : le IVᵉ bataillon de marche de marins, dont la formation doit être avancée; deux compagnies d'infanterie de la marine à 4 officiers par compagnie; 300 artilleurs avec leurs officiers, organisés en deux batteries, avec les pièces de montagne et avant-trains du *Louis XIV* et du *Colosse;* un détachement de gendarmerie maritime.

Toutes ces troupes prêtes à faire une marche de quelques jours seulement pour une destination que je vous indiquerai dès que vous m'aurez informé par le télégraphe qu'elles sont organisées.

Les hommes seront approvisionnés à 90 cartouches par homme et les pièces à 54 coups.

Les artilleurs non employés aux pièces feront le service d'infanterie.

Placez cette colonne sous les ordres d'un officier supérieur énergique que vous choisirez dans n'importe quelle arme.

Le Préfet maritime de Rochefort au Ministre de la Marine, à Tours.

Rochefort, 4 novembre.

En prenant la direction du 4ᵉ arrondissement maritime, je me suis tout d'abord préoccupé des ressources en personnel de la division des équipages de la flotte et des moyens de l'utiliser. Or, ces ressources sont les suivantes :

Quatorze escouades de canonniers composées chacune de 10 hommes exercés au canon et d'un canonnier breveté, avec un quartier-maître canonnier par deux ou trois escouades et un second maître par trois ou quatre.

Deux compagnies de 132 hommes chacune, non compris le premier maître faisant fonctions de sous-lieutenant et les officiers. Chaque compagnie, composée de huit escouades de 16 hommes, aurait 4 sergents, et chaque escouade comprendrait un caporal et un fusilier breveté. Dans le chiffre de 16 hommes par escouade figurerait le contingent ordinaire de sapeurs, tambours, clairons, armuriers, fourriers, etc.

Je vous demande l'autorisation de former immédiatement..... ces compagnies et de leur nommer leurs officiers. Elles seront ensuite à votre disposition, car leurs services ici ne me sont pas jusqu'à présent utiles, et, bien qu'en général je sois satisfait de l'esprit qui les anime, le séjour des villes ne leur est cependant pas salutaire.

Seulement, je n'ai à ma disposition que 135 fusils modèle 1866. Il faudrait donc que vous me fissiez envoyer le complément de leur armement par le Ministre de la Guerre.

Quand à l'équipement et au campement, je pourrais, au moyen de nos confections journalières, les leur fournir en totalité.

En note au crayon : « L'amiral va recevoir de Toulon un nouveau contingent de marins. Qu'il organise ses compagnies. Le Ministre va lui faire envoyer des fusils ».

Le Préfet maritime de Brest au Ministre de la Marine, à Tours.

Brest, 5 novembre.

Le IVe bataillon de marins sera sous très peu de jours prêt à partir. Il est complet en personnel et peut être considéré comme tel en matériel.

Les hommes sont exercés au maniement du fusil et aux manœuvres de bataillon.

Ils terminent leur instruction militaire par le tir à la cible avec les nouvelles armes qui viennent de leur être délivrées.

Le Ve bataillon est formé. Il est constitué à la date d'aujourd'hui à l'exception d'un petit nombre d'hommes. Tous connaissent le maniement du fusil; il ne reste donc, au point de vue de l'instruction, que les manœuvres et le tir.

Pendant ce temps l'habillement marchera et le matériel de campement, déjà en cours de confection, sera terminé.

Ce qui nous fait absolument défaut ce sont les officiers subalternes, surtout les lieutenants de vaisseau.

Le Ve bataillon ne possède que deux officiers de ce grade : un adjudant-major et un capitaine de compagnie.

Les cinq autres compagnies sont commandées par des enseignes.

J'ai pris tous les officiers des bâtiments en désarmement le jour même de l'entrée dans le port.

La *Sémiramis* et l'*Armide* n'ont à bord que leurs commandants.

L'*Ononvaga* et les deux batteries flottantes n'ont qu'un enseigne de vaisseau et un élève pour tout état-major.

Le *Souffleur* et le *Bougainville*, qui naviguent, possèdent seulement un officier et des aspirants.

Les services à terre sont réduits à leur dernière limite.

Il me serait par conséquent impossible de faire face aux besoins du Ve bataillon si vous ne jugiez pas à propos de faire diriger quelques lieutenants de vaisseau sur le port de Brest.

Post-scriptum de la main du Préfet maritime : « J'ai demandé hier par dépêche télégraphique l'autorisation de donner un aumônier aux bataillons déjà partis et d'en fournir un à chacun de ceux en formation. Nous avons des aumôniers disponibles ; cette mesure serait bien vue ».

Le Préfet maritime de Toulon au Ministre de la Marine, à Tours.

Toulon, 9 novembre.

Ainsi que je vous en ai rendu compte, je pousse activement la formation du V⁰ bataillon, et toutes les ressources du port sont consacrées à la confection des havresacs et des effets de campement qui lui manquent. Je forme également une compagnie d'ouvriers mécaniciens qui, dans les conditions où elle doit être équipée, sera promptement prête. Si je le puis j'en formerai une seconde. Je vais ensuite m'occuper de diriger, avec l'excédent de personnel disponible à la division, un détachement sur Rochefort et, lorsque la *Normandie* sera arrivée pour désarmer, je verrai s'il m'est possible de constituer un VI⁰ bataillon. Je désirerais envoyer sans armes le détachement de Rochefort. La dernière cession qui nous a été faite par le département de la Guerre me permettrait à la rigueur de lui en donner ; mais ce détachement ne sera qu'en partie équipé et les hommes seraient obligés de garder constamment leurs armes en main. En outre, il y a lieu de tenir compte de l'éventualité d'un siège et, dans ces conditions, je ne croirais pas prudent de nous démunir de fusils.

Vous apprécierez, Monsieur le Ministre, ce que je dois faire à cet égard et j'ai l'honneur de vous prier de vouloir bien me notifier votre décision le plutôt possible.

En post-scriptum de la main du Préfet maritime : « L'infanterie de la marine n'a pas tous les fusils 1866 dont elle a besoin. C'est une raison qui vient encore à l'appui de ma demande d'envoyer le détachement de Rochefort sans armes et sans équipement ».

En note au crayon : « Prière de répondre qu'il peut envoyer le détachement de Rochefort sans fusils, une demande de 1,500 fusils modèle 1866 venant d'être adressée à la Guerre pour ce dernier port. Cette demande est accueillie. »

Le Préfet maritime de Brest au Ministre de la Marine, à Tours, et au Général commandant supérieur, à Bourges (D. T.).

Brest, 10 novembre, 3 h. 35.

Le IV⁰ bataillon de marins partira demain 11 à 2 h. 35 du soir.

Le Préfet maritime de Lorient au Ministre de la Marine, à Tours.

Lorient, 10 novembre.

J'ai l'honneur de vous rendre compte qu'en exécution de la dépêche ministérielle télégraphique du 8 courant, une compagnie de marins, comprenant 1 lieutenant de vaisseau, 2 officiers mariniers, 7 quartiers-maîtres et 122 matelots, sera mise en route pour Brest le 12 du courant, par le train de midi.

Le Préfet maritime de Rochefort au Ministre de la Marine, à Tours (D. T.).

Rochefort, 11 novembre, 3 h. 15 soir.

J'ai expédié sur Carentan, le 8, 430 officiers et marins, le 9, 811 officiers et soldats d'infanterie de la marine et aujourd'hui, le 11, 151 officiers et matelots. J'expédierai ce soir 300 officiers et soldats d'infanterie de la marine. Total, 1,700 hommes.

Je n'ai plus personne exercé.

Le Préfet maritime de Toulon au Ministre de la Marine, à Tours.

Toulon, 18 novembre.

Le désarmement de la *Normandie* va me permettre de prendre sur son équipage 250 hommes environ, dont 150 convenablement exercés et 100 à peu près formés ; je pourrai y joindre un certain nombre d'hommes de bonne volonté de l'équipage de la *Sibylle* et, avec ce noyau, organiser encore trois compagnies de marche à 130 hommes chacune. Je les armerai et équiperai facilement.

J'ai l'honneur de vous prier, Monsieur le Ministre, de vouloir bien me faire connaître si je devrai envoyer ces trois compagnies à l'armée de la Loire pour renforcer nos bataillons qui s'y trouvent déjà, ou s'il y aura lieu de les diriger sur Rochefort, afin de donner à ce port les moyens de former un bataillon avec le détachement que nous avons déjà pu lui expédier.

Si vous adoptiez cette dernière solution qui, à mon avis, me paraît préférable, je vous demanderai à ne pas compléter les sacs de ces hommes, en raison de la pénurie de nos ressources au point de vue de l'habillement.

Le Préfet maritime de Rochefort au Ministre de la Marine, à Tours.

Rochefort, 19 novembre.

Le personnel de la division des équipages de la flotte est aujourd'hui assez nombreux pour former six compagnies de marche de 132 hommes chacune, non compris les officiers.

Les marins qui composeront ce bataillon peuvent partir quand vous m'en donnerez l'ordre et être dirigés sur tel point que vous me désignerez. Ils seront habillés, armés, équipés et pourvus de tous les effets de campement nécessaires.

Le Préfet maritime de Rochefort au Ministre de la Marine, à Tours.

Rochefort, 22 novembre.

Conformément à vos dernières dépêches télégraphiques et à la circulaire du 19 novembre, j'ai fait retirer des compagnies de marche et je conserve en réserve tous les fusiliers et canonniers brevetés qui en faisaient partie.

Ce mouvement nous donne un contingent de 145 hommes qui se répartissent ainsi :

Canonnage.		Mousqueterie.	
Premier maître........	1	Sergents d'armes......	6
Seconds maîtres.......	7	Caporaux d'armes......	5
Quartiers-maîtres......	19	Fusiliers brevetés......	67
Canonniers brevetés....	40	Total......	78
Total......	67		

Je garderai ces hommes à la division de Rochefort jusqu'à ce que je reçoive l'ordre de les expédier sur un autre point.

Demain, je ferai mettre en route pour Toulon un détachement se composant de :

Gabiers	18
Timoniers	6
Charpentiers	12
Mousses	24
Total.................	60

En dehors de ces deux contingents, il restera encore les six compagnies composées de 132 hommes chacune et les matelots nécessaires pour assurer le service dans la proportion la plus réduite.

Le Préfet maritime de Brest au Ministre de la Marine, à Tours (D. T.).

Tours, 23 novembre, 4 h. 50 soir.

Le Ve bataillon de marins fusiliers part aujourd'hui pour Le Mans. Il y arrivera demain matin vers 7 heures.

Le Préfet maritime de Rochefort au Ministre de la Marine, à Tours (D. T.).

Rochefort, 23 novembre, 2 h. 36 soir.

Un détachement de 61 marins, commandé par un officier, partira de Rochefort aujourd'hui par le train de 4 h. 40 du soir. Il arrivera à Cette, où il couchera, le 24 à 11 h. 10 du soir et à Toulon, le 25 à 2 h. 48 du soir.

Le Général commandant la 18e division militaire au Ministre de la Guerre, à Tours (D. T.).

Bourges, 24 novembre, 8 h. 30 soir.

Il y a dans le Cher trois bataillons de fusiliers marins. Le IVe de Brest est à Bourges ; le IVe de Toulon, primitivement envoyé à Vierzon, est à Sancerre ; le Ve de Toulon, envoyé de Bourges à Sancergues ; 150 canonniers ont été choisis dans le IVe de Brest et envoyés à Orléans. Par votre ordre, un détachement de 37 fusiliers marins est parti aujourd'hui pour Chevilly. Sur la demande du général des Pallières, le bataillon présent à Bourges est employé à l'armement.

Le Préfet maritime de Brest au Ministre de la Marine, à Tours (D. T.).

Brest, 25 novembre, 3 h. 5 soir.

Comme exécution de la dépêche du 22 novembre, faut-il dissoudre ou maintenir le VIe bataillon en formation pour lequel je n'ai pas de lieutenants de vaisseau ?

En note au crayon : « Dissoudre et envoyer les hommes à Toulon ».

Le Ministre de la Marine au Préfet maritime, à Brest (D. T.).

Tours, 26 novembre, 3 heures.

Le VIe bataillon en formation doit être dissous. Utiliser le personnel pour compléter d'abord les effectifs des bâtiments armés actuellement sur rade et de ceux qui y arriveront prochainement.

Le Major général de Cherbourg au Préfet maritime, à Cherbourg.

Cherbourg, 1er décembre.

En réponse à la dépêche du Ministre en date du 26 novembre, je ne puis que vous répondre que le Ve bataillon, composé de six compagnies, ne contient pas un seul canonnier, ni un seul fusilier; il est en totalité composé de matelots de pont que l'on a instruits tout particulièrement pour le service des forts de l'enceinte; il y a seulement dans les cadres quelques seconds maîtres et quartiers-maîtres canonniers, mais qui figurent sur la liste d'embarquement de la division et qui partiront lorsque leur tour les y appellera.

J'ai donc lieu de penser que la personne qui aura pu renseigner le Ministre aura confondu le V° bataillon avec le VI° bataillon parti pour Le *Mans*, le 23 novembre, et qui, en effet, était composé en majeure partie de *matelots fusiliers* (1).

Aujourd'hui la division peut disposer de, savoir :

1° Prêts à partir, comptabilité réglée : 1 sergent d'armes, 2 seconds maîtres canonniers, 8 quartiers-maîtres canonniers, 3 caporaux d'armes, 63 canonniers brevetés (2), 64 fusiliers brevetés, 9 timoniers brevetés.

2° Disponibles à l'embarquement mais dont la comptabilité ne sera réglée que dans quelques jours par la *Foudroyante annexe* : 6 sergents d'armes, 3 seconds maîtres canonniers, 20 caporaux d'armes, 25 quartiers-maîtres canonniers, 44 canonniers brevetés, 3 fusiliers brevetés.

Dans cette situation, je pense qu'il y a à la division toutes les ressources nécessaires pour satisfaire aux demandes de l'escadre, la *Flandre*, la *Savoie* et la *Guyenne* ayant déjà reçu leurs canonniers il y a deux jours.

La division possède en outre près de 500 matelots de pont sans toucher au bataillon, ni à la compagnie détachée dans les forts. Il serait à désirer que M. le vice-amiral, commandant l'escadre du Nord, nous fît connaître le plus tôt possible ses besoins en personnel.

En marge : (1) « Le bataillon de M. le commandant ..... est le VI° bataillon et il est parti comme étant le plus disponible ». (2) « Sur ces 63 canonniers, 40 sont détachés aux Flamands pour la fabrication des cartouches ».

Le Préfet maritime de Cherbourg au Ministre de la Marine, à Tours.

Cherbourg, 2 décembre.

En réponse à votre dépêche du 26 novembre et afin de vous édifier complètement sur la situation de notre personnel actuellement à la division, j'ai l'honneur de vous envoyer la note ci-jointe de M. le major général. Vous y verrez que le bataillon, que j'avais cru devoir former en prévision d'événements ultérieurs et qui vient d'être dissous d'après vos ordres, ne contenait ni canonnier, ni fusilier. Tout ce personnel, officiers et matelots, sont disponibles pour l'embarquement et, sauf quelques vacances parmi les matelots fusiliers, l'escadre du Nord est aujourd'hui tout à fait au complet.

Il nous reste à la division un nombreux personnel que nous aurions pu utiliser en formant un bataillon de marche, qui était une force disponible en cas de besoin et qui, quoique composé d'éléments autres que les canonniers et les fusiliers, commençait à être instruit pour toute éventualité.

Le Préfet maritime de Rochefort au Ministre de la Marine, à Bordeaux.

Rochefort, 8 décembre.

Après l'ordre de dissoudre le bataillon et de retirer des compagnies de marche les matelots canonniers et fusiliers, ces compagnies ne se sont plus trouvées au complet, d'autant que j'ai eu à envoyer un détachement à Toulon. J'avais cependant, par précaution, reconstitué trois compagnies qui continuaient les exercices militaires et qui partiront ce soir pour Carentan. Demain je formerai avec les éléments que renferme la division une quatrième compagnie qui partira demain soir ou après-demain au plus tard sous les ordres d'un enseigne. Je n'ai pas désigné d'officier supérieur pour prendre le commandement de ces quatre compagnies. Il ne me restera plus à la division que le strict nécessaire pour la garde des forts qui doivent recevoir des prisonniers prussiens, pour l'hôpital flottant et les transports destinés aussi à recevoir des prisonniers.

Le Ministre de la Marine au Préfet maritime, à Brest (D. T.).

Bordeaux, 11 décembre.

Cherbourg menacé. Envoyez-y, par l'escadre de réserve, tous vos hommes d'infanterie exercés avec les officiers disponibles et adjoignez-leur si possible quelques officiers fusiliers. Armez trois transports et dirigez-les également sur Cherbourg en les utilisant au besoin pour vos mouvements de personnel. Lorient vous envoie 300 canonniers et Rocheforts environ 400 hommes d'infanterie pour même destination. Grande urgence. 8,000 hommes de troupes sont expédiés par terre à Cherbourg mais pourraient éventuellement être contraints à passer par Brest.

Le Ministre de la Guerre au contre-amiral Dieudonné (D. T.).

Bordeaux, 11 décembre.

Transportez à Cherbourg sur vos bâtiments les militaires et marins que le préfet a l'ordre d'expédier.

État numérique et par spécialités des officiers mariniers et quartiers-maîtres, embarqués le 12 décembre, passagers sur l' « Euménide », pour la division de Cherbourg.

Lorient, 12 décembre.

Mineurs sous-marins.

Second maître de timonerie	1
Quartiers-maîtres de canonnage	6
— de timonerie	2
— mécaniciens	3
Matelots canonniers	5

Provenant de la division.

Premier maître de manœuvre	1
Seconds maîtres de manœuvre	2
Quartiers-maîtres de manœuvre	9
Matelots gabiers	40
— fusiliers	40
— charpentiers	20
— calfats	10
— de pont	110
Apprentis marins et novices	50
Total	299

Le Gouverneur de la Guadeloupe au Ministre de la Marine.

Basse-Terre, 19 décembre.

J'ai eu l'honneur de vous entretenir, par ma lettre du 7 de ce mois, n° 88, de l'embarquement à bord de la frégate-transport l'*Amazone*, en départ pour Toulon, de 42 créoles de la Guadeloupe qui demandaient, avec instance, à aller en France contracter des engagements volontaires dans l'armée afin de concourir à la défense nationale.

J'ai cru devoir autoriser la même disposition pour 43 inscrits maritimes de la colonie qui sollicitaient aussi, comme faveur, d'aller contribuer à la défense du pays, soit *sur les bâtiments de la flotte, soit à terre dans les portions détachées des équipages*. Un grand nombre de ces marins ont rendu des services sur les bâtiments de l'État au Mexique et en Europe et presque tous ont été employés récemment, comme subsistants à la 9ᵉ batterie d'artillerie de la marine, aux travaux de défense de la colonie. J'ai dû tenir compte de ces antécédents.

Les inscrits maritimes, comme les volontaires, ont eu pour mobile le noble sentiment de dévouement et de patriotisme qui s'est manifesté partout en France. Il m'a paru de mon devoir de les encourager dans cette voie en leur accordant le passage à bord de l'*Amazone*.

Je les ai adressés et recommandés à M. le préfet maritime du Ve arrondissement, en tenant cet officier général informé que je rendais compte de la mesure au département.

Le Général commandant la 19e division militaire au Ministre de la Marine, à Bordeaux.

Bourges, 26 janvier 1871.

J'ai l'honneur de vous informer que conformément à vos ordres en date du 15 de ce mois, j'ai procédé à la répartition du IIIe bataillon de marins de Brest, actuellement dissous, entre les bataillons désignés ci-dessous, savoir : IVe bataillon de Toulon, IVe bataillon de Brest, V^e bataillon de Toulon.

J'ai l'honneur de vous faire connaître cette répartition. Les bataillons, avant l'opération, étaient composés ainsi qu'il suit :

Effectif des présents.

BATAILLONS.	LIEUTENANTS de vaisseau.	ENSEIGNES.	ASPIRANTS.	SERGENTS.	CAPORAUX.	SOLDATS.	TOTAUX (troupe)
IVe de Toulon	3	4	4	22	46	495	563
IVe de Brest	6	4	2	36	48	586	670
Ve de Toulon	6	5	6	33	59	587	679
IIIe de Brest	4	6	»	29	45	594	668
TOTAUX	19	19	12	120	198	2,262	2,580

Du chiffre 19 de la première colonne, il faut retrancher M. ....., adjudant-major du IIIe bataillon de Brest, qui a été demandé en qualité d'aide de camp par M. le général ....., ce qui laisse à 18 le nombre des capitaines disponibles.

En divisant par trois chacun des chiffres totaux j'ai obtenu l'effectif pour chaque grade de chacun des trois bataillons, savoir :

Lieutenants de vaisseau.	Enseignes.	Aspirants.	Sergents.	Caporaux.	Soldats.	Totaux (troupe).
6	6	4	40	66	754	860

J'ai en conséquence pris au IIIe bataillon de Brest pour verser dans chacun des trois autres les militaires de tous grades dont détail suit, savoir :

BATAILLONS.	LIEUTENANTS de vaisseau.	ENSEIGNES.	ASPIRANTS.	SERGENTS.	CAPORAUX.	SOLDATS.	TOTAUX (troupe)
Versé au IVe de Toulon........	3	2	»	18	20	259	297
Versé au IVe de Brest.........	»	3	1 (1)	4	18	168	190
Versé au Ve de Toulon........	1	1	»	7	7	167	181
TOTAL égal au chiffre des militaires du bataillon dissous....	4	6	1	29	45	594	668

(1) L'adjudant ..... du IIIe bataillon de Brest.

J'ai placé au IVe de Brest M. ....., lieutenant de vaisseau, venant du IIIe de Brest, afin qu'un officier de ce grade pût prendre au besoin le commandement du bataillon laissé vacant par la nomination de M. ...... au commandement supérieur des deux bataillons du 25e corps.

Des deux médecins du IIIe de Brest, l'un..... a été désigné pour le IVe de Brest, où se trouve une vacance, l'autre ..... a été retenu dans la place de Bourges pour y faire provisoirement le service.

Le sergent-major ....., du IIIe de Brest, qui se trouvait en dehors des cadres des compagnies, a été placé au IVe de Toulon, à Bourges, qui n'a pas son complet en sous-lieutenants; l'adjudant ....., qui était dans le même cas, a été attaché au IVe bataillon de Brest.

Quant à l'officier d'administration ..... il a été renvoyé à Brest pour y rendre ses comptes.

Les 3e, 4e et 5e compagnies du IIIe de Brest ont été versées complètes avec leurs cadres au IVe bataillon de Toulon.

INFANTERIE.

État numérique des bataillons de marche et détachements de marins qui ont été affectés à la défense de Paris et mis à la disposition de la Guerre depuis le commencement de la guerre jusqu'à la paix.

Paris, 26 juin 1873.

Défense de Paris (forts et flottille de la Seine) :

	Officiers.	Marins.
Cherbourg, Ier et IIe bataillons	25	1,560
Brest, régiment de deux bataillons	88	2,673
Lorient, Ier et IIe bataillons	17	860
Rochefort, Ier et IIe bataillons	20	821
Toulon, treize bataillons (n° I à XIII)	232	7,749
Total (1)	382	13,663

Lignes de Carentan :

Cherbourg, IIIe, IVe et V^e bataillons	109	3,121
Lorient, 1er détachement	3	390
Rochefort, 1er et 2e détachements	9	537
Total (2)	121	4,048

Armée du Nord :

Brest, Ier et IIe bataillons, un détachement	34	1,569
Toulon, IIIe bataillon (à Lille)	5	1,066
Total	39	2,635

Armée de la Loire :

Cherbourg, VIe bataillon	20	780
Brest, IIIe, IVe, V^e bataillons, deux détachements	54	2,720
Lorient, une compagnie et un détachement	1	165
Rochefort, un détachement	»	60
Toulon, IVe et V^e bataillons	34	2,153
Total	109	5,878

Destinations diverses :

		Officiers.	Marins.
Camp de Conlie.	(Brest)......................	2	37
	(Lorient)....................	»	30
Le Havre (Cherbourg).........................		4	413
Nantes (Brest)................................		»	40
Indret (Toulon)...............................		»	59
Caen (Cherbourg)..............................		1	50
Fort de Querqueville (Cherbourg)...............		5	120
La Rochelle (Rochefort).......................		»	11
Besançon (Toulon, Ier bataillon)................		6	200
Lyon (Toulon, IIe bataillon du génie auxiliaire)..		19	918
Bayonne (un détachement de Toulon)...........		»	18
Isolés à la disposition de la Guerre.............		194	36
TOTAL................		231	1,932
TOTAL GÉNÉRAL........		882	28,156

En note :

(1) Il n'est, en réalité, arrivé à Paris que 8,600 hommes; 5,000 qui devaient compléter le contingent ont été répartis dans les différentes armées de province.

(2) Ont été renforcés au mois de décembre 1870 par le personnel provenant des lignes d'Orléans et plusieurs compagnies des bataillons de Bourges.

§ 3. — Garde nationale mobile.

État des régiments et des bataillons de la Garde nationale mobile disponibles.

(Sans date) (1).

DÉPARTEMENTS.	BATAILLONS.	RÉGIMENTS.	DÉPARTEMENTS.	BATAILLONS.	RÉGIMENTS.
Ain.............	1	»	Indre..........	1	»
Aisne...........	3	1 (2)	Indre-et-Loire....	2	»
Allier...........	»	1	Isère...........	1	1
Basses-Alpes.....	1	»	Jura...........	»	1
Hautes-Alpes.....	1	»	Landes.........	2	»
Alpes-Maritimes...	2	»	Loir-et-Cher.....	2	»
Ardèche.........	»	1	Loire..........	1	1
Ardennes........	2	»	Haute-Loire.....	2	»
Ariège..........	2	»	Loire-Inférieure..	1	»
Aude...........	2	»	Loiret..........	1	»
Aveyron.........	»	1	Lot............	2	»
Calvados........	1	1	Lot-et-Garonne...	2	»
Cantal..........	2	»	Lozère.........	1	»
Charente........	»	1	Maine-et-Loire...	1	1
Cher...........	»	1	Manche.........	2	»
Corrèze.........	2	»	Marne..........	4	»
Corse...........	2	»	Haute-Marne.....	»	1
Côte-d'Or.......	1	»	Mayenne........	»	1
Creuse..........	»	1	Meurthe........	4 (6)	»
Dordogne........	»	1	Meuse..........	3 (7)	»
Doubs..........	»	1	Morbihan.......	1	»
Drôme..........	1	»	Moselle.........	4 (8)	»
Eure............	»	1	Nord...........	»	3
Eure-et-Loir.....	1	»	Oise...........	»	1 (9)
Finistère (3).....	»	1 (3)	Orne...........	1	1
Gard...........	»	1 (4)	Pas-de-Calais....	8	»
Haute-Garonne...	»	1	Puy-de-Dôme....	1	1 (5)
Gers...........	2	»	Basses-Pyrénées...	3	»
Gironde.........	1	»	Hautes-Pyrénées..	2	»
Hérault.........	»	1 (5)	Pyrénées-Orientales	1	»
Ille-et-Vilaine (3)..	1 (3)	»	Bas-Rhin........	5	»

(1) Établi probablement vers le milieu de septembre.
(2) En note à côté du chiffre : Paris.
(3) Rayé sur l'original.
(4) En note à côté du chiffre : Cherbourg.
(5) En note à côté du chiffre : Indisponible.
(6) En note à côté du chiffre : Vesoul.
(7) En note à côté du chiffre : Verdun.
(8) En note à côté du chiffre : Thionville, Metz et villes fortes.
(9) En note à côté du chiffre : Indisponible à Laval.

DÉPARTEMENTS.	BATAIL- LONS.	RÉGI- MENTS.	DÉPARTEMENTS.	BATAIL- LONS.	RÉGI- MENTS.
Haut-Rhin........	5	»	Tarn-et-Garonne..	2	»
Rhône............	»	1 (1)	Var.............	2	»
Haute-Saône.....	1	1 (2)	Vaucluse........	2	»
Saône-et-Loire....	2	»	Vendée (3).......	1 (3)	»
Sarthe...........	1	1	Haute-Vienne.....	2	»
Savoie...........	2	»	Vosges..........	1	1
Haute-Savoie.....	3	»	Yonne...........	1	»
Seine-Inférieure....	1	»			
Seine-et-Oise......	1	»			
Somme...........	1	»	TOTAUX......	117 (4)	32 (4)

Au total : 32 régiments à 3 bataillons d'un effectif moyen de 1,500 hommes, et 117 bataillons d'un effectif semblable, mais non formés quant à présent en régiments.

Le Général commandant la 3e subdivision de la 18e division militaire au Général commandant la 18e division militaire, à Tours.

Blois, 16 septembre.

D'après le contenu de votre lettre n° 723, les bataillons de la garde mobile seraient formés, en cas de départ, à sept compagnies formant un effectif de 1,200 hommes. La 8e compagnie formerait la compagnie de dépôt.....

Le Ministre de la Guerre aux Généraux divisionnaires et aux Intendants militaires.

Tours, 27 septembre.

Une disposition générale, prise dès l'origine, avait prescrit pour la garde nationale mobile le même traitement que pour la troupe, du jour où cette garde se trouverait placée sous le commandement de l'autorité militaire.

---

(1) En note à côté du chiffre : Paris.
(2) En note à côté du chiffre : Belfort.
(3) Rayé sur l'original.
(4) Totaux erronés. Les chiffres portés dans le tableau donnent en effet 114 bataillons et 31 régiments.

Mais les circonstances n'ont pas toujours permis d'appliquer cette règle. Certains corps de garde mobile ont reçu des effets de campement, tandis que d'autres ne pouvaient en être pourvus; les uns ont été logés chez l'habitant, les autres ont dû se loger à leurs frais; quelques-uns ont touché une indemnité en remplacement de pain dans les localités où la fourniture en était impossible; enfin, il en est qui, sous tous les rapports, ont été soumis au même régime que la ligne. De là des anomalies qui ont provoqué de justes réclamations.

Pour remédier à cet état de choses, j'ai arrêté, par décision du 26 septembre, que les généraux ayant sous leur commandement des corps de garde nationale mobile sont autorisés à déterminer, après s'être entendus avec les fonctionnaires de l'intendance militaire, les allocations que devront recevoir les hommes de cette garde. Ils pourront, selon les circonstances et surtout en raison des fournitures de campement dont seraient pourvus les intéressés, leur faire attribuer soit la solde de la ligne, soit 1 fr. 25 aux sous-officiers et 1 franc aux simples gardes, soit, au besoin, une indemnité de 0 fr. 25 en remplacement de pain; mais, en aucun cas, l'allocation de 1 fr. 25 ou 1 franc ne pourra être dépassée, y compris cette dernière indemnité. En outre, comme il y a lieu de pourvoir aux nécessités qui se produisent déjà ou se produiront infailliblement sous le rapport des effets de petit équipement, quelle que soit la manière dont les gardes mobiles seront traités, il devra être retenu sur leur solde, pour être versé à leur masse individuelle, le montant de la prime journalière fixée par le tarif du 5 décembre 1840.

Le Garde des sceaux, Ministre de la Guerre par intérim, aux Généraux commandant les divisions.

Tours, 7 octobre.

Afin de remédier aux difficultés que rencontrent les troupes de la garde nationale mobile et les francs-tireurs, pour se procurer les objets nécessaires à leur alimentation lorsqu'ils entrent en campagne, il m'a paru utile de les traiter dans ce cas comme les troupes de la ligne.

J'ai décidé, en conséquence, le 6 octobre courant, que les corps de la garde nationale mobile et de francs-tireurs, embrigadés dans un corps d'armée ou ayant reçu l'ordre de marcher à l'ennemi, recevront la solde et les autres prestations en argent et en nature attribuées aux troupes de la ligne.

Cette mesure aura pour effet de concilier l'intérêt de ces combattants avec les avantages de l'unification du traitement des troupes en campagne.

Le Ministre de la Guerre aux Généraux et Intendants divisionnaires.

Tours, 13 octobre.

L'article 11 de la loi du 1ᵉʳ février 1868 dispose que la garde nationale mobile, quand elle est appelée à l'activité, doit être assimilée à la ligne sous le rapport de la solde et des prestations diverses; c'est en vertu de ce principe que la circulaire du 2 août dernier a déterminé le taux des allocations dues aux gardes mobiles et celui de la prime journalière d'entretien.

Les circonstances ayant obligé à organiser les gardes mobiles avec la plus grande promptitude, les préfets furent autorisés à faire payer une solde journalière de 1 franc et 1 fr. 25 que certains corps touchent encore.

Par suite, les instructions contenues dans la circulaire du 2 août n'ont pu être mises en pratique partout; il en est résulté que la majeure partie des gardes mobiles, n'ayant pas eu de première mise d'équipement, n'ont point de masse individuelle, ce qui ne permet pas de remplacer, au fur et à mesure, leurs effets perdus ou détériorés.

Par une circulaire du 27 septembre dernier, il a été prescrit, à la vérité, d'effectuer, sur l'allocation journalière des gardes mobiles, une retenue de 0 fr. 10 à verser, à titre de prime, à la masse individuelle; mais cette retenue serait complètement insuffisante si elle ne venait s'ajouter à un commencement de masse qui lui serve de base.

Les gardes mobiles sont aujourd'hui équipés; les préfets, les départements ou les municipalités ont pris soin de subvenir à leurs besoins sous ce rapport; il ne s'agit plus que d'entretenir l'équipement et une somme de 10 francs est suffisante pour constituer la base de la masse individuelle de ces hommes déjà pourvus. J'ai donc décidé, le 12 octobre, que cette allocation leur serait attribuée.

Peut-être, quelques-uns, par suite des circonstances exceptionnelles, manquent-ils d'un certain nombre d'effets pour l'acquisition desquels la somme de 10 francs serait trop peu élevée; vous inviterez donc les chefs de corps à fournir, en se renfermant dans les plus strictes limites, un état des quelques hommes auxquels il serait absolument indispensable de venir en aide; à ceux-là, il serait fait en nature les fournitures indiquées comme nécessaires.

Il est bien entendu que, si des corps de garde nationale mobile ont été, dès le principe, soumis au même régime que la troupe de ligne, les 40 francs de première mise qu'ils ont reçus leur resteront acquis; mais ils n'auront droit à aucune allocation nouvelle.

Note du bureau de la garde nationale mobile.

Tours, 14 octobre.

La garde mobile se compose de 318 bataillons d'infanterie et de 128 batteries d'artillerie (dont 4 prennent le nom de compagnies de pontonniers).

Au 13 septembre, 198 bataillons étaient enrégimentés et formaient 66 régiments à 3 bataillons, commandés par des lieutenants-colonels. 31 batteries étaient également enrégimentées et formaient 4 régiments, deux de 10 batteries dans le Nord, un de 5 dans la Moselle, un de 6 dans la Seine.

Depuis cette époque, 6 nouveaux régiments d'infanterie ont été créés, également à 3 bataillons, ce qui porte le nombre des régiments à 72, comprenant 216 bataillons.

On a, de plus, ordonné l'organisation de 25 bataillons qui sont aujourd'hui en voie de formation. Ces bataillons sont formés avec les éléments des compagnies de dépôt laissées dans les départements d'origine par les bataillons actifs et régiments qui ont fait mouvement.

Il est à remarquer que ces créations de régiments et de bataillons n'ont pas eu pour objet d'augmenter l'effectif en hommes de la garde mobile, mais seulement de grouper ces forces et de les rendre plus maniables et plus faciles à être utilisées.

Parmi les 72 régiments de garde mobile, 10 ont été embrigadés dans l'armée active : 7 appartiennent au 15° corps ; 1 est dans les Vosges avec la brigade Dupré, détachée de ce 15° corps ; 2 enfin sont destinés au 16° corps.

Le Ministre de la Guerre aux Généraux et Intendants divisionnaires.

Tours, 18 octobre.

Une décision du 12 août dernier prescrit de former un conseil central pour les bataillons de garde nationale mobile réunis au chef-lieu de chaque département.

La même décision prévoit le cas où l'un de ces bataillons aurait à se rendre dans une place de guerre en dehors du département. Dans cette hypothèse, un conseil éventuel est constitué dans chaque bataillon ainsi détaché, afin d'établir les relations administratives entre ce bataillon et le conseil central.

Mais depuis cette époque, des régiments ont été formés par la réunion de plusieurs bataillons, et dès lors, il n'existe pas de raison pour que ces bataillons, réunis en présence de l'ennemi, ne soient pas administrés, quand cela est possible, par un seul conseil éventuel comme les bataillons de guerre des régiments de ligne.

J'ai donc décidé que lorsqu'un régiment de garde nationale mobile sera formé de bataillons venant d'un même département, il sera pourvu d'un conseil éventuel unique, chargé d'en diriger l'administration et de surveiller les opérations des officiers comptables.

Ce conseil d'administration sera constitué, aussitôt après la réunion des bataillons, par l'officier général dans la circonscription duquel elle aura lieu, et la constatation en sera faite dans un procès-verbal, suivant la forme déterminée par l'ordonnance du 10 mai 1844, par les soins du fonctionnaire de l'intendance militaire chargé de l'administration du régiment.

Le conseil se composera :

Du lieutenant-colonel, président ;
Du plus ancien chef de bataillon ;
D'un capitaine de compagnie faisant fonctions de major, rapporteur ;
De l'officier payeur, secrétaire ;
De l'officier délégué pour l'habillement.

Ces cinq membres auront voix délibérative.

Lorsque les bataillons appelés à former des régiments appartiendront à des départements différents, ils continueront à s'administrer séparément comme des bataillons formant des corps isolés.

Le Ministre de la Guerre aux Généraux commandant les divisions militaires.

Tours, 14 novembre.

Il m'arrive à tout instant, dépêchés par leurs chefs de corps, des officiers de la garde nationale mobile qui viennent chercher pour leurs régiments les effets d'équipement nécessaires, alors souvent que ces effets sont entre les mains de l'intendant du corps d'armée ou de la division.

Il importe de faire cesser cet abus et d'éviter des frais de route inutiles.

Les corps de la mobile, ainsi que les généraux de division en ont d'ailleurs été déjà informés, notamment par les circulaires des 12 et 17 août 1870, doivent faire connaître leurs besoins au Ministre par la voie hiérarchique. Il les accuseront dorénavant tous les cinq jours, et en adresseront l'état, le dernier jour de cette période, par l'intermédiaire du commandement au bureau compétent (habillement).

Des ordres en conséquence seront donnés à qui de droit par ce service.

Le Ministre de la Guerre aux Intendants divisionnaires.

Tours, 21 novembre.

Des plaintes nombreuses me parviennent au sujet des services de l'intendance en ce qui concerne notamment le manque de vivres de divisions ou détachements en campagne opérant isolément, et le défaut d'objets essentiels d'habillement et d'équipement des bataillons de la garde mobile.

J'appelle votre sérieuse attention sur ces deux points importants du service qui vous est confié.

Il faut que l'habillement et l'équipement des gardes mobiles actuellement dans votre division soient immédiatement complétés par vos soins.

On me signale chaque jour des bataillons qui manquent de souliers, de tentes-abris et de couvertures, alors que ces objets existent en quantité suffisante dans leurs magasins.

Cet état de choses déplorable ne saurait être plus longtemps toléré.

Renseignez-vous sur les besoins actuels des corps de la mobile; procurez-vous immédiatement les objets nécessaires, soit par acquisition amiable, soit par réquisition, et, en cas d'impossibilité absolue, faites-moi connaître exactement le nombre et la nature des objets que vous n'aurez pu vous procurer. Concertez-vous avec MM. les Préfets de votre division pour utiliser les effets qui sont restés en réserve dans beaucoup de départements.

Il faut aussi que toutes les troupes en campagne ou en stationnement appartenant à toutes les armes soient abondamment pourvues de vivres, et je vous rappelle que ce soin vous incombe pour toutes celles qui opèrent ou stationnent dans votre division et qui n'ont pas un intendant spécial. Des divisions isolées ont récemment manqué de vivres, parce que l'intendance territoriale a négligé de pourvoir à leurs besoins.

Je vous rendrai personnellement responsable, à l'avenir, de toute négligence de cette nature qui viendrait à se produire.

Pour les corps d'armée pourvus d'un service spécial, vous devrez encore prêter votre concours aux fonctionnaires chargés d'assurer leur administration. Il vous appartient, d'ailleurs, de vous renseigner sur les effectifs et sur les positions des troupes opérant isolément dans votre division auprès des généraux sous le commandement desquels elles sont placées. Leur concours ne saurait vous faire défaut.

La gravité des circonstances actuelles impose à tous les fonctionnaires de l'intendance le devoir de prouver leur dévouement et leur patriotisme en prenant les mesures les plus énergiques et en ne reculant devant aucun effort pour que nos soldats ne puissent désormais manquer de rien.

Le Gouvernement est fermement résolu à ne tolérer aucune défaillance à cet égard.

Je vous charge de donner les ordres les plus sévères aux sous-intendants de votre division, dans l'esprit de la présente circulaire.

Le Ministre de la Guerre aux Généraux commandant les divisions territoriales et les corps d'armée.

Tours, 23 novembre.

J'ai décidé que, par assimilation avec les régiments de l'armée régulière, il serait créé dans chaque régiment de garde mobile une première classe des hommes de troupe, destinée à récompenser les services et la bonne conduite de ces hommes.

Le nombre des soldats de 1re classe pourra atteindre, dans chaque régiment, le quart de l'effectif total des hommes présents constaté par un état mensuel; la même proportion sera observée à l'égard des sous-officiers et des caporaux.

Les sous-officiers, caporaux et soldats de 1re classe seront, autant que possible, répartis par nombre égal dans chaque compagnie. Ils seront traités, sous le rapport de la solde, comme dans les régiments d'infanterie.

Il n'est point fixé de durée de service pour le passage en 1re classe.

Je vous prie de vouloir bien prescrire les mesures nécessaires pour assurer l'exécution de cette disposition.

§ 4. — Garde nationale mobilisée.

Minute d'une note du Chef du bureau des gardes nationales pour le Délégué à la Guerre.

Bordeaux, 28 janvier 1871.

	Hommes.
L'effectif des contingents de mobilisés du premier ban, moins 23 départements envahis qui n'ont fourni que des contingents inférieurs ou insignifiants, est de..........	578,900
Passés sous l'autorité militaire par le fait même des événements de guerre................	106,500
Remis par le ministère de l'Intérieur au ministère de la Guerre et : 1° maintenus provisoirement dans les départements; 2° envoyés aux camps; 3° dirigés sur les armées........	384,300
Total des remis à la Guerre.....	490,800

	Hommes.	
Restés dans les départements sous l'autorité civile....................................	88,100	
ÉGAL.....	578,900	578,900

Le contingent de la première catégorie du second ban (hommes mariés de 21 à 30 ans) comprendra 290,000 hommes.

Le Ministre de la Guerre aux Généraux et Intendants.

Bordeaux, 3 février 1871.

Au moment où un grand nombre de légions de gardes nationaux mobilisés sont remises par le département de l'Intérieur au département de la Guerre, il importe que les prescriptions des règlements qui intéressent particulièrement le bien-être des troupes soient rappelées aux autorités militaires et aux troupes elles-mêmes.

Habillement et campement. — Aussitôt que les gardes nationaux mobilisés sont placés sous l'autorité militaire, soit dans un camp, soit dans une place de garnison, soit directement dans un corps d'armée, le général qui en prend le commandement, même transitoirement, doit en passer immédiatement la revue de détail. Le chef de la troupe, dont le premier devoir est de veiller sur ses soldats, remet au général un état de tous les effets de linge et chaussure, d'habillement, de grand équipement et de campement dont ils n'auraient pas été pourvus par les soins des préfets.

Cet état résume les états partiels qui ont dû être établis avec le plus grand soin, et sous leur responsabilité, par les capitaines des compagnies. Le général s'assure de l'exactitude de ce document et le fait parvenir à l'intendant du camp, de la résidence ou du corps d'armée avec l'*ordre de pourvoir*. L'intendant doit faire délivrer de suite, en échange des bons réglementaires, les effets réclamés. Si ces effets n'existent pas en quantités suffisantes dans les magasins de la place, de la division ou de l'armée, il doit m'adresser un avis par le télégraphe et en rendre compte à son chef hiérarchique.

Subsistances. — L'instruction ministérielle du 6 novembre 1855, concernant le transport des troupes en chemin de fer, prescrit de ne jamais les mettre en route sans qu'elles aient été munies de vivres pour la durée entière du trajet.

Les hommes doivent recevoir des rations de pain ou de biscuit et de viande froide. La nourriture des chevaux doit être assurée de même en foin et avoine.

On ne doit pas perdre de vue que, par suite de l'encombrement des voies ferrées, le temps passé en route, dans les circonstances actuelles, excède souvent, d'une manière très notable, la durée habituelle des voyages.

Le général qui met la troupe en marche doit aviser télégraphiquement l'autorité militaire du point d'arrivée, et les fonctionnaires de l'intendance agissent de même entre eux. Les commandants des troupes adressent aussi des avis télégraphiques au point de destination, s'il survient en route des incidents qui modifient les indications données au départ.

A l'arrivée, les commandants de troupes ou de détachements doivent faire immédiatement auprès du commandant de la place, de l'intendant et du maire, les démarches nécessaires pour obtenir sans aucun retard le logement et les vivres auxquels les hommes ont droit.

Si les troupes voyagent par les voies de terre, elles doivent se conformer exactement à l'itinéraire qui est tracé sur leur feuille de route et qui indique les gîtes d'étapes où elles doivent passer la nuit. Dans ces gîtes, les municipalités assurent le logement et, au besoin, la fourniture des ustensiles de cuisine. La troupe vit au moyen de sa solde et reçoit seulement le pain en nature, ainsi que les fourrages pour les chevaux. Ces approvisionnements sont délivrés sur la présentation de mandats d'étape, dressés par l'intendant militaire de la résidence la plus proche sur la route parcourue. Les fournitures sont préparées d'avance par l'autorité locale prévenue en temps utile par l'intendance et par l'officier qui doit précéder d'un jour les colonnes en marche. Des voitures, dont le nombre varie suivant l'effectif des troupes, sont également fournies d'étapes en étapes, sur la présentation des mandats, pour assurer le transport des éclopés et des bagages des officiers.

L'exécution rigoureuse des prescriptions qui précèdent est particulièrement recommandée.

Elle évitera le retour de faits regrettables qui se sont produits lors de la mise en route des gardes mobiles.

VI

Cavalerie.

§ 1ᵉʳ. — **Armée régulière**.

Le Ministre secrétaire d'État de la Guerre aux Généraux commandant les divisions territoriales, aux Intendants divisionnaires et aux Membres des conseils d'administration des régiments de cavalerie.

Paris, 4 septembre.

Par suite à mes instructions des 17 et 31 août dernier, relatives à la confection par les maîtres selliers régimentaires de cent harnachements complets, je vous informe qu'en vue de conserver le plus possible l'uniformité de la tenue, j'ai décidé que ceux des corps qui ont des selles du modèle 1854 à confectionner fabriqueront les brides de ces harnachements d'après *le modèle 1861*.

Conséquemment, les mors de filet à fournir par les maîtres armuriers seront également fabriqués d'après le dernier modèle dit : à clavier.

Il sera tenu compte, bien entendu, de cette nouvelle disposition dans le payement des fournitures exécutées par les maîtres selliers, c'est-à-dire que l'augmentation de 15 p. 100 allouée pour les selles 1854 par les instructions du 31 août ne s'appliquera qu'aux selles proprement dites et qu'elle ne sera que de 10 p. 100 pour toutes les brides indistinctement, qu'elles soient fournies pour les selles 1854 ou pour les selles 1861.

Le Ministre secrétaire d'État de la Guerre aux Généraux commandant les divisions et subdivisions territoriales, aux Intendants et Sous-Intendants militaires, aux Conseils d'administration des corps de cavalerie.

Paris, 4 septembre.

Les besoins du service exigent que, dans les régiments de cavalerie, la confection des effets d'habillement, d'équipement et de harnachement soit poussée avec la plus grande activité; les commandants des dépôts de ces corps devront donc être autorisés à mettre à la disposition des maîtres ouvriers le nombre d'ouvriers nécessaires pour arriver à ce résultat.

A cette occasion, je vous renouvelle mes recommandations antérieures de ne rien négliger pour que l'instruction des recrues et le dressage des jeunes chevaux soient poussés avec la plus grande célérité.

MM. les généraux devront se faire rendre compte tous les *dix* jours des progrès de l'instruction et de la situation des magasins régimentaires.

Le Ministre de la Guerre aux Intendants militaires des divisions militaires.

Paris, 8 septembre.

Un décret en date du 26 août dernier a prescrit la formation de régiments de marche composés chacun de quatre escadrons fournis par les dépôts des régiments de cavalerie de réserve et de ligne.

Des instructions ont été adressées à ce sujet à MM. les officiers généraux chargés de procéder à cette formation. Voici, en ce qui concerne l'administration de ces nouveaux corps, les dispositions que j'ai arrêtées :

1° Les escadrons des régiments de marche continueront à relever, pour l'administration, des corps dont ils sont détachés; chacun d'eux sera donc considéré comme détachement s'administrant séparément et recevra toutes les allocations en deniers et en nature, au titre de ces mêmes corps.

La solde de l'état-major sera perçue et régularisée par le 1er escadron de chaque régiment de marche.

Toutefois il sera formé un conseil éventuel dans chacun de ces régiments pour en diriger l'administration dans tous ses détails et pour surveiller l'ensemble des opérations de comptabilité de l'officier payeur et de l'officier délégué pour l'habillement. Ce conseil sera composé : du colonel (ou lieutenant-colonel), président; du chef d'escadron commandant en second, d'un capitaine en premier d'escadron faisant fonctions de major, rapporteur; de l'officier délégué pour l'habillement. En tout cinq membres ayant voix délibérative;

2° Le colonel ou lieutenant-colonel commandant un régiment de marche recevra les mêmes indemnités de frais de représentation et de bureau que celles attribuées au colonel d'un régiment de cavalerie, soit : pour frais de représentation, 1,360 francs, et pour frais de bureau, 300 francs par an;

3° L'officier payeur aura droit à un abonnement annuel, pour frais de bureau, de 800 francs dans l'intérieur et de 1,000 francs aux armées ;

4° Une indemnité journalière de 0 fr. 10 pour chaque escadron sera accordée au sous-officier désigné pour remplir les fonctions de vague-mestre.

Vous voudrez bien assurer l'exécution de ces dispositions.

Le Ministre de la Guerre au Général commandant la 18e division militaire, à Tours.

Paris, 11 septembre.

J'ai l'honneur de vous faire connaître qu'en vue d'assurer le service des dépôts des régiments rentrant de l'armée et qui doivent reformer leurs escadrons de guerre, il conviendra de ne mettre dans ces escadrons que deux sous-lieutenants au lieu de trois.

Je vous prie de donner des ordres en conséquence au 5e de lanciers.

En marge, de la main du général Lefort : « Cette mesure permettra en outre de former ultérieurement un escadron de marche ».

Le Ministre de la Guerre aux Généraux commandant les divisions territoriales.

Tours, 22 septembre.

Afin d'assurer le service et le maintien de la discipline dans les dépôts des régiments de cavalerie, j'ai décidé, à la date du 21 de ce mois, qu'il serait immédiatement constitué, dans chacun d'eux, un cadre *provisoire* d'escadron de dépôt composé ainsi qu'il suit :

3 officiers auxiliaires (du grade de capitaine, de lieutenant ou de sous-lieutenant) ; 1 maréchal des logis chef ; 4 maréchaux des logis ; 1 maréchal des logis fourrier ; 1 brigadier fourrier ; 8 brigadiers ; 2 trompettes.

Le commandement de cet escadron provisoire sera donné au capitaine instructeur, à moins cependant que, dans le nombre des officiers auxiliaires, il ne se trouve un capitaine commandant plus ancien de grade que lui.

Je vous prie de donner d'urgence des ordres aux divers dépôts de cavalerie placés sous votre commandement pour qu'ils procèdent *sur-le-champ* à la nomination du cadre de troupe ci-dessus indiqué. Vous aurez, de votre côté, à me faire parvenir, dans un délai de huit jours au plus, une liste des officiers démissionnaires ou retraités désireux d'être employés dans ces dépôts en qualité d'officiers auxiliaires.

Cette liste, qui me sera transmise, alors même qu'elle serait négative, sera accompagnée d'un état succinct des services des candidats que vous classerez par ordre de préférence, après vous être assuré de leur identité et de leur moralité.

Le Ministre de la Guerre au Général commandant la subdivision de Tours.

Tours, 26 septembre.

Je vous prie de prescrire d'urgence les mesures nécessaires pour que, dans chaque dépôt des régiments de cavalerie sous vos ordres, un peloton d'au moins 25 à 30 hommes montés et complètement armés et équipés soit constamment tenu prêt à être mis en route.

Lorsqu'un peloton sera parti, on en reformera un autre immédiatement.

Les commandants des dépôts seront rendus personnellement responsables de la non-exécution des ordres ci-dessus.

Le Ministre de la Guerre aux Intendants militaires des divisions militaires.

Tours, 3 octobre.

Je vous préviens que j'ai invité directement les commandants des dépôts des régiments de cavalerie, le 24 septembre dernier, à hâter avec la plus grande célérité non seulement la confection des 100 selles que chacun d'eux a à faire établir par son maître sellier en vertu des ordres ministériels des 17 et 31 août 1870, mais encore à prescrire les mesures nécessaires pour que les confections de harnachement puissent être entreprises en nombre illimité.

L'atelier de Saumur a reçu des ordres pour livrer tous les arçons qui lui seront demandés par les corps.

Je vous prie de vous faire rendre compte de la situation de chacun des dépôts de régiments de cavalerie qui se trouvent dans l'étendue de votre division et de donner des ordres pour que mes instructions soient ponctuellement suivies.

Je vous autorise à cet effet à lever toutes les difficultés qui pourraient surgir par suite du renchérissement des matières premières et à autoriser directement, sauf à m'en rendre compte, les commandants des dépôts de cavalerie à passer des marchés pour les accessoires de fer et la bouclerie nécessaires, si les maîtres armuriers ne se trouvent pas en état de les fabriquer.

Je vous autorise en outre, dans les mêmes conditions, à accorder des augmentations de prix aux maîtres selliers, lorsque vous le reconnaîtrez indispensable pour assurer les confections avec rapidité.

Le Ministre de la Guerre aux Généraux commandant les divisions militaires.

Tours, 18 octobre.

Parmi les nombreuses demandes, qui me sont adressées pour des emplois d'aide-vétérinaire auxiliaire, se trouvent celles de vétérinaires diplômés, faisant partie, comme simples cavaliers, des corps de troupe à cheval.

Des propositions m'ont été faites en faveur de beaucoup d'entre eux par leurs chefs de corps, en raison des services qu'ils rendent dans leur profession ; mais il ne m'a pas été permis d'y donner suite, parce que les cadres se trouvent déjà dépassés.

Cependant, je reconnais qu'il est équitable de faire quelque chose pour ces jeunes praticiens, et j'ai décidé qu'ils seraient assimilés aux adjudants sous-officiers, et qu'ils jouiraient des prérogatives de solde et d'indemnité attribuées à ce grade.

Ils porteront la tunique des vétérinaires auxiliaires sans broderie et le képi d'adjudant sous-officier.

Vous voudrez bien m'adresser la liste, par corps, de ceux qui auront été nommés dans ces conditions.

Je terminerai en vous priant de leur faire connaître qu'ils concourront pour l'emploi d'aide-vétérinaire auxiliaire si la nécessité d'en créer de nouveaux était démontrée.

Le Ministre de la Guerre aux Commandants des dépôts de cavalerie.

Tours, 22 novembre.

J'ai arrêté que l'effectif des hommes *présents* dans les dépôts des régiments de cavalerie, qui est aujourd'hui beaucoup trop considérable, serait immédiatement ramené à 600 hommes, pour chacun des régiments de cavalerie de réserve et de ligne, et à 700 pour les régiments de cavalerie légère, au moyen du versement dans l'infanterie des hommes en excédant de ce chiffre.

Veuillez procéder, dès à présent, à la désignation de ceux des jeunes soldats de votre dépôt qui réunissent à un moindre degré l'aptitude pour la cavalerie ; et, en m'accusant réception de la présente circulaire par le retour du courrier, faites-moi connaître (3e direction, bureau de la cavalerie) le nombre exact des hommes à verser dans l'infanterie.

Aussitôt que ce renseignement me sera parvenu, je donnerai les ordres nécessaires pour la répartition de ces militaires.

Le Ministre de la Guerre au Commandant du génie du 15ᵉ corps d'armée, à Chevilly (D. T.).

Tours, 1ᵉʳ décembre.

Je vous envoie dix scies à main pour être réparties dans la cavalerie : service des éclaireurs, coupure des télégraphes, etc.

J'en fais rechercher d'autres que je vous expédierai le plus tôt possible.

Le Ministre de la Guerre aux Généraux commandant les divisions et subdivisions territoriales et aux Commandants des dépôts des corps de troupe à cheval.

Bordeaux, 21 janvier 1871.

Je vous informe que par suite de la suspension des cours de l'École de cavalerie, il ne sera pas envoyé cette année d'élèves maréchaux ferrants à Saumur.

Vous ne devez donc pas compter sur les ressources que vous fournissait annuellement l'École de maréchalerie de cet établissement.

Comme il importe cependant d'assurer le service de maréchalerie aussi bien dans les dépôts que dans les batteries, compagnies ou escadrons de guerre, vous vous attacherez tout particulièrement à faire former le plus rapidement possible des élèves maréchaux ferrants dans les dépôts. Vous ferez utiliser à cet effet les ouvriers en fer existant aux corps ou compris dans les contingents qui leur seront prochainement envoyés.

Ainsi d'ailleurs que le prescrivent les règlements, l'instruction des élèves maréchaux sera confiée aux vétérinaires, lesquels, sous la direction du capitaine instructeur, devront exercer une surveillance quotidienne sur les travaux de la forge, et faire en outre un cours de ferrure comprenant quelques notions des premiers soins à donner aux chevaux.....

Renseignements concernant les marchés passés pour assurer la fourniture d'objets de harnachement de cavalerie.

État indicatif des marchés passés par la délégation de To[urs]
cavalerie [adressé le 26 avril 1871 par la 3ᵉ direction (cavale[rie)]

NUMÉROS d'ordre.	NATURE DES EFFETS.	QUANTITÉS.	PRIX.
			fr. c.
1	Selles de cavalerie de réserve.......	3,000	150 »
	Entraves...........................	30,000	3 »
2	Selles du modèle anglais...........	4,500	150 »
	Selles du modèle anglais...........	3,000	150 »
	Couvertures........................	10,000	12 50
3	Tapis de feutre....................	10,000	9 50
	Couvertures........................	10,000	12 50
	Tapis de feutre....................	10,000	9 50
	Couvertures........................	5,000	12 50
	Tapis de feutre....................	5,000	9 50
4	Selles du modèle anglais...........	6,000	150 »
	Selles du modèle anglais...........	3,000	150 »
5	Selles du modèle anglais...........	500 / 800 / 3,000 / 2,000	150 »
6	Selles..............................	10,000	»
7	Selles 1861 { de réserve........... / de ligne............	1,500 / 1,500	100 »
8	Filets à fourrage...................	5,000 / 5,000	2 30 / 2 30
9	Fers à cheval.......................	300,000	0 45
10	Clous à ferrer......................	25,000 kil.	1 fr. 30 par kil.
11	Clous à glace.......................	3 millions de clous (1 million fait 10,000 kilogr. environ)......	1 20
12	Mors de bride......................	1,200	5 75
	Mors de filet.......................	1,200	1 25
	Étriers (paires)....................	1,200	3 »
13	Mors de bride......................	2,500	56 fr. 40 la
	Mors de filet.......................	2,500	16 fr. 50 la
	Étriers (paires)....................	500	42 francs la
	Gourmettes.........................	5,000	3 fr. 50 la
14	Étriers (paires)....................	500	32 francs la
15	Bissacs.............................	500	»
16	Tapis de selle......................	2,000	10 »
17	Tapis de selle......................	2,000	10 »

e *Bordeaux pour le service du harnachement de la 8ᵉ direction (contrôle)*].

TOTAL de la [DÉ]PENSE.		DATE de LA PASSATION des marchés.	DATE DES LIVRAISONS.	OBSERVATIONS.
fr.	c.			
,000	»	3 déc. 1870.	31 janvier 1871.	
,000	»	23 déc. 1870	Fin février 1871.	
,000	»	14 janv. 1871.	28 février 1871......	Ce marché d'abord fixé à 1,500 a été porté à 4,500 (Décision ministérielle du 11 février 1871).
,000	»	22 janv. 1871.	28 février 1871.	
,000	»	13 oct. 1870.	Délai d'un mois au plus après la passation du marché.	
,000	»			
,000	»	10 nov. 1870.	20 décembre 1870.	
,000	»			
,500	»	22 janv. 1871.	28 février 1871.	
,500	»			
,000	»	26 oct. 1870.	15 décembre 1870.....	Dont 3,000 pour le service de l'artillerie.
		24 janv. 1871.	500 par semaine à partir du 24 janvier 1871.	
		3 nov. 1870.	1ᵉʳ janvier 1877.	
,000	»	14 nov. 1870.	20 décembre suivant.	
		5 janv. 1871.	Fin février 1871.	
		31 janv. 1871.	Fin février 1871.	
»		30 janv. 1871.	1,500 selles par semaine.	
,000	»	1ᵉʳ janv. 1871.	Les 2,000 premières livrables au 31 janvier et les 4,000 restant en fin février 1871.	Une prolongation dont la durée doit être fixée par l'intendant de la 15ᵉ division a été accordée par décision ministérielle du 28 mars.
,000	»	31 oct. 1870 / 15 novembre.	Immédiatement.	
,000	»	30 déc. 1870.	Un mois.	
,500	»	27 déc. 1870..	Un mois.	
,000	»	5 janv. 1871.	2,000 à 3,000 kil. immédiatement, le reste dans un délai fixé par le marché.	
,905	»			
,500	»	26 sept. 1870.	»	
,600	»			
,562	»			
,382	50	31 oct. 1870.	»	
,764	»			
,470	»			
,344	»	30 oct. 1870.	»	
»		23 déc. 1870.	»	
,000	»	28 déc. 1870.	»	
,000	»	29 déc. 1870.	»	

État des marchés passés au nom du ministère de la Gue(rre... du harnachement de la cavalerie) [adressé le 10 mai 1(8... lerie) à la direction générale du contrôle et de la com(...

NUMÉROS d'ordre.	OBJET DES MARCHÉS.			NOMBRE.	DATE des MARCHÉS.	FORME DES MARCHÉS
1	3,000 selles	de cuirassiers.		500	18 août 1870.	Ces marchés ...
		de dragons.		700		été passés ...
		de lanciers.		400		ordre du M...
		de chasseurs et hussards.		1,400		tre par l'in...
2	2,700 selles	de cuirassiers.		900	31 août 1870.	dant de la 4...
		de dragons.		900		vision...
		de chasseurs et hussards.		900		
3	Tapis de selle.	Cavalerie de réserve.		3,000	15 août 1870.	Id....
		Cavalerie légère.		12,000		
4	Tapis de selle.	Cavalerie de réserve.		2,000	2 sept. 1870.	Id....
		Cavalerie de ligne, Algérie.		8,000		
5	Couvertures de cheval petites carrées.			10,000	5 sept. 1870.	Id....
6	3,000 selles	de cuirassiers.		600	29 août 1870.	Id....
		de dragons.		700		
		de lanciers.		400		
		de chasseurs et hussards.		1,300		
7	Selles de chasseurs et hussards.			1,100	22 août 1870.	Id....
8	Filets à fourrage.			4,500	14 juill. 1870.	Id....
9				20,000	31 août 1870.	
10	Entraves à tourillon.			20,000	15 août 1870.	
11				20,000	1er sept. 1870.	Id....
12	Bissacs en toile à voile.			30,000	2 sept. 1870.	
13	Mors de bride	grand modèle sans bossettes		8,500	22 août 1870.	Id....
		petit modèle	Chasseurs.	1,000		
		avec bossettes	Hussards.	500		
	Mors de filet.			5,000		
	Étriers	ordinaires.		8,000		
		pour lanciers.		2,000		
	Gourmettes.			20,000		
14	Mors de bride sans bossettes.			2,000	12 sept. 1870.	Id....
	Paires d'étriers ordinaires.			1,000		
15	Mors de filet.			8,000	6 déc. 1870.	Id....
	Étriers	ordinaires.		1,000		
		pour lanciers.		1,000		
	Gourmettes avec S et crochet.			4,000		
16	Arçons de cavalerie à palette.			1,000	7 sept. 1870.	Id....
17	Arçons de selle à troussequin.			1,000	7 sept. 1870.	Id....
18	Selles de cavalerie modèle 1854.			147	7 sept. 1870.	Id....
19	Musettes-mangeoires.			30,000	4 sept. 1870.	Id....
20	Clous à ferrer.			6,000,000	25 août 1870.	Id....
21	Fers à cheval.			500,000	23 août 1870.	Id....
					TOTAUX.........	

CAVALERIE.

*l'Intendant militaire de la 1ʳᵉ division à Paris (Service
la direction générale du personnel (3ᵉ bureau, cava-
é].*

PORTANCE INANCIÈRE.	DEGRÉ D'EXÉCUTION.	IMPORTANCE DES MARCHÉS conservés.	RÉDUCTION PROVENANT des résiliations.	OBSERVATIONS.
fr. c.		fr. c.	fr. c.	
47,311 »				
61,037 »	Complètement exécuté.	266,305 »	»	
36,036 »				
21,921 »				
95,772 50				
89,188 75	Id............	274,027 50	»	
89,066 25				
12,011 »	Id............	191,715 »	»	
79,704 »				
04,500 »	Le marché a été résilié.	»	104,500 »	
61,934 »				
66,586 »	Marché réduit à 1,617 selles............	157,027 »	134,310 »	
39,312 »				
23,505 »				
95,795 »	Complètement exécuté.	95,795 »	»	
05,750 »	Id..........	156,010 »	»	
50,260 »				
39,000 »	Id............	86,000 »	»	
47,000 »				
17,500 »	Id............	217,500 »	»	
25,500 »	Marché réduit à 5,720	19,260 »	9,240 »	
3,000 »	Id. à 700			
1,500 »	»	1,500 »	»	
7,500 »	»	7,500 »	»	
19,280 »	Marché réduit à 5,785	17,231 50	6,868 50	
4,820 »	Id. à 1,365			
5,000 »	»	5,000 »	»	
10,500 »	Marché résilié en ce qui concerne les mors...	»	10,500 »	
3,000 »	Complètement exécuté pour les étriers.....	3,000 »	»	
10,000 »	Marché réduit à 5,257	6,571 25		
2,500 »	Id. à 479	1,197 50	6,683 80	
2,850 »	Id. à 577	1,473 45		
768 »	Id. à 1,000	192 »		
15,500 »	Exécuté...........	15,500 »	»	
15,500 »	Id............	15,500 »	»	
19,286 40	Id............	19,286 40	»	
6,300 »	Id............	6,300 »	»	
46,838 18	Id............	46,838 18	»	
10,000 »	Id.............	300,000 »	»	
32,832 08		1,910,729 78	272,102 30	

État des marchés passés au nom du ministère de la Guerre (de la cavalerie), adressé le 10 mai 1872 par la Direction du contrôle et de la comptabilité.

NUMÉROS d'ordre.	OBJET DES MARCHÉS.	NOMBRE.	DATES des MARCHÉS.	FORME DES MARCHÉS.
1	Selles de cavalerie de réserve............	3,000	3 déc. 1870.	Marché de gré à gré passé par le Ministre.
	Entraves............	30,000	23 déc. 1870.	Marché de gré à gré passé par l'intendant (ordre du Ministre)
2	Selles du modèle anglais.	4,500	14 janv. 1871.	Marché passé par le Ministre............
	Selles du modèle anglais.	3,000	22 janv. 1871.	Id............
3	Couvertures............ Tapis de feutre......... Couvertures............ Tapis de feutre......... Couvertures............ Tapis de feutre.........	10,000 10,000 10,000 10,000 5,000 5,000	13 oct. 1870. 10 nov. 1870. 22 janv. 1871.	Id............ Id............ Id............
4	Selles du modèle anglais.	6,000 3,000 500	26 oct. 1870. 24 janv. 1871. 3 nov. 1870.	Id............ Id............ Id............
5	Selles du modèle anglais.	800 3,000 2,000	14 nov. 1870. 5 janv. 1871. 31 janv. 1871.	Id............ Id............ Id............
6	Selles du modèle anglais.	10,000	30 janv. 1871.	Id............
7	Selles 1861 { de réserve. de ligne...	1,500 1,500	1er janv. 1871.	Id............
8	Filets à fourrages.........	5,000 5,000	31 oct. 1870.	Id............
9	Fers à cheval.........	300,000	30 déc. 1870.	Marché passés par l'Intendant de la 14e division (ordre du Ministre)............
10	Clous à ferrer.........	25,000 k. (3 millions de clous).	27 déc. 1870.	
11	Clous à glace.........	1,000,000	5 janv. 1871.	
12	Mors de bride......... Mors de filet.......... Etriers (paires).........	1,200 1,200 1,200	26 sept. 1870.	Marché passé par l'Intendant de la 15e division.
13	Mors de bride......... Mors de filet.......... Etriers (paires)......... Gourmettes............	2,500 2,500 500 5,000	31 oct. 1870.	Marché passé par un sous-intendant à Évreux (ordre du Ministre)............
14	Etriers (paires).........	500	30 oct. 1870.	Marché passé par l'Intendant de la 2e division............
15	Bissacs............	500	23 déc. 1870.	Marchés passés par l'Intendant de la 12e division (ordre du Ministre)............
16	Tapis de selle.........	2,000	28 déc. 1870.	
17	Tapis de selle.........	2,000	29 déc. 1870.	
				Totaux....

CAVALERIE.

gation de Tours et de Bordeaux) pour le harnachement
mnel, 3ᵉ bureau (cavalerie), à la direction générale du

IRTANCE INCIÈRE.	DEGRÉ D'EXÉCUTION.	IMPORTANCE des MARCHÉS conservés.	RÉDUCTION PROVENANT de résiliations.	OBSERVATIONS.
fr. c.		fr. c.	fr. c.	
,000 »	Exécuté.........	450,000 »	»	
,000 »	Id...........	90,000 »	»	
,000 »	Réduit à 4,150 selles.	622,500 »	52,500 »	
,000 »	Exécuté.........	450,000 »	»	(1) Les tapis de selle ayant été décomptés par suite d'une fausse interprétation du marché, à la pièce au lieu de l'être au poids, il a été retenu aux fournisseurs une somme de 50,000 francs jusqu'à ce que la Commission des marchés ait statué sur la somme à leur allouer définitivement d'après le poids réel des tapis; des ordres viennent d'être donnés pour faire opérer dans les magasins de l'État des pesées qui serviront à déterminer le poids définitif d'après lequel la facture de ces fournisseurs sera soldée.
,000 »	Id...........	125,000 »	»	
,000 »	Id...........	(1) 95,000 »	»	
,000 »	Id...........	125,000 »	»	
,000 »	Id...........	(1) 95,000 »	»	
,500 »	Id...........	62,500 »	»	
,500 »	Id...........	47,500 »	»	
,000 »	Id...........	1,350,000 »	»	
,000 »	Id...........	(2) 991,553 75	»	
,000 »	Id...........	1,500,000 »	»	
,000 »	Id...........	300,000 »	»	
,000 »	Id...........	23,000 »	»	
,000 »	Réduit à 200,000 clous	90,000 »	45,000 »	
,500 »	Exécuté.........	32,500 »	»	(2) Y compris les frais de douane (46,553 fr. 75).
,000 »	Réduit à 9,1284,6...	10,954 32	1,045 68	
,900 »	Exécuté.........	6,900 »	»	
,500 »	Réduit à 50....	62 50	1,437 50	
,600 »	Réduit à 752......	2,256 »	1,344 »	
,034 95	Exécuté.........	25,034 95	»	
,344 »	Réduit à 189......	504 »	840 »	
,750 »	Exécuté.........	3,750 »	»	
,000 »	Id...........	20,000 »	»	
,000 »	Réduit à 1160......	416,000 »	8,400 »	
,628 95		(3) 6,530,615 52	110,567 18	(3) Y compris les frais de douane.

§ 2. — Garde nationale mobile.

Projet de décret constituant un régiment de cavalerie légère, dit des mobiles à cheval.

1er décembre.

Le Gouvernement de la Défense nationale....., etc., décrète :

Article premier. — Il sera formé un corps de cavalerie légère, dit : *régiment de mobiles à cheval*, destiné à opérer en avant des lignes des reconnaissances *hardies* et *étendues*.

Art. 2. — Le régiment sera constitué sur le pied des régiments de cavalerie légère ordinaire.

Les hommes seront choisis dans les rangs de la garde nationale mobilisable appelée récemment à l'activité.

Art. 3. — Le régiment étant appelé à fonctionner dans un bref délai, les hommes qui le composeront devront fournir les preuves de leurs aptitudes spéciales de cavaliers.

Les volontaires y seront admis dans ces conditions seulement, afin de supprimer la perte de temps nécessitée par les classes.

Art. 4. — L'armement sera celui des chasseurs et dragons, sabre et fusil Chassepot.

La tenue sera analogue à celle des gardes nationaux mobiles, sauf les modifications nécessaires à l'équipement du cavalier.

Art. 5. — Les chevaux seront choisis par des officiers spéciaux, détachés auprès des commissions de remonte, parmi les chevaux de selle mis en réquisition par MM. les préfets et sous-préfets dans chacun des grands centres.

Art. 6. — Les gardes nationaux mobilisés qui feront partie du corps devront en rejoindre le dépôt, établi à Poitiers, dans le délai de trois jours à partir du jour de leur désignation.

Note pour la presse.

Un décret constituant un corps de cavalerie légère, dit : *régiment des mobiles à cheval*, parait aujourd'hui au *Moniteur*. Il réalise une pensée dont les hommes spéciaux se sont occupés depuis le commencement des hostilités. En dehors des fonctions habituelles de la cavalerie de ligne et de la cavalerie légère, opérant en lignes, la cavalerie légère peut et doit rendre des services particuliers. Le nouveau corps se propose, non seulement d'agir comme un corps d'éclaireurs, dont les reconnaissances deviennent souvent offensives, mais de toujours transformer ses mouvements en avant en reconnaissances *agressives*. Armés et équipés à la légère, montés sur des chevaux vites et choisis parmi des hommes ayant fait leurs preuves comme excellents cavaliers, les mobiles à cheval peuvent très rapidement s'élancer, se porter à de très longues distances, tomber à l'improviste sur un ennemi rempli de sécurité, détruire quelques-uns de ses ouvrages, saisir ses convois, couper ses communications, lui enlever des prisonniers et revenir presque avec la même promptitude. Agissant en peu de temps, sur différents points éloignés, ils seront, pour ainsi dire, partout et nulle part. Insaisissables, grâce à des modifications heureuses dans l'équipement, les chevaux soulagés pourront fournir des traites très longues, et les hommes, bientôt habitués à un service qui laisse à l'initiative intelligente la possibilité de se révéler, commandés par des officiers connaissant à fond la carte du pays et se renseignant par tous les moyens possibles sur la situation de l'ennemi, lui auront bientôt infligé des pertes sensibles.

Sans embarrasser en rien la marche des troupes, sans entraver aucun projet, aucun plan de bataille, nos mobiles pourront, au contraire, venir puissamment en aide aux opérations, en exécutant soudainement des feintes capables de troubler et de dérouter complètement l'ennemi, surpris de les voir surgir dans une contrée qu'il croira occuper seul. Un coup hardi, frappé loin des lignes françaises, une retraite rapide, une concentration immédiate, quelques heures de repos, une entente nouvelle, et les voilà repartis pour recommencer ailleurs. Gare les surprises.

Nous le répétons, connaissant les soins et l'attention donnés au choix des officiers et des hommes et, nous devons le dire, sachant ce qu'a fait déjà dans cette campagne l'homme appelé à les commander, nous avons la conviction que le corps des mobiles à cheval sera bientôt connu et redouté de l'ennemi et nous ne pouvons qu'applaudir à l'initiative qui a présidé à sa constitution.

Le Ministre de la Guerre au colonel de Bourgoing, commandant le régiment des mobiles à cheval, à Périgueux (D. T.).

Bordeaux, 14 janvier 1871, 3 h. 25 soir.

Pouvez-vous partir avec votre régiment après-demain matin 16 courant? Si votre régiment n'est pas encore prêt, nous le ferons rentrer dans la cavalerie ordinaire, et nous le terminerons nous-mêmes par nos moyens usuels. Nous ne pouvons ajourner ainsi indéfiniment. Je n'accuse personne; mais ceci prouve que j'avais bien raison quand je ne voulais pas, à Tours, autoriser cette création dont je prévoyais les retards, alors qu'on les niait.

Réponse urgente.

Le même au même (D. T.).

Bordeaux, 15 janvier 1871, 9 h. 45 soir.

Activez, comme je vous ai dit, par tous les moyens votre organisation ; mais attendez de nouveaux ordres avant de mettre votre régiment en marche.

§ 3. — Remonte.

Situation des effectifs en chevaux des troupes d'artillerie, du génie et du train des équipages.

Bordeaux, 22 février 1871.

	CHEVAUX D'OFFICIERS.	CHEVAUX DE TROUPE.				TOTAL GÉNÉRAL.
		Selle.	Trait.	Mulets.	TOTAUX.	
Artillerie............	1,075	5,107	25,670	1,555	32,322	33,397
Génie..............	89	179	740	272	1,291	1,380
Équipages militaires....	324	831	5,535	3,898	10,264	10,588
Totaux.....	1,488	6,117	31,945	5,725	43,877	45,365

Le Ministre de la Guerre au Président de la Commission des marchés de l'Assemblée nationale.

Versailles, 6 mai 1871.

Pour satisfaire à la demande qui m'a été adressée par la Commission, à la date du 14 avril, j'ai l'honneur de vous adresser trois états indiquant les chevaux achetés : 1° du 1er janvier au 31 décembre 1870 ; 2° du 1er janvier au 28 février 1871 ; 3° les chevaux requis du 1er janvier au 28 février 1871. En 1870, il n'y a eu aucune réquisition faite directement par le service des remontes.

Ce travail fait ressortir l'importance des achats par dépôt de remonte, les prix moyens de chaque catégorie, etc. Il n'a été passé aucun marché pour achat de chevaux ; les opérations ont eu lieu d'après les prescriptions réglementaires par les soins des commissions des dépôts de remonte. Une seule exception a été faite à l'occasion de la remonte du 1er régiment de mobiles à cheval ; le colonel commandant, M. de Bourgoing, a été autorisé à se procurer directement tous les chevaux nécessaires à ce corps, de 900 à 1,000. Les achats ont eu lieu par un comité composé d'officiers du régiment et paraissent ressortir en moyenne à 550 francs environ, sans qu'on puisse encore déterminer exactement les prix définitifs, les documents constatant les opérations n'étant pas entièrement parvenus.

On n'a pas compris dans ce travail les réquisitions soit de chevaux, soit de harnachement, faites par l'armée auxiliaire, le service des remontes ayant jusqu'ici refusé le payement de ces dépenses sur les fonds de la remonte générale et du harnachement des chevaux de la cavalerie.

En résumé, bien qu'on ne puisse fournir des renseignements complets sur les opérations du dépôt de Paris et pour les commissions des corps, le service des remontes a acheté, du 1er janvier 1870 au 28 février 1871, 118,726 chevaux, qui ont coûté 83,779,597 francs, soit un prix moyen de 705 francs par cheval. En temps ordinaire, les prix réglementaires sont fixés comme il suit :

				Race française.	Race barbe.
Chevaux d'officiers			fr.	1,100	700
Chevaux de troupe.	Artillerie.	Réserve		875	»
		Ligne		775	»
		Légère		675	500
	Cavalerie.	Selle		750	»
		Trait		650	»

Le service du harnachement a été assuré au moyen de marchés qui ont été déjà communiqués à la Commission.

Chevaux achetés du 1...

DÉSIGNATION DES ÉTABLISSEMENTS.	CHEVAUX D'OFFICIERS.		CHEVAUX de CARRIÈRE.		CHEVAUX de RÉSERVE.		CHE... LI...
	Nombre.	Prix moyen. fr.	Nombre.	Prix moyen. fr.	Nombre.	Prix moyen. fr.	Nombre.
Dépôts.							
Caen	1,380	1134	41	1702	1,750	943	2,3...
Saint-Lô	172	1040	»	»	399	899	7...
Alençon	445	1125	5	1640	339	841	4...
Bec-Hellouin-Saint-Malo	346	1530	7	1530	764	923	1,4...
Paris	794	»	11	»	404	»	2...
Fontenay-le-Comte	140	1049	»	»	283	818	4...
Saint-Jean	462	1024	»	»	418	851	6...
Saint-Maixent	76	1027	»	»	127	829	3...
Angers	508	1020	»	»	517	864	8...
Guingamp	21	879	»	»	81	787	1...
Tarbes	111	871	4	1250	1	850	1...
Auch	57	848	»	»	8	857	4...
Agen	58	858	»	»	25	774	4...
Mérignac	84	885	»	»	126	694	4...
Guéret	82	915	»	»	93	796	1...
Aurillac	29	824	»	»	58	777	2...
Sampigny-Orange	62	936	»	»	210	807	1...
Faverney-Chambon	129	897	»	»	166	782	4...
Villers	44	905	»	»	49	»	
Mâcon-Chambéry	203	624	»	»	574	840	1,90...
Blidah	306	658	»	»	»	»	
Mostaganem	794	634	»	»	»	»	
Constantine	123	»	»	»	»	»	
Comités éventuels.							
Rennes	»	»	»	»	»	»	
Valence	»	»	»	»	104	817	
Douai	35	»	»	»	65	»	
Besançon	»	»	»	»	»	»	
Toulouse	»	»	»	»	»	»	
Bourges	49	891	»	»	127	775	
Corps de troupe.							
Chevaux achetés aux adjudants-majors	249	»	»	»	»	»	
Chevaux d'équipages régimentaires achetés par les corps	»	»	»	»	»	»	
TOTAL GÉNÉRAL	6,399	»	68	»	6,685	»	11,6...

CAVALERIE.

31 décembre 1870.

	CHEVAUX D'ARTILLERIE (selle).		CHEVAUX D'ARTILLERIE (trait).		MULETS.		TOTAL.	MONTANT.	OBSERVATIONS.
Prix moyen.	Nombre.	Prix moyen.	Nombre.	Prix moyen.	Nombre.	Prix moyen.			
fr.		fr.		fr.		fr.		fr.	
41	708	718	4,659	662	»	»	11,506	8,812,465	
68	177	722	797	653	»	»	2,757	2,428,455	
74	438	629	2,464	629	»	»	3,983	2,892,205	
24	220	730	2,797	665	»	»	6,067	4,730,190	
»	175	»	2,737	»	»	»	4,446	4,446,000	Du 1er janvier au
45	170	682	1,225	611	878	565	3,399	2,234,985	10 septembre
15	132	667	1,477	632	»	»	3,385	2,371,150	seulement. Les
46	83	709	1,051	628	1,319	606	3,159	2,019,950	documents, de-
58	203	727	2,633	616	»	»	5,200	3,685,995	puis cette épo-
60	77	729	2,243	636	»	»	2,713	1,772,465	que, étant à
61	93	637	130	599	118	740	3,793	2,508,775	Paris.
94	135	601	444	623	50	636	1,224	764,490	
95	197	653	379	573	27	539	1,772	1,091,337	
75	389	575	519	535	»	»	2,642	1,563,840	
44	151	682	671	617	»	»	1,896	1,273,830	
19	77	668	396	595	»	»	1,242	813,625	
40	285	688	4,293	634	921	566	6,181	4,229,410	
78	250	710	4,193	622	276	622	5,270	2,377,480	
»	22	»	4,413	»	»	»	4,557	3,645,600	Les prix moyens
74	469	712	6,221	626	460	625	10,217	7,119,970	ne peuvent être
37	»	»	»	»	324	505	4,275	664,625	donnés. Les do-
37	»	»	»	»	372	514	3,555	1,850,435	cuments sont à
58	»	»	»	»	155	507	538	275,685	Paris.
»	804	644	2,329	590	»	»	3,133	1,890,935	
»	1,263	698	2,459	623	406	560	4,311	2,701,805	
»	54	»	461	»	»	»	615	492,000	Id.
»	134	»	733	»	»	»	867	693,600	Id.
»	276	»	322	»	»	»	598	480,000	Id.
»	85	654	227	605	»	»	527	450,000	
»	»	»	»	»	»	»	249	249,000	Id.
»	»	»	2,056	»	»	»	2,056	1,650,000	Id.
»	6,787	»	52,026	»	5,306	»	103,136	73,477,002	

Chevaux ache[...

DÉSIGNATION DES ÉTABLISSEMENTS.	CHEVAUX D'OFFICIERS.		CHEVAUX de CARRIÈRE.		CHEVAUX de RÉSERVE.		CH[...] LI[...]
	Nombre.	Prix moyen.	Nombre.	Prix moyen.	Nombre.	Prix moyen.	Nombre.
		fr.		fr.		fr.	
Dépôt de Caen................	140	1134	»	»	230	957	300
— de Saint-Lô.............	42	1049	»	»	78	826	111
— d'Alençon................	2	1200	»	»	7	939	
— de Bec-Hellouin-Saint-Malo..	128	1129	»	»	457	1007	82[...]
— de Paris.................	»	»	»	»	»	»	
— de Fontenay-le-Comte......	1	1010	»	»	9	765	2[...]
— de Saint-Jean-d'Angély.....	2	1050	»	»	13	756	1[...]
— de Saint-Maixent..........	31	863	»	»	78	736	4[...]
— d'Angers.................	17	836	»	»	15	865	2[...]
— de Guingamp..............	»	»	»	»	3	734	
— de Tarbes...............	19	942	»	»	13	692	10[...]
— d'Auch..................	»	»	»	»	»	»	
— d'Agen..................	8	721	»	»	6	688	1[...]
— de Mérignac.............	65	701	»	»	2	710	1[...]
— de Guéret................	8	768	»	»	30	755	4[...]
— d'Aurillac...............	1	1215	»	»	2	750	
— de Sampigny-Orange.......	»	»	»	»	6	774	1[...]
— de Faverney-Chambéry.....	1	900	»	»	18	788	0
— de Mâcon................	9	820	»	»	94	747	46[...]
— de Villers...............	»	»	»	»	»	»	
— de Blidah...............	131	733	»	»	»	»	
— de Mostaganem...........	251	691	»	»	»	»	
— de Constantine...........	38	642	»	»	»	»	
Comité de Valence................	»	»	»	»	»	»	
— de Rennes...............	»	»	»	»	»	»	
— de Bourges..............	»	»	»	»	»	»	
TOTAL GÉNÉRAL.....	894	»	»	»	1,064	»	2,4[...]

CAVALERIE.

vier au 28 février 1871.

JX	CHEVAUX D'ARTILLERIE (selle).		CHEVAUX D'ARTILLERIE (trait).		MULETS.		TOTAL.	MONTANT.	OBSERVATIONS.
Prix moyen.	Nombre.	Prix moyen.	Nombre.	Prix moyen.	Nombre.	Prix moyen.			
fr.		fr.		fr.		fr.		fr.	
687	1	800	658	624	»	»	1,458	1,138,280	
611	1	700	252	597	»	»	633	432,520	
600	»	»	135	604	»	»	157	99,060	
767	»	»	»	»	»	»	1,694	1,641,615	
»	»	»	»	»	»	»	»	»	Les documents de ce dépôt sont à Paris.
575	13	617	66	586	70	552	202	117,070	
521	14	625	58	559	»	»	105	64,120	
554	91	608	248	563	67	565	651	400,035	
579	»	»	144	560	»	»	250	155,330	
570	»	»	214	560	»	»	233	173,045	
704	23	622	17	572	»	»	1,162	816,895	
»	»	»	»	»	»	»	»	»	Supprimé le 16 décembre 1870.
490	21	571	37	478	»	»	222	112,695	
516	39	579	131	556	»	»	448	254,965	
577	44	613	134	560	»	»	378	231,210	
520	9	597	29	515	»	»	85	46,980	
597	27	680	322	624	»	»	399	253,565	
506	»	»	291	609	»	»	413	261,425	
541	46	582	918	608	»	»	1,829	1,358,435	
»	»	»	»	»	»	»	»	»	N'est pas encore réintégré.
548	»	»	»	»	71	536	624	365,265	
484	»	»	»	»	80	547	1,127	631,090	
529	»	»	»	»	7	458	268	134,000	
»	167	667	358	608	»	»	525	327,365	
»	136	652	461	555	»	»	797	344,750	
»	30	463	46	463	»	»	76	39,280	
»	662	»	4,519	»	295	»	13,533	9,399,025	

Défense nat — 1. Docum.

Chevaux réquisitionnés du 1er janvier au 28 février 1871.

DÉSIGNATION DES DÉPOTS.	CHEVAUX D'OFFICIERS.		CHEVAUX de CARRIÈRE.		CHEVAUX de RÉSERVE.		CHEVAUX de LIGNE.		CHEVAUX de LÉGÈRE.		CHEVAUX D'ARTILLERIE (selle).		CHEVAUX D'ARTILLERIE (trait).		MULETS.		TOTAL.	MONTANT.
	Nombre.	Prix moyen.	Nombre.	Prix moyen.	Nombre.	Prix moyen.	Nombre.	Prix moyen.	Nombre.	Prix moyen.	Nombre.	Prix moyen.	Nombre.	Prix moyen.	Nombre.	Prix moyen.		
		fr.		fr.		fr.		fr.		fr.		fr.		fr.		fr.		fr.
Dépôt de Caen	30	903	»	»	99	686	89	580	62	420	2	560	202	498	»	»	484	274,400
— d'Alençon	48	1092	»	»	25	855	48	745	17	502	»	»	2	578	»	»	120	88,145
— de Saint-Lô	»	»	»	»	»	»	»	»	»	»	»	»	»	»	»	»	»	»
— de Saint-Malo	48	992	»	»	53	756	62	670	28	543	6	550	14	530	»	»	211	141,210
— de Fontenay-le-Comte	12	1116	»	»	7	733	16	647	14	562	»	»	15	550	»	»	64	44,950
— d'Angers	»	»	»	»	»	»	3	693	»	»	2	664	7	587	»	»	11	11,235
— de Saint-Jean	4	720	»	»	16	819	14	606	18	619	10	537	30	524	»	»	92	53,295
— de Saint-Maixent	»	»	»	»	5	700	4	660	7	543	»	»	37	549	»	»	53	29,075
— de Guingamp	8	750	»	»	5	666	27	627	98	534	10	528	10	488	»	»	158	85,270
— de Tarbes	2	790	»	»	27	714	30	664	100	498	44	599	89	504	»	»	289	160,810
— d'Agen	28	557	»	»	1	474	40	474	100	524	»	»	8	545	»	»	186	87,395
— de Mérignac	6	826	»	»	17	730	20	638	58	393	14	502	38	531	»	»	153	90,740
— de Guéret	»	»	»	»	»	»	42	635	53	524	11	573	42	540	»	»	118	63,420
— d'Aurillac	»	»	»	»	»	»	»	»	»	»	»	»	8	556	»	»	43	7,775
— de Chambéry	»	»	»	»	»	»	5	666	»	»	»	»	»	»	»	»	»	»
— d'Orange	8	900	»	»	2	750	8	628	9	569	2	600	12	556	»	»	41	26,725
— de Faverney	5	950	»	»	11	818	11	718	8	600	»	»	22	592	»	»	57	39,395
Total général	139	»	»	»	268	»	359	»	577	»	107	»	606	»	»	»	2,057	1,203,510

VII

Artillerie.

§ 1ᵉʳ. — Armée régulière (artillerie de terre et de la marine).

Le Ministre de la Guerre au Président du Comité de l'Artillerie, à Paris.

Paris, 5 février 1870.

J'ai l'honneur de vous informer que, par décision du 3 février courant, j'ai prononcé l'organisation de dix-huit batteries de 8 rayé de campagne (bouche à feu adoptée par décision impériale du 6 février 1869), des portions de parc correspondantes et des 3ᵉ et 4ᵉ approvisionnements.

Les commandes de matériel sont faites en admettant :

1° Pour la composition de la batterie : 6 canons sur affût, 12 caissons, 2 chariots de batterie, 1 affût de rechange, 1 forge. Total : 22 voitures (43 coffres à munitions) ;

2° Pour le chargement d'un coffre : 20 obus oblongs ordinaires, 2 obus oblongs à balles, 2 boîtes à mitraille. Total : 24 coups ;

3° Que tous les obus oblongs ordinaires, entrant dans la composition des batteries, des portions de parc correspondantes et des 3ᵉ et 4ᵉ approvisionnements, seront exclusivement munis de la fusée mixte (25 ᵐ/ᵐ) adoptée à la date du 31 décembre 1869.

Je vous prie de vouloir bien faire préparer et me soumettre aussitôt qu'il sera possible :

Les tables des garnitures et du chargement du coffre à munitions du modèle 1840 pour canon de 8 rayé ;

Les tables de construction et de chargement de la caisse blanche de double approvisionnement destinée à ces munitions.

Le même au même.

Paris, 2 juin 1870.

J'ai l'honneur de vous informer que j'ai prononcé à la date de ce jour la translation, au 1er juillet 1870, de l'École de pyrotechnie, de Metz à Bourges, en exécution d'une décision impériale du 30 juin 1860 (*sic*).

Le Général commandant l'artillerie dans la 3e division militaire au Ministre de la Guerre.

Douai, 15 septembre 1870.

..... Je dois vous dire..... combien est grande la pénurie en officiers d'artillerie dans la place de Douai. Les deux batteries, 1re principale et 1re bis du 15e d'artillerie, sont réduites, la première, à un lieutenant en premier, et la deuxième, à un jeune sous-lieutenant sortant de l'École.....

Composition d'une batterie montée mixte de 8 rayé de campagne à 22 voitures (Instructions envoyées au Général commandant l'artillerie dans la 8e division militaire) (1).

Tours, 16 septembre.

	ARTILLERIE.			TRAIN D'ARTILLERIE.		
		CHEVAUX			CHEVAUX	
	HOMMES.	de selle.	de trait.	HOMMES.	de selle.	de trait.
Adjudant................	1	1	»	1	1	»
Maréchal des logis chef.....	1	1	»	1	1	»
Maréchaux des logis........	4	4	»	4	4	»
Fourrier.................	1	1	»	1	1	»
Brigadiers	6	4	»	6	4	»
Artificiers	8	»	»	»	»	»
Servants ou conducteurs faisant fonctions de servants.	62	»	»	»	»	»
Cavaliers.	»	»	»	88	»	134
Ouvriers.................	4	»	»	»	»	»
Maréchaux ferrants........	»	»	»	3	3	»
Bourreliers	»	»	»	2	»	»
Trompettes..............	2	2	»	2	1	»
TOTAL.....	89	13	»	108	15	134

TOTAL GÉNÉRAL : 197 hommes et 162 chevaux, dont 28 de selle et 134 de trait.

---

(1) D'après des instructions envoyées le 7 octobre, les batteries

Le Général commandant l'artillerie au Général directeur de la portion du ministère de la Guerre détaché à Tours (D. T.).

Grenoble, 16 septembre, 8 h. 45 matin.

Il importe au bien du service, et afin de ne pas augmenter outre mesure le dépôt, de former de nouvelles batteries avec les débris des batteries décimées sous Sedan qui arrivent journellement. Ceux de ces débris qui sont rentrés avec une partie notable de leurs cadres conserveraient leurs anciens numéros et ceux qui sont arrivés sous la conduite de rares sous-officiers et sont composés d'éléments divers seraient réunis dans des batteries qui prendraient les n°s 18 et suivants.

Le Major du 14e régiment d'artillerie au Général directeur de la portion du ministère détaché à Tours.

Toulouse, 16 septembre.

A la date du 23 août dernier, par une lettre n° 24163, vous me donniez l'ordre de ne toucher en rien aux cadres des compagnies de guerre, pour celles que je devais former ultérieurement.

Depuis, il vient de m'arriver des sous-officiers et brigadiers des compagnies comprises dans la capitulation de Sedan. J'ai l'honneur de vous demander, mon Général, s'il n'y a pas lieu de revenir sur votre ordre précité, en m'autorisant à employer dans les compagnies que je pourrai former, les sous-officiers et brigadiers rentrés à la portion centrale. Ces sous-officiers et brigadiers seraient classés aux nouvelles compagnies à former, pour leurs grades ou avec avancement.

---

montées mixtes de 12 devaient avoir trois officiers dont un du train.

Une lettre, envoyée au général commandant l'artillerie du 15e corps le 28 octobre, spécifie que les maréchaux de logis des détachements fournis par les batteries à pied de l'artillerie de terre ou de l'artillerie de la marine pour former des batteries mixtes resteraient non montés, le harnachement faisant complètement défaut.

Le Ministre de la Guerre au Président du Conseil d'administration du 7ᵉ régiment d'artillerie monté, à Rennes.

Tours, 16 septembre.

..... Dans l'état actuel des choses, la défense de Paris étant assurée, il y a lieu de se préoccuper principalement de la formation de batteries de campagne et on peut sans inconvénient ralentir l'organisation des batteries à pied.

C'est dans cet ordre d'idées que je vous invite à transformer en batterie montée votre batterie n° 14, laquelle prendra le n° 18 et sera organisée le plus promptement possible à l'effectif de 120 hommes et 88 chevaux, dont 66 de trait, pour servir une batterie de 4 rayé de campagne à 15 voitures.

..... (Cette batterie) aura pour capitaine M......., capitaine commandant de la 2ᵉ batterie principale, et pour lieutenants MM. ....., sous-lieutenant au dépôt et ....., sous-lieutenant à la 8ᵉ compagnie d'ouvriers d'artillerie.

Cette batterie organisée, vous commencerez l'organisation d'une nouvelle batterie qui prendra le n° 19.

Le Ministre de la Guerre au Général commandant l'artillerie dans la 19ᵉ division militaire, à Bourges.

Tours, 17 septembre.

Pas reçu, avec votre dépêche du 15 septembre courant, les états relatifs aux corps d'artillerie sous vos ordres.

Ces états ne donnant pas les renseignements qui seraient nécessaires pour juger des ressources des corps de la Garde, j'ai l'honneur de vous inviter à examiner s'il serait possible de former avec les hommes et les chevaux disponibles dans les trois corps (régiment monté, régiment à cheval, compagnie du train d'artillerie) une batterie mixte destinée à servir le matériel d'une batterie de 4 rayé de campagne à 15 voitures. Cette batterie pourrait avoir la composition suivante :

	ARTILLERIE.			TRAIN D'ARTILLERIE.		
	HOMMES.	CHEVAUX		HOMMES.	CHEVAUX	
		de selle.	de trait.		de selle.	de trait.
Adjudant................	1	1	»	1	1	»
Maréchal des logis chef.....	1	1	»	1	1	»
Maréchaux des logis........	3	3	»	3	3	»
Fourrier.................	1	1	»	1	1	»
Brigadiers...............	4	4	»	4	4	»
Artificiers...............	8	»	»	»	»	»
Servants ou conducteurs faisant fonctions...........	40	»	»	»	»	»
Cavaliers................	»	»	»	47	»	66
Ouvriers.................	2	»	»	»	»	»
Maréchaux ferrants........	»	»	»	2	2	»
Bourreliers..............	»	»	»	1	»	»
Trompettes..............	2	2	»	1	1	»
Total.....	62	12	»	61	13	66

Total général : 123 hommes (1) et 91 chevaux, dont 25 de selle et 66 de trait.

Si cette organisation était possible, la batterie de l'artillerie prendrait le n° 14 au régiment monté et la fraction de compagnie du train le n° 2 ter à l'escadron du train de la Garde.

La fraction restante de compagnie du train garderait la désignation de 2ᵉ compagnie bis, resterait sous le commandement du capitaine ...., et servirait de dépôt à l'escadron.

Le lieutenant commanderait la 2ᵉ compagnie ter.

Si cette organisation était possible, les dépôts restants des deux régiments, dépôts qui, pour le moment, n'ont plus de moyens de recrutement, se trouveraient réduits à leur état-major et peloton hors rang, en sorte que les majors et les capitaines instructeurs, peut-être même les adjoints au trésorier, seraient disponibles.

---

(1) Des instructions, envoyées le 19 novembre pour l'organisation de batteries de 4 rayé de campagne à 15 voitures, donnent des indications un peu différentes pour la composition du détachement du train. Elles prévoient 4 maréchaux des logis montés, 56 cavaliers et 86 chevaux de trait, 3 maréchaux ferrants et 2 trompettes montés, soit pour le train, un total de 73 hommes, 16 chevaux de selle et 86 de trait.

De même, des instructions envoyées le 28 septembre prévoient, pour la composition du détachement d'artillerie, 4 maréchaux des logis montés et 6 brigadiers dont 4 montés, c'est-à-dire un total de 65 hommes.

Le commandement de la batterie mixte ainsi formée serait donné au plus ancien des deux capitaines instructeurs de la Garde. L'autre serait ultérieurement pourvu aussi d'un commandement.

Enfin, ce qui resterait des dépôts et pelotons hors rang des deux régiments serait à votre disposition pour être employé au mieux du service à Bourges, tant pour les travaux de l'artillerie que pour les confections nécessaires aux dépôts stationnés dans cette place.

J'ai l'honneur de vous prier, après examen de la question, de me faire à son sujet telles propositions que vous jugerez convenables, tant pour l'organisation de la batterie dont il s'agit que pour la désignation à faire d'un lieutenant ou sous-lieutenant d'artillerie pour être placé dans la batterie formée. Je suis d'ailleurs disposé à accueillir les propositions que vous croiriez pouvoir faire pour le grade de sous-lieutenant.

Personnel du parc du 15e corps.

1 colonel, directeur ;
1 chef d'escadron, sous-directeur ;
2 gardes ;
1 contrôleur ;
2 ouvriers d'état ;
1 chef artificier ;
1 détachement à pied de l'artillerie de la marine ;
1 détachement de la 6e compagnie d'ouvriers.

Train d'artillerie. — 2e régiment : 14e compagnie principale, 14e compagnie bis et 16e compagnie principale ; 1er régiment : 16e et 5e compagnies bis.

Composition d'un détachement du train d'artillerie destiné à atteler une réserve divisionnaire de corps d'armée (Instructions envoyées au Général commandant l'artillerie dans la 19e division militaire).

Tours, 17 septembre.

1 sous-lieutenant ou adjudant commandant.

	Hommes.	Chevaux de selle.	Chevaux de trait.
Maréchaux des logis	2	2	»
Brigadiers	4	4	»
Cavaliers	44	»	72
Maréchal ferrant	1	1	»
Trompette	1	1	»
TOTAUX	52	8	72

Le Ministre de la Guerre au Général secrétaire général de la Guerre, à Tours (D. T.).

Paris, 18 septembre, 3 h. 15 soir.

Je prescris de diriger sur Toulouse voies ferrées les dépôts des 1er et 2e régiments du train d'artillerie et ceux des deux régiments d'artillerie de l'ex-Garde qui sont en ce moment à Bourges.

Le Major commandant le 6e régiment d'artillerie au Général commandant l'artillerie dans la 22e division militaire.

Grenoble, 18 septembre.

La 11e batterie, qui est déjà en partie réorganisée avec les débris ramenés par le capitaine ......, serait complétée à l'effectif de 195 hommes et 160 chevaux, pour atteler du canon de 12. Cette batterie a déjà ses cadres presque complets : les ressources du régiment permettent de lui donner l'effectif ci-dessus indiqué, en hommes et en chevaux harnachés.

La 13e batterie (à pied) serait transformée en batterie montée, prendrait le n° 18 et serait organisée à l'effectif réduit de 120 hommes et 88 chevaux, pour atteler du 4 rayé. Les ressources du régiment permettent d'atteindre cet effectif, même après avoir complété la batterie de 12 (11e batterie).

Voici quelle serait la composition des cadres de ces batteries en officiers :

11e batterie (attelant du 12) :

M......, capitaine en premier, qui en a déjà le commandement ;

M......, sous-lieutenant, promu le 14 septembre courant ;

M......, sous-lieutenant, promu le 14 septembre courant.

Pour compléter le cadre de la 11e batterie à quatre officiers, on pourrait y comprendre comme capitaine en second M......, capitaine adjudant-major au régiment, mais il serait nécessaire que cet officier fût remplacé dans son emploi, car il ne resterait plus un seul adjudant-major au régiment et la discipline devient de jour en jour plus difficile à maintenir.

18e batterie (attelant du 4) :

M......, capitaine en second, qui a déjà le commandement de cette batterie ;

M......, lieutenant adjoint au trésorier, qui est tout à fait sur le point de passer lieutenant en premier, et qui est très apte à faire un bon service de guerre ;

M......, sous-lieutenant du cadre de dépôt, qui fait depuis quelque temps le service à la 13ᵉ batterie, et, quoique sorti récemment de l'École, est à peu près au courant du service.

.....Il nous manque malheureusement un grand nombre de capotes et de manteaux, toutes les demandes faites à l'Intendance à ce sujet, depuis le commencement de la guerre, étant restées sans résultat. J'espère pouvoir en confectionner assez pour que les deux batteries en soient pourvues dans un délai de huit à dix jours. Il n'y a non plus, en magasin, ni gibernes, ni porte-gibernes, et il n'est pas possible d'en faire confectionner......

.....Le grand nombre de sous-officiers qui se sont échappés des mains de l'ennemi et qui sont arrivés à Grenoble cette semaine, me permettra de laisser intacts les cadres de la 12ᵉ batterie, dont la réorganisation était aussi commencée et que j'espère pouvoir aussi compléter à bref délai, après les 11ᵉ et 18ᵉ......

Le Ministre de la Guerre au Général commandant la 8ᵉ division militaire, à Lyon.

Tours, 18 septembre.

.....Il est nécessaire actuellement de former le plus promptement possible des batteries de campagne et je vous invite à me proposer d'urgence, en ce qui concerne les 9ᵉ et 12ᵉ d'artillerie et la fraction du 20ᵉ venue à Valence, les mesures que vous trouverez les meilleures pour en obtenir, soit en complétant les batteries rentrées avec une portion notable de leurs cadres, soit en formant dans les corps de nouvelles batteries.

Vous donneriez provisoirement aux unes et aux autres pour effectif celui adopté pour les batteries de 4 rayé, à 15 voitures pour les batteries montées et à 10 voitures pour les batteries à cheval.

L'une des difficultés de l'organisation des batteries tient au manque d'officiers.

Je suis disposé à donner suite aux propositions pour le grade de sous-lieutenant que vous jugerez utile de faire dans les corps ou fractions de corps sous vos ordres.

Le Ministre de la Guerre au Président du Conseil d'administration du 6ᵉ d'artillerie, à Grenoble.

Tours, 19 septembre.

J'ai reçu votre note du 14 septembre courant et votre télégramme du 18 du même mois.

Réorganisez, en batterie de 12, à 22 voitures, votre 11ᵉ batterie.

Réorganisez, en batterie montée de 4, à 15 voitures, votre batterie n° 13 qui prendra le n° 18.

Vous devez vous attendre à ce que de nouvelles batteries montées vous soient prochainement demandées et, en vue de ménager l'avenir, il ne sera pas donné de capitaine en second à la 11ᵉ batterie.

Les autres désignations d'officiers seront faites comme vous le demandez.

Enfin, hâtez l'organisation de ces batteries 11 et 18, la date du 28 septembre courant paraissant éloignée. Dans le but de faciliter cette organisation, je donne des ordres pour la rentrée à Grenoble de votre 1ʳᵉ batterie bis, venue à Lyon pour concourir à la formation d'une batterie mixte dans une combinaison qui n'a pas abouti.

Le Ministre de la Guerre au Général commandant l'artillerie dans la 19ᵉ *division militaire, à Bourges.*

Tours, 19 septembre.

J'ai télégraphié aujourd'hui au général commandant la 19ᵉ division militaire de ne pas tenir compte de l'ordre reçu de Paris relativement aux dépôts de l'artillerie de la Garde et des régiments du train d'artillerie et de suivre, au contraire, mes instructions en date d'hier.

J'ai l'honneur de vous prier d'examiner s'il ne serait pas possible de former, dans les deux régiments du train, avant leur départ pour Niort et Poitiers, un ou deux ou même trois détachements qui auraient chacun la composition suivante :

	Hommes.	Chevaux de selle.	Chevaux de trait.
Adjudant	1	1	»
Maréchal des logis chef	1	1	»
Maréchaux des logis	4	4	»
Fourrier	1	1	»
Brigadiers	4	4	»
Cavaliers	56	»	86
Maréchaux ferrants	3	3	»
Bourrelier	1	»	»
Trompettes	2	2	»
TOTAUX	73	16	86

et qui pourraient atteler le matériel d'une batterie de 4 rayé à 15 voitures ; l'adjonction ultérieure d'une demi-batterie à pied formerait du tout une batterie mixte.

Si, après examen, vous trouvez la chose possible, organisez ces détachements, désignez les officiers commandants, faites cantonner les détachements en arrière de Bourges et rendez-moi compte du tout, y compris les numéros de compagnie assignés dans la série de chaque régiment.

Des détachements de cette sorte seraient, dans les circonstances actuelles, une ressource précieuse.

Le Lieutenant-Colonel chargé du service du matériel d'artillerie, à Tours, au Général directeur de la 4e direction au ministère de la Guerre, à Paris (D. T.).

Tours, 19 septembre.

La présence à Bourges des dépôts du train d'artillerie et de ceux de l'ex-Garde est nécessaire pendant quelques jours encore pour former les batteries du 15e corps. Ordre avait été donné hier 18, d'après instructions reçues, de faire partir les dépôts du train pour Niort et Poitiers. Impossible de rien organiser dans ces conditions. Supplication instante de laisser partir d'ici les ordres pour les mouvements n'intéressant pas Paris.

Le Ministre de la Guerre au Président du Conseil d'administration du 2e d'artillerie, à Grenoble.

Tours, 19 septembre.

..... La mesure qui consisterait à rendre à l'artillerie les gendarmes qui ont servi dans la première de ces armes a été déjà examinée et discutée ; elle donnerait sans aucun doute à l'artillerie d'excellents cadres, mais en désorganisant un service important au moment même où il ne pourrait être reconstitué.....

Le Ministre de la Guerre au Président du Conseil d'administration du 2e régiment d'artillerie, à Grenoble.

Tours, 19 septembre.

..... Vous devez organiser aussi promptement que possible vos batteries montées, celle n° 18 pour du canon à balles à 15 voitures, celle n° 19 pour du 12 rayé de campagne à 22 voitures.....

ARTILLERIE.

Composition détaillée du parc d'un corps d'armée à trois divisions (15ᵉ corps).

Le corps comprend :
9 batteries divisionnaires de 4 rayé de campagne ;
2 — de 4 rayé de campagne à quatre pièces ;
6 — de 8 rayé de campagne.

Matériel.	Nombre de voitures		
	à 6 chevaux.	à 4 chevaux.	à 2 chevaux.
3 réserves divisionnaires, chacune composée de... { 10 caissons modèle 1827..	30	»	»
1 chariot de batterie modèle 1833	»	3	»
1 chariot de batterie pour bagages	»	»	3
Affûts de rechange de 4 rayé de campagne.....	»	6	»
— de 8 et 12 rayé de campagne.	»	6	»
Caissons modèle 1858 pour munitions de 4....	»	40	»
— 1827 pour munitions de 8....	72	»	»
— 1827 pour cartouches mod. 66.	21	»	»
— 1827 pour cartouches mod. 63.	1	»	»
Forges mod. 1827 outillées pour le ferrage.....	5	»	»
— outillées pour matériel de 4..	1	»	»
— outillées pour matériel de 12.	1	»	»
Chariots de parc portant deux caisses A et deux caisses B.................	1	»	»
Chariots de parc portant un supplément d'outils, les chantiers, la meule...................	1	»	»
Chariots de parc n° 1 pour bois débités à moyennes ridelles.................	1	»	»
Chariots de parc n° 2 pour bois débités à moyennes ridelles	1	»	»
Chariots de parc pour munitions de canons à balles	12	»	»
Chariots de batterie modèle 1827 pour bagages et besoins imprévus.....................	»	4	»
TOTAUX..........	147	59	3

Les réserves divisionnaires sont constituées à Bourges (1).

---

(1) En tablant sur un effectif de 60,000 hommes d'infanterie, il y a

Composition du parc d'artillerie du 17ᵉ corps d'armée comprenant trois divisions d'infanterie (Journal de marche de l'artillerie du 17ᵉ corps).

Le corps d'armée comprend :
9 batteries divisionnaires de 4 rayé de campagne ;
3   —   de canons à balles ;
4 batteries de réserve de 8 rayé de campagne ;
2   —   de 4 rayé de campagne.

Matériel.	Nombre de voitures		
	à 6 chevaux.	à 4 chevaux.	à 2 chevaux.
3 réserves divisionnaires, chacune composée de... { 10 caissons modèle 1827..	30	»	»
1 chariot de batterie pour harnachement.......	»	3	»
1 chariot de batterie pour bagages............	»	»	3
Affûts de rechange de 4 rayé de campagne....	»	4	»
— de 8 rayé de campagne....	»	2	
Caissons modèle 1858 pour munitions de 4....	»	24	»
— 1827 pour munitions de 8....	16	»	»
— 1827 pour cartouches mod. 66.	14	»	»
Forges outillées pour le ferrage...............	4	»	»
— pour matériel de 4............	1	»	»
— pour matériel de 12..........	1	»	»
Chariots de parc portant des caisses outils.....	2	»	»
— pour munitions de canons à balles...................	9	»	»
Chariots de batterie pour bagages et besoins imprévus......................................	»	4 (1)	»
Totaux..........	77	37	3

15 cartouches par homme aux réserves et 9 au parc. Au total 24 (Le Général commandant l'artillerie du 15ᵉ corps au Général chef d'état-major du 15ᵉ corps, 2 octobre).

(1) Remplacés par décision ministérielle du 6 novembre, par 4 chariots de parc.

Le Général commandant la 8ᵉ division au Délégué de la Guerre, à Tours.

Lyon, 20 septembre.

Le lieutenant-colonel commandant les batteries du 12ᵉ d'artillerie a recueilli dans ses batteries, en se retirant de Sedan, 55 hommes de tous grades appartenant à deux régiments du train d'artillerie et au 10ᵉ régiment d'artillerie, plus 38 chevaux du 2ᵉ régiment du train d'artillerie et 30 chevaux du 10ᵉ d'artillerie. Pour reconstituer ses batteries, il me demande de prononcer le passage au 12ᵉ d'artillerie de ces hommes et de ces chevaux. Puis-je adhérer à cette demande, ou votre intention est-elle qu'on les réserve pour les corps auxquels ils appartiennent? La mesure provoquée par le lieutenant-colonel ..... me paraît avantageuse puisqu'elle me permettrait de hâter la reconstitution de ses batteries.

Le Ministre de la Guerre au Général commandant la 8ᵉ division militaire, à Lyon (D. T.).

Tours, 20 septembre.

Je vous autorise à verser au 12ᵉ d'artillerie les hommes, les chevaux et les harnais d'autres corps ramenés par le lieutenant-colonel ......

Hâtez, par tous les moyens possibles, l'organisation des batteries montées au 9ᵉ et au 12ᵉ et des batteries à cheval au 19ᵉ et au 20ᵉ d'artillerie.

Le Général commandant l'artillerie dans la 19ᵉ division militaire au Ministre de la Guerre, à Tours.

Bourges, 20 septembre.

Par une dépêche du 17 septembre courant, qui ne m'est parvenue qu'aujourd'hui, vous m'avez fait l'honneur de me prescrire d'examiner s'il ne serait pas possible de former, avec les hommes et les chevaux disponibles dans les dépôts des corps d'artillerie de la Garde, une batterie mixte dont vous m'indiquez la composition.

Je m'empresse de vous rendre compte que les ressources des dépôts des corps de l'artillerie de la Garde sont insuffisantes pour former la batterie de marche dont il s'agit. En utilisant les éléments valides des dépôts et faisant les nominations possibles, ces dépôts pourraient fournir, savoir :

1° Les deux régiments d'artillerie: 1 adjudant, 1 maréchal des logis chef, 3 maréchaux des logis, 1 fourrier, 4 brigadiers, 2 artificiers,

10 servants (ou conducteurs faisant fonction de servants), 1 ouvrier en bois, 1 trompette (le second trompette pourrait être fourni par le train);

2° L'escadron du train : pas d'adjudant, pas de maréchal des logis chef (pourrait être fourni par l'artillerie), 1 maréchal des logis, pas de fourrier, 2 brigadiers, pas de cavaliers, 1 maréchal ferrant (le second maréchal pourrait être fourni par l'artillerie), pas de bourrelier (pourrait être fourni par l'artillerie), 1 trompette.

Toutes les ressources des trois corps étant ainsi utilisées, on obtiendrait le résultat suivant :

GRADES.	EFFECTIF RÈGLEMENTAIRE.	EXISTANT.	MANQUE à L'EFFECTIF.	OBSERVATIONS.
Adjudants............	2	1	1	Il n'existe aucun lieutenant au dépôt du train. Il ne se trouve dans les trois dépôts aucun sous-officier susceptible d'être proposé pour sous-lieutenant, soit dans l'artillerie, soit dans le train.
Maréchal des logis chef..	2	2	»	
Maréchaux des logis.....	6	4	2	
Fourriers............	2	1	1	
Brigadiers...........	8	6	2	
Artificiers...........	8	2	6	
Servants............	40	10	30	
Cavaliers............	47	»	47	
Ouvriers............	2	1	1	
Maréchaux ferrants.....	2	2	»	
Bourrelier...........	1	1	»	
Trompettes..........	3	3	»	
TOTAUX.....	123	33	90	

Quant aux chevaux, ils sont assez et même trop nombreux, car c'est l'arrivée récente de détachements de remonte qui a immobilisé des hommes, jusque-là disponibles et maintenant absorbés par les soins à donner aux jeunes chevaux, dans un corps que le recrutement n'alimente plus et qui n'a aucune communication avec ses batteries actives bloquées devant Metz. Ainsi le dépôt du train n'a que 26 hommes pour soigner 159 chevaux.

Ce qui me paraîtrait à propos de faire serait de retirer des dépôts de la Garde les quelques éléments actifs qu'on pourrait utiliser dans la ligne, en officiers, troupe et chevaux, et employer leurs pelotons hors rang à venir en aide aux autres corps qui ne peuvent suffire aux confections qu'exige l'arrivée incessante d'hommes à habiller et à équiper. C'est ainsi que nous allions utiliser ces pelotons à Bourges lorsque nous est parvenu l'ordre de diriger par voies ferrées les trois dépôts de la Garde sur Toulouse où, il faut le reconnaître, ils seront mieux placés qu'ici. Leur départ, toutefois, ne pourra s'effectuer qu'après celui du 1ᵉʳ régiment du train d'artillerie, qui a commencé son mouvement sur Niort, et celui du 2ᵉ régiment du train, qui doit être dirigé sur Poitiers.

Le Ministre de la Guerre au Général commandant l'artillerie du 15ᵉ corps d'armée, à Bourges.

Tours, 21 septembre.

..... L'artillerie du 15ᵉ corps doit comprendre neuf batteries divisionnaires de 4 rayé de campagne et une réserve comprenant six batteries montées de 8 rayé de campagne et deux batteries à cheval de 4 rayé (ces deux dernières à 4 pièces seulement), soit en tout 62 canons de 4 rayé et 36 canons de 8 rayé. Le canon de 8, récemment adopté, produit des effets sensiblement égaux à ceux du canon de 12, et présente sur celui-ci l'avantage d'être approvisionné d'un nombre de coups plus considérable (moitié en sus) à nombre égal de voitures.

Quant au parc, il comprend trois réserves divisionnaires de munitions d'infanterie destinées à accompagner les divisions et portant chacune dans dix caissons à 4 roues (il n'a pas été possible de donner au 15ᵉ corps des caissons légers à 2 roues) environ 285,000 cartouches. Le parc proprement dit, composé de 209 voitures, est destiné au réapprovisionnement des batteries et des réserves divisionnaires. Il peut, suivant les besoins résultant des opérations militaires, être réparti entre des divisions opérant isolément.

Outre ce parc, constituant un approvisionnement roulant, des réserves de munitions, mises à la disposition du directeur du parc, seront établies à Angers, à Bourges et à Lyon.....

J'ai fait connaître au général commandant le corps que je pourrais également, s'il le jugeait nécessaire, augmenter le nombre de caissons d'infanterie des réserves divisionnaires, tout en lui faisant observer que les approvisionnements de cartouches établis dans les places de dépôt citées plus haut sont disposés de manière à rendre cette augmentation moins utile.

Le Ministre de la Guerre aux Colonels directeurs d'artillerie, à Lyon, Grenoble, Toulon, Toulouse et Rennes.

Tours, 21 septembre.

Dans l'état de choses actuel, il est important de pousser avec la plus grande activité l'organisation du matériel de l'artillerie de campagne.

Je vous invite donc à constituer le plus grand nombre possible de batteries de 4 à composition réduite, comprenant 15 voitures, savoir : 6 pièces sur affûts, 1 affût de rechange, 6 caissons, 1 forge, 1 chariot de batterie, et de batteries de 12 à composition réglementaire. Si certains objets vous manquent pour compléter des batteries dont vous possédez les principaux éléments, faites-moi d'urgence la demande de ces objets.

En même temps que les batteries, il est essentiel de faire confectionner et charger autant de caisses blanches de double approvisionnement que cela vous sera possible. Vous voudrez bien m'adresser tous les samedis un état faisant connaître :

1º Le nombre de batteries de 4, de 8 et de 12 dont votre direction pourrait disposer le jour même ;

2º Le nombre de batteries de même espèce dont vous pourriez disposer pendant la semaine suivante, en indiquant à quelle date elles seront prêtes ;

3º Le nombre de caisses blanches de double approvisionnement de 4, de 8 et de 12 disponibles le jour même.

Le Ministre de la Guerre au Général commandant l'artillerie dans la 19ᵉ division militaire, à Bourges (D. T.).

Tours, 21 septembre.

Les trois corps de la Garde ont ensemble à Bourges 447 hommes. Voyez de nouveau s'il est possible d'en tirer une batterie, au besoin en empruntant quelques éléments au 13ᵉ d'artillerie ; cette formation est très importante. Donnez réponse par le télégraphe.

Le Général commandant l'artillerie dans la 19ᵉ division militaire au Ministre de la Guerre.

Bourges, 21 septembre.

......J'ai l'honneur de vous rendre compte que je vais procéder à la formation de la 14ᵉ batterie du régiment monté de la Garde.

Cette batterie, destinée à servir du 4 rayé de campagne à 15 voitures, sera formée avec tous les éléments encore actifs existant dans les trois dépôts de la Garde, complétés au besoin par des hommes pris au 13ᵉ régiment d'artillerie.....

La batterie aurait pour officiers : MM. ......, capitaine instructeur au régiment monté ; ......, lieutenant en premier, adjoint au trésorier au régiment monté ; ......, lieutenant en premier, adjoint au trésorier au régiment à cheval.

Cette batterie ne serait pas une batterie mixte; tous les hommes qu'on y verserait seraient incorporés au régiment monté.

Les trois dépôts de la Garde, réduits aux pelotons hors rang, aux non-valeurs et n'ayant plus de chevaux de troupe, seraient dirigés sur Toulouse.

On pourrait aussi, à la rigueur, rendre aussi disponibles les deux majors......, le capitaine instructeur ......, le médecin-major......, le vétérinaire en premier...... et un ou deux aides-vétérinaires auxiliaires (1).

Le Ministre de la Guerre au Général commandant l'artillerie dans la 19ᵉ division militaire, à Bourges.

Tours, 22 septembre.

Je vous ai télégraphié hier de voir de nouveau s'il est possible de tirer des dépôts de la Garde une batterie destinée à atteler du matériel de 4 à 15 voitures.

Les situations que vous m'avez adressées le 14 septembre donnent pour ces corps comme présents sous les armes à Bourges:

	Hommes.	Chevaux.
Régiment monté............................	200	28
Régiment à cheval.......................	182	45
Escadron du train........................	53	115
Totaux................	435	188

Sur ces 435 hommes, 212 sont indiqués comme comptant au peloton hors rang ou à l'état-major. Les 223 autres sont donc disponibles et en prendre 120 à 130 pour une batterie montée ou mixte ne paraissait pas une chose impossible. De même pour les chevaux. Il en fallait 91, 88 même, dont 66 de trait; il y en avait de harnachés et disponibles au minimum 5 au régiment monté, 34 au régiment à cheval, dont 14 de trait, 50 à l'escadron, dont 40 de trait.

Voyez donc, s'il en est encore temps, à faire organiser cette batterie

---

(1) Ces propositions furent approuvées le 24 septembre. En outre, la 14ᵉ batterie du régiment monté de la Garde devait être « mise à la disposition du général commandant le 15ᵉ corps d'armée dès qu'elle aurait son matériel » (Le Ministre de la Guerre au Général commandant l'artillerie dans la 19ᵉ division militaire, à Bourges, Tours, 24 septembre).

qui pourra, ou être une batterie mixte ayant train et artillerie, ou une batterie montée au titre du régiment monté en lui versant les hommes et les chevaux.

Dans cette dernière hypothèse, vous laisseriez néanmoins le lieutenant de la compagnie du train à la batterie pour y faire le service de lieutenant.

Le Général commandant l'artillerie dans la 12ᵉ division militaire au Ministre de la Guerre.

Toulouse, 23 septembre.

..... La batterie de marche nº 14 du 18ᵉ régiment pourra être mise en route jeudi 29 à l'effectif prescrit. Le harnachement sera au complet, les hommes seront pourvus des effets réglementaires. Le personnel en officiers pourra aussi être complet, si vous voulez bien donner suite à la proposition transmise hier par M. le général de division, relative à la nomination de l'adjudant X... du 18ᵉ au grade de sous-lieutenant, et au remplacement de M. Y... par ce nouveau promu. M. Y... est venu au régiment en sortant de l'École polytechnique sans avoir passé par l'École d'application. Son ignorance absolue en équitation ne lui permet pas de faire un bon service dans une batterie à cheval entrant de suite en campagne. Cet officier pourrait continuer à rester au dépôt jusqu'au moment de la mise sur pied de guerre d'une nouvelle batterie et apprendre un peu à monter à cheval, ce dont il a le plus grand besoin.

..... Les deux selliers (*des 14ᵉ et 18ᵉ régiments*) mettent la dernière main au harnachement qui leur a été commandé.

Le Colonel directeur de la fonderie de Bourges au Ministre de la Guerre.

Bourges, 23 septembre.

En réponse à votre dépêche du 19 de ce mois, j'ai l'honneur de vous faire savoir que la commande faite à la fonderie pour la fabrication des canons de 8 rayé de campagne comprenait 80 de ces canons, qui tous sont rayés depuis longtemps.

Des ordres en date du 31 juillet dernier m'ont prescrit de ne terminer que 24 de ces canons, dont 12 pour la direction de Bourges et 12 pour celle de Toulouse.

Ces 24 canons ont été expédiés à leur destination et il ne reste, par suite, que 56 canons de 8 rayé de campagne qui, pour être complètement terminés, doivent être pourvus chacun de guidon et de brides latérale et médiane.

ARTILLERIE.

Le Général commandant l'artillerie dans la 19ᵉ division militaire au Ministre de la Guerre, à Tours.

Bourges, 24 septembre.

En réponse à votre dépêche du 22 septembre courant, j'ai l'honneur de vous faire observer que j'ai déjà eu beaucoup de peine à trouver dans les trois dépôts de l'artillerie de la Garde les éléments nécessaires à l'organisation d'une batterie montée, à laquelle je n'ai pas donné le nom de mixte, puisque les hommes du train n'ont pu y entrer que dans une proportion insignifiante et que le dépôt de ce corps ne comprend pas de lieutenant.

La 14ᵉ batterie du régiment monté de la Garde a donc été formée, indépendamment du noyau que ce corps a fourni, des versements ci-après que j'ai fait opérer, savoir :

	Régiment à cheval de la Garde.	Train de la Garde.	13ᵉ régiment d'artillerie.
Sous-officier	»	1	»
Brigadier	1	»	»
Trompettes	2	1	»
Maréchaux ferrants	1	1	»
Servants	12	»	33
Conducteurs	10	6	»
Chevaux de selle	16	»	»
— de trait	20	20	»

Le reste des chevaux de selle et de trait des deux régiments ont été versés au 13ᵉ régiment et ceux du train au 2ᵉ régiment du train de la ligne.

Les conducteurs, n'ayant jamais été exercés au service des bouches à feu et ne pouvant être compris dans la nouvelle batterie, ont été également versés dans les mêmes corps.

Par ces mesures, les dépôts de la Garde ne comprennent plus que quelques vieux sous-officiers, des non-valeurs en hommes et de nombreux pelotons hors rang qui, dans une place comme Toulouse, pourront être utilisés, avec grand avantage, à la confection des effets militaires.

On a dirigé encore hier sur le régiment monté de la Garde 4 engagés volontaires et 14 chevaux de remonte ; j'ai fait verser immédiatement ces derniers au 13ᵉ d'artillerie, mais il y aurait lieu de couper court à ces envois.

Le Général commandant l'artillerie dans la 19ᵉ division militaire au Ministre de la Guerre.

Bourges, 25 septembre.

Le général expose d'abord au Ministre, qu'en dehors des officiers comptables et du capitaine instructeur, il ne reste au dépôt du 13ᵉ que cinq officiers :

Un capitaine adjudant-major incapable de faire un service actif ;

Deux lieutenants dont l'un remplit les fonctions d'adjoint au trésorier et l'autre est seul officier à la 2ᵉ batterie bis ;

Deux sous-lieutenants sortant de l'École dont l'un a donné sa démission pour se livrer à des travaux chimiques et, en raison de son peu d'aptitude au service militaire, est utilisé à la fonderie.

Puis il conclut :

Je regrette d'autant plus cette pénurie d'officiers que, avec les hommes rentrant de Sedan, je pense pouvoir être en mesure de constituer sous peu une nouvelle batterie de guerre au 13ᵉ régiment d'artillerie.

Note du Major commandant le 9ᵉ d'artillerie indiquant l'état des formations ordonnées, les ressources du corps en officiers disponibles, en hommes instruits, équipés et armés et en chevaux harnachés, etc.

Lyon, 25 septembre.

La 18ᵉ batterie est formée et sera prête à marcher sous deux jours probablement.....

J'ai affecté à cette batterie : MM. ....., capitaine en second, échappé de Sedan ; ....., sous-lieutenant du dépôt, sortant de l'École.

Il conviendrait d'y classer comme sous-lieutenant l'un des sous-officiers ...... ou ..... pour lesquels j'ai envoyé au général commandant l'artillerie un état de proposition pour le grade de sous-lieutenant..... Le second candidat pourrait être placé dans la 19ᵉ batterie que je vais former très rapidement avec le sous-lieutenant ....., sortant de l'École.

Les cadres de la 18ᵉ et les hommes qui composent cette batterie proviennent d'échappés de Sedan, tous rompus au service.

Pour la 19ᵉ batterie, je n'ai pas de capitaine.

Comme ressources pour d'autres formations, il ne me restera que M. ....., lieutenant du 16ᵉ, sorti de l'hôpital, mais encore incapable de marcher et des sous-lieutenants qu'on nommera.

Mes ressources en hommes instruits me permettront de former la 19ᵉ.

J'aurai l'habillement, l'équipement et l'armement nécessaires; les chevaux ne manquent pas et la direction promet de donner le harnachement indispensable.

..... Il y aurait lieu de constituer plusieurs batteries de dépôt, ou tout au moins de donner le droit de faire des nominations de brigadiers et sous-officiers en raison des besoins du service. Ces hommes gradés trouveraient leur place au fur et à mesure dans les batteries organisées plus tard.

..... Pour faciliter l'organisation des nouvelles batteries, le major commandant provisoirement le régiment transmet et appuie la demande que fait M. ....., adjoint au trésorier, de prendre un service dans une batterie de guerre et demande, pour le remplacer dans ses fonctions, l'adjudant ....., proposé pour sous-lieutenant adjoint au trésorier.

Note du Major commandant le 6ᵉ d'artillerie indiquant l'état d'avancement des formations ordonnées et les ressources du corps.

Grenoble, 25 septembre.

11ᵉ *batterie.* — La 11ᵉ batterie, désignée pour atteler du 8 rayé, a son effectif complet en hommes et en chevaux.

L'habillement, l'équipement et l'armement des hommes sont fort avancés; ils ne sont guère retardés que par le défaut de ceinturons d'hommes montés et de capotes; des ceinturons (en cuir noir) sont en confection; de plus, on nous en a annoncé ce matin du magasin de Lyon, qui avait d'abord déclaré ne pouvoir en envoyer; des capotes sont aussi en confection aux ateliers du corps.

Les chevaux sont harnachés.

18ᵉ *batterie.* — La 18ᵉ batterie, qui doit atteler du 4 rayé, est complète en officiers, canonniers et chevaux harnachés. Son équipement, retardé pour les mêmes causes que la 11ᵉ, sera probablement complet dans quarante-huit heures.

Ces deux batteries n'auront pas de gibernes.

12ᵉ *batterie.* — La 12ᵉ batterie recevra à partir de demain 26 son complément en hommes et en chevaux; il n'est pas possible de fixer dès à présent l'époque probable à laquelle elle pourra être mise en route; les ressources du magasin s'épuisent et, malgré une activité incessante, on a grand'peine à faire marcher les confections à hauteur des besoins.

Ressources du corps. — Les ressources du corps en hommes instruits et en chevaux harnachés sont suffisantes pour compléter la 12ᵉ batterie, à l'exception des chevaux de selle. Nous avons déjà fait passer plus de 40 chevaux du trait à la selle et il devient impossible d'en trouver. Il serait vivement à désirer qu'un détachement de 35 à 40 chevaux de selle pût être envoyé au régiment d'un dépôt de remonte.

..... Le corps a en service ou en magasin le harnachement nécessaire pour les chevaux présents.

Le nombre des sous-officiers qui ont pu s'échapper des mains de l'ennemi, depuis la capitulation de Sedan, est assez considérable pour pouvoir constituer presque au complet les cadres d'une 19e batterie, ce qui sera fait prochainement.

Le Major commandant le 6e d'artillerie au Ministre de la Guerre.

Grenoble, 25 septembre.

..... La 12e batterie n'a qu'un officier présent : M. ....., sous-lieutenant.

Le dépôt a trois sous-lieutenants présents : M. ....., venant des adjudants de la 12e batterie, récemment promu, qui ferait un excellent chef de section et qui n'a pas cessé d'ailleurs de faire le service à son ancienne batterie; M. ....., sortant de l'École d'application, arrivé au corps le 20 septembre, dont l'instruction militaire n'est pas complète, mais qui pourrait cependant rendre déjà quelques services; M. ....., sortant de l'École polytechnique, qui a tout à apprendre, y compris l'équitation.....

Le Ministre de la Guerre au Président du Conseil d'administration du 14e régiment d'artillerie, à Toulouse.

Tours, 26 septembre.

En réponse à votre lettre du 16 septembre, parvenue à Tours aujourd'hui, je vous informe que les officiers, les sous-officiers et les soldats provenant des batteries retenues par l'ennemi et rentrant au corps doivent être considérés comme disponibles pour de nouvelles formations.

Le Ministre de la Guerre au Président du Conseil d'administration du 15e régiment d'artillerie, à Rennes.

Tours, 26 septembre.

J'ai reçu votre note du 23 septembre courant relative aux ressources de votre régiment. Formez sans délai une 18e batterie à l'effectif de 120 hommes et 88 chevaux et, aussitôt, voyez à former une nouvelle n° 19.

M. ....., capitaine instructeur au régiment à cheval de la Garde, va arriver à Rennes pour commander la 18e batterie. Voyez, si faire se peut, à lui donner deux lieutenants ; informez-moi et je régulariserai par des lettres de service.

Ne manquez pas de me tenir au courant des mouvements importants et des rentrées des officiers, s'il y a lieu, sans préjudice de la situation, de l'état des mutations et de la note que je vous ai demandés le 21 septembre courant, pour les 1er, 10 et 20 de chaque mois.

Si vous avez des sujets susceptibles de devenir officier, ayez soin de me les signaler, en m'adressant, pour chacun d'eux, un mémoire de proposition qui peut être très sommaire, mais doit être accompagné de l'approbation du général commandant l'artillerie ou de l'officier qui le remplace. M. ..... pourrait être remplacé par l'un de ces candidats et devenir disponible. M. ..... peut être aussi considéré comme disponible, s'il est valide.

Enfin, s'il ne vous est pas possible de songer à une batterie montée n° 19, vous pouvez commencer une batterie à pied n° 14 qui servirait, soit à faire cette batterie 19, soit comme batterie de place, soit enfin pour entrer dans la composition d'une batterie mixte.

Le Ministre de la Guerre au Général commandant l'artillerie du 15e corps d'armée, à Bourges.

Tours, 26 septembre.

La question m'a été posée, par le général commandant l'artillerie dans la 8e division militaire, de savoir quel emploi on doit faire dans les batteries aux officiers et sous-officiers du train d'artillerie.

Dans les circonstances actuelles, alors que l'on fait appel à toutes les bonnes volontés, le principe doit être de tirer parti de toutes nos ressources ; il y a lieu par suite d'employer le train d'artillerie concurremment avec l'artillerie proprement dite, c'est-à-dire de confier aux officiers du train le commandement des sections et aux sous-officiers celui des pièces, après que les officiers et les sous-officiers d'artillerie seront eux-mêmes pourvus d'un commandement de leur grade.

Le Major du 19e régiment d'artillerie à cheval au Ministre de la Guerre, à Tours.

Valence, 26 septembre.

J'ai l'honneur d'ajouter quelques développements à la note sommaire envoyée hier à la suite de la situation générale.

La 14e batterie, prête à partir, attend son matériel annoncé depuis le 22 du courant de la direction de Grenoble.

Nous avons formé trois nouvelles batteries à cheval, lesquelles prendront les n°s 15, 16 et 17.

La 15e batterie est prête en hommes et en chevaux : les hommes sont tous des anciens soldats de 25 à 35 ans ou des échappés de Sedan ; nous avons du harnachement pour les chevaux en substituant toutefois des selles de chevaux de trait aux selles de chevaux de selle qui manquent. Les porte-gibernes nous font totalement défaut ; les ceinturons, cordons de sabre et gibernes vont être épuisés après l'équipement de la 15e batterie. J'ai fait à M. l'Intendant divisionnaire des demandes de ces effets, restées jusqu'ici sans résultat. Les officiers de la 15e batterie ne sont pas nommés, j'ai l'honneur de soumettre à votre approbation les nominations suivantes pour cette batterie :

MM. ....., capitaine en premier, ..., lieutenant en premier, ..., lieutenant en second, disponibles à Valence.

16e et 17e batteries : les cadres sont composés presque exclusivement d'anciens militaires, les canonniers sont la plupart des engagés volontaires ou des jeunes soldats de 1870 devançant l'appel, dont l'instruction se poursuit. On s'occupe de l'habillement de ces batteries ; l'administration ne nous fournit aucun moyen de les équiper. Nous avons les chevaux, mais le harnachement manque ; nous avons fait des demandes qui n'ont pas encore été remplies. Les officiers de ces deux batteries ne sont pas nommés, je soumets à votre approbation les nominations suivantes :

16e batterie : MM. ....., capitaine en premier, disponible à Valence ; ....., sous-lieutenant adjoint au trésorier, officier connaissant fort bien le service et très apte au service de guerre (je le remplacerai dans ses fonctions par l'adjudant ..... du dépôt) ; ....., nommé sous-lieutenant au 17e régiment d'artillerie, par décret du 17 août dernier, disponible à Valence.

17e batterie : MM. ....., capitaine en second, disponible à Valence ; ....., sous-lieutenant au dépôt ; ....., sous-lieutenant au dépôt ; M. ....., capitaine en premier, et M. ....., lieutenant en second, souffrent encore de leurs blessures reçues devant Sedan.

J'ai l'honneur de soumettre également à votre approbation les propositions suivantes pour le grade de sous-lieutenant, que j'ai envoyées à M. le Général commandant l'artillerie dans la 8e division militaire.

MM. ....., adjudant à la 16e batterie, évadé de Sedan ; ....., adjudant au dépôt, apte à être adjoint au trésorier ; ....., maréchal des logis chef à la 15e batterie, évadé de Sedan.

Nous avons fourni aux 1re et 6e batteries du 20e régiment d'artillerie, arrivées à Valence, les effets dont elles ont eu besoin en habillement, chaussure et petit équipement. Le comité éventuel de remonte du 19e d'artillerie leur fournit aussi tous les chevaux nécessaires. On pousse activement à la fabrication des fers pour les chevaux; il existe déjà au dépôt un approvisionnement de 3,500 fers. Les dépôts de l'ex-Garde, carabiniers, cuirassiers, lanciers, dragons, chasseurs et guides, possèdent un grand nombre de cavaliers de 1re classe, dont nous pourrions faire rapidement des servants à cheval pour nos batteries de guerre.

Le dépôt des carabiniers, en garnison à Orange, est fort de 362 cavaliers, 210 chevaux.

Le dépôt des cuirassiers, en garnison à Orange, est fort de 386 cavaliers, 200 chevaux.

Le dépôt des dragons, en garnison à Montélimar, est fort de 324 cavaliers, 130 chevaux.

Le dépôt des lanciers, en garnison à Montélimar, est fort de 184 cavaliers, 74 chevaux.

Le dépôt des guides, en garnison à Valence, est fort de 327 cavaliers, 106 chevaux.

100 cavaliers tirés de ces dépôts et versés avec leur habillement et leurs chevaux harnachés au 19e d'artillerie n'affaibliraient pas sensiblement ces dépôts et pourraient être utilisés avec avantage comme servants à cheval, après quelques semaines d'instruction d'artillerie.

Le Ministre de la Guerre au Président du Conseil d'administration du 14e régiment d'artillerie montée, à Toulouse.

Tours, 27 septembre.

......Si vous avez des sujets susceptibles de devenir officiers, ayez soin de me les signaler en m'adressant, pour chacun d'eux, un mémoire de proposition qui peut être très sommaire, mais doit être accompagné de l'approbation du général commandant l'artillerie ou de l'officier qui le remplace.

Donnez, quand vous le pourrez, trois officiers à vos batteries; les lieutenants peuvent sans inconvénient être de la même classe. Informez-moi et je régulariserai par des lettres de service.

Passez outre quant aux buffleteries; l'important est de faire pousser vos confections et provoquez de l'intendant militaire les ordres nécessaires pour compléter vos 18e et 19e batteries.

Le Ministre de la Guerre au Président du Conseil d'administration du 9e régiment d'artillerie, à Lyon.

Tours, 29 septembre.

.....Augmentez....., d'après vos besoins, le cadre du dépôt. Vous y êtes autorisé par une circulaire récente.....

Le Général commandant l'artillerie dans la 3ᵉ division militaire au Ministre de la Guerre.

Douai, 30 septembre.

Pour répondre au désir exprimé par le comité de défense du Nord et le préfet de ce département, il serait possible de former à Lille avec les chevaux isolés, arrivés sans conducteurs du champ de bataille de Sedan, et les ressources que présente la 2ᵉ batterie principale du 15ᵉ d'artillerie, forte de 157 hommes, une batterie montée de marche.....

A Douai, il serait possible de former aussi une batterie semblable.....

Le Ministre de la Guerre au Major du 12ᵉ régiment d'artillerie, à Lyon (D. T.).

Tours, 28 septembre.

Vous pouvez puiser dans votre 13ᵉ batterie, au besoin, en faire votre 18ᵉ.

Le Ministre de la Guerre au Président du Conseil d'administration du 12ᵉ régiment d'artillerie, à Lyon.

Tours, 29 septembre.

Je vous ai télégraphié que vous pouviez puiser dans votre 13ᵉ batterie, au besoin en faire votre 18ᵉ batterie.

Cette batterie 13, formée en vue de la défense de Paris, a aujourd'hui moins d'importance ; il serait utile cependant que vous puissiez, à un moment donné, disposer d'une batterie à pied et vous pourrez en former une après celles dont il va être question et si vous avez fait de celle n° 13 existante votre 18ᵉ.

Votre batterie n° 18 organisée et partie, vous vous occuperez, sans retard aucun, de compléter à 120 hommes et 103 chevaux vos batteries 5, 6 et 9.

Vous donnerez à chacune d'elles trois officiers seulement, savoir : un capitaine et deux lieutenants — la classe importe peu ; — vous me rendrez compte par écrit et je régulariserai par des lettres de service.

Les autres officiers seront disponibles pour vos autres batteries ; vous devrez d'ailleurs, pour les désignations, prendre les ordres de M. le lieutenant-colonel ...., s'il est de retour de Valence.

Après l'organisation de ces trois batteries, vous en commencerez une nouvelle n° 19.

Les propositions que vous avez faites pour sous-lieutenants ne sont pas arrivées encore ; vous pourrez les considérer comme acceptées si elles l'ont été à Lyon.

Tenez-moi au courant des mouvements importants et, s'il y a lieu, des rentrées des officiers, sans préjudice de la situation, de l'état des mutations et de la note que je vous ai demandés le 21 septembre pour les 1er, 10 et 20 de chaque mois. Poussez activement vos instructions, vos formations et ne craignez pas d'avoir de l'initiative.

Le général des Pallières, commandant la 1re division du 15e corps, au Ministre de la Guerre.

Nevers, 30 septembre.

En considérant la proportion d'artillerie actuellement en usage dans le 15e corps et celle de l'armée qui a capitulé à Sedan, nous trouvons qu'elles sont entre elles comme 1 à 3. Je ne dois pas vous cacher qu'avec les troupes qui composent nos corps, et en présence de la supériorité de celles de l'ennemi, sous le rapport du nombre comme sous celui du calibre, je considère comme un devoir d'appeler sérieusement votre attention sur cet objet, d'autant plus qu'il me paraît très facile de trouver le moyen de faire face à cette situation.

Vous possédez dans les ports de Toulon, Rochefort, Lorient et Brest, des batteries, dites d'école de 12 et de 4, au moins deux ou trois par port.

Vous trouveriez facilement dans l'artillerie de marine de quoi armer ces batteries, en adjoignant comme conducteurs des hommes du train des équipages qui eux-mêmes, dans leur service, pourraient être remplacés par des charretiers réquisitionnés.

En outre, vous avez dans les ports des pièces de 12 rayé qui servent à l'armement de certains navires et, en même temps, des projectiles. Je crois qu'il serait très possible, dans le cas où vous voudriez employer ces pièces à l'armement de notre armée, de faire confectionner ici tout le matériel roulant, affûts, voitures, nécessaire pour mettre ces pièces en service et compléter celui des batteries d'école des ports.

Quant aux charretiers et aux conducteurs de ces nouvelles batteries de 12, nous les trouverions soit dans le train ou la grosse cavalerie qui s'est fait bravement détruire sans nous rendre aucun service et n'est pas appelée à nous en rendre davantage dans cette campagne, ou bien en prenant des chevaux de réquisitions dans le pays, et la Nièvre en fournirait en grande quantité. D'après les renseignements que j'ai recueillis, on les donnerait volontiers contre des bons payables à la fin de la guerre, ou en déduction d'impôts pour l'année prochaine.

Je dois signaler aussi à votre attention que les diverses industries métallurgiques du département seraient promptement en état de fournir des projectiles et des pièces et que, pour la confection des gargousses et des fusées, il suffirait d'envoyer ici deux ou trois ouvriers, par exemple un garde d'artillerie à bois et un à fer et un artificier, ainsi que les modèles nécessaires pour diriger les différents ateliers d'artifices, matériel roulant, etc., etc.

Le département de la Nièvre, par sa position centrale et ses immenses ressources en industries en fer et en bois, est admirablement situé pour confectionner, à portée de notre main, tout le matériel dont nous manquons. Si vous voulez me donner les pouvoirs nécessaires pour mettre ce travail en train dans la limite des besoins de notre armée, je profiterai de ma présence sur le lieu pour mettre tous ces ateliers en mouvement. Leur organisation doit en outre servir à remplacer le matériel que nous perdrons et à préparer celui des armées qui marcheront après nous.

Pour ce qui est du harnachement, nous pourrions nous servir de tout ce que nous possédons actuellement, et, en outre, de celui du train non employé; le reste serait confectionné immédiatement en cuir non corroyé, au moyen de réquisitions de tous les ouvriers du département.

Note du Major commandant le 2ᵉ régiment d'artillerie sur les ressources disponibles du corps.

Grenoble, 1ᵉʳ octobre.

...... Je m'occupe de la formation de la 21ᵉ batterie, non pas que cette batterie puisse être mobilisée immédiatement si l'on veut des conducteurs en état de mener à peu près convenablement des chevaux encore neufs; mais, en donnant dès aujourd'hui à cette batterie ses hommes et ses chevaux, je débarrasserai d'autant le dépôt, j'utiliserai, en fortifiant leur instruction, les gradés que nos ressources nous permettent encore de nommer, et j'apprendrai, ce qui est plus précieux, aux hommes et aux cadres à se connaître entre eux; j'éviterai en un mot, autant que possible, les inconvénients des formations précipitées.

...... Nous sommes en mesure de satisfaire aux prévisions en fait de servants suffisamment instruits, et tous nos soins se portent à former au plus vite des conducteurs susceptibles de marcher. Le dépôt de remonte de Mâcon m'annonce, pour les 2 et 3 octobre, l'arrivée de 200 chevaux de trait; avec ce qui nous restera après le départ de la 20ᵉ batterie, nous serons suffisamment pourvus pendant quelque temps, et le dressage simultané des conducteurs et des chevaux marchera d'autant plus vite et plus facilement que nous serons moins dérangés par de continuels arrivages.

A ce propos, je crois devoir particulièrement attirer l'attention sur les inconvénients de l'encombrement ; après avoir servi les 18e, 19e et 20e batteries, j'aurai encore ici plus de 1,000 hommes ; un plus grand nombre ne ferait que retarder des mobilisations ultérieures ; nous sommes quatre corps différents dans le même quartier, avec des effectifs bien supérieurs à ceux qui ont précédé la mise sur le pied de guerre ; les difficultés que l'on rencontre, rien que pour loger et nourrir tout ce monde, sont autant d'entraves apportées à la prompte organisation des fractions mobilisables. En outre, la nécessité de ménager les ressources des magasins, en vue des batteries premières à former, empêche d'habiller immédiatement les nouveaux venus, et il résulte de cet état de choses que la surveillance devient plus difficile à exercer et que la discipline s'en ressent.

Nos magasins se réapprovisionnent en effets de toute nature et nous serons dorénavant en mesure de faire partir tous nos hommes complètement habillés et équipés.

Note du Major commandant provisoirement le 9e régiment d'artillerie.

Lyon, 1er octobre.

La 18e batterie étant partie le 28, je vais tâcher de former la 19e avec les évadés de Sedan et quelques recrues les plus intelligentes.

Cette batterie aura pour officiers deux lieutenants dont l'un, M....., qui quitte ses fonctions d'adjoint au trésorier, est au courant du service et pourra prendre le commandement provisoire.

Cette 19e batterie une fois formée, le corps sera à bout de ressources en hommes instruits et il faudra attendre que les recrues soient suffisamment formées pour songer à faire d'autres organisations......

Urgent. — Il ne reste plus de chevaux de selle pour de nouvelles formations de batteries, quoiqu'on ait pris dans ceux de trait tous les animaux à peu près propres à la selle.....

Le Commandant de la 18e batterie du 13e régiment d'artillerie au Chef du personnel de la direction d'artillerie de la délégation du ministère de la Guerre, à Tours.

(Sans date).

La 18e batterie a été constituée sur le papier le 21 septembre et les hommes et les chevaux n'y ont compté qu'à la date du 22 ; le harnachement fut versé le même jour à l'adjudant ; les chevaux avaient dû être réunis dans une écurie à part par les soins du dépôt ; il ne fut pas possible, faute de temps, de pouvoir vérifier s'ils y étaient réellement.

Le jour du départ, le 23, il y eut un grand désordre ; les sous-officiers et brigadiers ne connaissaient ni hommes ni chevaux et les hommes ne savaient où prendre leur harnachement.

La batterie au lieu de quitter Bourges avec un effectif de 120 hommes et de 88 chevaux de troupe est partie n'ayant qu'un effectif de 118 hommes, dont 3 absents qui sont entrés ce jour-là à l'infirmerie du régiment (1 brigadier, 1 trompette, 1 deuxième conducteur), 2 hommes qui n'ont pas rejoint (1 premier conducteur, 1 deuxième conducteur) et un effectif de 83 chevaux ; il manque 3 chevaux de selle et 1 attelage de derrière.

Je n'avais, au moment du départ, aucune indication sur l'instruction des cadres de la batterie, des servants et des conducteurs ; pendant les quelques jours que je viens de passer avec le personnel, j'ai pu m'assurer qu'il laissait beaucoup à désirer : les sous-officiers sont insuffisants, soit comme instruction, soit comme discipline ; mais j'espère que l'exemple qui a été fait par la cassation du maréchal des logis ..... les engagera à faire leur service ; il ne m'est pas possible de désigner un brigadier de la batterie pour le remplacer.

Les brigadiers ne valent rien ; sur les 8 que je devrais avoir, 1 est resté à Bourges à l'infirmerie, 3 ont été cassés depuis notre départ et comme vous en avez nommé 1, il en manque 3. Parmi les 5 qui restent, il y en a 2 incapables de rendre quelque service : l'un sort des artificiers du régiment et ne sait pas monter à cheval, et l'autre, nommé lorsque la batterie a été créée, soldat rappelé, toujours en état d'ivresse, ne peut continuer à en remplir les fonctions.

Les servants, sauf 12 ou 13 anciens soldats, n'ont jamais manœuvré ; une dizaine de conducteurs ne peuvent se tenir à cheval.

Ma responsabilité de commandant de batterie me paraissant un peu trop engagée avec d'aussi mauvais éléments, je vous prie de vouloir bien appuyer ma demande, et je compte sur votre bienveillance pour que vous réclamiez d'urgence à M. le général commandant l'artillerie.

Il faudrait à la batterie : 1 sous-officier, 4 brigadiers, 1 trompette, 10 ou 12 servants et 10 conducteurs (Il serait probablement facile au régiment de les envoyer avec des hommes échappés de Sedan et s'y trouvant en subsistance).

7 chevaux, dont 3 de selle, avec leur harnachement, et 2 attelages de derrière.

Si mes demandes pour les hommes étaient accordées, la batterie, ayant un nombre à peu près égal de conscrits et d'anciens soldats, pourrait se présenter convenablement au feu, ce qui, dans les conditions actuelles, ne me paraît guère possible, la plupart des conducteurs ne sachant ni harnacher, ni monter à cheval, la plupart des servants, servir leurs pièces.

Les hommes que je renverrais au dépôt seraient susceptibles d'être utilisés pour la formation d'autres batteries au bout de quelques jours d'instruction ; avec les marches et contremarches que nous faisons, le temps manque à la batterie pour les instruire.

Le Major du 13ᵉ régiment d'artillerie au Général commandant l'artillerie dans la 19ᵉ division militaire, à Bourges.

Grenoble, 2 octobre.

En réponse à la lettre du *commandant de la 18ᵉ batterie* (1), j'ai l'honneur de vous faire savoir que, lorsque je forme une batterie, j'ai toujours eu pour principe de lui donner tout ce que j'ai de meilleur, ce qui ne veut pas dire que ce soit parfait ; mais dans ce moment les ressources des dépôts en hommes instruits sont si limitées qu'on fait ce que l'on peut et non pas ce que l'on veut.

Comme officiers, la 18ᵉ batterie est très mal composée : M. ....., capitaine en second, qui la commande, vient de rentrer d'Afrique où il était attaché aux bureaux arabes ; il ne connaît pas le service et ne paraît pas avoir une très bonne santé. M. ..... (*lieutenant*), est sorti de l'École de Metz avant ses deux ans finis, mais cet officier, arrivé au régiment depuis le 11 août, avait mis beaucoup de zèle à se mettre depuis lors au courant et paraissait devoir faire un bon officier, s'il avait eu le temps de s'instruire aux détails du service. Quant à M. ..... (*sous-lieutenant*), sorti de l'École polytechnique et n'ayant pu rejoindre Metz, il n'est au courant ni du service ni des manœuvres. C'était les deux officiers les plus anciens qui fussent disponibles au moment de la formation de la 18ᵉ batterie.

Je ne suis pas du reste, en ce moment, dans une position meilleure. J'ai au dépôt un lieutenant en premier qui sort d'une compagnie d'ouvriers, et qui ne connaît ni le cheval ni le service, et deux sous-lieutenants, dont l'un est dans la même position que M. ....., et le second vient d'être nommé étant fourrier et est blessé.

Le *commandant de la 18ᵉ batterie* a effectivement laissé à l'infirmerie, le jour de son départ, 1 brigadier, 1 trompette et 1 conducteur, mais sans me prévenir. Les deux conducteurs, qu'il indique comme n'ayant pas rejoint, ne sont pas au régiment et devraient être signalés déserteurs, si le commandant de la 18ᵉ batterie avait envoyé leurs noms comme il aurait dû le faire.

Quant aux chevaux, j'ai fait passer une revue de ceux du régiment, travail assez difficile vu leur grand nombre et le peu de ressources

---

(1) Document publié ci-dessus.

comme cadres, mais jusqu'à présent, aucun des chevaux de la 18ᵉ batterie n'a été signalé comme resté ici. Si *le commandant de la 18ᵉ batterie* donnait le numéro des chevaux qui lui manquent, peut-être pourrait-on les retrouver. Pour moi, il est parti à l'effectif de 87 chevaux, dont 21 de selle et 66 de trait ; un cheval de selle s'est cassé la jambe au moment de l'embarquement et n'a pas été remplacé.

Si *le commandant de la 18ᵉ batterie* a perdu ses chevaux, je ne demande pas mieux que de les lui remplacer.

Quant aux sous-officiers et brigadiers, ils sont dans les mêmes conditions que ceux qui nous restent, c'est-à-dire provenant des anciens militaires rappelés et ayant été sous-officiers ou brigadiers, et, pendant leur séjour au corps, ils ne se sont pas fait remarquer par leur inconduite. Le brigadier, que *le commandant de la 18ᵉ batterie* signale comme venant des artificiers, a suivi le peloton d'instruction et a été proposé par le colonel comme susceptible d'être nommé brigadier.

Quant aux servants, je ne puis donner que des hommes de la classe 1869, arrivés en août, qui ont été exercés jusqu'à la charge à volonté, les hommes du corps ayant été tous sans exception employés aux travaux de l'école, de la direction et de la fonderie lorsque le régiment se trouvait ici seul pour fournir à tous ces nombreux travaux. Je pourrais, en ce moment, trouver quelques hommes revenus de Sedan, mais en très petit nombre. Les conducteurs ont été pris parmi les anciens militaires rappelés et étaient montés au dépôt. Ceux qui le sont encore en ce moment et qui fournissent les travailleurs sont de la même catégorie, il m'est impossible de donner mieux. J'ai bien quelques hommes qui viennent de la Garde, mais ils sont de la même provenance.

Je puis donc envoyer *au commandant de la 18ᵉ batterie* ce qu'il demande comme sous-officiers, canonniers et chevaux, mais je n'ai pas de harnachement de selle à lui fournir. Dans tous les cas, ces hommes et ces chevaux seraient en excédent de l'effectif fixé par le Ministre, mais leur qualité militaire n'améliorera pas beaucoup la 18ᵉ batterie; ce qu'il faudrait en première ligne, ce serait des officiers plus au courant du service et le restant pourrait marcher.

Note du Major commandant le 6ᵉ régiment d'artillerie indiquant l'état d'avancement des formations ordonnées et les ressources du corps à la date du 1ᵉʳ octobre.

Grenoble, 2 octobre.

La 12ᵉ batterie est complète à l'effectif de 195 hommes et 160 chevaux. Les hommes seront habillés et équipés complètement le 5 octobre environ. Ce sont les confections de capotes, de pantalons de cheval et de casquettes qui nous retardent. Les chevaux sont harnachés.

La 19ᵉ batterie est en voie de formation. Elle a déjà ses cadres complets et 75 hommes à l'effectif, sous-officiers compris. Les ressources du corps permettent de la compléter en servants instruits; mais il lui manque une vingtaine de conducteurs, et l'instruction de ceux du dépôt est bien incomplète. Néanmoins, il sera possible de pousser l'instruction d'une vingtaine d'hommes choisis de manière à les mettre en état de partir d'ici dix à douze jours.

Lorsque les chevaux de trait auront été donnés à la 19ᵉ batterie, il n'en restera au dépôt qu'un très petit nombre de disponibles. Le corps a reçu, dans ses dernières remontes, un assez grand nombre de chevaux de 4 ans, qui jettent leur gourme actuellement et sont hors d'état de marcher.

Le nombre des chevaux de selle sera aussi insuffisant pour compléter la 19ᵉ; il serait à désirer qu'on pût m'en envoyer encore une vingtaine.

..... Lorsque les 12ᵉ et 19ᵉ seront parties, il restera encore au dépôt bon nombre de servants suffisamment instruits et une trentaine d'anciens soldats dans la 1ʳᵉ bis; mais l'instruction des conducteurs demandera plus de temps; elle est poussée d'ailleurs aussi activement que le permettent les ressources du corps en instructeurs et les travaux commandés pour la défense de la place.

Note lue par le Ministre de la Guerre au Gouvernement de la Défense nationale sur le personnel et le matériel existant en province.

Paris, 4 octobre.

1° *Matériel.* — Il existe actuellement disponibles dans les provinces non envahies par l'ennemi environ 6 batteries de 12 rayé de campagne, 10 batteries de 8 rayé de campagne, 20 batteries de 4 rayé de campagne, constituées, chargées en guerre et prêtes à être attelées;

Deux parcs de campagne comportant chacun environ 180 voitures chargées en guerre.

Le matériel de campagne ne fait d'ailleurs pas défaut. Il existe des canons de 4 rayé sur affût en nombre considérable; les caissons garnis et vides, les projectiles vides, etc., ne manquent pas. Il est donc hors de doute que la délégation du ministère de la Guerre à Tours s'est préoccupée de constituer, avec ces ressources, de nouvelles batteries.

En ce qui concerne les armes portatives, il existait avant la rupture des communications :

Environ 300,000 fusils 1866 dans les corps de troupe ou dans les directions constituées dans les provinces non envahies;

Environ 500,000 fusils à percussion rayés, dont une partie est entre les mains des gardes nationales sédentaires et l'autre, la plus considérable, est entre les mains des gardes nationales mobiles.

Quant aux fusils à tabatière, ils sont tous à Paris et dans les départements envahis.

Les approvisionnements de cartouches modèle 1866, non compris celles qui étaient entre les mains des corps de troupe et celles qui entrent dans la composition des parcs de campagne, n'excédaient pas 10 millions. Mais, depuis le 15 septembre, les divers établissements ont produit des quantités considérables de cartouches. La production par semaine doit s'élever de 4 à 5 millions.

Les approvisionnements de munitions pour fusils à percussion étaient très insuffisants; des commandes importantes ont été faites dès le commencement de septembre.

La fabrication des capsules pour cartouches modèle 1866 a été organisée à Bourges; celle des papiers pour lesdites cartouches à Nantes.

Les fabriques organisées dans ces deux villes doivent donner dès à présent des produits satisfaisants.

La fabrication des mitrailleuses a été organisée à Nantes par les soins de M. le chef d'escadron de Reffye. Mais il est douteux que ces ateliers aient pu jusqu'à présent donner des produits.

2° *Personnel.* — Les dépôts des deux régiments de la Garde et de chacun des deux régiments de Douai et de La Fère ont été envoyés les premiers à Bourges, les seconds à Rennes. Il ne manque donc en province que les dépôts des sept régiments qui tenaient garnison à Vincennes, à Metz et à Strasbourg.

En somme, il existe dans les départements non envahis les dépôts de quinze régiments d'artillerie et des deux régiments du train d'artillerie, qui peuvent réunir un nombre considérable d'hommes et de chevaux.

Les cadres font cependant défaut: mais l'application en province des dispositions du décret du 30 septembre dernier permettra de fournir des officiers.

Des commandes de harnachement ont été faites et peuvent encore être faites en province. D'ailleurs, en cas d'insuffisance, on pourra faire usage d'objets de harnachement de circonstance.

Le service de l'artillerie a délégué à Tours les deux officiers supérieurs d'artillerie chefs de bureau du personnel et du matériel au ministère de la Guerre. Ces officiers sont très capables, avec le concours de l'autorité supérieure, d'organiser les ressources qui viennent d'être indiquées.

Note (de la main du colonel Thoumas).

(Sans date, mais certainement des premiers jours d'octobre.)

Lorsque l'artillerie du 15ᵉ corps sera complétée, il y aura un peu plus de 2 bouches à feu par 1,000 hommes. A Sedan, il y avait 480 bouches à feu pour 110,000 à 120,000 hommes, soit 4 par 1,000 hommes.

La proportion sera donc de moitié (1).

Le service de l'artillerie s'est déjà préoccupé de cette infériorité. Le matériel sera bientôt prêt : le personnel lui-même le serait s'il ne manquait le harnachement, qui, mis en commande de tous côtés, ne sera prêt que d'ici à quelque temps.

On a donc pensé à employer quelques bonnes batteries de mobiles et à leur faire servir des pièces traînées par des chevaux de réquisition. Mieux vaudrait évidemment des marins ou des artilleurs de marine conduits par leurs officiers.

L'idée formulée dans la lettre de M. le général des Pallières est donc très sérieuse. Il conviendra, pour la mettre à exécution, de demander :

1º Au ministère de la Marine : combien de batteries d'école de 12 et de 4 il pourrait fournir (le département de la Guerre est en mesure de charger les coffres de ces batteries; il suffit du matériel non chargé), et combien de batteries, personnel (marins ou artilleurs de marine), il pourrait mettre en ligne pour servir ce matériel;

2º Au service de l'intendance : combien il pourrait affecter d'attelages à ces batteries de marine ou à celles que l'on ferait servir par de la garde mobile;

3º Au général de La Motterouge et aux autres généraux ayant un commandement supérieur : comment, à défaut de train d'artillerie ou des équipages, ils pourraient pourvoir, par réquisition, à l'attelage de ces batteries auxiliaires.

Il conviendrait toutefois de ne s'engager dans cette voie qu'avec une mesure extrême. Rien n'est plus propre à amener un désastre qu'une artillerie dont les conducteurs n'auraient pas le sang-froid nécessaire.

---

(1) Mais il y avait une partie de l'artillerie du 6ᵉ corps qui était restée à Châlons, lorsque les divisions de ce corps sont parties pour Metz, avec le maréchal Canrobert (Note du colonel Thoumas).

Le Ministre de la Guerre au Général commandant le 15ᵉ corps d'armée, à Bourges.

Tours, 4 octobre.

Vous m'avez fait connaître, par votre lettre du 1ᵉʳ octobre courant, qu'il vous paraît plus utile, dans l'intérêt du 15ᵉ corps, d'utiliser pour le service des batteries de 12 rayé de campagne, les hommes et les chevaux affectés à l'équipage de pont de corps d'armée qui est actuellement à votre disposition.

Je considère comme indispensable de pourvoir une armée de moyens suffisants pour le passage des cours d'eau qui peuvent mettre obstacle à sa marche et, si déjà j'ai employé le personnel affecté à une compagnie de pont de réserve à l'organisation de quatre batteries de 12 rayé de campagne, je pense qu'il serait très imprudent de se priver actuellement du seul équipage de pont conservé et fort difficile à réorganiser s'il était dissous.

Si le nombre des batteries attachées au 15ᵉ corps vous paraît trop faible, je vous rappelle qu'il sera augmenté par l'adjonction d'une batterie à chaque division et je pense qu'il sera possible, dans un court délai, de vous livrer une de ces batteries.

Il serait possible en outre d'ajouter deux batteries à votre réserve d'artillerie, mais il me semble avantageux, dans le cas où vous jugeriez cette augmentation utile, de n'y admettre que des batteries de 8 rayé de campagne, afin de ne pas multiplier les calibres et pour éviter les erreurs et l'encombrement auxquels pourrait donner lieu, dans un parc déjà très fort, un trop grand nombre de voitures chargées de munitions de diverses espèces.

Je vous prie de remarquer d'ailleurs que le canon de 8 rayé a, presque à tous les points de vue, une puissance égale à celle du 12 rayé et lui est même supérieur à certains égards.

Le Ministre de la Guerre au Colonel commandant l'artillerie, à Rennes.

Tours, 5 octobre.

Je vous ai adressé des lettres de service pour divers officiers compris dans votre commandement. Vous ne devez pas considérer les classements de ces officiers comme absolus, en ce sens que je suis tout disposé à les modifier d'après les ordres que vous pouvez avoir donnés vous-même, et, dans ce sens aussi, que je puis avoir désigné pour un commandement un officier hors d'état de le remplir pour le moment ; tel peut-être, en particulier, le cas des officiers entrés comme auxiliaires ou à leur sortie de l'École polytechnique.

Nous manquons de capitaines ; aussi devez-vous considérer comme disponibles pour des commandements de batterie tous les capitaines autres que les comptables et le capitaine instructeur de chaque régiment ; encore ces derniers peuvent-ils être admis à présenter un permutant apte à l'emploi.....

Le Ministre de la Guerre aux Généraux commandant les divisions militaires.

Tours, 5 octobre.

J'ai l'honneur de vous faire savoir que, sur leur demande, les militaires de la gendarmerie portés sur l'état ci-joint, ont été admis à servir, pendant la durée de la guerre, dans l'arme de l'artillerie.

Ils y seront traités comme il est dit ci-après :

Grade. — Il leur sera donné le grade qu'ils avaient en quittant l'artillerie ou celui qu'ils ont actuellement s'il est plus élevé que le premier.

Avancement. — Ils obtiendront de l'avancement au même titre que les militaires de l'artillerie.

Après la guerre, il leur sera laissé le choix, ou de rester dans l'artillerie, ou de rentrer dans la gendarmerie, mais alors seulement avec leurs grade et emploi actuels.

Les résidences qu'ils occupent leur seront autant que possible réservées.

Solde. — Ils conserveront leur solde de la gendarmerie, si cette solde est supérieure à celle du grade qui leur sera donné ou qu'ils obtiendront dans l'artillerie.

Habillement. — Ils seront habillés, armés et équipés dans l'artillerie comme les hommes de cette arme.

Ils laisseront en dépôt à la compagnie les effets qu'ils ne voudront pas emporter.

Chevaux. — Ils seront montés dans l'artillerie comme les hommes de cette arme.

Leurs chevaux seront repris par la compagnie.

Immatriculation. — Ils seront immatriculés au même titre que les hommes de l'artillerie.....

Note pour la 4ᵉ direction (artillerie).

Tours, 6 octobre.

Le Comité de défense demande les renseignements ci-après :

Canons. Batteries. — Quel en est le nombre dans les divers établissements ?

Mitrailleuses. — Quel en est le nombre ?

Fabriques d'armes. — Quel est leur produit quotidien ?

La 4ᵉ direction est priée de transmettre directement ces renseignements au Comité.

Note de la 4ᵉ direction (artillerie) pour le Comité de défense.

Tours, 8 octobre.

En réponse à la note du 6 octobre courant, on a l'honneur de faire connaître au Comité de défense qu'il existe actuellement, en dehors des places qui ne sont pas en communication avec le reste de la France, 7,006 canons environ, 24 batteries de campagne (personnel et matériel), 1 batterie de mitrailleuses (personnel et matériel) prête dans huit jours au plus tard.

Le produit quotidien des trois manufactures d'armes est d'environ 783 fusils modèle 1866.

Le Délégué du Ministre de la Guerre au général de La Motterouge, commandant le 15ᵉ corps d'armée, à Bourges; au général d'Aurelle, au Mans; au général Fiéreck, à Rennes.

Tours, 8 octobre.

Le plus grand obstacle qui s'oppose pour le moment à ce que l'on augmente la proportion de l'artillerie est le manque d'attelages ou plutôt de harnais. Il m'a paru que cette difficulté, toute momentanée d'ailleurs, pourrait être levée, non pas de manière à donner des batteries de campagne aussi mobiles que celles de nos régiments d'artillerie, mais de telle sorte cependant que nos divisions d'infanterie puissent emmener avec elles et mettre en ligne des batteries auxiliaires capables de faire un feu sérieux et meurtrier pour l'ennemi. Ces batteries auxiliaires seraient servies par des canonniers de l'artillerie de la garde nationale mobile choisis parmi les plus exercés. Les pièces et les caissons seraient traînés par des attelages de réquisition que l'on trouverait très facilement en les payant à l'aide de bons de dégrèvement sur les impositions de l'année prochaine et qui seraient conduits par des gardes nationaux mobiles. Les attelages ainsi requis conserveraient le harnais de travail ou de labour. Les conducteurs restant à pied n'auraient pas besoin de selles.

Je ne me dissimule pas que c'est là un moyen essentiellement auxiliaire et dont il ne conviendrait d'user qu'avec une prudence extrême ; car, si une bonne artillerie donne de la confiance aux troupes et appuie ou prépare leurs mouvements avec efficacité, une artillerie trop imparfaite pourrait produire des effets tout opposés.

J'ai donc l'honneur de vous prier de vouloir bien étudier la question aussi rapidement que possible, car il s'agit surtout, je vous le répète, de suppléer à un défaut momentané, et de me faire savoir :

1° Si dans les départements occupés par votre corps d'armée ou placés sous votre commandement, il serait possible d'organiser des batteries auxiliaires dans les conditions indiquées ci-dessus, tant au point de vue des canonniers de garde nationale mobile qu'à celui des attelages et des conducteurs ;

2° Si vous pensez que des batteries ainsi organisées puissent vous être d'une utilité réelle.

Renseignements demandés par le Ministre de la Guerre sur le matériel d'artillerie disponible.

Tours, 10 octobre.

Fusils modèle 1866.

Questions.	Réponses.
Combien y en a-t-il en magasin, autrement dit *disponibles* ?	80,000, non compris 12,000 en magasin à Toulouse qu'on ne peut délivrer avant de les avoir complétés par les têtes mobiles et aiguilles que l'on expédie chaque semaine de Saint-Étienne.
Combien en fabrique-t-on par jour ?	A Saint-Étienne.............. 480 A Châtellerault.............. 175 A Tulle...................... 129 Total......... 784
Peut-on augmenter la fabrication dans les manufactures actuelles ?	Elle augmente peu à peu, mais on ne peut guère espérer de lui voir dépasser ou même atteindre le chiffre de 1,000 par jour.
Peut-on créer une quatrième manufacture en utilisant les établissements industriels les plus perfectionnés ?	La fabrication exige des machines compliquées d'une construction lente ; la manufacture que l'on installerait, si elle ne travaillait pas aux dépens des manufactures actuelles, ne donnerait pas une production sensible d'ici à plusieurs mois.

CARTOUCHES 1866.

Questions.	Réponses.
Quel est le chiffre de l'approvisionnement en dehors de Paris ?	Un peu plus de 7 millions, y compris les parcs des 15e et 16e corps, mais non compris ce qui a été envoyé à Épinal, Belfort, Neufbrisach, Schlestadt, et ce qui est dans les corps de troupe à raison de 90 par homme, c'est-à-dire plus de 12 millions qu'on ne peut compter dans les approvisionnements.
Combien en fabrique-t-on par semaine ?	3 millions.
A combien peut-on espérer porter la fabrication ?	A 7 millions.
Et dans combien de temps ?	Dans 10 jours à 4 millions ; Dans 15 — 5 — ; Dans 20 — 6 — ; Dans 25 — 7 — .
Combien existe-t-il d'ateliers ?	17 ateliers.
Qu'est-ce qui s'oppose à ce qu'on augmente ce nombre ?	1° La difficulté de produire des capsules en quantité suffisante ; 2° le manque d'outillage (vingt outillages destinés aux ateliers des départements étant restés dans Paris par suite de l'investissement, et la confection de ces outillages compliqués étant des plus lentes) ; 3° la difficulté d'avoir des papiers d'une bonne composition chimique. On va cependant établir un certain nombre d'ateliers supplémentaires : un à Langres et un à Châtellerault.

CANONS.

Combien en moyenne fond-on de canons par jour ?	En 12 et en 8 : on ne fond pas de canons de 12, non plus que de canons de 8 ; on raye, par jour, un canon de chaque calibre.

ARTILLERIE.

Questions.	Réponses.
	En 4 : la commande de 1870 ne comprend que des canons de siège et de place, le nombre des canons de 4 ayant été jugé suffisant.
Quel est, en dehors de Paris, le nombre de bouches à feu de campagne, y compris ce que la marine nous livre?	Pièces de 12.............. 110 Pièces de 8.............. 84 Pièces de 4.............. 834 　　　　　Total........ 1,028
Combien existe-t-il de batteries organisées (personnel et matériel)?	En pièces de 12 : 15ᵉ corps, 0; 16ᵉ corps, 4; dans les dépôts, 2; en matériel, 6 de plus. En pièces de 8 : 15ᵉ corps, 6; 16ᵉ corps, 0; dans les dépôts, 2; en matériel, 2 de plus. En pièces de 4 : 15ᵉ corps, 12; 16ᵉ corps, 9; dans les dépôts, 8 (15 d'ici à une dizaine de jours).

Mitrailleuses.

Combien y a-t-il de batteries de canons à balles disponibles?	Une seule à Nantes, qui a reçu l'ordre de rejoindre le 15ᵉ corps.
Dans combien de temps y en aura-t-il d'autres prêtes à marcher?	Le 25 octobre, une batterie, et, à partir de ce moment-là, une par semaine.
Combien M. Pétin (1) doit-il en livrer et dans combien de temps?	Douze batteries. Les trois premières le 23; les suivantes, trois par jour. Si les essais réussissent, on portera le nombre des batteries à vingt-quatre ou même davantage à raison de trois par jour.

Questions diverses.

Combien a-t-il été envoyé de fusils de l'Algérie pour être transformés?	18,670 fusils à percussion lisse (les fusils que l'on transforme se composent principalement de 300,000 fusils

---

(1) Industriel de Saint-Nazaire.

Questions.	Réponses.
	à silex repris à MM. Daumas, Lasnier et Lartigue, concessionnaires d'un marché pour l'achat de ces fusils).
Combien y a-t-il de pièces par 1,000 hommes dans le 15ᵉ corps supposé à l'effectif de 60,000 hommes ?	Actuellement, cinq pièces pour 3,000 hommes. Très prochainement, deux pièces pour 1,000 hommes (d'ici à cinq jours).
Combien de pièces pour 1,000 hommes dans le 16ᵉ corps supposé à l'effectif de 40,000 hommes ?	Actuellement, neuf pièces pour 5,000 hommes. Très prochainement, un peu plus de deux pièces pour 1,000 hommes.

Le Ministre de la Guerre au Gouverneur général de l'Algérie.

Tours, 12 octobre.

J'ai l'honneur de vous inviter à faire établir d'urgence dans les corps d'artillerie sous vos ordres des mémoires succincts de propositions pour le grade de sous-lieutenant d'artillerie.

Ces états ne devraient pas comprendre, si faire se peut, moins de douze noms ; il pourra y en avoir un plus grand nombre.

Les candidats ainsi présentés seront, sans attendre un autre avis, mis en route un sur chacun des 2ᵉ, 6ᵉ, 7ᵉ, 8ᵉ, 9ᵉ, 10ᵉ, 12ᵉ, 13ᵉ, 14ᵉ, 15ᵉ, 18ᵉ et 19ᵉ régiments d'artillerie.....

Le Délégué du Ministre de la Guerre au commandant de Reffye, à Nantes.

Tours, 12 octobre.

J'adopte les propositions que vous m'avez faites dans votre lettre du 7 octobre courant pour diverses modifications de détail à apporter au matériel des canons à balles.

Mon intention serait de réduire à 15 voitures, comme pour les batteries actuellement organisées de 4 rayé de campagne, le nombre des voitures qui composent la batterie. Mais, avant de prendre une décision à ce sujet, je vous invite à me faire connaître si vous n'y voyez pas d'inconvénients.

La batterie comprendrait alors 6 pièces sur affûts, 6 caissons, 1 forge, 2 chariots de batterie.

Le Général commandant le 16ᵉ corps au Ministre de la Guerre, à Tours.

Tours, 13 octobre.

En réponse à votre dépêche du 9 courant, qui ne m'est parvenue qu'hier au soir, j'ai l'honneur de vous faire connaître mon opinion au sujet de la création de batteries de campagne auxiliaires qui seraient attelées au moyen de chevaux pris chez les cultivateurs et avec les harnais dont ils sont actuellement pourvus.

En principe, la proportion d'artillerie attachée aux divisions appelées à combattre doit être d'autant plus forte que les troupes qui les composent sont moins aguerries et partant moins habiles au feu. C'est la situation actuelle du corps d'armée en voie de formation.

A ce point de vue, il n'y a point à hésiter, d'autant plus que, dès le début de la guerre, l'ennemi a toujours eu en artillerie, partout, une très grande supériorité numérique.

Mais le mode d'attelage, la conduite des voitures par des hommes à pied, l'inexpérience du personnel appelé à en faire usage et la panique inexplicable qui s'empare des troupes donnent lieu de craindre que cette artillerie ne soit gravement compromise et ne tombe finalement entre les mains de l'ennemi.

Il y aurait peut-être un moyen de remédier à ces graves inconvénients en attachant cette nouvelle artillerie aux régiments mêmes, qui en auraient toujours la garde et la défense.

On attacherait une batterie au moins à chaque régiment de garde mobile, dont l'effectif est de 3,600 hommes. Les troupes de soutien, pendant le combat, seraient toujours fournies par le régiment auquel la batterie aurait été confiée; de cette manière, la lenteur forcée de la manœuvre aurait peu d'importance.

Cette formation ne devant être que transitoire, puisqu'elle n'est motivée que par le manque des harnais, on pourrait remédier aux inconvénients signalés plus haut en n'engageant cette artillerie que dans des positions d'où sa retraite serait facile et prompte.

Le général commandant la subdivision de la Vienne fait connaître qu'il y a à Poitiers des ressources assez considérables en matériel et en personnel pour la confection des harnais; à Tours même, il serait possible, sans doute, d'en faire confectionner un certain nombre. Si les marchés étaient passés d'urgence, il y aurait bientôt assez de harnais pour faire disparaître les attelages provisoires.

Quant aux troupes d'artillerie de la garde mobile, il me semble qu'il serait facile de les prendre dans les départements côtiers, qui ont des batteries dont l'instruction est déjà avancée, au lieu de les emprunter aux régiments de la garde mobile déjà incorporés dans les divisions actives.

Le Général commandant la 2ᵉ subdivision militaire au Général commandant la 18ᵉ division militaire, à Tours.

Le Mans, 13 octobre.

Après m'être entouré de renseignements, je me hâte de répondre aux deux questions posées par la dépêche de M. le Ministre de la Guerre, en date du 8 du courant, que vous m'avez fait l'honneur de m'adresser à la date du 9 octobre sous le n° 630 :

1° Dans le département sous mon commandement, il serait très possible de se procurer des attelages de réquisition et des conducteurs, susceptibles de se prêter à l'organisation d'une artillerie assez mobile pour suivre les colonnes d'infanterie de la garde mobile ou de l'armée.

Les harnais des chevaux des petites voitures publiques assez nombreuses et presque inactives, ceux des chevaux de travail et de labour pourraient très bien se prêter à ce service. Mais s'ils ne suffisaient pas, les ressources que la plupart des localités offrent en selliers et en bourreliers permettraient, très facilement et très rapidement surtout, de changer le collier pour la bricole et de compléter ce que certains harnachements pourraient avoir de défectueux ou d'incomplet.

En ce qui concerne la question des canonniers, le département, par lui-même, ne comporte pas d'artillerie de la garde mobile ; il faudrait donc demander le personnel nécessaire au service des pièces au département d'Ille-et-Vilaine qui, dans son chef-lieu, a dû instruire des artilleurs de la garde mobile.

Avec l'appui d'un détachement déjà exercé, il serait facile de trouver, dans les bataillons de la garde mobile de la Sarthe, des hommes susceptibles de faire d'excellents auxiliaires, soit sous le rapport de la vigueur et de la force, soit sous celui de la bonne volonté.

2° Je pense non seulement que des batteries ainsi organisées pourraient être d'une utilité réelle, mais je crois encore qu'elles sont indispensables, par cette raison même que leur établissement apporterait l'appui d'une force morale énorme à nos populations, de plus en plus résolues à se porter en avant.

Aussi, je ne doute pas, si cette mesure était adoptée, que chacun des cantons du département ne s'empressât aussitôt de fournir l'attelage complet d'une pièce au moins, ce qui pourrait permettre la formation de plusieurs batteries.

Il serait désirable même, qu'en outre des batteries de campagne, on pût être pourvu d'une artillerie de position qui pourrait être servie par les corps mobilisés de la garde nationale sédentaire ou même par la garde nationale sédentaire elle-même. Certaines positions, dont on pourrait faire de petits camps retranchés, se prêteraient admirablement à l'établissement de batteries moins mobiles. Bien occupées, ces positions doubleraient la confiance des forces placées en avant d'elles en leur permettant d'agir avec plus de résolution.

Une marche lente en avant, faite ainsi de positions en positions avec quelques pièces d'artillerie, serait, je crois, le meilleur mode tactique à adopter. Aussi, je suis très convaincu que, très résolue à se défendre, la population armée de ce département se prêterait avec enthousiasme à l'exécution d'un projet poursuivi soit dans ces conditions, soit dans des conditions analogues.

Note relative aux officiers employés dans les établissements de l'artillerie.

14 octobre.

ÉTABLISSEMENTS.		NOMBRE		OBSERVATIONS.
		qu'il DEVRAIT y avoir.	QU'IL Y A.	
Ministère de la Guerre............		8	3	(1) Places de Besançon et de Langres ayant un personnel insuffisant.
Commandements et écoles.	Douai...............	5	»	
	La Fère.............	5	»	
	Besançon............	5	»	(2) Dont 1 à la disposition du commandant d'armes.
	Lyon................	8	»	
	Toulouse............	5	»	
	Rennes..............	5	»	(3) Dix-huit places fortes.
	Bourges.............	5	»	
	Grenoble............	5	»	(4) Ateliers de confection de canons à balles.
	Alger...............	5	1	
Directions et places fortes qui en dépendent.	Alger...............	9	6	
	Bastia..............	4	3	
	Bayonne.............	3	3	
	Besançon (1)........	10	8	
	Bourges.............	4	1	
	Brest...............	5	5(2)	
	Cherbourg...........	5	2	
	Constantine.........	7	1	
	Douai (3)...........	17	14	
	Grenoble............	5	2	
	La Rochelle.........	7	5	
	Lyon................	12	6	
	Nantes (4)..........	5	4	
	Oran................	7	5	
	Perpignan...........	7	4	
	Rennes..............	8	3	
	Toulon..............	14	7	
	Toulouse............	7	2	
	Capsulerie..........	6	1	
	Fonderie............	6	3	
	Forges de Besançon..	3	1	
	Forges de Nevers....	3	1	

ÉTABLISSEMENTS.		NOMBRE		OBSERVATIONS.
		qu'il DEVRAIT y avoir.	QU'IL Y A.	
Directions et places fortes qui en dépendent. (Suite).	Forges de Rennes............	3	1	(1) 1 en mission.
	Forges de Toulouse.........	3	2	
	Manufacture de Châtellerault............	5	4	
	Manufacture de Saint-Étienne.............	7	5(1)	
	Manufacture de Tulle.....	5	3	
	Poudrerie du Ripault.....	3	1	
	Poudrerie de Saint-Chamond............	3	1	
	Pyrotechnie...........	7	2	
TOTAUX.........		243	110	

Des 110 officiers ainsi employés dans les établissements, un certain nombre qui sont valides ont une spécialité ne permettant pas de les distraire de leur emploi; les autres sont plus ou moins impotents et impropres à un service actif. C'est le plus grand nombre.

On manque d'officiers d'artillerie, c'est malheureusement trop certain, mais la cause en est aux événements, attendu que sur les 1,650 officiers de l'arme plus de 1,300 sont retenus à Metz, Paris, etc., ou ont été faits prisonniers à Sedan, Strasbourg.....

C'est dans cet état de choses que l'on a dû former de nouvelles batteries, dont le nombre atteint déjà 50, exigeant près de 200 officiers.

On a trouvé des officiers dans des cadres épuisés déjà, au delà de toute mesure, par la création de l'artillerie des 13e et 14e corps d'armée, on en a retiré de l'Algérie, enfin, on a accepté toutes les bonnes volontés ayant paru admissibles.

Le Major commandant le 19e régiment d'artillerie au Ministre de la Guerre, à Tours.

Valence, 15 octobre.

..... L'instruction des 16e et 17e batteries avance. Je vous prie de vouloir bien faire activer l'envoi du matériel pour ces deux batteries par la direction de Lyon.

Je forme une 18e et une 19e batteries; les cadres en sont prêts. Quant aux hommes, je les prendrai parmi des anciens soldats, des échappés de Sedan, des hommes de la classe 1869 et des engagés volontaires dont l'instruction se fait depuis le mois de juillet.

ARTILLERIE.

Le Ministre de la Guerre au Général commandant l'artillerie du 15ᵉ corps, à Bourges.

Tours, 16 octobre.

Les fusées à deux durées actuellement adaptées aux projectiles creux donnent l'éclatement des projectiles à deux distances, dont la plus grande n'est que de 2,500 mètres environ. De là résulte l'impossibilité évidente de lutter contre une artillerie placée à une distance de 3,000 à 4,000 mètres.

Le remède à cet inconvénient grave est fourni par les fusées percutantes, qui font partie du chargement des coffres et par lesquelles on peut, au besoin, remplacer les fusées à deux durées. Mais, outre que le nombre en est restreint, l'opération du remplacement, sans être difficile, ne peut guère s'opérer sur le champ de bataille même. Aussi, dans plusieurs circonstances, notamment au Mexique et aussi à Metz où l'on a mis de côté la fusée à deux durées, n'a-t-on pas hésité à négliger les dangers supposés de la fusée percutante dans le transport des projectiles, pour ne plus se servir que de fusées percutantes.

J'ai donc jugé utile de faire expédier aux parcs des 15ᵉ et 16ᵉ corps un approvisionnement de fusées percutantes, destinées à être réparties dans les batteries à raison de 90 par canons de 4 et 70 par canons de 12 ou de 8. Cet approvisionnement permettra de multiplier le tir des obus percutants, que je ne saurais trop vous recommander sans rien prescrire à cet égard.

Vous pourriez, si vous le jugez convenable, après avoir pris les ordres de M. le général commandant en chef, faire préparer à l'avance un certain nombre de ces obus placés dans des coffres déterminés, de manière à être à même de commencer le tir aux grandes distances, bien qu'il soit toujours préférable, lorsque cela n'est pas absolument impossible, de ménager les munitions pour un tir plus rapproché. La fusée percutante présente d'ailleurs, aux distances inférieures à 2,500 mètres, des avantages évidents, et la seule raison qui ait empêché son emploi exclusif est le danger qu'elle peut offrir dans les transports, danger qui ne s'est réalisé ni au Mexique ni à Metz.

Le Ministre de la Guerre au Président du Conseil d'administration du 14ᵉ régiment d'artillerie, à Toulouse.

Tours, 17 octobre.

..... Un décret récent (13 octobre) vous autorise à proposer pour sous-lieutenants des sous-officiers ayant moins de deux ans de service.....

Le Ministre de la Guerre au Gouverneur général de l'Algérie.

Tours, 17 octobre.

J'ai l'honneur de vous inviter à faire diriger :
1° Sur chacun des 10 régiments ci-après :

2ᵉ régiment...............		Grenoble,
6ᵉ —		Grenoble,
7ᵉ —		Rennes,
8ᵉ —		Rennes,
9ᵉ —		Lyon,
10ᵉ —		Rennes,
12ᵉ —		Lyon,
13ᵉ —		Bourges,
14ᵉ —		Toulouse,
15ᵉ —		Rennes,

un détachement comprenant 2 sous-officiers, 4 brigadiers, 4 artificiers, 15 servants, 15 conducteurs;

2° Sur chacun des 2 régiments ci-après :

19ᵉ régiment...............		Valence,
18ᵉ —		Toulouse,

un détachement comprenant 2 sous-officiers, 4 brigadiers, 4 artificiers, 30 conducteurs.

Ces détachements seront mis en route le plus promptement possible au fur et à mesure de leurs formations. Ils seront envoyés équipés et armés..... Bien entendu, les hommes gradés seront remplacés au 3ᵉ régiment.

Je donnerai très prochainement des ordres pour que 500 jeunes soldats de la classe 1870 soient dirigés sur le 3ᵉ régiment d'artillerie.

Note du Délégué du Ministre de la Guerre.

Tours, 18 octobre.

L'armée d'Aurelle n'a pas une seule mitrailleuse. N'y peut-on remédier ? Vous savez mieux que moi combien c'est grave. Un envoi de ces engins aurait un très grand effet moral.

On y réclame quelques batteries de 8 complètement organisées, si possible.

Prière d'envoyer un équipage de pont à Salbris.

Les chefs d'escadron d'artillerie ne sont pas assez nombreux.

La cavalerie légère demande à rester pourvue de mousquetons Chassepot. Il en faudrait également à la gendarmerie à cheval et aux canonniers à pied.

Réponse du colonel Thoumas.

Le corps du général d'Aurelle a une magnifique batterie de mitrailleuses canons à balles (six pièces). C'est tout ce qu'il a été possible d'organiser depuis que nous sommes partis de Paris; s'il est difficile d'organiser quelque chose, c'est certainement la fabrication des canons à balles. On va en envoyer deux qui sont terminés à Nantes. Au fur et à mesure qu'on les achèvera, on les expédiera, mais le personnel instruit manque, et, faire tirer les mitrailleuses par le premier venu, c'est s'exposer à perdre tous ses coups.

Quant aux batteries de 8, le 15e corps en a huit complètement organisées; c'est hors de toute proportion avec le total de l'artillerie, les gros calibres n'étant entrés jusqu'ici que pour un sixième dans l'artillerie.

Ces batteries exigent un personnel et surtout des attelages deux fois plus considérables et nous commençons à être à bout.

Nous avons créé, depuis notre départ de Paris, plus de quarante-cinq batteries. L'artillerie ne peut s'improviser comme l'infanterie, c'est l'arme la plus lente à former.

D'ailleurs, le 4 porte aussi loin que le 8, et, si le temps devient mauvais, les grosses pièces s'embourberont dans les sables de la Sologne, tandis que les batteries légères se tireront d'affaire.

Si le 4 n'a pu tenir dans les dernières affaires, c'est qu'on se servait de fusées faisant éclater les obus à 2,500 mètres, tandis que les batteries ennemies se plaçaient à 3,000 mètres.

Il a été remédié à cela par l'emploi des fusées percutantes qui éclatent au choc.

Ordre est donné d'envoyer à Salbris l'équipage de pont qui est à Angers (personnel et matériel) et de le compléter par une division de l'équipage de réserve (matériel) remisé à Rochefort; il faudra que le général d'Aurelle fasse traîner ce dernier matériel par réquisition.

Qu'on ne le fasse pas prendre, c'est notre dernière ressource. Nous avons perdu six équipages depuis le commencement de la guerre et deux autres sont dans Paris.

La proportion des officiers supérieurs d'artillerie est très faible, mais on fait ce qu'on peut pour l'augmenter. Sur 1,620 officiers que comportait le cadre de l'artillerie, 500 ont été pris à Sedan et plus de 800 sont à Metz, à Paris et dans d'autres places.

Il n'a jamais été question d'enlever les chassepots à la cavalerie légère; on a envoyé 3,000 revolvers au général d'Aurelle pour qu'il les distribuât comme il l'entendrait.

Le fusil Chassepot de cavalerie n'a été adopté, cette année, qu'au mois d'avril, de sorte qu'il y en a peu de faits. On pourrait cependant en donner à la gendarmerie du 15ᵉ corps. Celle du 16ᵉ corps a préféré ses revolvers.

Quant aux canonniers à pied, il est impossible d'en donner.

Il faudrait cependant que les généraux fussent très persuadés qu'après une série de désastres comme nous en avons subi, on ne peut pas faire sortir les mitrailleuses, les armes et les munitions en frappant le sol du pied.

Le Ministre de la Guerre au Général commandant l'artillerie, à Besançon.

Tours, 19 octobre.

Nous sommes on ne peut plus malheureux en officiers. Il faut donc faire feu de tout bois.....

.....Nous ne savons comment former les dépôts de nos régiments bloqués ; mais vous pouvez diriger sur Lyon et Valence (9ᵉ, 12ᵉ, 19ᵉ) les évadés. Ils nous seront fort utiles ; on les incorporera dans ces régiments.....

Le Délégué à la Guerre au général Petiet, à Bourges.

Tours, 20 octobre.

Votre lettre du 19 se résume en disant que le transfert de la capsulerie à Toulouse a été déterminé par une démarche de M. le délégué Marqfroy. Permettez-moi de vous faire remarquer que M. Marqfroy n'avait aucune qualité officielle pour entraîner une semblable mesure. Quelle que soit mon estime personnelle pour cet ingénieur, des lumières duquel je fais très grand cas, je ne puis admettre que son appréciation ait pour conséquence de faire aller au delà de nos instructions directes. Nous ne désirions pas, cela c'est certain, le transfert de la capsulerie que nous ne jugeons pas urgent et, avant d'y procéder définitivement, il fallait nous en référer.

Le Délégué du Ministre au département de la Guerre au Général commandant la division, à Lyon.

Tours, 21 octobre.

.....Vous me *signalez* le manque, à Lyon, d'un nombre suffisant d'officiers et de sous-officiers d'artillerie.

Il en est de même partout et il ne peut en être autrement dans les circonstances présentes. En effet, le cadre des 1,621 officiers d'artillerie en a perdu 500 environ à Sedan et en a 800 retenus à Metz, à Paris, etc. Les formations nouvelles n'ont par suite pu être faites qu'au moyen de nombreuses nominations ayant presque atteint la limite du possible.

Ce qui vient d'être dit des officiers s'applique aux sous-officiers d'artillerie.....

Le Chef d'escadron commandant l'artillerie de la 1re division du 15e corps au Général commandant l'artillerie du 15e corps.

Argent, 22 octobre.

J'ai l'honneur de vous faire connaître mon avis au sujet de l'emploi des fusées percutantes et de leur répartition dans le chargement.

Au point de vue de leur comparaison avec les fusées fusantes, je crois que les fusées percutantes sont plus avantageuses, en ce que tout l'effet de l'obus se produit sur le point que l'on veut atteindre. Mais il faut que la fusée présente toute certitude de produire son effet au premier choc; il faudrait donc être fixé sur l'espèce de fusée qui nous serait donnée. Celle que nous avons dans nos coffres, la fusée Desmarets donne beaucoup de ratés.

Le danger que l'on pouvait redouter pour la fusée percutante dans les transports ne paraissant pas à craindre, il y aurait lieu de les placer de suite.....

Le Général commandant l'artillerie dans la 19e division militaire au Ministre de la Guerre.

Bourges, 22 octobre.

.....Je puis trouver, d'après un examen que je viens de passer, un adjudant, un maréchal des logis chef et un fourrier pour la 20e batterie, parmi les anciens sous-officiers d'artillerie que la gendarmerie nous a versés.

Le Ministre de la Guerre au Général commandant l'artillerie du 15e corps, à Salbris.

Tours, 23 octobre.

J'ai reçu votre dépêche du 20 octobre courant demandant pour votre réserve d'artillerie un chef d'escadron et un capitaine adjoint.

Il ne m'est pas possible de faire droit à cette demande, attendu que les officiers manquent pour les formations en cours d'exécution.

Le même au même.

Tours, 23 octobre.

Les ressources disponibles en attelages d'artillerie sont absorbées par l'organisation des batteries mixtes en de nouvelles réserves divisionnaires au fur et à mesure de leur création, qui présente d'assez grandes difficultés. Il ne m'est donc pas possible, pour ce motif, de donner au parc d'artillerie du 15e corps d'armée l'extension demandée dans votre lettre du 20 octobre courant.

Vous voudrez bien remarquer d'ailleurs que la composition réglementaire des parcs a été établie pour des corps d'armée manœuvrant sur le territoire ennemi, et non pas pour des armées placées dans les circonstances où nous nous trouvons actuellement.

Je crois, pour ma part, qu'au lieu d'augmenter le nombre des voitures, qui encombrent toujours les routes et qui dans les mouvements de retraite (nous venons d'en avoir de tristes exemples) occasionnent trop souvent des embarras désastreux, il est bien préférable d'avoir en arrière de l'armée un dépôt de munitions en caisses blanches, toujours prêtes à être embarquées sur le chemin de fer ou sur des voitures de réquisition, pour ravitailler le parc d'artillerie. La pénurie d'attelages du train, en présence des besoins considérables qui se produisent de toute part, ne permet pas d'ailleurs de discuter si cette opinion est plus ou moins bien fondée.

Je vous ferai connaître les quantités de munitions emmagasinées à Bourges et mises à votre disposition pour vous être envoyées sur la réquisition que vous en ferez à la direction d'artillerie.

Le Ministre de la Guerre au Président du conseil d'administration du 10e régiment d'artillerie montée, à Rennes.

Tours, 23 octobre.

.....Ne perdez pas de vue que les règles habituelles de l'avancement étant suspendues, vous pouvez prendre vos cadres partout où vous trouverez des sujets capables.....

Le Délégué à la Guerre au colonel Thoumas.

Tours, 24 octobre.

Le général des Pallières demande pour sa division trois chariots de batterie (à envoyer par Bourges, par exemple), pour transporter les cartouches de sa division. Il ne veut pas laisser mettre des paquets dans les sacs et préfère les livrer directement et en petit nombre.

Il peut y avoir dans cette disposition une source de réduction des pertes, qui est importante, et ce serait peut-être à étendre à toutes les divisions. Il va sans dire qu'on pourrait remplacer les chariots de batterie par un autre véhicule ou même des mulets.

L'envoi pourra être fait à Gien.

Le Ministre de la Guerre au Général commandant l'artillerie, à Bourges.

Tours, 25 octobre.

..... Nous manquons de sujets pour sous-lieutenants. Voyez si dans les corps sous vos ordres on n'en pourrait pas trouver que vous placeriez dans les batteries..... en attendant une promotion qui serait faite aussitôt les propositions reçues.

Le Ministre de la Guerre au Ministre de la Marine, à Tours.

Tours, 26 octobre.

Les officiers nous faisant défaut pour l'artillerie des 17e et 18e corps d'armée, j'ai l'honneur de vous prier de mettre à ma disposition, pour chacun de ces corps, quatre officiers de la flotte.

Ils seraient employés dans les états-majors de l'artillerie et des parcs de ces corps d'armée, savoir : trois à chaque état-major de l'artillerie du corps et un comme adjoint au directeur du parc.

Les commandants de l'artillerie des corps d'armée seront des colonels; les directeurs des parcs, des chefs d'escadron (1).

Le Général commandant l'artillerie du 15e corps au Ministre de la Guerre.

Vierzon, 27 octobre.

Le changement de saison, la continuité du mauvais temps pendant notre séjour à Salbris, les fatigues supportées par les chevaux déjà affaiblis dès le début de la guerre, enfin la réduction imposée par la force des choses à la ration de ces animaux sont autant de causes d'épuisement et de maladies, qui contribuent à en diminuer l'effectif. C'est ainsi que, depuis quelques jours, une épidémie de morve a fait une

---

(1) Le 28 octobre, le Ministre de la Marine répondait qu'il lui était impossible de satisfaire pour le moment à cette demande; le 7 novembre, il confirmait sa première réponse en écrivant au Ministre de la Guerre :

..... J'ai le regret de vous confirmer le manque absolu de lieutenants de vaisseau disponibles pour servir dans les états-majors ou parcs d'artillerie de votre département.

Les quelques officiers de ce grade, mis à terre par suite des désarmements qui viennent d'avoir lieu, suffisent à peine pour constituer les cadres des bataillons de marche de marins en formation dans les ports.

trentaine de victimes parmi les chevaux âgés. Aucune des précautions prescrites en pareille circonstance n'a été omise; une des plus efficaces sera sans doute le changement d'air, notre mouvement sur Vierzon et ensuite sur Mer devant nous permettre de satisfaire à cette condition.

Nos situations journalières, comparées à celles de l'origine, nous signalent des diminutions d'effectif sur lesquelles je crois devoir attirer votre attention. Il en résulte que nous aurions aujourd'hui besoin de 104 chevaux de trait et 16 chevaux de selle. Parmi ceux dont le remplacement serait nécessaire, il y en a un certain nombre qui ne sont indisponibles que momentanément; un repos plus ou moins prolongé et quelques soins leur permettraient, plus tard, de rendre de bons services et de remplacer ceux qui seraient tués par le feu de l'ennemi.

Je crois devoir insister sur la nécessité d'obtenir le remplacement de ces 120 chevaux, sans lesquels le service de l'artillerie pourrait éprouver de très graves embarras dans le cours de cette campagne.

Il serait désirable que l'on créât, dans une ville à portée de nos opérations, comme Bourges, Tours ou Blois, un dépôt qui remplirait le double but d'accueillir nos animaux souffrants et de recevoir, pour les préparer au régime militaire, les jeunes animaux destinés à alimenter nos batteries.

L'examen de nos situations en hommes révèle également un chiffre de pertes d'environ 34 canonniers servants à pied, 6 canonniers servants à cheval, 60 conducteurs; total : 100 hommes.

J'ai l'honneur de vous prier de vouloir bien nous compléter notre ancien effectif. Une grande partie des hommes manquants provient des malades entrés dans des hôpitaux civils ou militaires, d'où ils se font diriger sur leurs dépôts après leur guérison, et sont ainsi soustraits aux charges de la guerre. Il serait facile de réformer cet abus, pour la suppression duquel les chefs de service sont impuissants.

Note de la 4ᵉ direction pour la 6ᵉ direction (bureau des transports et de l'intendance).

Tours, 30 octobre.

La 6ᵉ direction a bien voulu mettre à la disposition de l'artillerie 60 attelages à 4 avec le personnel et les cadres correspondants. Ces attelages devront être formés en trois détachements égaux commandés chacun par un officier et destinés aux trois réserves divisionnaires de munitions d'infanterie du 17ᵉ corps d'armée. Il y a lieu de faire venir ces trois détachements à Tours s'ils n'y sont déjà; ils seront placés sous les ordres du colonel commandant l'artillerie du 17ᵉ corps.

Le 17ᵉ corps a besoin, en outre, pour atteler son parc d'artillerie, de 420 chevaux de trait qu'il y aurait lieu d'envoyer également à Tours.

On espère que la 6ᵉ direction pourra mettre encore ces attelages à la disposition de l'artillerie ; cela est indispensable pour l'organisation du 17ᵉ corps (1).

Note du Délégué du Ministre de la Guerre au colonel Thoumas.

Tours, 31 octobre.

Il me paraît indispensable de nous munir enfin de canons rayés en acier, se chargeant par la culasse, afin d'opposer aux Prussiens des engins égaux aux leurs. L'opinion publique elle-même réclame énergiquement cette mesure. Je vous prie d'étudier à nouveau cette question et de me formuler aujourd'hui, à notre entrevue de 3 heures, des conclusions fermes et définitives.

Je crois que si nous restions dans le *statu quo*, nous encourrions une grave responsabilité.

Note sur les canons se chargeant par la culasse (de la main du colonel Thoumas).

Tours, 31 octobre.

..... La question est à l'étude depuis plusieurs années et après expériences faites on a renoncé aux canons en acier. Pour reprendre les études, il faudrait avoir au moins une partie du dossier des expériences et quelques-uns des officiers qui y ont pris part. Les dossiers sont à Paris, les officiers sont prisonniers ou enfermés eux-mêmes dans Paris. La question aurait donc besoin, si l'on ne prenait pas un modèle déjà connu, d'être étudiée sur des bases toutes nouvelles.

Il ne faut pas penser à commencer une étude dans les circonstances actuelles, ou du moins, il faut agir comme si cette étude ne se faisait pas et chercher en même temps d'autres mesures. Or, parmi les modèles connus et employés, on ne peut guère citer que le canon anglais (Armstrong) et le canon prussien. Le canon anglais est abandonné par l'Angleterre elle-même, et acheter ceux qu'on nous propose serait donc bien mal employer notre argent, puisque nous achèterions quelque chose d'inférieur à ce que nous avons actuellement.

Le canon prussien, nous en avons fait la triste expérience, vaut infiniment mieux ; mais il faudrait en avoir le modèle ou, tout au moins, les dessins. On les a certainement à Paris ; ici, on nous les a offerts, on nous les a même promis sans jamais nous les donner. Pour se les procurer en Belgique, où l'on est très craintif à l'égard de tout ce qui se rapporte

---

(1) La 6ᵉ direction répondait, le 31 octobre, qu'elle n'avait plus de ressources disponibles comme attelages.

à la neutralité, il faudrait y envoyer un officier ou plutôt un ingénieur dont on se méfierait beaucoup moins.

Mais, est-il bien nécessaire que nos canons soient en acier? Malgré les perfectionnements introduits dans quelques usines, telles que celles de Rive-de-Gier et de Sireuil, la fabrication des grandes pièces d'acier est loin d'avoir atteint en France le même degré de perfection qu'en Allemagne, où l'on a songé plusieurs fois à abandonner l'acier pour le bronze.

Or, il existe un système de canon se chargeant par la culasse, déjà essayé à Versailles un peu avant la guerre et qui a donné les résultats les plus concluants. M. le lieutenant-colonel de Reffye fait construire à Nantes, depuis six semaines déjà, trois batteries d'après ce système. Une première batterie pourra être prête vers le 15 novembre (on ne peut pas fixer exactement la date).

Une commande indéfinie de canons de même système a été faite aux chantiers de La Seyne, qui ont reçu communication des plans. La commission d'armement a, de son côté, passé des marchés avec les usines du Creuzot, de Fourchambault et des chantiers de La Buire, pour la fourniture en commun de 72 canons semblables, livrables à partir du 20 novembre, à raison de deux par jour. Enfin, la commission nommée à Saint-Étienne veut bien se charger de faire faire 12 batteries complètes, soit 72 autres pièces.

L'armée sera donc pourvue dans un délai aussi bref que possible, si chacun tient ses promesses, de pièces se chargeant par la culasse, sans que le service de l'artillerie ait eu à céder à une pression extérieure.

Le Délégué du Ministre de la Guerre au colonel Thoumas.

Tours, 31 octobre.

On me signale comme insuffisant le nombre des chefs d'escadron d'artillerie aux 15e et 16e corps. Je désirerais un état spécial de ces officiers et avoir environ un chef d'escadron par trois batteries.

Veuillez me donner, avec l'état demandé, votre avis sur la question.

Note du colonel Thoumas.

Tours, 1er novembre.

Le 15e corps a 21 batteries :

Batteries divisionnaires de 4..........................	9
Batteries de réserve de 4.............................	3
Batteries de réserve de 8.............................	8
Batterie de réserve de canons à balles	1
TOTAL............	21

Il n'y a dans ce corps, en dehors du parc, que sept chefs d'escadron, dont trois aux divisions et quatre à la réserve; c'est juste trois batteries par chef d'escadron. Ce n'est évidemment pas du luxe; il faudrait à la réserve un chef d'escadron au moins en sus; nous avons toujours attendu pour le faire nommer qu'il nous vînt du 15ᵉ corps une proposition régulière afin que la nomination porte sur le plus méritant.

Le 16ᵉ corps a 18 batteries :

Batteries divisionnaires de 4.........................	9
Batteries de réserve de 4............................	4
Batteries de réserve de 12...........................	4
Batterie de réserve de canons à balles................	1
TOTAL............	18

Il y a dans ce corps, en dehors du parc, six chefs d'escadron, soit trois à la réserve et trois aux divisions. Évidemment, il serait avantageux d'ajouter à la réserve un quatrième chef d'escadron, mais c'est moins nécessaire que pour le 15ᵉ corps.

Le difficile n'est pas de nommer des chefs d'escadron, mais de trouver des capitaines pour remplacer ceux que l'on nommerait et surtout des lieutenants pour remplacer les capitaines. On n'improvise pas un officier d'artillerie, et, parmi ceux que l'on a nommés depuis un mois, tant au titre définitif qu'à titre d'auxiliaires, il y en a déjà un bien grand nombre dont l'inexpérience pourrait amener des résultats fâcheux.

Le Délégué à la Guerre au Ministre de l'Intérieur et de la Guerre.

Tours, 2 novembre.

La lettre ci-jointe (1) vient à l'appui de celle que j'ai eu l'honneur de vous adresser, ce matin même, touchant les réclamations faites par les départements au sujet de l'artillerie. Mais elle soulève en outre une autre question dont je vous ai déjà entretenu, celle des ressources de la marine.

Il est impossible, vous le comprenez, chaque fois qu'un avis de ce genre nous est ouvert, de nous livrer à une sorte de négociation avec la Marine sur le fait spécial qu'on invoque. Cette manière de procéder, très naturelle en temps de paix, est impraticable aujourd'hui où les événements nous pressent tellement que chaque question qui surgit doit

---

(1) Non retrouvée aux Archives.

pouvoir être résolue sur l'heure et séance tenante. Je n'ai pas le temps matériel de suivre les phases de chacune de ces affaires. Il en est de même des questions de personnel, je veux dire de ces officiers de marine qu'on nous signale à chaque instant comme pouvant nous rendre des services.

Je viens vous prier, pour entrer dans une voie vraiment pratique, de demander à M. le Ministre de la Marine de nous faire connaître en une fois :

1° Le matériel qu'il met d'ores et déjà à notre disposition et les points sur lesquels il se trouve, ainsi que les noms des autorités chargées de le délivrer ;

2° Un état nominatif des officiers pouvant servir dans l'armée de terre avec indication de leur résidence ;

3° Les effectifs des fusiliers, canonniers, matelots et soldats de la marine pouvant être incorporés dans nos armées, les lieux où ils se trouvent et les autorités pouvant en disposer ;

4° Nous autoriser à demander directement aux autorités susdites ou aux officiers disponibles, l'envoi du matériel ou du personnel aux points qu'il vous conviendra.

Sans cette mesure générale, je le répète, toutes les dissertations qu'on fait sur les ressources de la marine et les beaux conseils qu'on nous donne d'en profiter sont lettre morte.

Quant à la levée des marins jusqu'à 45 ans, mise en avant par diverses personnes, c'est une question hors de ma personne et que je ne vous signale qu'en passant.

Le Délégué à la Guerre au Ministre de l'Intérieur et de la Guerre.

Tours, 2 novembre.

Il est évident que nous périssons par le défaut d'artillerie. C'est donc là que toutes nos préoccupations doivent se porter. Or, voici la situation embarrassante dans laquelle je me trouve depuis mon entrée en fonctions.

D'une part, je vous ai vu souscrire quelques commandes directes de canons à l'industrie privée et même quelques achats à l'étranger, d'autre part, la direction de l'artillerie, quand je la stimule, me répond que ces achats incombent à la Commission d'armement.

En regard, les départements se plaignent qu'on ne fait pas assez appel aux ressources du pays et qu'il serait facile non seulement de se procurer des canons et des affûts, mais aussi de trouver des artilleurs et d'obtenir des attelages par voie de réquisition. Je crois qu'il importe de mettre les départements à même de réaliser leurs espérances, s'ils le peuvent, et qu'il ne faut pas qu'un jour on puisse nous accuser de n'avoir pas donné toutes facilités à cet égard.

Donc, si le champ est libre du côté de la Commission d'armement et si en agissant ainsi nous n'empiétons pas sur elle — ce que vous seul pouvez apprécier — je vous propose le décret ci-contre, qui me paraît devoir mettre, comme on dit, chacun au pied du mur. En l'absence d'un tel décret, il me paraît impossible de faire taire les réclamations qui s'élèvent de divers côtés.

Si ce décret sort de vos attributions parce que la question appartient à la Commission d'armement — ce que j'ignore — vous apprécierez quelles mesures il convient de provoquer de ce côté. Quant à moi, je me trouverai en dehors.

En post-scriptum : Cette mesure n'arrêterait nullement, bien entendu, les préparatifs directement faits par l'État.

Projet de décret

Le membre, etc...

En vertu des pouvoirs, etc...

Considérant qu'il importe de faire un appel à toutes les ressources du pays pour relever notre artillerie de l'infériorité numérique où elle se trouve vis-à-vis de celle de l'ennemi,

Décrète :

Art. 1er. — Chaque département de la République sera tenu de mettre sur pied, dans un délai de ....., une batterie d'artillerie de campagne par 100,000 âmes de population. Ladite batterie sera équipée, montée et pourvue de son personnel et de son matériel. Il y aura un chef d'escadron par trois batteries.

Art. 2. — L'État se réserve la faculté de disposer des batteries ainsi montées. En ce cas, il remboursera la dépense au département. Dans le cas contraire, les frais resteront à la charge du département (1).

Le Colonel commandant l'artillerie du 16e corps au Ministre de la Guerre, à Tours.

Marchenoir, 2 novembre.

J'ai l'honneur de vous prier de vouloir bien donner aux dépôts des 9e et 12e régiments d'artillerie et au 1er régiment du train d'artillerie les ordres nécessaires pour que ces dépôts et ce régiment envoient, dans le plus bref délai, aux batteries ci-dessous désignées les détachements

---

(1) Ce projet de décret fut l'origine du décret du 3 novembre (*M. U.* du 5 novembre) ordonnant la création par les départements d'une batterie d'artillerie de la garde nationale mobilisée par 100,000 habitants.

indiqués et jugés nécessaires pour mettre les batteries à même de continuer la campagne, en attelant tout le matériel qui leur est confié. Le petit nombre d'hommes et de chevaux haut-le-pied affectés aux batteries nécessite l'urgence de l'envoi de ces différents détachements.

9ᵉ régiment d'artillerie : 6 servants, 7 conducteurs, 1 trompette, 1 ouvrier en bois, en remplacement d'un même nombre d'hommes entrés aux hôpitaux ou disparus.

12ᵉ régiment d'artillerie : 11 servants, 6 conducteurs, 1 trompette, 1 ouvrier en fer, en remplacement d'un même nombre d'hommes des 5ᵉ et 6ᵉ batteries disparus ou entrés aux hôpitaux.

1ᵉʳ régiment du train d'artillerie : 96 chevaux de trait, dont 16 harnachés, et 64 hommes complètement équipés et pourvus d'effets de campement de toute nature, ainsi répartis :

8ᵉ compagnie principale, 8ᵉ compagnie ter, 12ᵉ compagnie principale et 12ᵉ compagnie ter, chacune 24 chevaux de trait, dont 4 harnachés, et 16 hommes.

Les chevaux du train des batteries mixtes sont, en général, trop faibles ; il y aurait lieu de prier le colonel commandant le 1ᵉʳ régiment du train d'artillerie de former un détachement de chevaux forts, vigoureux et ayant déjà suivi pendant quelques temps le régime militaire.

Le Ministre de la Guerre au Général commandant l'artillerie du 15ᵉ *corps, à Mer.*

Tours, 3 novembre.

L'une des grandes difficultés des organisations en cours d'exécution est, après le manque de harnachement, celui des sujets pour le grade de sous-lieutenant d'artillerie et du train d'artillerie.

J'ai donc l'honneur de vous inviter à me proposer pour ce grade ceux des militaires sous vos ordres qui vous paraissent pouvoir honorablement porter l'épaulette.

M. le président du conseil d'administration du 9ᵉ d'artillerie me signale dans la 18ᵉ batterie de ce régiment sous ses ordres les nommés :

1° ....., 2ᵉ canonnier conducteur, reçu en 1867 à l'École polytechnique et à l'École normale supérieure, dont il est sorti cette année diplômé (sciences) ;

2° ....., 2ᵉ canonnier conducteur, admis en 1870 à l'École polytechnique et à l'École normale supérieure.

Dans ses notes relatives à ces jeunes gens, M. le major du 9ᵉ d'artillerie ajoute : « Ces deux jeunes gens se sont spontanément engagés pour la durée de la guerre et ont demandé instamment à faire partie de la première batterie de guerre en formation ; je les y ai classés comme conducteurs parce qu'ils savaient parfaitement monter à cheval et je sais qu'ils sont pleins de zèle et de dévouement. D'une instruction complète et d'une éducation parfaite, ils rendront nécessairement des services et il serait avantageux pour l'arme de les classer dans le corps des officiers »......

Le Ministre de la Guerre au Général commandant supérieur de la région de l'Est, à Besançon.

Tours, 4 novembre.

..... Le manque d'officiers d'artillerie est le même partout ; dans les 15e, 16e et 17e corps, par exemple, on n'a pu mettre, au plus, qu'un chef d'escadron pour trois ou quatre batteries ; fallait-il combler ces vides en faisant des promotions ? On tombait sur une autre difficulté, en ce sens que tout en troublant d'une manière profonde l'avancement de l'arme de l'artillerie et en blessant des droits acquis, on se privait des services de capitaines jeunes et actifs, et on était amené, par la force des événements, à confier le commandement des batteries actives à de jeunes officiers nommés il y a quelques jours seulement sous-lieutenants et manquant d'expérience.....

Le Délégué à la Guerre au Ministre de l'Intérieur et de la Guerre.

Tours, 7 novembre, 11 heures soir.

Je viens de me livrer à une étude approfondie de nos forces disponibles, et j'arrive à cette douloureuse conclusion qu'une fois le 19e corps formé, c'est-à-dire après le 1er décembre, il nous restera dans les dépôts environ 150,000 hommes habillés et équipés, mais pas un fusil pour les armer.

Comme ce n'est pas la direction de la Guerre qui s'est occupée jusqu'ici de l'achat des armes, il m'est impossible de faire face à cette situation. Je ne puis qu'attendre les fusils de la voie ordinaire, c'est-à-dire de la Commission d'armement, car notre fabrication courante ne donne guère qu'un millier de fusils par jour.

Je vous prie donc, Monsieur le Ministre, de prendre telles mesures que vous jugerez à propos pour nous procurer à bref délai les 150,000 fusils nouveau modèle, nécessaires pour utiliser ces 150,000 hommes qui, sans cela, resteront oisifs dans les dépôts.

Le Ministre de la Guerre au Général commandant supérieur dans le Nord, à Lille.

Tours, 7 novembre.

Je vous ai télégraphié de faire, aussi promptement que possible, diriger sur Rennes les nombreux officiers d'artillerie que l'on m'annonce être dans le Nord, rentrant de Metz.

Des ordres sont donnés à Rennes pour qu'ils soient immédiatement employés.

Nous manquons partout d'officiers d'artillerie, et il est d'une extrême importance que ceux dont il s'agit ne soient retenus sous aucun prétexte.

Le Ministre de la Guerre au Général commandant à Lyon.

Tours, 7 novembre.

Je vous ai télégraphié d'envoyer sans délai, répartis à peu près également dans les dépôts d'artillerie, à Lyon (9e et 12e), Grenoble (2e et 6e), Valence (19e), Toulouse (13e, 14e, 18e et régiments de la Garde), les nombreux officiers d'artillerie que l'on m'annonce être à Lyon, revenant de Metz.

Des ordres sont donnés dans ces villes pour qu'ils soient..... (*la fin comme ci-dessus*).

Note du bureau du recrutement pour la direction de l'artillerie.

Tours, 7 novembre.

Les conseils de revision qui ont opéré pour la garde nationale mobilisée, composée des célibataires et des veufs sans enfant, n'ont pas reconnu les exemptions qui avaient été accordées à titre de fils de veuve, de frère de militaire, etc., en vertu de la loi du 10 août 1870. Par suite, un certain nombre d'anciens militaires et de jeunes soldats des deuxièmes portions du contingent admis antérieurement au bénéfice des exemptions dont il s'agit ont été mobilisés. Or, les hommes mobilisés peuvent, aux termes du décret du 29 septembre dernier, être réclamés par le département de la Guerre pour le service de l'armée active.

Les dépôts des corps de l'infanterie, de la cavalerie, du génie et des équipages militaires sont tellement encombrés qu'il n'y a pas lieu d'y faire entrer, quant à présent, de nouvelles recrues, mais peut-être l'artillerie trouverait-elle de précieuses ressources parmi les anciens militaires et les jeunes soldats des deuxièmes portions que la loi du 10 août 1870 n'a pas atteints. Dans ce cas, le bureau du recrutement pourrait donner des ordres pour que ces hommes soient immédiatement réclamés pour le service de l'artillerie et dirigés sur les corps de cette arme auxquels ils ont appartenu.

On a l'honneur de prier M. le général directeur du service de l'artillerie de vouloir bien faire connaître son avis à cet égard.

Note de la direction de l'artillerie pour le bureau du recrutement.

Tours, 8 novembre.

En réponse à sa note du 7 novembre courant, relative aux anciens militaires et aux hommes des 2ᵉˢ portions du contingent qui avaient été laissés dans leurs foyers comme soutiens de famille et ont été mobilisés, on a l'honneur de prier le bureau du recrutement de donner des ordres pour que ceux de ces hommes qui appartiennent à l'artillerie et au train d'artillerie soient réclamés par le département de la Guerre et soient dirigés sur les dépôts de l'arme.

Ces hommes peuvent être une ressource précieuse dans les circonstances actuelles. Les dépôts d'artillerie sont, il est vrai, encombrés déjà, mais il sera possible de diriger un certain nombre de recrues sur le 3ᵉ régiment d'artillerie en Algérie, attendu qu'on lui a repris récemment 750 hommes et qu'on lui en a rendu 300 seulement.

Le Général commandant provisoirement la 22ᵉ division militaire au Ministre de la Guerre.

Grenoble, 8 novembre.

.....Le 6ᵉ régiment d'artillerie pourra fournir dans quatre jours une batterie de canons à balles. Il existe, en outre, dans les 2ᵉ et 6ᵉ régiments d'artillerie des hommes et des chevaux ; mais le harnachement fait défaut et ce n'est qu'en désorganisant tous les services qu'on arrivera à grand'peine à fournir, dans le délai de huit jours, deux batteries réduites de 4.....

.....Les batteries qu'il s'agit de mobiliser sont dans des conditions assez médiocres. La majeure partie des hommes n'a jamais entendu un coup de canon ; les conducteurs ne connaissent pas ou connaissent peu le harnachement ; ils ont monté à cheval sans selle et sans bride ; ils ignorent le paquetage de leurs effets.

Je crois donc que, si une absolue nécessité ne commande pas le départ des deux dernières batteries, il serait utile de les laisser à Grenoble pendant quelque temps encore ; les batteries achèveraient alors de s'organiser.....

Le Ministre de la Guerre au Général commandant le 17ᵉ corps.

Tours, 12 novembre.

Il m'a paru utile d'affecter au parc du 17ᵉ corps une réserve de munitions d'infanterie portée par des mulets et à laquelle pourrait être affecté, comme personnel, un détachement composé de 50 gardes mobiles et commandé par un sous-officier et deux caporaux.

J'ai prescrit, en conséquence, de faire délivrer au dit parc par la place de Tours : 84 bâts de caisse et 168 caisses à munitions.

Il existe à la caserne du régiment de cavalerie 80 mulets que je mets à votre disposition, et je fais venir de Saumur 10 autres mulets pour le même objet.

J'ai l'honneur de vous prier de vouloir bien faire organiser cette réserve le plus tôt possible.

Les cartouches modèle 1866 seront délivrées par les soins du commandant de l'artillerie à Tours.

Le Général commandant l'artillerie du 15e corps au Ministre de la Guerre.

Villeneuve, 12 novembre.

Les cadres de l'artillerie sont tellement réduits en France qu'il serait très difficile, je dirai même presque impossible, d'augmenter le nombre de bouches à feu par la création de nouvelles batteries. Je pense qu'il faudrait simplement porter de six à neuf le nombre des pièces par batteries ; les cadres en officiers resteraient les mêmes ; la section se composerait de trois pièces au lieu de deux. Les capitaines commandants auraient le soin de répartir les anciens canonniers dans toutes les pièces et la nouvelle organisation se réduirait à créer 3 maréchaux des logis et 3 brigadiers par batterie. Ces derniers pourraient être pris dans la cavalerie.

En note, de la main de Gambetta : « Je voudrais un projet de décret conformément à la note ci-contre. Il y a un trop évident intérêt à ce qu'il en soit ainsi ».

De la main de M. de Freycinet : « Colonel Thoumas. Qu'est-ce qui s'opposerait à rendre un décret conforme qui vous donnerait des facilités pour les cadres ? »

Le Ministre de la Guerre aux Généraux commandant les divisions militaires, à Rennes, Lyon, Toulouse, Grenoble, et au Général commandant l'artillerie en Algérie.

Tours, 13 novembre.

J'ai eu l'honneur de vous télégraphier, le 12 novembre courant, de faire organiser à ....., pour le 18 novembre courant, ... batteries de montagne à effectif et matériel réduits.

ARTILLERIE.

Chacune de ces batteries aura la composition suivante :

1° *Matériel* : 6 canons de 4 rayé sur affût, 2 affûts de rechange, 36 caisses chargées, 2 chariots de parc, les munitions de 36 caisses, en caisses blanches, régulières ou irrégulières, portées par les chariots de parc ;

2° *Personnel* : 1 lieutenant ou sous-lieutenant commandant, monté ou non monté ; 1 adjudant, 1 maréchal des logis chef, 1 fourrier, 6 maréchaux des logis, 6 brigadiers, non montés ; 36 servants, dont 6 artificiers si faire se peut ; 40 conducteurs, 2 ouvriers, 1 bourrelier, 1 maréchal ferrant et 1 trompette non montés ;

3° 32 mulets, dont 14 pour affût et 18 pour caisses, et 12 chevaux de trait.

Les 6 conducteurs nécessaires pour les chariots de parc seront pris dans l'artillerie, les autres dans la garde nationale mobile ou mobilisée.

Le tout devra être prêt pour le 18 novembre courant. D'autres batteries (4 probablement), de même sorte, seront prochainement demandées à ..... Elles prendront dans les régiments le titre de batteries de montagne n°s 1, 2, etc.

Le commandement de ces batteries paraît devoir être donné de préférence aux lieutenants auxiliaires (ingénieurs, etc.) qui ont été placés dans les régiments et ne sont pas encore employés (1).

---

(1) D'après les instructions du Ministre, il devait être formé d'abord 2 batteries de montagne à Rennes, 2 à Toulouse, 2 à Lyon, 1 à Grenoble et 4 en Algérie.

Une lettre semblable fut adressée le 14 novembre au Ministre de la Marine, en lui demandant s'il ne serait pas possible à l'artillerie de son département de fournir un certain nombre de détachements du personnel indiqué sous le n° 2°, la Guerre mettant à la disposition de chacun de ces détachements le matériel et les chevaux et mulets.

Le 20 novembre, le Ministre de la Marine faisait connaître que le régiment d'artillerie de la marine fournirait trois détachements, mais chacun d'eux ne pouvait comprendre que 3 maréchaux des logis, 3 brigadiers et 4 artificiers, c'est-à-dire 1 maréchal des logis et 1 brigadier pour 2 pièces. Une décision du Ministre de la Guerre du 6 décembre ramena les cadres des détachements fournis par l'artillerie de la marine à 6 maréchaux des logis et 6 brigadiers, si leurs ressources en sujets susceptibles d'être promus le permettaient.

Quelques batteries de montagne reçurent des charrettes de siège au lieu de chariots de parc pour transporter les munitions.

Note sur les canons de montagne.

(Sans date.)

Les pièces de 4 de montagne, en raison de leur grande mobilité, sont spécialement destinées à agir avec l'infanterie dans les postes avancés ou dans les terrains où l'artillerie de campagne ne pourrait se transporter.

La portée de ces pièces, inférieure à celles de campagne, ne leur permet pas de lutter contre l'artillerie ennemie; elles doivent donc généralement diriger leurs feux contre l'infanterie.

Jusqu'à 1,800 mètres, leur tir est encore assez juste; au delà, elles ne doivent tirer que sur des masses ou sur la cavalerie, mais jamais plus loin que 2,200 mètres.

Au commencement d'une action, il faut les cacher derrière un rideau d'infanterie et ne les démasquer que lorsque l'ennemi s'est avancé à 1,000 mètres au moins; tant que nos troupes peuvent tenir, les pièces de montagne doivent continuer leurs feux; si l'ennemi s'avance à moins de 600 mètres, elles tireront à mitraille.

Enfin, elles ne doivent battre en retraite que lorsque l'infanterie elle-même se retire.

Si un mulet de pièce est tué, on attelle le mulet d'affût, et, si celui-ci manque, cinq hommes peuvent, au moyen des bricoles, emmener rapidement leur pièce.

Si l'ennemi cherche à démonter notre artillerie de montagne, il ne faut pas qu'elle riposte, elle doit continuer à tirer sur l'infanterie si celle-ci est à portée; sinon elle se met à l'abri, prête à reprendre son tir si l'infanterie ennemie se rapproche.

Les pièces ne doivent pas être maintenues longtemps dans la même position; il faut, dès que le tir de l'ennemi a acquis de la justesse, déplacer de 50 mètres en arrière ou en avant la position; ce mouvement doit se faire à bras, afin de le dérober à l'ennemi.

Note pour le Ministre.

Tours, 14 novembre.

Le service de l'artillerie accepterait très volontiers le passage dans l'arme de sous-officiers et brigadiers de cavalerie; ce lui serait un secours efficace, les cadres étant ce qui fait le plus défaut dans l'artillerie.

Il ne saurait en être de même de la mesure qui consisterait à porter la batterie de six à neuf pièces, le commandement d'une batterie de six pièces excédant déjà, comme commandement, conduite et administration, les forces d'un officier. Cela est tellement reconnu qu'il a été sérieusement et souvent question de réduire la batterie à quatre pièces; il y a eu un commencement d'exécution pour les batteries à cheval formées après Frœschwiller.

La mesure ne donnerait d'ailleurs pas un résultat immédiat, attendu que les hommes instruits, les chevaux et surtout le harnachement manqueraient pour cette artillerie nouvelle, laquelle, pour les quatre corps formés, demanderait 10,000 canonniers et 8,000 chevaux harnachés.

En résumé, on désire qu'il soit donné suite à la mesure proposée par le général de Blois (1) pour l'incorporation dans l'artillerie de tous les sous-officiers et brigadiers que l'arme de la cavalerie pourra céder.

Le Colonel commandant le 1er régiment du train d'artillerie au Ministre de la Guerre.

Niort, 15 novembre.

J'ai l'honneur de vous confirmer la dépêche que je vous ai adressée à la date du 15 courant et ainsi conçue :

« Le détachement de 200 chevaux, demandé par dépêche du 15 pour le parc du 17e corps, doit-il être organisé en compagnie ou en détachement de chevaux nus conduits par un cadre de conduite qui rétrogradera ? Nous n'aurons pas en temps utile le harnachement nécessaire ; les selles manquent ; les chevaux nous arrivent tous les jours. Le capitaine ..... s'occupe activement de rechercher des harnais, mais il n'en a trouvé ici que pour 20 chevaux ».

Si, comme je le pense, le détachement doit atteler du matériel d'artillerie du 17e corps, je propose de lui donner, à peu près, l'organisation suivante, que nous avons donnée à d'autres compagnies formées au même effectif : 1 officier, 1 adjudant, 1 maréchal des logis chef, 6 maréchaux des logis, 1 fourrier, 8 brigadiers, 2 maréchaux ferrants, 1 bourrelier, 2 trompettes et 106 cavaliers.

Nous manquons d'hommes ; nous avons beaucoup de malades.

Les deux dépôts des 7e et 10e cuirassiers, à Niort, semblent avoir des hommes en excédent de leurs besoins, peut être pourraient-ils nous en verser 200 ou 300 pris dans les tailles inférieures.

---

(1) Commandant l'artillerie du 15e corps d'armée.

Le Ministre de la Guerre aux Colonels des 1er et 2e régiments du train d'artillerie, à Niort et à Poitiers.

Tours, 16 novembre.

Je vous ai télégraphié de fournir 200 chevaux harnachés avec les hommes nécessaires pour achever d'atteler le parc du 17e corps, et je vous ai demandé en même temps 400 chevaux et les hommes pour le parc du 18e corps, indépendamment des deux réserves divisionnaires que vous devez lui donner.

Ces formations faites, vous devez vous attendre qu'il vous sera demandé, avant la fin de l'année, par tiers à peu près, aux dates suivantes, 1er, 15 et 30 décembre, un total de 2,000 chevaux avec les hommes nécessaires, en 8 ou 9 détachements.

Du harnachement a été mis en commande ou acheté à l'étranger; vous aurez une large part dans sa distribution, mais ce n'est pas une ressource sur laquelle on puisse compter d'une façon certaine.

Le Ministre de la Guerre aux Généraux commandant les divisions militaires, à Rennes, Lyon, Grenoble, Toulouse, et au Général commandant l'artillerie en Algérie (D. T.).

Tours, 18 novembre.

Faites donner un cheval à l'adjudant des batteries de montagne.

Le Délégué à la Guerre au Directeur des services de l'intendance de la délégation du ministère de la Guerre.

Tours, 18 novembre.

Prière de vouloir bien prendre note, pour faire le nécessaire, en ce qui vous concerne :

1º Que deux nouveaux corps, le 21e et le 22e sont formés, l'un autour de Nogent-le-Rotrou, l'autre autour d'Arras.

2º Les corps formés avec les troupes qui entourent ces points, seront, comme à l'ordinaire, à trois divisions et compteront environ 45,000 hommes.

3º Les chefs de ces corps se procureront autant que possible, directement, par achats, réquisitions ou autrement, l'artillerie nécessaire et même la cavalerie. Le ministère n'y suppléera qu'en tant que de besoin.

4º Le ministère de la Guerre devra organiser le service de l'intendance sur les bases ordinaires.

5° Il n'y aura à se préoccuper de la formation des cadres qu'après les propositions des deux chefs de ces corps.

Le Ministre de la Guerre au Général commandant l'artillerie, à Besançon.

Tours, 23 novembre.

..... Je regrette infiniment de ne pouvoir vous donner un grand nombre d'officiers d'artillerie, mais il en manque partout, dans les corps d'armée plus encore que dans les places; nos désastres ont fait cette position, il faut l'accepter sans découragement.

Le Ministre de la Marine au Ministre de la Guerre.

Tours, 24 novembre.

J'ai l'honneur de vous informer que trois batteries de 4 rayé de campagne, organisées à Cherbourg, ont été dirigées de Carentan sur Le Mans, le 23 de ce mois.

Ces batteries, portant les numéros 25, 25 bis et 25 ter, sont placées sous les ordres du chef d'escadron ..... et chacune d'elles est composée comme il suit :

3 officiers : 1 capitaine, 1 lieutenant en premier, 1 lieutenant en second ou sous-lieutenant ;

98 sous-officiers, brigadiers et canonniers : 1 maréchal des logis chef, 1 maréchal des logis fourrier, 6 maréchaux des logis, 6 brigadiers, 6 artificiers, 1 trompette, 40 canonniers servants, 37 conducteurs pris dans la garde mobile.

Les canonniers ont le mousqueton, les conducteurs sont armés d'un sabre de canonnier à pied et d'un pistolet.

Le Ministre de la Guerre au Général commandant la 22e division militaire, à Grenoble.

Tours, 26 novembre.

Il ressort des renseignements que je me suis fait adresser par les deux régiments d'artillerie en garnison à Grenoble que l'instruction se trouve singulièrement gênée et retardée par le manque de cadres et de harnachement et par l'obligation de fournir des hommes et des chevaux pour les travaux de l'arsenal et de l'armement de la place.

Les circonstances actuelles exigent cependant impérieusement que l'instruction ne souffre aucun retard, et, si la pénurie des cadres est une difficulté que nous devons subir, il faut à tout prix écarter les obstacles qui ne dépendent que de nous. Il est donc absolument indispensable que les recrues d'artillerie, aussi bien que les cadres, ne soient jamais distraits du service intérieur du régiment, et que la faible quantité de harnais dont on peut encore disposer soit toujours réservée pour l'instruction des conducteurs.

Je ne saurais donc trop vous engager à chercher à assurer en dehors des régiments d'artillerie les services de l'arsenal et de la place, en n'y employant que des hommes d'infanterie et en faisant exécuter tous les transports par des chariots et attelages civils.

Le Général commandant le 16ᵉ corps au Ministre de la Guerre, à Tours (D. T.).

Saint-Péravy, 26 novembre.

Les batteries de montagne devant en partie être utilisées avec les francs-tireurs Lipowski aux avant-postes, je demande un supplément à ces batteries de 20 mulets et 40 caisses d'infanterie pour porter les réserves de cartouches des francs-tireurs.

En note (écriture inconnue) : « Nous avons les caisses d'infanterie, pourrons-nous avoir les mulets ? »

Note de la 6ᵉ direction pour la 4ᵉ direction (service de l'artillerie).

Tours, 28 novembre.

D'après les renseignements qu'elle avait en sa possession, la 6ᵉ direction pensait pouvoir être en mesure, dans une quinzaine de jours, de mettre à la disposition de l'artillerie, une nouvelle compagnie du 3ᵉ régiment du train des équipages militaires.

On est heureux d'annoncer à la direction de l'artillerie que, d'après un nouveau rapport adressé au Ministre par M. le Directeur des parcs des équipages militaires, cette époque peut être devancée et que, dès à présent, il existe dans l'établissement de Châteauroux une quantité suffisante de harnais à 4 pour harnacher les chevaux d'une compagnie montée du train.

On sera donc obligé au service de l'artillerie de vouloir bien faire connaître si le concours du service des équipages militaires peut lui être encore utile et, dans ce cas, sur quel point il conviendra de diriger la compagnie que l'on met à sa disposition, et l'époque à laquelle elle devra être rendue à destination (1).

---

(1) Cette compagnie désignée pour atteler le parc du 19ᵉ corps devait être rendue à Tours le 6 décembre (Réponse de la direction d'artillerie, Tours, 29 novembre).

ARTILLERIE.

Le Ministre de la Guerre au Général commandant en chef l'armée de la Loire, à Saint-Jean-de-La-Ruelle.

Tours, 28 novembre.

..... Je reconnais avec vous qu'il serait désirable à tous points de vue de pouvoir attacher deux officiers à chaque batterie de montagne.

Mais je dois vous faire remarquer que la formation de 24 batteries de cette espèce a déjà entraîné la création de 24 sous-lieutenants et qu'au moment où il faut faire face à tant d'exigences du même genre, avec les ressources si restreintes aujourd'hui que nous offre le recrutement du corps d'officiers, je ne saurais donner satisfaction à votre juste observation.

Vous pouvez d'ailleurs remarquer encore que j'ai cherché à atténuer, autant que possible, l'inconvénient que vous me signalez, en plaçant dans chacune de ces batteries un adjudant, qui fait en réalité le service d'officier.

Le Directeur des ateliers de fabrication de canons à balles au Directeur de la 4ᵉ direction de la délégation du ministère de la Guerre, à Tours.

Nantes, 1ᵉʳ décembre.

...... Je vous propose, pour augmenter les batteries à balles des corps, le moyen suivant : envoyer aux bonnes batteries deux canons de plus qu'elles peuvent facilement servir et atteler avec leur personnel. Puis, quand vous aurez un capitaine disponible, fractionner la batterie avec quatre pièces. Puis les remettre à six, en versant dans chacune des chevaux de cavalerie et des fantassins de choix.....

En marge, de la main du général Thoumas : « Ils ne peuvent pas Non ».

Le Ministre de la Guerre au Général commandant la 16ᵉ division militaire, à Rennes.

Tours, 5 décembre.

J'ai l'honneur de vous inviter à donner des ordres pour qu'il soit formé, dans l'un des régiments d'artillerie de la garnison de Rennes, un détachement comprenant : 1 sous-officier, 1 brigadier, 38 servants. A ce détachement en sera joint un autre comprenant : 1 sous-officier, 1 brigadier et 10 hommes de l'une des compagnies d'ouvriers de Rennes. Ces deux détachements seront placés sous les ordres d'un lieutenant ou sous-lieutenant pour être attachés au parc du 21ᵉ corps en formation à Tours.....

Note de la direction d'artillerie pour la direction du recrutement.

Tours, 6 décembre.

Le 1ᵉʳ régiment du train d'artillerie à Niort et le 2ᵉ régiment du train d'artillerie à Poitiers manquent d'hommes pour les formations qui leur sont demandées.

On prie le bureau du recrutement de leur en faire donner d'urgence, au moins d'abord 200 ou 300 pour chaque régiment.

Le nombre d'hommes serait porté à 700 ou 800 ultérieurement (1).

Le Ministre de la Guerre au Général commandant l'artillerie, à Douai.

Bordeaux, 22 décembre.

..... J'approuve la proposition..... au sujet de la création d'une compagnie d'ouvriers dont vous trouverez tous les éléments dans le détachement de la 5ᵉ compagnie actuellement à Douai et qui prendrait la dénomination de 5ᵉ compagnie bis.

..... Mais le personnel des officiers sera, pour le moment, limité au seul officier qui commande aujourd'hui le détachement.....

Note de la 4ᵉ direction pour le Délégué du Ministre.

Bordeaux, 25 décembre.

L'artillerie va très prochainement manquer d'hommes.

Il en manque dès à présent aux 1ᵉʳ et 2ᵉ régiments du train d'artillerie. Les 2ᵉ et 6ᵉ d'artillerie en demandent pour les formations qui doivent avoir lieu en janvier.

L'appel dans le rang des mobilisés ayant servi dans la cavalerie va donner environ 100 hommes par régiment d'artillerie et 300 par régiment de train d'artillerie. Ce sera une ressource très précieuse, mais qui, dès le 15 janvier prochain, sera insuffisante pour nombre de régiments.

---

(1) Par contre, les dépôts de ces régiments regorgeaient de chevaux. Celui du 1ᵉʳ régiment comptait, au 20 décembre, 2,800 chevaux. Le service des remontes fut invité à cesser ses envois.

En résumé, il faudrait dès à présent : au 1ᵉʳ du train d'artillerie, 800 hommes ; au 2ᵉ, 600 ; au 2ᵉ d'artillerie, 200 hommes ; au 6ᵉ, 200, et prochainement, c'est-à-dire en janvier, à chaque régiment d'artillerie, 300 ou 400 hommes, et à chaque régiment du train d'artillerie, 800 à 1,000 hommes.

En marge : « Réclamez dans les dépôts d'infanterie et de cavalerie sans ménagements. *Signé* : de Freycinet ».

Note de la 4ᵉ direction (artillerie) pour la 1ʳᵉ direction (correspondance générale).

Bordeaux, 29 décembre.

Par note en date de ce jour, la 1ʳᵉ direction a communiqué l'extrait d'une lettre du 23 décembre courant de M. le Général commandant le 24ᵉ corps, de laquelle il résulte que les réserves divisionnaires, ayant été attelées par le train des équipages, devaient partir les 24, 25 et 26, et qu'il ne restait plus à atteler que le parc d'artillerie et deux batteries de 12.

Le général ajoute que, si le parc d'artillerie était prêt, il pourrait passer sur le reste. Les détachements du train d'artillerie destinés primitivement aux réserves divisionnaires étant partis le 24 et le 25, de Poitiers pour Lyon, il doit y avoir maintenant de quoi atteler la plus grande partie du parc.

On doit observer d'ailleurs que les opérations se faisant sur une ligne de chemin de fer, la présence de ce parc n'est pas indispensable pour commencer ces opérations ; d'autres corps d'armée n'ont eu leur parc organisé que dix à quinze jours après avoir été envoyés en ligne ; le 24ᵉ corps ne saurait donc être arrêté par cette considération.

Trois batteries de 12 doivent être déjà arrivées à Lyon, où il doit en arriver une quatrième (elle part de Toulouse aujourd'hui).

Quant aux fusils et cartouches Remington, on sait qu'il est arrivé à Lyon, depuis le 23 décembre, au moins 2,000 fusils et 1 million de cartouches ; 6,000 autres fusils sont en route depuis la même date.

Note de la 6ᵉ direction pour la 4ᵉ direction.

Bordeaux, 30 décembre.

On est heureux de pouvoir informer la direction d'artillerie que le parc des équipages militaires de Châteauroux, à son arrivée à Toulouse, a pu encore céder à l'arsenal de cette place 100 selles, qui lui ont été demandées par M. le directeur de cet établissement pour compléter l'organisation d'une batterie.

Le Ministre de la Guerre au Général commandant l'artillerie, à Toulouse.

Bordeaux, 13 janvier 1871.

Il a été fait beaucoup par les régiments d'artillerie de Toulouse ; j'ai néanmoins à leur demander un nouvel effort ; il faudrait, en effet, que chacun d'eux pût, avant la fin du mois courant, fournir encore deux batteries de 4.

Que l'on fasse pour cela tout le possible et que l'on ne se laisse pas arrêter par des difficultés de détail.

Les capitaines feront probablement défaut pour ces formations ; vous aurez à y pourvoir par des nominations à titre provisoire. Vous ferez les désignations ; mettrez de suite les candidats dans les emplois et vous m'adresserez des mémoires de proposition pour que ces désignations soient confirmées.

Il est probable que les cadres se trouveront aisément dans les hommes échappés aux mains de l'ennemi et rentrés aux dépôts, ainsi que parmi ceux évacués de l'armée comme malades et suffisamment rétablis.

Enfin j'espère pouvoir envoyer, sous peu de jours, à la direction de Toulouse, le harnachement de 1,000 chevaux, savoir 200 attelages de derrière, 200 de devant et 200 pour chevaux de selle, le tout de provenance anglaise.

Cette annonce ne doit en rien retarder les confections possibles par les soins des corps ou de la direction (1).

Le Général commandant la 22ᵉ division militaire au Ministre de la Guerre (D. T.).

Grenoble, 15 janvier 1871.

Il existe dans les dépôts d'artillerie de Grenoble des hommes et des chevaux ; mais la rigueur de la saison et le manque complet de harnachement n'ont pas encore permis de transformer les soldats d'infanterie d'hier en artilleurs. Le harnachement existant ou en commande fournira à peine une batterie de 4 à la fin du mois ; de plus, le matériel manque : si donc voulez batteries, envoyez matériel et harnachement.

---

(1) Une lettre semblable était adressée le même jour aux généraux commandant l'artillerie à Grenoble et à Rennes. Mais il n'était annoncé pour la direction de Grenoble que 500 harnachements, savoir 100 pour attelages de derrière, 100 pour attelages de devant et 100 pour chevaux de selle. Pour Rennes, on ne parlait pas de harnachement.

Si matériel et harnachement arrivent en temps opportun, peut-être arrivera-t-on à former quatre batteries réduites de 4 pour la fin du mois, ou bien une batterie de 12 et deux batteries de 4 ; mais rien de plus.

Il n'a jamais été question, dans les rapports officiels, d'une batterie de 12 qui devait être prête pour le 20. Tout manque pour la fournir pour cette époque ; n'y comptez pas.

Le Général commandant l'artillerie dans la 12e division militaire au Ministre de la Guerre.

Toulouse, 17 janvier 1871.

En réponse à votre lettre du 13 courant, j'ai l'honneur de vous rendre compte que j'espère pouvoir fournir en personnel et en matériel, ainsi que vous le désirez, deux batteries de 4 par régiment d'ici au 1er février, ou, peut-être, pour les dernières, dans les premiers jours de ce mois, mais à condition que le harnachement annoncé depuis longtemps sera arrivé.

Même sans cette ressource, deux batteries de 4 seront prêtes à partir le 20, une ou deux autres le 22 ou le 23. Je vous adresserai, incessamment, des propositions pour capitaine à titre provisoire et j'en aurai assez pour les dix batteries qui sont demandées. Mais je leur donnerai le commandement des batteries qu'ils devront organiser, en attendant la confirmation de leur nomination.

Les ressources pour les cadres, surtout comme comptable sérieux, deviennent rares, mais cependant, on a pu, jusqu'à présent, compléter ces cadres sans trop de difficultés.

Le Ministre de la Guerre aux Généraux commandant l'artillerie de la Ire armée, à Besançon, et de la IIe armée, à Laval.

Bordeaux, 26 janvier 1871.

Nos régiments d'artillerie manquant de sujets pour les grades de capitaine et de sous-lieutenant, désireux en outre de faire participer à l'avancement résultant des nombreuses formations faites dans les dépôts de l'armée les officiers et les sous-officiers sous vos ordres, j'ai l'honneur de vous prier d'étendre, d'une manière notable, au delà de ce qui est nécessaire aux remplacements dans votre personnel, les propositions pour ces deux grades, soit à titre définitif, soit à titre provisoire, selon le cas.

J'ai l'honneur de vous prier, en outre, de faire diriger, chacun sur le dépôt de son régiment, les candidats ainsi présentés, aussitôt après que les propositions auront été agréées par le général en chef...

Renseignements sur l'artillerie de l'armée du Nord.

Sans date (probablement de la fin de janvier 1871).

L'artillerie de l'armée du Nord a toujours été en augmentant depuis le commencement de la campagne.

Au milieu du mois d'octobre, une seule batterie était attelée et prête à marcher.

A Saint-Quentin elle comptait :

    3 batteries de 12 de campagne ;
    1 — 8 — ;
    8 — 4 — ;
    3 — 4 de montagne, dont 1 de 8 pièces.

Enfin une petite colonne détachée comprenait :

    2 pièces de 4 de campagne ;
    8 — 4 de montagne ;

soit un total de 102 bouches à feu.

Dans l'armée du Nord, toutes les batteries se composent de 18 voitures : 6 pièces, 1 affût de rechange, 9 caissons, 1 forge et 1 chariot de batterie.

Les munitions des batteries de montagne étaient portées, en partie dans des caissons de 4 de campagne, ou dans des caissons système Gribeauval aménagés à cet effet, en partie dans des caisses de montagne transportées sur des voitures de réquisition.

Le parc d'artillerie avait en réserve une demi-ligne de caissons attelés par batterie.

Pour les munitions d'infanterie, on avait donné à chaque bataillon un caisson Gribeauval, attelé avec des chevaux de réquisition et portant de 16,000 à 20,000 cartouches, suivant leur poids. Enfin, un caisson pour deux bataillons existait au parc avec les munitions d'artillerie.

Comme réserve, on avait toujours en gare quatre trains prêts à partir au premier signal.

Le premier comprenait une demi-ligne de caissons par batterie ; les autres étaient formés chacun de 33 voitures, savoir : 30 caissons Gribeauval sur plate-forme, portant chacun de 16,000 à 20,000 cartouches pour les divers fusils en service dans l'armée du Nord, et 3 wagons chargés avec des caisses blanches de munitions d'artillerie.

Depuis la bataille de Saint-Quentin, l'artillerie a mis l'armistice à profit pour se réorganiser et augmenter ses ressources.

Avec les harnais fournis par l'arsenal de Douai et les ressources du 15ᵉ régiment d'artillerie et de l'artillerie mobilisée du département du Nord, qui a fourni 200 conducteurs et 170 chevaux harnachés, on a pu remplacer les batteries de montagne par des batteries de campagne, et actuellement l'artillerie du Nord comprend 17 batteries de campagne et 1 batterie de mitrailleuses, savoir :

   3 batteries de 12 de campagne ;
   2 — de 8 — ;
  10 — de 4 — ;
   1 — de 12 livres Armstrong des mobilisés ;
   1 — de 9 livres — ;
   1 — de mitrailleuses (sytème Montigny).

On organise des parcs de corps d'armée qui comprendront une ligne de caissons par batterie, un caisson à munitions d'infanterie par bataillon et quelques affûts de rechange.

Le grand parc comprendra la même réserve en munitions d'infanterie et d'artillerie ; enfin, on aura toujours en gare les quatre trains dont la composition a été donnée ci-dessus.

En faisant le calcul du nombre de coups à tirer par pièce de 12 et de 4, on trouve :

Pièces de 12.

Coups par pièce portés avec la batterie	102
En réserve au parc de corps d'armée	54
En réserve au grand parc	54
En réserve sur trains en gare prêts à partir, environ	100
Total	310

Pièces de 4 de campagne.

Coups par pièce portés avec la batterie	229
En réserve au parc de corps d'armée	120
En réserve au grand parc	120
En réserve sur trains en gare	200
Total	669

PROJECTILES.

Les ressources des places du Nord sont très faibles en projectiles soit de 12, soit de 4. Au 15 novembre, il n'y avait dans les 19 places de la direction que 88,000 obus ordinaires ou obus à balles de 12, et, pour les pièces de 4, 41,000 obus ordinaires ou obus à balles pour 232 pièces, soit seulement 180 coups par pièce, et beaucoup moins si l'on fait entrer en ligne de compte les pièces de montagne.

L'arsenal de Douai est donc obligé de pousser très activement sa production, pour subvenir aux besoins toujours croissants de l'armée du Nord.

Actuellement, les batteries sont au complet.

L'approvisionnement des parcs et de la réserve est à peu près prêt, sauf pour les pièces anglaises qui n'ont en tout que 400 coups par pièce ; mais, le renouvellement de cet approvisionnement demande plus d'un mois, comme on va le voir par les chiffres que nous donnons ci-dessous.

L'arsenal de Douai peut terminer 1,200 projectiles par jour et charger 1,500 fusées.

Cette dernière opération est exclusivement confiée aux soins du colonel Desmarets.

Les obus coulés sont fournis par plusieurs établissements dans les proportions suivantes :

	Obus		
	de 4.	de 8.	de 12.
Marquise..................	500	300	500
Fives et Tourcoing..........	200 (1)	»	»
Maubeuge	200	100	150
Soit...........	900	400	650

ou 1,950 projectiles par jour.

La pose des ailettes étant l'opération qui demande le plus de temps, c'est sur elle que doit se baser le calcul de la production journalière de l'arsenal de Douai, qui n'est que de 15 projectiles par pièce pour chacune des pièces des 15 batteries de l'armée du Nord : soit plus d'un mois pour préparer l'approvisionnement complet des batteries, des parcs et de la réserve.

Pour les batteries anglaises, qui ne comportent que six pièces avec leurs avant-trains, on fait actuellement à Fives et dans divers établissements, les caissons, forges et affûts de rechange nécessaires pour compléter les batteries.

L'arsenal de Douai aménagera les coffres pour le transport des munitions.

Quant aux munitions elles-mêmes, on en a commandé à Tourcoing, mais il ne faut pas compter en avoir avant un mois.

---

(1) 300 à 400 dans quelques temps (*Note originale*).

ARTILLERIE. 273

Cartouches.

L'approvisionnement en cartouches est assez considérable. On possède en effet, dans les différentes places de la direction, en dehors des approvisionnements des parcs de l'armée :

Cartouches modèle 1866......	5 millions.		y compris l'approvisionnement des places.
— 1867......	9	—	
— 1859......	2	—	
— 1863......	3	—	

Pour les cartouches modèle 1866, la production journalière des différentes cartoucheries, soit de Douai, soit de Lille et Roubaix, varie entre 250,000 et 280,000.

Elle est de 70,000 à 80,000 pour les cartouches 1859 et 1863.

Quant aux cartouches 1867, dont la fabrication exige un outillage qu'on n'a pu se procurer à Lille, un marché de 1 million a été passé en Belgique.

Ce marché reçoit actuellement son exécution.

Le manque de bonnes capsules arrêtant quelquefois la production des cartouches modèle 1866, on a cherché à y remédier, dans certaines limites, par l'établissement d'une capsulerie départementale qui fournit actuellement de 50,000 à 60,000 capsules par jour.

Fusils.

La réserve en armes se chargeant par la culasse est nulle. Beaucoup d'hommes, soit de la mobile, soit de l'armée active, manquent même de fusils.

A la suite de la bataille de Saint-Quentin, il a fallu désarmer les artilleurs de la garde nationale mobile pour donner des fusils aux mobiles échappés des mains de l'ennemi ou revenant sans armes.

Pour les hommes des bataillons actifs ou les mobilisés qu'on verse dans les dépôts des régiments de ligne ou des bataillons de chasseurs, il y a pénurie de fusils modèle 1866, et beaucoup d'hommes sont indisponibles par ce seul fait qu'on ne peut leur donner des armes. 1,800 fusils que vient encore de nous donner la préfecture du Nord, et les armes qu'on a retirées aux ouvriers des corps, plantons, hommes aux hôpitaux, sont loin de suffire aux besoins de l'armée. Elle manque moins d'hommes que de fusils, et surtout de fusils modèle 1866 qu'on ne peut se procurer à l'étranger même à prix d'argent. Les 4,000 Spencer demandés au Ministre, et dont l'expédition a été annoncée par un télégramme de Bordeaux, en date du 17 janvier, ne sont pas encore arrivés.

Rapport sur les ressources de l'artillerie pendant la guerre de 1870-71.

6 février 1871.

Personnel de l'artillerie.

Au début de la guerre, l'artillerie comptait, non compris le régiment de pontonniers, 21 régiments ayant ensemble 164 batteries attelées (montées ou à cheval) et 60 batteries à pied, ces dernières pour le service de siège, de place et des côtes.

Ces régiments donnèrent de suite, pour l'armée du Rhin, 156 batteries attelées, dont 132 de 4 ou à balles, 22 de 12, 2 de montagne, en tout 936 bouches à feu.

Dès le mois d'août, 24 des batteries à pied furent dédoublées et 24 autres transformées en batteries montées ; il fut en outre formé de nouvelles batteries à pied et 18 nouvelles batteries attelées.

Les batteries à pied dédoublées ou formées furent envoyées dans les places ou appelées à Paris ; les 42 batteries attelées furent toutes appelées à Paris ; elles servirent à y former l'artillerie des 12e, 13e et 14e corps d'armée, ou y restèrent disponibles pour la défense mobile.

En résumé, l'effort fait de juillet à septembre par l'artillerie, dans la plénitude de ses ressources, aboutit à la formation de 206 batteries attelées, représentant 1,230 bouches à feu.

Au 17 septembre, sur ces 206 batteries, 6 seulement, dont 5 en Algérie, restaient disponibles, en dehors de Paris, de Metz et de Strasbourg.

A la même date, 13 dépôts des régiments sur 21 restaient libres dans les mêmes conditions et susceptibles de fournir des ressources pour l'organisation de nouvelles batteries (1).

Les dépôts ont donné, du 17 septembre au mois de février 1871, 162 batteries montées, mixtes ou à cheval.

Il convient d'y ajouter, pour avoir ce qui a été mis en ligne comme batteries attelées, 21 batteries mixtes servies par l'artillerie de marine

---

(1) On ne compte pas ici les deux dépôts de la Garde. Ils manquaient de moyens d'instruction et de recrutement, et étaient épuisés à ce point qu'à eux deux ils purent donner seulement une batterie montée, effort après lequel on dut les supprimer. On ne compte pas non plus les débris de batteries (deux du 6e, trois du 12e, deux du 20e) échappées au désastre de Sedan, mais tout à fait incomplètes, aussi bien en matériel qu'en personnel (*Note originale*).

et attelées par le train d'artillerie, 12 batteries à balles de l'artillerie de la garde nationale mobile, formées par le service de l'artillerie, les 15 batteries attelées de l'armée du Nord, enfin au moins 28 batteries de circonstance existant avec du matériel français ou étranger, à l'armée des Vosges, au 21e corps, etc.

Il a été ainsi mis en ligne 238 batteries ayant ensemble 1,404 bouches à feu.

Le service des munitions a été en même temps assuré aux armées par 31 réserves divisionnaires de munitions d'infanterie et par 10 parcs de corps d'armée.

Pour constituer ces divers éléments et subvenir aux pertes, le personnel fourni a été approximativement de 46,000 hommes et 42,000 chevaux.

Sur ce personnel, il restait en ligne aux mêmes armées, le 31 janvier, 231 batteries ayant ensemble approximativement 35,000 hommes et 30,000 chevaux avec un matériel de 1,348 bouches à feu.

Enfin, il y avait encore dans les dépôts, pouvant dès le 15 février être mises en ligne, 12 nouvelles batteries représentant 72 bouches à feu.

Personnel officiers.

Artillerie. — Le personnel de l'artillerie proprement dit comptait, au 1er juillet, 1,678 officiers, y compris les élèves de l'École d'application, les officiers hors cadres et les capitaines en résidence fixe ; ce nombre fut, de juillet à septembre, augmenté de 170, en sorte que le total était de 1,848.

L'armée du Rhin, un troisième lieutenant ayant été donné aux batteries à cheval et aux batteries à balles, comprenait 950 officiers. Les 12e, 13e et 14e corps en comptaient ensemble 200, soit au total 1,150.

Metz, Strasbourg, Paris et d'autres places assiégées devaient en avoir ensemble au moins 250, soit un total indisponible de 1,400.

Il ne restait donc que 450 officiers (1) disponibles, pour les établissements, les dépôts des corps, l'Algérie et les corps d'armée à former.

Petit à petit cependant, il rentra des officiers, d'abord de Sedan, puis de Metz ; on peut estimer leur nombre à 150, y compris 25 ou 30 sous-lieutenants élèves revenus de Prusse en décembre ; des

---

(1) Sur ce nombre 35 à 40 avaient été mis en non-activité pour infirmités temporaires, mais en réalité restèrent en activité (*Note originale*).

nominations furent faites, leur nombre s'élève aujourd'hui à 260. On prit des auxiliaires un peu partout, on en a aujourd'hui environ 190.

On a eu ainsi un personnel comprenant :

Disponibles au 16 septembre.....................	450
Rentrés de l'ennemi...........................	150
Nouveaux promus.............................	260
Auxiliaires...................................	190
TOTAL............	1,050

Train d'artillerie. — Ce personnel comptait, au 1er juillet, 153 officiers. Il fut augmenté de juillet à septembre de 10 officiers, soit au total 163 officiers, dont moins de 50 étaient disponibles hors de Paris.

Il a été fait 89 nominations de sous-lieutenant au titre définitif et 4 ou 5 nominations au titre auxiliaire.

Harnachement.

L'une des plus grandes difficultés de l'organisation de l'artillerie a eu pour cause le manque de harnachement.

Il y avait au 16 septembre, en dehors de Paris, le harnachement de 7,000 chevaux, en comptant celui des chevaux qui attelaient les deux équipages de pont et les parcs des 13e et 14e corps.

Les commandes faites en France, dès le 16 septembre, ont paré aux premiers besoins ; ces commandes se continuent.

Celles faites à l'étranger, en quantités considérables, ont commencé à donner du harnachement au mois de janvier seulement, mais les arrivages se succèdent rapidement et régulièrement.

Nous sommes, sous ce rapport, assurés d'avoir des approvisionnements suffisants en quantité sinon en qualité.

Personnel d'artillerie existant hors Paris à la date du 16 septembre 1870.

Il restait :

1° Une batterie constituée, la 3e du 12e d'artillerie, laissée à Mézières par le 13e corps ; on a été informé à Tours, vers le commencement de novembre seulement, de l'existence de cette batterie.

2° Des débris de batteries échappés de Sedan, savoir :

A Lyon, 5e, 6e, 7e du 12e d'artillerie ;
A Valence, 1re, 6e du 20e d'artillerie ;
A Grenoble, 11e, 12e du 6e d'artillerie.

ARTILLERIE.

3° Deux compagnies de pontonniers servant des équipages de pont :

La 7e, un pont de corps d'armée ;
La 12e, un pont de réserve ;
Ces équipages de pont étaient attelés.

4° Enfin deux parcs d'artillerie, ceux des 13e et 14e corps d'armée, sans réserves divisionnaires.

C'était au total un personnel de 1,500 hommes et 1,800 chevaux.

Les dépôts des régiments avaient des hommes, mais non instruits, non habillés, non équipés ; des chevaux, mais non harnachés.

Ce qui restait de harnachement en magasin était insignifiant, eu égard aux besoins.

On ne compte que pour mémoire les cinq batteries en Algérie.

État des batteries montées, mixtes et à cheval, formées, de septembre à février, par le personnel de l'artillerie proprement dit.

CORPS.	BATTERIES MONTÉES		BATTERIES		TOTAL.
	de 4 ou à balles.	de 7, 8 ou 12.	à cheval.	de montagne.	
Régiment monté de la Garde..........	1	»	»	»	1
2e régiment..........	8	5	»	2	15
3e —	4	»	»	4	8
6e —	7	3	»	2	12
7e —	9	3	»	»	12
8e —	8	3	»	2	13
9e —	9	2	»	1	12
10e —	8	3	»	»	11
12e —	11	2	»	1	14
13e —	10	3	»	2	15
14e —	10	2	»	2	14
15e —	8	3	»	»	11
16e —	»	2	»	»	2
18e —	»	»	9 (1)	»	9
19e —	»	2	7 (2)	»	9
20e —	»	»	4 (2)	»	4
TOTAUX......	93	33	20 (3)	16	162 (3)

N. B. — Lesdites batteries ayant ensemble 950 bouches à feu.

(1) Dont 3 à 4 pièces.
(2) Dont 4 à 4 pièces.
(3) Dont 11 à 4 pièces.

Note sur les batteries mixtes ou de montagne servies par l'artillerie de marine.

L'artillerie de marine a fourni le personnel :

1° De 16 batteries mixtes de 7, 8 ou 12, dont le matériel a été attelé par le train ;

2° De 5 batteries de montagne.

Soit, au total, le personnel servant 21 batteries ayant ensemble 126 bouches à feu.

L'artillerie de marine a en outre fourni les détachements à pied de plusieurs des 12 corps d'armée formés.

Note sur les batteries d'artillerie de la garde nationale mobile pour canons à balles.

Ces batteries, créées en exécution d'un décret du 3 novembre 1870, n'ont réellement commencé leur organisation qu'au mois de décembre, lorsque le service de l'artillerie a commencé à s'en occuper.

Elles ont été successivement envoyées à Nantes, où leur équipement, habillement et surtout harnachement fort incomplets ont été remis en état.

Elles sont toutes en ligne actuellement, trois (celles des Deux-Sèvres et une de Maine-et-Loire) restant disponibles.

Elles ont ensemble 72 bouches à feu.

Note sur les batteries de l'armée du Nord et sur celles de circonstance employées à cette armée, à celle des Vosges, à l'armée de l'Ouest.

On manque de renseignements sur l'artillerie de l'armée du Nord. Cette armée a 15 batteries.

Des batteries de circonstance y sont employées avec du matériel français ou étranger. Des batteries semblables se trouvent à l'armée du Havre, à l'armée des Vosges, au 18ᵉ et au 21ᵉ corps ; on peut estimer leur nombre à 28 ou 30.

Ces batteries et celles de l'armée du Nord forment ensemble une force d'au moins 43 batteries ayant 258 bouches à feu.

ARTILLERIE.

État des batteries montées, mixtes, à cheval, de montagne et de modèle étranger qui ont été mises en ligne de septembre 1870 à février 1871.

	BATTERIES MONTÉES		BATTERIES			TOTAL.
	de 4 ou à balles.	de 7, 8 ou 12.	à cheval.	de montagne.	étrangères.	
Les dépôts de l'artillerie	93	33	20(1)	16	»	162(1)
L'artillerie de marine	3	13	»	5	»	21
Garde nationale mobile	12	»	»	»	»	12
Armée du Nord	»	...Détail inconnu...			»	15
Batteries de circonstance	»	......Id......			»	28(2)
TOTAL						238

(1) Dont 11 à 4 pièces.
(2) Dont 2 à 5 pièces.

État du personnel mis en ligne, du 16 septembre 1870 au mois de février 1871, par les dépôts d'artillerie restant libres.

DÉSIGNATION DES CORPS.	OFFICIERS.	HOMMES.	CHEVAUX			MULETS.
			D'OFFICIERS.	DE TROUPE		
				de selle.	de trait.	
Régiment monté de la Garde.	4	132	3	24	70	»
2e régiment	39	2,075	74	267	1,052	32
3e —	16	924	27	50	132	»
6e —	33	1,741	56	232	991	64
7e —	31	1,522	59	225	743	»
8e —	33	1,649	64	206	746	64
9e —	38	2,101	67	308	1,084	84
10e —	32	1,699	45	243	885	»
12e —	42	2,152	67	306	1,094	32
13e —	43	1,918	55	258	832	64
14e —	40	1,797	80	275	956	64
15e —	33	1,498	70	231	822	»
18e —	27	1,403	54	676	652	»
19e —	27	1,480	44	545	785	42
20e —	12	400	24	212	200	»
1er rég. du train d'artillerie	26	2,470	50	339	3,388	40
2e rég. du train d'artillerie	15	2,685	37	442	3,881	»
Compagnies d'ouvriers et d'artificiers	1	125	1	»	»	»
TOTAUX	492	27,768	874	4,839	18,313	486
				23,638		

État du personnel autre que celui de l'artillerie mis au service de cette arme du 16 septembre 1870 au mois de février 1871.

	OFFICIERS.	HOMMES.	CHEVAUX			
			d'officiers.	de selle.	de trait.	Mulets.
Artillerie de marine.......	53	2,389	»	»	»	»
Train des équipages	25	1,832	28	192	1,833	339
Garde nationale mobile pour canons à balles	53	1,440	106	264	792	»
Recrutement.............	»	3,000	»	»	»	»
Remonte................	»	»	400	3,600	3,000	300
Totaux......	131	8,661	534	4,056	5,625	639
					10,320	
Armée du Nord.......... Batteries de circonstance...	»	8,000	»	»	6,000	»
Totaux......	131	16,661	534	»	16,320	»

État du personnel qui a été mis en ligne pour l'artillerie du 16 septembre 1870 au 1ᵉʳ février 1871.

	HOMMES.	CHEVAUX.
Existant au 16 septembre..............	1,500	1,800
Par l'artillerie.......................	27,768	23,638
Par d'autres services et armée du Nord...	16,661	16,320
Totaux	45,929	41,758

ARTILLERIE.

État des batteries encore en ligne au 1er février 1871.

CORPS.	BATTERIES MONTÉES			BATTERIES			TOTAUX.	OBSERVATIONS.
	de 4.	à balles.	de 7, 8 ou 12.	à cheval.	de montagne.	étrangères.		
1re armée. { 15e corps	8	2 1/3	7	4	»	»	72 1/2	
18e —	9	1	4	2	»	»		
20e —	6	1	3 2/3	1 1/2	»	1		
24e —	6	»	4	»	10	»		
Cremer	2	»	»	»	2	»		
2e armée. { 16e corps	8	3	2	2	1	»	79 1/2	
17e —	8	3	4	2	1	»		
21e —	8	3	9	2	3 1/3	1 (1)		(1) 5 pièces.
49e —	5	2	3 1/3	1 1/2	2 1/4	1 (1)		
Gougeard	3	»	2	»	4	1	9	
Armée des Vosges	7	»	4	»	4	»	45	
— du Nord	5	»	4	»	»	2	12	
— du Havre	1	»	3	»	»	»	2	
Colonne Mazure	2	»	1	»	2	»	3	
de Pointe	»	»	»	»	1	»	2	
Clérot	2	»	»	»	»	»	1	
Curten	»	»	»	»	»	»		
Lipowski	1	»	3	1 1/2	»	»	15 1/2	
Pélissier	9	2	4	1 1/2	»	»	15 1/2	
25e corps	6	4						
26e corps								
TOTAUX	96	24 1/3	56	18	30 2/3	6	231	

N. B. — Les 231 batteries avaient ensemble 1,348 bouches à feu. Les batteries à cheval sont comptées à 4 pièces et 2 batteries n'avaient que 5 pièces.

État du personnel qui restait en ligne le 1ᵉʳ février 1871.

DÉSIGNATION DES BATTERIES ET PARCS.	HOMMES.	CHEVAUX.	MULETS.	OBSERVATIONS
120 batteries 1/3 de 4 ou à balles........	14,440	10,830	»	
18 — à cheval........	1,800	1,854	»	
56 — de 7, 8 ou 12...	10,920	9,072	»	
30 — 2/3 de montagne.	2,914	460	981	
6 — modèle étranger.	»	»	»	Pour mémoire.
10 parcs d'artillerie.........	4,600	7,000	»	
Totaux.......	34,674	29,216	981	
		30,197		

Les batteries sont comptées, celles :

	Hommes.	Chevaux.	Mulets.
De 4 ou à balles........................	120	90	»
A cheval............................	100	103	»
De 7, 8 ou 12.........................	195	162	»
De montagne.........................	95	15	32
Chaque parc.........................	460	700	»

État numérique des officiers employés à l'armée du Rhin et aux 12ᵉ, 13ᵉ et 14ᵉ corps (non compris ceux des parcs des 13ᵉ et 14ᵉ corps).

État-major général...	12
Garde impériale...	66
1ᵉʳ corps..	114
2ᵉ —	82
3ᵉ —	114
4ᵉ —	82
5ᵉ —	82
6ᵉ —	114
7ᵉ —	82
Division de cavalerie..	27
Réserve générale..	89
Grand parc...	39
12ᵉ corps...	56
13ᵉ —	69
14ᵉ —	70
Total...................	1,098

Accolade groupant de Garde impériale à Grand parc : 903
Accolade groupant 12ᵉ, 13ᵉ, 14ᵉ corps : 195

N. B. — Les batteries sont comptées à deux lieutenants ; celles à cheval et celles à balles en avaient généralement trois.

ARTILLERIE.

Harnachement hors Paris à la date du 16 septembre 1870.

DIRECTIONS ET RÉGIMENTS.	SELLES.	HARNAIS.			
		DEVANT.		DERRIÈRE.	
		Porteurs.	Sous-verges.	Porteurs.	Sous-verges.
Bourges............	4	»	»	4	4
Rennes.............	83	152	152	77	77
Besançon...........	4	7	10	»	2
Lyon...............	»	9	8	149	144
Grenoble...........	280	98	98	130	131
Toulouse...........	»	»	»	»	»
Alger..............	366	227	197	202	203
Douai..............	»	»	5	»	7
Constantine........	98	82	99	38	32
Régiment monté de la Garde............	60	11	11	26	26
Régiment à cheval de la Garde............	187	24	24	43	44
2ᵉ régiment d'artillerie..	189	36	36	80	80
3ᵉ — ..	180	25	25	49	49
6ᵉ — ..	386	115	115	169	169
7ᵉ — ..	114	25	25	54	52
8ᵉ — ..	84	17	17	69	69
9ᵉ — ..	129	30	30	56	57
10ᵉ — ..	99	17	17	40	40
12ᵉ — ..	123	46	46	70	70
13ᵉ — ..	39	13	13	14	14
14ᵉ — ..	69	14	14	29	29
15ᵉ — ..	52	22	22	10	10
18ᵉ — ..	213	47	»	82	»
19ᵉ — ..	116	24	24	50	52
1ᵉʳ du train d'artillerie...	»	»	»	»	»
2ᵉ — ...	186	83	76	54	59
Escadron du train d'artillerie de la Garde....	30	7	7	13	13
TOTAUX.....	3,091	1,131	1,070	1,505	1,433

État des pièces perdues ou échangées.

DÉSIGNATION.		CANONS					TOTAUX.
		de 4.	à balles.	de 8.	de 12.	de montagne.	étrangers.	
Pièces perdues.	Artenay............	»	»	3	»	»	»	3
	15ᵉ corps...........	2	»	5	»	»	»	7
	IIᵉ armée (Orléans)....	43	2	»	12	»	2	59
	Château-Robert.......	»	»	»	4	»	»	4
	Le Mans............	3	7	3	»	»	»	13
Totaux des pièces perdues.		48	9	11	16	»	2	86
Pièces échangées................		24	»	»	»	»	»	24
Totaux.........		72	9	11	16	»	2	110

Nota. — Cet état ne mentionne pas les pièces perdues par l'armée de l'Est pendant sa retraite ni les 53 batteries passées en Suisse avec elle.

Minute d'une note relative au matériel de l'artillerie employé dans la campagne de 1870-71 (de la main du général Thoumas).

19 février 1871.

..... Tout le matériel d'artillerie (ayant appartenu aux armées du Rhin et de Châlons) fut perdu à Sedan et à Metz, sauf six fractions de grand parc et quelques débris de batteries susceptibles de former deux batteries de campagne.....

..... Au moment de l'investissement de Paris, il existait dans les arsenaux de province les éléments nécessaires pour former environ quarante batteries de campagne.

Les parcs des 13ᵉ et 14ᵉ corps, comprenant environ 360 voitures, sortirent de Paris le 11 septembre et servirent à l'organisation des parcs des nouveaux corps d'armée.

Une seule batterie de 12 existait entière à Mézières et les débris de deux batteries de campagne.

Du 13 septembre 1870 au 31 janvier 1871, on a organisé les 15ᵉ, 16ᵉ, 17ᵉ, 18ᵉ, 19ᵉ, 20ᵉ, 21ᵉ, 22ᵉ, 23ᵉ, 24ᵉ, 25ᵉ, 26ᵉ corps, ainsi que l'armée des Vosges et quelques colonnes mobiles.

L'artillerie de ces corps comprenait au 31 janvier :

Batteries de 4 rayé de campagne..................	128
— de 8 —	16
— de 12 —	38
— de 7 —	6
— de canons à balles	20
— de 4 rayé de montagne..................	31
— de diverses bouches à feu de modèles étrangers.	6
TOTAL des batteries..................	238 (1)

comprenant ensemble 1,428 bouches à feu, dont 186 de montagne.

Il restait en ligne, au 31 janvier, 227 batteries ayant un total de 1,362 bouches à feu.

Ces corps et armées comportaient en outre 31 réserves divisionnaires d'infanterie, sur 310 voitures, et 10 parcs, sur 1,200 voitures.

Au 31 janvier 1871, les batteries et les parcs des divers corps d'armée avaient à tirer :

120,000 coups de canon de 4 de campagne ;
 5,000 — de 4 de montagne ;
16,000 — de 8 de campagne ;
20,000 — de 12 de campagne ;
50,000 — de canons à balles ;
10,000 — de 7 rayé de campagne.

Le 7 février, ces chiffres étaient réduits, par suite de la désorganisation de la Ire armée, à environ :

80,000 coups de canon de 4 de campagne ;
 3,000 — de 4 de montagne ;
 8,000 — de 8 de campagne ;
12,000 — de 12 de campagne ;
35,000 — de canons à balles ;
10,000 — de 7 rayé de campagne.

Les arsenaux d'artillerie possédaient au 7 février des batteries d'artillerie chargées en guerre et prêtes à être utilisées, savoir :

4 batteries de 4 rayé de campagne ;
2 — de 8 — ;
8 — de 12 — ;
2 — de 7 — ;
4 — de canons à balles,

---

(1) *Sic*. Le total est cependant 245.

et des caisses de munitions comprenant ensemble avec les munitions desdites batteries :

- 92,236 coups de canon de 4 rayé de campagne ;
- 9,720 — de 4 rayé de montagne ;
- 24,167 — de 8 rayé de campagne ;
- 58,966 — de 12 rayé de campagne ;
- 47,584 — de canons à balles ;
- 6,030 — de 7 rayé de campagne.

Les arsenaux possédaient, en outre, pour la formation des batteries et des parcs, ainsi que pour le remplacement des voitures, 1,600 voitures de campagne de diverses sortes, et des commandes considérables, faites dans les ports et dans l'industrie, devaient amener encore, dans des délais très courts, les moyens de subvenir à toutes les nécessités de la guerre.

Équipages de pont.

Au début de la campagne, il existait sept équipages de pont de corps d'armée et cinq équipages de pont de réserve.

Le 13 septembre, il en restait :

1° A Paris, un équipage de pont de réserve ;

2° Hors Paris, un équipage de pont de réserve complet et un équipage de pont de corps d'armée.

Le matériel de ces équipages a été en grande partie perdu, sauf un certain nombre de voitures, et on a reconstitué, à Lyon, un équipage de réserve complet existant actuellement.

Deux autres sont en cours de formation.

Munitions pour armes à feu portatives.

Le 13 septembre 1870, il existait dans les magasins de l'artillerie, ainsi que dans les parcs des 13e et 14e corps, environ 5 millions de cartouches à balles modèle 1866.

La fabrication était organisée dans les principaux établissements de l'artillerie et produisait en moyenne près de 3 millions de cartouches par semaine.

Les capsules et les papiers pour ces cartouches étaient préparés exclusivement à Paris, et il a fallu installer à Nantes et à Bourges des ateliers pour cette fabrication. Toutefois, un stock d'alvéoles et de papiers avait été préalablement envoyé en province. Cette fabrication, qui a présenté de très grandes difficultés, a baissé au bout de quelques semaines à l'époque où le stock matières premières s'épuisait, pour remonter rapidement en novembre où elle arrivait à 4 millions ; en janvier, elle dépassait 5 millions et, le 31 de ce mois, elle était de 6 millions et demi.

Il a été fabriqué, dans cette période, 80 millions environ dans les ateliers de l'artillerie. La marine a fourni environ (1) millions; les ateliers des travaux publics et les achats dans l'industrie environ (1) millions. Ce qui forme un total de (1) millions.

Les parcs des corps d'armée doivent comprendre environ 10 millions de cartouches et il existe en magasin 40 millions de cartouches de ce modèle (2).

Il existe, en outre, dans les arsenaux :

28 millions de cartouches modèles 1857-1859-1863 ;
9 — de cartouches Snider ;
5 — de cartouches Remington modèle égyptien ;
18 — de cartouches fusils à tabatière.

Rapport du Général commandant l'artillerie de la IIe armée de la Loire (3) sur le personnel de l'artillerie de cette armée.

Poitiers, 11 mars 1871.

La composition du personnel de l'artillerie de la IIe armée a été une conséquence forcée des événements antérieurs à la formation de cette armée ; presque toutes les ressources en personnel ayant été employées à l'organisation de l'armée du Rhin, celui qui composait l'artillerie des 16e, 17e, 19e et 21e corps, qui ont successivement fait partie de la IIe armée, comprenait des officiers de l'artillerie de terre et de l'artillerie de marine, des officiers de marine, des officiers pourvus de leur grade au titre provisoire et au titre auxiliaire, des officiers de la garde nationale mobile et même de la garde nationale mobilisée. Les officiers appartenant à l'artillerie de terre comprenaient tous ceux qu'il avait été possible de retirer des établissements de l'armée, et dont plusieurs avaient passé presque toute leur carrière hors des régiments, des officiers qui, avant la guerre, remplissaient dans les régiments les fonctions de major, des officiers retraités ou démissionnaires qui avaient repris du service pour la durée de la guerre et un grand nombre d'officiers promus nouvellement. Beaucoup d'officiers ont reçu de l'avancement, soit dès le début, soit pendant la campagne ; plusieurs ont gagné deux grades. Beaucoup d'officiers supérieurs ont été chargés de fonctions attribuées ordinairement à des grades plus élevés que les leurs, comme cela avait lieu d'ailleurs dans le reste de l'armée.

---

(1) En blanc dans la minute originale.
(2) Il s'agit évidemment de cartouches modèle 1866.
(3) Général Robineau-Marcy.

Les batteries, commandées pour la plupart par des capitaines en second, n'avaient que trois officiers.

Cette composition hétérogène et anormale du personnel des officiers d'artillerie avait été imposée par les circonstances ; mais elle devait faire craindre que le service en souffrît. Les officiers de toute provenance ont fait preuve pendant la campagne de beaucoup de solidité au feu ; mais, ainsi qu'on devait s'y attendre, les uns n'avaient plus assez d'activité, les autres manquaient d'expérience et même, parfois, des connaissances spéciales indispensables.

Il est incontestable que la pénurie d'officiers d'artillerie dans laquelle on s'est trouvé, quand il a fallu organiser de nouveaux corps d'armée, était due en grande partie au désastre de l'armée du Rhin ; il faut reconnaître cependant que l'organisation de l'artillerie, telle qu'elle existait en 1870, n'aurait dans aucun cas suffi à la formation d'armées aussi nombreuses que celles auxquelles nous devions résister. On s'était flatté que chaque régiment d'artillerie pourrait fournir aux armées autant de batteries sur le pied de guerre qu'il compte de cadres sur le pied de paix, sauf à former au moment de la guerre un cadre de dépôt dans chaque régiment. On a lieu d'être surpris de cette prétention quand on pense qu'un régiment d'infanterie composé de trois bataillons ne fournit que deux bataillons de guerre et qu'on le porte à quatre bataillons si on veut lui demander trois bataillons de guerre ; qu'un régiment de cavalerie, pour fournir quatre escadrons de guerre, a, sur le pied de paix, cinq et même six escadrons ; que l'instruction des officiers d'artillerie exige plus de temps que celle des officiers des autres armes. En outre, l'état-major particulier de l'artillerie nécessitant un plus grand nombre d'officiers en temps de guerre qu'en temps de paix, il faut, quand on organise des armées, prendre une partie de ces officiers soit dans les régiments, soit dans les établissements. Dans ce dernier cas, on enlève aux établissements une partie de leur personnel précisément au moment où leurs travaux deviennent plus importants et plus multipliés.

Un cadre de dépôt organisé au moment du besoin et composé d'une seule batterie, où entrent nécessairement toutes les non-valeurs, ne peut pas suffire à l'instruction et à l'administration du nombre de recrues et de chevaux indispensables pour maintenir à peu près au complet douze batteries ou seize, si on dédouble les batteries à pied, comme en 1870, envoyées aux armées. Il résulte forcément de là une absence à peu près complète d'administration ; il en résulte, en outre, que les servants tirés du dépôt peuvent savoir à peu près charger une pièce et faire feu, mais sont incapables de pointer et ignorent tout ce que doit savoir un canonnier ; que les conducteurs, auxquels on met entre les mains les chevaux non dressés, ne peuvent pas conduire leurs voitures, et que, dans les batteries de guerre, les ressources font totalement défaut pour remplacer les sous-officiers et les brigadiers manquants.

Même en mettant de côté les considérations qui précèdent, les vingt-deux régiments d'artillerie existants n'auraient pas pu donner le nombre de batteries nécessaires dans une guerre sans désastres. On n'en pouvait tirer, en prenant toutes les batteries montées ou à pied de chaque régiment, que 186 batteries montées et 38 batteries à cheval, total 224 batteries, nombre insuffisant pour une armée égale à celle de l'ennemi et pourvue d'une artillerie aussi nombreuse, ce qui était indispensable, l'artillerie ennemie étant supérieure à la nôtre en portée et en justesse de tir. Il aurait fallu cependant trouver encore dans les régiments des batteries à pied pour la défense des places ou pour les sièges à exécuter et pour le service des parcs, et on ne peut le faire qu'en dédoublant les batteries à pied, ce qui revient à en créer de nouvelles.

Dans la guerre actuelle, les régiments de 12 batteries sont arrivés à en former 32 et 33, bien qu'on ait eu recours aux batteries de la Marine, aux batteries départementales et aux compagnies de pontonniers. Sans doute, dans une guerre ordinaire, où l'on n'aurait pas perdu une grande armée tout entière, on n'aurait pas été conduit à de pareilles nécessités ; mais on aurait toujours été obligé de demander à chaque régiment plus de batteries que n'en comporte son organisation.

La guerre paraît devoir être faite à l'avenir par des masses d'hommes énormes, l'artillerie a acquis depuis quelques années une importance beaucoup plus grande qu'autrefois, les puissances étrangères ont augmenté la proportion des bouches à feu entrant dans la composition de leurs armées ; il semble que la France devra se résigner à faire des sacrifices nécessaires pour avoir à l'avenir une artillerie suffisamment nombreuse et bien instruite.

Dans la IIe armée de la Loire, les troupes d'artillerie étaient, comme le personnel des officiers, composées d'éléments très divers, canonniers de la Marine, de l'artillerie de terre, de la garde nationale. Tous se sont très bien comportés au feu. La Marine a donné de très bons pointeurs. Dans les batteries de l'artillerie de terre et dans celles de la garde nationale, les bons pointeurs étaient peu nombreux ; il n'en pouvait pas être autrement dans les batteries composées presque entièrement de jeunes soldats. D'ailleurs, même en temps de paix, il y a peu de bons pointeurs dans les régiments, et il me semble désirable que l'attention se porte sérieusement vers la recherche des moyens de combler cette lacune de l'instruction.

Les batteries et parcs étaient attelés par des canonniers-conducteurs, des cavaliers du train d'artillerie et des cavaliers du train des équipages, les uns et les autres peu adroits en général et n'ayant pas l'habitude de soigner leurs chevaux.

L'artillerie a perdu un grand nombre de chevaux, en dehors de ceux qui ont été tués par l'ennemi ; plusieurs causes ont contribué à produire ces pertes : la saison rigoureuse pendant laquelle la campagne a eu lieu ; la nécessité où l'on s'est trouvé plusieurs fois et pendant plusieurs jours de suite de se tenir prêt constamment à repousser une attaque subite, ce qui obligeait à tenir les chevaux presque constamment garnis et parfois attelés en permanence ; l'irrégularité des distributions dans certaines circonstances ; la très mauvaise qualité de l'eau que l'on trouvait en Beauce ; enfin, le peu d'habitude qu'avaient les hommes et une partie des officiers de soigner des chevaux.

Il convient d'ajouter qu'on a peut-être exigé des chevaux plus qu'ils ne pouvaient faire, et qu'on ne s'est pas toujours attaché, avec assez de soin, à ne les laisser garnis et surtout attelés que pendant le temps rigoureusement nécessaire. Les officiers d'artillerie n'ont pas pu éviter dans tous les cas ces inconvénients.

Beaucoup de batteries mixtes ont fait partie de la IIe armée. Les batteries de ce genre, qui n'ont pas donné de bons résultats en Crimée et dont les inconvénients sont connus de tout le monde, n'ont pas été jugées plus favorablement pendant cette campagne.

Quant à la manière dont le personnel de l'artillerie a rempli sa mission, on peut affirmer qu'il s'en est acquitté mieux qu'on ne devait l'espérer dans les conditions où il s'est trouvé. Il a montré beaucoup de fermeté au feu et a tiré des batteries tout le parti qu'il était capable d'en tirer.

Troupes d'artillerie de la marine qui ont pris part à la guerre contre l'Allemagne, non compris cinq batteries montées (dont une de mitrailleuses) qui ont été faites prisonnières à Sedan (1).

Paris, 26 juin 1873.

A Paris, pendant le siège :

		Hommes.
5 batteries montées..................	850	
11 — à pied..................	1,100	2,073
Détachements de parc..................	50	
État-major..........................	73	

---

(1) Ces batteries et un détachement de parc comprenaient environ 800 hommes (*Note originale*).

Hors de Paris :

	Hommes.
28 batteries mixtes et de campagne, détachements de parc, etc.	2,369
TOTAL	4,442

En outre, ont pris part aux opérations contre Paris 7 batteries portant un effectif d'environ 900 hommes.

§ 2. — Garde nationale mobile.

Le Colonel directeur de l'artillerie à Rennes au Ministre de la Guerre.

Rennes, 13 octobre.

Les batteries d'artillerie de la garde mobile des départements d'Ille-et-Vilaine et des départements voisins, en général bien constituées et ayant une instruction assez avancée, pourraient apporter un précieux concours comme effet moral et matériel à la défense des départements de la Normandie et de l'Ouest, où la guerre de partisans peut être faite dans des conditions si favorables, si elles avaient entre les mains un matériel approprié à cette guerre, c'est-à-dire pouvant circuler facilement sans attirail et avec les moyens du pays dans tous les chemins et même dans les champs entourés de haies, talus et fossés qui en font la force défensive ; les gardes mobiles appelés aujourd'hui en grand nombre à la défense des départements menacés y puiseraient une assurance qu'ils ne peuvent avoir devant un ennemi muni d'artillerie quand ils en sont eux-mêmes dépourvus. Le matériel de montagne, organisé dans des conditions spéciales d'une extrême simplicité, me paraît pouvoir remplir ce but. J'ai l'honneur de vous soumettre le projet suivant, dont l'exécution peut être extrêmement rapide dans tous les départements de l'Ouest : la charrette à deux roues, de moyenne taille, habituellement conduite sur les routes par un seul cheval, peut facilement circuler dans tous les chemins ruraux, et il n'en est guère où deux chevaux ne puissent la conduire sans peine avec un chargement de 1,000 kilogrammes.

Partant de ce fait, j'ai pris une de ces charrettes sur laquelle j'ai disposé une section de montagne composée de deux pièces sur affût avec roues, armement et limonière, et 10 caissons à munitions. En un quart d'heure, avec six hommes, le chargement est complètement fait ; lorsqu'on veut mettre en batterie, il faut, pour descendre les pièces et les placer à quelques mètres, deux minutes par pièce et exactement le même temps pour les remettre sur la charrette. J'ai fait faire cette manœuvre par des recrues non habillées et qui voyaient un canon pour la première fois. Une batterie approvisionnée à 270 coups peut donc être placée sur trois charrettes traînées chacune par deux chevaux ; on peut aussi placer 30 caisses sur deux de hauteur dans une charrette, en sorte que chaque charrette supplémentaire peut aussi porter 270 coups. On peut donc avoir une batterie approvisionnée à 540 coups dans quatre charrettes et avec 10 chevaux seulement, dont 2 de rechange.

On trouverait à acheter dans le commerce toutes les charrettes dont on pourrait avoir besoin et d'ailleurs elles sont d'une construction si simple qu'en se servant des roues n° 2, qui pourraient à la rigueur convenir, on pourrait les construire à raison d'une par 12 ouvriers en quarante-huit heures.

Si vous pensez que ce projet puisse être, comme je le crois, d'une utilité réelle, je vous prie de vouloir bien m'autoriser à constituer ainsi deux batteries avec les ressources en matériel de montagne que possèdent l'école et la direction. Je vous enverrai un aperçu de dépenses pour l'achat ou la construction de charrettes.

Le Ministre de la Guerre au Général commandant la 16ᵉ division militaire, à Rennes, et au Général commandant supérieur de l'Ouest.

Tours, 14 octobre.

Un décret, en date du 12 octobre courant, a autorisé le préfet d'Ille-et-Vilaine à requérir 500 chevaux de trait harnachés, dont moitié de derrière, pour le service de l'artillerie.

Ces chevaux sont destinés à atteler deux batteries de 8 et trois batteries de 12, de chacune 12 ou 14 voitures (6 pièces, 6 caissons et deux autres voitures telles que chariot pour munitions ou affût de rechange).

Ces batteries doivent être servies par cinq batteries de la garde nationale mobile, les chevaux étant menés en main par des hommes de ladite garde mobile.

Vous aurez donc tout d'abord à vous assurer que les batteries de la garde nationale mobile sous vos ordres sont en nombre suffisant pour servir ces batteries et, au besoin, à me faire la demande des batteries manquantes. Vous devrez faire exercer ces batteries.

La direction de Rennes recevra de Nantes et des arsenaux de la marine le matériel nécessaire pour compléter, avec ce qu'elle a déjà, les cinq batteries dont il s'agit.

Enfin, vous aurez à vous entendre avec M. le préfet d'Ille-et-Vilaine pour la réquisition à faire des chevaux ; bien entendu, ces chevaux ne devront être réunis que successivement et alors qu'ils pourront être utilisés.

ARTILLERIE. 293

Le Ministre de la Guerre au Général commandant la 19e division militaire, à Bourges.

Tours, 14 octobre.

Un décret, en date du 12 octobre courant, a autorisé le préfet du Cher à requérir 240 chevaux de trait harnachés, dont moitié de derrière, pour le service de l'artillerie. Ces chevaux sont destinés à atteler quatre batteries de 4, de chacune douze ou quatorze voitures (six pièces, six caissons et deux autres voitures telles que chariot pour munitions ou affût de rechange). Ces batteries doivent être servies par quatre batteries de la garde nationale mobile, les chevaux étant menés en main par des hommes de ladite garde mobile. Vous aurez donc tout d'abord à vous assurer que les batteries de la garde nationale mobile sous vos ordres sont en nombre suffisant pour servir les batteries et, au besoin, à me faire la demande des batteries manquantes. Vous devrez faire exercer ces batteries.

La direction de Bourges organise ces batteries. Enfin, vous aurez à vous entendre avec M. le préfet du Cher pour la réquisition à faire des chevaux ; bien entendu, ces chevaux ne devront être réunis que successivement et alors qu'ils pourront être utilisés.

Le Ministre de la Guerre au Général commandant la 12e division militaire, à Toulouse.

Tours, 14 octobre.

Un décret, en date du 12 octobre courant, a autorisé le préfet de la Haute-Garonne à requérir 300 chevaux de trait harnachés, dont moitié de derrière, pour le service de l'artillerie. Ces chevaux sont destinés à atteler trois batteries de 12, de chacune douze ou quatorze voitures (six pièces, six caissons et deux autres voitures telles que chariot pour munitions ou affût de rechange). Ces batteries doivent être servies par trois batteries de la garde nationale mobile, les chevaux étant menés en main par des hommes de ladite garde mobile. Vous aurez donc tout d'abord à vous assurer que les batteries de la garde nationale mobile sous vos ordres sont en nombre suffisant pour servir ces batteries et, au besoin, à me faire la demande des batteries manquantes. Vous devrez faire exercer ces batteries.

La direction de Toulouse prélèvera le matériel de ces batteries sur le matériel des quatre batteries de 12 offertes par la ville. Enfin, vous aurez à vous entendre avec M. le préfet de la Haute-Garonne pour la réquisition à faire des chevaux ; bien entendu, ces chevaux ne devront être réunis que successivement et alors qu'ils pourront être utilisés.

Le Ministre de la Guerre au Général commandant supérieur de la région de l'Ouest, au Mans.

Tours, 14 octobre.

J'ai l'honneur de vous adresser ci-joint copie des instructions que je donne à M. le général commandant la 16e division militaire au sujet des batteries auxiliaires à former avec des canonniers de l'artillerie de la mobile et des attelages de réquisition, batteries auxiliaires qui font l'objet de ma dépêche du 8 octobre courant.

Le Préfet d'Eure-et-Loir au Ministre de la Guerre, à Tours (D. T.).

Chartres, 15 octobre, 4 h. 30 soir.

Par lettre du général..... commandant la 17e division militaire, qui m'a été communiquée hier, il m'a été demandé s'il serait possible d'organiser dans ce département des batteries d'artillerie, le département se chargeant de fournir des hommes et des attelages. J'ai répondu immédiatement par télégraphe, car le moment presse, que nous nous chargerions de tout s'il voulait donner artillerie et artilleurs de la mobile. Nous n'en avons pas ici. Je n'ai pas reçu de réponse. J'ajoute que j'ai fait appel aux anciens artilleurs d'Eure-et-Loir avec promesse de complément de solde par le département. J'ai recueilli plusieurs adhésions. Il serait urgent d'avoir une réponse pour que, les pièces arrivant, tout soit préparé pour se mettre en ligne. Il y a urgence.

En note (de la main du colonel Thoumas) : « Écrire une lettre au général ....., le prier de répondre, dire qu'on donnera le matériel d'une batterie de 12 et une batterie de mobiles ».

Le Ministre de la Guerre au Directeur de l'artillerie, à Rennes.

Tours, 16 octobre.

J'adopte les propositions que vous m'avez faites par votre lettre du 13 octobre courant, et je vous autorise à organiser deux batteries de montagne dans les conditions décrites dans votre lettre précitée.

Vous ferez confectionner, dès à présent, les charrettes qui vous manqueraient et vous emploierez pour ces voitures les roues n° 2. Un aperçu de la dépense à faire me sera soumis sans retard.

Dès que le matériel sera prêt, il pourra être délivré à des batteries de la garde mobile, que vous voudrez bien me désigner, et qui devront être choisies parmi celles qui se seront fait distinguer par leur tenue et leur instruction.

ARTILLERIE.

Le Général commandant l'artillerie dans la 19ᵉ division militaire au Ministre de la Guerre, à Tours.

Bourges, 16 octobre.

A la réception de votre dépêche du 14 octobre courant, j'ai fait une démarche auprès du préfet du Cher, relativement aux 240 chevaux qu'il devait requérir pour le service de l'artillerie. Ce fonctionnaire ne m'a pas paru avoir reçu des ordres à ce sujet et ne m'a parlé que des moyens de transport qu'il devait mettre à la disposition des services administratifs. D'un autre côté, j'ai l'honneur de vous rendre compte que je n'ai sous mes ordres qu'une seule batterie de garde nationale mobile, fournie par le canton de Bourges et n'ayant qu'un effectif de 130 hommes.

La direction d'artillerie n'a d'autre matériel de 4 de campagne que trois batteries affectées à la défense de Bourges.

Le Général commandant la subdivision des Deux-Sèvres au Ministre de la Guerre, à Tours (D. T.).

Niort, 18 octobre, 4 h. 40 soir.

Je m'occupe activement de rechercher les cadres pour la formation des batteries de garde mobile pour canons à balles.

J'attends le retour à Niort de M. ...., qui est à Tours, pour terminer l'organisation.

Je rendrai compte aussitôt.

Le Ministre de la Guerre au Général commandant l'artillerie dans la 19ᵉ division militaire, à Bourges.

Tours, 19 octobre.

En réponse à votre lettre du 16 octobre courant, j'ai l'honneur de vous informer :

1° Que le Ministre de l'Intérieur va notifier à M. le préfet du Cher le décret relatif aux 240 chevaux à mettre en réquisition pour le service de la garde nationale ;

2° Que deux batteries de l'artillerie de la garde nationale mobile de la Charente-Inférieure vous sont envoyées à Bourges. Si ces batteries n'étaient pas suffisantes pour servir, de concert avec celle du canton de Bourges, les quatre batteries de 4 rayé de campagne qui vous sont affectées, vous me le feriez connaître.

Le Préfet du Cher au Ministre de la Guerre, à Tours.

Bourges, 21 octobre.

J'ai l'honneur de vous accuser réception du décret du Gouvernement en date du 12 courant, qui prescrit la réquisition dans mon département, pour le service de la guerre, de 240 chevaux de trait destinés à l'artillerie.

Je vous confirme en même temps ma dépêche télégraphique de ce jour, ainsi conçue : « Dois-je requérir indistinctement chevaux hongres, chevaux entiers et juments? Je dois vous faire observer que les chevaux hongres sont très rares dans mon département ». J'ai besoin d'être immédiatement fixé sur ce point.

En note au crayon (écriture inconnue) : « Mais ils sont requis partie hongres, partie entiers (Lettre du 9 octobre) ».

Le Préfet d'Ille-et-Vilaine au Ministre de l'Intérieur.

Rennes, 21 octobre.

J'ai reçu ce matin le décret du 12 octobre m'enjoignant de requérir 500 chevaux de trait destinés au service de l'artillerie, lesdits chevaux harnachés moitié en chevaux de devant et moitié en chevaux de derrière. Le prix de ces animaux et des harnais serait payé après la guerre.

Ce mode de réquisition n'est pas sans danger dans les circonstances actuelles, car il froisserait beaucoup l'habitant des campagnes et le mettrait en défiance contre le Gouvernement. On peut dire, en outre, qu'il serait inutile, vu que l'on peut acheter des chevaux autant qu'il est nécessaire.

Il doit arriver aujourd'hui 120 chevaux venant de Sedan ; ils appartiennent à l'artillerie et on pourrait les utiliser pour deux batteries sur les cinq demandées par le général commandant supérieur de la région de l'Ouest. Resterait à se procurer 200 chevaux qui, ajoutés aux précédents, suffiraient pour l'organisation des cinq batteries, et cela d'après l'appréciation qui m'a été transmise de la part du général.

Le colonel directeur d'artillerie est très partisan de l'idée de nous livrer les 120 chevaux dont il s'agit, parce qu'il s'estime très embarrassé pour les loger et les faire soigner et que la morve a envahi les chevaux du régiment auquel on les a attribués. On pourrait donc sans inconvénient les remettre à la mobile, ce qui accélérerait la formation des deux batteries que le général réclame avec instance.

La défense qui lui est confiée étant dans l'intérêt général de l'Ouest, ne serait-il pas juste d'en répartir les charges entre tous les départements de cette contrée et de les faire contribuer pour une part égale à la dépense qu'occasionne la formation de ces cinq batteries? La charge serait ainsi légère pour chacun des départements et l'on arriverait de suite à un résultat. Je vous prie, vu l'urgence, de me donner une prompte décision.

Le Général commandant supérieur de la région du Centre au Ministre de la Guerre, à Tours.

Bourges, 22 octobre.

J'ai l'honneur de vous confirmer la dépêche suivante en date du 22 octobre : « Les deux batteries d'artillerie garde mobile de la Charente-Inférieure sont arrivées hier soir. Le préfet du Cher s'occupe des chevaux de réquisition nécessaires à ces batteries. C'est difficile dans ce département, vu les réquisitions nombreuses faites déjà par l'intendance pour les 15e et 16e corps. Batteries et hommes sont prêts ».

Le Général commandant l'armée de Bretagne au Ministre de la Guerre, à Tours (D. T.).

Nantes, 27 octobre, 8 h. 10 matin.

Je vous prie de vouloir bien autoriser ce matin, avant mon départ de Rennes, le directeur d'artillerie à Rennes de me faire la remise de mes cinq batteries gardes mobiles, qui sont prêtes à venir au camp, à la condition que je ferai faire de suite tous les harnais nécessaires, vu qu'il n'en existe pas un; je me charge de leur confection rapide sur différents points.

J'attends votre ordre d'urgence.

Esprit excellent ici; troupes se concentrent.

L'opinion publique appuie absolument Gouvernement pour résistance.

L'armée sera prête dans quelques jours, si je ne perds pas de temps.

Je vais partir pour Brest. J'attends votre ordre télégraphique ici avant.

Note de la 6e direction pour la 4e direction (artillerie).

Tours, 29 octobre.

Par une note du 26 octobre 1870, la 4e direction a fait connaître que des batteries attelées de chevaux requis et servies par la garde mobile sont en formation à Bourges, Rennes et Toulouse ; on demande quelle solde doit leur être attribuée.

Un décret du Gouvernement de la Défense nationale, en date du 14 octobre, ayant arrêté que toutes les forces armées de France recevront le même traitement, il en résulte que les gardes nationaux mobiles attachés à des batteries montées doivent toucher la solde affectée aux soldats de la ligne dans la même position, et non plus celle des batteries non montées déterminée par la circulaire du 2 août dernier.

Le Général commandant supérieur de la région de l'Ouest au Ministre de la Guerre.

Le Mans, 29 octobre.

Vous m'avez informé par différentes dépêches que vous mettiez à ma disposition, pour être employées dans mon commandement, cinq batteries d'artillerie de matériel (sic) servies par la garde mobile, lesquelles seraient formées à Rennes et dont les attelages seraient fournis par M. le préfet d'Ille-et-Vilaine qui se les procurerait par voie de réquisitions.

L'application de cette mesure a été fort retardée à cause des difficultés soulevées par M. le préfet d'Ille-et-Vilaine et ses collègues de la région de l'Ouest..... qui m'ont entretenu de leur crainte de jeter l'inquiétude parmi les populations en prenant des mesures dont celles-ci pourraient mal interpréter le but et la portée.

Quant à moi, je n'hésiterais pas à faire faire les réquisitions par l'autorité militaire, mais je vous prie de me faire connaître si les réquisitions ne devraient pas être faites au compte des départements dans lesquels je prendrais les batteries, ou si je devrais opérer pour le compte de l'État.

Par votre dépêche du 27 octobre, vous m'informez que vous autorisez M. le général ..... à me céder, pour le service des batteries, 114 chevaux revenant de Sedan, s'il est reconnu que ces chevaux ne sont plus susceptibles de rendre des services à l'armée.

J'ai prié immédiatement M. le général de division de m'envoyer deux batteries de 12, personnel et matériel, et de désigner pour leur service les hommes les plus instruits. En même temps, j'ai demandé au général de division de mettre à ma disposition les chevaux que vous m'avez autorisé à prendre.

Je tâcherai de me procurer ici les harnais nécessaires, les plus simples et les moins dispendieux.

Le Ministre de la Guerre au Général commandant l'artillerie dans la 19e division militaire, à Bourges.

Tours, 30 octobre.

Pour faire suite à mes précédentes dépêches, relatives aux batteries à servir par la garde nationale mobile, j'ai l'honneur de vous faire connaître qu'un décret du Gouvernement de la Défense nationale, en date du 14 octobre, ayant arrêté que toutes les forces armées de France recevront le même traitement, il en résulte que les gardes nationaux mobiles attachés à des batteries montées doivent toucher la solde affectée aux soldats de la ligne dans la même position, et non celle des batteries non montées, déterminée par la circulaire du 2 août dernier.

Le Ministre de la Guerre au Général commandant supérieur de la région de l'Ouest.

Tours, 2 novembre.

En réponse à votre dépêche du 29 octobre dernier relative aux cinq batteries servies par la garde nationale mobile mises à votre disposition, je vous informe que, faute des attelages de réquisition qui doivent vous être fournis par le préfet d'Ille-et-Vilaine et faute aussi des 114 chevaux revenus de Sedan, vous pouvez requérir des attelages au compte du département de la Guerre.

Le Préfet de Maine-et-Loire au Ministre de la Guerre, à Tours (D. T.).

Angers, 15 novembre, 10 h. 2 soir.

Une première batterie d'artillerie de la garde mobile de Maine-et-Loire est partie il y a dix jours pour Rennes pour y compléter son instruction ; à la suite d'un malentendu, elle est revenue ici ; elle compte 120 hommes parfaitement équipés et armés ; ils demandent à aller à l'ennemi et sont à votre disposition. Il faudrait leur donner un matériel. Veuillez aviser.

Le Ministre de la Guerre au Préfet de Maine-et-Loire, à Angers (D. T.).

Tours, 16 novembre.

Pouvez-vous, en prenant d'autres mobiles, faire avec votre batterie, deux batteries de 90 hommes chacune ? On les prendrait, avec le chef d'escadron et les hommes, pour servir batterie mixte de 8 au 19e corps qui sera réuni le 30 novembre.

Le Ministre de la Guerre aux Généraux commandant les subdivisions, à Angers, Niort, la Rochelle, Angoulême, la Roche-sur-Yon, Bordeaux, Pau (D. T.).

Tours, 18 novembre.

Où en est-on de la formation des batteries de garde mobile pour canons à balles (décret du 3 novembre)? Il est de la plus grande urgence que ces batteries puissent être envoyées à Nantes pour s'exercer. Réponse par télégramme.

Le Général commandant la subdivision de la Charente-Inférieure au Ministre de la Guerre, à Tours (D. T.).

La Rochelle, 18 novembre, 4 h. 30 soir.

Les batteries d'artillerie de garde mobile pour canons à balles ne peuvent être prêtes que dans huit jours au plus tôt.

Le Général commandant la 14ᵉ division militaire au Ministre de la Guerre, à Tours (D. T.).

Bordeaux, 19 novembre, 1 h. 26 soir.

On s'occupe activement de la formation des batteries de garde mobile pour canons à balles. Dans la Gironde, le recrutement s'opère dans les gardes mobiles ou mobilisés. Une commission est chargée de l'acquisition des chevaux et des harnais, mais la formation des deux batteries est loin d'être terminée.

Le Ministre de la Guerre au Général commandant la 14ᵉ division militaire, à Bordeaux.

Tours, 19 novembre.

Il est nécessaire d'activer la formation des deux batteries pour canons à balles. Quand le personnel hommes sera-t-il prêt? Chevaux harnachés viendront après.

Le Chef d'escadron directeur par intérim au Ministre de la Guerre, à Tours.

La Rochelle, 19 novembre.

J'ai l'honneur de vous rendre compte que M. le général commandant la subdivision vient de me donner connaissance du décret du 3 novembre courant, prescrivant la formation de nouvelles batteries d'artillerie de la garde nationale mobile, et, en particulier, de ce qui concerne le service de l'artillerie pour l'exécution de ce décret. Je vous prie de vouloir bien me faire savoir si je dois me conformer à ces prescriptions sans autres ordres émanés particulièrement de vous ; en tout cas, la direction de La Rochelle ne peut fournir de sabres de canonnier monté ou de cavalerie légère aux sous-officiers et aux conducteurs. Je vous prierai aussi de vouloir bien faire savoir si ces hommes, qui ne doivent avoir que des selles irrégulières, sont appelés à recevoir des pistolets, et si je dois me mettre, plus ou moins officieusement, à la disposition de M. le général commandant la subdivision pour certains détails, par exemple l'ajustage des harnachements au matériel.

Dans le cas où la direction d'artillerie de La Rochelle aurait à armer un certain nombre de ces batteries de nouvelle formation et où le nombre des fusils de dragons disponibles deviendrait insuffisant, faudrait-il mettre en service des fusils de dragon transformés par la culasse, sauf à aviser aux moyens de se procurer des munitions pour ces armes ?

Le Ministre de la Guerre au Chef d'escadron directeur d'artillerie par intérim, à La Rochelle.

Tours, 24 novembre.

En réponse à votre demande relative aux batteries à former dans la Charente-Inférieure, tant comme batteries départementales que comme batteries pour canons à balles, en exécution des deux décrets du 3 novembre, je vous informe que vous devez donner aux autorités civiles et militaires le concours le plus empressé, mais en vous abstenant de toute délivrance de matériel qui ne serait pas ordonnée par moi.

Je vous rappelle, d'ailleurs, que les demandes relatives aux batteries départementales doivent être adressées au Ministre de l'Intérieur.

Le Général commandant la 14º division militaire au Ministre de la Guerre, à Tours (D. T.).

Bordeaux, 24 novembre, 12 h. 30 soir.

Le personnel hommes de mes deux batteries de canons à balles est au complet. Les réquisitions pour chevaux, harnais et selles, auront lieu du 24 au 28. J'aurais besoin, pour l'organisation de ces deux batteries, d'officiers d'artillerie.

Puis-je nommer, aux divers grades d'officiers, d'anciens sous-officiers d'artillerie que je pourrais trouver dans la garde nationale mobilisée ?

Le Ministre de la Guerre au Préfet de la Gironde, à Bordeaux (D. T.).

Tours, 22 novembre.

Activez vos réquisitions de chevaux pour batteries à balles et faites-moi savoir quand elles seront prêtes à être envoyées à Nantes. Vous pourrez prendre vos officiers dans la garde nationale mobilisée.

Le Ministre de la Guerre au Général commandant la 15e division militaire, à Nantes (D. T.).

Tours, 28 novembre.

Faites-moi connaître à quelle date prochaine pourra être envoyée à Nantes la première des batteries à balles créées par décret du 3 novembre dans Maine-et-Loire, Deux-Sèvres, Vendée.

Nota. — La même dépêche fut envoyée au général commandant la 14e division militaire, à Bordeaux, pour les batteries de la Charente-Inférieure et de la Gironde ;

Au général commandant la 13e division militaire, à Bayonne, pour les batteries des Basses-Pyrénées ;

Enfin au général commandant la 21e division militaire, à Limoges, pour les batteries de la Charente.

Le Général commandant la 15e division militaire au Ministre de la Guerre, à Tours.

Nantes, 28 novembre.

J'ai l'honneur de vous informer que j'ai pris les dispositions nécessaires pour l'installation à Nantes des batteries de canons à balles de la garde mobile. Le casernement est prêt pour recevoir deux batteries, hommes et chevaux.

Le Général commandant la 21e division militaire au Ministre de la Guerre, à Tours (D. T.).

Limoges, 29 novembre, 3 h. 17 soir.

En réponse à votre dépêche du 28 novembre, la batterie à balles de la Charente pourra partir pour Nantes le 10 décembre. M. ...., lieutenant de cette batterie, nommé par vous, n'est pas encore arrivé.

Le Général commandant la 15ᵉ division militaire au Ministre de la Guerre.
Nantes, 29 novembre.

..... Les subdivisions des Deux-Sèvres et de la Vendée éprouvent de grandes difficultés pour l'organisation des batteries d'artillerie de la garde nationale mobile; les éléments manquent pour composer le personnel, attendu que tous les bataillons de mobiles et de mobilisés sont partis, soit pour l'armée, soit pour le camp de Conlie. Le personnel des servants est à peu près complet, car on a pu le choisir parmi les jeunes gens intelligents de la dernière levée de la garde mobile, mais il n'en est pas de même des conducteurs et des cadres de sous-officiers, pour la composition desquels on doit rechercher des hommes ayant ou l'habitude du cheval ou connaissance de l'arme. Enfin, cette organisation est de nouveau entravée par le rappel dans l'armée active des hommes jusqu'à l'âge de 40 ans ayant servi dans l'artillerie et qui sont mobilisés en vertu du décret du 29 septembre. Si l'on ne peut disposer des ressources qu'offrent les hommes de cette catégorie, on aura les plus grandes difficultés à composer les cadres en sous-officiers. Les cadres d'officiers se compléteront facilement, en admettant soit des ingénieurs civils, soit d'anciens élèves ou des admissibles à l'École polytechnique.

Les publications faites par les préfets pour obtenir l'enrôlement d'ouvriers d'art n'ont pour ainsi dire point produit de résultat.....

P.-S. — Les servants et les conducteurs ont été désignés pour les deux batteries de Maine-et-Loire, mais les cadres n'ont pu être formés faute d'éléments.

Il est indispensable d'autoriser les généraux subdivisionnaires à choisir les éléments nécessaires à la formation des cadres des batteries d'artillerie de la mobile parmi les hommes de 20 à 40 ans ayant servi dans l'artillerie et rappelés à l'activité, puisqu'un décret inséré au *Moniteur* de ce jour a donné cette autorisation aux préfets pour les batteries départementales.

Nota. — En répondant à cette lettre, le 4 décembre, le Ministre disait : « Le service de ces batteries (batteries de canons à balles) est tout spécial, et il n'est par suite pas indispensable que leurs cadres soient déjà au courant du service de l'artillerie..... »

Le Général commandant la 15ᵉ division militaire au Ministre de la Guerre, à Tours (D. T.).

Nantes, 2 décembre, 10 heures matin.

La batterie mobile de la Vendée pourra être envoyée à Nantes dans quelques jours, avant le 10 décembre; la date ne peut être indiquée. L'organisation des batteries de Maine-et-Loire et Deux-Sèvres n'est pas encore achevée. Renseignements et explications donnés par courrier du 29 novembre.

Le Général commandant la 14ᵉ division militaire au Ministre de la Guerre, à Tours (D. T.).

Bordeaux, 2 décembre, 11 h. 50 matin.

Les deux batteries de mitrailleuses de la Charente-Inférieure seront prêtes à être dirigées sur Nantes vers le 12. Celles de la Gironde seront prêtes peu de jours après. Je vous adresse, aujourd'hui, état de propositions du cadre d'officiers.

Le Ministre de la Guerre au Général commandant la 15ᵉ division militaire, à Nantes.

Tours, 5 décembre.

Pour faire suite à ma lettre du 4 décembre courant, j'ai l'honneur de vous informer que je donne des ordres pour l'envoi à Nantes des batteries ci-après de la garde nationale mobile, en exécution du décret du 3 novembre, pour le service des canons à balles : de la Charente, une le 10 décembre ; des Basses-Pyrénées, une le 10 décembre ; de la Charente-Inférieure, une le 10 décembre.

Le même au même.

Bordeaux, 10 janvier 1871.

Les douze batteries d'artillerie de la garde nationale mobile créées par le décret du 3 novembre 1870 pour le service des canons à balles vont successivement passer par Nantes pour y être instruites et seront dirigées de là sur l'armée.

Dans le but de pourvoir au ravitaillement de ces batteries, j'ai décidé :

1° Que 40 hommes (20 servants, 20 conducteurs) seraient convoqués pour chacune d'elles à Nantes, par les départements qui les ont fournies ;

Ces hommes seront, selon que vous le jugerez le plus utile, ou réunis dans un dépôt spécial, ou placés en subsistance dans l'une des compagnies d'ouvriers des ateliers de canons à balles ;

2° Que des chevaux de selle et de trait seraient envoyés à Nantes par le service de la remonte, pour les mêmes batteries.

Ils y serviront pour l'instruction après avoir été harnachés avec les harnais que fait confectionner le directeur des ateliers de canons à balles.....

Le Général commandant la 15ᵉ division militaire au Ministre de la Guerre.

Nantes, 11 janvier 1871.

..... Les batteries de garde nationale mobile de Maine-et-Loire sont presque complètement organisées. Elles ont reçu leur matériel et leur armement et seront prêtes à partir d'ici huit jours.

La batterie de garde nationale mobile de la Vendée est en partie organisée. Dans peu de jours, je vais la faire venir à Nantes pour achever son organisation et recevoir son matériel. Elle pourra partir pour venir ici sous peu de jours.

Les batteries de garde nationale mobile des Deux-Sèvres commencent seulement à s'organiser. Elles ont trouvé le département épuisé par les réquisitions en chevaux et en harnais, et le commandant, par suite du départ des mobilisés, a beaucoup de peine à constituer son personnel.

Ces batteries ne pourront pas partir avant le commencement de février. Vous avez promis de leur envoyer des chevaux.

Le Ministre de la Guerre au Général commandant la 15ᵉ division militaire, à Nantes.

Bordeaux, 20 janvier 1871.

..... Le chiffre de 480 hommes annoncé par ce dépôt (destiné au ravitaillement des batteries de l'artillerie de la garde nationale mobile pour canons à balles) ne sera pas atteint (déjà le département de (1) ..... annonce ne pouvoir envoyer que 40 hommes pour ses deux batteries). Ce chiffre ne sera pas permanent, les hommes ne devant pas arriver tous ensemble et ne devant chacun rester que peu de temps.....

..... Je vous autorise à créer à Nantes, au titre de l'artillerie de la garde national e mobile, pour le dépôt des batteries de canons à balles, un cadre comprenant : 1 capitaine, 1 lieutenant ou sous-lieutenant,

---

(1) En blanc dans l'original.

1 adjudant, 1 maréchal des logis chef, 1 fourrier, 6 maréchaux des logis, 6 brigadiers, 2 maréchaux ferrants, 1 bourrelier, 2 trompettes.

Mon intention est d'ailleurs que ce cadre soit constitué et continue à fonctionner sans aucun retard, des ordres étant donnés pour que les hommes qui doivent former ce dépôt soient envoyés à Nantes aussi promptement que possible après le départ pour cette ville des batteries qu'ils sont destinés à ravitailler.

Faites les nominations des cadres. Quant aux officiers, ils pourraient être l'un des capitaines auxiliaires à la disposition du lieutenant-colonel de Reffye et le sous-lieutenant également à sa disposition.

Récit des opérations auxquelles a pris part l'artillerie de la garde mobile de la Charente-Inférieure, commandée par M....., lieutenant de vaisseau au port de Rochefort, en qualité de chef d'escadron, puis de lieutenant-colonel au titre auxiliaire.

Les batteries de la Charente-Inférieure, au nombre de trois, reçoivent l'ordre de se rendre à Bourges, par voies ferrées, le 22 octobre 1870; la 2ᵉ et la 3ᵉ partent le 24 dudit mois et arrivent le 25 dans cette ville. La 1ʳᵉ, qui avait été retardée, est expédiée quelques jours après sur Lyon, où elle demeure pendant toute la campagne.

Du 25 octobre au 12 novembre, l'instruction des batteries est continuée, sauf pour les écoles à feu qui sont absolument refusées par le général commandant la division territoriale. Pendant ce laps de temps, on monte les batteries avec des chevaux de réquisition, harnachés aussi par réquisition.

Le 12 novembre, la 2ᵉ batterie, capitaine ....., part pour Lyon où elle doit prendre son matériel, composé de six canons de 4 de campagne, six caissons, un chariot de batterie et une forge, en tout quatorze voitures, pas d'affût de rechange. Ordre du Ministre de la Guerre. Mouvement exécuté par voies ferrées. Le 22 novembre, la 3ᵉ batterie, capitaine ....., et le chef d'escadron reçoivent l'ordre de partir pour Autun et de se mettre à la disposition du général Garibaldi, commandant l'armée des Vosges en formation. La 2ᵉ batterie avait déjà rejoint à Autun cette armée à la date du 14 novembre par voies ferrées. La 3ᵉ batterie reçoit à Bourges son matériel de 4 de campagne, composé de quatorze voitures, comme pour la 2ᵉ, sauf qu'elle a un affût de rechange et pas de forge.

Du 12 au 22 novembre, continuation de l'instruction (sans école à feu) de la 3ᵉ batterie restée à Bourges. Pendant ces dix jours, sur l'ordre du général commandant l'artillerie de la division territoriale, le chef d'escadron a pris le commandement provisoire des batteries de la garde mobile du Cher et du Var, présentes à Bourges, au nombre de deux, et s'est occupé de les monter en chevaux et en harnais comme celles de la Charente-Inférieure.....

Historique de la 1re batterie de la garde nationale mobile de la Seine-Inférieure.

..... Le 14 août 1870, la batterie est réunie pour la première fois sur la plage de Dieppe et le 18, elle se rend au Havre. Les artilleurs mobiles ..... exécutent chaque jour pendant six heures l'exercice du canonnier à pied.

Le 3 septembre, les batteries de la Seine-Inférieure sont dirigées par voies ferrées sur Paris, et de là, sur Douai (Nord), où elles arrivent le lendemain soir. Sous-officiers et canonniers ..... manœuvrent les pièces de campagne et de siège ; les théories dans les chambres complètent leur instruction.

Le 6 novembre, le général commandant l'artillerie de la 3e division passe une revue ..... A partir de cette époque les manœuvres sont souvent remplacées par des travaux de terrassement sur les remparts ; les meilleurs ouvriers en bois ou en fer sont employés à l'arsenal et les artificiers travaillent aux munitions.

Le 15 décembre, je reçois l'ordre d'organiser une batterie de 4 rayé de campagne devant se tenir prête à rejoindre l'armée du Nord. La 1re batterie du 15e régiment d'artillerie me fournit des sous-officiers, des trompettes, des conducteurs et des maréchaux ferrants, ainsi que les chevaux. Cinquante-cinq gardes mobiles rentrent sous mes ordres pour servir les pièces, les autres passent dans les batteries du 22e corps.

Le 1er janvier, la batterie, comprenant six pièces, six caissons, un affût de rechange, une forge et un chariot de batterie, quitte Douai .....

Historique de la batterie de la garde nationale mobile du Var.

Cuers, 10 septembre 1871.

..... L'artillerie de la garde mobile du Var fut convoquée à Toulon, le 29 août 1870, en même temps que les deux bataillons d'infanterie du département ; cette artillerie devait comprendre, au début, deux batteries et son effectif avait été fixé dans ce but ; mais, pour des motifs qui me sont inconnus, elle fut réduite à une seule batterie et, dès lors, son effectif était plus que suffisant. Elle était composée exclusivement de jeunes gens de Toulon, de La Valette et de La Garde et présentait tous les éléments pour une organisation sérieuse, car elle offrait des ressources précieuses pour le recrutement des canonniers-conducteurs parmi les charretiers, postillons et gens de la campagne des alentours de Toulon, et la foule des jeunes gens instruits qui la composaient et qui comprenaient à la fois des avocats, étudiants en médecine et en pharmacie, clercs d'avoués et de notaires, écrivains et employés de commerce, surnuméraires, etc., permettait de compter sur des progrès rapides dans un métier qui exige des connaissances plus étendues que celui du fantassin.....

Partie de Toulon, le 11 septembre, avec les deux batteries de mobiles du Var, par la voie ferrée, la batterie rentrait le 14 et reprenait le cours de ses exercices.....

Je reçus l'ordre de départ le 2 novembre, et la batterie arrivait à Bourges, par la voie ferrée, le lendemain 3 novembre, après avoir passé la nuit à Lyon, dans la caserne des isolés.

A notre arrivée, nous fûmes casernés au quartier d'artillerie et placés sous le commandement supérieur de M. le chef d'escadron ....., commandant de l'artillerie mobile de la Charente; la batterie fut montée immédiatement, et, sans négliger son instruction, elle fournit constamment des corvées, soit à la direction d'artillerie de Bourges, soit aux travaux de fascinage et de terrassement des fortifications de cette place.....

Le 10 décembre, les travaux du polygone étaient presque achevés, et la batterie du Var fut chargée de la défense de la partie centrale des fortifications, dite Polygone-Centre, sous les ordres de M. le capitaine de frégate ...., commandant du IIIe bataillon de marins; ces derniers étaient chargés de la défense des bastions de droite et de gauche.

Les ouvrages furent complétés, les plates-formes améliorées, les embrasures furent rectifiées, les pièces furent mises en place, les magasins à poudre approvisionnés; en même temps, des reconnaissances journalières étaient faites sur le front des fortifications et à la portée extrême des pièces pour l'évaluation des distances; les exercices continuaient sans désemparer. Bref, tous les efforts furent faits pour rendre efficace la défense de la place, et le commandement supérieur n'eut qu'à se louer du zèle et de l'activité de la batterie qui rivalisait d'ardeur avec les marins. L'artillerie qu'elle était chargée de servir comprenait six pièces de 24 de siège et huit pièces de 12 rayé de campagne; les conducteurs, restés à Bourges à la disposition de M. le colonel directeur d'artillerie ..... (étaient employés à des) travaux..... de mouvements de matériel qui ne leur laissaient pas un instant de répit.

Après la retraite d'Orléans, l'ennemi qui s'était montré à peu de distance de Bourges, pouvait se jeter inopinément sur cette place et il fallait se tenir constamment prêt à le recevoir.....

Le 8 janvier 1871, à 11 heures du matin, la batterie composée de

4 officiers, 120 hommes et 70 chevaux, part pour Henrichemont avec six pièces de 7 rayé de campagne, laissant au polygone un dépôt de 45 hommes sous les ordres du capitaine en second. On attelait les pièces pour la première fois, les attelages ayant été constamment requis par la direction d'artillerie ; on n'avait eu que la nuit pour se préparer ; mais le zèle de chacun suppléa à tout et la batterie arrivait le même jour à Henrichemont, à 6 heures du soir.

Rapport sur l'artillerie de la garde nationale mobile du Pas-de-Calais.

Vers la fin du mois de septembre 1870, en présence des progrès de l'invasion allemande dans le Nord de la France, le comité de défense nationale d'Arras décida, dans le but d'utiliser quelques pièces de 4 qui se trouvaient dans l'arsenal de la citadelle, la formation d'une section d'artillerie .....

Comme commandant d'artillerie de la garde nationale mobile du Pas-de-Calais, je fus chargé de l'organisation de cette section. A cet effet, je demandai des volontaires dans les batteries placées sous ma direction.

..... Le dépôt du génie, encore à Arras à cette époque, avait des chevaux que je fis mettre à ma disposition. Du harnachement de réforme me fut donné par l'arsenal de Saint-Omer. L'instruction fut poussée avec vigueur.....

Le dépôt du génie, peu de jours après, en reprenant ses chevaux, désorganisait tout ce que j'avais eu tant de peine à créer.....

Muni de pouvoirs réguliers, je réquisitionnai des chevaux, des harnais, du cuir, chez les particuliers et les marchands; en employant les bourreliers de la ville et en travaillant nuit et jour, je fis bientôt confectionner et modifier le harnachement et l'équipement nécessaires à cette batterie. L'instruction fut poussée avec une telle vigueur, qu'en moins de vingt-cinq jours, le temps d'organisation compris, les officiers, sous-officiers et canonniers de la nouvelle batterie connaissaient à fond l'école de section et les principaux mouvements de la batterie attelée (formation en bataille et mise en batterie, etc.).....

Le 20 novembre, la batterie organisée et suffisamment instruite, recevait l'ordre de partir pour Amiens.....

Mémoire sur la 4ᵉ batterie de la garde nationale mobile de la Seine-Inférieure.

Douai, mars 1871.

La 4ᵉ batterie de la Seine-Inférieure a été créée en vertu d'un ordre de M. le général commandant en chef l'armée du Nord, en date du 30 décembre 1870.

Les premiers éléments en sous-officiers, brigadiers et canonniers ont été pris dans la 2ᵉ batterie de la Seine-Inférieure ainsi que le matériel, composé de six pièces de 4 rayé de montagne, de douze caisses réglementaires, de douze caisses blanches et de voitures de réquisition. A pris part aux affaires de Bapaume et de Saint-Quentin.

Est revenue à Douai, le 21 janvier 1871, par ordre de M. le général commandant en chef l'armée du Nord.

A reçu l'ordre de se rendre à Lille, le 5 février, pour y recevoir le matériel de 4 de campagne ; ses cadres furent complétés par 1 adjudant, 4 sous-officiers et 4 brigadiers de l'artillerie de l'armée active ; elle reçut également des conducteurs des mobilisés du Nord et des chevaux harnachés.....

Historique de la 1ʳᵉ batterie de la garde nationale mobile du Morbihan.

Levée le 22 août 1870, la batterie du Morbihan fut envoyée le 12 septembre à Belle-Isle-en-Mer pour y faire son instruction. On nous y laissa un mois et demi et, le 21 octobre, nous reçûmes l'ordre de nous embarquer pour nous rendre à Lorient et, de là, à Rennes.

Dans cette ville, nous fîmes trois écoles à feu et, le 10 novembre, nous recevions une batterie de 12 rayé de campagne et l'ordre de nous rendre au Mans par la voie ferrée. Nous entrions en campagne avec 126 hommes à l'effectif et un matériel se composant de six pièces de 12 rayé (modèle de la marine) avec avant-trains, six caissons complets, un affût de rechange et un chariot de batterie. Nous restons dix jours au Mans.....

Le 21 novembre, ordre de départ immédiat. « Partez de suite pour Serquigny.» — Il faut embarquer le matériel ? — « Non, il y a une batterie de 12 en gare, semblable à la vôtre, prenez-là..... » Nous partons donc..... en prenant la batterie qui se trouvait en gare sur trucs.

A Mézidon : « Êtes-vous le capitaine commandant la batterie du Morbihan ? — Oui, monsieur. — Voici un ordre : « Venez à Caen, on vous donnera chevaux et harnais. Signé : Général..... »

Nous changeons donc de direction et arrivons dans la préfecture du Calvados, le 22 novembre, où M. ....., préfet, nous donne 90 chevaux appartenant à son département et nous fournit des harnais pris à droite et à gauche. Le 23 novembre, on nous embarque (sans nous avoir laissé atteler une seule fois) pour Serquigny (Eure) que le bruit public disait menacé..... Les chevaux couchent en wagon et, le 24 novembre au matin, nous attelons pour aller former le parc au château..... Nous mettons un heure quarante minutes pour faire une demi-lieue, la moitié de nos harnais avaient cassé en route, ce que voyant, le général ....., commandant l'Eure, nous donna un ordre de réquisition pour ouvriers selliers et bourreliers et l'on se mit à refaire, plutôt qu'à réparer, nos harnais. Le 3 décembre enfin, nous étions prêts.....

Rapport sur les deux batteries de canons à balles de la garde mobile des Basses-Pyrénées.

En exécution du décret du 3 novembre 1870, le département des Basses-Pyrénées fut appelé à créer deux batteries d'artillerie spécialement destinées au service des canons à balles.....

Elles furent constituées, l'une le 26 novembre, et l'autre le 6 décembre. La première fut composée avec des mobiles qui, laissés d'abord dans leurs foyers, avaient été rappelés depuis peu, et la deuxième fut presque exclusivement recrutée dans les mobiles de la classe 1870.

Les batteries devaient recevoir à Pau leurs chevaux et les harnais que l'on devait se procurer par voie de réquisition. Dès que les hommes furent à peu près habillés, les batteries reçurent l'ordre de se rendre à Nantes où elles devaient se compléter ; la première y arriva le 12 décembre, et la deuxième, de formation plus récente, n'y arriva que le 20. Le temps, que les deux batteries passèrent à Nantes, fut employé à recevoir l'armement, l'équipement, et à approprier les harnachements que l'on fut obligé de changer en majeure partie. L'instruction fut également poussée avec activité.

Je ne m'étendrai pas sur les conditions si défectueuses dans lesquelles se trouvaient l'habillement, l'équipement et le harnachement.....

Dans les premiers jours de janvier, chaque batterie étant à peu près pourvue de ce qui lui était nécessaire, ordre leur fut donné de quitter Nantes pour se rendre à Issoudun (Indre), où se trouvait le quartier général du 25e corps d'armée, et être attachées à la réserve d'artillerie de ce corps.

La première batterie quitta Nantes le 10 janvier et arriva le 11 à Issoudun ; la deuxième quitta Nantes le 12 janvier et fut arrêtée le 13 à Vierzon, où le général commandant du corps d'armée avait transporté son quartier général.

La première batterie revint d'Issoudun par étapes et, le 14, les deux batteries furent prendre leurs cantonnements aux forges de Vierzon, village où se trouvaient deux batteries de la ligne, la 20e du 18e et la 26e du 14e, faisant, comme nous, partie de la réserve d'artillerie.....

§ 3. — Garde nationale mobilisée.

Note *(de la main du colonel Thoumas).*

Sans date (probablement des premiers jours de novembre).

L'institution des batteries départementales, telle qu'elle a été organisée par le décret du 3 novembre courant, a pour objet d'assurer les ressources de la défense nationale en dehors des moyens réguliers fournis par les arsenaux de l'État. Chaque département reste libre, tout en se conformant aux prescriptions générales du décret précité, de choisir l'espèce et le calibre des batteries à former, mais sous la condition d'adopter un des modèles existants ou en usage dans l'armée.

Ces modèles sont les suivants :

Pièces lisses.

Canons de 8 } formant ensemble des batteries de
Obusiers de 15 centimètres } 4 canons et 2 obusiers ;
Canons-obusiers de 12 ;
Obusiers de montagne de 12 centimètres.

Canons rayés se chargeant par la bouche.

Canons de 12 rayé de campagne ;
— 8 — — ;
— 4 — — ;
— 4 — de montagne.

Canons rayés se chargeant par la culasse.

Canons de 7 de campagne.

Mitrailleuses.

Canons à balles réglementaires.

Une batterie comporte 6 bouches à feu sur affûts, un affût de rechange et au moins 6 caissons. Les batteries de canons rayés de gros calibre doivent avoir 12 caissons. Les voitures complémentaires, forges et chariots, ne sont pas indispensables pour les batteries départementales.

Quant au choix des batteries, on doit être guidé par les considérations suivantes :

Les canons rayés, exigeant des approvisionnements plus compliqués, conviendront aux départements qui peuvent mettre à profit de grandes ressources industrielles.

Les canons lisses, plus simples mais d'une portée moindre que les précédents, doivent être réservés pour les départements où les ressources sont moins considérables. Leur emploi sera d'ailleurs assez efficace dans les pays où les champs de tir sont restreints par la configuration du terrain. Les canons se chargeant par la culasse, et surtout les canons à balles, ne devront être entrepris que là où l'on dispose de moyens exceptionnels.

Les batteries de 12 et de 8 sont plus lourdes et demandent deux fois plus d'attelages que les batteries de 4 ; elles devront donc être employées surtout dans les départements riches en chevaux et en harnais, ainsi que dans ceux où les routes ne sont pas trop défoncées pendant la mauvaise saison. Les batteries de 4 de campagne doivent être préférées dans les pays où il est plus difficile de se procurer des attelages.

Enfin la formation des batteries de montagne sera restreinte aux départements où le sol est le plus accidenté.

Les écoles et les directions d'artillerie mettront à la disposition des délégués départementaux les tables de construction et dessins du matériel, *mais sans se dessaisir des documents.*

Il pourra être accordé exceptionnellement des bouches à feu aux départements qui s'engageraient à fournir le matériel correspondant avec les projectiles dans le plus bref délai ; mais ces bouches à feu ne seront réellement délivrées que lorsque l'existence du matériel aura été constatée.

Le Conducteur des ponts et chaussées de Vulbens (Haute-Savoie) au Ministre de la Guerre et de l'Intérieur.

Vulbens, 14 novembre.

Le corps des ponts et chaussées a actuellement au moins 3,800 conducteurs et 2,000 agents secondaires. Les travaux étant généralement suspendus ou sur le point de l'être, la moitié de ces agents est plus que suffisante pour assurer la marche des services.

Il serait à désirer que l'on envoyât au moins 3,000 de ces employés passer un mois ou deux dans des régiments d'artillerie ou du génie. Après ce laps de temps, ces hommes, qui ont généralement une instruction convenable, qui sont intelligents, qui connaissent un peu de mathématiques et de dessin, pourraient faire certainement d'assez bons sous-officiers instructeurs ou comptables.

Voilà l'idée que plusieurs de mes collègues ont exprimée devant moi, et que mon chef, M. ....., ingénieur à Annecy, a déjà dû vous communiquer.

Le Ministre de la Guerre au Ministre des Travaux publics et au Ministre de l'Intérieur.

18 novembre.

Voici 5,800 hommes bien précieux pour l'organisation des batteries départementales ; il serait certainement très utile de les instruire dans l'artillerie, mais celle-ci manque des ressources nécessaires pour l'instruction de ses propres hommes et cadres.

Le Préfet du Morbihan au Ministre de l'Intérieur.

Vannes, 2 décembre.

..... Vous n'oubliez pas sans doute que j'ai à me préoccuper du personnel des batteries d'artillerie que je ne peux plus demander au premier ban des mobilisés.

Je dois vous dire cependant qu'une batterie à peu près complète est organisée à Lorient par les soins de M. le sous-préfet, qu'elle s'exerce avec beaucoup d'activité, que le préfet maritime favorise ces exercices en lui ouvrant le polygone, mais il nous en faudra cinq et je regrette bien vivement que nous ne puissions emprunter quelques marins à l'inscription maritime, car là nous trouverions des artilleurs tout formés et nous aurions la certitude que les cinq batteries du Morbihan fonctionneraient comme de vieilles troupes.

Si vous pouviez m'ouvrir la porte de l'inscription maritime vous me rendriez un grand service.

En marge : « Communiqué à M. le Ministre de la Marine en ce qui concerne le passage relatif à l'inscription maritime.

Tours, 3 décembre.
Le Délégué spécial du Ministre de l'Intérieur ».

En note (de la main de l'amiral Fourichon) : « Répondre nettement que la levée des hommes âgés de moins de 35 ans ne suffit plus aux besoins de la flotte, mais qu'ils peuvent faire appel aux inscrits plus âgés parmi lesquels se trouvent certainement des canonniers ».

Le Préfet de Maine-et-Loire au Directeur de l'artillerie à la délégation du ministère de la Guerre, à Tours (D. T.).

Angers (date inconnue), 9 h. 55 matin.

Veuillez répondre au sujet batterie d'artillerie de garde mobilisée ; il est indispensable de lui donner un chef d'escadron. Je demande

M......; on ne peut pas trouver d'officiers capables pour l'artillerie en dehors de l'armée active ou de la marine ; il y a beaucoup d'enseignes et lieutenants de vaisseau disponibles dans nos ports pour les emplois de lieutenants et sous-lieutenants. J'ai des offres de militaires de l'École de cavalerie de Saumur qui ne sert à rien ; les autorisez-vous à entrer dans mes deux batteries ?

En note (de la main du colonel Thoumas) : « Voir à la cavalerie ».

Le Ministre de la Guerre au Préfet de l'Aveyron, à Rodez.

Bordeaux, 7 janvier 1871.

..... Nous manquons d'officiers d'artillerie pour nos batteries de l'armée régulière et ce serait les affaiblir encore que d'en distraire même un petit nombre pour les batteries qu'ont formées nos départements.....

Le Ministre de la Guerre au Général commandant la 12ᵉ division militaire, à Toulouse.

Bordeaux, 8 janvier 1871.

Le département de l'Intérieur a mis à ma disposition les deux premières batteries des gardes nationales mobilisées de la Gironde.

Je donne des ordres pour que ces deux batteries soient dirigées sur Toulouse ; la première partira de Bordeaux par les voies ferrées le 9 janvier, la seconde le lendemain.

Mon intention est qu'à leur arrivée à Toulouse ces batteries reçoivent le matériel d'une batterie de 12 de campagne, soient exercées très activement, soient au besoin complétées en effets et équipements de toute nature au compte du département de la Guerre, enfin fassent une école à feu.

..... Le général commandant l'artillerie dans la division ..... devra pousser cette organisation de manière que les deux batteries dont il s'agit puissent être mises en route pour le 25ᵉ corps, le 13 janvier courant.

Nota. — Le 21 janvier, le général commandant l'artillerie à Toulouse rendait compte que les batteries de la garde nationale mobilisée de la Gironde attendaient encore de Bordeaux de l'habillement et un complément de harnachement, et, qu'entre autres choses, les servants n'avaient pas de capote. Le même jour, le Ministre invitait le préfet de la Gironde à faire expédier d'urgence les effets manquants, pour qu'aussitôt après une école à feu exécutée le 23 janvier, les batteries puissent être dirigées sur l'armée où elles étaient annoncées et attendues.

Ces batteries ne furent d'ailleurs jamais prêtes, ainsi que le prouve la lettre suivante :

Le Ministre de la Guerre au Préfet de la Gironde, à Bordeaux.

Bordeaux, 21 février 1871.

J'ai l'honneur de vous donner ci-dessous copie du télégramme que m'adresse le général commandant la 12e division militaire au sujet des deux premières batteries mobilisées de la Gironde :

« Les batteries mobilisées de Bordeaux sont dans le même état ; le capitaine envoyé à Bordeaux pour ramener les objets manquants n'est pas revenu ; il écrit que la ville ne veut pas donner le harnachement qui manque pour une batterie tout entière ».

Ces batteries sont depuis plus d'un mois annoncées au 25e corps et je vous prie de donner les ordres nécessaires pour qu'elles soient complétées le plus promptement possible.

Le Ministre de la Guerre au Ministre de l'Intérieur, à Bordeaux.

Bordeaux, 3 février 1871.

J'ai l'honneur de vous prier de me faire connaître si, à la date du 15 février courant, le département de l'Intérieur pourra mettre à ma disposition, pour être immédiatement employées à l'armée, un certain nombre de batteries départementales qui ont dû être créées en exécution du décret du 3 novembre dernier.

Il serait indispensable que ces batteries fussent complétées en personnel, les hommes habillés, équipés et armés, les chevaux complètement harnachés.

Je vous prie de me désigner ces batteries, leur effectif (officiers, troupe, chevaux), le matériel qu'elles doivent servir, enfin si elles ont ce matériel.

Des ordres seront donnés à l'avance pour leur mise en route à ladite date du 15 février.

Rapport du Lieutenant-Colonel commandant supérieur des gardes nationales de la Haute-Garonne sur l'instruction des batteries pendant la semaine du 22 au 29 janvier 1871.

En attendant que les servants et les conducteurs soient incorporés dans les batteries, les cadres ont continué leur instruction de manière à être à même de dresser rapidement les hommes qui leur seront donnés.

Le matériel est toujours insuffisant pour faire manœuvrer les nombreux cadres qui sont sous ma direction.

Dans peu de jours nous aurons du harnachement, ce qui nous permettra de commencer l'instruction sur les batteries attelées.

Rapport du Conseiller de préfecture de l'Ardèche, chargé spécialement des affaires de la défense nationale, sur l'artillerie départementale de la garde nationale mobilisée de l'Ardèche.
Privas, 15 novembre 1871.

1° *Organisation ; formation des cadres et de l'effectif.* — Un décret du 3 novembre 1870 ayant imposé à chaque département l'obligation de créer des batteries d'artillerie, un arrêté préfectoral, en date du 8 novembre, fixa provisoirement l'organisation de 3 batteries de 4, et fit un appel aux volontaires pour la formation immédiate du personnel de la 1re batterie qui devait se réunir dès le 21 novembre. Mais la formation des cadres ne put s'effectuer aussi rapidement ; les arrêtés ministériels fixant tous les détails d'organisation et d'effectif ne furent rendus que les 26 et 28 novembre ; enfin, l'arrêté ministériel nommant les officiers de la 1re batterie parvint à la préfecture le 30 novembre, et les hommes furent appelés le 8 décembre à Privas. Dès lors, la formation et l'instruction de cette batterie progressèrent rapidement, grâce à l'élan patriotique des hommes, et surtout grâce à l'intelligence et au dévouement de ses officiers, heureusement choisis pour assurer une organisation active et régulière.

Voici, du reste, la composition des cadres de cette 1re batterie :

Capitaine en premier, M....., chevalier de la Légion d'honneur, adjudant d'artillerie en retraite, âgé de 50 ans.

Capitaine en second, M....., ancien sous-officier d'artillerie, âgé de 28 ans :

Lieutenant en premier, M....., contrôleur des contributions directes, âgé de 36 ans ;

Lieutenant en second, M....., ancien sous-officier de cavalerie, âgé de 35 ans ;

Lieutenant en second, M....., ancien sous-officier d'artillerie, âgé de 30 ans.

Les 148 hommes et sous-officiers de la batterie (dont environ 15 anciens militaires) étaient, en majeure partie, des hommes d'élite, et le progrès rapide de leur instruction devait assurer la bonne formation des autres batteries, en servant successivement de pépinière pour les cadres de sous-officiers et brigadiers de la 2e et de la 3e, qui ne tardèrent pas imiter le bon exemple de la 1re.

Le 22 décembre (dès le lendemain de la notification de l'arrêté ministériel nommant les officiers), les hommes de la 2e batterie étaient appelés; ceux de la 3e batterie ne le furent que le 9 janvier; enfin, quelques jours après, on appela ceux de la 4e, qui n'eut jamais ses cadres formés (leur nomination ayant été suspendue au moment de l'armistice).

Autant la réunion du personnel et des cadres de la 1re batterie avait été prompte et facile, autant celle des autres batteries présenta des difficultés et des entraves de toute sorte.

Le rappel successif, par le Ministre de la Guerre, des anciens artilleurs, des anciens cavaliers, puis des anciens militaires, ne nous laissait, à la fin de décembre, qu'un choix fort limité pour la composition des cadres. D'autre part, les volontaires étaient presque tous enrôlés dans la 1re batterie, et, au moment où les légions de mobilisés se trouvaient prêtes à partir (du 1er au 15 janvier), la préfecture se trouvait dans un grave embarras, par suite des fins de non-recevoir formelles qu'opposaient les chefs de légion et les capitaines des mobilisés, soit aux demandes de mutation de leurs hommes, soit aux prélèvements nécessaires pour compléter l'effectif des 2e et 3e batteries. La nécessité d'un choix d'hommes intelligents et robustes, et doués d'aptitudes spéciales, enlevait à plusieurs compagnies leurs meilleurs hommes et beaucoup de sous-officiers; dans ces conditions, les chefs de compagnies, puis les chefs de légions ne pouvaient se résoudre à désorganiser en partie leurs effectifs. C'était donc là une cause sérieuse de retard dans la formation des 3e et 4e batteries; et même, s'il eût fallu composer cette dernière, on se serait trouvé presque dans l'impossibilité de le faire. Voici d'ailleurs un tableau présentant la composition progressive de l'effectif de l'artillerie départementale depuis le 8 décembre 1870 jusqu'au 31 janvier 1871.

ARTILLERIE.

Situations successives d'effectif des batteries d'artillerie mobilisée.

DATES.	1re BATTERIE.		2e BATTERIE.		3e BATTERIE.		4e BATTERIE.		TOTAUX.
	Officiers et état-major.	Troupe.	Officiers.	Troupe.	Officiers.	Troupe.	Officiers.	Troupe.	
Effectif au 8 décembre.	4	37	»	16	»	»	»	»	(1) 57
— 15 —	6	140	»	»	»	»	»	»	146
— 5 janvier...	7	148	5	195	»	34	»	»	389
— 20 — ...	(2)8	148	5	195	5	195	»	26	582
— 31 — ...	8	148	5	195	5	195	»	59	615

(1) Tous volontaires.
(2) Dans les officiers de la 1re batterie sont comptés les 3 de l'état-major (2 vétérinaires et 1 aide-major).

Sur ce total de 615 hommes, 54 étaient des volontaires enrôlés jusqu'au 5 décembre (date de l'appel des mobilisés pour la formation des légions), 202 furent prélevés dans la première légion, 117 dans la deuxième légion et 224 dans la troisième.

2° *Habillement, équipement et armement; instruction.* — En même temps que le personnel s'organisait, la préfecture devait fournir le matériel, l'armement et l'équipement des batteries.

Sur l'avis de la commission départementale d'armement et d'équipement, le préfet avait, dès les premiers jours de décembre, pourvu :
1° à l'habillement et à l'équipement, par des marchés passés dans la localité ; 2° au matériel, par une commande aux grandes usines de Marseille sous les auspices du préfet des Bouches-du-Rhône. Les harnais devaient être fournis par le gouvernement de Bordeaux, au moins pour la 1re batterie ; ceux des trois autres durent être commandés directement, mais seulement en janvier, par suite des contre-ordres successifs parvenus du ministère, qui nous avait laissé jusque-là espérer que lui-même nous fournirait rapidement ces objets.

Dès les premiers jours de janvier, les deux premières batteries étaient entièrement munies de leur habillement, équipement et campement.

L'armement ne fut complété que vers le 25 janvier par la réception des carabines Remington, des revolvers et des sabres fournis par le ministère de la Guerre.

A la date du 22 janvier, les deux premières batteries étaient pourvues de leurs chevaux, savoir :

Chevaux pour la 1re batterie	121
Chevaux pour la 2e batterie	124
Total	245

Les réquisitions, opérées dans le département en décembre et janvier, avaient fourni aux deux batteries un effectif de 247 chevaux, dont 2 sont morts au service dans la première quinzaine de janvier ; l'effectif de la 2e batterie allait être complété, quand les réquisitions furent suspendues à la suite de l'armistice.

Enfin, les canons de 4 (1re batterie) avaient été livrés à Marseille le 29 janvier et reçus à Valence le 31 janvier.

A cette époque, l'organisation de la 1re batterie était donc complète, sauf les harnais. Le ministère nous avait d'abord accordé 90 harnachements à quatre chevaux, dont 15 avec selles et brides, le tout venant de Trieste. Cet envoi, incomplet, avait été reçu le 13 janvier à Marseille et le 15 à Valence ; dès le lendemain, le capitaine de la 1re batterie télégraphiait au préfet et au Ministre que cette fourniture était en si mauvais état qu'elle ne pouvait servir. Ces harnais furent donc renvoyés à Bordeaux, d'où un nouvel ordre nous accorda, le 2 février, 15 attelages complets à recevoir de Toulon ; ce second envoi fut reçu à Valence, quelques jours après, par le colonel commandant le dépôt d'instruction d'artillerie ; ce colonel et le capitaine de la 1re batterie les déclarèrent aussi impropres à tout service. Restait donc à attendre la livraison des harnachements destinés à deux batteries de 7, dont marché avait été passé à Vannes, le 17 janvier, directement au compte du département. Ces harnais, livrables à Bordeaux le 28 janvier, expédiés en transport de guerre, auraient dû parvenir en quelques jours à Privas et Valence. Mais, le 15 février seulement, une partie de cette fourniture était reçue à Privas et distribuée le 19 à Valence à la 1re batterie. Le reste de la fourniture ne pouvait être complété que vers la fin de mars ; elle ne le fut réellement qu'au mois de mai. Seule donc, la 1re batterie se trouvait entièrement organisée à la date du 20 février, et, sans tenir compte des harnais, elle aurait pu marcher à l'ennemi dès le 10 février, époque à laquelle son instruction était suffisante.

En somme, résultat inefficace, mais qui fait honneur et aux officiers, et aux hommes, quand on remarque qu'en deux mois (du 8 décembre au 10 février), et malgré des difficultés matérielles de toute nature, la batterie était prête et aurait pu rivaliser comme instruction, comme organisation et comme élan, avec les batteries créées dans les dépôts des régiments de l'armée.

Quant à la 2ᵉ batterie, dont les cadres étaient assez bons, son organisation avait été un peu moins rapide, mais aussi pleine d'entrain ; toutefois, le matériel lui manquait complètement ; les canons et le matériel roulant, promis par les constructeurs pour le mois de février, ne furent réellement livrés à Marseille que le 22 avril ; les harnais même ne furent complétés qu'un peu plus tard.

Je n'ai à décrire l'organisation que de ces deux batteries qui furent seules soumises à l'autorité du Ministre de la Guerre à dater du 22 janvier ; en même temps, elles avaient été rattachées au dépôt spécial d'instruction de l'artillerie mobilisée, créé à Valence pour les départements de l'Ardèche, de la Drôme, de Vaucluse et des Bouches-du-Rhône.

Mémoire du Capitaine commandant la 1ʳᵉ batterie de la garde nationale mobilisée de la Somme sur le matériel, le personnel et les mouvements de la batterie.

(Sans date).

Du matériel. — La 1ʳᵉ batterie était pourvue du matériel réglementaire de 4 de campagne, et nous n'avons rien à dire de ce système suffisamment expérimenté ; nous observons, cependant, que les fusées percutantes étaient mieux appropriées que les fusées fusantes à l'inhabileté de nos artilleurs, et nous déclarons que les harnais de réquisition livrés par le département étaient absolument impropres au service de l'artillerie.

Du personnel. — La 1ʳᵉ batterie possédait deux capitaines, ingénieurs civils, et deux lieutenants qui avaient déjà servi, l'un dans l'artillerie, et l'autre dans la mobile ; elle n'eut jamais d'autres instructeurs que ces officiers.

Les sous-officiers et brigadiers, nommés dans l'origine à l'élection, laissèrent d'abord beaucoup à désirer ; plusieurs furent cassés et remplacés ; mais les hommes actifs et habitués au cheval manquèrent toujours.

Les canonniers furent tirés des bataillons mobilisés et désignés par les capitaines commandant les compagnies, qui se débarrassèrent ainsi de leurs plus mauvais soldats.

Ces hommes ne possédaient pour la plupart aucune des qualités requises pour le service de l'artillerie ; ils péchaient surtout par le défaut de taille et de force physique, comme on s'en aperçut lorsqu'il fallut exécuter les manœuvres de force. Toutefois, fermement tenus par leurs officiers, ils firent en toute occasion preuve d'une discipline à laquelle nous devons rendre justice.

Mouvements. — La batterie prit part au combat d'Amiens, le 27 novembre ; complètement désorganisée par la retraite inopinée que beaucoup d'hommes ne suivirent pas, envoyée d'Abbeville à Montreuil, de Montreuil à Arras, d'Arras à Douai.

Démontée et décomplétée à Douai, où elle servit comme batterie de dépôt, puis remontée le 18 janvier 1871 et envoyée à Arras, n'eut jamais l'occasion d'aller au feu.

Nous devons dire, comme conclusion, que jamais cette troupe improvisée n'eût valu une troupe régulière, et nous espérons que la France saura se préparer pour l'avenir de vrais officiers et de vrais soldats.

§ 4. — Matériel d'artillerie de campagne.

Le Ministre de la Guerre au Général commandant la 22e division militaire, à Grenoble.

Tours, 15 octobre.

Le 2e régiment d'artillerie prépare pour servir des canons à balles sa 21e batterie, le 6e prépare sa 20e pour le même service.

Mon intention est de faire passer successivement par Nantes, où se fabriquent ces canons, les batteries précitées; dès aujourd'hui probablement, ces batteries pourraient envoyer à Nantes chacune le personnel d'une section ; voyez s'il en est ainsi et alors faites partir ces sections, sous-officiers, hommes et chevaux, avec chacune un officier, pour Nantes et informez-moi du départ par le télégraphe.

Les autres sections suivront successivement au fur et à mesure de leur organisation.....

Note de la 4e direction (artillerie).

Tours, 25 octobre.

Après avoir fait rentrer dans Paris tout le matériel et tout le personnel organisé, nous avons fourni, depuis le 13 septembre, en personnel et matériel :

	Batteries			
	de 4.	de 8.	de 12.	de canons à balles.
Au 15e corps............	12	8	»	1 1/3
Au 16e corps............	13	»	4	»
Au Nord................	2	»	1 (1)	»
A l'Est.................	2	»	4	»
A l'Ouest...............	1	»	»	»
Totaux............	30	8	9	1 1/3

En tout 58 batteries 1/3 ou 336 bouches à feu (2), à quoi il faut ajouter, en matériel, 8 batteries de 4 et 8 batteries de 12, soit 96 bouches

---

(1) Existait déjà (Note originale).
(2) Erreur du colonel Thoumas, rédacteur de cette note. Le total n'est en effet que de 48 batteries 1/3 ou 290 bouches à feu.

à feu, affectées au Centre, à l'Ouest et à l'Est, pour être servies par la garde nationale mobile.

En formant les 17ᵉ et 18ᵉ corps sur le pied de deux divisions d'infanterie et une de cavalerie, nous fournirons d'ici au 5 novembre : 16 batteries de 4, 4 batteries de 8, 4 batteries de 12, 2 batteries de canons à balles, total 26 batteries ou 156 bouches à feu. C'est tout ce que nos régiments, épuisés en ressources de harnachement et en hommes *à peu près instruits*, pourront donner.

Pour que les 17ᵉ et 18ᵉ corps soient munis de leurs réserves de munitions et parcs, il sera essentiel que les voitures, entrant dans la composition de ces réserves et parcs, soient attelées par le train des équipages.

	Chevaux de trait.
Les quatre réserves exigeront............	320
Les deux parcs environ.................	900
Soit en tout............	1,220

Pour porter les 17ᵉ et 18ᵉ corps à trois divisions d'infanterie chacun, il faudrait, en ce qui concerne l'artillerie, y ajouter six batteries divisionnaires de 4 et augmenter de 600 le nombre des chevaux demandés au train des équipages. Or, ces six nouvelles batteries ne pourraient pas être prêtes avant le 15 novembre.

Un autre motif rend bien difficile, pour le 5 novembre, la constitution des 17ᵉ et 18ᵉ corps à trois divisions d'infanterie, c'est l'impossibilité d'avoir pour cette date un approvisionnement suffisant en cartouches.

Pour 60,000 hommes d'infanterie, il faut (à raison de 130 par homme, dont 90 portées par lui et 40 dans les réserves et parcs) près de 8 millions de cartouches. Or, si l'on déduit de l'existant tout ce qui est immobilisé dans le Nord, dans l'Est et dans l'Ouest, où les approvisionnements sont à peine suffisants, il nous reste tout au plus 3 millions de cartouches en dehors des 15ᵉ et 16ᵉ corps. Les ateliers de confection n'en produiront pas d'ici au 5 novembre plus de 6 millions ; on en aurait donc à cette date 9 ou tout au plus 10 millions, *si l'on n'en consommait pas d'ici là.*

Ainsi on ne peut espérer raisonnablement approvisionner plus de 60,000 hommes en sus des 15ᵉ et 16ᵉ corps ; c'est précisément l'effectif des deux corps à deux divisions d'infanterie, tels qu'on les constitue actuellement.

Pour deux corps à trois divisions, il faudrait 12 millions de cartouches. On peut affirmer que nous ne les aurons pas pour le 5 novembre.

ARTILLERIE. 325

En marge de la main de M. de Freycinet : « Colonel Thoumas, je comprends toutes vos difficultés et j'apprécie parfaitement vos raisons. Mais vous connaissez l'intérêt immense qui s'attache à ce résultat. Il faut faire des efforts absolument exceptionnels. Je connais trop votre patriotisme et votre fécondité pour douter que vous ne puissiez surmonter les obstacles ».

Le Ministre de la Guerre au Directeur de l'atelier des canons à balles, à Nantes.

Tours, 28 octobre.

..... Je comprends combien il serait utile d'avoir à Nantes les batteries qui doivent servir des canons à balles, mais le personnel disponible a été jusqu'ici employé au fur et à mesure de son organisation.

Mettre à Nantes le dépôt d'un, même de deux régiments d'artillerie, n'avancerait pas sensiblement la question, attendu que ces dépôts, manquant à la fois de sujets pour constituer les cadres, d'hommes instruits et de harnachement, ne pourraient pas organiser les batteries personnel, aussi promptement que le sont par vos soins les batteries matériel.

Le mieux donc, ou le moins mal, dans les circonstances présentes, me paraît être de vous envoyer, dès qu'ils seront prêts, les servants avec une partie des cadres des batteries devant servir des canons à balles. Les chevaux et conducteurs rejoindraient ensuite à Nantes.

Dans cet ordre d'idées, il serait peut-être possible de donner l'instruction à un certain nombre de servants que l'on enverrait avec le matériel de la batterie à balles à une batterie déjà embrigadée, batterie dont on reprendrait le matériel de 4 et dont on ferait rentrer tout ou partie des servants.

Le Général commandant l'artillerie dans la 16ᵉ division militaire au Ministre de la Guerre.

Rennes, 4 décembre.

..... Si l'arsenal ne reçoit pas d'affûts de 4 d'autres établissements et ne peut compter pour le moment que sur ceux qu'il construit, je ne vois pas la possibilité de vous fournir les trois batteries de 4 avant les époques suivantes : 1ʳᵉ batterie le 11 décembre, 2ᵉ batterie le 18, 3ᵉ batterie le 25.

Ces délais pourraient être beaucoup abrégés, s'il arrive des selles et du matériel, et les trois batteries pourraient être prêtes pour les 8, 10 et 12 décembre.....

Le Colonel commandant l'artillerie de l'armée de Lyon au Ministre de la Guerre.

Lyon, 17 décembre.

..... La construction des canons à balles ..... marche plus rapidement qu'on ne m'avait dit. J'ai été envoyé hier dans les ateliers où se construisent les canons et les affûts ; j'ai vu deux canons complètement terminés qui seront essayés demain ; les constructeurs assurent qu'ils seront en mesure d'en livrer encore deux le 19, deux le 24, et que toute la commande (18 canons) sera terminée du 5 au 10 janvier.

Le Lieutenant-Colonel d'artillerie à Lyon au Ministre de la Guerre.

Lyon, 19 décembre.

..... Une des batteries de canons à balles en construction à Lyon se trouve déjà à un degré d'avancement tel, qu'il conviendrait dès à présent d'envoyer les munitions et de diriger sur cette place le personnel qui devra servir cette batterie. La section déjà prête servirait à l'instruction du cadre et de la troupe en attendant l'achèvement des deux autres sections. De cette manière, la batterie pourra être employée dès que le dernier canon sortira des ateliers.....

ARTILLERIE.

Relevé récapitulatif des batteries de campagne délivrées par les directions d'artillerie du 12 septembre 1870 au 7 février 1871 (d'après les états fournis en exécution d'une dépêche ministérielle du 2 février 1871).

DIRECTIONS.	BATTERIES					OBUSIERS DE 12.	CANONS A BALLES.	TOTAL.
	de 4 rayé de montagne.	de 4 rayé de campagne.	de 7 rayé de campagne.	de 8 rayé de campagne.	de 12 rayé de campagne.			
Douai	4	9	»	2	2	3	»	20
Cherbourg	»	2	»	»	»	»	»	2
Grenoble	2	12	»	»	2	»	1	17
Toulon	»	24	»	»	8	»	»	32
Rennes	11	35	»	6	14	»	»	66
Lyon	6	31	»	6	5	»	»	48
Toulouse	4	32	2	»	5	»	1	44
TOTAL	27	145	2	14	36	3	2	229
Ces batteries ont reçu les destinations suivantes :								
Armée régulière	18	107	2	12	19	»	2	160
Garde nationale mobile	5	3	»	1	7	2	»	18
Garde nationale mobilisée ...	»	1	»	»	2	»	»	3
Corps francs	3	3	»	»	»	»	»	6
Places (1)	1	31	»	1	8	1	»	42
TOTAL	27	145	2	14	36	3	2	229
(1) Abbeville	»	»	»	»	»	1	»	1
Valence	»	4	»	»	»	»	»	4
Tours	»	1	»	»	»	»	»	1
Besançon	»	3	»	»	»	»	»	3
Grenoble	»	10	»	»	1	»	»	11
Lyon	»	7	»	»	5	»	»	12
Toulouse	»	2	»	»	2	»	»	4
Cherbourg	»	2	»	»	»	»	»	2
Epinal	1	»	»	»	»	»	»	1
Langres	»	2	»	»	»	»	»	2
Bourges	»	»	»	1	»	»	»	1
TOTAL	1	31	»	1	8	1	»	42

Minute d'une note concernant les établissements de l'artillerie.

Sans date (probablement de la première moitié de février 1871).

Arsenaux. — Les seuls arsenaux de construction, en dehors de Paris et des départements envahis, étaient ceux de Rennes, de Toulouse, de

Lyon, de Besançon et de Douai. Ces deux derniers, par suite de leur position spéciale, ont été consacrés surtout à créer des ressources locales pour l'armement du Nord et de l'Est.

Poudreries. — L'artillerie ne possédait, au 15 septembre 1870, que deux poudreries militaires en activité, celles du Ripault et de Saint-Chamas. Les poudreries des Finances de Toulouse, du Pont-de-Buis, de Saint-Médard, d'Angoulême et d'Esquerdes travaillèrent pour le compte du département de la Guerre. Celles du Ripault, de Saint-Chamas, de Saint-Médard faisaient seules de la poudre à canon.

La poudrerie du Ripault dût être évacuée vers le 10 décembre.

Capsuleries. — On avait au moment de l'investissement de Paris pris les mesures nécessaires pour installer à Bourges la fabrication des capsules. Sous la pression des événements, on a dû renoncer à cette installation qui ne devait d'ailleurs produire qu'un nombre insuffisant de capsules. La capsulerie de Bourges a dû être évacuée au bout de peu de temps, et des capsuleries, installées à Toulouse, à Bayonne, à Bordeaux, à Nantes, produisent actuellement 1,700,000 capsules par jour.

École de pyrotechnie. — L'École de pyrotechnie a dû être transportée de Bourges à Toulouse; elle fournit actuellement le nombre de fusées de projectiles creux nécessaires.

Ateliers de confection de cartouches. — Des ateliers de confection de cartouches pour fusil modèle 1866 existaient, au 15 septembre 1870, à Douai, Cherbourg, Rennes, Brest, Angers, Le Ripault, Bourges, La Rochelle, Bayonne, Toulouse, Perpignan, Saint-Chamas, Toulon, Valence, Grenoble et Besançon. Depuis lors, il a fallu évacuer les ateliers d'Angers et du Ripault; il en a été créé à Châtellerault, aux Sables-d'Olonne, à la poudrerie d'Angoulême, à Dunkerque et à Lille.

Le département des Travaux publics a fait installer un certain nombre d'ateliers pouvant produire 4,000,000 de cartouches par mois.

Ateliers de construction des mitrailleuses et des canons de 7. — La fabrication des mitrailleuses et des canons de 7 se chargeant par la culasse, ainsi que la confection et le chargement des munitions qui s'y rapportent, ont été installés à Nantes sous la direction du lieutenant-colonel de Reffye. Une succursale de cet établissement a été créée à Toulouse pour la fabrication des munitions de canons à balles. Sous la pression des événements, la fabrication des mitrailleuses et de leurs munitions vient d'être transportée à Tarbes.

Manufactures d'armes. — On disposait, au 15 septembre, des trois manufactures d'armes de Châtellerault, de Tulle et de Saint-Étienne.

Lorsque le gouvernement a quitté Tours et que l'ennemi a marché sur cette ville, les ateliers et les machines de Châtellerault ont été évacués sur Bayonne où, avec l'aide de la compagnie du Midi, on les installa dans des bâtiments cédés par la Marine. La fabrication des armes blanches et les grosses forges sont restées jusqu'ici à Châtellerault. La nouvelle manufacture de Bayonne doit commencer à produire à partir du 15 février courant.

Il n'a rien été changé à Saint-Étienne et à Tulle, mais dans la prévision d'une marche de l'ennemi sur Lyon, on s'est préoccupé de préparer à Toulon des locaux pour recevoir le matériel de Saint-Étienne. On ne devra toutefois s'y résoudre qu'à la dernière extrémité, attendu que ce sera suspendre la fabrication des fusils pour deux à trois mois au moins.

En résumé, les établissements les plus importants à conserver et par conséquent à couvrir en cas de reprise des hostilités, sont à Rennes, Nantes, Bayonne, Tarbes, Toulouse, Lyon, Saint-Étienne et Toulon.

ATELIERS DE FABRICATION DE CANONS A BALLES.

Situation du matériel qui a été fourni pour les parcs, fractions de parc et pour le remplacement dans les batteries, directions et places diverses.

Nantes, 8 février 1871.

DATES de la DÉLIVRANCE.	NUMÉROS des BATTERIES et régiments.	PERSONNEL QUI A REÇU.	CANONS à balles avec affûts, avant-trains et roues.	CAISSONS pour canons à balles avec avant-trains et roues.	CANONS de 7 avec affûts, avant-trains et roues.	CAISSONS pour canons de 7 avec avant-trains et roues.	FORGES avec AVANT-TRAINS, coffres et roues pour canons à balles.	FORGES canons de 7.	CHARIOTS DE BATTERIE complets avec roues pour canons à balles.	CHARIOTS canons de 7.	AFFUTS DE RECHANGE avec coffres, avant-trains, roues, etc., pour canons à balles.	AFFUTS canons de 7.	OBSERVATIONS SUR LES PIÈCES. Nom de l'établissement qui a fourni.
21 nov. 1870.	15e corps d'armée	Directeur du parc d'artillerie	»	»	»	»	»	»	»	»	»	»	»
16 déc. 1870.	Parc d'artill. du général Chanzy.	Capitaine	6	6	»	»	»	»	»	»	»	»	Indret.
2 janv. 1871.	Id	Id	12	12	»	»	2	»	2	»	»	»	Indret. 1 batterie Voruz, 1 Creusot.
4	Id	Id	12	12	»	»	2	»	4	»	»	»	Voruz.
14	A la place de Lille.	Command. de l'artill.	»	»	4	»	»	»	»	»	»	»	Indret.
19	Grenoble	Directr de l'artill. (1)	6	6	»	»	»	»	»	»	»	»	Indret.
20	Toulouse	Id (2)	6	6	»	»	»	»	»	»	»	»	Voruz.
22	Le Havre	M. le sous-préfet	»	»	4	»	»	»	»	»	»	»	Voruz.
23	Toulouse	Directr de l'artillerie.	»	»	6	12	»	»	»	2	»	2	Creusot avec flasques de La Buire.
24	Toulouse	Id	»	»	6	12	»	1	»	2	»	1	Voruz.
27	Laval	Général commandant l'armée	1	»	»	»	»	»	»	»	»	»	Voruz.
2 fév. 1871.	21e corps, à Laval.	Directr d'artill. du parc	1	»	»	»	»	»	»	»	»	»	Indret.
2	16e corps, à Laval.	Id	3	»	»	»	»	»	»	»	»	2	Indret.
4	Bordeaux	Command. de l'artill.	1	»	1	»	»	1	»	»	»	»	Canon à balles du Creusot, canon de 7 Voruz.
		Totaux	47	42	45	46	9	2	10	4	»	6	

(1) Distribué plus tard à la 28e batterie du 2e régiment d'artillerie.
(2) Distribué le 3 février 1871 à la 22e batterie du 18e régiment d'artillerie.

ARTILLERIE.

ÉTAT RÉCAPITULATIF DES CANONS DE CAMPAGNE DÉLIVRÉS PAR L'USINE DE NANTES depuis le 12 septembre 1870 jusqu'au 8 février 1871.

Nantes, 8 février 1871.

ATELIER DE FABRICATION DE CANONS A BALLES.

DATES de la DÉLIVRANCE.	NUMÉROS DES BATTERIES ET RÉGIMENTS.	CANONS à balles avec affûts, avant-trains et roues.	CAISSONS pour canons à balles avec avant-trains et roues.	CANONS de 7 avec affûts, avant-trains et roues.	CAISSONS pour canons de 7 avec avant-trains et roues.	FORGES avec avant-trains, coffres, roues et outillage pour canons à balles.	FORGES avec avant-trains, coffres, roues et outillage pour canons de 7.	CHARIOTS DE BATTERIE complets avec roues pour canons à balles.	CHARIOTS DE BATTERIE complets avec roues pour canons de 7.	AFFUTS DE RECHANGE avec avant-trains, coffres, roues, etc. pour canons à balles.	AFFUTS DE RECHANGE avec avant-trains, coffres, roues, etc. pour canons de 7.	OBSERVATIONS SUR LES PIÈCES. Nom de l'établissement qui a fourni.
11 oct. 1870.	9e batterie du 12e régiment	»	5	»	»	»	»	2	»	»	»	Voruz.
6 nov. 1870.	20e	6	6	»	»	4	»	2	»	»	»	Voruz.
13	20e	6	6	»	»	4	»	2	»	»	»	Voruz.
18	21e 7e	6	6	»	»	4	»	2	»	»	»	Voruz.
21	20e 6e	6	6	»	»	4	»	2	»	»	»	Indret.
4 déc. 1870.	22e 13e	6	6	»	»	4	»	2	»	»	»	Voruz.
15	18e 8e	6	6	»	»	4	»	2	»	»	»	Voruz.
16	21e 2e	6	6	»	»	4	»	2	»	»	»	Indret.
18	23e 15e	6	6	»	»	4	»	2	»	»	»	Voruz.
25	22e 15e	»	»	6	12	»	4	»	2	»	»	Voruz.
27	24e 7e	»	»	6	12	»	4	»	2	»	»	Voruz.
5 janv. 1871.	Batterie de la Charente	6	6	»	»	4	»	2	»	»	1	Voruz.
5	1re batterie de Maine-et-Loire	6	6	»	»	4	»	2	»	»	1	Voruz.
8	15e batterie mixte du 7e régiment	»	»	6	12	»	4	»	3	»	»	Indret.
10	1re batterie des Basses-Pyrénées	6	6	»	»	4	»	2	»	»	»	Indret.
11	1re batterie de la Charente-Inférieure	6	6	»	»	4	»	2	»	»	»	Indret.
12	1re batterie de la Gironde	6	6	»	»	4	»	2	»	»	»	Creusot.
12	2e batterie de la Gironde	6	6	»	»	4	»	2	»	»	»	Voruz.
12	14e batterie mixte du 15e régiment	»	»	6	12	»	4	»	2	»	»	Indret.
12	2e batterie des Basses-Pyrénées	6	6	»	»	4	»	2	»	»	»	Indret.
15	2e batterie de la Charente-Inférieure	6	6	»	»	4	»	2	»	»	»	Indret.
25	2e batterie de Maine-et-Loire	6	6	»	»	4	»	2	»	»	»	Creusot.
3 fév. 1871.	Batterie de la Vendée	6	6	»	»	4	»	2	»	»	»	Creusot.
	TOTAUX...	108	113	24	48	48	4	37	8	»	2	

TABLEAU N° 1.

État des batteries d'artillerie susceptibles d'être mises en ligne à la date du 9 février 1871.

EMPLACEMENTS.	MONTÉES de 4.	A CHEVAL de 4.	De 7 se chargeant par la culasse.	De 8.	De 12.	De CANONS à balles.	De moutagne.	De CANONS étrangers.	TOTAL.	NOMBRE de bouches à feu.
IIᵉ armée (y compris le 19ᵉ corps)	29	(1) 7	4	6	(2) 10	11	(3) 40	1	78	460
Armée des Vosges	3	»	»	»	(4) 4	»	4	1	9	54
Armée du Nord	7	»	»	4	3	»	4	»	15	90
Armée du Havre	5	»	»	»	3	2	»	2	12	72
25ᵉ corps	(5) 9	2	4	»	5	2	»	»	48	108
26ᵉ corps	6	1	4	»	(6) 5	4	»	»	15	90
Colonnes Mazure et de Pointe	3	»	»	4	»	(7) »	»	»	4	24
Colonnes de Curten, Cléret et Lipowski	2	»	»	»	»	1	3	»	6	36
Colonne Pélissier	1	»	»	»	4	»	2	»	2	42
Lignes de Carentan	»	»	»	»	»	»	4	»	4	24
TOTAUX	65	40	8	8	23	20	25	4	463	970
Nombre de bouches à feu	390	48	48	48	140	120	152	24	»	970

TABLEAU N° 2.

État des batteries d'artillerie susceptibles d'être mises en ligne du 9 au 19 février 1871.

Toulouse	5	1	»	2	»	»	»	»	8	48
Rennes	3	»	»	»	»	»	»	»	3	48

ARTILLERIE.

Totaux...............	12	2	»	2	1	3	»	»	20	420
Nombre de bouches à feu...	72	12	»	12	6	48	»	»	420	420

TOTAL DES ÉTATS Nos 1 ET 2.

En ligne, au 9 février.........	65	10	8	8	23	20	25	4	163	970
En ligne, du 9 au 19 février...	12	2	»	2	1	3	»	»	20	120
Totaux...............	77	12	8	10	24	23	25	4	183	1090
Nombre de bouches à feu...	462	60	48	60	146	138	152	24	»	1090

Tableau N° 3.

État des batteries d'artillerie en ligne à la date du 31 janvier 1871 et passées en Suisse.

Nombre de batteries.........	31	7	»	(8) 7	(9) 11	(10) 4	10	1	720	420
Nombre de canons...........	186	30	»	42	70	26	60	6	»	420

(1) Dont six à 4 pièces seulement.
(2) Plus une section de 12.
(3) Plus une section de montagne.
(4) Plus 30 pièces de 12 qui avaient été affectées à la défense de Dijon et que l'on a attelées.
(5) Dont une encore à Toulouse
(6) Dont deux encore à Toulouse.
(7) Dont deux à Nantes.
(8) Dont six à 4 pièces.
(9) Dont deux à 8 pièces.
(10) Dont une à 8 pièces.

Artillerie.

Batteries disponibles à la date du 16 février 1871.

		Bouches à feu.
1° A Rennes	3 batteries montées de 4..........	18
2° A Nantes.....	3 batteries de canons à balles......	18
	TOTAL..........	36

Ces six batteries pourraient être réparties dans les divers corps de Bretagne suivant les ordres du général Chanzy.

		Bouches à feu.
3° A Toulouse...	3 batteries montées de 4..........	18
—	1 batterie montée à balles.........	6
—	1 batterie à cheval à balles........	6
—	2 batteries de 7..................	12
4° A Valence....	2 batteries à cheval de 4..........	12
5° A Grenoble...	3 batteries montées de 4	18
6° A Toulon.....	1 batterie montée de 4............	6
7° A Lyon......	1 — de 4...........	6

Nota. — Cette batterie est de la garde mobile des Bouches-du-Rhône, une autre batterie de la même garde mobile, organisée pour servir du 4, a été envoyée à Bourg, avec du 12, un peu avant l'armistice; on pourrait faire revenir cette dernière en la remplaçant à Bourg par une batterie de 4 de Grenoble. Les deux batteries de la garde mobile des Bouches-du-Rhône, réunies sous le commandement de leur chef d'escadron, seraient données à l'armée des Vosges à qui elles étaient destinées.

Il resterait à répartir, suivant les ordres de M. le Ministre :

- 7 batteries montées de 4 (3 de Grenoble, 1 de Toulon, 3 de Toulouse);
- 2 batteries à cheval de 4, de Valence;
- 1 batterie montée à balles, de Toulouse;
- 1 batterie à cheval à balles, de Toulouse;
- 2 batteries de 7 (se chargeant par la culasse), de Toulouse.

13 batteries (78 bouches à feu).

Note sur la production des divers établissements et ateliers de l'artillerie.

22 février 1871.

Manufactures d'armes.

Il existe trois manufactures d'armes dont deux sont en pleine activité.

Les manufactures d'armes de Tulle et de Saint-Étienne produisent, la première, environ 1,250 fusils modèle 1866 par semaine, et la seconde, environ 4,500.

La manufacture de Châtellerault, qui produisait environ 1,500 fusils par semaine, a dû, par suite de l'approche de l'ennemi, être transférée à Bayonne où elle ne fonctionne pas encore avec régularité; son rendement, dans quelque temps, pouvant être évalué à 750 par semaine, la production normale sera, pour les trois manufactures, d'environ 6,500 par semaine, soit environ 830 par jour.

Poudreries.

Les poudreries actuellement en activité sont au nombre de six, savoir : poudreries d'Angoulême, de Toulouse, du Pont-de-Buis, d'Esquerdes, de Saint-Médard et de Saint-Chamas (la seule dépendant du département de la Guerre).

Ces établissements produisent journellement :

Poudre à canon, 3,400 kilogrammes, dont 2,900 kilogrammes pour Saint-Chamas.

Poudre à mousquet de guerre fine, 4,410 kilogrammes.

Poudre à mousquet de guerre demi-fine, 4,150 kilogrammes.

Poudre de mine, 3,300 kilogrammes.

Ces quantités ne suffisant pas pour les besoins journaliers, il a été indispensable de faire des achats importants de poudres anglaises.

Fonderies.

Il n'existait qu'une fonderie de canons, à Bourges, laquelle a dû être évacuée en partie.

On a continué jusqu'à ce jour à fondre des canons bruts, des boîtes de roues en bronze et des fusées qui sont terminées à Toulouse, où des ateliers ont été installés très rapidement.

Le rendement moyen est par semaine de 14 canons de campagne et un grand nombre de hausses pour canons, de fusées de projectiles et d'ailettes de divers modèles.

La production de ces ateliers n'ayant pas suffi, il a fallu avoir recours à l'industrie privée et aux ateliers de la Marine pour les bouches à feu de campagne, et notamment pour les canons à balles et les canons de 7, qui sont coulés et terminés à Nantes, à Decazeville, au Havre, aux chantiers de La Seyne, de l'Océan, à Fourchambault et enfin à Nevers, Indret, Ruelle.

La Marine et la Guerre produisent environ une batterie par jour, soit six pièces.

Établissements de pyrotechnie et capsuleries.

Les capsules et étoupilles étaient faites exclusivement à Paris, tandis que le chargement des fusées de projectiles creux était exécuté à Bourges.

Lors de l'investissement de Paris, il existait à Bourges un stock de 20 millions de capsules seulement, et des ateliers pour leur confection ont été installés, à la hâte, dans cette place, mais il a fallu, au bout de peu de temps, recommencer une installation à Toulouse; d'autres ateliers ont été également créés à Bayonne, à Bordeaux, à Nantes.

Le rendement, qui, pendant très longtemps, n'a pas dépassé 400,000 par jour, est monté successivement et a atteint actuellement le chiffre d'environ 2 millions par jour.

Les ateliers d'étoupilles n'ont pas encore fonctionné.

Le nombre des fusées chargées est d'environ 60,000 par jour pour projectiles creux.

Ateliers de confection de cartouches.

Les cartouches de fusils à percussion (modèle français), dont il existait des approvisionnements importants, sont confectionnées dans un grand nombre d'arsenaux.

Le rendement moyen des ateliers est de 120,000 par jour.

Deux ateliers viennent d'être créés pour la confection de cartouches pour fusil de modèle étranger.

Les cartouches pour fusils modèle 1866, dits *Chassepot*, sont confectionnées dans la plupart des ateliers de la Guerre. Le rendement de ces ateliers, qui était de 3 millions environ par semaine lors de l'investissement de Paris, a subi toutes les vicissitudes de la production des capsules et éléments de cartouches; il est descendu à 1,500,000 par semaine pour remonter promptement à 6 millions 1/2 par semaine, soit 930,000 environ par jour.

Le département des Travaux publics a également installé des ateliers qui produisent en moyenne 400,000 cartouches par jour. Les ateliers de la Marine fournissent près de 300,000 par jour.

L'industrie privée a dû également recevoir des commandes importantes.

Le rendement moyen de tous les ateliers qui confectionnent des cartouches de ce modèle est d'environ 2 millions par jour.

Les cartouches pour les autres fusils se chargeant par la culasse sont achetées en Angleterre, mais quelques ateliers ont été organisés pour les fusils dits à tabatière, dont le nombre est relativement restreint, et pour les fusils modèle Remington.

Projectiles.

Les projectiles sont fondus dans l'industrie et terminés dans les établissements de l'artillerie.

Les principales forges qui travaillent pour la Guerre sont :

Les forges de Fourchambault ;
— de Montluçon ;
— de La Voulte ;
— des Landes ;
— de Rennes ;
— de Nantes ;
— du Havre ;
— de Fives-Lille.

Le rendement moyen des projectiles est assez variable, mais on peut compter sur une moyenne par semaine de :

5,000 pour les obus de 4 ;
2,500 pour les obus de 8 ;
2,500 pour les obus de 12 ;
1,000 pour les obus de 7.

Matériel roulant.

Le matériel roulant est confectionné dans les arsenaux de la Guerre et de la Marine ainsi que dans l'industrie privée.

Les principaux arsenaux où les voitures sont confectionnées sont ceux de Toulouse, Douai, Lyon, Rennes et Toulon.

Ces arsenaux ne possédant pas des moyens de production puissants, le nombre de voitures terminées est très faible ; ces voitures sont, pour la plus grande partie, fournies par la Marine et par l'industrie privée à Nantes, Toulon, Le Creusot ; leur nombre est d'environ 300 par semaine.

Le principal travail des arsenaux de l'artillerie consiste à réparer les voitures défectueuses, venant des ateliers étrangers, à organiser les batteries et les parcs.

Organisation des batteries et des parcs.

L'organisation des batteries et des parcs, effectuée dans les arsenaux, consiste à charger les diverses voitures de tous les objets qui leur sont nécessaires et à les grouper.

Le nombre des batteries organisées dans les établissements de la

Guerre est, par semaine, y compris celles qui sont fournies par la Marine, de :

    4 batteries de canons à balles (15 voitures) ;
   10 batteries de 4 rayé de campagne (15 voitures) ;
    3 batteries de 7 rayé de campagne (22 voitures) ;
    1 batterie de 12 rayé de campagne (22 voitures).

Organisation des approvisionnements.

Les munitions d'infanterie et d'artillerie se trouvent en nombre important dans les batteries et dans les parcs des corps d'armée. Le ravitaillement s'opère au moyen de munitions en caisses ou barils qui contiennent ces munitions.

Le chargement des cartouches est fait directement dans tous les ateliers où elles sont confectionnées, et le chargement des munitions d'artillerie est exécuté dans les arsenaux de Douai, Besançon, Lyon, Grenoble, Toulon, Toulouse, Rennes, La Rochelle, enfin dans les arsenaux de la Marine.

Les caisses, organisées chaque jour, comprennent environ 4,000 coups de canon.

ARTILLERIE.

État du nombre de bouches à feu en ligne à la date du 22 février 1871.

Bordeaux, 22 février 1871.

CORPS.	De 4 artillerie montée.	De 4 artillerie à cheval.	De 4 de montagne.	A balles.	De 7.	De 8.	De 12.	De modèles étrangers.	TOTAUX.	OBSERVATIONS.
Dans le Nord.										
Armée du Nord............	24	»	24	»	»	»	»	24	72	
Armée du Havre...........	33	»	»	12	12	»	18	6	81	
Dans l'Ouest.										
Carentan.................	36	»	30	24	»	12	(1) 24	»	102	(1) Dont 12 attendant leurs chevaux.
Forces de Bretagne.......	42	8	40	»	»	42	8	44	145	
Dans l'Est.										
Besançon.................	36	»	»	»	»	»	24	»	60	
En deçà de la Loire et dans le Sud-Est.										
IIᵉ armée avec 26ᵉ corps.	174	32	24	78	54	24	48	»	434	
Colonne Cléret...........	6	12	6	6	»	»	6	»	24	
25ᵉ corps................	54	12	»	12	»	»	(2) 30	»	108	(2) Dont 12 encore à Toulouse.
Bourges..................	6	»	»	»	»	6	»	»	12	
Général du Temple........	12	»	24	6	»	»	(3) 12	»	30	(3) Attendant leurs attelages.
Armée des Vosges.........	48	»	»	»	»	»	24	12	78	
Bourg...................	24	6	6	»	»	»	»	»	30	
Disponibles.............	36	6	»	18	»	»	»	»	66	
TOTAUX........	501	64	154	156	66	54	194	53	1,242	

Le service des munitions est fait par dix-sept réserves divisionnaires et huit parcs d'artillerie.

Ces batteries viennent d'être complétées en hommes et en chevaux.

En comptant ces batteries à leur effectif, savoir : les batteries de 4 et à balles, 120 hommes, 88 chevaux ; les batteries à cheval, 100 hommes, 103 chevaux ; les batteries de montagne, 95 hommes, 45 chevaux ou mulets ; les batteries de 7, 8 ou 12, à 195 hommes, 170 chevaux ; les batteries de modèles étrangers comme celles de 4 ; les réserves divisionnaires à 80 hommes, 90 chevaux ; les parcs à 300 hommes, 350 chevaux ou mulets, on a, pour le personnel en ligne : 31,500 hommes et 25,000 chevaux, sur lesquels il y a disponible, en deçà de la Loire et dans le Sud-Est, 20,500 hommes et 17,000 chevaux.

État numérique des hommes et des chevaux à la date du 22 février 1871.

CORPS.	BATTERIES.	HOMMES.	CHEVAUX.
Armée du Nord.	4 batteries de 4 montées.........	480	352
	4 — de 4 de montagne......	380	180
	4 — de 4 modèle étranger....	480	352
	1 parc..........................	300	350
	TOTAUX.........	1,640	1,234
Armée du Havre.	7 batteries 1/2 de 4 montées et à balles........................	900	660
	5 batteries de 7 et de 12.......	975	850
	1 batterie modèle étranger........	120	88
	TOTAUX.........	1,995	1,598
Armée de Carentan.	6 batteries de 4 montées.........	720	528
	5 — de 4 de montagne......	475	225
	6 — de 12 et de 8 (dont 2 sans chevaux)......................	1,170	680
	TOTAUX.........	2,365	1,433
Forces de Bretagne.	11 batteries montées de 4 et à balles.	1,520	968
	2 — à cheval...............	200	206
	6 — 1/2 de 4 de montagne...	634	300
	3 — 1/2 de 12 et de 8.......	715	567
	1 batterie 5/6 modèle étranger...	220	158
	3 réserves divisionnaires.........	240	270
	1 parc..........................	300	350
	TOTAUX.........	3,629	2,819
Besançon..	6 batteries de 4 montées.........	720	528
	4 — de 12	780	680
	TOTAUX.........	1,500	1,208

ARTILLERIE.

CORPS.	BATTERIES.	HOMMES.	CHEVAUX.
IIe armée avec 26e corps.	42 batteries de 4 montées et à balles. 8 — de 4 à cheval.......... 4 — de 4 de montagne....... 21 — de 7, 8 et 12............ 11 réserves divisionnaires .... 4 parcs.........................	5,040 800 380 4,095 880 1,200	3,696 824 480 3,570 990 1,400
	TOTAUX.........	12,395	10,660
Colonne Cléret.	2 batteries de 4 montées et à balles. 1 batterie de 4 de montagne...... 1 — de 12................	240 95 195	176 45 170
	TOTAUX.........	530	391
25e corps..	11 batteries montées de 4 et à balles. 3 — à cheval de 4.......... 3 — de 12................ 3 réserves divisionnaires .... 1 parc..........................	1,320 300 585 240 300	968 306 540 270 350
	TOTAUX.........	2,745	2,404
Bourges...	1 batterie de 4 montée.......... 1 — de 8.................	120 195	88 170
	TOTAUX.........	315	258
Général du Temple.	3 batteries montées de 4 et à balles. 2 — de 12................ 1 parc.........................	360 390 300	264 (1) 350
	TOTAUX.........	1,050	614
Armée des Vosges.	5 batteries montées de 4 et modèle étranger.................... 4 batteries de 4 de montagne...... 4 — de 12................	600 380 780	440 480 680
	TOTAUX.........	1,760	1,300
Bourg.....	4 batteries montées de 4 .... 1 batterie de 4 à cheval..........	480 100	352 103
	TOTAUX.........	580	455
Disponibles	9 batteries de 4 et à balles........ 1 batterie de 4 à cheval .... 1 — de 4 de montagne.......	1,080 100 95	792 103 45
	TOTAUX.........	1,275	940
	TOTAUX GÉNÉRAUX.....	31,779	25,314

(1) Attend des attelages.

Note sur l'état actuel des approvisionnements de l'armée et des arsenaux.

22 février 1871.

Armée.

L'armée possède en ligne :

	Bouches à feu.		Coups à tirer.
Canons de 4 rayé de campagne....	565	avec	124,510
— — de montagne.....	154	—	30,838
— à balles modèle français.....	156	—	54,941
— de 7 rayé de campagne....	66	—	19,250
— de 8 — ...	54	—	11,917
— de 12 — ...	194	—	43,976
— de modèles étrangers......	53	—.	16,300
Total..........	1,242	avec	301,732

Soit 207 batteries avec 17 réserves divisionnaires et 8 parcs formant ensemble environ 4,000 voitures.

L'armée possède en réserve, outre les cartouches qui sont dans les mains des hommes :

Cartouches à balles modèle 1866..............	12,710,000
— de fusils à percussion..............	6,150,000
— de fusils se chargeant par la culasse.	6,800,000
Total..........	25,660,000

Établissements de l'artillerie.

Il existe dans les établissements de l'artillerie, prêtes à être attelées :

Batteries de 4.................................	10
— de 8.................................	2
— de 12.................................	10
Total................	22

Ces établissements possèdent, en outre, des caisses d'approvisionnement comprenant, avec les batteries précitées :

Coups de canons de 4 rayé de campagne..........	116,400 (1)
— de 4 rayé de montagne..........	5,200 (2)

---

(1) Dont, à Besançon, 6,120 coups (Note originale).
(2) Dont, à Besançon, 4,620 coups (Note originale).

ARTILLERIE.

Coups de canons de 7 rayé de campagne,		4,050
— de 8 —		19,825
— de 12 —		41,175 (1)
— à balles		40,392
	Total	227,042

Les nombres des cartouches disponibles sont :

Cartouches à balles modèle 1866	53,541,203
— de fusils à percussion	40,287,436
— de fusils se chargeant par la culasse.	63,559,579
Total	157,388,218

Les diverses places possèdent :

Poudre à canon ....kilogr.		3,899,014
— à mousquet fine de guerre		311,237
— — demi-fine de guerre		504,632
	Total ....kilogr.	4,714,883

Projectiles de 4 rayé de campagne		137,916
— de 7 —		3,000
— de 8 —		64,925
— de 12 —		192,180
	Total	398,021

Canons de campagne de 4	45
— de montagne de 4	87
— de campagne de 8	177
— — de 12	134
Total	443

Voitures diverses de campagne, 1,643, dont 406 à Douai.

---

(1) Dont, à Besançon, 15,876 coups (Note originale).

État des munitions aux armées.

23 février 1871.

	NOMBRE DE COUPS DE CANON A TIRER							CARTOUCHES				
	de 4 de campagne.	de 4 de montagne.	à balles.	de 7.	de 8.	de 12.	Modèles étrangers.	TOTAL.	modèle 1866.	de fusils à tabatière.	de fusils à percussion.	de fusils divers se chargeant par la culasse.	TOTAL des cartouches.
Armée du Nord	12,000	12,000	»	»	»	»	12,000	36,000	1,000,000	1,500,000	1,700,000	510,000	4,000,000
Armée du Havre	7,700	»	»	2,000	»	7,200	1,200	18,100	2,200,000	»	45,000	60,000	10,400,000
		Dans le Nord.											
								3,400,000	3,300,000	3,400,000			10,400,000
		Dans l'Ouest.											
Carentan	5,200	4,500	»	»	2,200	4,800	4,100	16,700	1,000,000	»	»	»	1,000,000
Forces de Bretagne	11,700	6,000	7,233	»	4,900	1,065	»	31,998	1,000,000	»	»	300,000	1,300,000
		Dans l'Est.											
Besançon							*Pour mémoire.*						
		En deçà de la Loire et dans le Sud-Est.											
IIᵉ armée avec 26ᵉ corps	50,000	4,538	40,308	17,950	4,817	21,563	»	148,466	6,000,000	400,000	1,700,000	510,000	8,610,000
Colonne Clérot	1,300	710	»	»	»	2,910	»	2,910	240,000	»	45,000	60,000	285,000
25ᵉ corps	11,500	»	7,400	»	»	3,300	»	22,400	900,000	»	400,000	800,000	2,100,000
Bourges							*Pour mémoire.*						
Général du Temple	6,700	»	»	»	»	1,448	»	8,148	400,000	100,000	600,000	40,000	1,140,000
Armée des Vosges	4,300	2,700	»	»	»	3,800	2,000	12,800	»	»	»	»	»
Bourg	5,110	»	»	»	»	5,110	»	5,110	»	»	»	»	»
TOTAL	124,510	30,438	54,941	19,950	11,917	43,976	16,300	302,032	12,710,000	2,000,000	6,015,000	4,810,000	25,535,000

ARTILLERIE.

États des dépenses faites par l'artillerie.

25 février 1871.

1870.

Crédits engagés depuis le 13 septembre 1870 pour payements de dépenses faites au titre des chapitres budgétaires administrés par l'artillerie.

CHAPITRES et ARTICLES DU BUDGET.	MONTANT par ARTICLE. fr.	OBSERVATIONS.
Budget ordinaire.		
Chap. XIV. — Harnachement des chevaux de l'artillerie......	7,218	Entretien des harnais existant en magasin.
Chap. XV. — Etablissements et matériel d'artillerie :		
Art. 1er. Arsenaux, directions, écoles, etc., constructions......	457,940	Achat d'objets de matériel. Confection de munitions.
Art. 2. Armes portatives.......	71,570	Entretien des armes en magasin.
Art. 3. Fonderies....	106,050	Achat de bronze, etc.
Art. 4. Forges......	50,900	Fabrication de projectiles. Fourniture de fers d'arsenaux.
Art. 5. Poudreries....	69,070	Confection de munitions. Fabrication de poudres.
TOTAL du chap. XV.	755,530	
Budget extraordinaire.		
Chap. Ier. — Établissements et matériel d'artillerie :		
Art 1er. Arsenaux, directions, constructions............	39,000,000	Dont : 5,700,000 pour achat de harnachement tant en France qu'en Angleterre. 33,300,000 pour achat d'armes et munitions tant en France qu'en Angleterre; pour achat de matières premières d'approvisionnement ; pour confection de matériel d'artillerie et de munitions dans les établissements de l'artillerie; pour création d'ateliers spéciaux.
Art. 2. Forges.......	1,106,400	Fabrication de projectiles.
TOTAL du chap. Ier.	40,106,400	
Budget spécial de l'emprunt de 429,000,000. (Loi du 2 août 1868.)		
Chap. Ier. — Transformation de l'armement. Article unique.	6,620,300	Exclusivement affecté à la fabrication des armes dans les manufactures de l'Etat.

1871.

Crédits engagés pour payement des dépenses faites au titre des chapitres budgétaires administrés par l'artillerie.

CHAPITRES et ARTICLES DU BUDGET.	MONTANT par ARTICLE. fr.	OBSERVATIONS.
Budget ordinaire.		
Chap. XIII. — Harnachement des chevaux de l'artillerie.		
Art. 2.	20,000	
Chap. XIV. — Etablissements et matériel de l'artillerie :		
Art. 1ᵉʳ. Arsenaux, directions. . . .	747,600	
Art. 2. Armes portatives.	59,200	
Art. 3. Fonderies. . . .	170,600	
Art. 4. Forges.	259,200	
Art. 5. Poudreries. . . .	163,450	
Art. 6. Capsuleries. . .	174,820	
Total du chap. XIV.	1,574,870	
Budget extraordinaire.		
Chap. Iᵉʳ. — Etablissements et matériel de l'artillerie :		
Art. 1ᵉʳ. Arsenaux, directions. . . .	16,614,400 { 12,028,100	Achat d'approvisionnements. Construction de matériel. Confection de munitions.
	386,300	Marchés pour achat de pièces d'armes, jeux d'accessoires (à Lyon et Douai).
	2,400,000	Confection de harnachement.
	1,800,000	Armes fabriquées dans les manufactures de l'Etat.
Art. 2. Forges.	2,100,000	
Total du chap. Iᵉʳ.	18,714,400	

Le Lieutenant-Colonel directeur de l'atelier de fabrication de canons à balles au Ministre de la Guerre.

Tarbes, 18 mars 1871.

J'ai l'honneur d'appeler votre attention bienveillante sur les services rendus par M. . . . . . à la défense nationale.

Au mois de septembre 1870, M. ..... abandonnait ses ateliers de Paris pour me suivre à Nantes avec quelques outils appropriés à la fabrication des cartouches de canons à balles. Quelques autres machines provenant de nos ateliers de Meudon, réunies aux siennes, permettaient à cette époque de faire environ 20,000 cartouches par jour. Grâce à son activité, cet outillage fut triplé pendant le cours de la guerre, et on arrivait à fabriquer plus de 75,000 cartouches par jour; ce qui permit de satisfaire à l'approvisionnement de toutes les batteries. Il a été fait 5,600,000 douilles.

En outre, M. ..... nous a établi des outils pour faire des cartouches de transformation et la capsule de guerre.

Il a mis son expérience à la disposition de tous les industriels et leur a donné gratuitement tous les procédés de fabrication spéciaux à sa maison, au risque de se créer des concurrents pour l'avenir.

C'est grâce à ses indications et aux modèles qu'il a fournis, que MM. ..... ont monté leurs ateliers.

Observations sur le projet de déplacement des ateliers de Tarbes.

Octobre 1871.

L'évacuation des ateliers de Nantes commença le 1er février.

Les ateliers se composaient de :

1° La fabrication des canons à balles, montée à raison de 4 canons par semaine;

2° La confection des cartouches de canons à balles, montée à raison de 75,000 par jour;

3° La confection des boîtes de chargement, montée à raison de 2,500 par jour;

4° La confection des gargousses de canon de 7, montée à raison de 2,000 par jour;

5° Les ateliers de chargement des cartouches de canons à balles;

6° Les ateliers de chargement des gargousses de canon de 7;

Ces fabrications occupaient 3,106 ouvriers et ouvrières......

Les ateliers..... se trouvaient prêts à fonctionner (à Tarbes) vers le milieu du mois de mars..... Nous terminions 6 batteries de canons à balles en cours d'exécution quand je reçus, le 22 mars, l'ordre de suspendre les travaux.....

Cependant, de tous les points de la France, on expédiait sur Tarbes le matériel construit par les soins de la commission d'armement et une partie des batteries départementales formant un total de 2,100 voitures.....

Nous avons reconstruit, pendant la guerre : 100 pièces (canons à balles) au Creusot, 80 pièces à Nantes, 100 pièces à Indret......

On obtenait la régularité du tir des canons à balles par le polissage intérieur des tubes et en corrigeant, après la construction, la divergence des coups par une rectification qui ne pouvait se faire que par l'expérience du tir à une longue portée (1 kilomètre au moins).

A Nantes, je n'ai pas pu faire ce travail, faute de temps, faute de personnel et faute surtout d'un polygone. Il en résulte qu'aucune des pièces existantes n'a un tir efficace à plus de 1,500 mètres, tandis qu'elles devraient tirer juste à 2,500 mètres.

Il y a donc à polir et à régler toutes les pièces si l'on veut qu'elles remplissent le but de leur institution, c'est-à-dire de tirer juste entre 1,500 et 2,500 mètres, en deçà de la limite de la portée du fusil d'infanterie. Sans cette propriété, le canon à balles n'a pas de valeur.....

Mais ce qui est plus grave, c'est la situation des munitions.

Il n'y a pas en ce moment, en France, une seule cartouche de canons à balles qui puisse offrir de la confiance sous le rapport du tir, de la conservation ou de la sécurité. Nous avons été obligés de travailler à Nantes pendant l'hiver, au milieu de brouillards ; surpris parfois par les inondations de la Loire, nous avons vu nos baraques de chargement, nos dépôts de poudre envahis par les eaux ; les ouvriers y allaient en bateau comme dans un établissement lacustre. Il peut donc se faire qu'une partie de la poudre soit avariée. De plus, les cartouches devaient être chargées avec de la poudre B. C'est en vue de cette poudre que l'on avait gradué les hausses, mais elle faisait défaut ; on a chargé avec de la poudre de chasse, avec de la poudre anglaise, avec des mélanges des trois poudres, car la poudre anglaise seule ne se comprime pas.

Qu'en résulte-t-il ? C'est que les cartouches ne donnent pas les mêmes portées ; bonnes pour une défense improvisée, elles ne sont pas convenables à un armement normal, et ce qu'il y a de mieux à faire, c'est de les décharger.

En outre, leur amorçage n'a pas été fait avec le soin qu'on y avait apporté à Meudon. Nous nous étions servis d'amorces fabriquées dans les ateliers de M. ....., à Paris ; elles avaient été faites avec des compositions et des dimensions particulières ; à Nantes, nous n'avions plus de communications avec la capitale, et nous avons dû récolter dans les magasins de jouets d'enfants et les débits de tabac tout ce qu'il y avait d'amorces du même genre (19 millions). Mais quelle en était la composition ? Sont-elles altérables ? Sont-elles spontanément inflammables ? Nous ne pouvons en répondre.....

§ 5. — Armes portatives.

Le Ministre de la Guerre aux Généraux commandant les divisions militaires et aux Chefs de corps.

Paris, 3 septembre.

Aux termes du deuxième paragraphe de l'article 29 de l'ordonnance du 3 mai 1832 sur le service des armées en campagne, les cartouches des hommes allant aux hôpitaux sont données à ceux qui en manquent.

L'adoption des armes se chargeant par la culasse, en augmentant considérablement la consommation des munitions, a rendu plus impérieuse la nécessité de la mesure dont il s'agit.

Il convient donc que les prescriptions du deuxième paragraphe de l'article 29 de l'ordonnance du 3 mai 1832 soient ponctuellement exécutées.

Ces prescriptions devront même être étendues à certaines pièces de rechange du fusil modèle 1866, telles que les aiguilles et les obturateurs en caoutchouc, lesquelles devront être retirées, en même temps que les munitions, à ceux des hommes armés de ce fusil qui entreront dans les hôpitaux ou les ambulances, ou qui resteront sur le champ de bataille, pour être remises aux hommes qui manqueraient desdits objets.

Je vous invite à donner à qui de droit des instructions en conséquence.

Note du Secrétaire général du ministère de l'Intérieur pour le Conseil de gouvernement.

Tours, 19 septembre.

L'opération de l'armement des gardes nationales sédentaires se poursuit avec toute l'activité possible dans la mesure que comportent les ressources, malheureusement trop restreintes, des arsenaux de l'État.

Au 2 septembre, 480,981 fusils avaient été répartis entre 56 départements, ci.....................	480,981
Depuis l'installation du Gouvernement à Tours, il en a été distribué 50,500 autres, ci..................	50,500
TOTAL.............	531,481

Le secrétaire général du ministère de l'Intérieur est en rapport constant avec les directions d'artillerie. Il ne laisse aucune demande sans réponse et s'il ne peut accueillir toutes celles qui lui sont adressées, du moins explique-t-il toujours les motifs du refus et ne néglige-t-il rien pour donner satisfaction aux vœux légitimes des préfets.

Depuis hier, il est puissamment aidé par la Commission de l'armement national instituée sous la présidence de M. Le Cesne et qui vient de se transporter à Tours. En vertu d'une décision de M. le Garde des Sceaux, deux représentants de l'Intérieur et de la Guerre ont été introduits dans cette commission, qui siège en permanence et qui saisit sur tous les points de l'Europe et de l'Amérique tous les lots d'armes disponibles. C'est ainsi que des pourparlers sont actuellement engagés en Angleterre, à Alexandrie, à Rome, aux États-Unis, à Vienne, pour l'achat de fusils à système ou pour la fabrication de cartouches correspondantes.

Jour par jour, on sait approximativement le nombre de fusils offert. Mais on ne saurait trop rappeler qu'en cette matière il y a loin de l'offre à la vente réelle. Les dires les plus contraires à la vérité, les fraudes les plus grossières sont constatés à chaque instant. Les mêmes fusils sont quelquefois offerts par vingt personnes différentes, d'où l'on pourrait induire qu'il y en a vingt fois plus. Avertie par l'expérience, la Commission d'armement se tient en garde. Elle n'agit qu'à bon escient. Il faut rabattre beaucoup des espérances conçues par le public et trop facilement accueillies par la presse. Les premières livraisons ne se feront pas avant deux ou trois semaines au plus tôt, et elles se borneront à quelques dizaines de mille. Le surplus viendra plus tard.

Mais, qu'il s'agisse de ces armes ou de celles que rend de temps en temps disponibles dans les arsenaux le réarmement des gardes nationales mobiles, l'essentiel est d'établir, de maintenir une unité d'action absolue ; tantôt les préfets, tantôt les généraux de division autorisaient ou exigeaient la livraison d'armes sur tel ou tel point ; il en résultait un véritable désordre, et, alors que le Ministre de l'Intérieur, seul compétent, notifiait une décision, cette décision ne pouvait être exécutée. Pour y obvier, le Gouvernement vient de prendre une mesure indispensable. Une dépêche télégraphique du 19, signée de M. le Garde des Sceaux, interdit aux préfets de requérir des armes sans un ordre préalable du ministère de l'Intérieur représenté par le secrétaire général.

Le secrétariat général veillera à ce que cette prohibition soit respectée. Aujourd'hui, que la Commission de l'armement national fonctionne à Tours avec la participation de deux délégués de l'Intérieur et de la Guerre, il demandera aussi que toutes les questions d'armement lui soient renvoyées par les divers bureaux, qui en seraient saisis par erreur. On pourra ainsi établir un ordre rigoureux dans ce service qui intéresse si vivement la défense du pays.

Les considérations qui précèdent s'appliquent seulement à la garde nationale sédentaire. Quant à l'armement de la garde nationale mobile et de l'armée, il demeure réservé au Ministre de la Guerre. On sait que tous les chassepots aujourd'hui disponibles sont attribués exclusivement aux troupes régulières.

La Délégation du Gouvernement de la Défense nationale aux Préfets (D. T.).

Tours, 20 septembre, 2 h. 35 soir.

En vertu de mesures concertées entre les départements de l'Intérieur, de la Guerre et de la Marine, après délibération de la Commission de l'armement national qui siège à Tours, aucun prélèvement d'armes dans les arsenaux ne peut être fait pour la garde sédentaire que sur l'ordre exprès de la délégation du Gouvernement. Les ordres seront signés du secrétaire général du ministère de l'Intérieur. Les préfets n'auront aucun droit de faire des réquisitions sans cet ordre préalable ; quant à l'armement de la garde mobile il continuera, comme celui de l'armée, à appartenir au ministère de la Guerre.

Note de la 3e direction du ministère de la Guerre.

22 septembre.

Il existe, pour l'armement des troupes à cheval, huit modèles de sabre, savoir :

1° Sabre de cavalerie de réserve (mod. 1854) à lame droite. Il est en service dans le régiment des carabiniers de la Garde et forme à peu près le tiers de l'armement des cuirassiers de la ligne. Il en existe 28,274, c'est-à-dire plus qu'il n'en faut pour armer les douze régiments de cavalerie de réserve, à raison de deux sabres par homme ;

2° Sabre de cavalerie de ligne (mod. 1822) à lame légèrement courbe. Il est en service dans les régiments de cuirassiers, de dragons et de lanciers de la Garde. Il en existe 18,603 ;

3° Sabre de cavalerie de ligne (mod. 1816) à lame droite, pointe au milieu. Il forme à peu près les deux tiers de l'armement des cuirassiers et il en existe 10,164 ;

4° Sabre de dragons (mod. 1854), ne diffère du sabre de cavalerie de réserve modèle 1854 que par la longueur de la lame, 25 millimètres de moins ; n'a pas encore été mis en service. Il en existe 20,290, nombre suffisant pour les treize régiments de dragons ;

5° Sabre de cavalerie de ligne (mod. ans XI et XIII), presque identique au modèle précédent, sans arête sous la garde, forme l'armement exclusif des douze régiments de dragons de la ligne. Il en existe 24,309 ;

6° Sabre de cavalerie légère (mod. 1816) à lame légèrement courbe.

Il en existe 3,142. 2,000 sabres environ de ce modèle sont en service dans la gendarmerie;

7° Sabre de cavalerie légère (mod. 1822) à lame un peu plus courbe et plus large que le précédent. Il en existe 125,000. Le sabre est entre les mains des chasseurs à cheval et des guides de la Garde, des régiments et de l'escadron du train d'artillerie de la Garde, du train des équipages de la Garde, de la gendarmerie de la Garde et départementale, des lanciers, des chasseurs, hussards, chasseurs d'Afrique de la ligne, des spahis, des élèves des Écoles de Saumur et de Saint-Cyr;

8° Sabre de canonnier monté (mod. 1829) à lame très courbe, une seule branche à la garde. En service dans les troupes d'artillerie, du génie et des équipages de la ligne. Il en existe 68,614.

Indépendamment de ce qu'il y a de singulier dans une situation où les corps similaires de la Garde et de la ligne ont des sabres de modèles différents et où l'on voit des différences même dans l'intérieur d'une même arme, comme dans les cuirassiers et la gendarmerie, cette diversité est gênante pour le travail des manufactures, pour les approvisionnements des divisions d'artillerie et des corps, surtout en pièces de rechange. Il y aurait avantage à réduire en principe le nombre des modèles de sabre à trois, savoir :

1° Le sabre de cavalerie de réserve modèle 1854, qui armerait exclusivement les régiments cuirassés. Il en faut, pour ces douze régiments, 24,000 et il en existe 28,274;

2° Le sabre de dragons modèle 1854. Il en faut, pour treize régiments, 26,000. Il n'en existe aujourd'hui que 20,290. Il y aurait lieu, par conséquent, de conserver provisoirement environ 6,000 sabres an XIII pour assurer le 2° approvisionnement;

3° Le sabre de cavalerie légère modèle 1822, dont l'usage serait commun à toutes les troupes à cheval autres que les carabiniers, cuirassiers et dragons. Le nécessaire, pour l'ensemble de toutes ces troupes, est de 150,000 sabres. Il en existe 125,000, non compris 3,142 sabres modèle 1816, qui seraient conservés jusqu'au moment où serait atteint le complet de sabres déterminé, à raison de deux sabres par homme. On pourrait réformer dès à présent :

Sabres de cavalerie de ligne (mod. 1822)............	27,452 (1)
Sabres de cavalerie de ligne (mod. 1816)............	10,164
Sabres de cavalerie de ligne (mod. an XIII).........	18,000
Sabres de canonnier monté (mod. 1829)..............	68,614
TOTAL............	124,230

---

(1) *Sic*. Ce chiffre ne correspond pas avec celui indiqué au début de la lettre (18,603).

Le Ministre de la Guerre au Général commandant la 18ᵉ division militaire, à Tours.

Tours, 30 septembre.

D'après la lettre que vous m'avez fait l'honneur de m'écrire le 29 septembre courant, je prends bonne note du régiment de garde mobile de la Sarthe pour changer son armement dès que cela sera possible, c'est-à-dire dans un assez bref délai. Malheureusement, les fusils Remington qui vont arriver au Havre ne sont pas pourvus de leurs cartouches, qui doivent faire l'objet d'un autre envoi.

Je vous prie de vouloir bien me signaler l'ordre dans lequel il conviendrait de modifier l'armement des gardes mobiles de votre division, en désignant les effectifs.

Cet ordre de préférence doit être fondé principalement sur l'état moral des bataillons. Plus ils montreront de confiance dans leur armement actuel et plus je serai disposé à leur en donner un meilleur ; plus, au contraire, ils se plaindront de leurs fusils à percussion qui sont, au bout du compte, une arme excellente pour la guerre de partisans, et moins je serai porté à croire qu'ils feront un bon usage d'armes à tir rapide.

Veuillez, je vous prie, faire tous vos efforts pour bien pénétrer de cette idée les chefs de corps de la garde nationale mobile, et pour les encourager à réagir contre le préjugé qui discrédite bien à tort les armes à percussion.

P.-S. — En exécution de cette circulaire, vous voudrez bien me faire connaître les effectifs de chaque bataillon de la garde mobile sous vos ordres. Vous m'indiquerez, en outre, l'état moral de chaque corps et la confiance qu'il montre dans ses armes actuelles.

Le Ministre de la Guerre aux Généraux commandant les divisions militaires.

Tours, 7 octobre.

Les circonstances exigeant que l'on réserve pour les troupes appelées à combattre en France le plus grand nombre possible de fusils modèle 1866, j'ai décidé qu'à l'avenir les corps et détachements envoyés en Algérie seraient armés de fusils à percussion rayés et laisseraient en France les fusils modèle 1866 dont ils seraient pourvus au moment de leur mise en route.

En conséquence, j'ai l'honneur de vous prier de vouloir bien, lorsqu'un corps ou détachement, pourvu de fusils modèle 1866 et stationné dans l'étendue de votre commandement, sera désigné pour l'Algérie, lui faire verser ses fusils avec accessoires et munitions, soit dans les magasins de dépôt, soit dans ceux de la direction d'artillerie la plus voisine, selon le cas. Le nouvel armement sera délivré à l'arrivée en Algérie.

Il va sans dire que les bataillons de garde nationale mobile et tous les autres corps ayant une autre arme que le fusil modèle 1866 partiront avec leur armement actuel.

Le même aux mêmes.

Tours, 12 octobre.

Les hommes de la classe 1870 ne pouvant être susceptibles d'entrer en ligne d'ici à quelque temps, j'ai décidé, d'après l'avis motivé du Comité de la Guerre, que les fusils modèle 1866 qui sont en magasin seraient, avant tout, distribués aux bataillons de garde nationale mobile appelés à combattre.

En conséquence, il ne sera plus, jusqu'à nouvel ordre, fait aux dépôts des corps d'infanterie aucun envoi de fusils modèle 1866. Les hommes de recrue seront exercés à l'aide des armes existantes ; ils recevront ultérieurement des fusils modèle 1866 ou des fusils se chargeant à la baguette, suivant les circonstances.

Afin d'être à même d'opérer la répartition de ces armes, j'ai l'honneur de vous prier de vouloir bien donner des ordres pour que chacun des dépôts d'infanterie situés dans l'étendue de votre commandement vous adresse un état faisant connaître :

1° Le nombre de fusils modèle 1866 restant en magasin ;

2° Le nombre d'hommes à armer.

Vous voudrez bien me transmettre tous ces états, après vous être assuré de leur exactitude.

Le Ministre de la Guerre aux Généraux commandant les divisions et subdivisions actives et territoriales.

Tours, 15 novembre.

L'entretien des armes laisse à désirer dans nos troupes de nouvelle formation, et surtout dans la garde mobile.

Vous voudrez bien veiller à l'application minutieuse des prescriptions du service en campagne en ce qui concerne cette partie importante de l'instruction, et ordonner, en outre, des mesures spéciales et rigoureuses pour maintenir toujours et en tout temps l'armement dans le meilleur état, de manière à éviter le renouvellement des plaintes qui me sont parvenues à cet égard.

Le Ministre de la Guerre aux Généraux commandant les divisions militaires.

Tours, 18 novembre.

Les hommes de troupe, qui, par suite de maladie, sont obligés de quitter les corps ou détachements en marche, pour entrer dans les hospices civils ou hôpitaux militaires, conservent leur armement avec eux.

Cet armement se trouve sans emploi utile pendant le temps, souvent assez long, du traitement et de la convalescence.

Sans en exagérer l'importance, il n'est pas douteux que la mise en service des armements disséminés ainsi sur tout le territoire constituerait des ressources que, dans les circonstances actuelles, il y a intérêt à ne pas négliger.

En conséquence, j'ai décidé que les armes seront retirées à ceux des hommes hospitalisés dans les conditions ci-dessus indiquées, qui, lors de leur entrée à l'hôpital, paraîtront, par la nature de leur maladie, destinés à rester assez longtemps éloignés de leur corps.

Tout homme, quittant un établissement hospitalier pour aller jouir d'un congé de convalescence, fera également, avant son départ, la remise de son armement.

Les armes retirées devront être expédiées, par les soins des fonctionnaires de l'intendance, à la direction d'artillerie la plus voisine, pour être versées, contre reçu, entre les mains du chef de cet établissement.

La même marche sera suivie en ce qui touche les armes des hommes décédés dans les hôpitaux, ainsi que celles qui sont abandonnées dans les gares de chemins de fer et dont il n'aura pas été possible de connaître la provenance.

Je vous prie de donner les instructions nécessaires pour assurer l'exécution de ces dispositions.

Le Préfet de la Drôme au Ministre de la Guerre.

Valence, 2 décembre.

Je reçois votre dépêche télégraphique du 2 décembre, et elle a été immédiatement transmise au colonel commandant la subdivision.

Les mobiles de la Drôme ne sont plus sous la direction du préfet, et j'ai pensé que l'ordre de rejoindre les corps devait être transmis par l'autorité militaire commandant la subdivision.

Ce matin, j'ai reçu de M. le maire de Crest l'avis que le dépôt des mobiles commençait à se mutiner et menaçait l'ordre public, que les désordres les plus sérieux étaient à craindre.

J'ai informé l'autorité militaire et j'aurais sollicité un départ immédiat; mais il paraît que les armes manquent et qu'un bataillon de la ligne, caserné à Romans, attend également des fusils.

Malgré ces observations, qui pourraient en temps ordinaire avoir quelque importance, votre dépêche télégraphique relative aux mobiles convalescents me fait solliciter un ordre de départ pour ces deux bataillons. Ne croyez-vous pas qu'il serait possible d'envoyer sans armes ces troupes de Valence à Lyon? Il sera facile à M. le général commandant la 8e division de faire armer ces soldats à leur arrivée à Lyon.

Voici près de deux mois que je signale cette situation, qui s'aggrave chaque jour. Aujourd'hui, elle prend de plus grandes proportions, et il me semble urgent de pourvoir.

État des armes étrangères délivrées en date du 14 décembre 1870.

1° Fusils Remington................................	22,089 et
3,386 baïonnettes.	
2° Carabines Remington...........................	2,769
3° Fusils Snider (courts et longs)................	15,154
4° Fusils Sharp.....................................	1,222
5° Carabines Sharp................................	406
6° Fusils Spencer..................................	8,984
7° Carabines Spencer.............................	2,659
8° Carabines Joslyn...............................	101
9° Revolvers Colt..................................	6,979

Le Délégué à la Guerre à Gambetta, à Bourges (D. T.).

Bordeaux, 14 décembre, 10 h. 15 soir.

Je dois attirer votre attention sur une situation grave. Vous m'aviez fourni une note, de laquelle il résultait, qu'au 15 décembre, je toucherais cent et quelques mille fusils, pendant que l'Intérieur, de son côté, en toucherait plusieurs centaines de mille. Je suis loin d'avoir touché le chiffre annoncé; il m'en manque près de la moitié. Quant à l'Intérieur, j'ignore ce qu'il a reçu; mais voici le point aigu de la situation. J'ai fait rechercher, il y a trois jours, par une circulaire télégraphique, quels étaient les bataillons de mobilisés prêts à entrer en ligne. Sauf quatre ou cinq départements, la Gironde, Maine-et-Loire, le Gers, la Creuse, la réponse invariable a été celle-ci : « Tant d'hommes sont prêts, mais ils ne sont pas armés. » Les mobilisés, qui commencent à affluer dans certains camps, sont également non armés. A Toulouse, personne n'est armé; à La Rochelle, à peu près de même; à Conlie, vous avez plus de 30,000 hommes sur 40,000 qui n'ont pas un fusil. Que voulez-vous faire de ces multitudes et avec quoi voulez-vous que je ravitaille les armées? Quand je vous aurai expédié les 30,000 mobilisés armés que j'ai recrutés de droite et de gauche et les 40,000 hommes des dépôts avec les 40,000 fusils des arsenaux, que me restera-t-il à vous donner? Rien, absolument rien, que 1,000 fusils par jour de la fabrication de l'État. Je n'ai aucune mission de procurer les armes. Je vous en demande donc, si vous voulez que je vous fournisse des soldats.

Le même au même, à Bourges (D. T.).

Bordeaux, 19 décembre, 5 h. 15 soir.

La Direction de l'artillerie me montre un certain traité ....., relatif à une fourniture d'armes livrables à Bordeaux. Le traité, paraît-il, est assez onéreux; mais, eu égard à notre besoin d'armes, le général Thoumas croit utile d'y donner suite. Or, le délégué des Finances, ..., continuant en cela un entretien qu'il a eu avec moi avant-hier, déclare que le Trésor n'est pas en position de solder ces marchés. Il est bien certain cependant que nous ne pouvons pas satisfaire à la fois la Guerre et les Finances. Le délégué des Finances nous presse de réduire les dépenses; cela est impossible sans réduire la guerre.

Le même au même, à Lyon (D. T.).

Bordeaux, 22 décembre, 5 h. 15 soir.

Devons-nous passer un marché d'armes pour 60,000 à 80,000 sniders qui sont dans de bonnes conditions de prix, avec un contractant qui refuse de traiter directement avec la commission d'armement? Cette commission, de son côté, demande qu'aucun contrat ne soit passé en dehors d'elle.

Note de la 1re direction de la délégation du ministère de la Guerre pour la 4e division militaire.

Bordeaux, 3 janvier 1871.

Il y a un dépôt des mobiles de la Drôme, à Romans, dont l'effectif est de 693 hommes, 523 non armés.

Dans un intérêt d'ordre public, il est à désirer que ce dépôt puisse faire partir un fort détachement pour rejoindre le 1er bataillon des mobiles de la Drôme, qui était à Lyon et qui a dû suivre le mouvement du 24e corps.

On a l'honneur de prier la 4ᵉ division de vouloir bien faire compléter l'armement du dépôt, et on lui serait obligé de vouloir bien faire connaître s'il serait possible d'exécuter cette mesure dans le plus bref délai.

Note de la direction d'artillerie de la délégation du ministère de la Guerre pour la 1ʳᵉ direction (bureau de la correspondance générale).

Bordeaux, 13 janvier 1871.

En réponse à la note par laquelle le bureau de l'artillerie est invité à compléter le plus promptement possible l'armement du dépôt des mobiles de la Drôme, qui sont actuellement à Saint-Romans, on a l'honneur d'informer la 1ʳᵉ direction qu'il n'existe aucune arme en magasin. La production des manufactures de Tulle et de Saint-Étienne est, par semaine, d'environ 5,000 fusils d'infanterie modèle 1866. Les armes achetées à l'étranger arrivent d'une manière très irrégulière; le tout est distribué au fur et à mesure de la production ou des arrivages et se trouve souvent engagé d'avance. Il serait donc nécessaire, pour la meilleure répartition de ces armes, de savoir dans quel ordre de préférence il y aurait lieu de donner suite aux demandes adressées par les dépôts d'infanterie, les dépôts ou les bataillons de mobiles qui sont encore armés de fusils à percussion ou à tabatière, ou enfin par les légions mobilisées mises à la disposition du département de la Guerre.

Note sur l'armement de l'infanterie.

23 février 1871.

Au 17 septembre, il existait en dehors de Paris et des départements envahis :

1° Entre les mains des troupes. { Chassepots 300,000		350,000
{ Tabatière 50,000		
2° Dans les magasins de l'artillerie, chassepots.......		130,000
Depuis cette époque jusqu'au 22 février inclus, il a été fabriqué par les manufactures de l'État, chassepots..		122,000
Le nombre des armes se chargeant par la culasse, provenant de marchés passés directement par le ministère de la Guerre, est de..........................		61,000
La Commission d'armement en a livré..............		105,000
Total.........		768,000

ARTILLERIE.   361

La répartition de ces armes entre les corps de troupe se décompose ainsi qu'il suit :

Troupes de ligne	100,000
Mobiles	195,000
Mobilisés	69,000
Francs-tireurs	36,000
TOTAL	400,000
Distribuées antérieurement	350,000
TOTAL GÉNÉRAL	750,000

La différence, soit environ 18,000 armes, représente des lots d'armes qui ne sont pas encore distribués pour différentes raisons ; pour quelques-uns parce que le nombre de cartouches disponibles n'est pas suffisant.

En ce qui concerne les armes se chargeant par la bouche, il existait au début de la guerre :

Fusils à percussion (environ)	500,000

On a de plus reçu de la Commission d'armement :

Fusils Enfield	4,000
Fusils Springfield	62,000
Soit en tout	566,000

fusils se chargeant par la bouche, qui ont été distribués d'abord à des mobiles puis mis à la disposition du ministère de l'Intérieur pour aider à l'armement des légions mobilisées. Depuis que ces troupes ont été livrées à la Guerre, leurs fusils à percussion ont été en partie remplacés par des armes se chargeant par la culasse et les fusils à percussion, devenus disponibles, ont été distribués aux gardes nationales sédentaires.

Supplément à la note sur l'état de l'armement du 23 février.

Bordeaux, 23 février 1871.

Le nombre de 105,000 armes, livrées par la Commission d'armement, ne comprend pas celles que la Commission livre en ce moment à la Guerre et dont la livraison commence aujourd'hui même et ne sera terminée que dans quelques jours, soit :

Fusils Springfield transformés, calibre 50	8,000
Fusils Snider	8,420
Fusils Chassepot	2,862
Fusils à tabatière	6,700
TOTAL	25,982

Il est annoncé de plus, comme devant être livré prochainement :

Fusils Joslyn.	1,600
Fusils Springfield transformés, calibre 50, déjà arrivés à Bordeaux.	10,000
Fusils à tabatière en route pour Bordeaux	3,300
Fusils à tabatière existant à Lyon.	5,000
TOTAL.	19,900

On peut donc ajouter au nombre 105,000, qui est celui des livraisons actuellement effectuées, environ 46,000 armes qui seront prochainement livrées à la Guerre, ce qui porte à 151,000 le nombre total des armes d'infanterie se chargeant par la culasse que la Guerre aura reçues de la Commission d'armement dans les premiers jours de mars.

En outre de ces armes, la Guerre aura reçu de la Commission d'armement à la même époque :

70,000 carabines de cavalerie se chargeant par la culasse ;
50,000 revolvers américains et Lefaucheux.

D'un autre côté, la manufacture de Saint-Étienne a produit 20,000 fusils de cavalerie modèle 1866, ce qui fait un total de 90,000 armes de cavalerie.

Il a été distribué :

Fusils de cavalerie modèle 1866.	18,000
Carabines américaines.	37,000
TOTAL.	55,000
Et revolvers.	35,000

En ce qui concerne les fusils se chargeant par la bouche, il conviendrait également d'ajouter aux 566,000 dont il a été question dans la première note, 128,600 que le ministère de l'Intérieur avait en magasin et met, par lettre de ce jour, à la disposition de la Guerre.

Nota. — Les nombres portés sur le tableau ci-joint diffèrent un peu de ceux qui ont été fournis, le 26 février, à M. le général Frébault (1) et à la Commission de l'Assemblée, parce qu'à cette époque plusieurs divisions et quelques corps d'armée n'avaient pas encore envoyé les renseignements demandés.

---

(1) Membre de l'Assemblée nationale.

Décomposition par espèce d'arme de l'armement des troupes à pied.

Décomposition par espèce a
au

	CHASSEPOT.	REMINGTON.	SNIDER.	ALBINI.	BERDAN.	WINCHESTER.
2ᵉ armée..................	77,746	3,434	5,360	»	»	»
Colonne mobile du général Cléret................	5,037	335	634	»	»	»
26ᵉ corps.................	18,000	»	19,000	»	»	»
25ᵉ corps.................	16,400	»	6,800	»	»	»
Colonne mobile du général du Temple...............	4,878	»	»	»	»	»
Armée des Vosges..........	3,956	15,158	»	»	»	200
Général Oschsenbein........	»	2,520	»	»	»	»
8ᵉ division militaire.........	4,989	13,247	»	»	»	»
Corps de l'Etoile, général Frapoli.................	»	1,200	»	»	5,700	800
7ᵉ division militaire, Besançon..	22,296	»	»	»	»	»
22ᵉ — Grenoble..	6,500	»	»	»	»	»
Armée du Nord.............	16,000	»	1,000	»	»	»
Lignes de Carentan.........	18,842	»	5,488	»	»	»
Forces de Bretagne et 17ᵉ corps d'armée................	24,711	4,184	13,422	670	»	150
15ᵉ division militaire, Nantes ...	2,958	»	452	670	»	»
16ᵉ — Rennes...	2,987	1,051	46	»	»	»
Corps d'armée du Havre.......	9,908	959	10,719	168	»	»
19ᵉ division militaire, Bourges ..	9,259	»	4,936	»	»	»
9ᵉ — Marseille .	7,000	»	»	»	»	»
10ᵉ — Montpellier....	6,597	59	»	»	»	»
11ᵉ — Perpignan.	1,419	»	»	»	»	»
12ᵉ — Toulouse .	1,967	1	»	»	»	»
13ᵉ — Bayonne..	2,754	56	»	»	»	»
14ᵉ — Bordeaux .	11,752	6	»	»	»	»
20ᵉ — Clermont-Ferrand.	4,472	»	»	»	»	»
21ᵉ — Limoges..	1,989	»	»	»	»	»
TOTAUX.....	282,417	42,210	67,857	1,508	5,700	1,150

rmement des troupes à pied
1871.

TABA- TIÈRE.	MINIÉ.	PERCUS- SION.	ENFIELD.	SPRING- FIELD.	TOTAUX.	Récapitulation.
846	»	688	1,578	97	89,749	*Se chargeant par la culasse.*
»	»	1,763	301	5,383	13,453	Chassepot......
»	»	»	»	»	37,000	Remington.....
»	»	»	»	5,000	28,200	Snider.........
»	220	12,678	»	»	17,776	Berdan......... Winchester.... } 439,152 Spencer........
115	1,030	11,332	6,386	1,065	41,027	Sharp..........
1,143	»	800	4,122	5,522	14,408	Tabatière...... Albini.........
2,243	618	13,179	13,281	28,742	83,999	
»	»	»	»	»	7,700	*Se chargeant par la bouche.*
1,375	174	6,203	»	»	30,045	
»	»	12,000	»	»	18,500	Carabines Minié.
15,100	5,400	6,600	»	34,000	78,400	Fusils à percus- sion........ } 369,067
»	»	10,312	3,137	2,543	40,322	Enfield........ Springfield.....
3,186	1,312	6,507	4,449	40,643	99,761	
2,700	»	8,351	»	6,620	21,751	
89	»	5,412	17	»	9,644	
8,041	308	»	»	»	30,103	
3	220	34,673	3,146	5,449	58,204	
»	»	22,500	»		32,000	
				2,500		
10	330	2,029	22	6,257	15,304	
»	»	»	»	»	1,449	
1	»	497	»	4,251	7,011	
»	»	1,693	»	2,064	6,567	
»	»	218	»	10,305	22,281	
»	»	1,009	»	2,740	8,221	
295	»	1,273	»	120	3,677	
35,447	9,609	159,707	36,439	163,302	808,249	

État récapitulatif des diverses armes reçues par l'artillerie de la commission d'armement.

(Sans date).

DÉSIGNATION DES ARMES.	ARMES REÇUES		TOTAUX.
	AVANT le 1er mars 1871.	APRÈS le 1er mars 1871.	
Fusils / modèle 1866...............	4,878	18,406	23,284
se chargeant par la bouche...	69,120	49,240	148,360
Snider................	24,732	48,586	73,318
Remington (Springfield)....	13,370	7,320	20,690
Remington égyptien.........	66,710	69,780	136,490
Peabody..................	17,440	17,220	34,660
Springfield transformé, calibre 50 m/m...............	17,420	16,275	33,695
divers..................	17,804	5,986	23,790
Carabines diverses...............	75,733	2,977	78,710
Revolvers divers...............	59,624	15,456	75,080
Sabres-baïonnettes pour Remington...	19,482	48,540	68,022

Traités pour achats d'armes et de munitions en Angleterre (payables en France et en Angleterre).

(Sans date).

NATURE DES OBJETS LIVRÉS.	QUANTITÉS à LIVRER.	PRIX PARTIELS.	PRIX TOTAL.	QUANTITÉS LIVRÉES.	DATES de L'ACHÈVEMENT des livraisons.
Cartouches modèle 1866	20,000,000	150 fr. le 1000.	fr. 3,000,000	»	10 janv. 1871.
Fusils Snider	10,000	120 fr. l'un.	1,200,000	»	15 janv. 1871.
Fusils Snider	10,000	Id.	1,200,000	»	15 mars 1871.
(1) Cartouches Snider	4,000,000	120 fr. le 1000.	480,000	»	15 mars 1871.
Fusils Snider	20,000	120 fr. l'un.	2,400,000	»	15 avril 1871.
Cartouches modèle 1866	5,000,000	145 fr. le 1000.	725,000	»	10 mars 1871.
Cartouches Remington	12,000,000	158 fr. le 1000.	1,896,000	»	
(1) Cartouches Remington, modèle 1866	10,000,000	154 fr. le 1000.	1,540,000	»	28 fév. 1871.
Cartouches Remington	10,000,000	152 fr. le 1000.	1,520,000	»	7 fév. 1871.
Cartouches Remington	4,000,000	158 fr. le 1000.	632,000	»	31 déc. 1870.
Capsules pour cartouches, modèle 1866	25,000,000	7 fr. le 1000.	175,000	»	
Fusils modèle 1866	30,000	138 fr. l'un.	4,140,000	»	20 janv. 1871.
(1) Fusils Snider	55,000	110 fr. l'un.	6,050,000	»	31 déc. 1870.
Fusils Enfield	100,000	45 fr. l'un.	4,500,000	»	28 fév. 1871.
Fusils Enfield Springfield	150,000	Id.	9,000,000	»	28 fév. 1871.
(1) Cartouches modèle 1866	4,000,000	148 fr. le 1000.	592,000	»	
Fusils Snider (courts)	20,000	109 fr. 62 l'un.	2,192,400	»	28 fév. 1871.
Fusils Snider (longs)	8,000	100 fr. 80 l'un.	806,400	»	31 déc. 1870.

(1) Les marchés compris sous une même accolade ont été soumissionnés par le même fournisseur.

Rapport sur les achats d'armes, munitions et harnais d'artillerie effectués en Angleterre par l'administration de la Guerre (Délégation de Tours et Bordeaux).

(Rapport établi par le colonel d'artillerie ayant rempli, à la délégation de Tours et Bordeaux, les fonctions de directeur adjoint au ministère de la Guerre).

Paris, novembre 1871.

..... Ce n'est pas ici le lieu de rechercher pour quels motifs le Gouvernement et le Ministre de la Guerre restèrent dans Paris prêt à être investi ; il suffit de rappeler que le Ministre crut devoir garder près de lui le directeur de l'artillerie et les officiers habitués à traiter, en ce qui concerne le matériel, les questions de détail les plus importantes. La direction de l'artillerie fut alors représentée, dans la délégation envoyée à Tours, par le chef du bureau du personnel, assisté d'un seul garde, et par le chef du bureau du matériel, ayant avec lui l'officier affecté avant la guerre au service des bâtiments, le sous-chef de bureau chargé de la comptabilité et deux gardes ; en tout, sept employés sur plus de trente dont se composait à Paris, le personnel total de la direction. Le départ fut d'ailleurs si précipité qu'on n'eut pas le temps de faire un choix dans les archives, et qu'on manqua bientôt à Tours des renseignements les plus nécessaires, soit sur les questions techniques, soit sur les précédents des affaires que l'on avait à suivre. Vers le 15 octobre, on adjoignit au bureau du matériel un capitaine d'artillerie pour le service important des armes portatives ; on reconnut qu'il était indispensable d'avoir de nombreux expéditionnaires pour que les lettres et dépêches ne souffrissent aucun retard ; mais tout le poids des détails continua à porter sur le personnel restreint qui était parti de Paris, augmenté d'un seul capitaine, et il fallut, pour suffire à la tâche, que les bureaux restassent chaque jour ouverts en permanence, de 7 heures du matin à minuit.

Le milieu dans lequel cette administration fonctionna, tout le monde le connaît. Le gouvernement, auquel le pays obéissait alors, avait affiché la résistance la plus énergique et décrété l'armement ainsi que la mobilisation immédiate de tous les hommes valides ; les bureaux de la Guerre n'avaient, dans leur participation à cette œuvre, qu'à suivre l'impulsion qui leur venait d'en haut. Rien de ce qui a été fait à la direction de l'artillerie n'a été caché à l'autorité supérieure. Au début, quand les deux bureaux du matériel et du personnel étaient placés sous l'autorité de M. le général Véronique, directeur du génie, et de M. le général Lefort, secrétaire général du ministère, tout a été présenté à leur signature ou à leur approbation ; toutes les affaires importantes ont été soumises par eux à M. l'amiral Fourichon, Ministre et membre du Gouvernement qui, au besoin, ne refuserait certainement pas de témoigner, avec sa grande autorité, et des difficultés rencontrées par l'administration, et du zèle déployé pour les surmonter.

Plus tard, lorsque M. Gambetta vint de Paris prendre en main la direction générale des affaires et en particulier celle du ministère de la Guerre, quand on crut devoir, en raison du développement donné aux préparatifs d'armement, séparer les bureaux de l'artillerie de ceux du génie, le chef du bureau du matériel, devenu directeur de l'artillerie, eut peu de rapports immédiats avec le Ministre absorbé par d'autres soins ; souvent absent d'ailleurs, le Ministre avait un délégué, M. de Freycinet, investi de tous ses pouvoirs et de toute sa confiance, animé de son esprit, recevant à chaque instant ses instructions ; c'est à ce délégué que les bureaux ont dû obéir, et ceux de l'artillerie l'ont fait avec le dévouement que commandait la situation.

En ce qui concerne plus particulièrement les marchés d'armes et de munitions, tous les plus importants ont été non seulement soumis dans leurs conditions principales à son approbation préalable, ainsi que cela se pratique d'habitude vis-à-vis du Ministre à l'administration centrale, mais revêtus de sa signature pour mieux marquer encore qu'ils étaient consentis par lui : quant aux détails, qui étaient la conséquence des décisions prises par lui ou par le Ministre, ils ont presque toujours donné lieu à des télégrammes qui, avant de parvenir à la direction de l'artillerie, passaient par le cabinet du délégué et arrivaient souvent annotés par lui-même, télégrammes qui devaient être d'ailleurs communiqués en double par l'administration du télégraphe au cabinet du Ministre......

En dehors de l'action directe de l'autorité supérieure, il y avait celle de l'opinion publique n'admettant pas, dans son impatience, qu'il pût exister des obstacles sérieux à ses légitimes désirs de défense. Cette pression se traduisait de mille façons, par des paroles et par des actes : les préfets et les sous-préfets, les comités de défense, les commissions extraordinaires gourmandaient sans cesse l'administration pour ce qu'ils appelaient ses lenteurs ; des députations de villes ou de départements, des officiers de la garde nationale mobile ou mobilisée, des compagnies entières de francs-tireurs affluaient à Tours, puis à Bordeaux, pour réclamer, pour exiger même, des armes à tir rapide ; on les renvoyait toujours au bureau de l'artillerie, souvent ils y étaient amenés et fortement appuyés par un membre du Gouvernement. D'autre part, les autorités locales, dans leur désir ardent de coopérer à la défense du pays, disposèrent plus d'une fois de ressources sur lesquelles comptait l'administration centrale. On accusait celle-ci d'ineptie quand les arsenaux étaient vides, on criait à la trahison quand les magasins renfermaient des armes ou du matériel, et l'on s'emparait quelquefois de ces armes en vertu des pouvoirs plus ou moins extraordinaires dont on était revêtu. Pendant ce temps, l'ennemi marchait, les événements se déroulaient, les commandants d'armée demandaient avec raison qu'on leur fit parvenir, le plus rapidement possible, les renforts et les munitions nécessaires. Il fallait donc suivre d'un œil attentif, les opérations militaires, l'état variable des approvisionnements, celui des communications qui changeaient chaque jour, suivant que l'ennemi occupait tel ou tel nœud important des lignes de chemins de fer. Il eut été bien difficile à l'administration, placée ainsi entre les exigences qui résultaient des événements, les ordres qu'elle recevait et les réclamations incessantes qui lui étaient adressées jusque dans les bureaux encombrés de visiteurs, de conserver tout sang-froid, et, si dans des alternatives cruelles, elle a songé avant tout à pourvoir aux nécessités urgentes de la situation, il est plus facile de l'en blâmer après coup, qu'il ne l'eût été de lui donner, pendant la crise, les moyens de se maintenir dans les procédés et formes réglementaires.

Le point de départ de cette administration est suffisamment indiqué par l'état des ressources disponibles, au moment où la délégation de Tours a commencé à fonctionner, état qui peut ressortir de deux ou trois exemples. Ainsi, par suite de la marche de l'armée allemande et de l'investissement de Metz, Strasbourg et autres places, en raison des ordres donnés pour faire rentrer dans Paris le matériel et les munitions disponibles, il n'existait, à la date du 13 septembre, en dehors des départements envahis, que l'approvisionnement insignifiant de cinq millions de cartouches pour fusil modèle 1866, c'est-à-dire, à peine de quoi suffire aux deux ou trois places les plus exposées, sans rien réserver pour les armées. Les moyens de confectionner ces cartouches menaçaient d'ailleurs, de manquer en province où l'on avait à installer la fabrication des capsules et celle des papiers découpés, jusque là exclusivement concentrées dans Paris. De même, après la disparition des 156 batteries attelées, primitivement affectées à l'armée du Rhin, qui se trouvaient prises à Sedan ou enfermées dans Metz, et des 15 batteries du 12e corps également prises à Sedan, après la rentrée dans Paris des 30 batteries affectées aux 13e et 14e corps, ainsi que des éléments destinés à la formation de 62 autres batteries, il ne restait à la disposition de la délégation aucune batterie organisée, mais seulement les éléments nécessaires pour en former 80. Aucun corps d'armée n'était encore constitué, on avait seulement fait sortir de Paris, au dernier moment, les parcs d'artillerie des 13e et 14e corps d'armée pour aider aux nouvelles formations. Dans les autres branches du service de l'artillerie, la situation créée par les événements était la même.....

Au moment de l'armistice, 263 batteries d'artillerie (1) avaient été mises en ligne depuis le 13 septembre et, sur ce nombre, 207, comprenant 1,242 bouches à feu, avec le personnel nécessaire pour les servir et les atteler, ainsi que les réserves correspondantes de munitions, restaient encore disponibles après les événements survenus dans l'Est. Une réserve de 65,000,000 de cartouches, pour fusils modèle 1866, existait dans les parc de corps d'armée et dans les magasins de l'artillerie malgré les consommations énormes faites dans les combats et les pertes considérables qu'on avait subies. On avait pourvu successivement à l'armement et à l'approvisionnement des 15e, 16e, 17e, 18e, 19e, 20e, 21e, 24e, 25e et 26e corps (2) pour lesquels il avait été organisé 10 parcs d'artillerie et 31 réserves divisionnaires de munitions. Et plus tard, lorsque Paris, tombé entre les mains d'un parti violent, prolongeait sa résistance à l'aide des moyens accumulés avant et pendant le siège, les arsenaux de province, réapprovisionnés pendant la guerre, envoyaient sans relâche à l'armée de Versailles de quoi soutenir la lutte.....

Armes portatives.

Lorsque, après la bataille de Frœschwiller et la convocation du Corps législatif, le Gouvernement décréta, le 12 août 1870, l'armement de toutes les gardes nationales de France, il fut convenu que le ministère de l'Intérieur prendrait le soin d'armer et d'équiper, à l'aide des ressources mises à sa disposition, non seulement les gardes nationales, mais encore les gardes mobiles des départements où elles n'étaient pas encore organisées et les compagnies de francs-tireurs. Le ministère de la Guerre demeurait chargé de l'armement des troupes de ligne et de celui des gardes mobiles déjà constituées, c'est-à-dire des bataillons appartenant aux départements compris dans les sept premières divisions militaires. Cette manière d'opérer fut continuée à la délégation de Tours, mais, au fur et à mesure que les bataillons de garde mobile et, plus tard, les gardes nationaux mobilisés prêts à entrer en ligne, étaient mis à la disposition du Ministre de la Guerre, il se produisait un

---

(1) Qu'on veuille bien se rappeler qu'avant la guerre, les cadres de l'armée se composaient seulement de 164 batteries montées ou à cheval et 60 batteries à pied. C'est avec ces ressources qu'on avait dû organiser l'artillerie de l'armée du Rhin et des 13e et 14e corps (Note originale).

(2) Le 22e et le 23e corps, organisés dans le Nord par les soins du commandement local, ne sont pas compris dans cette énumération (Note originale).

fait tout naturel : le ministère de l'Intérieur ne disposant, en général, que d'armes se chargeant par la bouche, les bataillons appelés à combattre réclamaient avec instance, avant de marcher au feu, des fusils à tir rapide. Ces réclamations étaient appuyées énergiquement par les populations, qui voyaient avec regret leurs concitoyens aller à l'ennemi sans un armement perfectionné, par les autorités civiles, qui signalaient avec inquiétude au Gouvernement ces plaintes réitérées comme des causes de désordre, enfin par les généraux chargés de commander des troupes qui se disaient privées des moyens efficaces de combattre. Les dossiers du ministère sont remplis de dépêches attestant ces faits qui doivent être d'ailleurs dans la mémoire de tous. Il suffira de citer les suivantes :

29 septembre 1870. — Nantes à Tours.

Préfet à Laurier et à Crémieux.

« Député Carré-Kérisouët a donné devant moi à Rennes le chiffre des chassepots existant arsenal de Brest et arsenal de Lorient et hier soir, gare Nantes ; bataillon morbihannais d'élite allait à la guerre avec mauvaises armes. Bureaucratie ennemie de patrie par incessantes difficultés. Avisez au plus vite ».

29 septembre 1870. — Annecy à Tours.

Préfet à Guerre.

« Le IIIe et dernier bataillon de mobiles du département a quitté aujourd'hui Annecy pour Vesoul. Je dois faire connaître que ces bataillons réclament, avec raison, des armes autres que des fusils à percussion ; ils ont déclaré ne pas vouloir aller au feu sans chassepots. Je vous prie d'aviser ».

30 septembre 1870. — Annecy à Tours.

Préfet Haute-Savoie à Guerre.

« J'ai réagi de tout mon pouvoir contre l'idée que les fusils à percussion n'étaient pas suffisants pour la guerre de partisans, mais je n'ai pu donner aux hommes la confiance qu'ils ne voulaient pas avoir absolument ; les officiers eux-mêmes réclament. J'ai eu beaucoup de peine à les calmer au moment du départ. J'ai donc accompli mon devoir, même à mes risques et périls (1) ».

---

(1) On pourrait en citer bien d'autres ; le 3 octobre, le préfet du Cher mande de Bourges : « L'opinion publique s'émeut que le régiment soit encore armé de fusils à percussion, tandis que trois régiments de garde mobile en station à Bourges et d'autres régiments à Vierzon sont pour-

L'administration de la Guerre eut ainsi à modifier sans cesse, dans les limites du possible, l'armement des troupes de toute nature (mobiles, mobilisés, francs-tireurs) qui lui étaient remises par le ministère de l'Intérieur. Elle ne put pas y réussir complètement, car il résulte d'un des états présentés, le 23 février 1871, à la commission parlementaire chargée d'examiner les ressources du pays, état dressé d'après pièces authentiques, que le nombre d'hommes d'infanterie restant sous les drapeaux à la disposition du Ministre de la Guerre, après les événements d'Orléans, du Mans et de la frontière suisse, où nous avions perdu une si grande quantité d'armes, était alors de 804,719, munis de fusils de quinze modèles différents, dont 441,052 se chargeant par la culasse et 363,667 se chargeant par la bouche, savoir :

Armes se chargeant par la culasse.

Fusils modèle 1866		290,417
—	Remington de trois modèles employant trois cartouches différentes	42,210
—	Snider	64,857
—	à tabatière	32,047
—	Albini	1,508
—	Berdan	5,700
—	Winchester	1,150
—	Spencer	3,063
—	Sharp	100
	Total	441,052

Armes se chargeant par la bouche.

Fusils à percussion	159,717
Carabines Minié	4,209
Fusils Enfield	36,439
— Springfield	163,302
Total	363,667

vus de chassepots; donnez des ordres d'urgence afin de calmer la rumeur publique qui ne fait que s'accroître ».

Le 20 octobre, on reçut du préfet de Nantes la dépêche suivante : « VI⁰ bataillon nantais, à Évreux, reçoit ordre de marcher, moral ébranlé, pas de confiance en ses armes et, cependant, beau et solide bataillon, désireux de briller. Un autre bataillon mobile qui a marché d'Alençon sur Châteaudun est dans le même cas. Prient de vous demander des fusils à tir rapide » (Note originale).

C'était donc près de la moitié des troupes susceptibles d'entrer en ligne que, malgré des efforts constants, on n'avait pas pu pourvoir d'armes leur inspirant confiance. Ces chiffres montrent assez quelles difficultés on avait rencontrées.

Pour surmonter ces difficultés, l'administration de la Guerre disposait, à son arrivée à Tours, des ressources suivantes :

1° L'existant en magasins et entre les mains des troupes; d'après une note remise par l'administration centrale à M. Gambetta, lors de son départ de Paris, cet existant était, dans les départements non envahis, d'environ 350,000 fusils modèle 1866, pour lesquels, en raison des mesures prises à Paris, il n'y avait en province qu'un approvisionnement de 4 à 5 millions de cartouches ;

2° Le produit des trois manufactures d'armes de l'État (Saint-Étienne, Tulle, Châtellerault), qui, non compris les fusils de cavalerie, était alors de 650 par jour et qui a augmenté par les progrès de la fabrication, mais diminué par la nécessité où l'on se trouva d'abandonner Châtellerault, a donné, du 17 septembre 1870 au 20 février 1871, 122,000 fusils d'infanterie ;

3° Les résultats des marchés passés à Paris, qui, au nombre de vingt-deux, portaient sur un total de 458,000 armes, mais sur le produit desquels on ne pouvait fonder de grandes espérances ;

4° Les opérations de la Commission d'armement, instituée par décret du 9 septembre 1870, opérations commencées sur une vaste échelle et affranchies des règles que s'était imposées à Paris l'administration de la Guerre. Celle-ci n'avait pas voulu acheter de fusils sans qu'ils fussent accompagnés de cartouches, à raison de 400 par arme, et pour éviter les graves inconvénients que devait forcément produire la multiplicité des modèles, elle avait exclu de ses achats tout modèle autre que le fusil modèle 1866, le Snider et le Remington. La Commission d'armement, approuvée en cela par le Gouvernement de la délégation, pensa, au contraire, qu'il serait impossible de satisfaire au mouvement qui portait les populations à prendre les armes, si elle se restreignait dans le choix des modèles de fusils ; elle fut d'avis, en outre, d'acheter les fusils et les cartouches qui existaient, sauf à commander, pour les avoir ultérieurement, le complément nécessaire de munitions. Cette manière d'opérer procura en effet un grand nombre d'armes, mais elle ne diminua pas beaucoup les embarras de l'administration de la Guerre, pour qui la plus grande partie des armes ainsi achetées demeura inutile, soit parce qu'elles se chargeaient par la bouche, soit parce qu'elles manquaient des cartouches et des accessoires nécessaires, soit parce que c'était des armes courtes, bonnes seulement pour des cavaliers, soit enfin parce que les généraux et les troupes réclamant, avec raison, contre une multiplicité de modèles qui compromettait leurs opérations, en rendant presque impossible le ravitaillement en munitions, il fallut faire, dans la distribution aux troupes appelées à combattre en ligne, la restriction que l'on avait rejetée pour les achats, et tendre, par tous les moyens, à n'avoir aux armées que des fusils Chassepot, Snider et Remington égyptien. Comme exemple, entre mille, des embarras causés par la multiplicité des modèles d'armes et les procédés adoptés pour l'armement des mobilisés, on peut citer la dépêche suivante adressée de Lyon au Ministre, le 19 décembre 1870, par le général commandant la 7e division militaire :

« La question d'armement est véritablement un fléau : voilà des mobilisés qui me demandent des cartouches Enfield, d'autres des Springfield, d'autres un autre genre. Où diable trouver cela ? Je n'en ai pas une seule et les corps sont devant l'ennemi ».

On lui répondit le jour même : « Je comprends vos embarras pour la question des munitions ; les mobilisés ont été armés par le ministère de l'Intérieur qui a disposé des fusils et des munitions. Chaque préfet a reçu, avec les Enfield et les Springfield, un nombre assez considérable de cartouches et les moyens d'en faire d'autres. Faites-donc demander, pour chaque bataillon de mobilisés, au préfet de son département, les cartouches nécessaires. Voilà pour le plus pressé ; quant à l'avenir, le ministère va se procurer et vous envoyer des cartouches pour Enfield et Springfield ».

Dès les premiers moments de son séjour à Tours, l'administration de la Guerre eut à s'occuper de la formation du 15e corps d'armée, du 16e corps, du corps d'armée destiné à opérer dans les Vosges, enfin de la mise sur pied des troupes qui, sans constituer des corps d'armée réguliers, devaient tenir les diverses positions en face de l'ennemi. En raison du faible approvisionnement de cartouches dont on disposait, il fut décidé que les fusils modèle 1866 seraient réservés pour les troupes de ligne et les bataillons de gardes mobiles régulièrement embrigadés. Les autres gardes mobiles durent recevoir, au fur et à mesure que cela deviendrait possible, les armes achetées à l'étranger.

Les marchés passés à Paris étaient tous à bref délai ; mais, en présence des nécessités de la guerre, le chargé d'affaires de France à Londres, à qui incombait le soin d'ordonnancer les payements, avait été autorisé par télégramme à prolonger ces marchés de huit jours : « Vous pouvez, lui disait-on, prolonger les marchés de huit jours pleins pour les fournisseurs qui réellement peuvent faire des fournitures ».

D'autre part, le Ministre des Affaires étrangères adressait au même fonctionnaire, sous la date du 15 septembre, une lettre relative à divers détails et qui se terminait par ces instructions générales :

« En résumé, M. le général Le Flô a décidé qu'en principe les traités doivent être exécutés à la lettre, mais que cependant, si dans les jours qui suivent l'expiration du contrat, des armes étaient présentées prêtes à partir avec leurs munitions, elles pourraient encore être acceptées, car il ne faut pas perdre de vue que l'important, dans les circonstances actuelles, est de ne laisser échapper aucune occasion d'obtenir des armes. C'est dans ce sens que M. le Ministre de la Guerre vient d'adresser à M. Chassepot de nouvelles instructions ».

Dans ces conditions, en présence du besoin d'armes se chargeant par la culasse, qui devenait de plus en plus impérieux, personne, ni à Londres ni à Tours, ne songea à profiter des clauses d'un marché pour résilier ce marché, lorsque son exécution prolongée pouvait procurer les armes si impatiemment attendues. A la date du 10 octobre, le nombre total d'armes provenant d'Angleterre, reçues en exécution des marchés passés à Paris, était de 24,990, savoir :

Fusil Sniders	22,917
— Remington	1,155
— modèle 1866..........................	918
Total...........	24,990

A quoi, il convient d'ajouter 11,000 fusils modèle 1866, achetés en France mais provenant d'un des vingt-deux traités conclus à Paris..... Sur les 24,990 armes venues d'Angleterre, 8,000 environ avaient pu parvenir dans Paris, 3,000 furent envoyées à Belfort ; le reste fut employé à changer l'armement des bataillons de garde mobile réunis en Normandie et de quelques-uns des bataillons placés en première ligne dans la région de l'Ouest.

Le service de l'artillerie au ministère de la Guerre n'eut d'ailleurs à intervenir dans aucune opération d'achat d'armes (1) à l'étranger pendant les mois de septembre et d'octobre. Ces opérations étaient exclusivement réservées à la Commission d'armement, à qui furent renvoyées toutes les offres faites au ministère ; c'est ainsi que, le 18 octobre, le délégué du Ministre adressait au directeur d'artillerie les propositions d'un fournisseur avec la note suivante :

« M. Gambetta m'a chargé d'appeler l'attention de M. le colonel Thoumas sur la partie de ces propositions qui concerne les armes et munitions de guerre. N'y aurait-il pas là quelque chose à faire ? »

Il lui était répondu :

« J'ai gardé la lettre qui accompagnait cette note et qui était relative

---

(1) Il s'agit seulement ici des armes et non des cartouches dont les achats pendant le mois d'octobre furent motivés par des circonstances impérieuses..... (Note originale).

à une proposition d'armes pour l'envoyer à la Commission d'armement, seule chargée des achats d'armes à l'étranger ».

Mais la force des circonstances fit bientôt sortir, malgré elle, la direction de l'artillerie de cette réserve, qui ne pouvait que lui convenir en dégageant sa responsabilité de toute opération commerciale. A la date du 12 novembre, la Commission d'armement avait reçu, il est vrai, un nombre d'armes considérable, mais de modèles très divers ; les fusils se chargeant par la bouche avaient été presque tous remis au ministère de l'Intérieur, et il avait été livré à la Guerre, non compris les revolvers et les carabines pour cavaliers (1) :

    4,000 fusils Enfield (se chargeant par la bouche);
    3,660 fusils Snider ;
    23,350 fusils Remington égyptien, avec seulement 400,000 cartouches et 3,078 baïonnettes (2) ;
    9,090 fusils de quatre modèles différents (Sharp, Spencer, Remington espagnol, Remington-Springfield) ;
    6,310 fusils et carabines Sharp, à capsules, inutilisables pour les troupes.

Les livraisons n'avaient procuré effectivement, en fait d'armes se chargeant par la culasse susceptibles d'être employées dans les corps d'armée, que : 3,660 fusils Snider et à peine 3,000 Remington égyptien (encore était-il imprudent de distribuer ceux-ci en pareil nombre quand on ne disposait que de 400,000 cartouches), soit, en tout, 6,000 à 7,000 fusils. On manquait donc surtout d'armes pour les troupes régulières et les fusils Remington, étant en nombre beaucoup trop considérable pour les cartouches dont on disposait, on devait désirer et on désirait, en effet, avec ardeur se procurer des fusils Snider.....

---

(1) Voir le tableau n° 1, à la suite du présent rapport (Note originale).

(2) La fabrique de sabres-baïonnettes de M. Remington était en Allemagne, il ne pouvait fournir qu'un très petit nombre de baïonnettes existant en Amérique; la Commission d'armement avait dû, par suite de cette circonstance, mettre en commande dans les usines françaises des sabres-baïonnettes ; mais la livraison ne put commencer que vers le 15 novembre, encore se fit-elle très lentement au début, ce qui occasionna de graves embarras. Des bataillons de garde mobile (ceux du Loir-et-Cher, d'Indre-et-Loire, Maine-et-Loire), à qui, sous la pression du moment, on avait distribué des fusils Remington, durent se battre sans baïonnettes et prendre ainsi part à des affaires très importantes. Dans son ordre du 8 novembre, pour la journée du lendemain (bataille de Coulmiers), M. le général Chanzy prescrivait de n'engager qu'en dernier lieu les corps armés de Remington (Note originale).

TABLEAU N° 3.

Fournitures de fusils Snider faites au ministère de la Guerre, en exécution des traités passés par la délégation du ministère à Tours et à Bordeaux.

DATES DES RÉCEPTIONS, ETC.	CHOLLET.	BÉNÉDIC.	DE MATTOS et GREEN.	TOTAUX.	PAYEMENTS EFFECTUÉS d'après les prix stipulés aux marchés.	OBSERVATIONS.
					fr. c.	
Réceptions.						
Traité du 12 no- { Avant le 15 février 1871	10,000	»	»	10,000	4,200,000 00	
vembre 1870. { Après le 15 février 1871	»	»	»	»	»	
Traité du 19 no- { Avant le 15 février 1871	7,630	»	»	7,630	915,600 00	(1) Y compris 6,064 fr. pour différence de fret sur 7,580 fusils, à 0 fr. 80 l'un, dirigés sur la Rochelle au lieu de Cherbourg.
vembre 1870. { Après le 15 février 1871	12,370	»	»	12,370	1,484,400 00 (1)	
Traité du 30 novembre 1870, avant le 15 février 1871	»	11,852	»	11,852	1,423,804 00	
Traité du 15 dé- { Avant le 15 février 1871	»	»	1,310	1,310	143,602 20	
cembre 1870. { Après le 15 février 1871	»	»	4,830	4,830	529,464 60	
Totaux....	30,000	11,852	6,140	47,992	5,701,870 80	
Récapitulation.						
Réceptions fai- { Avant le 15 février 1871	17,630	11,852	1,310	30,792	3,688,006 20	
tes......... { Après le 15 février 1871	12,370	»	4,830	17,200	2,013,864 60	
Total égal....	30,000	11,852	6,140	47,992	5,701,870 80	

TABLEAU N° 1.

État des armes de provenance étrangère livrées à l'administration de la Guerre par la Commission d'armement (a).

(a) Cet état a été dressé d'après les renseignements fournis par les directions d'artillerie, par les ports du Havre, de Cherbourg, de Brest et de Bordeaux.

§ 6. — Cartouches.

Le Directeur de l'artillerie de Nantes au Ministre de la Guerre.

Nantes, 4 septembre.

Tous les jours je n'ai cessé de presser M..... (1) d'activer son installation de matériel et sa fabrication pour faire face aux premiers besoins du moment. Cet industriel est venu à Nantes avec un matériel des plus insuffisants; il a rencontré de sérieux obstacles pour se compléter et se procurer les matières premières ainsi que certains ouvriers spéciaux.

J'ai toujours été trompé par lui sur l'époque des livraisons : celles qu'il a pu me faire sont incomplètes. En résumé, ses ateliers semblent marcher activement, mais il est arrêté soit par un outillage qui ne fonctionne pas, soit pour toute autre cause.

Il est résulté de cet état de choses que je suis débordé par une foule de demandes auxquelles je ne puis satisfaire. J'ai témoigné à M..... (1) tout mon mécontentement, l'accusant même de servir les intérêts de l'ennemi plutôt que ceux du pays, et c'est sous cette impression que je lui ai enjoint de se rendre à Tours pour exposer la situation, lui faisant sentir combien il rendait ma position difficile et quelle part de responsabilité il assumait sur lui.

Le Directeur de l'artillerie de Toulouse au Chef de la direction d'artillerie à la délégation du ministère de la Guerre, à Tours.

Toulouse, 18 septembre.

..... 1° Nous avons 14,000 fusils de Saint-Étienne, mais incomplets, sans têtes mobiles, ni aiguilles ni rondelles;

2° Notre atelier de cartouches va bientôt avoir terminé ses 600,000 cartouches modèle 1866, et nous cesserons faute de papiers découpés.

Si seulement on envoyait le papier, je le ferais découper à l'arsenal, mais je n'en trouve nulle part. Si les directeurs ne peuvent plus en faire, pourquoi n'en achèterait-on pas à l'étranger ? Bordeaux vient d'en acheter 3 millions (de cartouches 1866). On parle d'organiser une armée et on n'a pas de cartouches; avec du papier et des cartouches, j'en ferais tant qu'on voudrait ! Bourges devrait nous envoyer tous ses canons de 8 et de 12 rayés (d'abord douze de 8 pour les deux batteries

---

(1) Fournisseur des papiers pour cartouches modèle 1866.

qui sont prêtes). Nous organisons des ateliers mixtes pour construire rapidement affûts et voitures qui sont offerts par la ville. Il faudrait donner aux directeurs des autorisations très larges pour disposer de ce qui ne nous sert le plus, comme canons de 8, canons-obusiers et leurs projectiles, des bois nécessaires à des constructions, à condition de les remplacer par des bois en grume.....

Le Général directeur de l'artillerie de Toulouse au Ministre de la Guerre (D. T.).

18 septembre.

..... Notre atelier de cartouches va avoir bientôt terminé ses 600,000 cartouches modèle 1866, et nous cesserons faute de papiers découpés.

Le Ministre de la Guerre aux Généraux commandant les divisions et subdivisions militaires et aux Directeurs d'artillerie.

Tours, 29 septembre.

Il importe dans les circonstances actuelles, et après les nombreuses délivrances qui ont été faites de cartouches à balle modèle 1863 et de cartouches à balle modèle 1859, de reconstituer des approvisionnements pour les gardes nationaux mobiles appelés à un service actif.

J'ai décidé, en conséquence qu'il ne serait plus, jusqu'à nouvel ordre, distribué par les établissements de l'artillerie, sans mon autorisation, des cartouches de ces modèles aux gardes nationaux sédentaires, à moins de circonstances tout à fait exceptionnelles, dont je vous laisse d'ailleurs juge sous votre propre responsabilité.

Les directeurs d'artillerie sont toutefois autorisés à satisfaire aux demandes légitimes qui leur seraient adressées pour la délivrance de capsules de guerre et de poudre à fusil ordinaire.

Je vous prie de vous conformer, en ce qui vous concerne, aux prescriptions de la présente dépêche dont vous voudrez bien m'accuser réception.

Note du général Véronique.

Tours, 7 octobre.

La livraison des cartouches du fusil Chassepot prend un tel développement qu'il est à craindre que la fabrication devienne insuffisante pour satisfaire à toutes les demandes.

Il y a là un grave danger à conjurer par des mesures que le département de la Guerre ne peut pas mettre à exécution sans le concours du Ministre de l'Intérieur et sans l'assentiment du Gouvernement.

Note pour le Gouvernement.

Tours, 7 octobre.

Au moment où la délégation du Gouvernement a quitté Paris qui allait être investi, l'ordre impératif avait été donné de faire affluer dans Paris tout ce que les départements possédaient de cartouches pour fusils Chassepot. Il ne restait ainsi, pour les troupes et gardes mobiles en dehors de la capitale, qu'environ 3 millions de cartouches appartenant à des parcs, et quelques cartouches dans les places fortes.

Les ateliers de confection, organisés dans diverses places, produisaient 2 millions de cartouches par semaine. En activant le plus possible cette confection lente et difficile, on l'a déjà portée à 3 millions; elle atteindra dans un délai plus ou moins éloigné le chiffre de 5 millions. Mais les 9 millions de cartouches confectionnés depuis le 11 septembre ont déjà été distribués par suite des besoins impérieux des garnisons de l'Est et du réarmement de 35,000 à 40,000 gardes mobiles ou francs-tireurs, qui ont reçu, avec des fusils Chassepot, 90 cartouches par homme. L'idée fausse et désastreuse qu'un homme ne peut se battre s'il n'est armé d'un fusil se chargeant par la culasse, l'insouciance des soldats souvent partagée par les chefs, qui ne s'inquiètent pas comment se produisent les cartouches et semblent croire qu'il suffit d'en demander pour en avoir, menacent de nous conduire à une position des plus fâcheuses.

Cette position ne peut être conjurée jusqu'à un certain point que par trois mesures qu'il est urgent de prendre.

La première consisterait dans une circulaire aussi impérative que possible, adressée à tous les officiers généraux, les invitant, non seulement à ne pas faire consommer les cartouches à balle dans des exercices de tir, mais encore à s'assurer par les moyens les plus sévères qu'aucune cartouche délivrée aux soldats n'est pas gaspillée ou donnée, comme cela s'est vu très souvent.

La seconde consisterait à prévenir les villes, départements ou sociétés, qui croient devoir acheter des fusils Chassepot, qu'ils se pourvoient également de cartouches.

La troisième mesure serait de ne pourvoir qu'avec prudence au réarmement des bataillons de garde nationale mobile en fusils modèle 1866 (Chassepot).

Chaque fusil de ce modèle, donné à nouveau, entraîne une distribution immédiate de 90 cartouches et une augmentation forcée d'au moins 100 cartouches dans les approvisionnements. Si l'on donne 50,000 fusils, comme on a commencé à le faire, pour armer les bataillons de mobiles en première ligne, c'est donc 10 millions de cartouches qu'il faut faire en plus, soit le travail de deux ou trois semaines, en supposant que l'on n'en consomme pas pendant ce temps-là.

On a cru devoir exposer nettement la situation qui résulte de la mesure prise à Paris, mesure par laquelle 30 millions de cartouches ont été réservées pour la défense de la capitale, où des ateliers étaient installés pour en produire 3 à 4 millions par semaine, où se faisait d'ailleurs toute la production des outillages et matières premières pour la confection des cartouches, tandis qu'on n'en laissait qu'une faible quantité à l'extérieur où tout, pour ainsi dire, était à créer.

Le Ministre de la Guerre par intérim aux Généraux commandant les divisions et subdivisions territoriales, les divisions et les brigades actives.

Tours, 8 octobre.

Les demandes et distributions de cartouches modèle 1866 (pour chassepots) ont pris depuis quelque temps des proportions exagérées et inquiétantes et le Gouvernement a pu s'assurer que les cartouches délivrées aux soldats, gardes nationaux, mobiles et francs-tireurs étaient trop souvent consommées sans utilité ou même gaspillées avec une insouciance déplorable.

Un état de choses aussi fâcheux réclame un remède prompt et énergique. En conséquence, MM. les généraux exerçant un commandement territorial ou actif sont invités de la manière la plus formelle à veiller à la conservation des cartouches. Ils devront s'assurer qu'il n'est fait de demandes de munitions que pour des besoins réels et que ces munitions sont, de la part des soldats et des commandants de compagnie, l'objet de soins continuels. Ils puniront sévèrement et feront au besoin traduire devant les conseils de guerre les hommes qui perdraient leurs cartouches, les donneraient ou les brûleraient en dehors de la présence de l'ennemi. Ils s'attacheront à persuader, par tous les moyens en leur pouvoir, aux troupes placées sous leurs ordres, que l'emploi des armes se chargeant par la culasse peut devenir désastreux, si l'on use les munitions, dès le début d'un combat, dans des tirailleries inutiles contre un ennemi que l'on aperçoit à peine, et que la rapidité du tir doit être réservée pour les moments critiques où il s'agit soit de tenter un effort en ligne, soit de résister à une attaque violente. Une troupe, dont le moral est imparfait, tire trop souvent pour s'étourdir par le bruit de la fusillade ; une bonne troupe, bien commandée, tire uniquement pour faire du mal à l'ennemi. Les généraux et officiers de tout grade commandant une troupe voudront bien diriger et régler le feu de leurs soldats. Tout officier qui, après avoir commandé ou laissé exécuter un tir inutile, serait forcé de reculer pour manque de munitions, encourrait une grave responsabilité que le Gouvernement est bien décidé à rendre effective.

Enfin, il est essentiel que, jusqu'à nouvel ordre, aucune cartouche à balle ne soit consommée dans des exercices de tir. L'artillerie possède quelques cartouches sans balle qui pourront, dans les localités où elles se trouvent, être mises à la disposition des troupes en attendant que les approvisionnements soient rentrés dans leur état normal, par suite de l'application sévère des mesures prescrites dans la présente circulaire.

Le Ministre de la Guerre au Général commandant l'artillerie, à Bourges (D. T.).

Tours, 10 octobre.

Comment se fait-il qu'on n'ait pu faire encore aucune alvéole de capsule à Bourges ? Les officiers chargés de ce service encourent la plus grande responsabilité dont je suis décidé à leur faire subir les dernières conséquences. Ce défaut de production est désastreux, il va tout arrêter. Je vous supplie instamment au nom du salut du pays d'employer toute votre énergie à faire cesser un pareil état de choses.

Le Général commandant l'artillerie à Bourges au Ministre de la Guerre, à Tours.

Bourges, 11 octobre.

J'ai l'honneur de vous confirmer ma dépêche télégraphique en date de ce jour, en réponse à votre télégramme de nuit :

« Tout est prêt pour la fabrication des alvéoles, mais la pyrotechnie n'a pas encore reçu de cuivre. Elle attend celui que, d'après avis du 8 octobre, MM..... et ..... lui expédient en grande vitesse. Les officiers ne peuvent être responsables de ces retards qui doivent tenir à l'encombrement du chemin de fer. La pyrotechnie travaille avec la plus grande activité et a encore 8 millions de capsules vides à charger ».

Le directeur de l'École de pyrotechnie a envoyé un projet de marché à MM..... pour la fourniture de 10,000 kilogrammes de feuilles de cuivre. Il s'est aussi adressé à M..... pour une fourniture de même importance. Les deux maisons ne veulent pas accepter les conditions habituelles des marchés ; elles demandent que la livraison, les essais et le payement dans la quinzaine, aient lieu pour le premier à Toulouse et pour le second au Havre, et que, par conséquent, le transport s'effectue aux risques et périls de l'administration de la Guerre. Le directeur de l'école de pyrotechnie nous a écrit, le 8, pour demander s'il était autorisé à accepter ces conditions et pour vous prier de donner des ordres au directeur de l'artillerie à Toulouse, et au commandant de l'artillerie au Havre. Il attend votre réponse avec impatience.

Le Ministre de l'Intérieur au Délégué du Ministre de la Guerre.

Tours, 12 octobre.

Le directeur de l'artillerie de Rennes se plaint de ce que le papier et la soie pour les cartouches modèle 1866 n'arrivent pas et que les ateliers sont arrêtés. Comment des ordres de cette importance et aussi urgents souffrent-ils de si coupables retards? Exercez une surveillance rigoureuse.

De la main de M. de Freycinet : « Transmis à M. le colonel Thoumas pour aviser, remédier et me mettre à même de saisir les causes ».

De la main du colonel Thoumas : « Les papiers découpés sont fournis par un industriel de Paris qui est venu s'installer à Nantes et qui, par suite de difficultés de diverses natures, n'a pu tenir ses engagements. Des mesures ont été prises depuis plusieurs jours pour mettre M..... (1) en état de fournir les papiers sur la plus grande échelle et pour pouvoir cependant se passer de lui dans un certain nombre d'ateliers qui ont pu se procurer directement des papiers et les découper ».

Nota. — « Le papier doit avoir une composition chimique spéciale et certains objets exigent des machines assez compliquées à leur découpage ».

Le Préfet d'Indre-et-Loire au Ministre de la Guerre.

Tours, 13 octobre.

On me signale à l'instant un fait qui mérite devoir attirer votre attention.

Nos mobiles d'Indre-et-Loire, qui étaient disséminés dans le département, viennent d'être envoyés à Blois; de Blois, on les fait partir pour Mer, situé à 15 ou 20 kilomètres de Beaugency, où l'on signale l'ennemi. On leur avait toujours promis des chassepots quand ils iraient à l'ennemi et on leur a laissé leur ancien fusil, ce qui les décourage : il paraît même que ceux de Blois *auraient refusé de partir si on ne leur donnait pas de nouveaux fusils*. Les mobiles, jusqu'à présent, ayant tou-

---

(1) Fournisseur des papiers pour cartouches modèle 1866.

jours montré plus d'entrain que les troupes mêmes, je crois qu'il faut éviter tout ce qui peut contribuer à les décourager et remédier, s'il est possible, à cet état de choses.

De la main de M. Gambetta : « Je prie M. le colonel Thoumas d'aviser à la situation ci-dessus décrite et qui me paraît très grave ».

De la main du colonel Thoumas :

« Je fais tous les efforts imaginables pour arriver à doubler et à tripler la confection des cartouches. C'est là l'obstacle ; comment délivrer des fusils si l'on a pas de cartouches en magasin pour subvenir à la première consommation ?.....

« Au fur et à mesure que les cartouches sortent des ateliers, elles sont délivrées aux troupes ou aux mobiles.

« Ce qui nous a arrêtés surtout dans la confection des cartouches, c'est l'impossibilité où s'est trouvé le fournisseur de papiers de remplir ses engagements lorsqu'il a été obligé de quitter Paris pour s'installer à Nantes. Les obstacles sont levés; mais il y a un moment pénible à passer et la situation est aggravée par le fait que personne, aucune autorité civile ou militaire, ne réagit contre le préjugé qui frappe de nullité les fusils à percussion. Les chefs l'encouragent même comme pour dégager à l'avance leur responsabilité des défaillances de leurs troupes.

« Parmi les départements qui réclament avec instance des chassepots, pas un n'a pu aider le ministère de la Guerre à se procurer des cartouches. Ils ont même aggravé nos embarras en achetant des armes sans munitions.

« Ils ont bien cherché à monter des ateliers, mais en nous demandant nos matières confectionnées, c'est-à-dire ce qui nous manque à nous-mêmes ».

M. Marqfroy, directeur de la capsulerie de Bayonne, au Colonel sous-directeur de l'artillerie au ministère de la Guerre, à Tours.

Tours, 15 octobre.

J'ai l'honneur de vous rendre compte de l'état de la fabrication des capsules.

Dès mon arrivée, tous mes efforts se sont dirigés, de concert avec mes excellents collaborateurs, MM....., et ....., ingénieurs de l'État, vers l'étude des moyens de créer des manufactures nouvelles.

Vous savez qu'une manufacture de capsules est une très grave affaire. Il y a dans cette fabrication deux parties distinctes : la fabrication de l'alvéole et le chargement de la capsule. L'une est toute mécanique et l'autre toute chimique. La première exige la création d'une *machine à emboutir*, d'un atelier travaillant en permanence pour le renouvellement de certaines pièces qui s'usent et se consomment chaque jour, d'un four à recuire les cuivres, de laminoirs pour réduire l'épaisseur des feuilles, enfin de provision de feuilles de cuivre.

La seconde exige toute une série de cornues, ballons, tubes, etc., en verre, des condensateurs, des *machines à presser*, enfin une série de manipulations du fulminate qui exigent de suprêmes précautions, car on opère sur des quantités de 150 à 200 kilogrammes de fulminate à la fois!

Il faut, pour l'organisation d'une manufacture de capsules fournissant une production de 500,000 capsules par jour, une surface de terrain de 26,000 mètres carrés, dont 2,100 mètres carrés en surface couverte.

J'ai trouvé à Bourges un ingénieur des mines, M....., envoyé par le comité de défense d'Angers, pour établir une capsulerie dans cette ville; M....., chimiste, envoyé par le directeur d'artillerie de Douai, dans le même but; M. le capitaine d'artillerie ....., envoyé par le directeur d'artillerie de Brest. D'un autre côté, M. le directeur d'artillerie de Toulouse m'a télégraphié qu'il s'occupait, lui aussi, de monter une capsulerie.

Voilà bien des tentatives éparpillées. Il m'a paru nécessaire de concentrer toutes ces forces pour les faire concourir le plus tôt possible à la création d'une manufacture, puis successivement des autres.

L'étude à laquelle nous nous livrons s'est compliquée d'un incident grave, celui de la menace de Bourges par les Prussiens et de l'ordre donné par le général de Polhès de se préparer à une évacuation.

L'état présent des choses, ainsi que nos perspectives, sont celles-ci :

Angers ne saurait être placé en meilleures mains que celles de M. ......, qui, avec les moyens d'action que nos efforts communs mettront à sa disposition, se tirera très bien d'affaire.

A Douai, la partie chimique sera très bien assurée par M. ......; mais, en dehors de lui, tout est à créer sur ce point.

A Toulouse, le directeur d'artillerie s'occupe à lui seul de la question. En outre, ce point paraît au colonel, directeur de la capsulerie de Bourges, le plus favorable pour évacuer son établissement.

D'ailleurs, je dois mentionner que, à Bordeaux, M. ......, ingénieur des mines, paraît être bientôt prêt à faire fonctionner, au double point de vue mécanique et chimique, la manufacture qu'il a depuis quelque temps projeté de créer. Je crois même qu'il a déjà commencé à fabriquer des alvéoles.

Dans cette situation, j'ai jugé opportun de créer une manufacture de capsules à Bayonne et de prendre toutes les forces disponibles en hommes et choses pour faire au plus tôt fabriquer des capsules dans cette ville.

Je prévois ainsi la création de quatre manufactures : Douai, Angers, Toulouse qui, je le pense, sera très aise de recevoir le matériel que je pourrai lui envoyer, et Bayonne. Plus la manufacture de M. ..... (1).

J'ai choisi Bayonne comme quatrième point, parce que, d'après les renseignements que M. ..... me donne, il y a, dans l'arsenal de cette ville, des ateliers magnifiques qui ne demandent qu'à donner asile à des ouvriers, ce qui résout la question *local* pour la partie mécanique, et que l'on pourra placer dans les sables des pignadas, loin de de la ville, dans un lieu désert, toute l'installation chimique. Bayonne est d'ailleurs une place militaire où le personnel de la manufacture trouvera son casernement naturel. Enfin, la place est plus que toute autre, hors d'atteinte de l'ennemi.

Pour procéder à ce quadruple établissement dans le délai le plus court possible, je me suis préoccupé dès le début de préparer les créations les plus longues. Ces créations sont les suivantes :

Les *machines à emboutir* et les *machines à presser*. — J'ai passé marché avec un grand industriel de Bourges, qui doit livrer trente-six des unes et trente des autres, à raison de trois par jour à dater du treizième jour.

Les *locaux avec bâtiments, constructions de fours, aménagements divers*. — M. ....., en sa qualité d'ingénieur des ponts et chaussées, nous construira le nécessaire dans un temps très court.

Le *personnel des manipulations chimiques*. — C'est certainement là la grande difficulté de la situation. Il y a, à la capsulerie de Bourges, un homme très fort, le sous-artificier ....., et c'est avec lui que tout le personnel doit se former. Il faut un certain temps pour l'éducation de ce personnel. Là est la pierre d'achoppement. J'essaye d'enrôler, pour la surveillance, des pharmaciens, des chimistes. Pour la manipulation, le colonel directeur de la capsulerie de Bourges s'occupe de recruter un personnel militaire. La question n'est pas encore pleinement résolue. Nous y donnons tous nos soins.

A côté de ces trois choses principales, il y a une multitude d'engins, outils, objets de toute sorte, 200 à 250 environ, à faire exécuter par commandes. Nous ne perdons pas une minute.

Je ne puis donc encore vous dire, Colonel, quand je vous enverrai le première capsule. Mais je vous promets de ne rien négliger dans ce but.

Voilà pour l'avenir. Un autre jour, je vous parlerai du présent, comme aussi de la question cartouches......

---

(1) Manufacture de Bordeaux.

Le Préfet de Maine-et-Loire au Ministre de la Guerre, à Bordeaux (D. T.).

Angers, 11 novembre, 9 h. 24 soir.

La légion de Saumur, forte de 2,200 hommes, partira mardi matin, à 8 heures, de Saumur, pour Tours, en chemin de fer, pour de là se rendre à Vendôme; elle est armée de fusils Springfield et je fais distribuer 150 cartouches par homme; il faut absolument que vous fassiez approvisionner cette légion de munitions appropriées à ses armes. J'attends une réponse aux observations que je vous ai soumises sur l'envoi des mobilisés au camp de La Rochelle.

Rapports envoyés par le Général commandant la 20e division militaire.

Clermont-Ferrand, 16 novembre.

61e régiment de ligne .... — Aujourd'hui les deux compagnies, prêtes à partir, ont fait leur premier tir à la cible.

83e régiment de ligne. — *Organisation des compagnies.* — Les 6e, 7e et 8e compagnies de dépôt, organisées le 20 octobre dernier, seront prêtes à marcher à la fin de cette semaine. Elles sont fortes de 150 hommes chacune, non compris les cadres, et commandées par deux sous-lieutenants. Il manque donc trois capitaines et le dépôt n'a pas de candidats à présenter pour ce grade. Le dépôt a tout ce qu'il faut pour organiser sans retard une nouvelle et 9e compagnie.

Degré d'instruction des recrues. — Les trois compagnies, 6e, 7e et 8e, ont exécuté, la semaine dernière, l'école de peloton et de tirailleurs; elles commenceront aujourd'hui, 14 novembre, le tir à la cible. Les autres recrues font, les unes l'école de peloton, les autres, moins avancées faute d'armes, n'ont pas encore terminé l'école du soldat.

DES TRAVAUX PUBLICS. — État du nombre de cartouches à confectionner par les ateliers dépendant du ministère des Travaux publics et de la quantité de capsules et de poudre à livrer par le ministère de la Guerre au 21 novembre 1870.

FABRICATION DE CARTOUCHES CHASSEPOT.

DÉSIGNATION des ATELIERS de fabrication.	NOMBRE de CARTOUCHES confectionnées par jour pendant le premier mois.	QUANTITÉS A LIVRER pour le mois		NOMBRE DE CARTOUCHES confectionnées par jour lorsque l'atelier aura atteint son développement normal.	NOMBRE DE CARTOUCHES confectionnées par jour lorsque la production aura atteint son chiffre maximum.	OBSERVATIONS. (Le lieu où est situé l'atelier est indiqué dans cette colonne).
		de capsules.	de poudre.			
			kil.			
Angers......	25,000	630,000	3,750	»	»	Cours du château d'Angers. Le chiffre ne pourra être dépassé.
Angoulême...	35,000	880,000	» *	50,000	60,000	*Est chargé seulement de la confection des tubes amorcés qui doivent ensuite être remplis à la poudrerie d'Angoulême.
Besançon....	»	»	»	»	»	Ancien arsenal.
Bourges.....	24,000	525,000	3,200	30,000	»	Fonderie de Bourges.
Bordeaux....	»	»	»	»	»	Manufacture des tabacs. Les renseignements ne sont pas encore parvenus.
Grenoble....	20,000	506,000	3,000	33,000	40,000	Asile Cornélie Gémond.
La Rochelle..	20,000	506,000	3,000	30,000	40,000	La Ferté, près La Rochelle.
Lyon........	»	»	»	30,000	40 à 45,000	Vaste hangar, près l'arsenal.
Marseille....	20,000	506,000	3,000	30,000	60,000	Rue Hante-Moutot, 77.
Morlaix.....	10,000	253,000	4,500	40,000	45,000	Manufacture des tabacs.
Pau.........	42,000	264,000	2,000	40,000	40,000	Gelos, commune voisine de Pau.
Perpignan...	20,000	506,000	3,000	30,000	35,000	Ancien couvent des capucins, près l'arsenal.
Rennes......	25,000	630,000	3,750	30,000	»	Maison centrale, à Rennes.
Rouen.......	45,000	» *	»	»	40,000	*Fabrique ses capsules.
Saint-Lô.....	25,000	630,000	3,750	32,000	»	Haras de Saint-Lô.
Toulouse....	28,000	700,000	3,800	30,000	»	Le local n'a pas encore été indiqué.
Chambéry...	»	»	»	»	»	La fabrique n'est pas encore établie.

Le Ministre de la Guerre aux Généraux commandant les corps d'armée.

Tours, 23 novembre.

Il résulte des informations qui ont été données que la consommation des cartouches d'infanterie, dans la journée du 9 du mois courant, est dû, en assez grande partie, au défaut de surveillance dans les distributions, c'est-à-dire que, par suite du peu de soin apporté à ces distributions, le nombre des cartouches remplacées par le parc d'artillerie a notablement dépassé le nombre des cartouches consommées dans le tir.

La rapidité du tir des armes actuelles rend déjà les approvisionnements assez difficiles pour que l'on évite avec le plus grand soin tout ce qui pourrait augmenter ces difficultés ; je regrette de voir que les officiers d'infanterie n'attachent pas à cette question toute l'importance qu'elle mérite et semblent regarder comme un détail indigne d'eux une surveillance aussi essentielle.

J'ai l'honneur de vous prier de vouloir bien donner des ordres pour que les distributions de cartouches, faites par le service de l'artillerie, s'opèrent avec le plus grand ordre et sous la responsabilité des chefs de corps.

Rapport du Général commandant la 13e division militaire au sujet de l'armement, l'équipement, l'habillement, etc., au 30 novembre 1870 (Circulaire du 16 octobre 1870).

Bayonne, 30 novembre.

..... *Instruction.* — L'instruction des hommes et des chevaux se poursuit avec la plus grande activité, surtout l'instruction des compagnies destinées à être prochainement mobilisées. Des marches militaires et des théories pratiques sur le service en campagne ont lieu deux fois par semaine. Il y a deux exercices par jour ; des théories sur l'entretien des armes et les marques extérieures de respect se font régulièrement. Le tir à la cible est suspendu faute de munitions.

Le Général commandant la 16e division militaire au Ministre de la Guerre.

Rennes, 6 décembre.

..... Les batteries parties de Rennes récemment ont été pourvues de tous leurs effets réglementaires.

On attend des bâts de mulet pour faire partir les batteries de montagne que doit servir l'artillerie de marine. Ces bâts annoncés depuis plusieurs jours n'arrivent pas ; les batteries sont prêtes par ailleurs.

100,000 capsules anglaises sont arrivées de Cherbourg.

La poudrerie de Pont-de-Buis a envoyé à Rennes 12,000 kilogr. de poudre, dont 4,000 pour cartouches Chassepot.

Jusqu'ici on a pu suffire à toutes les demandes de cartouches. A la fin de la semaine, la fabrication des capsules va commencer. On construit en ce moment des baraques et machines *ad hoc*.

..... Les 94e, 97e et 41e régiments d'infanterie de ligne, de la subdivision du Finistère, pourraient, en ce moment, mobiliser 600 hommes s'ils avaient des fusils à leur donner. C'est la seule chose qui nous manque ; mais elle est essentielle.

Le Ministre de la Guerre au Préfet de Maine-et-Loire, à Angers (D. T.).

Bordeaux, 12 décembre.

Ne donnez pas 150 cartouches par homme. Une grande partie serait ainsi perdue. Ne faites emporter que 60 cartouches Springfield par hommes et les 90 autres seront réservées pour être versées ultérieurement à la légion de mobilisés. Entendez-vous à ce sujet avec le général commandant à Angers et le commandant d'artillerie.

Tableau de la situation de la fabrication des cartouches modèle 1866, à Lille, au 17 décembre 1870.

DÉSIGNATION des ATELIERS.	PRODUCTION JOURNALIÈRE		OBSERVATIONS.
	actuelle.	possible.	
	cartouches.	cartouches.	
Manufacture des tabacs de Lille.	45,000	60,000	Fabrication dirigée par M. le directeur et M. l'ingénieur de la manufacture sous la haute direction de M. le colonel commandant l'artillerie, à Lille. Toutes les dépenses sont supportées par le budget de la Guerre. Toutes les parties de la cartouche, sauf les capsules, sont confectionnées dans l'établissement. On ne travaille pas encore à la lumière. Le maximum de production sera sans doute atteint dans les premiers jours de janvier.
Atelier départemental, rue de Bugode, à Lille.	35,000	80,000	Atelier monté et dirigé par MM. ...... et ....., ingénieurs ordinaires des ponts et chaussées, pour le compte du département du Nord. Toutes les dépenses, sauf l'achat de la poudre, sont supportées par le département et imputées sur le crédit de 15 millions, affecté à la défense nationale. Les balles et les tubes, tout amorcés, sont fournis à la préfecture par des fabricants anglais. La poudre est fournie gratuitement par l'artillerie de Lille. Tout le reste de la confection se fait dans l'atelier départemental. On ne travaille pas à la lumière. On atteindra sans doute une production de 60,000 cartouches dans les premiers jours de janvier.
Atelier municipal, rue du Marché, à Lille.	10,000	15,000	Atelier monté et dirigé par MM. ..., ingénieurs civils, pour le compte de la ville de Lille. La poudre est fournie gratuitement par l'artillerie de Lille. Toutes les autres dépenses sont à la charge de la ville. L'atelier achète au dehors les tubes tout amorcés, mais il va prochainement les fabriquer. Il fabrique les balles et tout le reste de la confection se fait dans l'atelier municipal. On ne travaille pas à la lumière. Le personnel ouvrier est limité à 80 personnes par un arrêté de M. le maire de Lille. La production est réservée à la garde nationale mobilisée lilloise, armée de fusils Chassepot aux frais de la ville.
TOTAUX pour les établissements publics......	90,000	155,000	

DÉSIGNATION des ATELIERS.	PRODUCTION JOURNALIÈRE		OBSERVATIONS.
	actuelle.	possible.	
	cartouches.	cartouches.	
Établissement de M....., à l'ancienne teinturerie Empis, à Lille, monté à la fin de novembre.	30,000	60,000	M..... travaille sur commande du département du Nord. Il opère sur des articles du commerce et compte porter sa fabrication journalière à 40,000 cartouches dans quelques jours. Il se déclare prêt, si l'État lui prête la main, à monter une fabrique de capsules et de fulminate confectionnant 100,000 capsules par jour. Il ne travaille pas à la lumière.
Établissement de M...., rue Nationale, n° 210, à Lille, monté à la fin de novembre.	12,000	60,000	M....., comme M....., travaille sur commande du département du Nord. Il opère sur des articles du commerce, à l'exception du fulminate, qu'il prépare lui-même. Il serait disposé à livrer du fulminate sur commande s'il était assuré d'un débit continu. Le 25 décembre, il compte porter sa fabrication journalière à 25,000 capsules. Il ne travaille pas à la lumière.
Établissement de M....., à Roubaix (14 kilomètres de Lille par chemin de fer), en cours de montage.	5,000	100,000	M..... a des marchés avec le département du Nord. Le nombre des ouvriers et ouvrières sera de 1000 à 1200 et la fabrication quotidienne s'élèvera à 100,000 cartouches dans les premiers jours de janvier. La poudre est fournie par l'artillerie. Tout le reste est fourni par le fabricant, qui se préoccupe également de la création prochaine d'une capsulerie. On ne travaille pas encore à la lumière.
TOTAUX pour les établissements privés.......	47,000	220,000	
REPORT des chiffres afférents aux établissements publics.	90,000	155,000	
TOTAUX GÉNÉRAUX.	137,000	375,000	

Le présent tableau se résume comme il suit :

	ÉTABLISSEMENTS		TOTAUX.
	PUBLICS.	PRIVÉS.	
	cartouches.	cartouches.	cartouches.
Production actuelle................	90,000	47,000	137,000
Production probable dans les premiers jours de janvier 1871............	130,000	165,000	295,000
Production maxima possible.........	155,000	220,000	375,000

Le Général commandant l'artillerie dans la 7ᵉ division militaire au Ministre de la Guerre.

Besançon, 3 janvier 1871.

Le 20ᵉ et le 24ᵉ corps arrivent à Besançon pour opérer dans l'Est en s'appuyant sur Besançon. Ils nous demandent déjà des cartouches modèle 1866. Nous n'en avons que 1,700,000.

La fabrication n'en produit que 55,000 par jour. Je vous prie très instamment d'en envoyer un million d'urgence et deux autres millions par envois successifs, sans cela nous ne pourrons pas pourvoir aux besoins de ces corps.

Situation des cartouches disponibles au 11 février 1871.

| | FUSIL et carabine transformés par la culasse. | ARMES A PERCUSSION. | | | ARMES ÉTRANGÈRES | | | | | | | A PERCUSSION. | |
| | | | | | SE CHARGEANT PAR LA CULASSE. | | | | | | | | |
MODÈLE 1866.		Fusil de chasseur modèle 1859.	Fusil d'infanterie mod. 1857 et 1863.	Fusil d'infanterie à balle sphérique.	Fusil Snider.	Remington, Springfield, Berdan et mitrailleuse Gatling calibre 58.	Remington égyptien.	Remington espagnol, Berdan, Peabody calibre 44.	Scharps et mitrailleuse Gatling, calibre 50.	Fusil et carabine Winchester.	Fusil et carabine Spencer, carabine Remington et carabine Joslyn.	Fusil Enfield.	Fusil Springfield.
Bayonne....	2,963,046	»	4,175,448	»	35,340	»	»	»	»	»	»	»	»
Bourges....	2,655,933	202,898	1,444,153	837,059	58,000	»	460,120	»	»	»	»	262,749	»	»
Grenoble...	1,404,000	»	224,947	3,259,000	600,000	»	125,000	»	»	»	»	98,800	»	»
Brest......	1,660,829	»	»	4,604,804	»	»	»	»	»	»	»	»	»	»
La Rochelle.	1,534,825	4,696	»	1,507,527	»	501,100	»	»	»	»	»	»	»	»
Lyon.......	8,973,804	1,468,000	21,542	2,086,472	»	»	2,462,700	»	»	1,597,000	»	9,089,730	»	»
Nantes.....	1,040,484	»	»	2,517,532	»	»	150.000	»	»	»	»	126,208	»	»
Perpignan..	1,421,772	32,356	»	274,371	»	»	456,912	»	»	»	»	181,000	»	»
Rennes.....	734,381	»	196,798	440,336	»	4,428,000	»	»	»	»	»	»	»	»
Toulon.....	3,840,400	»	159,997	1,000,000	»	»	»	100,000	»	»	»	»	»	»
Toulouse...	1,566,720	»	438,140	1,948,288	»	»	»	»	»	»	»	143,656	»	»
TOTAUX..	27,776,194	1,867,950	2,482,567	16,647,537	658,000	4,964,440	3,663,732	100,000	»	1,597,000	»	9,902,143	»	»

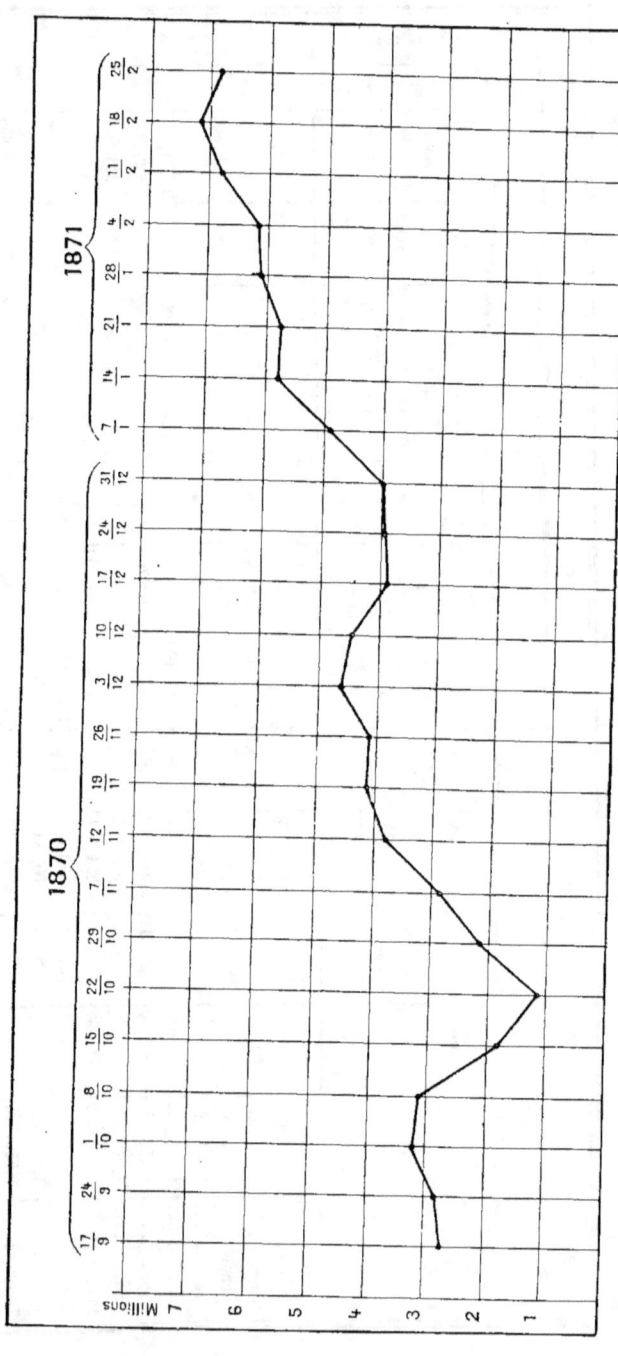

Tableau indiquant la situation hebdomadaire de la fabrication des cartouches à balles mod. 1866 du 17 septembre 1870 au 25 février 1871.

M. Marqfroy, directeur de la capsulerie de Bayonne, au Général directeur de l'artillerie au ministère de la Guerre, à Bordeaux.

Bayonne, 25 février 1871.

..... Il n'y avait de capsules qu'à Paris, et Paris était investi. Au 10 octobre, il vous restait 12 à 13 millions de capsules. En quatre ou cinq semaines, elles seraient consommées. J'étais en présence d'un devoir : j'acceptai la tâche que vous me donniez, malgré sa lourdeur. Dès ce moment, je me suis mis à l'œuvre et je n'ai plus eu de trêve ni de repos. Après avoir imprimé, selon votre désir, une vive impulsion à la confection des fournitures destinées aux cartoucheries de France, après avoir procuré aux capsuleries de Bourges et de Toulouse, qui venaient de se former en toute hâte et par morceaux, certains éléments de fabrication au moment même où elles allaient en manquer, je suis venu fonder de mon propre mouvement, à Bayonne, un vaste établissement qui, édifié en quarante-quatre jours, vous a livré depuis quatre-vingt-cinq jours, 40 millions de capsules. Il y a quelques semaines, quand j'ai atteint une production de 500,000 par jour, vous m'avez félicité sur mes beaux résultats et vous m'avez télégraphié : « Tâchez de dépasser ». Je suis parvenu aujourd'hui à une production journalière de 1,150,000 capsules. D'ailleurs, je n'ai pas mis un jour de retard dans l'exécution de vos ordres quotidiens ; j'ai aidé de tout mon pouvoir toutes les capsuleries naissantes qui recouraient à moi.....

Le Colonel directeur de l'artillerie de Lyon au Ministre de la Guerre.

Lyon, 6 octobre 1871.

J'ai l'honneur de vous envoyer ci-dessous, en réponse à votre dépêche du 4 du courant, l'indication des versements de cartouches modèle 1866 qui nous ont été faits pendant les mois de novembre et décembre 1870 par les ateliers de cartouches dépendant des travaux publics.

Il nous a été versé par l'atelier de cartouches des travaux publics, fonctionnant à Lyon, savoir :

		Cartouchon à balle mod. 66.
En novembre 1870		»
2 décembre		199,584
10 —		142,560
12 —		108,963
20 —		183,753
25 —		45,387
28 —		75,195
	Total	755,442

Rapport sur les achats d'armes, munitions et harnais d'artillerie effectués en Angleterre par l'administration de la Guerre (Délégation de Tours et Bordeaux).

(Rapport établi par le colonel d'artillerie ayant rempli, à la délégation de Tours et Bordeaux, les fonctions de directeur adjoint au ministère de la Guerre).

Paris, novembre 1871.

Cartouches modèle 1866.

Au moment où la délégation du Gouvernement partit de Paris pour Tours, la situation des cartouches dans les diverses directions, comme conséquence des ordres donnés à Paris pour faire rentrer dans la capitale tout ce qui était disponible, ressortait de l'état suivant :

Direction	de Bayonne	89,280
—	de Besançon	25,889
—	de Bourges	303,768
—	de Brest	373,844
—	de Cherbourg	69,760
—	de Grenoble	174
—	de La Rochelle	182,568
—	de Lyon	787
—	de Nantes	140,769
—	de Perpignan	»
—	de Rennes	130,740
—	de Toulon	623,625
—	de Toulouse	»
	Total	1,941,204

A quoi l'on pourrait ajouter un million et demi de cartouches provenant des parcs de l'armée de Sedan et envoyées dans les places du Nord, ainsi que deux millions de cartouches portées par les parcs des 13e et 14e corps que l'on avait fait sortir de Paris quelques jours avant l'investissement, soit, en tout, cinq millions et demi, approvisionnement presque insignifiant avec lequel il fallait cependant ravitailler les places les plus menacées, suffire aux consommations et pourvoir de munitions les troupes que l'on armerait à nouveau.

La confection journalière dans les dix-sept ateliers établis hors Paris n'était que d'environ 400,000 cartouches et loin de pouvoir augmenter ce chiffre, soit en créant de nouveaux ateliers, soit en activant le travail dans ceux qui existaient déjà, on devait craindre de le voir diminuer. En effet, les ateliers de confection de cartouches n'opèrent pas sur des matières premières, mais sur des produits ouvrés dont les plus compliqués sont les capsules et des papiers découpés de nature particulière ; or, il n'existait qu'un seul établissement pour la fabrication des capsules et il était situé dans Paris. On avait pris, aussitôt après la bataille de Sedan, les dispositions nécessaires pour transférer une partie de cet établissement à Bourges, où il devait être partagé entre la fonderie (fabrication des alvéoles vides) et l'École de pyrotechnie (chargement de ces alvéoles). On emporta de Paris 10 millions d'alvéoles que l'on put commencer à charger le 26 septembre, mais l'installation des machines destinées à la fabrication des alvéoles demanda plus de temps ; l'ennemi prenant Orléans une première fois, menaçait la ville de Bourges ; il fallut transporter l'établissement à Toulouse où, après beaucoup d'efforts, il ne put commencer que le 19 novembre. En présence des besoins toujours croissants, on se décida, vers le milieu d'octobre, à créer une autre capsulerie à Bayonne, mais, quoique cette création marchât avec une grande rapidité, on ne tira de capsules de Bayonne qu'à partir du 28 novembre. Le manque de capsules fut donc jusqu'au commencement de décembre et même au delà un grand obstacle à la confection des cartouches.

En outre, le soin de fournir les papiers découpés était confié à un industriel de Paris qui dut transporter à Nantes une partie de ses ateliers, mais qui rencontra de telles difficultés qu'il lui fut impossible de satisfaire complètement à ses engagements. On fit alors appel à d'autres fabricants, notamment aux papeteries d'Angoulême mais, malgré le dévouement de M....., il se passa un certain temps avant que ces établissements puissent procurer à l'artillerie les papiers nécessaires. Enfin, les outillages manquaient pour l'installation de nouveaux ateliers et la production de ces outillages très compliqués, jusque-là réservée à l'atelier de précision de Paris, ne pouvait s'improviser. Pour ces derniers motifs, la fabrication des cartouches fit, au début des opérations, très peu de progrès. De 2,800,000 dans la semaine qui précéda le 18 septembre, elle monta la semaine suivante à 2,900,000, puis du 24 septembre au 1er octobre et du 1er au 8, elle atteignit 8,000,000 ; mais elle descendit alors brusquement, faute de capsules et de papiers découpés, à 1,800,000 par semaine, c'est-à-dire qu'à la date du 15 octobre, il n'avait été produit par les divers ateliers que 11,700,000 cartouches.

Pendant ce temps, les besoins croissaient ; chaque fusil distribué aux troupes entraînait une délivrance immédiate de 90 cartouches et la nécessité d'ajouter aux réserves et parcs au moins 40 cartouches, soit en tout 130 par fusil mis entre les mains d'un soldat. Des bataillons entiers de gardes mobiles n'avaient reçu que des cartouchières en toile ; après quelques jours de mauvais temps, les cartouches s'y trouvaient avariées, il fallait les remplacer. Des communes et des départements, qui avaient acheté des armes sans s'inquiéter des munitions et des accessoires, demandaient à l'artillerie des cartouches pour ces armes ; enfin, les commandants des places de première ligne réclamaient chaque jour contre l'insuffisance des approvisionnements.....

Les instructions transmises aux généraux étaient formelles et peignaient bien la situation puisqu'on ne pouvait même pas donner à de jeunes troupes les moyens de s'exercer au tir. Suivies à la lettre, elles auraient pu atténuer les difficultés sans les faire cesser complètement. Un télégramme du général commandant la 7ᵉ division militaire, daté de Besançon, le 2 octobre 1870, témoigne suffisamment des inquiétudes qu'éprouvait alors plus d'un commandant de place ou de corps d'armée. Ce télégramme, commençant par des détails sur les armes portatives, se terminait ainsi :

« Vous m'avez aussi promis des cartouches qui n'arrivent pas, ce qui me met dans un grand embarras et une inquiétude qui ne me laissent aucun repos. J'ai dû hier encore en donner 55,125 à un bataillon de la Loire dirigé sur Belfort ; j'en avais en outre expédié avant-hier 360,000 aux Vosges ; tous les corps de passage dans ma division me demandent des munitions, n'en ayant que peu ou pas du tout à leur départ. Je vous prie en grâce de me faire expédier sans retard toutes les munitions que vous m'avez annoncées avant que les communications soient coupées. J'attends avec une impatience que je ne puis exprimer et que vous devez comprendre, ma responsabilité et mon honneur même étant gravement compromis par l'absence presque totale des munitions qui devraient exister dans la place. Veuillez envisager ma situation comme elle mérite de l'être ».

Dans une pareille situation, et en faisant la part de l'exagération très excusable avec laquelle des besoins réels étaient exposés au Ministre, l'administration aurait manqué à ses devoirs, si, tout en activant autant que possible le travail des ateliers de la Guerre et l'installation des capsuleries, elle n'avait pas cherché à se procurer, en dehors de ses propres moyens, les cartouches dont elle était menacée de manquer. On provoqua l'initiative des grandes villes, notamment de Lyon, pour l'installation de nouvelles fabriques. On accepta toutes les offres qui étaient faites, pourvu qu'elles se rapportassent à des cartouches se rapprochant suffisamment du modèle réglementaire : mais, malgré tout, on n'a pu commander en France, en dehors des ateliers de l'État, que 10,400,000 cartouches modèle 1866, savoir : 8,400,000 à Lyon, 1,000,000 à Bourges et 1,000,000 dans le département du Nord, et encore ces commandes ne commencèrent à être exécutées qu'à partir du mois de décembre.

La Commission d'armement s'occupa, de son côté, de la production des cartouches modèle 1866 ; des outillages durent être confectionnés par ses soins à Saint-Étienne ; des ingénieurs de l'État, mis en relations avec elle, étudièrent les procédés de confection dans les divers ateliers ; une instruction fut autographiée pour leur être distribuée, mais bientôt la Commission d'armement, ne jugeant pas qu'elle fut en mesure d'entreprendre tant d'opérations à la fois, renonça à s'occuper de celle-là. C'est alors que, pour mettre à profit les études commencées par les ingénieurs, un décret, en date du 13 octobre, chargea le Ministre des Travaux publics d'installer sous leur direction un certain nombre d'ateliers. En déployant une très grande activité, ces ateliers parvinrent à fonctionner efficacement vers le milieu de novembre. La première livraison eut lieu à Grenoble, le 28 novembre, elle était de 38,074 cartouches. Au 31 décembre 1870, le nombre des cartouches livrées par le Ministre des Travaux publics s'élevait à 2,975,135.

La situation était donc des plus tendues au commencement du mois d'octobre et, à cette question posée le 10 octobre à la Direction de l'artillerie par le Gouvernement : « Quel est le chiffre de l'approvisionnement en dehors de Paris ? » l'administration répondait : un peu plus de 7,000,000.

. . . .

..... Après l'abandon des espérances de paix un instant conçues, l'arrivée d'un nouveau Ministre avait apporté une impulsion plus rapide aux préparatifs de résistance, et l'approvisionnement des cartouches, malgré tous les efforts, ne pouvait augmenter au gré des désirs du Gouvernement. L'insuffisance de cet approvisionnement était en effet un obstacle à beaucoup de projets. Le directeur de l'artillerie écrivait, le 25 octobre, au délégué à la guerre, à propos des difficultés que soulevait l'organisation des 17 et 18ᵉ corps :

« Un autre motif rend bien difficile, pour le 5 novembre, la constitution des 17ᵉ et 18ᵉ corps à 3 divisions d'infanterie : c'est l'impossibilité d'avoir pour cette date un approvisionnement suffisant en cartouches.

« Pour 60,000 hommes d'infanterie il faut, à raison de 130 par homme (dont 90 portées par lui et 40 dans les réserves et parcs), près de 8,000,000 de cartouches. Or, si l'on déduit de l'existant tout ce qui est immobilisé dans le Nord, dans l'Est et dans l'Ouest où les approvisionnements sont à peu près suffisants, il nous reste tout au plus 3 millions de cartouches en dehors des 15ᵉ et 16ᵉ corps. Les ateliers de confection n'en produiront pas d'ici au 5 novembre plus de 6,000,000 ; on aurait donc, à cette date, 9 ou tout au plus 10 millions, *si l'on n'en consommait pas d'ici là.*

« Ainsi, on ne peut espérer approvisionner plus de 60,000 hommes en sus des 15ᵉ et 16ᵉ corps ; c'est précisément l'effectif de deux corps à deux divisions d'infanterie tels qu'on les constitue actuellement. Pour deux corps à trois divisions, il faudrait 12,000,000 de cartouches ; on peut affirmer que nous ne les aurons pas pour le 5 novembre ».

Loin de diminuer cependant, les consommations de cartouches, ou plutôt les pertes, dues à l'inexpérience des troupes et à leur équipement incomplet, prenaient des proportions de plus en plus inquiétantes. Le Ministre de la Guerre, parti pour Besançon après la retraite sur cette place des troupes qui opéraient dans les Vosges, écrivait à son délégué à Tours qu'il se faisait là un gaspillage inouï de cartouches et, d'après le compte rendu des délivrances effectuées à Besançon, la dépêche suivante dut être adressée, le 31 octobre, au général commandant la 7e division militaire :

« Les ordres de délivrance de cartouches Chassepot que vous avez autorisés récemment sont très exagérés, surtout avec les moyens imparfaits que la plupart des hommes ont de préserver ces munitions. Prenez garde de compromettre gravement vos approvisionnements ».

Le général répondit le 1er novembre : « Un grand nombre de bataillons ont reçu des fusils Chassepot ; il fallait leur donner des cartouches puisqu'ils marchaient à l'ennemi ; les bataillons n'ayant pas de havresacs et leurs poches à cartouches étant insuffisantes, il est arrivé que les pluies continuelles ont avarié une partie de leurs munitions qu'il faut remplacer pour les faire marcher de nouveau ».

L'exagération des consommations se faisait sentir jusque dans les corps d'armée les plus régulièrement organisés et les mieux commandés.....

TABLEAU N° 2.

État des cartouches de provenance étrangère livrées par la Commission d'armement à l'administration de la Guerre (a).

(a) Cet état a été dressé d'après les renseignements fournis par les directions d'artillerie, par les ports du Havre, de Cherbourg, de Brest et de Bordeaux (note originale).

DATES DES LIVRAISONS ou des arrivages.	PORTS DE DÉBARQUEMENT ET PROVENANCES.	CARTOUCHES A BALLES — POUR ARMES SE CHARGEANT PAR LA CULASSE. Snider.	Remington Springfield, Berdan calibre 58.	Remington égyptien.	Remington espagnol, Berdan et Peabody calibre 43.	Sharp calibre 50.	Sharp à capsules.	Springfield transformé, calibre 50.	Peabody calibre 58.	Winchester.	Spencer (1).	Wanzel.	modèle 1857 (fusil à tabatière).	POUR ARMES SE CHARGEANT PAR LA BOUCHE. Enfield.	Springfield.	POUR REVOLVER. Lefaucheux.	Remington calibre 32.	Smith et Wesson.	Colt, Remington et Star.	Système Spencer.	Sans capsules.	OBSERVATIONS.
4 octobre 1870	Brest de New-York	»	»	25,000	»	»	»	»	»	»	400,434	»	»	»	»	»	»	»	2,540,342	»	»	(1) Servant pour les carabines Sharp, Remington et Joslin.
27 septembre	Cherbourg de Londres	»	»	»	»	»	»	»	»	»	»	»	»	300,000	»	»	»	»	»	»	»	
7 octobre	Id.	430,000	»	170,000	»	»	»	»	»	»	»	»	»	»	»	»	»	»	»	»	»	
17 —	Brest de New-York	»	145,000	240,000	»	476,740	660,000	»	»	»	3,130,470	»	»	»	»	»	»	»	2,402,622	»	»	
20 —	Havre de Londres	230,000	»	300,000	»	»	»	»	»	»	»	»	»	»	»	»	»	»	»	»	»	
1er novembre	Id.	250,000	»	300,000	»	»	»	»	»	»	»	»	»	»	»	»	»	»	»	»	»	
2 —	Brest de New-York	»	106,000	»	»	204,000	»	»	»	»	2,639,271	»	»	»	»	»	»	»	»	»	»	
5 —	Havre de Londres	270,000	»	100,000	»	»	»	»	»	»	»	»	»	»	»	»	»	»	»	»	»	
12 —	Id.	1,000,000	»	350,000	»	»	»	»	»	»	»	»	»	»	»	»	»	»	»	»	»	
13 —	Havre de New-York	»	25,000	»	»	»	»	»	»	»	2,999,808	»	»	»	»	»	»	»	»	»	»	
19 —	Havre de Londres	250,000	»	430,000	»	»	»	»	»	»	»	»	»	»	»	»	»	»	»	»	»	
25 —	Havre de New-York	»	»	»	693,000	121,000	1,000,000	»	»	»	4,731,334	»	»	»	»	»	99,600	»	»	150,000	»	
26 —	Havre de Londres	600,000	»	440,000	»	»	»	»	»	»	»	»	»	»	»	»	»	»	»	»	»	
27 —	Id.	250,000	»	200,000	»	»	»	»	»	»	»	»	»	»	»	»	»	»	»	»	»	
30 —	Brest de New-York	»	267,000	»	88,000	265,000	1,426,000	»	»	»	4,941,036	»	»	»	37,840	»	»	350,000	»	»	»	
1er décembre	Havre de New-York	»	»	»	»	»	»	»	464,000	»	4,390,432	»	»	»	»	»	»	»	»	»	»	
2 —	Havre de Londres	390,000	»	706,000	»	»	»	»	»	»	»	»	»	»	»	»	»	»	»	»	»	
15 —	Brest de New-York	»	274,000	»	1,024,320	85,000	»	»	»	3,500,000	1,028,426	911,895	»	»	1,477,000	»	»	130,000	2,972,680	»	»	
16 —	Id.	»	»	»	»	»	»	»	»	»	»	»	»	»	7,300,000	»	»	»	»	»	»	
31 —	Bordeaux de Londres	640,000	»	862,000	»	»	»	»	»	»	»	»	60,000	900,000	»	»	»	»	»	»	»	
2 janvier 1871	Brest de New-York	»	430,000	»	150,000	3,700	»	»	»	1,000,000	»	»	»	»	3,438,000	»	»	240,000	3,054,472	»	9,000	
13 —	Cherbourg de Londres	»	»	»	»	»	»	»	»	»	»	»	»	800,000	»	»	»	»	»	»	»	
19 —	Havre de Londres	908,000	»	»	»	»	»	»	»	»	»	»	»	380,000	»	»	»	»	»	»	»	
20 —	Bordeaux de Londres	368,000	»	1,886,000	»	»	»	»	»	»	»	»	1,062,000	»	»	7,000	»	»	»	»	»	
24 —	Id.	128,000	»	1,036,000	»	»	»	»	»	»	»	»	»	»	»	»	»	»	»	»	»	
26 —	Havre de Londres	862,000	»	»	»	»	»	»	»	»	»	»	1,046,000	350,000	»	»	»	»	»	»	»	
26 —	Cherbourg de Londres	»	»	»	»	»	»	»	»	»	»	»	»	250,000	»	»	»	»	»	»	»	
28 —	Bordeaux de Londres	»	»	1,000,000	»	»	»	»	»	»	»	»	»	»	»	»	»	»	»	»	»	
9 février	Id.	»	»	898,000	»	»	»	»	»	»	»	»	»	»	»	»	»	»	»	»	»	
10 —	Id.	»	»	1,000,000	»	»	»	»	»	»	»	»	»	»	»	»	»	»	»	»	»	
11 —	Bordeaux de New-York	»	359,000	»	435,360	8,000	»	»	»	»	780,192	»	»	»	»	»	»	425,000	1,009,268	»	»	
11 —	Id.	»	»	»	»	»	»	600,000	»	»	»	»	»	»	450,000	»	»	»	»	»	»	
21 —	Bordeaux de Londres	400,000	»	1,200,000	»	»	»	»	»	»	»	»	»	»	»	»	»	»	»	»	»	
22 —	Id.	»	»	76,000	»	»	»	»	»	»	»	»	432,000	31,000	»	»	»	»	»	»	»	
1er mars	Bordeaux de New-York	»	»	»	»	»	»	840,000	»	»	»	»	»	»	»	»	»	»	»	»	»	
1er —	Id.	»	798,000	»	831,000	»	»	»	650,000	»	»	»	»	»	»	»	»	»	304,000	»	»	
6 —	Cherbourg de Londres	614,000	»	2,498,000	»	»	»	»	»	»	1,498,806	»	»	»	»	»	»	»	»	»	»	
20 —	Havre de New-York	»	330,000	»	1,817,920	»	»	1,300,000	»	»	»	»	»	»	»	»	»	»	»	»	»	
10 avril	Id.	»	250,000	»	782,000	»	»	642,000	»	»	»	»	»	»	»	»	»	»	»	»	»	
29 —	Havre de Londres	6,984,000	»	2,240,000	»	»	»	1,031,000	»	»	3,001,888	»	»	»	»	»	»	»	»	»	»	
29 —	Havre de New-York	»	478,000	435,000	643,000	»	»	2,226,900	»	»	»	»	»	»	»	»	»	»	»	»	»	
31 mars	Bordeaux de New-York	»	681,000	»	»	»	»	»	»	»	»	»	»	»	»	»	»	»	»	»	»	
18 juin	Cherbourg de Londres	4,000	»	2,476,000	»	»	»	»	»	232,848	»	»	»	»	»	»	»	»	»	»	»	
29 juillet	Id.	»	»	»	»	»	»	»	»	»	450,576	»	»	»	»	»	»	»	»	»	»	
12 avril au 26 mai 1871	Par l'intermédiaire du Ministère de l'Intérieur (Bordeaux)	6,833,000	266,000	3,780,000	1,067,360	1,027,000	»	1,432,800	1,126,000	»	711,882	»	3,864,000	4,961,000	7,054,240	282,550	»	»	115,328	»	159,300	
	Totaux	20,961,000	4,127,000	21,661,000	6,933,960	1,920,440	3,186,000	7,833,700	2,240,000	4,732,848	30,893,336	911,895	5,934,000	7,672,000	19,382,080	289,550	99,600	1,415,000	12,898,412	150,000	168,300	

ARTILLERIE.

TABLEAU N° 4.

Fournitures de cartouches de divers modèles.

DATES DES RÉCEPTIONS.	CARTOUCHES			TOTAUX.	PAYEMENTS EFFECTUÉS d'après les prix figurant aux marchés.	OBSERVATIONS.
	modèle 1866.	Remington.	Snider.			
	fr.	fr.	fr.	fr.	fr. c.	
Réceptions.						
1° { Traité du 10 octobre 1870 { Avant le 15 février 1871	444,000	»	»	444,000	84,360 00	
{ Avant le 15 février 1871	»	»	4,000,000	4,000,000	720,000 00	
Traité du 14 octobre { Avant le 15 février...	»	»	1,765,000	1,765,000	347,700 00	
1870... { Avant le 15 février...	»	844,000	»	844,000	154,920 00	
2° { Traité du 28 nov. 1870.... Id....	»	2,900,000	»	2,900,000	522,000 00	
Traité du 12 novembre { Avant le 15 février....	3,062,000	»	»	3,062,000	443,990 00	
1870.... { Après le 15 février....	6,938,000	»	»	6,938,000	1,006,000 00	
3° { Tra té du 19 nov. 1870, Avant le 15 février....	2,000,000	»	»	2,000,000	304,000 00	
{ 2e traité du 12 nov.1870 Id....	»	»	4,006,000	4,006,000	480,700 00	
{ Tra té du 13 décembre { Avant le 15 février....	»	5,116,000	»	5,116,000	808,328 00	
1870. { Après le 15 février....	»	6,884,000	»	6,884,000	1,087,672 00	
4° Tra té du 30 nov. 1870. Avant le 15 février....	870,000	»	»	870,000	130,500 00	
5° Traité du 1er déc. 1870. Après le 15 février....	2,586,000	»	»	2,586,000	393,476 10	
6° Traité du 15 déc. 1870. Après le 15 février....	1,281,840	»	»	1,281,840	189,742 32	
TOTAL......	17,181,840	15,744,000	9,771,000	42,696,840	6,640,068 42	
Récapitulation.						
Réceptions faites......... { Avant le 15 février...	6,376,000	8,860,000	9,771,000	25,007,000	3,963,498 00	
{ Après le 15 février...	10,805,840	6,884,000	»	17,689,840	2,676,570 42	
TOTAL ÉGAL......	17,184,840	15,744,000	9,774,000	42,696,840	6,640,068 42	

Défense nat. — 1. Docum.

§ 7. — Harnachement.

Le Ministre de la Guerre au Général commandant l'artillerie dans la 16ᵉ division militaire.

Tours, 26 septembre.

..... La défense intérieure de Paris paraissant assurée, il y a lieu de se préoccuper surtout de la défense extérieure et, dans ce but, de préparer en aussi grand nombre que possible des batteries mobiles pouvant être attachées aux corps en formation.

La difficulté de l'organisation de ces batteries tient en grande partie au manque d'officiers et à l'insuffisance du harnachement.....

En ce qui touche le harnachement, vous devez utiliser la livraison de celui qui est en commande au 10ᵉ d'artillerie. Je donne d'ailleurs l'ordre au directeur d'artillerie de Rennes de venir au besoin en aide à l'adjudicataire de ce harnachement en lui cédant des arçons.

Le Colonel directeur d'artillerie de Lyon au Ministre de la Guerre.

Lyon, 27 septembre.

Les difficultés sont grandes en ce moment pour obtenir du harnachement. On ne demande pas de prix excessifs, et je me montrerai large sur ce point en tant qu'une augmentation de prix peut assurer une diminution de délai. Mais les délais tiennent à la difficulté de se procurer des arçons et de la bouclerie, et cette difficulté est telle que je n'ai encore pu obtenir que des engagements conditionnels.

En somme, j'espère avoir à Lyon le harnachement indiqué par votre dépêche du 17 courant, savoir : quatre batteries montées, deux batteries à cheval, mais avec les délais ci-dessous :

Deux batteries montées en 35 jours ;
Deux batteries montées en 45 jours ;
Deux batteries à cheval en 60 jours.

Ces délais me paraissent bien longs relativement à l'urgence des besoins.....

Le Ministre de la Guerre au Président du conseil d'administration du 19ᵉ régiment d'artillerie à cheval, à Valence.

Tours, 29 septembre.

.....Le harnachement fait défaut partout et retardera probablement vos formations. C'est ce qui rend moins urgent le passage dans votre régiment d'hommes tirés des régiments de cavalerie de la Garde.

..... Pressez auprès de l'intendance militaire l'arrivée des effets d'équipement qui vous manquent. Au besoin, obtenez l'autorisation de faire confectionner.

..... En fait de harnachement, voyez si votre maître-sellier est en mesure d'en fabriquer; je serais disposé à lui confier la confection du harnachement d'une ou deux batteries à cheval.

Note pour la Commission d'armement.

1er octobre.

L'artillerie a mis du harnachement en commande à Rennes, Lyon, Grenoble et Toulouse; elle a demandé à la Marine de lui venir en aide et de faire confectionner à Brest, Rochefort et Toulon, des arçons, des ferrures et des boucleries.

M. le préfet de Périgueux ayant télégraphié pour annoncer qu'il pouvait faire des harnachements d'artillerie, on a envoyé dans cette ville, avec des modèles, un officier du train d'artillerie chargé de donner les indications et renseignements relatifs à ce harnachement.

Les besoins sont considérables et ne pourront être satisfaits par les commandes précédentes, dont bon nombre peuvent ne pas donner de résultats (Lyon, la Marine, Périgueux).

Il y aurait donc un intérêt réel à ce que la commission d'armement vînt en aide à la Guerre, en faisant fabriquer du harnachement.

L'unité pourrait être le harnachement d'une batterie montée comprenant 112 chevaux et demandant:

Selles avec poitrail	29
— sans poitrail	43
Harnais de devant porteur	14
— — sous-verge	14
— de derrière porteur	29
— — sous-verge	29
Brides de porteur	69
— licols de sous-verge	43
Bridons-licols de porteur	69
Surfaix	69
Bissacs	69
Couvertures	112

Le prix de cette unité est, d'après les derniers marchés, de 20,000 francs environ.

Note au sujet de la fabrication des harnachements par la Marine.

Tours, 1er octobre.

Le département de la Marine voulant bien offrir à celui de la Guerre de fabriquer les arçons, les ferrures et les objets de bouclerie, qu'il est très difficile de se procurer à court délai dans le commerce pour le harnachement de l'artillerie, ordre est donné au directeur d'artillerie à Rennes d'adresser à MM. les préfets maritimes de Toulon, Rochefort et Brest, par grande vitesse et pour servir de modèles, un arçon fer-blanc, un arçon ferré et entoilé, une collection de ferrures et boucles de harnachement en usage.

Il doit joindre à chaque envoi une note faisant connaître le nombre des objets de chaque sorte, nécessaires pour le harnachement d'une compagnie du train d'artillerie, comprenant 22 chevaux de selle, 250 chevaux de trait, dont 84 de devant.

Si chacun des ports répétait trente fois cette unité, on aurait les éléments importants du harnachement de 24,480 chevaux, correspondant à la moitié de ce que l'artillerie a mobilisé depuis le commencement de la guerre.

Si les ports précités le pouvaient, on leur donnerait à fabriquer les harnais eux-mêmes et, dans ce but, on adresserait de la même manière les modèles de ces harnais.

Le Ministre de la Guerre au Général commandant l'artillerie, à Douai.

Tours, 5 octobre.

Je vous ai télégraphié, hier, que vous pouvez organiser une batterie montée à Lille et une à Douai.

..... Quant aux officiers de ces batteries, vous ne pouvez compter que sur vos propres ressources, c'est-à-dire sur les officiers compris dans votre commandement.....

Vous devrez également vous suffire avec vos ressources en harnachement et avec celles qui vous seront fournies par les rentrées de Sedan.

A ce propos, le harnachement nous manquant au point d'arrêter les formations en cours d'exécution, je vous invite à faire rechercher avec soin les harnais égarés après Sedan et je vous invite également à faire expédier sur Rennes, par Le Havre et Caen, tous les harnais qui ne vous seront pas indispensables pour la formation dont il vient d'être question.

Vous devez également ne pas laisser échapper l'occasion, si elle se présente, d'acheter les harnais de la même provenance qui ont pu être recueillis en Belgique. Les selles notamment nous seraient d'une grande utilité.....

Note du Major commandant le 8ᵉ régiment d'artillerie.

Rennes, 5 octobre.

Habillement. — Le corps ne possède, comme effets d'habillement, que 700 pantalons d'ordonnance qu'il a reçus du magasin d'habillement de la place de Rennes et dont il transforme une partie en pantalons de cheval. Les effets confectionnés journellement par le maître-tailleur sont distribués au fur et à mesure qu'ils sont versés en magasin. Les servants présents sont presque tous habillés (veste, pantalon, bonnet de police). L'habillement des conducteurs marche plus lentement; il en reste environ 150 non habillés. Les manteaux et les capotes nous font particulièrement défaut, les magasins de l'État ne nous en ayant jamais fournis. Nous commençons à en confectionner.

Grand équipement. — Le corps possède 600 ceinturons pour hommes montés et autant pour hommes non montés. Ces effets proviennent du magasin de Rennes où ils ont été délivrés sans plaques; on a suppléé à ces accessoires au moyen d'une boucle. Le marché passé avec le maître-sellier, pour la fourniture de 600 cordons de sabre et de 600 bretelles de mousqueton en cuir noir, est en cours d'exécution. Le même ouvrier confectionne aussi des havresacs et des porte-manteaux, ainsi que des porte-gibernes, également en cuir noir.

Effets au compte de la masse individuelle. — Sont également en cours d'exécution les marchés passés avec des négociants de Rennes pour reconstituer les ressources du magasin en effets de petit équipement. De plus, le corps a reçu d'un ancien fournisseur 900 chemises, 100 caleçons et 400 pantalons de treillis.

Armement. — L'armement est au complet pour le moment.

Harnachement. — Le harnachement est en bon état d'entretien. Le corps possède la quantité suffisante de harnachement pour une nouvelle batterie (20ᵉ batterie), et, en outre, quelques effets délivrés incomplets et qui seront complétés par le maître-sellier du corps. Nous n'avons pu obtenir davantage de la direction pour le moment.

Formations et instruction. — Une 14ᵉ batterie destinée à former, avec un détachement du 2ᵉ régiment du train d'artillerie, une batterie de 8 rayé de campagne, a été formée en vertu des ordres du ministère en date du 29 septembre 1870. Il ne manque à cette batterie que quelques capotes, manteaux et portemanteaux et des tentes-abris pour être prête.

On pourra, sans doute, la considérer comme telle dimanche (9 octobre) ou lundi (10 octobre) au plus tard, si le campement fournit des tentes-abris. M. le lieutenant ..... en a le commandement jusqu'à présent.

La 19e batterie se complète; les mêmes effets qu'elle exige en plus grande quantité retardent seuls le moment où elle sera prête. Cette époque ne peut encore être indiquée avec certitude. MM. les lieutenants..... et ..... sont désignés pour cette batterie.

..... Nos batteries à pied sont sans officiers. La 1re principale est commandée par M. ...., adjudant-major, qui, étant en même temps instructeur d'artillerie, est indispensable ici. La 2e batterie bis est commandée par l'adjoint au trésorier. Les servants nécessaires aux nouvelles formations sont empruntés à nos batteries.

L'instruction des servants, un peu retardée par des causes déjà signalées, est poussée activement et sera satisfaisante d'ici à une douzaine de jours, pour la plupart de ceux qui sont actuellement présents. Celle des conducteurs progresse plus lentement, faute de harnachement. Nous pourrions cependant être prochainement en état de former une 20e batterie si les cadres et surtout les officiers comptables ne commençaient pas à nous faire presque absolument défaut.

Note relative au harnachement de l'artillerie.

Sans date (probablement du commencement de novembre).

Le harnachement de l'artillerie faisait complètement défaut lors de l'arrivée à Tours, tout celui restant en magasin après la mise sur le pied de guerre de l'artillerie avait été employé pour les 12e, 13e, 14e corps et celui mis en commande en août était, pour la majeure partie, livrable à Paris.

Dès le 16 septembre, on mit en commande les harnachements de vingt batteries (3,600 chevaux).

La Commission de défense se chargea de son côté de faire faire du harnachement à Bordeaux, en Autriche et d'en acheter à l'étranger.

La Commission ayant récusé cette tâche au commencement d'octobre, on fit de nouvelles commandes, savoir : à Rennes pour 3,000 chevaux, à Toulouse pour 3,000, à Niort pour 3,000, à Poitiers pour 3,000.

Mais la difficulté était grande, surtout pour les selles.

Cependant les vingt batteries, demandées en premier lieu, et les commandes suivantes ont déjà donné l'artillerie des 15e, 16e et 17e corps, ensemble plus de 10,000 chevaux.

Depuis, on a mis deux batteries en commande en Belgique, on a acheté en Angleterre 3,000 selles, non encore livrées. On a chargé un ingénieur, M. ....., de faire en Angleterre une commande de 10,000 harnais, on invite le lieutenant-colonel de Reffye à demander 6,000 harnais à la place de Nantes.

C'est un total de 35,000 harnachements qui, s'ils étaient livrés en temps utile, donneraient l'artillerie de huit ou neuf corps d'armée.

Le Ministre de la Guerre au Président du conseil d'administration du 2° d'artillerie, à Grenoble.

Tours, 14 novembre.

..... Votre 22° batterie est demandée pour le 15 du mois courant; il est certain qu'il serait préférable de vous la laisser plus longtemps....; mais les événements nous dominent et il faut parer aux besoins imprévus qui en sont la conséquence.

..... Faites pour le mieux pour le recrutement de vos cadres ; j'en comprends toute la difficulté.

Que votre maître-sellier commence de suite la confection du harnachement d'une batterie ; le marché qui accompagnait votre note vous sera très prochainement renvoyé approuvé.

..... Enfin, dans dix ou quinze jours, la direction de Grenoble va recevoir d'Alger le harnachement de 250 chevaux et je compte lui faire une large part dans les harnais et selles attendus de l'étranger.

Note pour le Délégué du Ministre.

Tours, 21 novembre.

La Commission d'armement se met à la disposition du ministère de la Guerre pour lui obtenir n'importe quelle quantité de harnais appartenant au gouvernement des États-Unis à raison de 4 livres sterling 25 schellings par harnais ayant servi, 6 livres sterling par harnais neuf, plus commission et faux frais à payer à New-York.

On propose au Ministre de confier à cette commission l'achat de 10,000 harnais neufs.

Rapport sur les achats d'armes, munitions et harnais d'artillerie effectués en Angleterre par l'administration de la Guerre (Délégation de Tours et Bordeaux).

(Rapport établi par le colonel d'artillerie ayant rempli à la délégation de Tours et Bordeaux les fonctions de directeur adjoint au ministère de la Guerre).

Paris, novembre 1871.

HARNACHEMENT.

Le 16 septembre 1870, il restait hors de Paris, en comptant le harnachement des chevaux des équipages de ponts, des parcs des 13e et 14e corps d'armée sortis de Paris avant l'investissement et ce qu'il y avait dans les régiments et établissements de France et d'Algérie, le harnachement de 7,000 chevaux au grand maximum; encore était-ce, en partie, du harnachement à réparer, incomplet et proposé pour la réforme, notamment dans les directions de l'Algérie.

A la date du 1er février 1871, il avait été mis en ligne un personnel d'artillerie comprenant 41,758 chevaux harnachés. Depuis le 1er février jusqu'au 1er mars, l'artillerie a encore fourni dans les batteries attelées et dans les parcs plus de 5,000 chevaux. Si l'on ajoute à cela les attelages et chevaux de selle qui restaient dans les dépôts, on verra que plus de 50,000 chevaux d'artillerie ont été harnachés depuis le 16 septembre jusqu'à la conclusion de la paix, époque à laquelle il restait en magasin 7,200 harnachements pour chevaux de selle et 12,500 harnachements pour chevaux de trait.

Le service de l'artillerie s'était donc procuré, pendant cinq mois et demi de guerre, 64,000 harnachements pour chevaux de selle et de trait, tandis que l'existant au 1er janvier 1870, résultat des commandes et confections exécutées pendant plusieurs années de paix, n'était que de 8,607 harnachements pour chevaux de selle et 46,912 harnachements pour chevaux de trait.

Si l'administration, envers laquelle on se montre aujourd'hui sévère, sans tenir compte ni des difficultés qu'elle a rencontrées, ni des résultats qu'elle a obtenus et qui aurait cependant quelque droit d'être fière en montrant qu'elle a mis en ligne, du 17 septembre 1870 au 23 février 1871, 261 batteries d'artillerie avec 34 réserves divisionnaires et 11 parcs de corps d'armée, tandis qu'au début de la guerre, il n'existait que 164 batteries attelées; si l'administration qui, grâce au dévouement des officiers et employés restés en petit nombre dans les dépôts et les établissements, a pu, pour ainsi dire, improviser une artillerie dont personne n'a songé à nier les immenses services (1), avait obtenu ce résultat sans commettre une erreur, elle aurait atteint une perfection dont, pendant les derniers événements, ceux-là qui n'ont rien fait, sont les seuls peut-être qui aient le droit de se targuer..... en imagination.

En pleine paix, ou tout au moins pendant une guerre limitée à la frontière, si l'on s'était posé d'avance la condition d'acquérir en six mois 60,000 harnais, on aurait commencé par étudier les ressources dont on pouvait disposer en les limitant aux quantités dont on aurait su avoir besoin ; on aurait mis les fournitures en adjudication, on aurait discuté les conditions à imposer aux fournisseurs ; on aurait ensuite surveillé la réception en répartissant ce travail entre diverses commissions ou établissements ; mais, au milieu des derniers événements, rien de semblable ne pouvait se produire. Les besoins étaient pour ainsi dire illimités ; un corps d'armée n'était pas plutôt en ligne qu'à l'aide des hommes appelés en masse sous les drapeaux, on en formait de nouveaux pour lesquels on réclamait tout d'abord des batteries et des moyens d'approvisionnements en munitions.

En outre, il fallait toujours être prêt à faire partir de Toulouse, de Rennes, des renforts en hommes et en chevaux et matériel pour subvenir aux pertes éprouvées dans les combats, et la direction de l'artillerie avait tellement habitué l'autorité supérieure à voir ses ordres à cet égard suivis d'un effet presque immédiat, qu'à la fin du mois de janvier 1871, au moment où l'armée de l'Est allait être acculée aux frontières de la Suisse, on discutait s'il ne conviendrait pas d'abandonner matériel et attelages pour sauver au moins les troupes en leur faisant suivre à travers les montagnes les routes couvertes de neige et l'on demandait au directeur de l'artillerie s'il ne lui serait pas possible de rendre à cette armée, après une pareille retraite, les 72 batteries attelées qu'elle possédait avant de combattre sous Belfort.....

---

(1) Services rendus contre l'ennemi du dehors et l'ennemi du dedans (Note originale).

TABLEAU Nº 5.
Fournitures de harnais.

DATES DES RÉCEPTIONS.		ACHATS FAITS par M......	MARCHÉ de .... et de	TOTAUX.	PAYEMENTS EFFECTUÉS d'après les prix stipulés. fr. c.	OBSERVATIONS.
Réceptions.						
1º Traité du 21 décembre 1870	Avant le 15 février....	»	820	820	143,652 00	
	Après le 15 février....	»	1,580	1,580	218,988 00	
2º Traité du 12 nov. 1870.	Avant le 15 février....	500	»	500	74,062 50	
Traité du 26 nov. 1870.	Id..............	6,000	»	6,000	1,044,181 22	
Traité du 14 nov. 1870.	Avant le 15 février....	500	»	500	80,138 75	
3º Traité du 8 décembre 1870	Avant le 15 février....	3,500	»	3,500	689,312 50	
	Après le 15 février....	2,000	»	2,000	400,000 00	
Traité du 11 nov. 1870.	Avant le 15 février....	3,996	»	3,996	458,348 90	
Traité du 5 nov. 1870.	Id..............	2,000	»	2,000	334,594 65	
4º Traité du 21 nov. 1870.	Avant le 15 février....	500	»	500	83,750 00	
Traité du 29 décembre 1870	Avant le 15 février....	4,470	»	4,470	257,750 00	
	Après le 15 février....	530	»	530	92,750 00	
TOTAL.....		20,996	2,400	23,396	3,846,995 52	
Récapitulation.						
Livraisons faites........	Avant le 15 février....	18,466	820	19,286	3,135,257 52	
	Après le 15 février....	2,530	1,580	4,110	711,738 00	
TOTAL ÉGAL.....		20,996	2,400	23,396	3,846,995 52	

§ 8. — Commission spéciale de l'armement par le concours de l'industrie privée.

Note sur les Commissions d'armement et d'étude des moyens de défense.

Février 1871.

La Commission, dite d'armement national, a été instituée au commencement de septembre 1870, par un décret du Gouvernement de Paris et placée sous la présidence de M. Lecesne, ancien député. Elle a été chargée d'activer l'armement de la nation en ayant recours à l'industrie privée, tant en France qu'à l'étranger. Les opérations de cette commission ont été d'une double nature. D'une part, elle a fait, de sa propre initiative et sans l'approbation de la délégation du Gouvernement, les acquisitions qu'elle a jugées nécessaires ; les armes qu'elle s'est ainsi procurées ont été réparties entre le ministère de la Guerre et le ministère de l'Intérieur, la Guerre ayant toujours la priorité et ayant choisi presque exclusivement les armes se chargeant par la culasse. D'autre part, la Commission d'armement a fait, en Angleterre et en Amérique, des acquisitions de poudre, de munitions ou de harnais, sur la demande spéciale du ministère de la Guerre.

Cette commission dépend du ministère des Travaux publics. Un décret du 31 décembre 1870 lui attribue le droit exclusif de passer en Angleterre des marchés pour l'acquisition d'armes, de munitions ou de matériel de guerre destinés au Gouvernement ou à toutes administrations publiques.

La Commission d'étude des moyens de défense, créée par arrêté du 18 octobre 1870, sans attributions bien définies, a soumis directement à l'approbation du Ministre quelques marchés dont un seul, concernant la fourniture de canons en acier se chargeant par la culasse, est resté au compte du ministère de la Guerre.

En dehors de l'action de ces commissions, des marchés pour acquisitions d'armes, de munitions ou de harnais ont été passés par le Ministre, soit par l'intermédiaire de la direction d'artillerie, soit par celui d'agents ayant reçu des pouvoirs spéciaux.

Ces marchés, qui ont fourni un assez grand nombre d'armes, de munitions et de harnais, tirent presque tous à leur fin ; les plus éloignés expirent le 13 mars, à l'exception d'un marché de cartouches pour fusil Chassepot qui va jusqu'au 15 avril.

§ 10. — **Organisation en compagnies et bataillons des ouvriers travaillant dans les ateliers utilisés pour la confection du matériel de guerre.**

Le Ministre de la Guerre au Préfet des Bouches-du-Rhône, à Marseille.

Tours, 23 novembre.

L'emploi de gardes nationaux mobiles et de gardes nationaux mobilisés ou sédentaires dans les ateliers de la poudrerie de Saint-Chamas donnant lieu à des difficultés et réclamations incessantes, j'ai l'honneur de vous inviter à y mettre fin en formant de ces ouvriers une compagnie spéciale en exécution du décret du 14 novembre courant, dont une ampliation est ci-jointe.

Nota. — Avis de cette décision est envoyé le même jour au général commandant la 9e division militaire à Marseille.

Rapport du Préfet de la Loire, du Procureur de la République de Saint-Etienne et du Colonel directeur d'artillerie sur la Commission d'armement et les ouvriers attachés aux travaux de la défense nationale.

Saint-Etienne, 1er février 1871.

Deux besoins également impérieux se sont manifestés dans la lutte que la France soutient en ce moment : le besoin d'armes et le besoin de soldats.

Il s'agissait de pourvoir à la satisfaction de l'un et de l'autre en évitant un double danger, premièrement, celui de désorganiser les ateliers chargés de fournir des armes au pays sous prétexte d'augmenter le nombre de ses soldats, et, secondement, celui de soustraire, sous prétexte d'armement, une partie des citoyens à l'obligation de prendre les armes.

La délégation du Gouvernement s'est appliquée à résoudre le problème dans deux décrets des 11 octobre et 10 novembre 1870. Elle a admis à cet effet, en principe, que le Ministre de la Guerre et la Commission d'armement ont le droit d'affecter des ateliers à la fabrication et confection d'armes, de munitions et de matériel de guerre et, par conséquent, qu'ils ont le droit de soustraire au service actif de l'armée les ouvriers nécessaires à ces ateliers. Elle a même créé au profit de la Commission d'armement, pour le cas d'urgence, un droit de réquisition dans les différentes levées, à l'égard des mécaniciens, fondeurs, armuriers, forgerons, charrons, selliers et autres ouvriers de professions analogues.

Et, en même temps, elle a ordonné que ces ouvriers et employés seraient formés en compagnies et bataillons spéciaux et exercés au maniement des armes, et que tout ouvrier ou employé qui cesserait son travail rentrerait dans la levée dont il fait partie, reprendrait dans l'armée, la garde mobile ou la garde nationale, la place qu'il devait occuper.

Si ces décrets étaient appliqués strictement et de bonne foi dans toutes leurs dispositions, ils suffiraient pour donner pleine satisfaction aux deux intérêts que la délégation a eu en vue.

Mais d'une part, soit impossibilité matérielle, soit négligence, les ouvriers n'ont pas été formés en bataillons et compagnies et moins encore exercés.

D'autre part, la composition du personnel des ateliers affectés à l'armement a été l'objet des plus criants abus. Comme, en effet, ce personnel est apte, au moins momentanément, au service actif, tous les mobiles, mobilisés et mobilisables, qui répugnaient à figurer sur un champ de bataille, se sont efforcés d'entrer dans un atelier d'armement, et l'on a vu, dans les pays spécialement affectés à l'armement par le genre de leurs industries, tels que le département de la Loire, les individus les plus étrangers à l'armurerie par leurs habitudes professionnelles ou leur fortune personnelle transformés en ouvriers du jour au lendemain.

Des chefs d'atelier se sont trouvés qui n'ont pas craint de favoriser ces spéculations.....

La Commission d'armement, qui devait surtout se défendre contre ces abus, à raison des pouvoirs qui lui étaient confiés, n'a pas elle-même craint de les seconder en chargeant un de ses membres de la délivrance des certificats d'exemption, chose qu'il a faite avec tant de légèreté qu'il a dû se défendre dans une lettre au journal *l'Éclaireur* du 8 décembre 1870 et n'a pu le faire qu'en déclarant que la charge par lui remplie lui avait été imposée à son corps défendant.

Les conséquences de ces abus, c'est d'abord que les compagnies et bataillons d'ouvriers, qui pouvaient, à un moment donné, rendre tant et de si importants services, n'existent pas même sur le papier. C'est ensuite que le service de l'armée active en souffre lui-même. Ainsi les légions mobilisées de la Loire ont été réduites à l'origine à des cadres presque vides.

Des mobilisés, les uns se dispensaient de répondre à l'appel à la faveur de leur certificat d'exemption, les autres s'efforçaient d'imiter leurs devanciers et se cachaient jusqu'au jour où ils obtenaient leur entrée dans un atelier ; d'autres enfin refusaient nettement de partir tant que leurs camarades bénéficiaient des exemptions injustes qu'ils avaient obtenues.

Les choses en sont arrivées à un tel point que sur un effectif de 2,950 hommes, la 1re légion n'a pu réunir qu'environ 1,500 hommes; que sur un effectif de 2,789 hommes, la 2e légion n'en a réuni que 750.

Il s'agit de corriger les vices de cette situation. On n'insistera pas sur le défaut d'organisation des bataillons d'ouvriers, cela est l'affaire d'un règlement administratif.

Quant aux abus auxquels donnent lieu les exemptions à titre d'ouvriers, il est facile de les réprimer sans désorganiser les ateliers.

Mais quel remède employer?

Il faut couper le mal dans sa racine en interdisant l'emploi de tout ouvrier qui ne justifiera pas avoir exercé, pendant un certain temps avant la déclaration de guerre, le même travail dans l'atelier où il s'occupe actuellement ou dans un atelier analogue. Le droit de réquisition auprès du Ministre de la Guerre pourrait d'ailleurs être maintenu pour le cas d'insuffisance absolue du personnel, insuffisance que rien, quant à présent, ne permet de soupçonner.

En conséquence, il y aurait lieu de proposer à l'agrément du Gouvernement un projet de décret, lequel pourrait être libellé dans les termes suivants :

La délégation du Gouvernement de la Défense nationale,

Considérant que s'il est indispensable de ne pas désorganiser les ateliers chargés de pourvoir à l'armement, il importe non moins essentiellement de mettre un terme aux abus que le système actuel de recrutement des ateliers d'armement favorise, arrête :

Art. 1er. — Toutes les exemptions du service actif de l'armée, données jusqu'à ce jour aux ouvriers et employés des ateliers affectés par le Ministre de la Guerre et les Commissions d'armement à la fabrication d'armes, de munitions et de matériel de guerre, sont annulées.

Art. 2. — Tout ouvrier ou employé de ces ateliers ne pourra dans l'avenir être exempté du service actif qu'il doit à l'armée, s'il ne justifie avoir travaillé pendant un an au moins avant la déclaration de guerre comme ouvrier ou employé de la même profession dans l'atelier où il est affecté ou dans un atelier analogue.

Art. 3. — En cas d'insuffisance du personnel, les chefs d'atelier pourront le compléter conformément aux dispositions de l'article 5 du décret du 10 novembre, à la condition de s'adresser à l'autorité civile et militaire.

Art. 4. — En cas de contravention aux dispositions du présent décret, les ouvriers et, en cas de complicité, les chefs d'atelier, seront poursuivis en conformité des lois en vigueur.

§ 11. — Personnel et matériel d'artillerie fournis par la Marine.

Le Ministre de la Marine aux Préfets maritimes.

Paris, 29 août.

Il se pourrait que le préfet de votre département vous adressât des demandes de fusils pour les gardes nationales. Vous devriez, dans ce cas, livrer tous les fusils rayés ou lisses dont vous pourriez disposer. Mais vous ne vous dessaisirez ni de vos chassepots ni de vos carabines.

Le Ministre de la Marine au Ministre de la Guerre.

Paris, 1er septembre.

Analyse. — Accuse réception d'une lettre du 31 août montrant l'impérieuse nécessité signalée par le général commandant la 11e division militaire, de mettre le plus tôt possible en état de défense du côté de terre les ports maritimes de Cherbourg, Brest et Lorient.

Informe que l'on s'occupe d'armer enceintes fortifiées et demande que la Guerre maintienne dans ces ports les garnisons de gardes mobiles qui s'y trouvent.

Le Ministre de la Marine aux Préfets maritimes de Cherbourg, Brest, Lorient, Rochefort et Toulon.

Paris, 7 septembre.

Je viens de recevoir du capitaine de vaisseau, attaché militaire à la légation de France au Danemark, la dépêche suivante :

« Copenhague, 6 septembre.

« D'après informations offrant quelques certitudes, Prussiens auraient intention de détacher des forces suffisantes pour occuper Cherbourg et Brest en s'emparant bâtiments de guerre présents dans ces ports en l'absence des équipages envoyés à Paris ».

Ces renseignements sont corroborés par d'autres de sources diverses.

Bien que nous puissions encore espérer éviter ces éventualités, je vous invite à prendre toutes les mesures que vous suggéreront les circonstances, tant pour mettre l'arsenal en sûreté contre des flibustiers qui pourraient tenter d'incendier les bâtiments que contre une attaque en règle du côté de terre. Je désire que sous ce rapport vous usiez de toute l'initiative que les ressources dont vous disposez vous permettront de prendre.

Aucune demande d'hommes ne devant plus vous être faite pour Paris, vous pourrez, avec une entière liberté, affecter à la défense de votre port, tous ceux que vous avez actuellement sous la main.

Le Ministre de la Marine au Ministre de la Guerre.

Paris, 7 septembre.

J'ai l'honneur de vous adresser copie d'un projet de M. le préfet maritime du Ier arrondissement ayant pour but de reporter sur la vallée de la Douve, de Carentan à Port-Bail, la ligne de défense de Cherbourg.

Ce projet aurait l'avantage d'éloigner l'action de notre grand arsenal et d'offrir aux divers services et aux populations de la Manche l'abri d'un vaste camp retranché, fortement protégé par des défenses naturelles. Il a toute mon approbation.

Mais il n'appartient qu'au Ministre de la Guerre de prescrire les dispositions nécessaires, l'action des préfets maritimes s'arrêtant à la limite des ports militaires aux termes mêmes du décret du 18 août dernier. Je ne puis donc que recommander tout spécialement ce projet à votre attention, en insistant pour que des mesures soient prises dans le plus bref délai possible.

Si vous croyez pouvoir accepter le plan de défense présenté par M. le préfet de Cherbourg, j'ai l'honneur de vous prier de vouloir bien m'en donner avis et de transmettre les ordres nécessaires pour une entente entre l'autorité maritime et M. le général commandant la division militaire.

Le Préfet maritime de Cherbourg au Conseiller d'État, directeur délégué de la Marine, à Tours.

Cherbourg, 16 septembre.

J'ai l'honneur de vous accuser réception de votre dépêche en date du 14 septembre et de vous adresser la réponse à la question que vous m'adressez sur la possibilité de contribuer à organiser sur un point du territoire une défense énergique.

Depuis le commencement de la guerre, le port de Cherbourg a dû faire de nombreux armements et, par la suite, expédier sur Paris des approvisionnements considérables de matériel et de munitions de guerre. Aujourd'hui, après avoir fourni des armes à la garde nationale mobile et à la garde nationale sédentaire, armé la place et les défenses extérieures, il ne reste plus que l'approvisionnement strictement nécessaire à la défense. Les munitions de guerre sont même bien au-dessous de ce qu'elles devraient être, et je cherche en ce moment à en acheter à l'étranger. Le personnel est dans la même situation que le matériel, et les officiers mariniers principalement manquent pour former les cadres des compagnies que nous avons formées avec les marins de la division des équipages de la flotte (1). Depuis les revers qu'a éprouvés notre armée, j'ai dû me préoccuper de la possibilité d'une attaque par terre sur Cherbourg, et, en vue de cette éventualité, j'ai fait évacuer l'arsenal et diriger, conformément aux ordres du Ministre, les transports sur Rochefort. Ces bâtiments sont partis et rendus à l'île d'Aix. Il ne reste plus dans l'arsenal que les vaisseaux à vapeur qui sont, en ce moment, prêts à faire route pour Brest et Lorient et n'attendent plus, pour effectuer leur mouvement, que le retour des équipages et des officiers qui ont conduit les transports à Rochefort. Lorsque les vaisseaux seront partis, il ne restera plus dans l'arsenal que des bâtiments hors de service et ne pouvant être armés, et de peu de valeur, par conséquent. Nous avons fait appel depuis longtemps aux officiers retraités; peu se sont présentés et ceux-là ont été immédiatement employés. Il en est de même des capitaines au long cours, qui, jusqu'à présent, n'ont fourni que trois enseignes de vaisseau.

Le Préfet maritime de Brest au Délégué du ministère de la Marine, à Tours.

Brest, 17 septembre.

J'ai l'honneur de répondre à la lettre que vous m'avez adressée le 14 du courant, relativement aux ressources en personnel et en matériel de guerre dont la Marine à Brest serait à même de disposer pour l'organisation de la défense à l'intérieur.

Ces ressources sont, à mon grand regret, pour ainsi dire, insignifiantes.

Le chiffre du personnel dont je dispose est inférieur de près de moitié à celui reconnu pour la défense de la place. Il se compose de : 2,100 hommes de troupes régulières et de 2,000 marins environ, chiffre variable, appelés à renforcer l'infanterie et à armer les batteries des remparts. Plus la garde nationale.

La défense normale de Brest exige 12,000 hommes.

Les troupes sont armées de chassepots; les marins, de carabines; la garde nationale, de fusils transformés rayés.

---

(1) *En marge :* On pourrait donner les fonctions de second maître aux quartiers-maîtres, provisoirement.

J'avais ordre de délivrer au préfet du Finistère, et sur sa demande, les armes dont je pouvais disposer. Il m'en a déjà réclamé une grande partie; je les lui ai fait remettre. Il me reste disponible en ce moment environ 2,000 fusils transformés, rayés, et 800 carabines de gendarmerie. Il les réclamera probablement. Ce sont les seules armes qui nous restent sans emploi pour le moment.

Les officiers, sous-officiers et quartiers-maîtres me font défaut. L'effectif des officiers est bien au-dessous de nos besoins. Quant à celui des seconds maîtres et quartiers-maîtres, il est tellement restreint et insuffisant qu'il m'est impossible de former même une partie des cadres des compagnies de marins à organiser pour la défense de la place. Je me suis vu dans l'obligation de demander au Ministre l'autorisation de faire des avancements provisoires de seconds maîtres et de quartiers-maîtres. J'attends sa réponse.

Vous verrez d'après cette situation des choses que, sauf quelques armes, qui même ont déjà peut-être leur destination, nos ressources sont tellement bornées qu'il m'est impossible de répondre à la demande que vous m'adressez.

Le port de Brest construit en ce moment, pour le compte de la Guerre, des affûts, chariots, avant-trains pour batteries d'artillerie de campagne (canons de 12 et de 4 rayés). Tous nos moyens d'action sont portés sur ce travail et tout me fait espérer que la production sera considérable.

Je vais faire appel aux officiers de marine et à la maistrance en retraite, ainsi qu'aux capitaines au long cours, qui désireraient concourir à la défense nationale. Je vous adresserai la liste des noms de ceux qui me paraîtraient remplir les conditions voulues.

Je ne dois pas vous dissimuler que, dans mon opinion, ces volontaires seront bien peu nombreux. La majeure partie du personnel de cette catégorie se compose généralement d'hommes usés par le service à la mer et aptes seulement dans certaines limites à servir des pièces derrière un rempart, mais incapables de faire campagne sur terre.

Le Major général de la Marine au Préfet maritime de Rochefort.

Rochefort, 17 septembre.

Vous m'avez transmis une dépêche de M. le délégué du Gouvernement de la Défense nationale en me chargeant de vous faire connaître quelles seraient les ressources en personnel que pourraient fournir pour la défense générale les corps d'artillerie et d'infanterie de marine ainsi que les équipages de la flotte.

L'artillerie de marine a un effectif tellement réduit que ce corps ne peut suffire au travail que lui imposent les travaux de défense du port de Rochefort. Cet effectif n'est pas assez nombreux pour servir les pièces des forts de la rivière qui appartiennent à la Marine et, en supposant une attaque de la ville, il ne pourrait fournir que deux hommes par pièce sur la moitié environ des pièces armées. Je considère, en conséquence, qu'aucun soldat ou sous-officier d'artillerie ne pourrait être détaché.

L'infanterie de marine compte aujourd'hui un effectif de 1,531 hommes, sur lesquels il y a en recrues, hommes non disponibles et malades, un total de 867 militaires; il resterait 664 disponibles, mais ne possédant pas tous les effets d'habillement, de petit équipement nécessaires pour entrer en campagne.

La pénurie en sous-officiers et caporaux est telle que M. le major commandant le dépôt n'a pu former jusqu'à ce jour les deux compagnies dont l'organisation est prescrite depuis plus d'un mois.

En cas d'attaque de la ville, le contingent de l'infanterie de marine est indispensable. La division n'a pas même pu compléter les équipages des trois batteries flottantes qui arment pour la défense de la rivière, et elle doit, en outre, fournir l'armement de neuf pièces des remparts de la ville.

J'estime donc, Amiral, que les ressources que nous possédons en artillerie, en infanterie de marine et en marins de la flotte nous sont indispensables; mais je me permets d'appeler votre attention sur les 1.500 hommes de la garde mobile des Pyrénées-Orientales qui sont casernés à Rochefort et qui ne concourent à aucun service. Ces hommes ne nous sont point indispensables pour la défense de la place; ils gagneraient en discipline et en valeur personnelle à être attachés à un service actif. Pour le moment, ils ne nous sont d'aucune utilité et ne se prêtent qu'avec répugnance aux travaux de terrassement de la défense. Loin d'être un affaiblissement, leur départ nous laisserait plus d'unité dans la disposition de nos forces.

Le Ministre de la Marine et des Colonies aux Préfets maritimes de Brest, Rochefort et Toulon.

Tours, 17 septembre.

Les ressources de nos arsenaux en personnel et outillage peuvent offrir un concours considérable à l'œuvre de la défense nationale. Dans le but d'obtenir de leurs travaux la plus grande somme de résultat utile, j'ai demandé à l'administration de la Guerre quelles étaient les fabrications pour lesquelles notre intervention serait spécialement plus désirable.

Je vous envoie copie de la réponse que j'ai reçue à ce sujet de la direction d'artillerie de ce département.

Je vous invite, tout en réservant le personnel et les ateliers nécessaires au service courant de l'entretien et de la réparation de notre matériel naval, à faire prendre dans les diverses directions de l'arsenal de ..... (1), les dispositions qui vous paraissent les plus convenables pour répondre aux demandes du département de la Guerre.

Vous voudrez bien me faire connaître à bref délai dans quelles limites il vous serait possible de satisfaire aux demandes de travaux de diverses catégories qui vous seraient adressées.....

Aussitôt que vous m'aurez informé que vous êtes en voie d'organisation, je vous expédierai des commandes et vous m'aviserez de la mesure dans laquelle le port de ..... (1) pourra y satisfaire.

J'appelle votre attention sur les mesures que je vous prescris et qui exigent le concours empressé et actif de tous les services placés sous vos ordres. Ce dont chacun doit se préoccuper dans les circonstances actuelles, c'est d'une action et d'une exécution rapides que ne doit jamais entraver le respect des formes administratives.

Le Préfet maritime de Toulon au Ministre de la Marine.

Toulon, 19 septembre.

Analyse. — La Guerre n'a ni personnel ni matériel. La Marine a dû prendre à sa charge la mise en place de l'armement.

Son personnel se réduit à huit compagnies de matelots. Officiers trouvés difficilement en réduisant tous les services. Peu d'officiers mariniers et pas d'officiers mariniers du canonnage.

Cédé : 2,000 fusils lisses au commissaire général de la République des Bouches-du-Rhône ; 1,700 fusils rayés à la garde nationale sédentaire de Toulon.

Nous fabriquons 120,000 cartouches Chassepot par jour.

Officiers retraités et capitaines au long cours peu susceptibles de faire officiers d'artillerie.

Le Ministre de la Marine au Vice-Amiral commandant l'escadre du Nord.

Tours, 19 septembre.

Je vous invite, dès votre arrivée en rade, à mettre à la disposition du

---

(1) Brest, Rochefort ou Toulon.

préfet maritime de Cherbourg, pour la défense des lignes de Carentan, toutes vos compagnies de débarquement complétées à 120 hommes par frégate et la moitié de vos canonniers brevetés. Ces compagnies seront munies de leur matériel de campagne.

Si plus tard les circonstances s'aggravaient et que Cherbourg même fût directement menacé, vous mettriez à la disposition du préfet maritime le personnel qui ne vous serait pas indispensable pour conduire l'escadre à Brest.

Le Ministre de la Marine au Directeur de l'établissement de Guérigny.

Tours, 24 septembre.

J'ai examiné avec intérêt les propositions que vous m'avez faites au sujet de l'organisation des ouvriers de l'établissement que vous dirigez en compagnies d'ouvriers militaires maritimes, et je donne mon approbation entière aux mesures que vous y indiquez.

Je me suis entendu à ce sujet avec M. le délégué du Ministre de l'Intérieur, et un accord complet s'est établi entre nous. M. le préfet de la Nièvre va recevoir en conséquence l'avis que les ouvriers de l'établissement de Guérigny doivent être dispensés du service de la garde nationale sédentaire comme employés à un service public.

Ce personnel est donc mis entièrement à votre disposition, et vous aurez à pourvoir à son organisation en compagnies d'ouvriers militaires maritimes. J'envoie au port de Toulon l'ordre de vous expédier pour leur armement 600 fusils rayés avec 200 cartouches par arme ; je prescris de joindre à l'envoi les effets d'équipement dont le port pourra disposer ; si le nombre n'en était pas suffisant, vous auriez à le faire compléter par des confections ou des achats, selon le procédé le plus rapide et le plus économique.

Vous aurez à former les cadres de ces compagnies à l'aide du personnel sous vos ordres, en suivant, autant que possible, l'ordre hiérarchique, mais sans hésiter à vous en écarter si des considérations d'aptitude militaire des agents appelés à remplir les postes importants vous y engageaient.

Vous devrez également donner au corps ainsi formé un uniforme pour le modèle duquel je vous laisse toute latitude......

Il est bien entendu avec mon collègue du département de l'Intérieur que ces compagnies sont détachées d'une façon absolue de la garde nationale sédentaire, qu'elles sont immobilisées, spécialement destinées à la protection et à la défense de l'établissement de la marine, et qu'elles n'auront désormais à reconnaître d'autre autorité que la vôtre.

L'organisation, telle qu'elle vous est prescrite, tranche les questions de solde que vous m'avez posées ; les ouvriers restant d'une façon absolue à la disposition du Ministre de la Marine, la solde doit leur être accordée, que leur temps soit employé par vous à des travaux ou à des opérations de défense.

Lorsque vous aurez reçu de Toulon l'armement qui vous est destiné, vous ferez remettre, sans retard, à la disposition de M. le préfet de la Nièvre, les fusils qui sont en ce moment entre les mains des ouvriers, soit qu'ils proviennent de ceux qui vous avaient été personnellement remis, soit qu'ils leur eussent été attribués individuellement comme faisant partie de la garde nationale de la commune.

Projet de décret.

(Sans date).

Chaque compagnie comprendra : 1 capitaine, 1 lieutenant, 1 sous-lieutenant ; 1 sergent-major, 1 sergent fourrier, 4 sergents, 8 caporaux, 109 soldats au minimum, 2 tambours ou clairons.

Officiers nommés par le Ministre sur la proposition du Directeur, parmi : *officiers*, génie maritime, service armé ; *exceptionnellement*, gradés de l'établissement.

Cinq compagnies, réunies en un bataillon, commandé par l'officier du génie maritime, sous-directeur.

Le Ministre de la Marine au Préfet maritime, à Lorient.

Tours, 27 septembre.

Par suite d'une entente avec le département de la Guerre, j'ai décidé que les établissements de la Marine prêteraient tout le concours possible à la fabrication du matériel de guerre. Dans la répartition de ces travaux, le port de Lorient, par sa situation, est appelé à collaborer avec l'usine d'Indret, pour la confection des batteries de canons à balles.

L'établissement d'Indret a déjà reçu des ordres et mis en main la construction des canons nécessaires pour la formation de 12 batteries de ce genre ; l'arsenal de Lorient aura à confectionner le matériel roulant : affûts, caissons et autres objets destinés à compléter les batteries et qu'Indret ne pourrait fournir. Dans ce but, la direction générale de l'artillerie de la Guerre prescrit aux directions de Rennes et de Nantes de vous expédier les modèles, et à celle de Nantes, en particulier, de fournir les dessins nécessaires à la construction du matériel neuf ou à la modification du matériel en usage.

Afin d'éviter tout retard et tout mécompte, je vous invite à charger un ingénieur des constructions navales et un officier d'artillerie de la marine de s'entendre avec MM. le directeur de l'établissement d'Indret et le directeur d'artillerie à Nantes, qui dirige dans cette ville un atelier spécial pour la fabrication des canons à balles ; ils arrêteront de concert quelles catégories de matériel le port de Lorient devra fournir, et réuniront tous les documents nécessaires pour une bonne et prompte confection. Une manufacture de munitions pour canons à balles est organisée à Nantes ; cette fabrication exige un outillage spécial et, paraît-il, difficile à établir. Il y aurait pourtant lieu d'examiner si, à défaut d'un établissement complet, le port de Lorient ne pourrait pas préparer quelques-uns des éléments nécessaires à la confection de ces munitions, éléments qui, dirigés sur Nantes, permettraient de donner à la production un développement plus considérable.

Vous recevrez de la direction générale d'artillerie de la Guerre une communication qui entre dans des détails plus précis des opérations que vous aurez à exécuter pour son compte ; je me borne à ajouter, en résumé, que vous aurez à faire prendre toutes les dispositions que vous jugerez nécessaires pour que l'arsenal de Lorient donne à l'établissement d'Indret et à la direction d'artillerie de Nantes les concours de tous les moyens dont il peut disposer. Vous vous tiendrez donc en relations constantes avec les deux directeurs et agirez de concert avec eux pour arriver au résultat désiré.

Je joins à cette dépêche une communication du ministère de la Guerre au sujet des travaux à demander aux autres arsenaux. Je vous prie de me faire connaître si vous pourriez contribuer à quelques-uns d'entre eux en dehors de la mission spéciale confiée au port de Lorient.

Le Commandant en chef de l'escadre du Nord au Ministre de la Marine, à Tours.

Cherbourg, 1er octobre.

..... En arrivant à Cherbourg, j'y ai trouvé vos deux dépêches du 16 et du 19 : la première m'annonçant la formation de l'escadre du Nord sur le pied de sept frégates et cinq avisos, et m'invitant à mettre mes trois corvettes à la disposition du préfet maritime ; la deuxième, me prescrivant de débarquer de l'escadre du Nord, les fusiliers, au nombre de 120 par frégate, et la moitié des canonniers pour les diriger sur les lignes de Carentan. Je me suis entendu hier avec le préfet pour toutes ces mesures ; aujourd'hui, elles sont en pleine voie d'exécution..... 700 marins d'élite partent après-demain pour Carentan ; ils pourront être sous peu complétés à 1,000, puis, plus tard, encore augmentés.

..... Nous réparons le matériel de l'escadre endommagé par deux mois de croisière, et nous espérons que, d'aujourd'hui en huit, le matériel de la 1re division de l'escadre sera remis en état comme l'est d'ailleurs celui de la 2e division, qui séjourne ici depuis quelque temps déjà.

Le même au même (D. T.).

Cherbourg, 6 octobre, 11 h. 35 matin.

Le préfet m'informe que demain il pourra recevoir les 440 marins, fusiliers et canonniers, qu'il reste encore à débarquer de l'escadre ; il me les remplacera le même jour par moitié autant de matelots de pont. Je pourrai donc, si Votre Excellence le prescrit, partir le 8 pour Dunkerque.

Le Ministre de la Marine au Vice-Amiral commandant l'escadre du Nord, à Cherbourg (D. T.).

Tours, 6 octobre.

Vous appareillerez le 10 pour Dunkerque, où vous attendrez escadre Manche partie en croisière. Laissez à Cherbourg toutes vos compagnies de débarquement et la moitié de vos canonniers, et remplacez numériquement les hommes débarqués jusqu'à concurrence de moitié.

Les navires prussiens venant du large naviguent dans zone territoriale jusqu'à Yarmouth, d'où ils gagnent côte allemande. C'est donc dans ce trajet que les avisos doivent les surveiller. La croisière en Manche est sans objet.

Le Préfet maritime de Lorient au Ministre de la Marine.

Lorient, 10 octobre.

Analyse. — Les compagnies d'ouvriers militaires de l'arsenal sont constituées ; elles comprennent des canonniers, des fusiliers et des éclaireurs, ces derniers choisis parmi les ouvriers résidant *extra-muros*. Elle sont commandées par les officiers et maîtres.

Commandant supérieur : colonel d'artillerie .....

Le Ministre de la Marine aux Préfets maritimes de Brest, Lorient et Toulon.

Tours, 14 octobre.

L'organisation en compagnies spéciales, adoptée pour les ouvriers de nos arsenaux (dépêche du 4), vient d'être prescrite par décret du 11 (*Moniteur* du 14) pour le personnel de tous les ateliers de l'État et même des établissements particuliers travaillant pour la défense nationale.

Le Gouvernement entend que ce décret soit exécuté et donne, en conséquence, des ordres aux autorités civiles. Exécutez de votre côté.

ARTILLERIE.

Le Contre-Amiral préfet maritime de Toulon au Ministre de la Marine.

Toulon, 20 octobre.

En réponse à votre dépêche du 15 courant, j'ai l'honneur de vous faire connaître que nous venons de compléter la formation du détachement à diriger sur Besançon. En tout, 6 officiers et 200 marins et agents des vivres.

Rapport du capitaine de vaisseau ....., général de division de l'armée auxiliaire, commandant la 7ᵉ division militaire à Besançon.

..... Indépendamment des pièces de 24 qui garnissaient les forts, l'arsenal de Toulon avait dirigé sur Besançon dix pièces de marine à longue portée, de 16 centimètres, se chargeant par la culasse et approvisionnées à 200 coups; 200 marins avaient été également envoyés pour les servir. A ma demande, nous reçûmes vingt nouvelles pièces, qui furent réparties sur les points les plus favorables ; mais les projectiles manquaient, et, pour y remédier, je fis installer à l'usine de Casamine une fonderie de boulets, en même temps qu'on y établissait une machine à fileter pour rayer un assez grand nombre de canons de 12, à âme lisse, qui se trouvaient sans emploi possible à l'arsenal. Je dois mentionner aussi une importante fabrique de cartouches, qui fut créée sous la direction des ingénieurs des ponts et chaussées, et qui donna de très bons résultats.....

Le Préfet maritime de Brest au Ministre de la Marine.

Brest, 8 novembre.

En exécution de vos ordres, je fais préparer les deux détachements de marins canonniers qui doivent être dirigés l'un sur Dunkerque, aux ordres du général Bourbaki, l'autre sur le camp de Coolie, à ceux du général de Kératry.

J'ai pensé qu'il ne pouvait convenir en aucun cas de mettre nos hommes sous les ordres d'autorités étrangères à la Marine sans les organiser et les faire commander par nos officiers.....

Le premier de ces détachements se compose de la manière suivante : 1 maître canonnier, 2 seconds maîtres canonniers, 8 quartiers-maîtres, 42 chefs de pièces brevetés.

Le second comprend : 1 maître canonnier, 1 second maître canonnier, 4 quartiers-maîtres, 31 chefs de pièces.

..... Les hommes sont armés de chassepots, munis de havresacs et de tous les objets de campement.

Le Ministre de la Marine au Préfet maritime, à Brest (D. T.).

Tours, 12 novembre.

Dirigez sur Orléans, par les voies rapides, 1 premier maître de canonnage, 2 seconds maîtres de canonnage, 20 quartiers-maîtres de canonnage, 50 canonniers brevetés, 40 matelots choisis parmi les plus aptes au service du canonnage.

Ce contingent sera placé sous les ordres d'un lieutenant de vaisseau breveté de canonnage que vous désignerez ; il formera, à Orléans, avec 20 hommes envoyés de Lorient et 30 de Toulon, une compagnie sous les ordres d'un capitaine de vaisseau, commandant supérieur, que je fais diriger sur Orléans. Le lieutenant de vaisseau, secondé par un enseigne de Toulon, sera capitaine comptable. La compagnie formera une annexe de l'*Inflexible*, dont vous désignerez le numéro.

Le Ministre de la Marine au Préfet maritime, à Lorient (D. T.).

Tours, 12 novembre.

Dirigez sur Orléans, par les voies rapides, 20 canonniers brevetés sous la conduite d'un second maître ou d'un quartier-maître de canonnage. Ces 20 canonniers rejoindront à Orléans une compagnie placée sous les ordres d'un lieutenant de vaisseau, capitaine comptable, et sous le commandement supérieur de M. le capitaine de vaisseau ....., chargé de la batterie de la Marine organisée pour la défense de la ville.

Le Ministre de la Marine au Préfet maritime, à Toulon (D. T.).

Tours, 12 novembre.

Dirigez par les voies rapides sur Orléans, 10 quartiers-maîtres de canonnage et 20 matelots choisis parmi les plus aptes au canonnage. Placez ces 30 hommes sous la conduite d'un enseigne de vaisseau, qui se rangera à Orléans sous les ordres de M. le capitaine de vaisseau.....

Le Ministre de la Marine au Préfet maritime, à Cherbourg (D. T.).

Tours, 14 novembre.

Dirigez d'urgence sur Orléans ....., deuxième maître de manœuvre à Carentan, et ...., deuxième maître canonnier débarqué du *Rochambeau*. Envoyez un micromètre et deux longues-vues.

Le même au même (D. T.).
Tours, 14 novembre.

Dirigez d'urgence sur Orléans le détachement de canonniers de la *Jeanne-d'Arc*.

Le Ministre de la Marine au Préfet maritime, à Brest (D. T.).
Tours, 17 novembre.

Dirigez d'urgence sur Orléans 1 second maître (canonnier ou sergent d'armes ou de manœuvre), 10 quartiers-maîtres canonniers, 40 canonniers brevetés et 20 matelots aptes au canonnage. Total : 71.

Le Préfet maritime de Brest au Ministre de la Marine, à Tours, et au Commandant du détachement de marins, à Orléans (D. T.).
Brest, 18 novembre, 3 h. 40 soir.

J'ai été obligé de scinder en deux l'envoi des canonniers demandés par télégramme d'hier. Le premier détachement, parti aujourd'hui à midi, comprend 1 premier maître canonnier, à renvoyer à Brest, 5 quartiers-maîtres, 39 brevetés, 12 matelots. Le second détachement partira demain à midi et comprendra 1 second maître canonnier, 5 quartiers-maîtres, 1 breveté, 8 matelots, 2 armuriers.

Le Préfet maritime de Lorient au Ministre de la Marine.
Lorient, 22 novembre.

Un détachement comprenant 2 quartiers-maîtres canonniers, 10 canonniers, 10 canonniers brevetés et 12 matelots, partira aujourd'hui à 5 h. 45 du soir pour le camp de Conlie.

J'expédie, en outre, au général Kératry les deux affûts dont vous m'avez prescrit l'envoi.

Le Préfet maritime de Brest au Ministre de la Marine, à Tours (D. T.).
Brest, 23 novembre.

Général Kératry demande l'envoi au camp de Conlie pour travail pressé de 100 charpentiers, 25 perceurs avec outils. Puis-je envoyer contre remboursement ?

Le Préfet maritime de Toulon au Ministre de la Marine.

Toulon, 25 novembre.

La compagnie de canonniers pour Lyon, effectif : 2 officiers et 120 hommes, est partie ce matin à 8 h. 45.

Le Général commandant la IIe armée au Ministre de la Guerre (D. T.).

Le Mans, 30 décembre, 7 h. 45 soir.

L'artillerie a beaucoup souffert dans son personnel. Il serait à désirer que l'on puisse affecter aux différentes batteries quelques pointeurs pris dans la marine.

Le Ministre de la Guerre au Ministre de la Marine.

Bordeaux, 1er janvier 1871.

Le général commandant en chef la IIe armée, en me signalant la perte considérable subie par le personnel de l'artillerie de son corps, exprime le désir de pouvoir disposer de quelques pointeurs pris dans la marine pour être répartis entre les différentes batteries.

J'ai l'honneur de vous transmettre cette demande, en vous priant de vouloir bien me faire connaître la suite que vous aurez jugé devoir lui donner.

Le même au même.

Bordeaux, 1er janvier 1871.

Pour faire suite à ma lettre de ce jour, concernant une demande de marins pointeurs qui m'était adressée par le général commandant en chef de la IIe armée, j'ai l'honneur de vous donner connaissance d'une nouvelle dépêche de ce même officier général ainsi conçue :

« J'insiste pour avoir des marins et surtout des chefs de pièce de la marine; il y a 5,000 marins à Cherbourg; ne pourrait-on m'en envoyer quelques-uns ? »

Je vous prie de vouloir bien me mettre à même de répondre au général commandant la IIe armée en me faisant savoir s'il vous est possible de satisfaire à cette demande, légitimée par les pertes considérables qu'a subies le personnel de l'artillerie de la IIe armée, et dans quelles limites vous pouvez y satisfaire.

Le même au même.
                              Bordeaux, 5 janvier 1871.

En réponse à votre lettre du 2 janvier courant, j'ai l'honneur de vous communiquer ci-joint la dépêche de M. le général Chanzy qui accepte les 20 matelots canonniers et les 15 ou 20 marins que vous consentez à mettre à sa disposition pour les besoins de l'artillerie de la IIe armée.

Je vous prie, en conséquence, de vouloir bien donner les ordres pour que ces hommes soient dirigés le plus promptement possible sur Le Mans où ils recevront leur destination définitive.

Le Directeur de l'établissement d'Indret au Ministre de la Marine.
                              Indret, 20 janvier 1871.

Je reçois la dépêche du 17 par laquelle vous me prescrivez : 1° De mettre au besoin à la disposition du général commandant le département de la Loire-Inférieure les hommes valides du bataillon des ouvriers d'Indret.....

J'envoie aujourd'hui à Nantes le commandant du bataillon afin qu'il étudie, de concert avec l'état-major, la solution des questions de détail que comporte l'exécution de cette prescription.....

VIII

Génie.

§ 1ᵉʳ. — Armée régulière.

Le Ministre de la Guerre au Colonel commandant le génie du 15ᵉ corps d'armée.

Tours, 15 novembre.

Après avoir fait connaître que des outils seront distribués aux corps d'infanterie, le Ministre ajoute :

..... Quant aux parcs de corps d'armée, j'ai décidé que leur organisation actuelle ne serait modifiée que dans le but de compléter au chiffre réglementaire de 2,000, le nombre d'outils qu'ils doivent contenir. Ces 2,000 outils, qu'il faudra entretenir avec soin par des achats ou des envois des magasins des places, constitueront la *réserve* à laquelle on viendra puiser pour remplacer dans les corps les outils perdus, brisés, ou usés.

Vous voudrez bien, au reçu de la présente décision, faire passer une revue des outils existants au parc de corps d'armée, et m'adresser par télégraphe, si c'est possible, l'état des outils de chaque espèce qu'il faudrait vous envoyer pour satisfaire aux prescriptions ci-dessus. Vous mettrez immédiatement en distribution les outils de parc de manière toutefois à conserver une réserve provisoire de 300 outils. Si vous êtes à proximité d'un centre de population qui offre quelques ressources, vous en profiterez pour y acheter des outils, et vous m'en donnerez avis afin que j'en tienne compte dans les quantités que j'aurai à vous expédier.

Afin de pouvoir transporter dans les voitures du parc les 2,000 outils de la *réserve normale*, vous laisserez dans les magasins du génie des places que vous traverserez, les objets et engins qui vous paraîtront d'une utilité moindre.

Situation sommaire du matériel de guerre du génie au mois de juillet 1870, avant la déclaration de guerre.

Paris, 22 mai 1872.

1° *Outils portatifs.* — Une décision ministérielle du 23 mars 1864 fixait le nombre des assortiments d'outils portatifs pour compagnies de sapeurs et de mineurs à 72, dont 54 avec étuis et 18 sans étuis; ces derniers, devant former la réserve de l'arsenal, comprenaient en première urgence quatre assortiments, et en deuxième urgence 14.

Au mois de juillet 1870, les 54 assortiments avec étuis, et les 4 assortiments sans étuis de première urgence existaient soit en service dans les régiments, soit en magasin à l'arsenal de Metz.

La totalité de ce matériel a disparu pendant la guerre à Sedan, à Metz et aux diverses armées.

2° *Parcs de compagnie.* — Le nombre des parcs de compagnie (formés chacun de deux voitures dites de section) avait été fixé par une décision ministérielle du 12 mai 1868, à 48, dont six pour compagnies de sapeurs.

Ces 48 parcs, montés sur roues et munis de tout leur harnachement, étaient répartis, au moment de la déclaration de guerre, entre les trois régiments du génie et les entrepôts de Lyon, de Satory et de l'arsenal de Metz.

Ils ont eu le même sort que les assortiments d'outils portatifs.

3° *Parcs de corps d'armée.* — D'après la décision ministérielle du 12 mai 1868, les parcs de corps d'armée, formés de 9 voitures, devaient être au nombre de 10, dont 8 avec harnachement et 2 de réserve sans harnachement.

Au mois de juillet 1870, non seulement tout ce matériel existait, mais l'un des parcs de réserve avait même pu être muni d'un harnachement prélevé sur les ressources disponibles de l'arsenal. Il y avait donc à cette époque 9 parcs de corps sur roues et avec harnachement répartis comme il suit : 2 à Lyon, 4 à Metz, 2 à Satory et 1 à Civita-Vecchia. Le dixième, démonté et sans harnachement, était entreposé à Vincennes.

Huit de ces parcs furent mis en service dès le début de la guerre à l'armée du Rhin; les autres furent affectés aux armées qui s'organisèrent plus tard. La majeure partie tomba aux mains des Allemands à Sedan et à Metz, il n'en reste aujourd'hui que quelques voitures dépareillées.

4° *Parcs d'armée.* — La décision ministérielle déjà citée, du 12 mai 1868, avait fixé à 3 le nombre des parcs d'armée, savoir :

2 parcs de marche avec harnachement, et 1 de réserve sans harnachement.

Chaque parc comprenait 56 voitures.

Les deux parcs de marche, montés sur roues et munis de leur harnachement, étaient entreposés à Satory ; le parc de réserve, démonté, était à Vincennes.

Le parc de marche n° 1 fut envoyé à l'armée du Rhin ; il fut pris par les Allemands lors de la capitulation de Metz.

Le parc de marche n° 2, expédié sur Bourges au commencement de septembre et de là sur Lyon, fut utilisé pour composer des parcs de corps destinés aux diverses armées de province. Il reste à Lyon une vingtaine de voitures provenant de ce parc. Quant à celui de Vincennes (parc de réserve), il servit à organiser les différents parcs de section employés dans les corps d'armée sous Paris. La majeure partie des voitures qui le composaient a été pillée par les insurgés.

5° *Approvisionnement de dépôt.* — Une décision ministérielle du 24 février 1824 avait créé un approvisionnement, dit de dépôt, destiné à parer aux besoins des armées en campagne ou en opération de siège et comprenant 100,000 outils de terrassier et tranchants, répartis comme il suit : 20,000 à Soissons et 10,000 dans chacune des places de Metz, Arras, Strasbourg, Belfort, Lyon, Toulon, Perpignan et Bayonne.

Cet approvisionnement était au complet en 1870, sauf en ce qui concerne Toulon, où il n'y avait que 5,000 outils au lieu de 10,000. Il se trouve réduit aujourd'hui à 8,000 outils environ répartis entre Lyon et Toulon ; le reste a été consommé aux armées ou pris par les Allemands dans les places qui ont capitulé.

6° *Approvisionnement de défense.* — L'approvisionnement de défense des places avait été fixé par diverses décisions ministérielles à 290,000 outils environ, dont 270,000 de terrassier et tranchants et 20,000 de mineurs ; le tout réparti dans 128 places.

En juillet 1870, il manquait environ 59,000 outils, dont 58,000 de terrassier et tranchants et 1,000 de mineurs.

Pendant la guerre, 70,000 ont été consommés ou sont tombés aux mains des Allemands. Mais ces pertes seront compensées, et au delà, par les outils fabriqués pendant la guerre et provenant des armées licenciées, outils qui, en raison de leurs formes, ne pourraient être affectés à la reconstitution des parcs de campagne.

7° *Sacs à terre.* — Enfin, en 1867, on avait formé un approvisionnement de 210,000 sacs à terre, répartis entre l'arsenal du génie et les places des directions de Mézières, Langres, Metz et Strasbourg.

La totalité de ces sacs à terre a été consommée pendant la guerre.

Résumé. — En résumé, au mois de juillet 1870, le service du génie avait son matériel de guerre au complet, sauf en ce qui concerne une partie de l'approvisionnement de défense des places; ce matériel était d'ailleurs réparti sur les divers points du territoire, assignés par les règlements ministériels.

Il ressort de ce qui précède qu'à l'exception des outils de l'approvisionnement de défense, ce matériel a disparu presque entièrement pendant la période de guerre que nous venons de traverser; on espère cependant, au moyen des éléments que l'on retrouve çà et là et des acquisitions ou des fabrications qui ont été effectuées pendant la campagne, arriver à reconstituer la valeur d'environ deux parcs d'armée.

§ 2. — Garde nationale mobile. Garde nationale mobilisée. Génie auxiliaire.

Le Ministre de la Marine au Préfet maritime, à Toulon.

Tours, 18 octobre.

Le département de la Guerre nous demande pour l'armée Bourbaki un bataillon auxiliaire du génie. Organisez-le d'urgence avec des mécaniciens et des officiers de la Marine et du génie maritime possédant de l'action sur les hommes. Proposez-moi, par télégraphe, un homme énergique pour commander ce bataillon. Le lieutenant de vaisseau ....., de Rochefort, commandera une compagnie.

Adjoignez au bataillon une batterie de débarquement de 4 de montagne, avec avant-train. Le personnel sera fourni par la compagnie d'ouvriers et placé sous les ordres d'officiers d'artillerie ou de vaisseau.

Le même au même (D. T.).

Tours, 18 octobre.

Le bataillon auxiliaire du génie devra être de 600 hommes.

Le Préfet maritime de Toulon au Ministre de la Marine.

Toulon, 27 octobre.

..... Demain soir doit partir pour Lyon le bataillon auxiliaire du génie complété par 30 matelots canonniers, une escouade de charpentiers et 4 armuriers. Ce bataillon, placé sous le commandement de M. le capitaine de frégate....., est complètement armé; mais comme il est destiné à servir dans une place, je ne lui donne ni tentes-abris ni havre-sacs (1). C'est ce qui m'a permis de l'expédier aussi rapidement.

Le IVᵉ bataillon, placé sous le commandement de M. le capitaine de frégate ...., sera prêt mercredi au plus tard; je ne le ferai toutefois partir que jeudi afin de ménager le sentiment qui pourrait s'attacher à un départ le jour des Morts et qui, à Toulon, ne manquerait pas de se manifester. J'assure son armement, en attendant l'envoi annoncé de Toulouse, par des chassepots prêtés par la direction d'artillerie de terre, à qui nous les rendrons aussitôt l'arrivée de l'envoi précité.

Je mettrai immédiatement en formation un Vᵉ bataillon de marche avec les éléments qui me restent sous la main, et j'y comprendrai la partie turbulente de l'équipage du *Magenta;* mais les fusils me manqueront pour la plus grande partie de ce bataillon.

Nous avons bien des carabines à tige et transformées, de manière à pouvoir armer environ 3,000 hommes, mais nous n'avons que 140,000 cartouches pour les carabines se chargeant par la culasse et nous ne pouvons en confectionner davantage; il faudrait donc être sûr que la Guerre pourra en fournir à nos hommes sur tous les points où ils seront employés. D'ailleurs, sur ce nombre d'armes, il n'y a que 1,400 carabines se chargeant par la culasse, et la répulsion des hommes est telle pour les anciennes armes qu'il ne faudrait pas compter pouvoir utiliser les autres carabines.

Il me paraît donc indispensable, M. le Ministre, pour nous permettre de continuer la formation de nos bataillons de marins, de nous faire envoyer la quantité de chassepots nécessaires, et je vous prie de vouloir bien intervenir dans ce sens auprès de votre collègue au département de la Guerre (2).

(1) C'est ce qui a été fait pour les bataillons envoyés à Paris.
(2) *En note, au crayon*: Une demande a été faite, le 29, de 2,400 pour Toulon et, suivant dépêche du 31, le département de la Guerre est prié de porter ce chiffre à 2,500. Toulon est avisé.

Instructions générales du Président du Gouvernement de la Défense nationale, gouverneur de Paris.

Paris, 29 octobre.

L'expérience acquise dans la présente guerre et la situation qui résulte actuellement pour le pays des douloureux événements dont nous avons été témoins commandent de ne négliger aucune disposition, aucun effort propres à compenser pour nos armées de nouvelle formation, encore peu aguerries et incomplètement organisées, la supériorité que l'ennemi doit à sa discipline, à son organisation, à son artillerie.

Nos armées ainsi faites ne peuvent aborder l'ennemi en rase campagne sans risquer beaucoup, et il est du plus haut intérêt de leur créer, pour ainsi dire à l'avance, des champs de bataille où l'armée prussienne rencontrerait le plus d'obstacles possible, en même temps que la nôtre y trouverait des points d'appui. Pour arriver à ce résultat nécessaire, il faut mettre partout en état de défense les villes ouvertes et les villages, les créneler, les barricader, les entourer d'abatis, ceux particulièrement auxquels aboutissent les voies de communication. Il faut relier entre eux ces centres définitifs par des travaux de fortification passagère convenablement placés ; utiliser les cours d'eau, canaux, digues, levées de terre, bois qui forment avec ces villes et villages des lignes défensives naturelles, derrière lesquelles les armées ou corps d'armée peuvent se concentrer et attendre l'ennemi.

Un tel système de défense, quand il est généralisé, empêche l'ennemi de discerner clairement le côté par lequel il est réellement menacé. Il lui révèle, de la part de la population, des aptitudes à la résistance et une résolution qui le démoralisent. Enfin, il met les centres habités en état de défense contre les petits corps que l'ennemi lance autour de lui, en vue d'assurer par des réquisitions sa subsistance.

Des travaux de cette nature, entrepris à la fois sur tous les points du territoire menacé, répondent à un effort considérable auquel le pays tout entier doit s'associer par l'esprit public, d'abord, et, ensuite, par les bras de tous. Ils doivent être dirigés par l'autorité militaire, notamment par les officiers du corps du génie, et il faut faire concourir à leur exécution toutes les forces organisées de la France, en particulier celles des Travaux publics, dont le personnel solidement hiérarchisé peut être mis immédiatement en mouvement et concentré avec l'outillage nécessaire sur les points choisis. Le personnel des ponts et chaussées, des mines, des architectes et agents-voyers, des entrepreneurs, employés et ouvriers de ces divers services, serait mis par une réquisition générale en mesure d'exécuter les plans arrêtés par la direction militaire, qui trouverait en eux un instrument puissant et dévoué.

Le Gouvernement de la Défense nationale a décidé qu'il serait pris dans ce sens des mesures très énergiques, capables de produire en peu de temps des résultats considérables. Les dispositions de détail par lesquelles le personnel des Travaux publics serait concentré et remis à l'autorité militaire ont été étudiées et arrêtées par le ministère compétent.

M. Cézanne, ingénieur des ponts et chaussées, est chargé de faire connaître au Gouvernement délégué les mesures dont il s'agit, leur adoption restant nécessairement subordonnée aux circonstances locales et aux événements du moment.

Dans ces vues et pour cet objet, M. Cézanne est spécialement accrédité auprès du Gouvernement délégué à Tours et recommandé à son bon accueil.

M. Cézanne, ingénieur des ponts et chaussées, au Ministre de la Guerre.

Tours, 9 novembre.

Vous m'avez fait l'honneur de me demander par quel procédé on pourrait, à mon avis, donner un plus grand développement aux travaux de fortification volante si justement recommandés dans la note dont le général Trochu m'avait chargé à votre adresse.

Ainsi que l'écrivait Louis XIV au maréchal Villars avant la bataille de Denain, la France n'est plus en état de supporter une défaite et cependant une victoire changerait complètement nos affaires.

Cette défaite, il faut l'éviter à tout prix et, pour cela, il faut absolument que partout où nos jeunes soldats, peu aguerris, méfiants, craintifs, rencontrent l'ennemi, ils soient abrités.

Trois heures suffisent pour mettre un corps d'armée à l'abri de retranchements qui doublent sa force et paralysent l'artillerie de l'ennemi.

Les retranchements sont surtout efficaces contre les Allemands, qui sont peu agiles et ne franchissent que peu volontiers des obstacles.

Enfin, considération bien grave, nous ne manquons pas d'hommes, mais nous manquons de soldats, c'est-à-dire d'hommes armés.

L'organisation de compagnies de pionniers portant avec eux leurs pelles et leurs pioches, sans armes, permet d'utiliser des hommes de nouvelle levée sans perdre de temps à leur apprendre l'exercice et sans attendre que les armes nouvelles soient fabriquées.

Les idées qui précèdent sont résumées sous forme de décret ci-joint. Ce projet n'est présenté ici que comme une esquisse pouvant subir toutes les améliorations que suggérera la discussion et que le Ministre, ainsi que ses principaux collaborateurs, sont mieux que personne en mesure de reconnaître.

Nota. — L'objet de l'arrêté ci-joint est tout à fait indépendant des travaux de fortification à faire autour des villes, villages et autres points stratégiques.

Projet d'arrêté concernant le génie auxiliaire.

(*Première rédaction*).

Le membre du Gouvernement de la Défense nationale, Ministre de l'Intérieur et de la Guerre :

Considérant qu'il importe de donner le plus grand développement possible aux travaux de fortification volante pour protéger le front des troupes;

Considérant que nombre de soldats, provenant des récentes levées, ne peuvent être immédiatement armés ou ne sont pas exercés au maniement des armes;

Considérant que pour défendre le sol de la patrie et repousser l'envahisseur, la pelle et la pioche sont des instruments aussi nobles et aussi efficaces que le fusil et l'épée; que de tout temps les meilleurs soldats ont manié concurremment les outils et les armes;

Considérant que la défense de Paris a obtenu les meilleurs résultats du concours que les ingénieurs et ouvriers non militaires ont prêté à l'autorité militaire, arrête :

Art. 1er. — Il est créé un corps du *génie auxiliaire* dont un détachement sera attaché à chaque fraction de l'armée, dans la proportion de 150 hommes du génie civil pour 1,000 hommes armés.

Art. 2. — Le génie auxiliaire est composé d'autant de compagnies qu'il sera nécessaire.

Chaque compagnie se compose de : 1 capitaine en premier, 1 capitaine en second, 2 lieutenants, 2 sous-lieutenants, 150 sous-officiers et soldats.

Art. 3. — Le capitaine en premier sera un ingénieur des ponts et chaussées. Les autres officiers seront nommés sur la présentation du capitaine en premier parmi les fonctionnaires et employés des ponts et chaussées, les ingénieurs civils, agents-voyers et architectes.

Art. 4. — Les officiers du génie auxiliaire, qui font actuellement partie d'un service public, continueront à toucher leur traitement actuel, lequel leur sera payé par leur service comme précédemment; ils recevront en outre :

1° Les rations de campagne attribuées dans le génie militaire aux officiers de leur grade;

2° Une indemnité d'entrée en campagne égale à trois mois de leur traitement fixe.

A la fin de la guerre, ils reprendront leurs services actuels.

Art. 5. — Les officiers qui ne font pas actuellement partie d'un service public toucheront la solde et les rations attribuées au grade correspondant du génie militaire et, en outre, une indemnité d'entrée en campagne équivalente à trois mois de solde. Ils seront licenciés après la guerre.

Art. 6. — Les sous-officiers et soldats seront choisis par les officiers parmi les hommes de nouvelle levée les plus propres aux travaux du génie.

Art. 7. — Les officiers, sous-officiers et soldats du génie auxiliaire concourront, comme les militaires, aux récompenses telles que croix, médailles, mises à l'ordre du jour, etc.

Ils seront soumis à la discipline militaire.

Art. 8. — L'équipement du génie civil aura lieu d'après les règles suivantes :

Les officiers pris dans les ponts et chaussées porteront : 1° la casquette de leur grade des ponts et chaussées ; 2° une vareuse bleu foncé avec boutons des ponts et chaussées, portant sur la manche le nombre de galons correspondant à leur grade dans le génie auxiliaire.

Les sous-officiers et soldats porteront l'uniforme des corps dont ils seront sortis avec un médaillon cousu sur les manches et figurant deux haches croisées.

Art. 9. — Chaque soldat et sous-officier portera, outre le sac et ses effets personnels et de campement, une pelle ou une pioche dans la proportion de deux hommes armés de pelles pour un homme armé de pioche. En outre, chaque compagnie sera pourvue, par les soins du génie militaire, d'une réserve de 300 pelles et 150 pioches qui seront portées sur les fourgons militaires ou des charrettes de réquisition. Ces outils seront remis aux soldats d'un corps d'armée lorsque, d'accord avec le chef de corps, il y aura lieu d'employer les soldats aux travaux de fortification.

Art. 10. — Le génie auxiliaire est subordonné au génie militaire. Les capitaines commandant les compagnies recevront directement les ordres du commandant du génie du corps auquel ils sont attachés.

Art. 11. — Dans chaque armée, les différentes compagnies du génie auxiliaire sont commandées en chef par un commandant ingénieur ou ingénieur en chef des ponts et chaussées, avec le grade de commandant ou de colonel.

L'officier supérieur commandant du génie auxiliaire est attaché à l'état-major de l'armée, chargé de tout ce qui se rattache à l'organisation du génie auxiliaire et des rapports de ce corps, soit avec les différentes armées, soit avec l'état-major, soit avec l'administration de la guerre. Le commandant du génie auxiliaire est placé sous la direction immédiate du général commandant le génie dans l'armée.

Art. 12. — Le génie auxiliaire est spécialement chargé de protéger chaque position momentanément occupée par les troupes par des retranchements de campagne (fossés et parapets, barricades, murs crénelés, abatis, inondations, etc.), de réparer les chemins à parcourir par l'armée, de couper les chemins derrière l'armée en cas de retraite et d'opposer le plus d'obstacles possible à la marche de l'ennemi.

Art. 13. — Il sera distribué aux officiers, sous-officiers et soldats du génie auxiliaire les dessins autographiés et ouvrages spéciaux propres à leur faciliter leur mission.

Art. 14. — Les ingénieurs qui désirent apporter un concours militaire à la défense nationale et obtenir les commandements dans le génie auxiliaire sont invités à s'adresser par le télégraphe à M. X..., chargé au ministère de la Guerre de l'organisation du génie auxiliaire.

Nota. — Les ingénieurs en chef du service ordinaire devront dans un délai de cinq jours faire connaître par télégramme à M......, au ministère de la Guerre, les noms de tous les ingénieurs des ponts et chaussées en résidence dans leur département qui sont susceptibles de recevoir un commandement dans le génie auxiliaire.

Projet d'arrêté concernant le génie auxiliaire.

Tours, novembre.
(*Deuxième rédaction*).

Le Ministre de la Guerre et de l'Intérieur :

Vu le décret du Gouvernement de la Défense nationale, en date de ce jour, qui institue un corps du génie auxiliaire ;

Vu le décret du   qui met les ingénieurs des ponts et chaussées à la disposition du Ministre de la Guerre, arrête :

Art. 1er. — Le corps du génie auxiliaire sera attaché à l'armée active dans la proportion d'une compagnie par régiment d'infanterie.

Il sera soumis au régime militaire.

Art. 2. — Chaque compagnie se compose de : 1 capitaine en 1er, 1 capitaine en 2e, 1 lieutenant en 1er, 1 lieutenant en 2e, 2 sous-lieutenants, 1 sergent-major, 1 sergent fourrier, 5 sergents, 150 soldats y compris 10 caporaux.

Art. 3. — Le capitaine en 1er sera nommé directement par le Ministre. Les autres officiers le seront sur la présentation du capitaine en 1er, qui aura à sa nomination directe les sous-officiers et caporaux.

Art. 4. — Le capitaine en 1er sera un ingénieur des ponts et chaussées. Les autres officiers et les sous-officiers seront pris parmi les employés des ponts et chaussées, les ingénieurs civils, les agents-voyers, les architectes et les entrepreneurs de travaux publics.

Art. 5. — Chaque compagnie du génie auxiliaire sera recrutée par le capitaine en 1er, parmi les ouvriers propres aux travaux du génie : charpentiers, mineurs, terrassiers, etc., qui sont mobilisés en vertu des décrets du 29 septembre, 11 octobre et 2 novembre 1870.

En cas d'insuffisance, il les prendra, d'accord avec l'autorité militaire, dans les dépôts du génie et de l'infanterie, et les choisira parmi les hommes dont l'instruction militaire est la moins avancée. Après le licenciement du génie auxiliaire, les hommes inscrits sur les contrôles d'un corps de l'armée régulière devront rejoindre le dépôt de ce corps.

Art. 6. — La solde du génie auxiliaire sera la même que celle du génie militaire. Les officiers recevront également l'indemnité d'entrée en campagne et les rations de campagne attribuées à leur grade.

Art. 7. — Les officiers, sous-officiers et soldats concourront, comme les militaires, aux récompenses telles que croix, médailles, mises à l'ordre du jour, etc.

Art. 8. — L'équipement sera fait d'après les règles suivantes :

Les officiers porteront la casquette galonnée d'or, une vareuse bleu foncé, galonnée sur les manches, avec boutons dorés et le pantalon de même nuance que la vareuse. Le nombre des galons sera, pour chaque grade, le même que dans l'armée régulière. Les officiers pris dans les ponts et chaussées conserveront leur casquette d'uniforme.

Les sous-officiers et soldats porteront l'uniforme des corps dont ils seront sortis avec un médaillon cousu sur les manches et figurant deux haches croisées en drap rouge. Ils porteront une ceinture de laine de même couleur.

Art. 9. — Chaque soldat ou caporal portera, outre son sac et ses effets personnels et de campement, une pelle ou une pioche. Chaque compagnie aura en outre une réserve de 300 pelles et 150 pioches, permettant, quand il y aura lieu, d'employer les soldats des autres corps aux travaux de fortification.

La compagnie sera également munie des outils ci-après :

(Les mêmes que ceux qu'emporte avec elle chaque compagnie du génie).

La compagnie aura avec elle pour le transport de son matériel de réserve, deux fourgons ou les charrettes de réquisition qui lui seront nécessaires.

Art. 10. — Le génie auxiliaire est subordonné au génie militaire, quels que soient les grades respectifs des officiers en présence.

Les capitaines commandant les compagnies recevront directement les ordres de l'officier commandant le génie militaire du corps auquel ils sont attachés.

Art. 11. — Dans chaque corps d'armée, les différentes compagnies du génie auxiliaire sont commandées en chef par un ingénieur ordinaire ou en chef des ponts et chaussées avec le grade de chef de bataillon.

L'officier supérieur commandant du génie auxiliaire est attaché à l'état-major du corps d'armée. Il est chargé de tout ce qui se rattache à l'organisation du génie auxiliaire et des rapports de ce corps avec l'administration de la guerre. Il est placé sous la direction immédiate du commandant en chef du génie dans le corps d'armée.

Art. 12. — Il sera distribué aux officiers, sous-officiers et soldats du génie auxiliaire les dessins et ouvrages spéciaux propres à leur faciliter leur mission.

Note du général Véronique.

Tours, 13 novembre.

Un officier d'infanterie, attaché, je crois, au cabinet de M. le Délégué, m'a communiqué le projet de deux décrets relatifs à la création de *compagnies auxiliaires du génie non armées*, destinées à protéger par des ouvrages les positions occupées par les troupes de l'armée, en me demandant mon avis.

J'ai lu rapidement ce travail et j'ai consigné mes observations dans la note ci-jointe que j'adresse à M. le Délégué.

Note du général Véronique, directeur du génie à la délégation du ministère de la Guerre.

Tours, 13 novembre.

Dans aucune armée, il n'a été admis qu'une troupe *dépourvue d'armes* marchât avec des troupes *armées*. C'est surtout inadmissible pour une troupe *chargée de protéger*, au moyen de retranchements ou autres obstacles, les troupes *armées* dans les positions que celles-ci occupent, c'est-à-dire travailler en quelque sorte entre l'ennemi et les troupes à protéger.

D'une part, ces pionniers non armés n'auraient pas au travail le calme et la confiance que donne une arme et, en second lieu, je ne crois pas qu'il y ait un général qui veuille placer en *première ligne* des hommes non armés et qui, à la première alerte et par cela seul qu'ils ne peuvent se défendre, seraient une cause de trouble et de désordre dans les corps d'armée. Tout au plus pourrait-on penser à placer des compagnies de travailleurs non armés sur les derrières de l'armée, pour assurer les communications, et encore, il arrive si souvent à la guerre que les derrières de l'armée sont inquiétés par des partis de cavalerie, qu'il vaut mieux n'y mettre que des troupes armées.

Mais il est une autre considération qui doit faire rejeter l'idée d'une troupe sans armes chargée d'en protéger une autre armée : c'est qu'il est de principe qu'une troupe doit se protéger elle-même, soit par ses grand'gardes et ses avant-postes, soit par des retranchements qu'elle construit elle-même et qu'elle construit avec d'autant plus d'ardeur qu'elle comprend que c'est pour elle qu'elle travaille (1).

Les troupes du génie ne font que diriger et surveiller les travaux. Elles n'exécutent que les parties difficiles des travaux, et c'est l'infanterie elle-même qui doit se couvrir par des retranchements ou autres obstacles. Mais c'est le service du génie qui doit fournir les outils, et il a été admis qu'il y aurait par corps d'armée (2), outre les 500 outils portés par les compagnies du génie pour vaincre les obstacles accidentels de la route, *un parc de 2,000 outils de terrassier.* Lorsque des obstacles d'une certaine étendue doivent être créés, on a recours au *parc d'armée* qui contient une réserve de 10,000 outils (3). Dans plusieurs cas, les généraux ont fait porter des outils par l'infanterie, à raison de 50 outils par 100 hommes, de manière à ce que chaque homme ne porte l'outil qu'un jour sur deux.

Si je passe à l'examen détaillé du projet, je dirai : le premier *considérant* exprime ce que je nommerai une hérésie, *faire protéger les hommes armés par d'autres non armés et non instruits.*

Le deuxième *considérant* est parfaitement vrai, et c'est pour cela qu'il faut maintenir le principe que *le soldat doit manier la pioche aussi bien que le fusil.*

Le troisième *considérant* est vrai, si on l'entend des préparatifs de défense avant l'arrivée de l'ennemi. Il cesse de l'être si on l'applique aux travaux de défense en présence de l'ennemi. Des ingénieurs ont pu, à Paris, prêter un concours individuel aux officiers du génie pour des travaux du siège en présence de l'ennemi (ce ne sont pas des travaux de campagne); mais les troupes auxiliaires armées, créées en vue des préparatifs (sur l'enceinte de Paris seulement) sous le commandement de MM....., viennent d'être réorganisées en un simple bataillon de gardes nationaux volontaires, sans service spécial.

D'après ce qui précède, il y a lieu de modifier l'art. 8, que je tiens pour une définition de travaux inexécutables par des troupes non armées.

Les autres articles auraient besoin d'être revus et mieux coordonnés.

2° *Décret.* — A raison d'une compagnie auxiliaire par régiment d'infanterie, cela ferait pour un corps d'armée, 12 compagnies au moins, soit 2,000 hommes, 24 fourgons, 120 chevaux. Les divers articles ont besoin, comme ceux du précédent décret, d'être remaniés et la rédaction corrigée, en y employant les termes d'équipement, d'habillement dans leur sens propre.

Conclusion. — Si le service des travaux de l'armée n'est pas suffisamment assuré, c'est simplement en augmentant le nombre des outils qu'il faut pourvoir à cette insuffisance.

Car les soldats doivent exécuter eux-mêmes les travaux nécessaires à leur défense. Cinq officiers et 150 hommes du génie par division ont toujours été reconnus suffisants pour tracer et pour surveiller (4).

Tous autres moyens ne peuvent être employés qu'à une certaine distance de l'ennemi, ou pour des préparatifs de défense.

Notes en marge, au crayon :

(1) En fait, elle ne le fait pas et ne peut le faire d'une façon régulière et suivie. Ce n'est qu'au cas d'un besoin urgent et manifeste qu'elle travaille avec ardeur et bonne volonté.

(2) $3 \times 4 = 12 \times 600 = 7,200$. Nous en proposons 7,200 qui s'ajouteront aux 2,500 du génie militaire.

(3) Cette réserve servira pour tout le génie auxiliaire ou militaire.

(4) Aussi on n'a jamais rien fait, rien, eu égard à ce qui aurait dû l'être.

Cabinet du Ministre. — Avis.

Tours, 14 novembre.

Les critiques de M. le général Véronique sont très justes comme idées, mais ne touchent pas notre projet. Nos compagnies du génie auxiliaire ne sont pas destinées à agir sous le feu de l'ennemi en avant de nos lignes, ceci est la mission propre du génie militaire.

Elles doivent protéger le front des troupes quand elles sont campées, ou travailler en arrière de leur front quand elles se défendent, pour leur préparer le plus promptement possible une ligne de défense derrière laquelle elles doivent se replier dès qu'elle est mise en état.

En un mot : le génie militaire restera ce qu'il est plus spécialement, un génie *d'attaque*, le génie auxiliaire sera uniquement un génie de *défense*.

Ainsi comprise, la création nouvelle est à l'abri des critiques fort justes en elles-mêmes de M. le général Véronique, et elle n'en reste pas moins un précieux auxiliaire de l'armée, en présence surtout de l'impossibilité où l'on est d'armer rapidement et en temps utile les levées d'hommes déjà décrétées.

Le Préfet maritime de Toulon au Ministre de la Marine, à Tours.

Toulon, 15 novembre.

J'ai l'honneur de vous rendre compte que la compagnie auxiliaire du génie partira pour Lyon demain matin à 8 h. 30. Je vous adresse ci-joint la situation de son effectif à l'appui, ainsi que l'état nominatif des officiers qui la commandent.

Bataillon auxiliaire du génie. — 5ᵉ compagnie commandée par M...., sous-ingénieur de 1ʳᵉ classe. — État nominatif des officiers faisant partie de ladite compagnie, à la date du 15 novembre.

MM. ....., sous-ingénieur de 1ʳᵉ classe, capitaine.
....., sous-ingénieur de 3ᵉ classe, lieutenant.
....., médecin-major de 2ᵉ classe, docteur.
....., premier maître mécanicien de 1ʳᵉ classe, sous-lieutenant auxiliaire.

Bataillon auxiliaire du génie. — 5ᵉ *compagnie, commandée par M...., sous-ingénieur de 1ʳᵉ classe.* — *État d'effectif de ladite compagnie, à la date du 15 novembre.*

Maître charpentier	1
2ᵉ maître mécanicien	5
Élève mécanicien	2
Quartier-maître mécanicien	10
Fourrier ordinaire	1
Fusiliers brevetés	2
Ouvriers chauffeurs	111
Matelots charpentiers	10
Tambours	2
TOTAL	144

Le Préfet du Morbihan au Ministre de l'Intérieur.

Vannes, 1ᵉʳ décembre.

Par votre dépêche du 30 expiré, vous m'autorisez à organiser une compagnie du génie dans chacune de mes légions de mobilisés.

Permettez-moi de vous dire qu'à la fin de la semaine, quinze de mes bataillons sur seize seront au camp de Conlie ; que les bataillons des chefs-lieux d'arrondissements sont tous partis, et que c'est principalement dans les villes que se rencontrent les hommes propres aux compagnies du génie.

Je serai donc dans l'impossibilité de profiter de votre autorisation.....

§ 3. — Génie civil aux armées.

Le Directeur du génie civil aux Ingénieurs en chef du génie civil des différents corps d'armée.

Bordeaux, 31 décembre.

Le décret du 30 novembre 1870 porte que le génie civil a pour mission spéciale d'exercer le droit de réquisition du général en chef à l'égard des populations, en vue de procurer à l'armée tous les moyens nécessaires pour la prompte exécution des travaux intéressant sa sécurité.

Un des moyens les plus efficaces pour protéger l'armée consiste à créer des retranchements qui mettent, autant que possible, les troupes et l'artillerie à l'abri des projectiles de l'ennemi.

Partout où l'armée stationne, et quelle que soit d'ailleurs la durée probable du stationnement, vous aurez donc à organiser immédiatement des chantiers pour l'exécution rapide des travaux de protection.

La première opération à faire est d'étudier la topographie du pays, d'abord sur les cartes, puis sur le terrain.

Ces études devront être dirigées par les officiers du génie dont les connaissances pratiques, en matière de fortifications, sont indispensables pour déterminer ce qui est à faire.

Vous aurez en outre à demander le concours des ingénieurs et agents-voyers de la localité, qui ont étudié par avance le pays et possèdent dans leurs archives des cartes parfaitement à jour.

Au moyen de ces cartes, il vous sera facile de rectifier nos cartes de l'état-major qui ne sont pas toujours très exactes.

La reconnaissance faite, vous arrêterez un programme de travaux.

Ce programme, d'abord restreint, s'étendra si le temps le permet et devra par suite se rattacher à un travail d'ensemble.

Il ne s'agit pas, vous devez le comprendre, d'un projet détaillé avec plans détaillés et profils à l'échelle ; il est essentiel de marcher vite et il faut se contenter de faire des croquis rapides.

Aussitôt qu'un travail aura été décidé sur un point, et sans attendre l'approbation des projets d'ensemble, vous organiserez les chantiers en appelant les entrepreneurs et ouvriers nécessaires.

Là encore, les ingénieurs et agents-voyers locaux vous seront d'un grand secours.

Les retranchements seront exécutés d'abord avec des profils à faible relief, qu'on renforcera successivement lorsque le temps le permettra.

Il ne faut pas oublier que le moindre abri donne aux troupes une très grande assurance, et l'on pourra se borner au début à faire un parapet de $0^m,70$ de hauteur et $0^m,50$ d'épaisseur en couronne, avec fossé intérieur de $0^m,50$ de profondeur.

Les retranchements ne sont pas les seuls travaux dont vous avez à vous préoccuper.

Il faut assurer les communications en arrière pour le cas de retraite et pour faciliter les approvisionnements ; il faut encore créer des obstacles et préparer la destruction des ouvrages pour entraver la marche de l'ennemi du côté où la défense serait difficile.

Il doit être bien entendu, d'ailleurs, que, s'il est utile de préparer la destruction des ouvrages d'art, il ne faut jamais les détruire qu'à la dernière extrémité et sur l'ordre formel du général en chef.

N'hésitez jamais à commencer les travaux sous prétexte qu'on n'aurait pas le temps de les achever ou qu'on devrait les abandonner.

Si l'armée marche en avant, la position fortifiée peut, en cas d'insuccès, devenir très utile pour protéger la retraite. D'un autre côté, dans les plans ultérieurs de campagne, on pourra se servir des points fortifiés pour appuyer les opérations.

Hâtez-vous donc de compléter votre organisation; appelez auprès de vous des entrepreneurs et des ouvriers, et travaillez sans relâche à créer des abris pour protéger autant que possible les troupes contre les projectiles de l'ennemi.

Vous devez d'ailleurs, je le répète, avoir soin de vous concerter toujours avec les officiers du génie qui ont, en définitive, la responsabilité en ce qui concerne la direction du travail.

Le Ministre de l'Intérieur et de la Guerre aux Généraux commandant les divisions territoriales; aux Intendants divisionnaires; aux Commandants des camps d'instruction; aux Administrateurs intendants de camps d'instruction.

Bordeaux, 10 janvier 1871.

Un décret du 14 décembre a créé un personnel d'ingénieurs et d'agents du génie civil pour être attaché aux armées.

Ce décret a déterminé leur assimilation avec les officiers, les sous-officiers et les soldats du génie.

Ceux d'entre eux qui reçoivent un traitement civil continueront à être payés sur les fonds du département dont ils dépendent.

Dans le cas où ce traitement serait inférieur à la solde du grade auquel les ingénieurs ou agents sont assimilés, l'excédent restera à la charge de la Guerre et sera imputé sur les fonds de la solde, de même que le traitement entier de ceux qui ne sont payés sur les crédits d'aucun autre service.

L'imputation des sommes allouées à ces derniers et celle des excédents revenant aux autres auront lieu, en ce qui concerne les assimilés à des officiers au titre de la 5ᵉ classe d'officiers sans troupe, à l'égard des assimilés aux sous-officiers et soldats au titre de la troupe.

Les traitements des ingénieurs et agents sont fixés comme suit :

Ingénieur en chef.........................fr.	7,500
Ingénieur ordinaire........................	5,100
Chef de section principal....................	3,200
Chef de section.............................	2,250
Piqueur....................................	2,150

En dehors de la solde, les ingénieurs et agents recevront tous les accessoires afférents à leur grade, gratification d'entrée en campagne, rations de vivres et de fourrages.

Des doutes s'étant élevés sur la quotité de la gratification d'entrée en campagne, je crois devoir en rappeler aussi le taux pour les divers grades, savoir :

Ingénieur en chef.........................fr.	1,800
Ingénieur ordinaire.........................	1,000
Chef de section principal....................	700
Chef de section.............................	500
Piqueur	500

L'ingénieur en chef sera pourvu, aux termes d'une décision du 5 janvier courant, d'indemnités fixées pour frais de représentation à cinq cents francs, et pour frais de bureau à trois cents francs par an ; elles lui seront acquises du jour de son entrée en fonctions.

Le Ministre de l'Intérieur et de la Guerre aux Intendants divisionnaires et de corps d'armée.

Bordeaux, 29 janvier 1871.

Par ma circulaire du 10 janvier dernier, je vous faisais connaître que le traitement du personnel du génie civil devait être imputé de la manière suivante : pour les ingénieurs ou agents ne recevant aucune allocation sur les fonds d'un autre département ministériel, la totalité de la dépense devait rester à la charge des crédits de la Guerre ; mais pour ceux qui étaient payés à un autre titre, ces crédits devaient supporter seulement le montant de l'excédent qui pouvait exister entre leur traitement civil et la solde affectée au grade militaire auquel ces ingénieurs ou agents ont été assimilés par le décret du 14 décembre.

Afin d'éviter des retards dans les payements et des complications d'écritures, j'ai décidé, le 27 janvier, que la totalité du traitement des uns et des autres serait imputée sur les fonds de mon département, sauf remboursement ultérieur par les services intéressés de la partie de ce traitement qui les concerne.

Le Directeur du génie civil au Ministre de la Guerre.

Bordeaux, 15 février 1871.

J'ai reçu ce matin votre lettre du 14 février, par laquelle vous m'ordonnez de suspendre les travaux, de régler les comptes de dépense et de congédier tout le personnel du génie civil attaché à l'armée du Nord, parce que les travaux importants exécutés le long de la Canche ne rentrent plus dans le plan général de la défense de la région Nord de la France.

Je prépare les ordres aux ingénieurs en chef et je les transmettrai demain ; mais qu'il me soit permis d'exprimer un regret sur la désorganisation, avant la fin de la lutte, d'un service qui me paraissait appelé à combler une lacune dans notre organisation militaire.

Tandis que la Prusse créait à Metz, à Paris, à Héricourt, des fortifications passagères que nos armées de 120,000 hommes ne pouvaient franchir, nous n'avons pas pu, sur un seul point, élever des obstacles derrière lesquels ces mêmes armées de 120,000 hommes pussent résister.

La raison en est bien simple. Nous n'avons plus pour ainsi dire d'officiers du génie, parce que le plus grand nombre de ces officiers a été fait prisonnier dans les places fortes. Nous n'avons pas de soldats du génie sachant manier une pioche ou une pelle.

Le génie civil n'était pas destiné à prendre la place du génie militaire, mais à lui apporter un concours efficace en plaçant près de lui des hommes habitués à organiser de grands ateliers et pouvant disposer d'un nombre considérable d'ouvriers civils de toute profession.

Au point de vue de la rapidité d'exécution des travaux, l'idée était certainement heureuse, et les travaux faits à Orléans en sont la preuve. En vingt jours, avec l'aide d'un seul officier du génie, on a pu créer 6 kilomètres de tranchée-abri, des épaulements pour 92 canons de campagne et pour 60 canons de marine. Le cube de terre remué dépassait 25,000 mètres.

Je n'ai pas à rechercher les motifs qui ont empêché de défendre ces fortifications ; mais, au dire d'hommes compétents, 20,000 hommes auraient pu résister longtemps derrière ces abris et infliger à l'ennemi des pertes cruelles.

Dans le Nord, sur l'ordre du Ministre de la Guerre, on a créé deux compagnies du génie civil, mais le général Faidherbe n'a pas cru devoir les utiliser ; c'est seulement après une dépêche, où j'insistais pour qu'on donnât du travail aux ingénieurs, que furent décidés les travaux de la ligne de la Canche.

Je ne connais pas les nouveaux plans de campagne ; je ne suis pas apte à juger l'importance de la ligne de la Canche, mais, à moins qu'on ne renonce définitivement à la lutte, il me paraît impossible qu'il n'y ait pas nécessité impérieuse à fortifier énergiquement, près de la mer, un point où l'armée du Nord puisse, au besoin, s'abriter, sans crainte d'être réduite par la famine.

Je suis profondément convaincu que si, au lieu de laisser les comités locaux faire des dépenses considérables sans direction et sans ordre, on eût protégé énergiquement les points importants à conserver, c'est-à-dire ceux vers lesquels convergent les chemins de fer, la France ne serait pas dans la situation où elle se trouve ; mais on a toujours attendu dans un but d'économie et l'on est, par suite, arrivé toujours trop tard.

Sans doute, les travaux faits à l'avance peuvent être inutiles, mais l'ouvrier n'est en définitive qu'un soldat de plus, et si l'abri qu'il crée diminue les pertes, il augmente, par le fait, le nombre des combattants.

J'ai cru de mon devoir, Monsieur le Ministre, d'appeler votre attention sur l'importance des travaux de fortification passagère ; j'ai pu me convaincre par moi-même, à Orléans, de l'influence qu'avait sur la solidité du soldat un semblant de protection et, au moment où le génie civil va cesser d'exister, je vous demande dans l'intérêt du pays de faire étudier sérieusement cette question, à laquelle il ne me semble pas qu'on ait attaché suffisamment d'importance dans la dernière guerre.

§ 4. — Missions télégraphiques (Service de la télégraphie aux armées).

Arrêté du Directeur général des télégraphes et des postes.

Le directeur général des lignes télégraphiques :

Vu le décret de la délégation du Gouvernement de la Défense nationale qui règle l'organisation et le fonctionnement du service télégraphique de campagne ainsi que l'assimilation des grades des fonctionnaires et agents de ce service avec ceux de l'armée ;

Vu notamment l'article 5 de ce décret ainsi conçu : « L'uniforme de campagne du personnel des lignes télégraphiques est déterminé par un arrêté du directeur général ».

Arrête :

L'uniforme des fonctionnaires et agents des lignes télégraphiques attachés au service de l'armée est réglé ainsi qu'il suit :

Vareuse bleu de roi avec passepoil bleu clair et deux rangées de boutons dorés portant l'exergue : « Lignes télégraphiques » et au milieu une étoile avec foudres.

Gilet bleu de roi avec une seule rangée de boutons grelots dorés. Pantalon avec bande bleu clair. Casquette de marine en drap bleu de roi, étoile avec foudres brodées en or au-dessus. Même broderie de chaque côté du collet de la vareuse.

Directeur général : broderie en or autour du bandeau de la casquette, du même dessin que celle des ponts et chaussées avec deux baguettes dentelées. Sept galons en or aux parements de la vareuse.

Inspecteur général et inspecteur divisionnaire : même broderie en or autour du bandeau de la casquette, moins les deux baguettes dentelées. Six galons en or aux parements.

Inspecteur : cinq galons en or à la casquette et aux parements.

Sous-inspecteur : quatre galons en or à la casquette et aux parements.

Directeur de transmission et chef de station : trois galons en or à la casquette et aux parements.

Commis principal et employé : deux galons en or à la casquette et aux parements.

Agent spécial : deux tresses en argent dont l'une à la partie supérieure et l'autre à la partie inférieure du bandeau de la casquette, sans broderie au-dessus ni au collet.

Surveillant : une tresse en argent à la partie inférieure de la casquette, sans broderie au-dessus ni au collet.

Le Directeur général des télégraphes et des postes au Ministre de la Guerre.

Tours, 17 octobre.

D'après le désir que vous avez bien voulu m'exprimer, je viens d'organiser une mission qui sera chargée d'assurer le service télégraphique de l'armée de la Loire.

J'ai l'honneur de vous informer que j'ai placé à la tête de cette mission, M. ....., inspecteur de 2ᵉ classe, qui était en dernier lieu chargé de la circonscription du Bas-Rhin. Ce fonctionnaire, ancien élève de l'École polytechnique, a déjà, en 1855, dirigé avec succès le service télégraphique de l'armée de Crimée, et a pris récemment une part active à la défense de Strasbourg. L'expérience qu'il a acquise et l'étendue de ses connaissances spéciales le désignaient au choix de l'administration.

Je lui ai adjoint, pour le seconder dans ses opérations, un directeur de transmission, un chef de station, quinze employés, deux chefs surveillants et six surveillants.

M. le directeur ..... est attaché à la mission comme sous-chef et remplira les fonctions de sous-inspecteur.

Avant de constituer ce service, il m'a paru nécessaire de faire déterminer d'une manière précise les conditions dans lesquelles il fonctionnera, ainsi que la position des fonctionnaires et agents qui sont appelés à en faire partie. C'est ainsi que le décret ci-joint, du 8 octobre courant, place le personnel de l'administration des télégraphes, attaché à l'armée, sous les ordres directs et immédiats du général commandant en chef et le charge exclusivement de toutes les opérations de télégraphie auxquelles il y aurait lieu de pourvoir en l'investissant du droit de faire toutes les réquisitions utiles à l'accomplissement de sa mission.

Ce même décret règle l'assimilation des grades de ce personnel avec ceux de l'armée et fixe les indemnités qui doivent leur être accordées pendant la durée de la campagne.

Des frais de route sont, de plus, alloués à ces fonctionnaires et agents, du lieu de leur résidence au quartier général et retour. Ils auront droit, en outre, au logement chez l'habitant, aux prestations et indemnités de toute nature attribuées aux grades correspondants de l'armée.

Leurs traitements, ainsi que leurs indemnités, seront imputés sur les fonds du ministère de la Guerre, liquidés par les soins de l'inspecteur et mandatés par les ordonnateurs militaires. Il conviendra que l'indemnité d'entrée en campagne soit payée avant leur départ par M. l intendant militaire de Tours. Elle est en effet destinée à leur fournir les moyens de se procurer les effets d'équipement et les objets de campement dont ils sont complètement dépourvus, et c'est pour ce motif qu'elle a été portée à un chiffre supérieur à celle des officiers. Ils auront notamment à se munir d'un uniforme qui a été réglé par un arrêté dont une copie est annexée à la présente lettre.

Aux termes de cet arrêté, ils porteront à la casquette et aux parements un nombre de galons d'or en rapport avec les grades auxquels ils sont assimilés. Le service de guerre dont ils sont chargés m'a paru justifier complètement l'adoption de ces insignes. Il sera d'ailleurs indispensable qu'ils aient l'autorité nécessaire pour se faire obéir des hommes qu'il y aura lieu de leur attacher, afin de leur permettre d'assurer le port des dépêches, le transport de leur matériel et la conservation des lignes et des postes qu'ils auront établis.

Le détachement se composerait d'un sous-officier et de militaires ou gardes mobiles exerçant une profession qui pourrait être utilisée au profit du service télégraphique pendant la campagne.

La mission télégraphique devant être constamment munie du matériel nécessaire à la construction de lignes volantes d'un développement assez considérable et à l'installation des postes correspondants, il y a lieu de mettre à sa disposition un détachement du train avec trois caissons à coupé, quatre caissons à pain, trois prolonges à fourrages choisies parmi les plus longues. A défaut de caissons à coupé, qui paraissent manquer actuellement, on pourrait se procurer chez MM. ..... frères, fabricants de voitures à Tours, trois diligences au prix de 1,000 francs l'une, si on les achète, et moyennant une indemnité mensuelle de 90 francs, si on les prend en location. Les frais d'aménagement de ces voitures à leur nouvelle destination s'élèveraient, en outre, à 150 francs pour chacune d'elles.

Le personnel devrait être pourvu également de 26 couvertures de campement, 8 marmites avec couvercles, 8 gamelles et 8 grands bidons.

Il est aussi de toute nécessité que le chef et le sous-chef de la mission soient montés. Des instructions en conséquence devront être données au service de la remonte pour qu'ils aient la possibilité de se procurer, à leurs frais, un cheval de selle, et un cheval ou mulet de bât, qui leur seraient repris ensuite moyennant une indemnité.

Je vous prie, Monsieur le Ministre, de vouloir bien accréditer M. l'inspecteur ..... et M. le directeur ..... auprès de M. le général commandant en chef l'armée de la Loire, et de porter à sa connaissance les conditions dans lesquelles la mission est organisée. Je vous serai obligé de m'adresser une copie de la lettre que vous croirez devoir lui écrire. M...... pourrait, si vous m'y autorisez, s'entendre dès à présent avec M. l'intendant militaire à Tours, pour la délivrance du matériel de campagne dont il aura besoin ainsi que des feuilles de route, qui devront être remises aux fonctionnaires et agents placés sous ses ordres, et pour le payement des indemnités d'entrée en campagne et des frais de route qui leur sont alloués.

GÉNIE.

GRADES ET CLASSES.	ASSIMILATIONS.	TRAITEMENTS.	SUPPLÉMENTS de GUERRE.	INDEMNITÉ D'ENTRÉE en campagne.	RATIONS de vivres.	de fourrage.	de chauffage.
		francs.	francs.	francs.			
Directeur général............	Général de division...	»	»	6,000	»	»	»
Inspecteur général et division-naire.	Général de brigade....	»	»	4,000	»	»	»
Inspecteur chef de la mission...	Colonel...............	»	2/3 du traitement.	2,000	3	2	6
Directeur de transmission faisant fonction de sous-inspecteur.	Id.	3,000	3,000	1,500	3	2	6
Chef de station............	Lieutenant............	2,600	2,600	1,200	2	»	4
Employé de 1re classe...	Id.	2,400	2,400	600	1 1/2	»	4
de 2e — ...	Id.	2,400	2,100	600	1 1/2	»	4
de 3e — ...	Id.	1,800	1,800	600	1 1/2	»	4
de 4e — ...	Id.	1,600	1,600	600	1 1/2	»	4
de 5e — ...	Id.	1,400	1,400	500	1	»	4
Chef surveillant de 3e classe....	Adjudant, sous-officier.	1,400	1,200	400	1	»	2
Surveillant de 1re classe....	Sous-officier..........	1,200	1,000	400	1	»	2
de 3e — ...	Id.	1,000	1,000	400	1	»	2
auxiliaire.......	Id.	1,000			1	»	2

Le Directeur général des télégraphes et des postes au Ministre de la Guerre.

Tours, 20 octobre.

Vous avez bien voulu, d'après le désir exprimé par M. le général Garibaldi, m'autoriser à organiser une mission qui sera chargée d'assurer le service télégraphique du corps d'armée placé sous son commandement.

J'ai l'honneur de vous informer que j'ai confié la direction de ce service à M. ....., inspecteur de 3ᵉ classe, ancien élève de l'École polytechnique, qui, par l'étendue de ses connaissances spéciales et l'énergie de son caractère, m'a paru présenter les garanties d'un bon choix.

Je lui ai adjoint, pour le seconder dans ses opérations, un chef surveillant et six surveillants.....

Aux termes du décret du 15 octobre courant, qui a déterminé la position des fonctionnaires et agents attachés à un service de guerre, M. ..... et son personnel seront sous les ordres directs et immédiats de M. le général Garibaldi et chargés exclusivement de toutes les opérations de télégraphie militaire auxquelles il y aura lieu de pourvoir. Ils seront, en outre, investis du droit de faire toutes les réquisitions utiles à l'accomplissement de leur mission.....

Il sera indispensable qu'un détachement, composé d'un sous-officier et de militaires ou de gardes mobiles exerçant une profession qui pourrait être utilisée au profit du service télégraphique, soit mis à leur disposition pour la distribution des dépêches, le transport du matériel et la conservation des lignes et des postes qu'ils auront établis.

La mission télégraphique confiée à M. ..... ayant un caractère tout particulier en raison de la nature même des opérations, les moyens de transport de son matériel ne semblent pouvoir être déterminés d'une manière précise que lorsque ce fonctionnaire aura pris les instructions de M. le général Garibaldi. Il serait, dès lors utile, que vous voulussiez bien prescrire à qui de droit, de délivrer à cet inspecteur, quand le moment sera venu, les voitures dont il aurait besoin. Dans tous les cas, le personnel qui l'accompagnera devrait être dès à présent pourvu de dix-sept couvertures de campement, de six marmites avec couvercles, de douze gamelles, dont six grandes et six petites, de six grands bidons et de deux paires de cantines avec chaînes pour mulets de bât, destinées à renfermer pendant la route les instruments de précision.

Il est aussi de toute nécessité que le chef de la mission soit monté. Des ordres devront, en conséquence, être donnés au service de la remonte, pour que ce fonctionnaire ait la possibilité, lorsqu'il sera rendu au quartier général, de se procurer à ses frais un cheval de selle et un mulet de bât qui, après la campagne, lui seraient repris moyennant une indemnité.

Je vous prie, Monsieur le Ministre, de vouloir bien accréditer M. ..... auprès de M. le général Garibaldi et de porter à sa connaissance les conditions dans lesquelles la mission est organisée. Je vous serai obligé de m'adresser une copie de la lettre que vous croirez devoir lui écrire à ce sujet et d'autoriser M. ..... à provoquer la délivrance des feuilles de route de son personnel, ainsi que le payement des indemnités d'entrée en campagne et des frais de déplacement qui lui sont attribués par les règlements de l'administration.

Le même au même.

Tours, 31 octobre.

D'après le désir exprimé par M. le général Cambriels, je viens d'organiser une mission qui sera chargée d'assurer le service télégraphique de l'armée de la région de l'Est.

J'ai l'honneur de vous informer que j'ai confié la direction de ce service à M. ....., directeur de transmissions de 1re classe, à Mulhouse.

Ce fonctionnaire, ancien élève de l'École polytechnique, présente les garanties de capacité et d'activité nécessaires. M. le général Cambriels, avait cru devoir, d'ailleurs, l'attacher depuis quelque temps à son état-major.

Je lui ai adjoint pour le seconder dans ses opérations, un chef de section, huit employés, deux chefs surveillants et trois surveillants.....

Les moyens de transport du matériel ne semblent pouvoir être déterminés que lorsque M. ...... aura pris les instructions de M. le général commandant en chef. Il serait dès lors utile que vous voulussiez bien prescrire à qui de droit de délivrer à ce fonctionnaire les voitures et les hommes du train dont il aurait besoin. Dans tous les cas, le personnel qui l'accompagne devrait être pourvu de quinze couvertures de campement, de cinq marmites avec couvercles, de dix gamelles dont cinq grandes et cinq petites, de cinq grands bidons et de deux paires de cantines avec chaînes pour mulets de bât, destinées à renfermer pendant la route les appareils de précision.

Il est aussi de toute nécessité que le chef de la mission soit monté. Des ordres devront en conséquence être donnés au service de la remonte pour que ce fonctionnaire ait la possibilité, lorsqu'il sera rendu au quartier général, de se procurer à ses frais un cheval de selle et un mulet de bât qui, après la campagne, lui seraient repris moyennant une indemnité.

Je vous prie, Monsieur le Ministre, de vouloir bien accréditer M. ....., auprès de M. le général commandant en chef et de porter à sa connaissance les conditions dans lesquelles la mission est organisée.....

Le même au même.

Tours, 13 novembre.

Aux termes d'un décret du 2 novembre courant, un service télégraphique doit être attaché à chaque corps d'armée et comprendre le personnel et le matériel nécessaires pour établir les communications : 1° entre le quartier général et la ligne permanente la plus voisine ; 2° entre le quartier général et ses divisions.

D'après le désir exprimé par M. le général de Kératry, je viens d'organiser une mission qui sera chargée des opérations de télégraphie militaire de l'armée placée sous son commandement.

J'ai l'honneur de vous informer que j'ai placé à la tête de cette mission M. ....., inspecteur de 4ᵉ classe à Chartres, jouissant d'un traitement annuel de 5,000 francs.

Ce fonctionnaire s'est constamment fait remarquer par son intelligence, son activité et son esprit d'initiative. Il possède une connaissance approfondie de tous les détails du service et me paraît présenter les garanties d'un bon choix. Je lui ai adjoint pour le seconder dans ses opérations, un sous-inspecteur, un chef de station, vingt employés, deux chefs surveillants et six surveillants.....

Il est aussi de toute nécessité que le chef et le sous-chef de la mission soient montés. Des instructions devront en conséquence être données au service de la remonte pour qu'ils aient la possibilité de se procurer à leurs frais des chevaux de selle et de bât qui leur seraient repris après la campagne, moyennant une indemnité.

La mission télégraphique devant être constamment munie du matériel nécessaire à la construction des lignes, il y a lieu également de mettre à sa disposition un détachement du train avec six caissons à coupé, huit à pain, six prolonges à fourrages choisies parmi les plus longues, six chariots-dévidoirs à un cheval, qui pourraient être confectionnés chez MM. ....., frères, fabricants de voitures, à Tours, au prix de 150 francs environ chacun. Il serait important que les voitures et chevaux nécessaires pour les traîner fussent réunis à Tours, pour être remis à la mission avant son départ.

Le personnel devrait être pourvu en outre de sept tentes-abris de six morceaux chacune, de deux grandes tentes, de trente et une couvertures et effets de campement nécessaires, de quinze marmites avec couvercles, quinze gamelles, quinze grands bidons et de quatre paires de cantines avec chaînes pour mulets de bât destinées à renfermer pendant la route les appareils de précision.

Je vous prie, Monsieur le Ministre, de vouloir bien accréditer M. l'inspecteur ..... et M. le sous-inspecteur ....., auprès de M. le général de Kératry et de porter à sa connaissance les conditions dans lesquelles la mission est organisée.....

Matériel nécessaire pour compléter l'organisation du service télégraphique de l'armée de la Loire conformément aux dispositions du décret du 2 novembre 1870.

Tours, 13 novembre.

- 3 voitures fourragères ;
- 1 caisson à pain ;
- 16 attelages du train des équipages (32 chevaux) harnachés et montés (16 conducteurs).

Objets de campement.

- 4 grands bidons ;
- 4 gamelles ;
- 4 marmites avec couvercles ;
- 10 tentes-abris complètes, chacune en quatre morceaux ;
- 1 grande tente ;
- 16 couvertures.

Note pour la 3ᵉ direction (Remontes).

Tours, 14 novembre.

Le Ministre de l'Intérieur vient d'organiser une mission qui sera chargée d'assurer le service télégraphique de l'armée de Bretagne, commandée par M. le général de Kératry.

On a l'honneur de prier la 3ᵉ direction de donner des ordres pour que le chef et le sous-chef de cette mission, M. ....., inspecteur de 4ᵉ classe dans l'administration des lignes télégraphiques, et M. ...., sous-inspecteur, aient la possibilité de se procurer à leurs frais des chevaux de selle et de bât qui leur seraient repris après la campagne, moyennant une indemnité.

La 3ᵉ direction est également priée de faire mettre à la disposition de la mission le nombre de chevaux ou de mulets nécessaires pour le service des voitures affectées au transport du matériel et qui se composent de : six caissons à coupé, huit caissons à pain, six prolonges à fourrages choisies parmi les plus longues et six chariots-dévidoirs à un cheval.

Il serait important que ces chevaux et mulets fussent réunis à Tours, pour être remis avec les voitures à la mission avant son départ.

Le Directeur général des télégraphes et des postes au Ministre de la Guerre.

Tours, 17 novembre.

Aux termes du décret en date du 2 novembre courant, un service télégraphique doit être attaché à chaque corps d'armée et pourvu du personnel et du matériel nécessaires pour établir des communications :

1° Entre le quartier général et la ligne permanente la plus voisine ;

2° Entre le quartier général et ses divisions.

Par suite de ces dispositions nouvelles, j'ai dû augmenter de divers fonctionnaires et agents l'effectif de la mission télégraphique de l'armée de la Loire.

J'ai l'honneur de vous informer que je viens d'appeler pour renforcer le personnel placé sous les ordres de M. l'inspecteur ....., un directeur de transmissions, neuf employés, un chef surveillant et trois surveillants.....

Il y aura lieu de délivrer également à M. ....., pour compléter le matériel nécessaire : trois voitures fourragères, un caisson à pain, 16 attelages du train (32 chevaux) harnachés et montés (16 conducteurs), quatre marmites avec couvercles, quatre gamelles, quatre grands bidons, dix tentes-abris complètes, chacune de quatre morceaux, une grande tente et seize couvertures.

Je vous prie, Monsieur le Ministre, de vouloir bien accréditer M. le directeur des transmissions ....., comme second sous-chef de la mission, adjoint à M. ....., auprès de M. le général d'Aurelle de Paladines et me faire parvenir le plus tôt qu'il vous sera possible sa commission et celles des employés et agents qui doivent l'accompagner au quartier général.....

Le même au même.

Tours, 24 novembre.

Deux directeurs de transmissions ont été récemment attachés au service télégraphique de l'armée de la Loire et adjoints à M. l'inspecteur ....., comme sous-chefs de la mission.

Par suite de l'organisation de nouveaux corps, qui seront placés sous le commandement de M. le général d'Aurelle de Paladines, la création d'un troisième emploi de sous-chef est devenu indispensable.

J'ai l'honneur de vous désigner pour remplir ces fonctions, M......, chef de station de 2ᵉ classe, au traitement de 2,600 francs. Ce fonctionnaire, ancien élève de l'École polytechnique, fait actuellement partie du personnel du bureau du matériel à l'administration centrale, à Tours. Par l'étendue de ses connaissances spéciales, son intelligence, son activité et l'énergie de son caractère, il me paraît appelé à rendre à la mission de réels services.

M..... sera assimilé à un capitaine et fera fonctions de directeur de transmissions. Il aura dès lors à se pourvoir, à ses frais, d'un cheval de selle et d'un cheval ou mulet de bât.....

Je vous prie, Monsieur le Ministre, de vouloir bien me faire parvenir le plus tôt possible la commission de ce fonctionnaire, et donner les ordres nécessaires à M. l'Intendant militaire à Tours pour le payement de son indemnité d'entrée en campagne, ainsi que pour la délivrance de sa feuille de route.

Le même au même.

Tours, 5 décembre.

M. le lieutenant-colonel ....., chargé, d'après vos ordres, d'enrôler un corps d'éclaireurs arabes à cheval, a exprimé le désir d'adjoindre à son régiment, deux agents du service télégraphique de l'Algérie, dont la mission consisterait spécialement à créer des dérangements sur les lignes prussiennes.

Le service algérien s'est empressé de déférer à cette demande et a désigné pour remplir cette mission M. ...., employé de 4ᵉ classe, et M. ...., surveillant auxiliaire, qui, sous le rapport de l'intelligence, de l'activité et du dévouement présentent les garanties nécessaires.

M. le lieutenant-colonel ..... devra se rendre très incessamment au quartier général de l'armée de la Loire ; j'ai l'honneur de vous proposer, Monsieur le Ministre, de vouloir bien attacher d'urgence MM. ....., au service télégraphique de cette armée.

Ces deux agents seraient mis, par M. l'inspecteur ...... à la disposition de M. le lieutenant-colonel ..... toutes les fois qu'il aurait besoin de leur concours.....

Ils seront en outre pourvus chacun d'un cheval de selle par les soins de M. le lieutenant-colonel .....

..... Je vous prie, Monsieur le Ministre, de vouloir bien m'adresser le plus tôt possible les commissions que vous aurez délivrées à MM. ..... et ..... Je vous serai également obligé de donner des ordres pour qu'ils puissent toucher, aussitôt après leur arrivée au quartier général, leur indemnité d'entrée en campagne.

Le même au même.

Tours, décembre.

M. l'inspecteur ....., chef du service télégraphique du corps d'armée placé sous le commandement du général Garibaldi, demande, dans l'intérêt du prompt rétablissement des communications, qu'un deuxième chef surveillant soit attaché à la mission.

J'ai l'honneur de vous désigner pour occuper cet emploi le sieur ....., chef surveillant auxiliaire à Chaumont, en dernier lieu replié à Semur, et qui est parfaitement en état de remplir les fonctions de chef d'atelier.

Cet agent sera assimilé à un adjudant sous-officier.....

Le même au même.

Tours, 9 décembre.

Par suite des modifications récemment apportées dans l'organisation des armées de la Loire, de l'Est et de l'Ouest, il m'a paru nécessaire d'opérer de nouvelles répartitions du personnel des missions télégraphiques attachées à ces armées.

J'ai l'honneur de vous informer que j'ai confié à M. ..... la direction du service des 21e, 19e et 16e corps, échelonnés sur la rive droite de la Loire.

Quant à M. le directeur ....., qui était placé à la tête du service de l'armée de l'Est, devenue le 20e corps, j'avais eu d'abord l'intention de l'adjoindre comme sous-chef de mission à M. ....., mais ce fonctionnaire m'ayant déclaré que le concours de M. ..... ne lui était pas nécessaire, je viens d'inviter ce dernier à se rendre immédiatement à Lyon, avec son personnel.

Il devra se mettre à la disposition de M. le général Bressolles, commandant supérieur du corps d'armée qui est en voie de formation dans cette ville, et prendre les mesures nécessaires pour que les divisions qui le composent soient constamment reliées au quartier général.

Je vous serais obligé, Monsieur le Ministre, de vouloir bien informer de ces dispositions M. le général Bressolles ainsi que MM. les commandants supérieurs des armées de l'Ouest et de la Loire, et de donner des ordres pour que les traitements et indemnités de toute nature attribués au personnel de ces missions, soient payés par les soins de MM. les intendants militaires de ces divers corps.....

Le même au même.

Bordeaux, 23 décembre.

Il serait très utile d'organiser à l'armée placée sous le commandement supérieur du général Chanzy, un service spécial de télégraphie optique.

Ce système de communication a été tout récemment expérimenté à Tours et à Bordeaux, et a donné les résultats les plus satisfaisants.

Dans le cas où vous croiriez devoir donner suite à ma proposition, j'aurais l'honneur de vous prier de vouloir bien attacher à la mission de M. l'inspecteur ....., les employés qui ont pris part à cet essai, et qui sont au nombre de six.....

Ces agents toucheraient des allocations semblables à celles qui, aux termes du décret du 15 octobre dernier, ont été accordées au personnel télégraphique attaché aux missions de guerre.....

Je vous serai obligé de me faire parvenir les commissions qui leur seront destinées et de vouloir bien donner les ordres nécessaires pour qu'il leur soit délivré le nombre suffisant de couvertures de laine, marmites avec couvercles, gamelles, grands bidons, tentes-abris complètes de quatre morceaux chacune, ainsi que des feuilles de route.....

P.-S. — Je vous serai obligé de vouloir bien attacher également à ce service spécial M. ....., employé de 1re classe, qui fait partie de la mission de M. ..... et qui, jusqu'à présent, n'a pas rejoint le quartier général pour s'occuper exclusivement et très activement de télégraphie optique. M. ..... a touché son indemnité d'entrée en campagne. Il y aurait lieu seulement de lui faire délivrer, avant son départ, sa feuille et ses frais de route de Bordeaux au Mans.

Le même au même.

Bordeaux, 27 décembre.

Le moment est venu de procéder à l'organisation du service télégraphique de l'armée du Nord placée sous le commandement supérieur de M. le général Faidherbe.

J'ai l'honneur de vous proposer de vouloir bien confier la direction de ce service à M. ....., inspecteur de 3e classe à Amiens, jouissant d'un traitement de 6,000 francs.

Ce fonctionnaire, ancien élève de l'École polytechnique, a été attaché pendant plusieurs années au service télégraphique de l'Algérie. Il présente les garanties d'intelligence, de capacité et d'activité nécessaires.

Je vous prie également de vouloir bien lui adjoindre, pour le seconder dans l'accomplissement de sa mission, un directeur de transmissions de 1re classe qui remplirait les fonctions de sous-chef, un chef de station, seize employés, un chef surveillant et six surveillants.....

Il conviendra que leur indemnité d'entrée en campagne et leurs frais de route leur soient payés avant leur départ par M. l'intendant militaire à Bordeaux. Toutefois, MM. ....., qui sont déjà auprès de M. le général Faidherbe, devront toucher cette indemnité au quartier général.....

Les moyens de transport du matériel ne semblent pouvoir être déterminés d'une manière précise que lorsque la mission se sera rendue au quartier général.

Il serait dès lors utile que vous voulussiez bien prescrire à qui de droit de délivrer au chef de service les hommes du train et les voitures dont il aurait besoin, et d'autoriser le payement de celles qu'il y aurait lieu de construire spécialement pour le déroulement des câbles. Dans tous les cas, le personnel de la mission devra être pourvu, dès à présent, de six tentes-abris de six morceaux chacune, de deux grandes tentes, de vingt-six couvertures et effets de campement nécessaires, de douze marmites avec couvercles, douze gamelles, douze grands bidons, trois paires de cantines avec chaînes pour mulets de bât, destinées à renfermer pendant la route les appareils de précision.

Il est aussi de toute nécessité que le chef et le sous-chef de la mission soient montés.....

Je vous serai obligé, Monsieur le Ministre, de vouloir bien accréditer M. l'inspecteur ..... et M. le directeur ..... auprès de M. le général Faidherbe et de porter à sa connaissance les conditions dans lesquelles la mission est organisée.....

Le même au même.

Bordeaux, 3 janvier 1871.

Vous avez bien voulu, par votre décision du 30 décembre dernier, adjoindre à la mission télégraphique attachée à l'armée de M. le général Chanzy, sept employés qui seraient spécialement chargés d'un service de télégraphie optique.

Pour que cette brigade puisse fonctionner régulièrement, il est indispensable de mettre à sa disposition trois grandes tentes, sous lesquelles devront être installés les postes, et, de plus, un nombre suffisant de mulets (1) pour transporter ces tentes ainsi que les appareils. Il serait également à désirer que le chef de la brigade, M. ....., ait le droit de requérir un cheval de selle pour se transporter rapidement sur les divers points où les postes seraient établis.....

(1) *En note, au crayon* : « 7 mulets ».

Le même au même.

Bordeaux, 8 janvier 1871.

Par votre lettre du 4 janvier, vous m'avez fait l'honneur de me faire connaître que vous donniez les ordres nécessaires pour faire délivrer aux employés attachés au service de la télégraphie optique, trois grandes tentes et sept mulets.

Je vous serai obligé de vouloir bien accorder également à cette mission, sept harnachements complets avec bât et licol, le nombre de soldats nécessaires pour conduire les sept mulets et quatorze cantines destinées à renfermer les appareils de précision et leurs accessoires.

La mission est prête à partir et n'attend que ce complément de moyens de transport pour se rendre au quartier général de M. le général Chanzy.

Le même au même.
Bordeaux, 13 janvier 1871.

Par suite de l'augmentation successive des forces placées sous le commandement de M. le général Bourbaki, l'effectif de la mission télégraphique attachée à la première armée est devenu insuffisant. M. l'inspecteur ....., chef de cette mission, demande que le personnel placé sous ses ordres soit accru d'un directeur de transmissions, faisant fonctions de sous-inspecteur et de cinq employés.

J'ai l'honneur de vous proposer de vouloir bien lui adjoindre un directeur de transmissions et cinq employés.

Il conviendra ....., qu'il leur soit délivré en outre six couvertures, trois marmites avec couvercles, trois gamelles, trois grands bidons, une grande tente, deux tentes-abris complètes de quatre morceaux chacune et le matériel de campement ordinaire, ainsi qu'une paire de cantines avec chaînes.

Il est aussi de toute nécessité que M. ....., directeur de transmissions, soit monté ; des instructions devront être données en conséquence au service de la remonte, pour qu'il ait la possibilité de se procurer, à ses frais, un cheval de selle et un cheval ou mulet de bât, qui lui seraient repris, à la fin de la campagne, moyennant une indemnité.

Je vous prie, Monsieur le Ministre, de vouloir bien accréditer auprès de M. le général Bourbaki, comme cinquième sous-chef de la mission de M. l'inspecteur ....., M. le directeur de transmissions ....., et de me faire parvenir le plus tôt qu'il vous sera possible sa commission et celle des employés qui doivent l'accompagner au quartier général.....

Le même au même.
Bordeaux, 20 janvier 1871.

M. l'inspecteur ....., chargé du service télégraphique de l'armée des Vosges, me signale la nécessité d'augmenter de quatre employés le personnel de sa mission.

J'ai l'honneur de vous proposer de vouloir bien appeler à en faire partie les agents dont les noms suivent.....

Je vous prie, Monsieur le Ministre, de vouloir bien me faire parvenir le plus tôt possible les commissions des quatre employés ci-dessus dénommés et de donner les ordres nécessaires pour que l'indemnité d'entrée en campagne de MM. ..... et ....., leur soit payée à Bordeaux, avant leur départ, et celle de MM. ..... et ....., au quartier général.

Je vous serai également obligé d'autoriser M. ....., à se faire délivrer sans retard quatre couvertures, deux marmites avec couvercles, deux gamelles, deux grands bidons, une tente-abri, les objets de campement ordinaires, ainsi que sa feuille de route et celle de M. ....

§ 5. — Destructions.

Rapport concernant les ponts situés sur la Loire de Nevers à Neuvy-sur-Loire.

Nevers, 3 septembre.

Dans le parcours de la Loire, depuis Nevers jusqu'à Neuvy, on peut la traverser en cinq localités différentes : Nevers, Fourchambault, La Charité, Sancerre et Cosne, sur trois sortes de ponts : ponts construits entièrement en maçonnerie, ponts à arcs métalliques et ponts suspendus.

NEVERS.

La Loire peut être traversée à Nevers en deux ponts différents situés à environ 200 mètres l'un de l'autre, d'abord sur un pont en maçonnerie sur la route impériale n° 17 de Paris à Antibes et en second lieu sur le pont viaduc du chemin de fer sur la ligne du Bourbonnais, de Nevers à Bourges.

Le premier, tout en pierres de taille, présente une largeur de 14 mètres entre ses têtes et se compose de quatorze arches d'environ 19 mètres de portée, indépendamment d'une arche de halage sur la rive droite. Toutes les piles sont des piles coulées, de telle sorte que la destruction d'une arche n'entraîne pas la chute des autres. Il est établi sur un radier général en béton recouvert de pierres de taille. Ce radier, sous les trois premières arches du côté de la rive droite, est plus bas de $0^m,50$ que sous les onze autres et n'est recouvert en ce moment, dans cette partie, que d'une nappe d'eau de $0^m,20$ d'épaisseur et comme le radier dépasse les têtes de pont d'environ 4 mètres de chaque côté, l'artillerie trouverait un passage à gué très praticable sur le radier même du pont dans le cas où on chercherait à interrompre la circulation par la destruction d'une arche.

Le viaduc du chemin de fer se compose de sept arches de 35 à

40 mètres de portée. Il est à arcs métalliques reposant sur des pierres de taille. Ce viaduc est environ à 200 mètres du pont de maçonnerie.

Si l'on se décidait à intercepter la circulation par la destruction d'une arche du pont en maçonnerie, il faudrait également l'intercepter par la destruction d'une partie plus ou moins considérable du tablier du viaduc. Mais, indépendamment du radier du pont en maçonnerie qui offre un passage facile, la Loire est guéable en amont des deux ponts. Leur démolition partielle n'apporterait donc qu'un faible obstacle au passage de l'ennemi en ce point et présenterait, à certains égards, de véritables inconvénients pour la défense générale du pays. Il ne paraît pas y avoir lieu d'établir en ce moment aucun dispositif de mines dans ces ponts.

La Charité.

Le passage de la Loire s'effectue sur ce point par deux ponts appuyés sur un îlot.

Le pont de la rive droite est un vieux pont en maçonnerie très solide. Sa longueur est d'environ 240 mètres; ses arches, au nombre de dix, varient de 12 à 19 mètres; elles sont en plein cintre.

Le pont de la rive gauche a trois arches d'une grande portée (de 30 à 35 mètres), avec arceaux métalliques. Bien que la Loire ait reçu de Nevers à La Charité quelques affluents, elle ne laisse pas d'être guéable en amont de La Charité. Son passage présenterait toutefois quelques difficultés et il y aurait quelque avantage à intercepter la circulation en cet endroit. Le bras de la Loire sous le pont à arcs métalliques est aujourd'hui entièrement à sec; c'est donc l'une des arches du pont en maçonnerie, la troisième à partir de la rive droite et dont l'ouverture est la plus grande, qu'il conviendrait de rompre.

Pour arriver à ce résultat, on pourrait adopter celui des moyens indiqués dans l'instruction du 13 juillet 1857, qui consiste à faire au-dessus de la clef de voûte une tranchée de $0^m,50$ de profondeur où l'on met 200 kilogrammes de poudre que l'on recouvre de madriers et de terre. La poudre devrait être déposée à la caserne de gendarmerie avec le cordeau ne brûlant que 1 mètre par 90 secondes. Une longueur de 10 mètres serait plus que suffisante.

Fourchambault, Sancerre et Cosne.

Les ponts de ces diverses localités sont des ponts suspendus. Ils appartiennent à des compagnies concessionnaires.

Bien qu'on puisse trouver en ces différents points des passages à gué, la destruction de ces ponts enlèverait à l'ennemi d'assez grandes facilités. La circulation pourrait, du reste, être facilement interrompue par la destruction du tablier, ce qui, avec des ateliers d'ouvriers charpentiers que l'on trouverait facilement dans ces diverses localités, pourrait s'exécuter très promptement. Ces ateliers devraient être organisés à l'avance soit par la municipalité soit par la gendarmerie.

Si ce moyen n'était pas jugé suffisant, on pourrait avoir en réserve, dans les casernes de la gendarmerie, des tonneaux de pétrole avec lesquels on brûlerait facilement des parties de tablier qui n'auraient pu être démolies par les charpentiers.

Avis du Directeur des fortifications.

Avec le régime des eaux de la Loire en cette saison, on ne peut regarder la rupture des ponts sur ce fleuve, de Nevers à Neuvy, comme augmentant de beaucoup la difficulté du passage. Le sacrifice semble disproportionné au résultat à obtenir.

L'Ingénieur des ponts et chaussées au Conducteur des ponts et chaussées, à Châteauneuf-sur-Loire.

Gien, 4 septembre.

J'ai reçu ordre d'exécuter des travaux de défense sur la route impériale n° 60 et la route départementale n° 12, dans la traversée de la forêt d'Orléans, pour mettre obstacle, ou du moins retarder la marche de l'ennemi. Ces travaux consisteront en une tranchée transversale de 8 mètres de largeur en plafond, $2^m,50$ de profondeur avec talus aussi raides que possible. Elle s'étendrait à 1 mètre environ en dehors de chaque côté du fossé. Les remblais serviront à former en arrière de la tranchée un cavalier transversal d'environ 2 mètres de hauteur à talus de $1^m,50$; puis le surplus sera disposé en cavalier longitudinal occupant, par sa base, toute la largeur, ou à peu près, de la chaussée d'empierrement, et d'une hauteur appropriée à sa base. Les accotements seraient labourés, de façon à interdire la circulation des charrois de guerre. Quelques abatis relieraient aux bois, qui sont un obstacle naturel à la marche de la cavalerie, la tranchée et le cavalier transversal.

Suivant que les localités s'y prêteront, on pourra faire aussi deux ou trois barricades, étagées sur chacune des deux routes.

Comme moyen d'exécution, n'ayant pas de crédits spéciaux, il faut prendre d'abord les cantonniers. Mais ceci est très insuffisant. Cherchez un entrepreneur soit parmi les nôtres, soit parmi ceux du chemin de fer, en vous entendant avec M. le chef de section en résidence à Châteauneuf; demandez-lui de fournir le matériel et les ouvriers terrassiers. Il sera tenu attachement des journées et des prix qu'il payera; il en sera remboursé avec un bénéfice qu'il sera bon de fixer d'avance avec lui. M. l'ingénieur en chef disposera de tous ses fonds pour cet objet.

Aussitôt que vous aurez fixé l'emplacement des barricades, vous en donnerez avis à M. l'inspecteur des forêts à Lorris, en même temps qu'à moi. Il a dû recevoir des instructions de son côté pour barrer de même les routes forestières.

Les localités où les routes sont en déblai et en pente me semblent les meilleures. Mais je n'ai pas le temps de vous donner des instructions précises à cet égard.

La route n° 8 doit être barrée par les soins de M. .....; donc, sans y rien faire pour le moment, vous m'indiquerez s'il y a un endroit favorable pour la défense entre la route n° 12 et la route n° 152. C'est M. ..... qui doit prendre les mesures relatives au pont des Besniers.

L'Inspecteur des forêts aux Gardes généraux.

Lorris, 4 septembre.

Par dépêche du général commandant le département, *les agents et préposés des forêts doivent être aux ordres du service des ponts et chaussées pour exécuter des travaux de défense.*

Prévenez vos brigadiers et donnez leur l'ordre de vous envoyer tous les matins un homme pour recevoir les ordres relativement à ce service de défense.

L'Ingénieur des ponts et chaussées au Conducteur des ponts et chaussées, à Châteauneuf-sur-Loire.

Gien, 9 septembre.

..... Je reçois de M. l'ingénieur ....., une indication pour modifier le profil du cavalier transversal en arrière des tranchées, au moins celle de la route n° 60, la plus rapprochée de Châteauneuf.

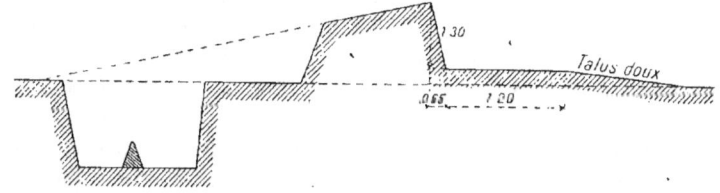

Il fournirait un retranchement composé d'un talus raide, d'un couronnement de 1 mètre, légèrement incliné sur la tranchée pour faciliter un feu plongeant, d'un talus de 0^m,65 de base sur 1^m,30 de haut (Cette hauteur est déterminée pour permettre de faire feu par-dessus le couronnement en se tenant sur le terre-plein de 1^m,20 de largeur situé au pied). En arrière enfin, un talus doux pour permettre aux défenseurs de monter facilement et d'en descendre de même.

Si le remblai ne tient pas suivant une inclinaison aussi raide que $0^m,65$ de base sur $1^m,30$ de hauteur, on augmentera la base.

L'élévation du terre-plein au-dessus du sol est *ad libitum*.

Je ne puis croire que l'ennemi se présente avant jeudi ; vous auriez donc le temps de faire ce travail.

En vous adressant aux maires, vous devez, il me semble, trouver des ouvriers et les trouver à un prix moindre que vous n'avez payé d'abord. C'est montrer peu de patriotisme que d'être si exigeant. Et puis, on peut, je crois, se dispenser de faire travailler la nuit ; on travaille mal sous la pluie et dans l'obscurité.

Le Ministre de la Guerre aux Généraux commandant les 1re, 2e, 16e et 18e divisions militaires.

Paris, 11 septembre.

Afin d'éviter toute hésitation, toute confusion dans la marche à suivre pour l'exécution des opérations qui ont pour but de mettre l'ennemi dans l'impossibilité d'utiliser nos voies de communication, je vous adresse aujourd'hui, ci-après, les instructions analogues à celles qui ont été données précédemment à un certain nombre de commandants territoriaux :

Le soin de déterminer le moment de l'interruption des communications doit être laissé à l'autorité militaire qui, seule, peut apprécier l'opportunité de détruire un pont, un viaduc, un tunnel, etc., d'après la connaissance qu'elle a des mouvements des troupes ou des approvisionnements militaires. Ses agents d'exécution, pour la préparation des fourneaux de mines, leur chargement et l'explosion, sont les officiers du génie ou, à leur défaut, des ingénieurs des ponts et chaussées spécialement délégués à cet effet. En ce qui concerne les voies ferrées, les officiers du génie doivent se concerter avec les ingénieurs des compagnies pour la préparation des fourneaux et leur chargement; mais l'ordre formel d'explosion doit toujours émaner du commandement. Rien ne s'oppose, d'ailleurs, à ce que le commandement, dans certaines circonstances, délègue ses pouvoirs soit à l'autorité civile, soit aux agents des services du génie et des ponts et chaussées, soit aux compagnies des chemins de fer.

Il va sans dire que les fourneaux chargés devront être gardés avec la plus scrupuleuse vigilance.

Veuillez, Messieurs, assurer, chacun en ce qui vous concerne, l'exécution de ces mesures.

Je ne saurais trop vous recommander de veiller à ce que tout se fasse à point, sans précipitation qui puisse compromettre les mouvements de nos propres troupes ou causer au pays des dommages inutiles.

Vous notifierez ces dispositions aux généraux placés sous votre commandement, en les invitant à tenir la main à ce qu'elles soient exactement observées.

Le Ministre de la Guerre au Général commandant la subdivision de Seine-et-Marne, à Melun.

Paris, 11 septembre.

Par votre lettre du 9 septembre courant, vous me présentez certaines observations au sujet des instructions que je vous ai données le 7, touchant le fonctionnement des fourneaux de mines préparés pour couper les voies de communication dans votre subdivision.

Je ne puis que vous répéter que les officiers ou les ingénieurs qui ont établi les fourneaux doivent, pour les faire jouer, se conformer aux ordres de l'autorité militaire et que, par conséquent, vous pouvez et vous devez leur donner directement telles instructions que vous jugerez convenables sans que j'aie encore à intervenir. Seulement, il est certain que, à défaut de vos instructions, il vaudrait mieux que ces officiers prissent sur eux de faire jouer les fourneaux au dernier moment plutôt que de les laisser au pouvoir de l'ennemi.

Faites-vous donc rendre compte de ce qui se prépare et donnez des ordres sur le moment où il faut mettre le feu. Il ne faut point trop se hâter car les ponts rendent de grands services tant qu'ils existent ; mais il ne faut point, d'un autre côté, que l'ennemi puisse circuler librement sur nos voies de communication.

Indépendamment des ruptures de pont, il y a d'autres moyens d'entraver la marche de l'ennemi. L'un d'eux consiste à faire des coupures de 4 à 6 mètres de largeur et de 2 à 3 mètres de profondeur en travers des routes dans les points difficiles à tourner. On emporte les terres dans les champs voisins et l'on établit sur les coupures des ponts volants en bois, que l'on enlève ou que l'on brûle à l'approche de l'ennemi au moyen de matières inflammables préparées à l'avance.

Un autre moyen consiste à bouleverser les chaussées pavées des principales routes.

On peut enfin ameublir les chaussées macadamisées.

Vous pouvez, Général, vous concerter avec les autorités civiles et spécialement avec le service des ponts et chaussées pour l'emploi de ces divers moyens. Chacun s'empressera de déférer à vos instructions, si vous savez prendre en main la direction de la défense dans l'étendue de votre commandement.

Je n'ai d'ailleurs pas besoin de vous rappeler que vous devez vous-même suivre les prescriptions du général commandant la division, mais que, en l'absence de ces prescriptions, vous devez agir suivant les inspirations de votre expérience et de votre patriotisme.

L'Ingénieur des ponts et chaussées au Conducteur des ponts et chaussées, à Châteauneuf-sur-Loire.

Gien, 11 septembre.

Je vous prie de chercher sur la route n° 60 un nouvel endroit pour y faire une seconde coupure à 1 kilomètre environ en arrière de la première et d'y organiser un atelier le plus tôt que vous pourrez avec le concours de MM. les maires.

Le Préfet d'Eure-et-Loir au Ministre de la Guerre, à Paris (D. T.).

Chartres, 17 septembre, 12 h. 12 soir.

J'ai fait miner les ponts du chemin de fer, à Maintenon, Chérizy, Auneau, mais comme les considérations de la défense du département se compliquent de considérations relatives à la défense générale, je ne prendrai pas sur moi de faire sauter ces ponts, j'attendrai vos ordres ; vous apprécierez si les avantages de conserver, jusqu'à la dernière minute, les communications de Paris, ne doivent pas l'emporter, même au risque de laisser la ligne à l'ennemi, sur les avantages qu'aurait mon département à arrêter les Prussiens sur ses limites. Je vous rappelle que la topographie de mon département ne permet pas la défense du territoire contre des corps réguliers ; je ne puis donc lever les corps détachés de la garde nationale que pour les nécessités de la défense générale. N'étant pas juge, je me contente en ce moment d'organiser la garde nationale par classes, de façon à ce qu'au premier signal on puisse exécuter vos ordres ; les mesures à prendre par vous en ce moment dans le département me paraissent devoir consister en levée et mise à l'abri de l'ennemi : 1° de la classe 1870 ; 2° des célibataires de 25 à 35 ans ; 3° s'il y a lieu, des corps détachés dans la proportion que vous fixerez ; 4° dans la nomination d'un commandant en chef pour défendre ce qui peut être défendu sur les limites de l'Orne, enfin de prendre les mesures d'ensemble pour les trois départements.

Le Ministre de la Guerre au Général commandant la 18ᵉ division militaire, à Tours.

Tours, 17 septembre.

J'ai l'honneur de vous annoncer que je viens de donner au service du génie l'ordre de préparer, de concert avec le service des ponts et chaussées, les moyens de couper au besoin les ponts de la Loire, entre Orléans et Tours.

Pour le moment, on se contentera de charger les fourneaux de mine à organiser pour cet objet, en amont de Blois, mais l'explosion ne devra être déterminée que par ordre de l'autorité militaire. De Blois à Tours, on n'effectuera le chargement que sur un ordre émané aussi de vous ou d'un commandant de subdivision, d'après les instructions que vous lui auriez données. Vous devez à cet égard exercer la plus grande vigilance, de manière à ne point détruire, sans nécessité pour la défense, des ouvrages si importants et si utiles pour nos populations ; mais il ne faudrait pas non plus hésiter à employer ce moyen d'interdire aux armées ennemies le facile passage de la Loire.

Vous auriez, bien entendu, dans le cas où une armée opérerait sur le cours de la Loire, à vous abstenir de donner aucun ordre qui ne fut concerté avec le commandant en chef et qui pût entraver ses projets.

Le Général commandant la subdivision de la Vienne au Général commandant la 18ᵉ division militaire, à Tours.

Poitiers, 18 septembre.

Par votre lettre du 12 septembre, vous m'avez fait connaître les ordres du Ministre relatifs à l'interruption des communications. J'ai immédiatement préparé un travail avec l'ingénieur du département. Depuis lors, le préfet de la Vienne m'a communiqué une lettre de l'ingénieur en chef des chemins de fer à Tours, dans laquelle il est dit que le Comité de défense attache un intérêt tout particulier à maintenir les communications du réseau d'Orléans.

Il résulte de cette lettre une sorte d'hésitation à donner suite au projet qui a pour but la destruction des voies de communication. Il y aurait même de l'opposition de la part de l'ingénieur des chemins de fer. Bien qu'il ne s'agisse que de préparatifs pour les cas divers qui peuvent se présenter, je désirerais être fixé sur les attributions qui me sont dévolues dans cette circonstance par votre lettre du 12 septembre, afin d'avoir une certitude dont j'ai besoin et qui est également réclamée par M. l'ingénieur en chef des ponts et chaussées du département de la Vienne.

Le Ministre des Travaux publics au Général Président du Gouvernement de la Défense nationale, à Paris.

Paris, 18 septembre.

J'ai l'honneur de vous envoyer copie de la lettre que je viens d'écrire à M. le Ministre de la Guerre au sujet des ponts et autres ouvrages d'art que l'on fait miner sur la Loire en vue d'une destruction immédiate ou du moins prochaine.

Je signale au Ministre de la Guerre que, dans les circonstances actuelles, cette destruction paraît devoir être plus nuisible aux intérêts de la défense qu'à l'ennemi.

Le Ministre des Travaux publics au Ministre de la Guerre, à Paris.

Paris, 18 septembre.

On a donné l'ordre de faire miner les ponts sur la Loire afin de pouvoir les faire sauter en temps utile. Je considère que maintenant que nous allons être coupés, il est indispensable de donner des ordres pour que ces destructions n'aient pas lieu ; elles sont inutiles et troubleraient toutes nos relations par chemin de fer avec le Midi.

La Loire n'a pas d'eau et l'ennemi peut parfaitement se passer de nos ponts qui sont nécessaires à nos propres communications et qui, dans un moment donné, peuvent nous servir à amener des troupes de défense des départements.

L'observation que je fais s'applique également à nos routes. Nous avons fait des destructions à notre détriment et sans troubler la marche de l'ennemi.

Cette observation s'applique aussi au chemin de fer de l'Ouest, vers Le Havre et Cherbourg, et M. le général Trochu est d'accord avec moi.

Le Commandant, chef du génie à Blois, au Colonel directeur des fortifications (1), à Bourges.

Blois, 19 septembre.

J'ai l'honneur de vous rendre compte que, conformément aux prescriptions de la dépêche que vous a adressée, le 17 courant, M. le

---

(1) Le colonel directeur des fortifications à Bourges était le colonel de Marsilly qui devint commandant du génie du 15ᵉ corps d'armée.

Ministre de la Guerre et dont une copie m'a été adressée directement du ministère à Tours, je me suis entendu avec le service des ponts et chaussées pour la rupture des ponts sur la Loire compris dans ma circonscription. Ces ponts sont au nombre de trois : un en maçonnerie, celui de Blois, et deux suspendus, ceux de Mer et d'Onzain. Le pont de Blois, ayant 14 mètres de largeur entre les têtes, je pense qu'il conviendra d'y affecter une charge de 300 kilogrammes. Dans le cas où le service des contributions indirectes ne pourrait pas fournir cette quantité de poudre, je vous écrirais pour vous prier de la réclamer au service de l'artillerie. *Quant au cordeau Bickford, je vous prierai de vouloir bien me le faire expédier de Tours. Il en faudrait de 8 à 10 mètres courants.*

D'après la dépêche précitée, le commandant du génie de Blois doit étendre son action jusqu'au premier pont en aval d'Orléans. Or, le premier pont en aval est celui de Meung. Au-dessous se trouve celui de Beaugency, composé de travées en maçonnerie et de travées en charpente. D'après une dépêche affichée par le préfet de Loir-et-Cher, ce pont est miné. C'est sans doute par les soins du commandant du génie de la circonscription d'Orléans que cette disposition a été prise et je ne dois pas avoir à m'en occuper. Je ne dois pas non plus avoir à m'occuper des ponts en maçonnerie d'Amboise, qui se trouvent dans la circonscription de Tours. Dans le cas contraire, je vous prierais de vouloir bien me le faire savoir, au besoin par une dépêche télégraphique.

Le Ministre de la Guerre au Secrétaire du ministère de la Guerre, à Tours.

Paris, 21 septembre.

A l'occasion des dispositions qui ont été prises pour préparer la destruction des ponts sur la Loire, M. le Ministre des Travaux publics me demande que les mesures de ce genre ne reçoivent leur exécution qu'à la dernière extrémité et dans le cas seulement où elles peuvent être réellement efficaces, afin d'éviter à la fois pour nous des pertes inutiles et l'interruption de nos propres communications.

C'est toujours dans cet esprit qu'ont été conçues, en pareil cas, les instructions ministérielles et notamment, dans les ordres donnés pour faire préparer des dispositifs de mines dans les ponts situés entre Orléans et Nevers en vue de ralentir la marche d'un corps d'armée qui menacerait nos établissements de Bourges, il a été recommandé de ne faire fonctionner les fourneaux qu'au dernier moment, *sans précipitation qui puisse compromettre les mouvements de nos propres troupes ou causer au pays des dommages inutiles*..... De plus, l'ordre formel d'explosion doit toujours émaner du commandement militaire, s'il en a reconnu la nécessité.

Il semble donc que toutes les précautions soient prises pour donner satisfaction aux intérêts dont se préoccupe, à juste titre, M. le Ministre des Travaux publics; quoi qu'il en soit, j'ai cru devoir vous donner connaissance de la communication de mon collègue, en vous priant de veiller, par vous-même, à l'observation des instructions qui précèdent (1).

Le Ministre de la Guerre au Général commandant le 15e corps d'armée.

Tours, 22 septembre.

L'ordre a été donné de préparer les moyens d'intercepter au besoin le passage sur les ponts de la Loire, depuis Nevers jusqu'à Tours; c'est le service du génie qui a été chargé de ces préparatifs, de concert avec les ingénieurs des ponts et chaussées pour les voies ordinaires et avec les ingénieurs de la Compagnie d'Orléans pour les chemins de fer.

Pour les ponts suspendus, il s'agit simplement d'en enlever les tabliers; quant aux autres ponts, on a dû préparer des fourneaux de mine pour les faire sauter, et ces fourneaux ont même dû être chargés sur une certaine longueur du cours du fleuve, en amont et en aval d'Orléans.

En principe, c'est au commandant militaire qu'il appartient de prescrire le fonctionnement de ces sortes de moyens de défense, et les généraux investis du commandement territorial sont naturellement chargés de ce soin, à moins qu'il ne s'agisse d'une portion du territoire sur laquelle manœuvre déjà ou s'organise une armée ou corps d'armée français. Dans ce cas, c'est évidemment au commandant de cette armée qu'il appartient de prendre toutes les mesures propres à faciliter ses mouvements et à gêner ceux de l'ennemi.

Tel est précisément, Général, la position dans laquelle vous vous trouvez en ce moment dans le voisinage de la Loire. Je crois donc devoir vous prier, tant qu'elle subsistera, de vouloir bien prendre en main la direction du maintien ou de la suppression des ponts de la Loire entre Nevers et Tours, et cela à l'exclusion de toute autre autorité et spécialement des conseils dits de défense départementale.

Vous n'ignorez d'ailleurs point, Général, que la destruction ou le rétablissement des ponts, des routes, etc., entrent, en campagne, dans les attributions spéciales du service du génie. Vous pouvez donc donner dès

---

(1) Cette lettre fut transmise, le 26 septembre, au général commandant le 15e corps d'armée et au colonel commandant le génie du 15e corps.

à présent vos instructions et vos ordres, pour l'objet dont il s'agit, au commandant de cette arme dans votre corps. Cet officier supérieur dispose d'ailleurs lui-même d'un personnel qui lui permet de faire procéder sur les lieux à la reconnaissance des préparatifs faits, à leur modification s'il y a lieu et même à leur fonctionnement. Les ingénieurs ne demandent partout qu'une direction de l'autorité militaire ; seulement, il importe que cette direction soit unique, et le moyen le meilleur pour cela me semble celui que je viens d'indiquer.

Je ferai encore en terminant une observation dont l'importance ne vous échappera point. Il ne faut pas perdre de vue que nos voies de communication, les ponts notamment et ceux de la Loire surtout, entrent pour une large part dans la richesse nationale, qu'ils rendent d'immenses services aux populations; qu'ils peuvent à un moment donné faciliter un mouvement offensif contre l'ennemi, qu'il y a donc lieu de ne point recourir à leur destruction sans une absolue nécessité bien établie. Il est évident au surplus qu'il suffit, en bien des cas, de ne couper les ponts que partiellement, de manière à ce que l'ennemi n'en puisse opérer avec facilité le rétablissement. Le soin de déterminer les moyens à employer pour cela doit être laissé, notamment en ce qui concerne les chemins de fer, aux ingénieurs, après concert avec le service du génie.

Afin d'assurer dès à présent les dispositions qui précèdent, j'invite MM. les généraux commandants les 18e et 19e divisions territoriales, ainsi que le commandant de la subdivision du Loiret, à ne plus faire sauter aucun pont de la Loire sans un ordre de votre part, ordre qui devra être provoqué par eux au besoin.

Le Ministre de la Guerre aux Préfets des départements.

Tours, 22 septembre.

Pour arrêter la marche de l'ennemi dans certaines directions, il importe quelquefois de recourir à la destruction des ponts, viaducs, tunnels, etc., sur nos grandes voies de communication.

L'emploi de ce moyen, qui impose au pays de douloureux sacrifices, ne peut être livré à l'appréciation d'aucune autorité secondaire. C'est le Ministre de la Guerre qui détermine les lignes où il doit être préparé et délègue ensuite à MM. les généraux commandant soit les circonscriptions territoriales, soit les armées ou corps d'armée, le soin de fixer le moment où il y a lieu d'en faire usage, en mettant le feu notamment aux fourneaux de mine.

Toute autre marche ne pourrait que produire une confusion regrettable, amener des destructions inutiles et en empêcher d'autres nécessaires au salut du pays.

Je vous invite donc, Messieurs, à vous borner, pour les opérations dont il s'agit, à prêter votre concours, lorsqu'il est réclamé, aux autorités militaires, à vous abstenir de donner pour de tels objets aucun ordre sans l'assentiment de ces autorités et à ne point permettre enfin que des comités de défense départementaux interviennent.

Je n'entends pas gêner l'action de ces comités en ce qui concerne les mesures d'intérêt tout à fait local ayant pour objet la sûreté des habitants contre les incursions de l'ennemi.

Je ne puis au contraire que donner en principe mon approbation à tout ce qui peut être fait en ce sens; seulement, je vous recommande de veiller à ce qu'il n'y ait aucun désaccord avec les vues du commandement militaire pour la défense générale du territoire.

Le Ministre de la Guerre au Général commandant la 19ᵉ division militaire, à Bourges (D. T.).

Tours, 22 septembre.

Défendez qu'on ne coupe aucun pont sur la Loire, dans l'étendue de votre commandement, sans un ordre formel émané du général de La Motterouge, commandant le 15ᵉ corps, ordre qui devra être provoqué par le commandant militaire local, si les circonstances paraissent l'exiger.

Les autorités civiles et spécialement les comités de défense, dits départementaux, doivent être exclus de toute intervention dans les décisions à prendre en pareille matière.

Le Ministre de la Guerre au Général commandant, à Orléans (D. T.).

Tours, 22 septembre.

Défendez qu'on ne coupe aucun pont sur la Loire sans un ordre formel, émané du général de La Motterouge, commandant le 15ᵉ corps d'armée, actuellement à Tours.

Les comités de défense, dits départementaux, et les autorités civiles doivent être exclus de toute intervention dans les discussions à prendre en pareilles circonstances. Le soin de déterminer les moyens à employer pour intercepter le passage des ponts, notamment en ce qui concerne le chemin de fer, doit être laissé aux ingénieurs, d'après un concert avec le génie.

Laissez à Orléans ces ingénieurs prendre les dispositions convenues ici.

Le Ministre de la Guerre au Général commandant la 18ᵉ division militaire, à Tours.

Tours, 22 septembre.

Par application du principe énoncé dans le dernier alinéa de ma lettre du 17 septembre courant, et pour éviter le retour de malentendus regrettables qui ont déjà eu lieu, j'ai l'honneur de vous faire savoir que jusqu'à nouvel ordre, M. le général commandant le 15ᵉ corps se trouve exclusivement chargé des mesures à prendre pour la rupture éventuelle des ponts de la Loire, de Nevers à Tours.

Vous n'avez donc plus à vous occuper du fonctionnement de ce moyen de défense, tant que le 15ᵉ corps ne sera pas plus éloigné du bassin de la Loire.

Le Ministre de la Guerre aux Généraux commandant les 2ᵉ, 16ᵉ, 18ᵉ et 19ᵉ divisions militaires.

Tours, 24 septembre.

Je vous ai adressé, le 11 septembre courant, des instructions sur la marche à suivre, lorsqu'il faudrait procéder à la rupture des voies de communication.

J'ai lieu de penser qu'il a été donné, dans quelques cas, à ces instructions, une interprétation qu'elles ne comportaient point. J'ai entendu vous donner non point la latitude de faire couper les ponts à l'avance, et par mesure de précaution, mais seulement vous déléguer le soin, lors de l'approche de l'ennemi, de fixer le moment où il conviendra de mettre le feu aux fourneaux de mine préparés, par mon ordre, sur certaines lignes déterminées.

Veuillez, Messieurs, en ce qui concerne les ponts et ouvrages d'art des voies ordinaires et des chemins de fer, donner des instructions très précises, pour que les explosions ne soient pas prématurées ; c'est en quelque sorte en présence de l'ennemi arrivant en forces que le feu doit être mis aux fourneaux.

Si vous jugez qu'il y a lieu de préparer des moyens de destruction d'ouvrages d'art sur certains points du territoire placés sous votre commandement, autres que ceux qui ont été l'objet de dépêches spéciales de ma part, vous devez, à moins d'urgence, me soumettre vos propositions et attendre mes ordres.

Il reste entendu d'ailleurs que, dans le rayon d'action d'une armée ou d'un corps d'armée français, il ne doit être rien fait pour l'interruption des communications, sans l'ordre ou sans l'assentiment du commandant de ce corps d'armée.

Le Ministre de la Guerre au Général commandant la 18ᵉ division militaire, à Tours.

Tours, 24 septembre.

J'ai reçu la lettre par laquelle vous me faites l'honneur de me demander, à la date du 20 septembre courant, de nouvelles instructions sur la rupture éventuelle des voies de communication.

Ma circulaire de ce jour répond d'une manière générale à votre question. J'ajoute, pour plus de précision, en ce qui concerne spécialement votre division, qu'il n'y a rien à faire au delà de ce qui vous a été indiqué par mes dépêches des 17 et 22 courant, c'est-à-dire qu'on doit se borner à préparer les moyens de couper au besoin les ponts sur la Loire, en amont de Tours et jusqu'à cette localité inclusivement, mais que le feu ne doit être mis à aucun des fourneaux de mine préparés sans que l'ordre formel en ait été donné par M. le général commandant le 15ᵉ corps.

Rapport concernant l'état des ponts de la Loire de Sully à Blois.

Blois, 28 septembre.

Les ponts suspendus de la Loire ont été éprouvés au moyen de barils de poudre placés sous les câbles; l'explosion a produit d'une façon générale les effets suivants : déformation des câbles, rupture de quelques verticales et d'une partie des planches. Le pont de *Jargeau* a été laissé dans cet état; il est dangereux de le traverser, mais on l'utilise néanmoins avec une passerelle provisoire. Le pont de *Châteauneuf* a subi, en outre de l'épreuve ci-dessus, une nouvelle tentative qui a donné des résultats très complets; l'extrémité des amarres a été chauffée dans le puits où elle s'enroule transformé en fourneau; l'opération a duré environ une heure et les amarres se sont brusquement rompues. Le pont de *Meung* a ses câbles fortement déformés par la première opération; depuis, ils ont été brisés et le pont se trouve aujourd'hui impraticable sur les deux arches de la rive gauche. Le pont de *Beaugency*, ayant comme les précédents résisté à l'action des barils sur les câbles, les ouvriers sont montés sur les dés qui portent les câbles et ont coupé ces câbles. Le pont suspendu de *Mer* n'a jusqu'à ce jour subi que de très légers préparatifs. Ce pont se compose de plusieurs arches séparées par une langue de terre; les dispositions suivantes avaient été arrêtées par le service des ponts et chaussées : rupture des aiguilles sur une longueur de 50 mètres. Ce travail étant très long, il faudrait au moins 4 heures pour l'exécuter; l'ouvrier chargé de l'entretien du pont a reçu mes instructions pour ne couper le câble sous aucun prétexte avant d'avoir tenté l'exécution des dispositions ci-dessus arrêtées et, dans tous les cas, de ne rien faire sans ordre du général commandant le 15ᵉ corps. Le service des ponts a voulu prévoir le cas où une surprise empêcherait que l'on ne pût toucher aux aiguilles du pont suspendu ; il a donc fait préparer trois petits fourneaux dans la pile qui porte l'unique travée suspendue mettant en communication la rive gauche avec la langue de terre formant îlot. Ce dispositif est insuffisant ; les tranchées ont 0ᵐ,05 à 0ᵐ,06 de diamètre, celle du milieu 0ᵐ,30 de profondeur et celle des extrémités 1 mètre ; les mines agiront comme des fourneaux d'exploitation de carrière et je ne crois pas que l'on puisse compter sur un effet complet principalement à cause des difficultés d'obtenir le compassement des feux. Il paraît donc sage de ne point tenter un effet qui serait infructueux mais suivi de dégâts qui seraient difficiles à réparer plus tard sans démolir complètement les maçonneries ébranlées.

Le seul pont en maçonnerie miné sur le parcours que je viens de faire est celui d'Orléans. Le dispositif employé est le suivant : trois puits de 4ᵐ,50 de profondeur à l'extrémité desquels se trouvent, dans des retours horizontaux, des charges de 300 kilogrammes. Le bourrage se fera au moyen de sable et d'étançon appuyé contre la paroi du puits opposé au retour et le plateau en madriers fermant la chambre aux poudres. Ce dispositif sera prêt dans quatre jours, nécessaires à la construction des retours. Il résulte des renseignements fournis par les ingénieurs des ponts que le pont de Sully ne sera point coupé sans ordre émanant du général commandant le 15ᵉ corps. Dans ce cas même, on enlèverait simplement les aiguilles qui portent le tablier. Le personnel nécessaire à la mise en exécution des dispositions adoptées se trouve sur les lieux, sous la direction des ponts et chaussées.

Rapport du Chef de bataillon commandant le génie de la 1ʳᵉ division d'infanterie du 15ᵉ corps d'armée.

Blois, 29 septembre.

Section de Blois à Tours.

BLOIS.

Le pont de Blois est en maçonnerie ; il se compose de neuf arches de dimensions diverses. Pour interrompre, au besoin, la circulation, on a pratiqué sur la clef de la 4ᵉ arche, l'une des plus grandes à partir de la rive gauche, une tranchée que l'on a approfondie, de manière à ne laisser à la maçonnerie de la voûte qu'une épaisseur de 0ᵐ,70. 400 kilogrammes de poudre de mine et 20 mètres de cordeau Bickford sont déposés au château. Ces dispositions paraissent suffisantes pour assurer la rupture d'une arche de ce pont, dont les piles sont assez épaisses pour former culées.

A défaut d'un petit détachement militaire chargé seulement d'effectuer, le cas échéant, cette rupture, les ordres du général commandant le 15ᵉ corps devraient être donnés à l'ingénieur ordinaire des ponts et chaussées, M. ....., qui a dirigé le travail ci-dessus et qui a à sa disposition la poudre et le porte-feu nécessaires.

Dans le cas où le pont paraîtrait devoir être conservé, des mesures ont été prises pour que l'ennemi ne puisse pas profiter, pour le faire sauter, des travaux exécutés par nous; du ciment de Portland et des pierres cassées seraient maintenus à proximité du pont; on en ferait un béton au moyen duquel on remplirait la tranchée.

Écure (station d'Onzain).

Le pont d'Écure est un pont suspendu. En cet endroit, la Loire est très large et le pont est très important pour les populations. S'il venait à être totalement détruit, on ne rétablirait que difficilement la circulation. Il conviendrait de ne recourir à sa destruction sans une nécessité absolue, que sa position ne paraît pas devoir entraîner. On n'a pris encore aucune disposition qui aurait eu pour résultat la destruction totale de ce pont ou seulement la rupture des câbles. On s'est borné à prendre celles nécessaires pour faire tomber une partie du tablier du pont en coupant les tiges de suspension.

Les ouvriers sont prévenus et les outils nécessaires à cette opération sont réunis sur les lieux. M. ....., chef cantonnier, seul agent du service des ponts et chaussées résidant dans la localité, est chargé d'exécuter les ordres du général commandant le 15ᵉ corps, à l'exclusion de toute autre autorité.

Amboise.

A Amboise, le passage de la Loire s'effectue au moyen de ponts en maçonnerie qui s'appuient sur un îlot. Sur le bras de la Loire, du côté de la rive droite, on ne trouve qu'un seul pont sous lequel il ne passe pas d'eau en ce moment. Sur le bras gauche, on en trouve deux très rapprochés :

1° Un pont de pierre de huit arches de 20 mètres, nouvellement construit ;

2° Un pont de pierre très ancien avec une travée suspendue de 50 mètres, pont destiné à être démoli au moment de l'achèvement du pont précédent.

Le bras droit étant en ce moment sans eau, il n'y a pas lieu de s'occuper, quant à présent, du pont situé sur ce bras.

Dispositions adoptées pour les ponts du bras gauche.

On pratique en ce moment, dans la 7ᵉ pile (celle de la rive droite), des chambres de mine exactement conformes aux indications de l'instruction du 13 juillet 1857. Ce travail sera complètement terminé dans quelques jours. Il conviendrait d'expédier sur ce point des poudres et le cordeau porte-feu nécessaires, soit 300 kilogrammes de poudre et une trentaine de mètres de cordeau, qui seraient déposés aux magasins des ponts et chaussées. Comme les piles ne forment pas culées, la rupture d'une des arches entraînerait la ruine complète du pont. Ce n'est donc que dans le cas d'une absolue nécessité qu'il faudrait en venir à utiliser les dispositions prises. La culée n'étant pas remblayée forme déjà un certain obstacle dont on pourrait à la rigueur se contenter.

Les mesures à prendre pour la travée suspendue du second pont devront être en rapport avec celles prises pour le pont dont il vient d'être question. Dans le cas où l'on se contenterait de l'obstacle résultant de l'inachèvement des remblais, on pourrait se borner à faire tomber une partie du tablier du pont suspendu en coupant un certain nombre de tiges de suspension. Dans le cas où l'on se déciderait à faire sauter le premier pont, on pourrait détruire complètement la travée suspendue en faisant chauffer à blanc les câbles dans les chambres d'amarres, moyen qui a été employé et qui a parfaitement réussi. Il conviendrait qu'un détachement d'artilleurs ou de sapeurs fut envoyé à Amboise en temps utile pour le chargement des fourneaux et du bourrage, cette localité ne présentant pas pour cet objet les ressources nécessaires.

MONTLOUIS.

C'est à Montlouis que le chemin de fer de Paris à Bordeaux traverse la Loire et passe de la rive droite sur la rive gauche. La compagnie du chemin de fer d'Orléans pousse avec activité les travaux très importants arrêtés de concert entre elle et le service militaire à Tours. Son intérêt propre la pousse à faire plus qu'on ne lui demande. Les travaux préparatoires seront terminés dans le courant de la semaine prochaine. Deux jours suffiraient pour les achever. On prépare en même temps des charpentes destinées à rétablir la circulation pour le cas où elle aurait dû être interrompue.

TOURS.

Les ponts qui existent à Tours sont au nombre de trois :
1° Un pont suspendu, dit de Saint-Symphorien ;
2° Un pont en pierre, dit pont Royal de Tours ;
3° Un pont suspendu, dit pont Bonaparte.

La circulation serait interrompue sur les deux ponts suspendus en coupant 25 mètres de tablier à chaque pont. Toutes les mesures sont prises par l'ingénieur des ponts et chaussées, M. ....., afin que les ordres qui viendraient à être donnés par le général commandant le 15e corps puissent être mis à exécution aussitôt reçus.

Le pont Royal de Tours, en maçonnerie, est évidé sur la 9e arche. On a profité de cet évidement pour pratiquer trois chambres de mine se rapprochant de celles indiquées dans l'instruction de 1857. Afin d'attendre au dernier moment pour le faire sauter, M. ..... se propose d'établir un appareil électrique pour mettre le feu aux poudres, lorsqu'il ne serait plus possible de défendre le pont et que l'ennemi s'y trouverait engagé.

Le capitaine du génie ..... au Colonel commandant le génie du 15e corps d'armée, à Bourges.

Nevers, 30 septembre.

Je reçois votre dépêche au moment où j'arrive de ma tournée.

J'ai l'honneur de vous envoyer par occasion (un capitaine d'artillerie) les renseignements que j'ai recueillis. Demain, j'aurai l'honneur de vous envoyer un rapport plus détaillé.

Les ponts sur la Loire, en aval de Nevers, sont :

NOMS.	NATURE.	NOMS ET RÉSIDENCE des INGÉNIEURS.	AGENTS SUR PLACE.
Fourchambault....	Suspendu.	....., à Nevers.	....., conducteur.
La Charité........	En pierre.	Id.	....., agent secondaire.
Saint-Satur.......	Suspendu.	Id.	....., ingénieur.
Cosne............	Id.	Id.	....., conducteur.
Châtillon-sur-Loire.	Id.	....., à Gien.	....., agent voyer.
Gien.............	En pierre.	Id.	....., ingénieur.
Sully............	Suspendu.	Id.	....., agent voyer.

Les ponts de Fourchambault, Saint-Satur et Cosne, service de M. ....., sont observés par un agent et une brigade de 24 hommes.

Une travée, d'en moyenne 60 mètres pour chacun d'eux, a été démontée, huilée, etc.

L'agent demeurant sur place peut, à la première réquisition, enlever la travée en quatre ou cinq heures.

Le pont de La Charité, en pierre, du service de M. ....., peut en cinq heures être miné à la clef, et chargé en poudre par 5 artilleurs aidés de la brigade de l'agent.....

Il serait bon d'avertir M. ..... pour la direction du travail.

Département du Loiret.

Les ponts suspendus de Châtillon-sur-Loire et Sully ont été préparés de la manière suivante :

Un fourneau en briques a été établi en A, près du point où les câbles du pont s'enroulent sur le tambour d'ancrage. En ce point, le câble

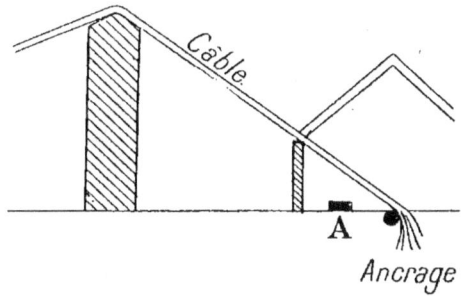

s'épanouit et forme une sorte de chevelu qu'on peut brûler en deux heures environ, d'après des expériences faites en 1848 au pont Louis-Philippe, à Paris.

Les ingénieurs s'engagent à faire déboulonner une travée comme dans les ponts précédents. Ce procédé paraissant moins brutal, ils préviendront le commandant du génie du 15ᵉ corps dès que le travail sera prêt.

Le pont en pierre de Gien est miné. On a fait cinq fourneaux (chaque fourneau de 100 kilogrammes) dans une pile et on peut, en quarante-huit heures, faire le chargement.

Mon camarade ....., à Orléans, s'est chargé des ponts en aval de Sully, c'est-à-dire Châteauneuf et Jargeau.

Le capitaine du génie ..... au Colonel commandant le génie du 15ᵉ corps d'armée, à Bourges.

Orléans, 5 octobre.

J'ai l'honneur de vous rendre compte que vendredi on aura terminé au pont du chemin de fer les travaux suivants :

Deux tranchées de 4 mètres, l'une au-dessous de la culée, la seconde au-dessus de la première pile.

Les travaux projetés au pont d'Orléans seront aussi finis vendredi. Les ingénieurs des ponts ont reçu des ordres pour ne charger et bourrer qu'à la dernière extrémité. Le chargement se composera, par fourneau, de quatre barils dont le fond sera enlevé et auxquels on mettra le feu à l'aide d'un saucisson en fer-blanc débouchant dans l'un des barils. Le travail du chargement et du bourrage demandera quelques heures. Il aurait été plus aisé de suivre les prescriptions réglementaires qui con-

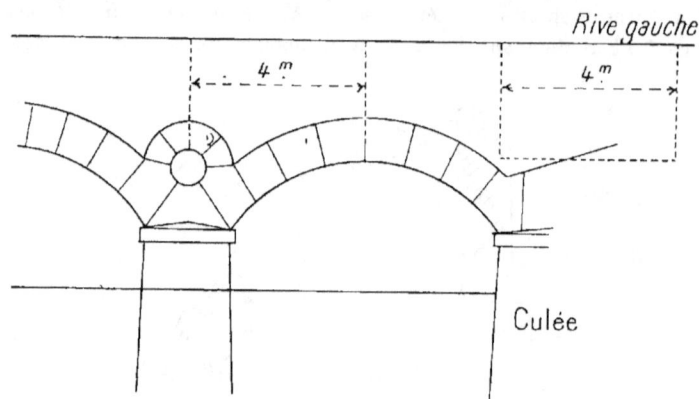

sisteraient à placer une boîte dans le retour, exécuter le bourrage complet et, au dernier moment, pousser par un conduit de 0^m,15 de côté des gargousses dans la boîte, en attachant à l'une des gargousses du cordeau porte-feu. Mais je suppose que l'absence d'outillage nécessaire à cette opération aura déterminé mon prédécesseur et les ingénieurs à adopter ce mode plus simple de chargement. J'ai pris, depuis lundi, la direction des travaux concertés entre le commandant d'artillerie, le général et les ingénieurs des ponts; ces travaux se composent d'une ligne fermant la trouée existant entre Ingré, Ormes, Cercottes sur la route de Paris. Le commandant d'artillerie a donné le profil suivant qui servirait à empêcher la cavalerie ennemie de venir jusqu'aux

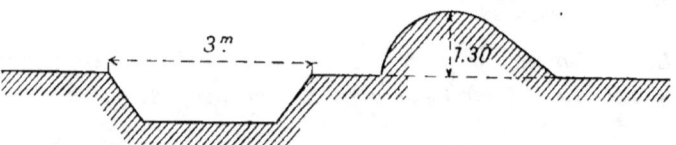

portes d'Orléans et fournirait un abri aux troupes dans le cas où une action générale s'engagerait. Si vous désirez, mon colonel, que je vous envoie une reconnaissance complète des travaux exécutés ou arrêtés à la forêt, je vous prierai de vouloir bien m'en donner avis.

Le même au même.

Orléans, 8 octobre.

J'ai l'honneur, en réponse à vos deux dernières lettres qui m'ont été remises seulement hier, de transmettre les renseignements suivants :

Service du pont d'Orléans.

MM. ....., ingénieur en chef du département ;
 ....., ingénieur ordinaire (service mixte) ;
 ....., conducteur délégué.

La poudre nécessaire est à la caserne Saint-Charles. Les approvisionnements en cordeau Bickford sont faits.

Service de Mer.

MM. ....., ingénieur en chef du département ;
 ....., ingénieur ordinaire du département (service mixte).

A mon passage, il n'existait d'autre agent secondaire que M. ....., gérant du pont ; depuis, M. ..... a délégué un conducteur dont le nom ne m'a point encore été fourni par lettre ; le commandant du génie de la 1re division d'infanterie obtiendrait sans doute ce renseignement à Blois plus aisément que moi. Les cinq ponts que je devais visiter sont : deux à Orléans, un troisième à Meung, le quatrième à Beaugency, le cinquième à Mer. Ils se trouvent dans l'ordre ci-dessus d'Orléans à Blois.

Le même au même.

(Sans date.)

J'ai l'honneur de vous rendre compte qu'à mon arrivée à Orléans je me suis rendu chez le général commandant la division ; après lui avoir donné communication de mes instructions, je me suis rendu chez M. ....., garde du génie. Le service de la place est aujourd'hui rempli par ce garde assisté de deux caserniers. Il ne m'a du reste été signalé aucun fait important au sujet du service de la place. Je n'ai point encore pu voir M. l'ingénieur ordinaire du service de la Loire, absent cet après-midi. M. l'ingénieur en chef a bien voulu me donner les renseignements suivants sur les questions qui font l'objet de ma mission. Les quatre ponts suspendus de Jargeau, Châteauneuf, Beaugency et Meung ont été éprouvés de la façon suivante : des barils de poudre ont été placés sur le tablier et chargés de madriers. Ce dispositif n'a donné aucun résultat radical.

Le pont de Jargeau a été très détérioré ; des aiguilles ont été rompues, des madriers tordus. M. l'ingénieur en chef croit que ce pont n'est plus praticable aux voitures. Les ponts de Châteauneuf, Meung et Beaugency ont perdu, deux une travée, le troisième deux travées. Ces résultats ont été obtenus en chauffant les extrémités des câbles, dès que l'on eût constaté l'insuccès des précédents essais. Le pont d'Orléans a été miné au moyen de puits verticaux pratiqués dans les piles. Par suite d'ordres, M. l'ingénieur en chef avait interrompu le travail en projet qui consistait à se retourner en galerie horizontale du fond des puits et poser la charge simplement au fond des puits. Cette solution a paru à juste titre vicieuse. M. l'ingénieur en chef a fait noyer les poudres, et cette nuit on commencera la galerie horizontale qui doit aboutir à trois retours où l'on placera, dans le retour du milieu, 200 kilogrammes, dans les extrêmes, 150 kilogrammes. L'achèvement de ce travail exige au moins quatre ou cinq jours. Des raisons très sérieuses font désirer la conservation du pont qui met Orléans *en communication avec la rive gauche*. La Loire peut, du reste, être mise en état d'être traversée par l'artillerie en quelques heures, le sable étant assez solide pour supporter de grandes charges en le couvrant de planches ou de madriers.

Le pont de Sully n'a pas encore été éprouvé par les mines, les instructions sont données au personnel des ponts et chaussées pour le renverser par le moyen employé avec succès aux différents ponts suspendus. Je compte me rendre demain à cheval à Blois.

P.-S. — Je joins ici des renseignements pris chez M. l'ingénieur ordinaire dans la soirée après avoir écrit cette lettre.

Travée unique de Beaugency, 30 mètres, complètement détruite.

Pont de Meung. — Travée de la rive gauche détruite ; la travée contiguë, plancher défoncé sur une certaine longueur. Câbles simplement déformés.

Pont de Jargeau. — Plancher détruit sur une certaine longueur. Câbles un peu déformés.

Pont de Châteauneuf. — A peu près comme à Meung.

Le *pont d'Orléans* sera miné en approfondissant les puits à $4^m,50$ et faisant à leur extrémité des retours pour loger les poudres, les charges étant placées contre les parois des puits.

Le Colonel commandant le génie du 15e corps d'armée au Commandant du génie, à Blois.

Bourges, 14 octobre.

En repassant tous les renseignements que j'ai reçus sur les ponts de la Loire, il me semble reconnaître que vous n'avez aucun atelier organisé pour l'enlèvement du tablier et des aiguilles pendantes du pont suspendu d'Amboise. Je vous prie de vous entendre avec M. l'ingénieur en chef du département pour l'organisation de cet atelier avec le personnel de la localité. Quant au pont de pierre en construction, il me semble qu'il suffit d'ajourner jusqu'à nouvel ordre le remblai de la culée et des arches.

Destruction des voies ferrées. Arrêté du Gouvernement de la Défense nationale.

Tours, 1ᵉʳ novembre.

Le membre du Gouvernement de la Défense nationale, Ministre de l'Intérieur et de la Guerre, en vertu des pouvoirs à lui délégués par le Gouvernement, par décret en date à Paris du 1ᵉʳ octobre 1870,

Vu le rapport de la commission scientifique instituée à Tours, sous la présidence de M. ....., de l'Institut, qui recommande d'une manière toute spéciale le projet de mise en état de défense des lignes de fer, présenté à son examen par M. ....., ingénieur civil à Châlons-sur-Marne,

Arrête :

M. ..... est autorisé à appliquer les moyens de défense qu'il a proposés partout où il sera nécessaire d'empêcher l'usage de nos voies ferrées menacées par l'ennemi, et à s'adjoindre, pour l'exécution des travaux préparatoires et définitifs, MM. ..... et ....., ingénieurs civils, l'un à Tours, l'autre à Paris.

Il est commissionné pour requérir tous les instruments de sondage pouvant servir au forage des puits de mine, ainsi que les ouvriers qui doivent les mettre en action.

Le même droit de réquisition lui est conféré auprès des entrepreneurs pouvant exécuter les travaux concourant au but final ; auprès des géomètres pour des opérations trigonométriques et des photographes pour conserver l'image des points fouillés ; auprès des Compagnies de chemins de fer, qui sont invitées à lui laisser toute liberté de préparer, sur les voies, sans gêner toutefois la circulation des trains, des puits de mine, d'y enfouir des réservoirs de poudre, qui ne seront chargés qu'après l'évacuation du matériel et l'abandon complet de chaque tronçon de ligne.

Les Compagnies de chemins de fer sont requises de laisser circuler librement M. ....., ainsi que les ingénieurs qui l'accompagnent, pour l'accomplissement de sa mission ; il en sera de même pour le matériel et les ouvriers à diriger sur les différents points d'opérations.

Les autorités civiles et les commandants des forces militaires sont invités à faciliter, autant qu'il leur sera possible, la mission confiée à M. ....., pour la mise en état de défense des lignes de fer.

Le Ministre de l'Intérieur et de la Guerre aux Généraux commandant les armées, les corps d'armée, les circonscriptions territoriales et aux Préfets des départements.

Tours, 26 novembre.

Dans les circonstances actuelles, on ne doit reculer devant aucun moyen pouvant avoir quelque efficacité pour la défense du pays ; mais il en est un qui ne doit être employé qu'à la dernière extrémité, et dont malheureusement j'ai été à même de constater qu'on use souvent sans discernement et de manière à produire un résultat absolument opposé à celui qu'on se propose. Je veux parler de la destruction des ponts, viaducs, tunnels et autres ouvrages d'art de nos grandes voies de communication et spécialement de nos chemins de fer.

Je crois devoir, à ce sujet, appeler toute votre attention sur les observations et recommandations suivantes :

En général, il n'y a d'obstacles sérieux à la marche d'une armée que ceux derrière lesquels se tiennent des défenseurs pour en empêcher le franchissement. C'est ainsi que les meilleures places fortes seraient enlevées du premier coup s'il n'y avait, sur les remparts, des hommes en armes pour en interdire l'escalade à l'assaillant. Le fleuve le plus large et le plus rapide n'arrêterait pas non plus la marche d'une armée pendant seulement vingt-quatre heures, s'il n'y avait, sur la rive opposée, des troupes pour en disputer le passage. C'est donc une erreur de croire que l'on peut se mettre hors d'atteinte de l'ennemi en coupant des voies de communication sans avoir la certitude de disposer des forces nécessaires pour empêcher le rétablissement ; et si l'on doit avoir de pareilles forces, il convient de leur laisser toute leur liberté d'action, de ne leur point couper la retraite, ni de leur interdire tout mouvement offensif en détruisant ces voies prématurément.

En ce qui concerne spécialement les chemins de fer, il est incontestable que, dans les circonstances présentes, la défense a plus d'intérêt encore que l'attaque à leur conservation, attendu que la première y trouve des moyens à peu près illimités de déplacement et de concentration rapides de personnel, de matériel de guerre et d'approvisionnements de toute nature, tandis que l'envahisseur ne peut user de ces mêmes voies que sur les territoires où il a assis une occupation en règle, et encore ne peut-il le faire là qu'avec une extrême circonspection. Quant à ses mouvements agressifs, il ne semble pas qu'ils puissent être notablement facilités par les chemins de fer.

Pour le mettre, d'ailleurs, dans l'impossibilité d'utiliser les voies ferrées, il suffit qu'il ne soit point maître des têtes de lignes, et que les Compagnies aient soin de tenir toujours leur matériel roulant hors de son atteinte, ce qu'elles ne pourraient faire si on coupait la voie sans une entente préalable avec elles.

Ces considérations me paraissent suffire, Messieurs, pour établir qu'il n'y a généralement, même au seul point de vue de la défense, aucun avantage sérieux, et qu'il y a, au contraire, de très graves inconvénients à détruire à l'avance les ouvrages d'art sur les grandes voies de communication.

Je n'ai, d'ailleurs, besoin d'entrer dans aucune explication pour que chacun soit frappé des graves conséquences que peut avoir pour la fortune publique la tendance que je combats.

Au point de vue moral, la précipitation, dans de semblables mesures, ne peut encore que produire des résultats fâcheux, en induisant les populations à croire à l'imminence d'un danger qui n'a quelquefois rien de réel, en leur ôtant la foi dans le succès final sur lequel le Gouvernement de la Défense nationale croit être en droit de compter désormais, et en paralysant ainsi l'élan nécessaire pour poursuivre et atteindre ce noble but.

Comme argument péremptoire, j'ajouterai que déjà, dans plusieurs circonstances, l'ennemi a fait usage de moyens de destruction imprudemment préparés à l'avance par nous, et qu'il n'hésiterait certainement pas à l'heure qu'il est, s'il en avait les moyens, à détruire notre réseau de voies ferrées, ce qui doit nous déterminer à les conserver avec un soin extrême, notre intérêt étant toujours opposé au sien.

Je crois avoir justifié, dans ce qui précède, les dispositions suivantes dont je vous prie d'assurer l'exacte observation, chacun en ce qui vous concerne.

Il ne doit être fait aucune préparation de destruction d'ouvrages d'art sur les grandes voies de communication de terre, d'eau ou de fer, sans l'assentiment de l'autorité militaire, laquelle, à moins de circonstances tout à fait exceptionnelles, doit elle-même m'en référer au préalable.

Cette préparation doit toujours être confiée aux ingénieurs du service ordinaire pour les voies de terre et d'eau et aux ingénieurs des Compagnies intéressées pour les chemins de fer, sous le contrôle des officiers du génie, lorsqu'il s'en trouve quelqu'un à portée des travaux à exécuter.

A la destruction d'ouvrages d'art, on doit préférer, lorsque les circonstances le permettent, des moyens pouvant avoir un résultat stratégique équivalent, et n'entraînant point pour le pays d'aussi graves dommages. Tels sont : les coupures dans les grands remblais, le comblement des tranchées, la rupture des digues en terre, etc., soit à bras d'hommes soit par des fourneaux de mine.

Il n'est, d'ailleurs, pas toujours nécessaire de recourir à une rupture complète pour empêcher le passage des ponts par la cavalerie et l'artillerie, seules armes dangereuses; on peut obtenir ces résultats en vidant les tympans des voûtes, sans couper ces dernières.

Pour les ponts suspendus, il suffit de démonter le tablier sans faire sauter les piles.

En tout cas, aucun de ces moyens ne doit être employé sans une nécessité stratégique dont l'urgence soit bien établie.

Il appartient, d'ailleurs, seulement à l'autorité militaire de prescrire, sous sa responsabilité, le fonctionnement des moyens de destruction dont il s'agit.

Ces ordres ne doivent être donnés que si l'ennemi arrive en force, et les fourneaux de mine notamment ne doivent jouer, si c'est possible, que sous ses pieds.

Les Comités de défense départementaux n'ont aucune qualité pour statuer sur de semblables questions, en ce qui touche les grandes voies nationales ou les chemins de fer.

IX

Gendarmerie.

Note de la 3ᵉ direction (bureau de la gendarmerie) pour la 6ᵉ direction (bureau de l'intendance).

Tours, 8 novembre.

Par décret du 31 octobre dernier, trois régiments de marche de gendarmerie (deux à cheval et un à pied) ont été organisés. Ces corps, constitués sur le même pied que les régiments de marche de ligne, se formeront, savoir : le 1ᵉʳ régiment à cheval à Saumur ; le 2ᵉ régiment à Caen ; le régiment à pied à Bourges.

Le bureau de l'intendance est prié de vouloir bien mettre à la disposition de ces régiments les voitures qui leur sont nécessaires.

Note pour le bureau de la gendarmerie.

Tours, novembre.

Par une note, en date du 8 novembre courant, le bureau de la gendarmerie a prié la 6ᵉ direction de vouloir bien mettre à la disposition de trois nouveaux régiments de marche de gendarmerie, en formation à Saumur, Caen et Bourges, les voitures qui leur sont nécessaires.

Le matériel de cette nature n'est jamais accordé qu'aux corps de troupe de ligne, pour faire partie d'une armée ou d'un corps d'armée. Les régiments dont il s'agit n'étant pas embrigadés n'ont donc pas encore droit à des équipages régimentaires pour la distribution desquels il serait d'ailleurs utile d'être éclairé sur le nombre de bataillons ou escadrons et surtout sur le nombre d'officiers qui entreront dans sa composition.

Le Ministre de la Guerre au Général commandant la subdivision militaire, à Alençon.

Tours, 24 novembre.

Les militaires de la gendarmerie désignés pour faire partie du 2ᵉ régiment de marche de gendarmerie à cheval ont reçu l'ordre de se rendre d'urgence et par les voies rapides à Alençon. Ils doivent être, dès aujourd'hui, réunis en assez grand nombre pour que le travail d'organisation puisse commencer utilement.

Pour faciliter les opérations, j'ai l'honneur de vous adresser ci-joint :
1° une copie du décret d'organisation ; 2° un état des officiers de tous grades désignés pour le 2ᵉ régiment à cheval ; 3° un tableau présentant le contingent fourni par chaque légion en sous-officiers, brigadiers et gendarmes.

Les trompettes et maréchaux ferrants sont pris dans des régiments de cavalerie de ligne. Je régulariserai leur position à leur arrivée au corps en leur délivrant une commission. A cet effet, le colonel devra me faire connaître leurs noms et donner en même temps les mesures nécessaires pour la confection de l'habillement.

Je vous invite à presser l'organisation du corps de manière à ce qu'il soit prêt à entrer en ligne au premier jour, laissant à votre initiative le soin de lever les difficultés de détail qui pourraient se présenter.

Une fois le régiment constitué, le chef de corps sera autorisé à pourvoir aux emplois vacants dans le cadre des sous-officiers et brigadiers. Les nominations aux différents grades d'officiers seront faites, sur la proposition du colonel, par le général commandant le corps d'armée. Les unes et les autres ne seront définitives qu'après avoir été soumises à ma sanction.

Veuillez bien, je vous prie, adresser à M. le lieutenant-colonel ..... (1) les états ci-joints, qui lui seront indispensables et lui donner les instructions qui résultent de la présente communication.

État des officiers de tous grades désignés pour faire partie du 2ᵉ régiment de marche de gendarmerie à cheval.

Tours, 24 novembre.

État-major.

MM......, lieutenant-colonel commandant.

......, chef d'escadron, commandant la 4ᵉ compagnie d'Afrique, commandant en second.

......, chef d'escadron, désigné pour commander la 1ʳᵉ compagnie de la 17ᵉ légion (2), chef d'escadron.

......, chef d'escadron, désigné pour commander la compagnie de l'Hérault, chef d'escadron.

......, capitaine à Bayeux (Calvados), adjudant-major.

......, capitaine à Saint-Amand (Cher), adjudant-major.

......, lieutenant-trésorier, à Rodez (Aveyron), officier-payeur.

......, médecin-major de 2ᵉ classe.

---

(1) Désigné pour commander le régiment.
(2) Corse.

GENDARMERIE.   499

MM......, aide-major de 1re classe.
   ......, vétérinaire en second au 8e cuirassiers.
   ......, aide-vétérinaire auxiliaire au 7e d'artillerie.

Escadrons.

MM......, capitaine à Châtellerault (Vienne).
   ......, capitaine à Mamers (Sarthe).
   ......, capitaine à Boulogne (Pas-de-Calais).
   ......, capitaine à Louviers (Eure).
   ......, lieutenant à Brassac (Tarn).
   ......, lieutenant à Cette (Hérault).
   ......, lieutenant à Châteaubriant (Loire-Inférieure).
   ......, lieutenant à Gaillac (Tarn).
   ......, lieutenant à Saint-Marcellin (Isère).
   ......, lieutenant à Nantua (Ain).
   ......, lieutenant à Neufchâtel (Seine-Inférieure).
   ......, lieutenant à Sisteron (Basses-Alpes).
   ......, lieutenant à Falaise (Calvados).
   ......, sous-lieutenant (nouveau promu).
   ......, sous-lieutenant (nouveau promu).
   ......, sous-lieutenant (nouveau promu).

Répartition du contingent fourni par chaque légion pour la formation du 2e régiment de marche de gendarmerie.

Tours, 24 novembre.

NUMÉROS DES LÉGIONS.	ADJUDANTS.	MARÉCHAUX DES LOGIS chefs.	MARÉCHAUX DES LOGIS fourriers.	MARÉCHAUX DES LOGIS.	BRI- GADIERS.	GEN- DARMES.
2e	»	2	»	4	9	115
7e	»	»	»	1	4	18
8e	»	»	»	5	6	40
9e	1	»	»	»	2	10
10e	»	»	»	2	»	10
12e	»	»	»	»	»	48
13e	»	»	2	1	4	30
14e	»	»	2	»	»	40
15e	»	»	»	2	5	40
16e	1	1	»	2	5	45
18e	»	1	»	»	2	»
19e	»	»	»	»	2	»
20e	»	»	»	2	5	50
21e	»	»	»	3	4	48
26e	»	»	»	2	»	»
TOTAUX.	2	4	4	24	48	464

Le Ministre de la Guerre aux Généraux commandant les divisions militaires et aux Chefs de légion de gendarmerie.

Tours, 25 novembre.

J'ai eu lieu de constater qu'un grand nombre de militaires de la gendarmerie (officiers, sous-officiers et gendarmes) ont invoqué des motifs de santé pour éviter de rejoindre les régiments de marche de gendarmerie en formation, mais que certains d'entre eux n'ont pas hésité à accepter des positions supérieures dans les gardes nationales mobilisées, qu'il ne m'a pas été permis de confirmer.

Cette manière d'agir dénote une préoccupation pour des intérêts personnels que je regrette de rencontrer chez les militaires d'une arme qui a fourni tant de preuves d'abnégation et de véritable dévouement, surtout au moment où ils sont appelés à un service actif. Je continuerai donc à refuser, comme je l'ai fait déjà, de sanctionner toute position étrangère à l'arme, et je vous préviens qu'à moins de maladie dûment constatée, les militaires désignés pour un service actif ou pour les régiments de marche, devront rejoindre leur destination.

Je vous invite à porter ces dispositions à la connaissance des militaires de votre légion et de prescrire les mesures nécessaires pour que mes ordres soient exécutés rigoureusement.

Le Ministre de la Guerre aux Chefs de légion de gendarmerie.

Tours, 30 novembre.

Jusqu'ici, et conformément à mes instructions, les contingents fournis par les compagnies départementales aux forces publiques et aux régiments créés à Paris, n'ont compris que très peu de militaires candidats pour l'avancement. Mais les dernières formations, en utilisant toutes les forces vives de l'arme, ont dû nécessairement en absorber un grand nombre.

Je me suis préoccupé des conséquences que peut avoir pour l'avenir de ces militaires leur départ à l'armée. Il ne m'a pas paru juste qu'ils fussent privés de l'avancement qu'ils auraient obtenu s'ils étaient restés à leur résidence.

D'un autre côté, au moment où je vous remettais les pouvoirs nécessaires pour nommer aux vacances d'emplois, j'ai pensé qu'il convenait de vous fixer sur les conditions dans lesquelles aurait lieu l'avancement et j'ai arrêté les dispositions suivantes :

En cas de vacance et, lorsque le numéro de classement du tableau de candidature appellera à passer à un grade supérieur un sous-officier, brigadier ou gendarme détaché à l'armée, sa nomination aura lieu au titre de la compagnie où l'emploi sera vacant. Mais il restera dans la position qu'il occupera aux forces publiques ou aux régiments de gendarmerie.

Quoiqu'il ne doive entrer en fonctions qu'à son retour, il aura droit à la solde de son nouveau grade à compter du jour où il aura été nommé. Un rappel lui sera fait à sa rentrée à la compagnie.

Pour suppléer les absents nommés dans ces conditions, je vous laisse le soin de rechercher les combinaisons qui vous paraîtront le plus profitables au service. Je ne doute pas que, tout en sauvegardant les intérêts des hommes, vous ne parveniez à faire face aux nécessités urgentes du moment avec les ressources laissées à votre disposition.

Le Ministre de la Guerre aux Généraux commandant les divisions militaires au Havre, Lille, Besançon, Lyon, Toulon, Montpellier, Perpignan, Toulouse, Bayonne, Nantes, Rennes, Bastia, Tours, Bourges, Clermont-Ferrand, Limoges, Grenoble, et aux Généraux commandant le 15ᵉ corps d'armée, à Bourges, les 16ᵉ et 17ᵉ corps d'armée, à Josnes, le 18ᵉ corps d'armée, à Gien, le 20ᵉ corps d'armée, à Bourges, le 21ᵉ corps d'armée, à Marchenoir, le 22ᵉ corps d'armée, à Lille (D. T.).

Bordeaux, 11 décembre, midi 50.

A l'avenir, chacune des armées de la République sera pourvue d'un régiment de gendarmerie à cheval placé sous le *commandement exclusif du colonel du régiment. Ce colonel correspondra directement avec le Ministre, dont il relève.* Une cour martiale est instituée en permanence sur les derrières de chaque armée et présidée par le colonel du régiment de gendarmerie. Un escadron et deux compagnies de gendarmerie sont attachés au ministère de la Guerre. L'officier commandant cette troupe est placé sous les ordres directs du Ministre, et présidera une cour martiale en permanence.

Instruction pour les colonels commandant les régiments de gendarmerie à la suite des armées : 1° suivre l'armée et disposer son régiment de manière à surveiller et boucher les issues ; 2° arrêter les fuyards et les ramener à une troupe constituée. Sont réputés fuyards, tout soldat, tout officier, tout groupe battant en retraite sans un ordre écrit ou sans être placé sous le commandement d'un officier supérieur; tout soldat, non blessé, arrêté en arrière de l'armée, sans armes et sans équipement; sera immédiatement traduit devant la cour martiale tout

militaire proférant les cris : sauve qui peut, nous sommes poursuivis;
3° apporter la plus grande rigueur et la plus grande vigilance dans l'accomplissement des devoirs imposés.

Le Ministre de la Guerre aux Intendants divisionnaires et aux Chefs de légion de gendarmerie.

Bordeaux, 22 janvier 1871.

La formation des régiments de marche de gendarmerie, à pied et à cheval, a nécessité l'envoi, par chaque compagnie, d'un détachement plus ou moins nombreux. Quelques conseils d'administration ont pensé qu'après leur départ, ces hommes devaient cesser d'être administrés par leur compagnie. De là, des difficultés pour la régularisation des dépenses.

Les régiments de marche n'ont ni masse générale d'entretien ni masse individuelle; ils sont constitués d'une manière toute provisoire. S'ils sont pourvus d'un conseil éventuel, le rôle de ce conseil se borne à signer des états de solde collectifs et des bons généraux de distribution, dont l'officier payeur doit ensuite envoyer des extraits à chaque légion pour la régularisation par les compagnies des dépenses afférentes à leurs détachements respectifs.

Il doit être procédé, à cet égard, absolument de la même manière que pour les fractions de corps séparées du dépôt pour faire partie d'une armée active.

Quant aux dépenses particulières qui pourraient concerner le régiment de marche tout entier, sans qu'il fût possible d'en faire une répartition entre les compagnies, elles devront être imputées à la légion qui porte le premier numéro d'ordre parmi celles qui ont fourni des détachements aux régiments.

Le Ministre de la Guerre aux Chefs de légion de gendarmerie.

Bordeaux, 30 janvier 1871.

Pour compléter les instructions contenues dans ma circulaire du 20 de ce mois, relative à l'exécution des décrets portant *mobilisation de la gendarmerie* et *création des brigades provisoires*, et pour répondre à des questions qui m'ont déjà été adressées à ce sujet, j'ai arrêté ce qui suit :

1° Les officiers mobilisés ne seront pas montés sur le pied de guerre. Ils ne toucheront de rations de fourrage que pour le nombre de chevaux dont ils seront réellement pourvus réglementairement;

2° Le droit à la gratification d'entrée en campagne pour les officiers, et à l'indemnité pour les sous-officiers, brigadiers et gendarmes, est ouvert du jour du décret qui prononce la mobilisation d'une légion, mais ces gratification et indemnité ne sont payées qu'aux militaires que la mesure atteint effectivement. Aucune allocation ne peut être faite aux officiers indisponibles et aux militaires de tous grades proposés pour la retraite ou atteints d'infirmités qui les font maintenir dans leur résidence. Les dispositions de l'article 224 du décret du 18 février 1863 sont d'ailleurs applicables aux militaires qui, après avoir touché les allocations ci-dessus, ne suivraient pas les détachements mobilisés ;

3° En raison des difficultés que rencontrent les compagnies pour pourvoir à l'habillement des nouveaux admis, les *auxiliaires* pourront ne recevoir d'abord qu'un képi, une veste et un pantalon. Les conseils d'administration procureront aux hommes ces premiers effets en en prélevant la valeur sur le montant de la première mise de 150 francs qui, dans un aucun cas, ne doit leur être payée en argent.

X

Train des équipages militaires.

Le Ministre de la Guerre au Général commandant la 18ᵉ division militaire, à Tours.

Paris, 15 septembre.

J'ai l'honneur de vous informer que je prescris de diriger de Vernon sur Tours, par voie ferrée, la 19ᵉ compagnie du 1ᵉʳ régiment du train des équipages, qui doit être attachée au 15ᵉ corps d'armée.

Le Général commandant la 7ᵉ division militaire au Général commandant la 18ᵉ division militaire, à Tours (D. T.).

Rouen, 16 septembre.

La 19ᵉ compagnie du train des équipages part aujourd'hui, 9 heures, d'Évreux, pour se rendre par chemin de fer à Tours, en passant par Alençon.

Le Ministre de la Guerre au Général commandant la 18ᵉ division militaire, à Tours.

Tours, 16 septembre.

Je réponds aux questions contenues dans la lettre que vous m'avez fait l'honneur de m'écrire le 15 septembre courant.

Le détachement du 1ᵉʳ régiment du train des équipages militaires (17 officiers, 900 hommes, 800 chevaux et 126 voitures), qui doit arriver le 22 septembre à Tours, y prendra le chemin de fer pour se rendre à Lyon.

Quant à la 19ᵉ compagnie du même corps, arrivant le 26 à Tours, elle devra être retenue dans cette ville jusqu'à nouvel ordre et s'établira au bivouac.

Je vous prie de donner à qui de droit des ordres en conséquence.

Le Ministre de la Guerre au Général commandant la 19ᵉ division militaire, à Bourges.

Tours, 20 septembre.

La formation d'un 15ᵉ corps d'armée exigera l'achat d'un certain nombre de chevaux de trait destinés à atteler les voitures d'équipages d'état-major et d'équipages régimentaires des corps de troupe qui ont été désignés pour en faire partie.

Mais avant de prendre aucune disposition à cet égard, j'ai besoin de savoir si le 3ᵉ régiment du train des équipages militaires à Châteauroux, après avoir prélevé les chevaux nécessaires à la formation de ses vingt-quatre compagnies, n'en aurait pas encore un certain nombre de disponibles pour le service spécial des équipages d'état-major et régimentaires.

Je vous invite à me faire parvenir ce renseignement aussi promptement que possible.

Le Ministre de la Guerre au Directeur des parcs des équipages militaires, à Châteauroux.

Tours, 21 septembre.

J'ai décidé que la 3ᵉ compagnie d'ouvriers constructeurs se rendra de Châteauroux à Lyon, à l'effectif de 6 officiers et 100 hommes de troupe, cadres compris. Un officier de l'état-major des parcs et deux employés désignés par vous seront adjoints à cette compagnie et seront chargés de l'atelier de réparations établi à Lyon.

Vous donnerez à ce personnel l'outillage et les approvisionnements nécessaires à un parc de réparations. Dès que ces opérations préliminaires seront terminées, vous en rendrez compte à M. le Général commandant la 19ᵉ division militaire, qui est chargé de donner les ordres de mise en route par les voies ferrées.

Le Capitaine commandant la 13ᵉ compagnie du 2ᵉ régiment du train des équipages militaires au Général commandant la subdivision.

Niort, 22 septembre.

J'ai l'honneur de vous faire connaître qu'à la suite de la catastrophe de Sedan où ma compagnie a été faite prisonnière, l'ennemi m'a tout enlevé, chevaux, mulets de bât, matériel, harnachement, etc. Du 3 au 14 septembre, les troupes du train des équipages militaires ont été déclarées neutres, pour concourir aux évacuations des blessés et à l'enterrement des morts. Pour vaquer aux nécessités qui étaient ordonnées, j'ai dû chercher et j'ai pu, au milieu du désordre, retrouver 24 mulets et un pareil nombre de bâts et de cacolets abandonnés dans l'intérieur de Sedan et les environs. Lorsque cette besogne fut presque terminée (l'intendance militaire ayant obtenu de conserver un faible détachement du 3ᵉ régiment monté pour les besoins de la place), ordre me fut donné de sortir de Sedan conjointement avec les diverses portions des 1ᵉʳ et 3ᵉ régiments et de me diriger sans retard sur Mézières. Notre arrivée est du 15 au soir.

De Mézières, toujours avec les fractions des 1ᵉʳ et 3ᵉ régiments, nous fûmes dirigés sur Rouen. A Rouen, le 1ᵉʳ régiment prit destination pour Lyon, le 2ᵉ pour Niort et le 3ᵉ pour Châteauroux.

M......, lieutenant, appartenant à la 14ᵉ compagnie de mon régiment, s'est trouvé dans les mêmes conditions et a concouru au même service; son détachement se trouve sous mes ordres depuis notre départ de Mézières. Vous trouverez ci-joint la situation que vous m'avez demandée.

TRAIN DES ÉQUIPAGES MILITAIRES.

Situation d'effectif desdites compagnies du 2ᵉ régiment du train des équipages, à la date du 22 septembre 1870.

Niort, 22 septembre.

DÉSIGNATION des compagnies	DÉSIGNATION des régiments	DÉSIGNATION DES EMPLACEMENTS	OFFICIERS					TROUPE							ANIMAUX			
			Capitaine en second	Lieutenant	Sous-lieutenant	Vétérinaire	TOTAL	Maréchal des logis chef	Maréchaux des logis	Fourrier	Brigadiers	Soldats	Trompettes	TOTAL	Chevaux d'officier	Chevaux de troupe	Mulets de bât	TOTAL
2ᵉ	2ᵉ	Quartier de cavalerie	»	»	»	»	»	»	»	»	»	6	»	6	»	»	1	1
4ᵉ	»	Id	»	»	»	»	»	»	»	»	»	1	»	1	»	»	1	1
13ᵉ	»	Quartier de cavalerie et hôtel Macé	1	»	1	1	3	1	8	1	12	100	3	125	1	4	50	55
14ᵉ	»	Id	»	1	»	»	1	»	1	»	6	46	1	54	»	3	50	53
		EFFECTIF GÉNÉRAL	1	1	1	1	4	1	9	1	18	153	4	186	1	7	102	110
		Subsistants du régiment	»	»	»	»	»	»	»	»	»	1	»	1	»	»	»	»

Le Général commandant le 15ᵉ corps d'armée à l'Intendant du 15ᵉ corps.

23 septembre.

J'ai l'honneur de vous informer que la 12ᵉ compagnie du 2ᵉ régiment du train des équipages militaires, organisée pour la conduite des mulets de bât avec cacolets et litières, a reçu l'ordre, le 21 septembre courant, de se rendre par les voies ferrées de Toulouse à Bourges, pour y faire partie du 15ᵉ corps d'armée.

Le Général commandant le 15ᵉ corps d'armée au Commandant du train, à son passage à Vierzon (1).

25 septembre.

Le parc de Châteauroux ne peut pas me fournir les voitures Masson qui sont nécessaires pour le 15ᵉ corps d'armée, et M. l'intendant militaire du 15ᵉ corps me fait connaître que vous emmenez avec vous une assez grande quantité de ces moyens de transport.

Afin d'assurer le service dans le plus bref délai possible, je vous invite à mettre à la disposition du 15ᵉ corps, 39 voitures Masson que vous dirigerez sur les points suivants :

Division mixte, à Tours............................	5
Division de cavalerie Reyau, à Blois................	4
3ᵉ division d'infanterie, à Vierzon..................	6
2ᵉ division d'infanterie, à Bourges.................	6
Brigade de cavalerie Nansouty, à Bourges............	2
Grand quartier général, à Bourges...................	6
Brigade de cavalerie Michel, à Cosne................	4
1ʳᵉ division d'infanterie, à Nevers.................	6
Total............	39

Vous m'accuserez réception de cette dépêche en me faisant connaître les mesures que vous aurez prises pour assurer l'exécution des prescriptions qu'elle renferme.

---

(1) Sans doute le commandant de la portion centrale du 1ᵉʳ régiment du train des équipages, qui, en se rendant par étapes de Vernon à Lyon par Châteauroux, conduisait dans cette dernière ville le matériel sur roues provenant du parc de construction de Vernon.

L'Intendant en chef de l'armée de la Loire à l'Intendant du 15ᵉ corps.

26 septembre.

J'ai l'honneur de vous prier de me faire connaître sans retard pourquoi vous avez demandé, pour le service des subsistances, un aussi petit nombre de caissons et de chariots du train quand, d'après les renseignements envoyés par M. le sous-intendant militaire ....., le parc de Châteauroux possède un nombre illimité de voitures et de harnais pour 1,000 chevaux.

L'Intendant militaire de la 8ᵉ division au Ministre de la Guerre, à Tours.

Lyon, 26 septembre.

Un nombreux matériel du train des équipages militaires arrivant en ce moment à Lyon et devant être prochainement suivi de celui de trois compagnies rentrant de l'armée dans le plus mauvais état, il semblerait très opportun de rétablir à Lyon l'atelier de réparations des équipages militaires.

En conséquence, j'ai l'honneur de vous prier de vouloir bien, si les ressources le permettent, prescrire l'envoi à Lyon d'un officier et d'un détachement d'ouvriers constructeurs.

Le Lieutenant-Colonel commandant le 3ᵉ régiment du train des équipages militaires au Ministre de la Guerre, à Tours.

Châteauroux, 26 septembre.

Ce soir, à 6 heures, j'ai reçu les deux dépêches que vous m'avez adressées. Je me conformerai aux prescriptions qu'elles contiennent. Ces deux dépêches sont du 23 de ce mois et elles portent les nᵒˢ 94 et 103. Ci-joint la situation du dépôt du régiment.

Nous avons reçu 800 hommes, venant de Sedan, il en arrive encore chaque jour. Ces hommes sont dépourvus d'effets d'habillement, d'équipement et d'armes.

Demain, avec la situation, je vous ferai parvenir le travail que vous me demandez par la dépêche nᵒ 94.

J'ai ici deux compagnies prêtes à partir; ce sont : la 11ᵉ, reformée, et la 19ᵉ, de nouvelle formation. La 20ᵉ est formée et, sous peu de jours, elle pourra être mise en route.

Je désirerais voir partir d'ici les 11ᵉ et 19ᵉ; elles nous feraient de la place dont nous avons grand besoin.

Je demanderais que la 19ᵉ partît la première et ensuite la 11ᵉ.

État des moyens de transport à fournir par le 3ᵉ régiment du train des équipages militaires au quartier général, à Bourges, et aux divisions d'infanterie et de cavalerie du 15ᵉ corps d'armée (dépêche télégraphique du 27 septembre).

Châteauroux, 28 septembre.

Infanterie.

	DIVISIONS				QUARTIER général à Bourges.
	à NEVERS.	à BOURGES.	à VIERZON.	à TOURS.	
Caissons à pansements	3	3	3	3	3
Omnibus	1	1	1	1	1
Chariots	3	3	3	3	3
Caissons à galerie	2	2	2	2	2
Caissons pour pharmacie	»	»	»	»	2
Totaux des voitures	9	9	9	9	11
Nombre de chevaux pour les voitures	36	36	36	36	44
Nombre de chevaux haut-le-pied	4	4	4	4	12
Totaux des chevaux	40	40	40	40	56

216 chevaux de trait

Cavalerie (deux divisions).

	DIVISIONS	
	à COSNE et GIEN.	à BLOIS.
Caissons à pansements	2	2
Chariots	3	3
Caissons à galerie	1	1
Totaux des voitures	6	6
Nombre de chevaux pour les voitures	24	24
Nombre de chevaux haut-le-pied	2	2
Totaux des chevaux	26	26

52 chevaux de trait

Le Lieutenant-Colonel commandant le 3ᵉ régiment du train des équipages militaires au Ministre de la Guerre, à Tours.

Châteauroux, 28 septembre.

....., j'ai l'honneur de vous adresser :

1° Un état de situation faisant connaître les ressources et les besoins en hommes et en chevaux du dépôt du régiment à la date de ce jour.

Dans les hommes constituant les ressources, 892 proviennent de Sedan ; parmi ces hommes, il y a peu de sous-officiers et de brigadiers, c'est la seule observation qu'il y a lieu de faire sur les ressources.

..... Les 300 chevaux et mulets portés indisponibles formeraient le fond du dépôt. On doit espérer que beaucoup de ces animaux se referont; leur état s'améliorera promptement, les causes de leur indisponibilité ne consistant, en grande partie, qu'en blessures reçues au bivouac (coups de pied), et de cas d'anémie chez les juments poulinières, qui sont en assez grand nombre.

..... Je crois devoir faire remarquer que les engagements volontaires et les devancements d'appel pour le régiment sont et seront toujours très nombreux parce que beaucoup de jeunes gens, à l'instigation de leur famille, choisissent ce corps de préférence à tout autre avec l'idée préconçue de ne pas aller au feu et de courir moins de dangers. D'autres emploient ce moyen pour fuir la garde mobile.

Je pense qu'il serait opportun de faire cesser ces abus en suspendant, jusqu'à nouvel ordre, les engagements volontaires et les devancements d'appel pour le train des équipages ; cette mesure serait bonne.

Le Ministre de la Guerre au Général commandant la 19ᵉ division militaire, à Bourges.

Tours, 30 septembre.

Deux compagnies du 3ᵉ régiment du train des équipages militaires, à Châteauroux, sont complètement organisées et prêtes à être employées à la suite du 15ᵉ corps d'armée.

L'une d'elles, la 19ᵉ, forte de 3 officiers, 157 hommes de troupe, cadres compris, 4 chevaux d'officiers, 205 chevaux de troupe, devra se rendre, avec son matériel, à Bourges.

L'autre, la 11ᵉ, nouvellement réorganisée et forte de 4 officiers, 202 hommes de troupe, cadres compris, 5 chevaux d'officiers, 260 chevaux de troupe, devra partir, avec son matériel, sur Vierzon.

Je vous invite à donner à ces deux compagnies l'ordre de mise en route par étapes sur les localités ci-dessus désignées ; elles devront partir de Châteauroux à un jour d'intervalle l'une de l'autre, et le mouvement commencera par la 19e.

Je n'ai pas besoin de vous rappeler que vous devez vous concerter avec l'intendance militaire pour faire assurer les vivres et le logement de ces troupes, en route et aux points d'arrivée.

Le Ministre de la Guerre au Général commandant le 15e corps d'armée.

Tours, 1er octobre.

J'ai été informé que le 3e régiment du train des équipages militaires, stationné à Châteauroux, a reçu l'ordre de mettre à la disposition du 15e corps, pour le service des équipages d'état-major et régimentaires, un certain nombre d'hommes montés et non montés ainsi que les chevaux d'attelage du matériel.

D'après les dispositions arrêtées lors de la formation des premiers corps de l'armée du Rhin, le matériel des équipages d'état-major et régimentaires a été fourni par le service des équipages militaires, les animaux, par le service de la remonte.

Quant aux conducteurs, les généraux et autres parties ayant droit à des équipages ont été autorisés, par une note insérée au *Journal officiel*, à les chercher dans les *rangs de la garde nationale mobile;* les corps devaient les trouver dans les rangs de la troupe.

Cette mesure, qui a pour but de maintenir, entre les mains de l'administration militaire, l'intégralité de ses ressources pour l'exécution du service des transports, si important en campagne, doit recevoir également son application dans le 15e corps.

Toutefois, et en raison du grand nombre d'animaux existant au dépôt du 3e régiment du train, ce corps a été autorisé exceptionnellement à fournir les animaux d'attelage, ainsi que je vous l'ai fait connaître par ma dépêche du 27 septembre dernier.

Je vous invite à donner des ordres pour l'exécution de ces dispositions et, au besoin, à prescrire la rentrée immédiate à Châteauroux des hommes du 3e régiment du train qui auraient été fournis par ce régiment pour la conduite des équipages du 15e corps.

Le Ministre de la Guerre aux Généraux commandant la 8e division militaire, à Lyon, la 19e division militaire, à Bourges, et au Gouverneur général de l'Algérie.

Tours, 2 octobre.

Les engagements volontaires et les devancements d'appel pour le corps du train des équipages militaires deviennent de jour en jour plus nombreux. D'après des renseignements qui me sont parvenus, cet accroissement serait dû à ces deux causes principales, que beaucoup de jeunes gens, à l'instigation de leurs familles, choisissent ce corps avec l'idée préconçue de ne pas aller au feu et de courir moins de danger, ou pour se soustraire au service de la garde nationale mobile.

Aussi, pour mettre un terme à cet abus et pour fournir en même temps à l'arme qui en a le plus besoin, de nouveaux éléments, je décide que dès qu'il existera dans l'un des régiments du train, en dehors des besoins prévus, un nombre de 100 engagés volontaires ou hommes ayant devancé l'appel, ces hommes seront versés dans le dépôt du régiment d'infanterie le plus à proximité.

Je vous invite à prendre des dispositions pour assurer l'exécution des prescriptions contenues dans la présente dépêche dont vous m'accuserez réception.

Note pour la 1re direction (bureau du recrutement).

Tours, 2 octobre.

On a l'honneur d'informer le bureau du recrutement que, d'après les renseignements parvenus, un grand nombre d'engagements, soit volontaires, soit par devancement d'appel, sont contractés pour le corps du train des équipages militaires pour se soustraire soit au service des troupes combattantes, soit à celui de la garde nationale mobile. Aussi, pour mettre un terme à cet abus, les généraux commandant les divisions militaires dans lesquelles se trouvent les dépôts du train reçoivent des instructions pour faire verser dans le régiment d'infanterie le plus à proximité tous les hommes excédant les besoins prévus du service, dès que leur nombre s'élèvera à 100.

Le Général commandant le 15e corps d'armée à l'Intendant du 15e corps.

2 octobre.

J'ai l'honneur de vous informer que deux compagnies montées du 3e régiment du train des équipages militaires sont dès à présent disponibles pour être attachées au 15e corps d'armée.

M. le général commandant la 19e division militaire reçoit l'ordre de faire diriger la première (19e), forte de 3 officiers, 157 hommes, cadres compris, 4 chevaux d'officiers, 205 chevaux de troupe, sur Bourges, et la deuxième (11e), forte de 4 officiers, 202 hommes, 5 chevaux d'officiers, 260 chevaux de troupe, sur Vierzon.

Ces compagnies seront accompagnées de leur matériel avec rechanges; elles se rendront par étapes aux destinations qui leur sont assignées.

Le Lieutenant-Colonel commandant le 3ᵉ régiment du train des équipages au Ministre de la Guerre, à Tours.

Châteauroux, 3 octobre.

Je viens de recevoir le décret du 1ᵉʳ octobre qui appelle à l'activité la classe de 1870, qui doit être mise en route du 10 au 14 courant.

Par une lettre officielle du 17 septembre 1870, M. l'intendant général inspecteur ....., chargé de l'organisation du train des équipages, m'annonçait que le contingent assigné au 3ᵉ régiment du train, sur la classe 1870, serait réduit à 500 hommes.

..... Actuellement, la compagnie de dépôt seule est forte de plus de 2,000 hommes : sur ces 2,000 hommes, on pourrait en verser 1,000 à l'infanterie ou à la cavalerie sans nuire au service, attendu que les 1,000 restant suffisent, et au delà, pour l'organisation du régiment à vingt-quatre compagnies, tel que le demande M. le Ministre de la Guerre.

Si on ajoute 500 hommes de la classe 1870, on aura au delà des besoins.

J'ai l'honneur de demander, Monsieur le Directeur, que le contingent de la classe 1870 affecté au 3ᵉ régiment du train des équipages militaires soit fixé à 500 hommes, conformément à la lettre du 17 septembre, et que l'excédent soit versé dans la cavalerie ou l'infanterie, conformément à la lettre du 23 septembre.

S'il était possible, je demanderais qu'il n'en fût pas envoyé du tout, le régiment n'en ayant pas besoin.

Le Directeur des parcs des équipages militaires au Ministre de la Guerre.

Châteauroux, 4 octobre.

J'ai l'honneur de vous rendre compte des résultats des recherches faites par les trois officiers qui ont été envoyés à Nantes, Bordeaux et Toulouse pour la confection des selles.

Toulouse. — La ville de Toulouse offre de grandes ressources, mais les entrepreneurs ont en main du harnachement pour l'artillerie et, pour le moment, on ne pourrait compter sur eux.

Nantes. — L'officier envoyé à Nantes a trouvé à traiter pour 900 selles, livrables 200 par mois, au prix de 180 francs l'une. Il y a aussi sur ce point beaucoup de ressources, mais le prix me paraît élevé et, à moins de besoins que je ne prévois pas pour le moment, il n'y a pas lieu de donner suite à ces offres.

Bordeaux. — On trouve dans cette place 200 selles, livrables par 50, dans le délai de deux mois, au prix de 150 francs, sans étriers ni mors; nous les possédons ici. Ce prix est inférieur au précédent et me paraît acceptable dans les circonstances actuelles. Le nombre de 200 selles nous permettra de compléter notre harnachement et de fournir des selles aux cadres.

Nous avons d'ailleurs ici 60 bourreliers qui sont occupés à terminer celles commencées à Vernon. J'ai donc l'honneur de vous prier de vouloir bien m'autoriser à passer marché dans ces conditions et aussitôt que faire se pourra, car le soumissionnaire pourrait s'engager ailleurs.

Nos ressources en harnachement à 4 chevaux sont aujourd'hui de 217, soit pour environ 950 chevaux en y comprenant les cadres. Je ne parle pas des harnais de petites voitures qui sont indépendants. Le nombre de voitures susceptibles d'être attelées à quatre dépasse 500. Si dans deux mois il n'était pas possible de compter sur les harnais en commande à Paris, qui doivent aujourd'hui être achevés; si, d'un autre côté, le nombre de 217 harnais à quatre vous paraissait insuffisant, il y aurait lieu, dès aujourd'hui, de passer de nouveaux marchés pour l'augmenter. Nantes, Bordeaux et Toulouse me permettraient d'y pourvoir. J'attendrai vos ordres et maintiendrai à leur poste les trois officiers envoyés en mission jusqu'à la réception de votre réponse.

P.-S. — J'ai fait prendre des renseignements ayant pour but de connaître ce que l'on pourrait se procurer de voitures. Les ressources sont assez considérables, mais les délais seraient longs et je crois que, pour le moment, ce que nous avons en magasin nous permet d'attendre.

Le Lieutenant-Colonel commandant le 3e régiment du train des équipages au Ministre de la Guerre, à Tours.

Châteauroux, 7 octobre.

..... Il est profondément regrettable que le bureau de recrutement *persiste à vouloir faire diriger sur le régiment le contingent de la classe 1870 qui,* devancements d'appel déduits, *s'élèvera encore à 3,500 hommes au moins,* provenant de 55 départements, lorsqu'il est notoirement reconnu et constaté que ces hommes nous sont complètement inutiles et qu'ils doivent nous placer dans une position très embarrassante, je dirai même critique.

Le régiment a en ce moment 1,000 à 1,200 hommes au delà des besoins; déduction faite des 500 hommes qui vont être passés au 2e régiment, il restera environ 700 hommes sans emploi. A ces 700 hommes il faudra ajouter les 3,500 de la classe 1870, ce qui portera l'effectif d'une seule compagnie, la compagnie de dépôt, à 4,200 hommes!

Peut-on admettre une position aussi anormale tant pour le commandement que pour l'administration ? Notre situation actuelle commençait à s'améliorer. Sur les six compagnies rentrées de Sedan, cinq ont déjà leur effectif en hommes et la sixième n'attend plus que la rentrée d'un détachement laissé à Sedan pour être complète.

Toutes ces compagnies ont leurs cadres et pourront être facilement mobilisées à nouveau. Débarrassés des 500 hommes qui seront bientôt prêts à partir pour l'Algérie, nous allions pouvoir rétablir l'ordre dans toutes les parties du service, mais la situation nouvelle qui va nous être faite par l'arrivée du contingent de la classe 1870 entravera toutes nos opérations et nous conduira forcément et rapidement à un désordre dont on ne peut prévoir toutes les suites.

Nous n'aurons pas moins de 4,000 hommes logés chez l'habitant qui seront, à Châteauroux, un sujet de scandale et de mécontentement, car la population civile, qui n'est pas dans une position aisée et qui a de nombreuses charges, comprendra difficilement cette agglomération d'hommes jeunes et vigoureux livrés à une oisiveté permanente, lorsque des pères et des soutiens de famille sont appelés à marcher à la défense du pays. La discipline ne pourra pas être exactement maintenue. Ces hommes, livrés à eux-mêmes, sans pouvoir être habillés ni instruits, vivant difficilement faute de locaux et de moyens pour installer des ordinaires, se livreront à la débauche et passeront une partie d'un temps précieux dans les cabarets. Ce grand nombre d'hommes sera donc une force perdue pour la nation, une cause de perturbation pour le corps et un sujet de critique de la part des habitants.

La mesure que vous vous proposez, Monsieur le Directeur, de faire passer successivement dans d'autres corps, par contingents de 500 à 600 hommes, les hommes de la classe 1870, ne nous rend pas notre travail plus facile.

Ce sera, permettez-moi l'expression, un *expédient*, qui fera du dépôt du régiment un vaste *réservoir* déversant son trop-plein sur d'autres corps.

Le travail que ces mouvements nécessiteront absorbera toute l'activité des cadres, et le régiment, au lieu de vaincre les difficultés du passé, retombera dans une confusion inextricable. Voilà pour le commandement.

Au point de vue de l'administration, ces mouvements auront les plus fâcheuses conséquences. Ainsi, il reste encore plus de 1,500 hommes, dans ceux reçus jusqu'à ce jour, qui ne sont pas inscrits sur les matricules. Avec le contingent de la classe 1870, ce serait 5,000 hommes à immatriculer, soit un travail de plus de quatre mois. Il faudrait donc passer ces hommes dans d'autres corps avant d'avoir été immatriculés, sans pouvoir produire aucune pièce de passage, sans pouvoir ouvrir et arrêter les comptes de la masse individuelle. De là, confusion pour le régiment, confusion pour les corps qui recevront ces hommes. D'un autre côté, dans la saison où nous sommes, ce contingent aura besoin d'effets de linge et chaussures que nous ne pourrons délivrer qu'aux dépens des hommes mobilisés et qui épuiseront sans nécessité et sans résultat nos faibles ressources.

L'autorisation d'envoyer 500 hommes au 2ᵉ régiment me faisait espérer que le contingent de la classe 1870 recevrait une autre destination. Mais je vois qu'il n'en est pas ainsi et je le regrette profondément, dans l'intérêt du service et de la nation. Je ferai ce que je pourrai dans la mesure de mes forces qui s'affaiblissent à la tâche, je le sens, et dans celle des moyens insuffisants dont je dispose. Seulement, je le répète, Monsieur le Directeur, une agglomération aussi considérable de non-combattants et d'oisifs dans un moment suprême comme celui-ci, est une opération qui peut avoir de fâcheuses conséquences. J'ai cru de mon devoir de vous signaler cet état de choses, sans restriction, tel qu'il est pour le présent et qu'il se montre pour l'avenir.

Le Capitaine commandant la 13ᵉ compagnie du 2ᵉ régiment du train des équipages au Général commandant les 7ᵉ et 8ᵉ subdivisions militaires, à Valence.

Valence, 8 octobre.

Le détachement que je commande comprend, indépendamment des hommes et des animaux faisant partie de ma compagnie (13ᵉ), des hommes et des animaux appartenant aux 2ᵉ, 4ᵉ, 11ᵉ et 14ᵉ compagnies du régiment, les trois premières dans un nombre très restreint. En présence de cet état de choses, j'ai l'honneur de vous demander s'il ne conviendrait pas de n'en faire qu'un seul tout, sous le titre de la 13ᵉ compagnie, opération qui serait arrêtée et fixée par procès-verbal dressé par M. le sous-intendant militaire.

Dans la désignation des nombres pour les objets disparus et compris sur l'état ci-joint, ne figurent pas ceux de ces objets qui manqueraient nécessairement si M. le Ministre de la Guerre décidait que ma compagnie soit portée à un chiffre déterminé. Le cas se présenterait lorsque je recevrai nus les 45 mulets mis en subsistance au régiment d'artillerie en garnison dans cette place.

Je ne pense pas que M. le Ministre de la Guerre veuille porter l'effectif des mulets de bât, à comprendre dans ma compagnie, au nombre de 300, comme à mon départ de l'Algérie. Aujourd'hui, l'effectif des hommes est moins élevé; il ne comporte à Valence, avec toutes les fractions réunies sous mon commandement, que 153 conducteurs, déduction faite des ouvriers. En admettant un nombre de 200 à 250 mulets de bât, l'analogie serait rationnelle, attendu qu'il faut tenir compte de 36 chevaux de selle nécessaires comme montures au cadre actuel.

J'ai également l'honneur de vous faire connaître que je m'occupe, dès à présent, à faire réparer le harnachement existant, le peu d'effets de grand équipement qui me restent étant déjà réparé. Pour satisfaire à ce premier travail, il me faudrait, avec mes trois ouvriers bourreliers travaillant dix heures la journée, près d'un mois, car je ne puis faire mettre en état que trois à quatre harnais par jour. L'ouvrier travaille également, et de son côté, à l'habillement des hommes.

Vous trouverez ci-joint l'état des objets qui me sont nécessaires pour reconstituer ma compagnie, sur lequel figure, en dernier article, la demande en ce qui concerne le nombre de chevaux à recevoir. Je joins également le rapport que vous m'avez demandé par votre note, reçue le 6.

Rapport du Capitaine commandant la 13e compagnie du 2e régiment du train des équipages au Général commandant les 7e et 8e subdivisions, à Valence.

Valence, 8 octobre.

Conformément à votre note en date du 5 courant, j'ai l'honneur de vous faire connaître qu'à la suite du désastre de Sedan, où toute ma compagnie a été faite prisonnière, l'ennemi m'a tout enlevé, chevaux, mulets de bât, harnachement, matériel, etc. Quelques jours après seulement, les troupes des équipages militaires furent déclarées neutres pour concourir aux évacuations des blessés et à l'enterrement des morts. Pour rendre exécutable cette mission, je dus, sur l'indication qui m'en avait été donnée, pourvoir les hommes de ma compagnie de brassards. C'est en pouvant circuler assez librement avec cet insigne que j'ai pu retrouver, au milieu du désordre, 47 mulets de bât et un pareil nombre de cacolets abandonnés par l'ennemi dans l'intérieur de Sedan, ma caisse de comptabilité et plusieurs autres servant à l'usage des ouvriers, le tout dans un état rassurant, les cadenas ayant été enlevés ou brisés. Dans le nombre d'animaux retrouvés figurent 23 mulets qui ont été recueillis par le détachement de la 14e compagnie, commandé par M. le lieutenant...... Lorsque le transport des blessés fut à peu près terminé, ordre me fut donné de me réunir aux fractions des 1er et 2e régiments de l'arme, et d'avoir à me diriger sans retard sur Mézières, où j'arrivai le 15.

A Mézières, je reçus ma destination pour Rouen, où mon détachement s'est accru de 14 hommes isolés, de là sur Niort, puis sur Aix, et enfin sur Valence. A Niort, j'y trouvais un détachement composé de 53 hommes et de 67 animaux, et commandé par le maréchal des logis....., de ma compagnie. Ce sous-officier, à la suite de la bataille de Sedan, a suivi la 4ᵉ division du 1ᵉʳ corps d'armée, près de laquelle il se trouvait détaché, a franchi sans s'arrêter la distance jusqu'à Valenciennes, puis sur Paris, où M. l'intendant général..... l'avait dirigé sur Niort.

Je dois vous déclarer, mon Général, que les trois officiers sous mes ordres, depuis la capitulation et avant même qu'il fut question de neutralité pour les troupes des équipages militaires, ne se sont pas engagés à faire de déclaration pour ne pas porter les armes contre l'Allemagne.

2ᵉ régiment du train des équipages. Détachement stationné à Valence. — État des objets manquants, nécessaires pour compléter ledit détachement.

Valence, 8 octobre.

Effets d'habillement et de grand équipement (1).

Ceintures de flanelle................................	255
Habits de sous-officiers.............................	10
Pantalons d'ordonnance de troupe...................	148
— d'ordonnance de sous-officier............	10
— de cheval de troupe.....................	17
Vestes...	155
Bonnets de police à visière, de sous-officier.........	3
— — de soldat.................	130
Calottes en drap (2)................................	164
Manteaux..	20
Capotes modèle d'infanterie de ligne................	124
Portemanteaux.....................................	123
Bretelles de mousquetons..........................	161
Ceinturons pour hommes montés...................	29
— pour hommes non montés................	136

---

(1) Cadre présent : 4 officiers, 11 sous-officiers, 17 brigadiers, 4 trompettes, 163 soldats. Effectif général de la troupe : 195 (Note originale).

(2) Le capitaine pourrait, avec autorisation, faire confectionner des calottes avec les vieilles capotes non portées en compte (Note originale).

Fourreaux de baïonnettes............................ 136
Gibernes.. 161
Porte-gibernes.. 161
Cordons de sabre..................................... 29

Armes.

Mousquetons avec baïonnette...................... 130
— sans baïonnette...................... 16
Baïonnettes... 9
Pistolets de cavalerie................................ 12
Sabres de cavalerie.................................. 22
Nécessaires d'armes................................. 175
Tire-balles... 183

Campement.

Couvertures.. 74
Supports de sacs tente-abri......................... 169
Petits piquets.. 513
Cordeaux de tirage.................................. 171
— de piquets.................................. 392
Sacs tente-abri...................................... 104
Petits bidons... 164
Grands bidons....................................... 15
Gamelles... 15
Marmites... 15

Effets de petit équipement.

Chemises... 114
Pantalons de treillis................................. 113
Souliers (paires).................................... 105
Bottes (paires)...................................... 18
Ceintures en laine.................................. 92
Brosses en chiendent................................ 157
Étrilles.. 158
Musettes... 160
Éponges.. 151
Ciseaux (paires).................................... 156
Sacs à distribution.................................. 158
Guêtres en cuir (paires)............................ 88
Sacs de petite monture............................. 160
Époussettes.. 161
Trousses... 159
Cordes à fourrage................................... 158

Harnachement.

Brides de porteur complètes, avec filet..............	9
Bridons d'abreuvoir........................	10
Licols de parade, avec longes...................	8
Selles de porteur complètes, avec poitrail et traits....	6
Brides de mulets à œillères.....................	31
Licols en collier de mulets, avec boucles et longes en fer...............................	42
Bâts complets............................	25
Surfaix en tissu (1).........................	123
Couvertures.............................	66

Chevaux nécessaires pour compléter à monter le cadre (2).

Chevaux d'officier dont 2 de deuxième monture......	6
Chevaux de troupe de selle....................	20

Le Major commandant la portion centrale du 1er régiment du train des équipages au Colonel commandant l'artillerie et la subdivision, à Lyon.

Lyon, 9 octobre.

La reconstitution des 11e, 12e, 13e et 14e compagnies du régiment nécessitant un effectif de 1,040 chevaux et, d'autre part, les 3e, 21e, 22e, 23e et 24e compagnies provisoires en formation au dépôt en employant 1,050, le nombre de chevaux nécessaires se trouve être de 2,090. L'effectif actuel des chevaux existant au dépôt étant de 1,310, le nombre à recevoir des remontes s'élèverait à 780, pour la délivrance desquels je vous prie de vouloir bien provoquer des ordres. J'adresse à l'autorité administrative les demandes concernant le harnachement et le matériel roulant.

Dans le chiffre ci-dessus ne sont pas compris les 300 mulets nécessaires à la 4e compagnie, au sujet desquels j'ai eu l'honneur de vous adresser hier une demande particulière.

Il en est de même en ce qui concerne les 5e, 7e, 8e et 9e compagnies, devant rentrer prochainement d'Algérie et pour la formation desquelles

---

(1) Ces désignations de nombre d'objets de harnachement ne sont que pour la situation actuelle des chevaux et mulets (Note originale).

(2) Présents : 2 chevaux d'officier, 11 chevaux de troupe, 118 mulets de bât (Note originale).

1,200 mulets de bât seraient nécessaires. Les demandes relatives à cet objet seront adressées ultérieurement.

Rapport au Ministre.

10 octobre.

Une décision ministérielle du 17 décembre 1867, insérée au *Journal militaire*, a déterminé de la manière suivante le nombre de voitures à accorder à chaque corps d'infanterie ou de cavalerie pour le transport des bagages de leurs officiers en campagne, savoir :

Régiment d'infanterie à trois bataillons de six compagnies, 11 voitures ;
Bataillon de chasseurs à pied, 3 voitures ;
Régiment de cavalerie à quatre escadrons, 6 voitures.

A l'occasion de la formation du 15ᵉ corps d'armée, le général commandant ce corps et l'intendant militaire ont été invités à examiner s'il ne serait pas possible d'apporter des réductions à ces allocations qui paraissaient trop larges et d'atteindre ainsi un double but, c'est-à-dire de réaliser une sérieuse économie pour le Trésor et donner plus de mobilité aux colonnes.

Postérieurement, le général et l'intendant militaire ont été chargés de soumettre des propositions sur les moyens de transport à accorder aux régiments de garde nationale mobile.

L'intendant militaire du 15ᵉ corps a proposé de réduire les allocations ci-dessus à une voiture par bataillon et une pour l'état-major, soit à quatre voitures par régiment d'infanterie de marche ou de garde mobile.

M. l'intendant général de l'armée de la Loire trouvant ces allocations insuffisantes a proposé de fixer ce chiffre à sept voitures (une pour l'état-major et deux par bataillon). Ce haut fonctionnaire a fait observer avec juste raison qu'une seule voiture ne saurait contenir les effets de 21 officiers, leurs tentes si nécessaires dans la saison qui commence, ainsi que les diverses provisions de bouche, et que bien certainement, dans la pratique, on serait forcé d'accorder une voiture de réquisition à chaque bataillon.

On croit devoir se ranger à l'avis de M. l'intendant général.

Quant aux régiments de cavalerie de marche, on pense que cinq voitures, au lieu de six, suffiront largement à toutes les nécessités du service (une pour l'état-major et une par escadron).

Enfin, les bataillons de marche de chasseurs à pied ne se composant que de deux compagnies à effectifs élevés, une seule voiture continuerait à être accordée, comme cela s'est pratiqué depuis la création de ces bataillons de marche.

En résumé, on a l'honneur de proposer au Ministre d'adopter les bases suivantes :

Régiment d'infanterie de marche et régiment de garde nationale mobile : 7 voitures, dont une pour l'état-major et deux par bataillon ;

Régiment de cavalerie et régiment de marche : 5 voitures, dont une pour l'état-major et une par escadron ;

Bataillon de marche de chasseurs à pied : 1 voiture.

L'Intendant en chef de l'armée de la Loire au Ministre de la Guerre.

10 octobre.

Le nombre de voitures d'ambulance pouvant se trouver insuffisant, et dans toutes nos dernières guerres les voitures des subsistances ayant été utilisées au transport des blessés, si nombreux aujourd'hui, j'ai pensé qu'il serait utile d'avoir le moyen de mettre des brancards sur les fourragères du train.

Voici en quoi consiste l'aménagement que j'ai fait opérer à titre d'essai sur une voiture et qui n'est autre chose que la reproduction de ce qui avait été fait sous ma direction à Metz, au début de la guerre : quatre brancards sont placés deux à deux dans le sens de la longueur de la voiture. Ils reposent sur trois traverses mobiles montées au moyen de boulons et portant, par leurs extrémités, sur la partie supérieure des ridelles, le fond de la voiture restant libre pour toujours recevoir des blessés couchés sur un lit de paille. Chacun des côtés de la voiture est exhaussé de trente-cinq centimètres au-dessus du niveau des brancards, au moyen d'une planche légèrement inclinée à l'extérieur et formant galerie ; trois tiges en fer réunissent cette planche à la ridelle au-dessus de laquelle elle se trouve placée. Ce simple ajustage ne nuit en rien à l'emploi de la voiture pour les services des fourrages et des vivres. Des mortaises pratiquées sur les ridelles peuvent, si on le veut, recevoir huit cerceaux en bois, destinés à recevoir une bâche enveloppant complètement la voiture.

Ce système fort simple permet de transporter un plus grand nombre de blessés par voiture. Les brancards sont employés, de préférence, pour les officiers ou les hommes le plus gravement atteints. Le système est également applicable aux voitures de réquisition.

La dépense à Tours serait d'environ 24 francs par voiture.

Si vous jugez la chose utile, on pourrait pourvoir quatre voitures des subsistances, par quartier général et par division, des pièces mobiles nécessaires à leur changement d'emploi. Quatre brancards à mancherons, adaptés aux traverses, seraient fixés sous la voiture et n'en diminueraient pas la capacité.

Note du bureau du recrutement pour la 6ᵉ direction (bureau de l'intendance).

Tours, 10 octobre.

Le bureau du recrutement a l'honneur d'informer la 6ᵉ direction (bureau de l'intendance), en réponse à sa note du 6 octobre, que les jeunes soldats de la classe de 1870 affectés aux régiments du train des équipages militaires seront dirigés sur des corps d'infanterie.

Des ordres en conséquence ont été adressés aujourd'hui même aux divers commandants des dépôts de recrutement.

Le Ministre de la Guerre à l'Intendant militaire de la 8ᵉ division militaire, à Lyon.

Tours, 14 octobre.

Je vous informe que je prescris à M. le général commandant la 8ᵉ division militaire de faire reconstituer, à Valence, la 13ᵉ compagnie du 2ᵉ régiment du train des équipages militaires, à l'aide d'une fraction de cette compagnie et de divers détachements des 2ᵉ, 4ᵉ, 11ᵉ et 14ᵉ compagnies du même régiment, actuellement à Valence.

La compagnie ainsi reformée prendra le nᵒ 13 du régiment, et elle aura, indépendamment des cadres et des ouvriers, un effectif de 153 hommes de troupe et 200 mulets de bât.

L'opération de reconstitution sera constatée dans la forme réglementaire par un fonctionnaire de l'intendance, et je vous invite à donner des ordres pour que le concours d'un sous-intendant militaire ou d'un adjoint soit assuré pour cette opération, dès que la demande en sera faite par le général divisionnaire.

Vous m'adresserez, en temps opportun, deux expéditions du procès-verbal de reconstitution.

Le même au même.

Tours, 14 octobre.

Suivant bordereau énumératif du 10 octobre courant, vous m'avez transmis deux demandes de matériel et d'objets de harnachement, présentées par le conseil d'administration du 1ᵉʳ régiment du train des équipages militaires à Lyon, l'une pour organiser les 3ᵉ et 4ᵉ compagnies de ce corps dont les cadres sont rentrés récemment de la province de Constantine, et la seconde pour reconstituer les 11ᵉ, 12ᵉ, 13ᵉ et 14ᵉ compagnies du même corps, venant de l'armée.

Dans les circonstances actuelles, il ne saurait être question de reconstituer à la fois un aussi grand nombre de compagnies pour lesquelles il n'y aurait peut-être pas en magasin une quantité suffisante de matériel et d'objets de harnachement. Ces formations et reconstitutions ne devront être faites que successivement et au fur et à mesure de la mise sur pied d'un nouveau corps d'armée. Pour le moment, le 1er régiment du train devra se borner à former la 3e compagnie pour la conduite d'un matériel roulant, et la 4e pour le service des ambulances, avec cacolets et litières.

La compagnie montée aura le même effectif en hommes et chevaux, et le même nombre de voitures que celles qui ont été organisées jusqu'à ce jour. Quant à la compagnie légère, le nombre des mulets de bât sera réduit à 200.

Dès que l'une ou l'autre de ces compagnies aura reçu un ordre de mouvement, le chef de corps s'occupera immédiatement, et sans avoir besoin de nouveaux ordres, d'en faire former une nouvelle de même nature.

État de situation des principaux objets de matériel et [militaires?], avec indication des besoins pour trois corps [d'armée?] de marchés en cours d'expédition.

DÉNOMINATION DES OBJETS.			EXISTANTS AU 14 OCTOBRE.		
			VERNON.	CHATEAUROUX.	TOTAL.
Caissons	modèles de 1848		208	177	385
	à roues égales		1	1	1
	divers		47	»	47
Chariots	de parc avec exhaussement		25	137	162
	fourragères		»	5	5
	provenant de caissons transformés		106	»	106
Forges	de campagne		63	2	65
	de cavalerie		6	»	6
Voitures d'ambulance	modèle 1854 transformées en omnibus		3	»	3
	légères à 2 roues		15	2	17
	à 4 roues modèle 1865		1	»	1
Voitures pour état-major, à 4 roues			8	5	13
Voitures auxiliaires	n° 1, service régimentaire		575	1	576
	n° 2, subsistances militaires		1	28	29
	Anciennes voitures	d'infanterie	»	491	491
		de cavalerie	»	»	»
Harnais d'attelage complets	à 4 chevaux		183	19	202
	à 2 chevaux	pour forges	»	»	»
		pour la conduite en guides	40	4	44
		pour ancienne voiture d'infanterie	»	491	491
	à 1 cheval		511	236	747
Selles pour cadres			46	193	239
Couvertures en laine gris beige			1,500	1,260	2,760
Bâts complets			715	570	1,285
Cacolets (paires de)			927	59	986
Litières (paires de)			360	17	377

TRAIN DES ÉQUIPAGES MILITAIRES.

...achement existant dans les parcs des équipages mili-
...et des ressources prochainement disponibles au moyen

Tours, 15 octobre.

BESOINS RÉSUMÉS POUR CORPS.	COMMANDES. Dans les parcs.	COMMANDES. Par marchés.	ÉPOQUES DES LIVRAISONS.	OBSERVATIONS.
324	»	»	»	(1) Tout le matériel de Vernon est à Châteauroux. La distinction entre les deux parcs n'a été établie que pour faire ressortir l'importance du matériel sauvé de Vernon.
»	»	»	»	
1	»	»	»	
480	»	»	»	(2) Les besoins de ces sortes de voitures se confondent avec ceux des caissons de 1848.
48	»	»	»	
(3)	»	»	»	(3) Ces sortes de voitures font double emploi avec les litières et les cacolets. Il n'a pas été possible de trouver encore un fournisseur en dehors de Paris. Cependant le directeur des parcs a annoncé que des ouvriers de Châteauroux, réunis au syndicat, ont fait des offres de service. On attend le résultat des conférences ouvertes à ce sujet.
»	»	»	»	
»	»	»	»	
12	»	»	»	
094	»	»	»	(4) Commandés au parc d'Alger en échange d'un pareil nombre qu'il expédie sur Châteauroux (Ordre du 12 octobre).
522	300	»	Dans le courant du mois d'octobre.	(5) Même observation que pour les bâts.
»	»	»	»	
»	»	»	»	
491	»	»	»	
609	»	»	»	
534	»	1,000	Livrables à raison de 50 par semaine à partir du 20 octobre.	
000	»	1,000	15 octobre.	
800	600	»	(4)	
600	500	»	»	
480	»	»	(5)	

Le Ministre de la Guerre au Directeur des parcs des équipages militaires, à Châteauroux.

Tours, 18 octobre.

Par vos deux lettres, en date des 11 et 15 octobre courant, vous m'avez entretenu des diverses démarches que vous avez faites pour trouver à Châteauroux même des ressources pour la fourniture par l'industrie de différents objets du service des équipages militaires. A la suite de ces démarches, il vous sera possible de traiter de la fourniture : 1° d'au moins 50 voitures d'ambulance à 2 roues, moyennant 480 francs, sans y comprendre les ressorts, les essieux et les boîtes de roues, prix inférieur à celui payé en 1867 à Paris ; 2° de 500 caisses à bagages à effets au prix de 17 francs, égal à celui payé en 1860 ; 3° de 40 caisses pour fonds au prix de celles achetées à Paris.

Vous m'avez rendu compte également que M....., avec lequel vous aviez traité pour la fourniture de 100 brancards d'ambulance, apportant des retards dans la livraison de ces objets, en raison d'engagements nouveaux qu'il a pris avec le service de l'artillerie, vous avez passé un marché pour les 300 autres brancards avec un autre fournisseur qui a pris l'engagement de les livrer dans un mois.

Enfin, vous m'avez fait pressentir qu'il serait possible de traiter à Bordeaux de la construction d'un certain nombre de voitures d'ambulance à 4 roues.

Je vous informe que j'approuve toutes ces dispositions et que je vous autorise, dès à présent, à approuver définitivement en mon nom, les marchés pour la fourniture de 50 voitures d'ambulance à 2 roues, 500 caisses à bagages pour effets, 40 caisses de fonds et 300 brancards aux prix indiqués ci-dessus.

Vous me transmettrez une expédition de chacun de ces marchés, revêtue de la mention de son enregistrement.

L'Intendant militaire de la division d'Alger au Ministre de la Guerre, à Tours.

Alger, 19 octobre.

J'ai l'honneur de vous accuser réception de votre dépêche du 13 octobre courant, qui me prescrit de faire envoyer d'urgence du parc d'Alger sur celui de Châteauroux, s'il n'en résulte pas d'inconvénient pour le service de la colonie : 500 bâts de mulet, 350 cacolets, toutes les litières et toutes les voitures d'ambulance à deux roues qui ne seraient pas nécessaires au service.

Les ressources actuellement disponibles, au parc de l'Algérie et, non compris le matériel dont le train est en possession, sont indiquées au tableau suivant :

	BATS AVEC BRIDONS et licols.	CACOLETS.	LITIÈRES.	VOITURES D'AMBULANCE à deux roues.
Alger..................	230	160	130	2
Oran	50	100	54	2
Constantine.	100	10	60	2
TOTAUX.....	350	270	244	6

Je ferai expédier sur France, par le paquebot des Messageries maritimes, partant samedi 22 octobre pour Marseille, tout le matériel que possède le parc à Alger, c'est-à-dire les quantités qui figurent sur la première ligne du tableau ci-dessus.

En ce qui concerne le matériel existant dans les annexes d'Oran et de Constantine, et relaté ci-dessus, j'ai provoqué, auprès de M. le gouverneur général de l'Algérie, des ordres pour son envoi sur Châteauroux. Lorsque ces expéditions auront été effectuées, le parc d'Alger sera complètement dépourvu de bâts, mais le 2ᵉ régiment du train possède suffisamment de matériel pour assurer le service en ce moment. D'ailleurs, le parc peut confectionner chaque dizaine : 30 bâts et 20 cacolets, ce qui permettra de faire face aux besoins qui viendraient à se produire, et de compléter assez rapidement les quantités demandées par votre dépêche précitée. Les ordres les plus pressants sont donnés dans ce sens à M. le sous-directeur du parc d'Alger.

J'aurai l'honneur de vous rendre compte des expéditions ultérieures dès qu'elles pourront être faites.

Le Directeur des parcs des équipages militaires au Ministre de la Guerre.

Châteauroux, 26 octobre.

..... Aujourd'hui, le *sous-directeur du parc d'Alger* m'informe d'une expédition d'Alger sur le parc de Châteauroux comprenant toutes les voitures d'ambulance, les litières et les cacolets disponibles, et qu'une commande lui a été faite par l'intendant de la division pour le remplacement, avec ordre de se conformer à ses ordres sans avoir égard aux instructions que j'avais données.

Nous avons à Châteauroux beaucoup plus de litières qu'il ne nous en faut ; les cacolets que nous possédons suffiront pour assurer le service pendant longtemps et il eut mieux valu réserver ceux de l'Algérie pour les donner au besoin aux compagnies légères qui seraient appelées en France.

Les dix voitures d'ambulance que l'on nous envoie sont d'un modèle spécial qui présentera des inconvénients quand elles seront employées dans les compagnies du train à l'intérieur, car elles n'ont pas les mêmes roues. Le parc de Châteauroux possède encore un matériel considérable; si son évacuation devenait nécessaire, je ne sais comment elle pourrait s'exécuter, car Châteauroux devenant tête de ligne, le matériel de chemin de fer nous ferait défaut; de plus, il n'y a qu'une seule voie de Châteauroux à La Souterraine.

L'envoi d'Alger d'un matériel encombrant est donc regrettable, et comme nous avons des litières déjà en trop grand nombre, il n'y a pas lieu de recourir à de nouvelles constructions. Il en est de même en ce moment pour les cacolets, l'Algérie pouvant compléter et au delà ce qui manquerait à l'Intérieur.

J'ai donc l'honneur de vous prier, Monsieur le Ministre, de vouloir bien donner dans ce sens des instructions à Alger et de mieux fixer les attributions du directeur des parcs, vis-à-vis du sous-directeur, qui, déjà plusieurs fois, m'a fait connaître qu'il ne pouvait suivre mes instructions, attendu qu'il en avait de contraires de l'intendance.

Le même au même.

Châteauroux, 28 octobre.

Par ordre, en date du 21 courant, vous avez prescrit de préparer l'évacuation de la place de Châteauroux. Le parc des équipages militaires étant l'établissement qui offrira le plus de difficultés pour l'exécution de cette mesure, je crois devoir vous donner à ce sujet quelques explications, qui vous permettront de mieux apprécier ce qu'il y aurait à faire.

Le matériel que nous possédons ici est encore considérable, actuellement il nous faudrait environ 1,200 wagons. En admettant que nous n'éprouvions aucun retard de la part du chemin de fer, il serait difficile de charger plus de 100 wagons par jour. Ce matériel, loin de diminuer, augmentera, soit par les envois d'Alger, soit par les commandes en cours, et dont les livraisons ont déjà commencé. Le service de l'intendance a, en outre, une grande quantité de biscuits, d'avoine, de couvertures, etc., qui devraient être expédiés concurremment avec notre matériel, de sorte que j'estime à quinze jours de travail le temps d'évacuation par chemin de fer. Ce délai pourrait être un peu diminué en employant la voie de terre et les chevaux de réquisition, car les ressources du 3ᵉ régiment du train sont aujourd'hui minimes. Mais, en faisant la part de l'imprévu, la diminution de temps serait peu sensible.

Dans le cas d'une évacuation qui ne serait pas urgente, on pourrait commencer par les objets les moins indispensables ; Toulouse offrirait, il paraît, des ressources pour l'emplacement d'un parc, plusieurs bâtiments de l'artillerie étant aujourd'hui disponibles.

L'Intendant militaire de la 3ᵉ division militaire au Ministre de la Guerre, à Tours.

Lille, 29 octobre.

J'ai l'honneur de vous rendre compte, en réponse à votre dépêche en date du 26 de ce mois, que le 25 dudit, j'ai confirmé à Votre Excellence mon télégramme du 24 octobre annonçant l'arrivée à Lille, d'un détachement du train des équipages à l'effectif de 89 hommes.

Ce détachement, venant de Sedan, et non de Montmédy, était commandé par M......, sous-lieutenant à la 15ᵉ compagnie du 3ᵉ régiment ; cet officier avait avec lui M......, aide-vétérinaire auxiliaire. Ledit détachement était composé ainsi qu'il suit :

1ᵉʳ régiment.

11ᵉ compagnie................................	8 hommes.
12ᵉ —	1 homme.

2ᵉ régiment.

14ᵉ compagnie................................	2 hommes.

3ᵉ régiment.

1ʳᵉ compagnie................................	2 hommes.
3ᵉ —	4 —
4ᵉ —	3 —
5ᵉ —	2 —
6ᵉ —	3 —
7ᵉ —	2 —
8ᵉ —	3 —
9ᵉ —	5 —
11ᵉ —	3 —
12ᵉ —	5 —
14ᵉ —	3 —
15ᵉ —	43 —
Total............	89 hommes.

Il y avait, en outre, 27 chevaux, 27 mulets et 12 voitures.

J'ai l'honneur de vous rendre compte en même temps que les officiers ci-après, des divers services administratifs, ont été retenus à Lille :

1° *Bureau de l'intendance.*

MM. ....., adjudant en premier.
    ....., adjudant en second.
    .....,   —

2° *Service des hôpitaux militaires.*

MM. ....., officier d'administration de 1re classe.
    .....,   —   2e classe.
    .....,   —
    ....., adjudant en second.
    .....,   —
    .....,   —

3° *Service des subsistances militaires.*

MM. ....., officier d'administration de 2e classe.
    .....,   —   —
    .....,   —   —
    ....., adjudant en premier.
    .....,   — en second.

Le Ministre de la Guerre au Directeur des parcs des équipages militaires, à Châteauroux.

Tours, 31 octobre.

Par votre lettre en date du 28 octobre courant, vous m'avez rendu compte des diligences que vous avez faites pour obtenir de l'industrie civile, à Bordeaux, la construction aussi rapide que possible de voitures d'ambulance à quatre roues. Ces offres se résument de la manière suivante :

Noms des fabricants.	Quantités offertes.	Prix.
MM. ..... et Cie (1)	30	1,750
..... et Cie (2)	25	1,350
.... (3)	6	1,150
.... (4)	5	1,300
.... (5)	20	1,500

Je partage votre avis que les offres de MM. ..... (1) et ..... (5), doivent être écartées en raison de leurs prix trop élevés.

Je vous autorise à traiter avec MM. ..... (2), pour la fabrication de

25 voitures, si ces fabricants consentent à réduire leurs offres à 1,300 francs, prix de la soumission de M. ..... (4), et à porter à 1,200 francs celui offert par M. ..... (3), puisqu'il semble résulter de vos calculs que le prix de 1,150 francs, demandé par ce dernier, n'est pas suffisamment rémunérateur. Il est bien entendu que les livraisons auront lieu aux époques fixées par votre lettre précitée.

Note pour le Délégué du Ministre.

Tours, 31 octobre.

Le général commandant la 8ᵉ division militaire a demandé, en prévision d'un siège et du départ du dépôt du 1ᵉʳ régiment du train des équipages militaires, à conserver à Lyon deux compagnies, l'une montée et l'autre légère de ce régiment, pour y faire le service de la place.

On pense que, dans les circonstances actuelles, les ressources disponibles du train des équipages militaires doivent être réservées pour les 17ᵉ et 18ᵉ corps d'armée.

Ce n'est pas au moment où, pour venir en aide à l'artillerie, on a été dans la nécessité de mettre à sa disposition une compagnie entière du train des équipages militaires et tout le harnachement en magasin, que l'on doit songer à immobiliser deux compagnies à Lyon, dont l'une est d'ailleurs indispensable pour le service des ambulances du 17ᵉ corps d'armée.

Il sera toujours possible, en cas d'urgence, de constituer à Lyon une entreprise de transports auxiliaires, qui satisfera pleinement aux exigences de la situation.

Si M. le délégué du Ministre partage cette manière de voir, des ordres seront donnés en conséquence à M. le général commandant la 8ᵉ division militaire.

En marge : « approuvé ».

Le Directeur des parcs des équipages militaires au Ministre de la Guerre.

Châteauroux, 7 novembre.

J'ai l'honneur de vous informer que je suis en mesure, dès à présent, de livrer aux parties prenantes des 17ᵉ et 18ᵉ corps, les voitures et les harnais pour équipages régimentaires. Mais je dois vous faire connaître qu'il se présente journellement des demandes de voitures faites par des officiers qui ne figurent pas à la fixation arrêtée par la décision ministérielle du 17 juillet 1870 (prévôté de division, génie de division, etc.). Si la fixation avait reçu d'autres modifications que celles indiquées par votre lettre précitée, je vous prierais de m'en informer, afin que je puisse assurer le service.

J'ai d'autant plus besoin de ces renseignements que la plupart des demandes qui me sont faites sont irrégulières.

L'Intendant divisionnaire au Ministre de la Guerre, à Tours (D. T.).

Lille, 11 novembre.

Sur la demande du général commandant supérieur, je fais confectionner des lits et des cacolets. Je n'ai pas de modèle de litières. Il faudrait nous faire envoyer de Châteauroux six paires de litière.

Au bas de la dépêche : « A M. le directeur des parcs, à Châteauroux. Tours, 13 novembre. Expédiez 6 paires de litières au magasin de campement à Lille ».

Le Ministre de la Guerre au Général commandant la 19ᵉ division militaire, à Bourges, et au Directeur des parcs des équipages militaires, à Châteauroux.

Tours, 13 novembre.

J'ai décidé que cinq harnais de derrière, cinq caissons de 1848 et cinq conducteurs des équipages militaires commandés par un brigadier monté, seront mis à la disposition de M....., payeur principal du 17ᵉ corps.

Le matériel et les harnais seront distribués à la personne qui se présentera avec un reçu signé de ce fonctionnaire et qui ramènera à Tours, hommes, harnais et matériel.

Le même au même.

Tours, 17 novembre.

J'ai décidé que cinq harnais de derrière, cinq caissons de 1848 et cinq conducteurs du 3ᵉ régiment du train des équipages militaires, commandés par un brigadier monté, seront mis à la disposition du payeur principal du 18ᵉ corps d'armée.

Le matériel et les harnais seront distribués à la personne qui se présentera au parc avec un reçu signé du payeur principal de ce corps et qui ramènera à Tours, hommes, harnais et matériel.

Le Directeur des parcs des équipages militaires au Ministre de la Guerre.

Châteauroux, 17 novembre.

J'ai l'honneur de répondre à votre dépêche du 14 courant, en vous faisant connaître nos ressources en harnais. Je ne parlerai que des harnais à quatre chevaux, attendu que ceux pour voitures régimentaires et d'état-major sont en rapport avec le matériel.

A la date du 19 courant, nous disposerons de 261 selles (100 devront m'être expédiées de Toulouse aujourd'hui par grande vitesse). Mais il faut en défalquer 60 pour les cadres des deux compagnies légères qui, d'après vos ordres, vont s'organiser à Saint-Maur; restent donc seulement 200 disponibles et suffisantes pour 100 attelages à quatre chevaux; les harnais de ces 100 attelages sont prêts, mais on ne pourrait compter que sur 75, 50 selles devant être réservées pour les cadres.

A la date du 26, j'aurai 113 selles en plus; en en défalquant 33 pour les cadres, nous en aurons pour 40 attelages à quatre chevaux qui, ajoutés aux 75 disponibles à la date du 19, nous donneraient un total de 115 attelages à quatre chevaux. Il me restera encore des harnais pour environ 60 attelages à quatre chevaux, mais sans selles.

Les selles actuellement en service sont très compliquées, demandent un travail très long, coûtent fort cher; aussi je fais étudier en ce moment un nouveau modèle employé au Mexique, où il a rendu d'excellents services, et sa confection rapide nous sortirait de l'embarras où nous sommes, en apportant à l'État une très grande économie. Je vous rendrai compte incessamment quand je serai mieux fixé.

Avec les ressources locales, qui s'augmentent chaque jour, nous pourrions alors compter sur 30 attelages complets au moins chaque semaine, à partir du 26 courant.

Le Ministre de la Guerre au Directeur des parcs des équipages militaires, à Châteauroux.

Tours, 18 novembre.

Vous m'avez rendu compte qu'après avoir signé un premier marché pour la fourniture de 17 chariots de parc à exhaussement, au prix de 560 francs, M....., constructeur à Preuilly-sur-Indre (Indre-et-Loire), a offert d'en construire 150 aux mêmes prix et conditions et de les livrer avant le 1er février prochain.

Le prix demandé par M...... étant inférieur à celui obtenu dans les précédents marchés, je vous autorise à traiter avec ce constructeur pour la fourniture, aux mêmes prix et conditions, de 150 chariots de parc à livrer, par quantités déterminées, à des époques différentes et dont la dernière sera le 31 janvier 1871.

Le Colonel directeur d'artillerie du Havre au Ministre de la Guerre, à Tours (D. T.)

Le Havre, 19 novembre, 4 heures soir.

Vernon a évacué Havre quantité notable bois et fer ; divers échantillons pourraient être utilement employés à confection affûts et voitures artillerie par Nillus, Normand, etc. Le Ministre autorise, ce matériel sera délivré aux constructeurs en tout ou parties utilisables contre reçus à remettre à ....., agent comptable, qui a accompagné l'expédition Vernon sur Havre.

L'Intendant militaire du 16ᵉ corps d'armée au Général commandant le 16ᵉ corps, à Saint-Péravy.

Saint-Péravy, 21 novembre.

J'ai l'honneur de vous adresser ci-après, les renseignements demandés sur les voitures à la suite du corps d'armée, par votre circulaire que je viens de recevoir :

Quartier général.

	Voitures.
Intendant du corps d'armée et personnel sous ses ordres.	5
Ambulance et train des équipages....................	42
Convoi du quartier général.........................	152
Grand convoi de réserve :	
Voitures Kinzinger 100 (1)	
Voitures Mangin 10 (2)	595 (4)
Voitures requises 485 (3)	

1ʳᵉ *division d'infanterie.*

Sous-intendant et personnel sous ses ordres...........	3
Ambulance et train................................	32
Convoi (voitures Kinzinger, Orsat et Mangin).........	153

---

(1) Ce nombre doit être de........................	500
(2) Ce nombre doit être de........................	225
(3) Ce nombre doit être de........................	600
(4) Ce nombre doit être de........................	1,325

2ᵉ division d'infanterie.

Sous-intendant militaire et personnel placé sous ses ordres..	3
Ambulance et train................................	36
Convoi (voitures Kinzinger et Mangin)............	150

3ᵉ division d'infanterie.

Sous-intendant militaire et personnel placé sous ses ordres..	3
Ambulance et train................................	33
Convoi (voitures Kinzinger et Mangin)............	150

Division de cavalerie.

Sous-intendant militaire et personnel placé sous ses ordres..	2
Ambulance et train................................	21
Convoi (voitures Kinzinger et Mangin)............	195

État indiquant la composition des voitures d'équipages attachées à la 1ʳᵉ division du 16ᵉ corps.

Saint-Péravy, 21 novembre.

Voitures.

1° Général de division et son état-major............	5
Général commandant le 1ʳᵉ brigade................	2
Général commandant la 2ᵉ brigade,................	1

1ʳᵉ brigade.

37ᵉ régiment de marche, 7 dont 4 à deux colliers......	
33ᵉ régiment de mobiles, 7 réglementaires, plus 1 du train auxiliaire....................................	15

2ᵉ brigade.

3ᵉ bataillon de chasseurs à pied de marche.......	2	
39ᵉ régiment d'infanterie de marche.............	7	14
75ᵉ régiment de mobiles........................	5	
Génie..	»	
Artillerie de la division.......................	»	
Intendance de la division......................	3	
Prévôté......................................	1	

2° Réserve divisionnaire d'artillerie :
  Caissons d'infanterie pour chassepots .... 10 ⎫ 11
  Chariot de parc pour munitions Remington ..... 1 ⎭

Réserve divisionnaire de vivres :
  Train des équi-pages...... ⎧ Caissons............. 6 ⎫
                              ⎨ Chariots............. 4 ⎬ 12
                              ⎩ Fourragères.......... 2 ⎭   ⎫
  Voitures auxi-liaires ..... ⎧ Entreprise........... 125 ⎫ 126   ⎬ 138
                              ⎩ Requises 1   ⎭   ⎭

Voitures des trois batteries de la division :
  Pour chaque batterie : 6 pièces, 6 caissons, 1 chariot, 1 affût de rechange, 1 forge : 15 voitures. Pour les trois batteries .... 45 ⎫ 47
  Chariots de batterie attachés au parc de réserve.. 2 ⎭

Ambulance de la division :
  Caissons transformés...................... 6 ⎫
  Chariots .... 2 ⎪
  Caisson d'état-major...................... 1 ⎬ 12
  Omnibus................................... 2 ⎪
  Voiture Masson .... 1 ⎭

                                 TOTAL............ 249

Le Général commandant la 2ᵉ division du 16ᵉ corps au Général commandant le 16ᵉ corps d'armée.

Rozières, 21 novembre.

En réponse à votre note circulaire, en date d'hier, j'ai l'honneur de vous adresser les renseignements suivants, concernant le nombre de voitures de ma division :

Général de division, état-major, vaguemestre du quartier général (3 voitures, dont 1 de réquisition).......... 3
Généraux de brigade .... »

Corps de troupe d'infanterie :
  7ᵉ bataillon de chasseurs de marche (2 voitures régimentaires)............................ 2
  31ᵉ régiment de marche (11 voitures régimentaires).. 11
  31ᵉ régiment de marche (1 voiture de réquisition).... 1
  22ᵉ mobiles (4 voitures régimentaires) 4
  22ᵉ mobiles (7 voitures de réquisition)............. 7
  38ᵉ régiment de marche (11 voitures régimentaires).. 11
  66ᵉ mobiles (12 voitures de réquisition) 12

Génie de la division (1 prolonge d'artillerie)............. 1
Génie de la division (2 voitures de réquisition chargées d'outils).. 2
Artillerie de la division (9 voitures, soit 3 par batterie : 1 forge, 1 chariot de batterie, 1 voiture de bagages).. 9
Intendance de la division (2 voitures réglementaires).... 2
Prévôté (1 voiture réglementaire).................... 1

      TOTAL............ 69

A y ajouter :
Réserve divisionnaire d'artillerie..................... 14
Réserve divisionnaire d'artillerie (3 voitures de réquisition pour l'avoine)....................................... 3
Réserve divisionnaire de vivres (27 voitures du train).... 27
Réserve divisionnaire de vivres (143 voitures de réquisition).. 143
Trois batteries et une section de mitrailleuses.......... 43
Ambulance de la division........................... 8

      TOTAL............ 238

      TOTAL GÉNÉRAL............ 307

Le Directeur des parcs des équipages militaires au Ministre de la Guerre.

      Châteauroux, 21 novembre.

J'ai l'honneur de vous faire connaître que, conformément à vos dépêches des 16 et 17 novembre courant, le parc des équipages militaires a délivré hier et aujourd'hui :

1° A un employé du service télégraphique de l'armée de la Loire : 3 chariots-fourragères, 1 caisson modèle 1848 ;

2° A un délégué du payeur principal du 18ᵉ corps d'armée : 5 caissons modèle 1848.

Ce matériel était accompagné du personnel en hommes et chevaux indiqué par les dépêches précitées.

Le même au même.

      Châteauroux, 22 novembre.

En réponse à votre lettre du 20 novembre courant, j'ai l'honneur de vous faire connaître qu'avec les ressources du matériel restant en magasin, il est possible de former quatre compagnies légères en prenant pour base un effectif de 32 chevaux de selle pour les cadres et 200 mulets de bât pour la troupe, par compagnie, outre les deux compagnies qui se trouvent à Châteauroux.

Mais, par suite de ce prélèvement, je ne pourrai plus, pour le moment, fournir de selles que pour une compagnie montée.

Le Ministre de la Guerre à l'Intendant de l'armée de la Loire.

Tours, 24 novembre.

M. l'Intendant général inspecteur a appelé mon attention sur la nécessité qu'il y aurait à pourvoir les corps d'armée de la Loire d'un certain nombre d'omnibus pour le transport de leurs blessés. L'administration de la Guerre ne peut mettre ces véhicules à votre disposition, et il ne lui semble pas qu'il soit utile de se les procurer par des marchés spéciaux.

Il suffirait d'introduire dans les marchés déjà passés avec les entrepreneurs de transports une clause imposant à leurs titulaires l'obligation de fournir et d'entretenir, dans chaque division, le nombre de voitures-omnibus reconnu nécessaire.

C'est ainsi, du reste, que le 18e corps a opéré. Je vous autorise, en conséquence, à vous entendre à cet effet avec vos entrepreneurs de transports.

Le Ministre de la Guerre au Directeur des parcs des équipages militaires, à Châteauroux.

Tours, 26 novembre.

Vous m'avez rendu compte que vous avez passé avec M..... un marché pour la fourniture de 450 harnais de derrière, aux mêmes prix et conditions que celui passé précédemment avec M....., de Preuilly.

Je vous autorise à approuver définitivement en mon nom ce marché, dont je vous envoie ci-joint les deux expéditions qui accompagnaient votre lettre précitée.

Conformément à votre proposition, je vous autorise à détacher à Preuilly, pour y surveiller l'exécution des marchés dont M..... est titulaire, un officier des parcs ou d'ouvriers qui recevra les mêmes allocations de séjour que celui détaché à Toulouse.

Le Ministre de la Guerre au Directeur des parcs des équipages militaires, à Vernon.

Tours, 28 novembre.

Vous m'avez rendu compte que vous avez traité avec M......, constructeur à Châteauroux, de la fourniture de 50 voitures d'état-major, au prix de 600 francs, non compris les essieux et les boîtes de roues qui seront fournis par le parc.

Ce prix étant inférieur à celui obtenu au mois d'août dernier à Vernon, à la suite d'une adjudication, je vous autorise, comme vous me l'avez proposé d'ailleurs, à porter le chiffre de cette commande à 50 voitures.

Le Directeur des parcs des équipages militaires au Ministre de la Guerre.

Châteauroux, 29 novembre.

Au moment où la France met en œuvre toutes ses ressources, j'ai l'honneur de vous faire connaître que le parc des équipages militaires possède une quantité notable de bronze qui pourrait être livré au service de l'artillerie, si ce service en a besoin. Ce bronze est coulé, en grande partie, en boîtes de roues qui, sans le moindre inconvénient, seraient remplacées par des boîtes en fonte ; ce remplacement pourrait se faire dans un bref délai, j'ai les ressources sur les lieux.

Le prix du kilogramme de boîte en fonte est de 0 fr. 40. Toutes les boîtes que nous possédons seraient immédiatement disponibles et il n'y aurait à attendre que pour celles à remplacer aux roues. Nous avons déjà exécuté cette opération sur toutes les voitures d'infanterie. Ainsi, le prix du kilogramme de bronze, livré à l'artillerie, ne serait en réalité que de 0 fr. 40.

Voici l'état de ce qui pourrait être donné :

1,662 boîtes existant à Châteauroux, pesant $5^{kg},500$.	$9,141^{kg},500$
964 données à des fournisseurs, non encore employées..............................	5,302 000
1,450 kilogrammes vieux bronze et cuivre envoyé de Vernon au Havre, où il se trouve actuellement..............................	1,450 000
2,000 roues boîtées et qui pourraient recevoir des boîtes en fer..............................	11,000 000
Total.......	$26,893^{kg},500$

Il vous appartient, Monsieur le Ministre, de décider si cette opération doit être faite, mais j'ai cru de mon devoir de vous la soumettre.

Le Chef d'escadron chargé de l'organisation des compagnies légères du 1er régiment du train des équipages militaires au Ministre de la Guerre.

Châteauroux, 1er décembre.

Conformément à vos ordres en date du 17 novembre dernier, je me suis rendu immédiatement de Lyon à Saint-Maur, près Châteauroux, pour assurer l'organisation des compagnies légères du 1er régiment du train des équipages militaires, auquel j'appartiens.

J'ai procédé à l'organisation des 4e, 5e, 7e et 8e compagnies, dirigées sur Saint-Maur et Châteauroux pour recevoir les mulets, le harnachement et le matériel nécessaires pour entrer en campagne.

Ces compagnies, ayant leur complet en hommes, animaux, harnachement et matériel, ont été mises en route, savoir :

La 4e compagnie, le 26 novembre, à destination de Mer-sur-Loire ;
La 5e compagnie, le 28 novembre, à destination de Gien ;
La 7e compagnie, partira de Saint-Maur, le 2 décembre, pour se rendre au Mans (17e corps d'armée) ;
La 8e compagnie quittera Châteauroux, le 23 décembre, pour rejoindre le 21e corps, à Angoulême.

Après le départ de ces quatre campagnies, il restera à Châteauroux, 202 mulets disponibles, pour former une nouvelle compagnie légère.

Le parc de Châteauroux possède encore du harnachement et du matériel pour organiser deux nouvelles compagnies légères.

Ayant reçu l'ordre de me rendre au quartier général du 15e corps, je quitterai Saint-Maur, le 2 décembre, pour rejoindre mon nouveau poste à Orléans, où se trouve en ce moment le 15e corps d'armée.

Le Directeur des parcs des équipages militaires au Ministre de la Guerre.

Châteauroux, 1er décembre.

Sitôt notre service assuré pour le matériel roulant, je me suis occupé des selles et du transport à dos dont la réserve va être presque épuisée par suite de l'organisation de six compagnies.

Ma lettre du 29 novembre vous a fait connaître les mesures prises pour les selles :

Nous en avons aujourd'hui en magasin	106
Les ateliers en livreront d'ici trois jours	150
Il m'en est annoncé de Toulouse	150
TOTAL	406

Nous sommes donc largement pourvus pour les deux compagnies légères qui n'ont point encore reçu leur matériel et, en outre, pour deux compagnies montées. Les livraisons de Toulouse et confections de nos ateliers vont continuer, de sorte que, de ce côté, le service est assuré.

J'ai passé trois marchés pour harnais d'attelage qui, d'ici le 31 janvier, doivent nous en donner pour 1,100 chevaux. Nous en avons encore pour 400; l'atelier du parc continue ses confections, un peu ralenties par le travail des selles; cependant, je puis compter sur au moins 300. Dès aujourd'hui, nous avons donc des ressources, qui viendront journellement avant le 31 janvier, pour 1,800 chevaux. J'ajouterai qu'il y a eu Afrique des harnais pour 476 chevaux, et une partie pourrait, si vous le jugiez nécessaire, être expédiée sur Châteauroux, sans selles ni colliers, je les compléterais ici.

Il est bien regrettable, comme je vous l'ai déjà dit, que le parc d'Alger n'ait pas porté tous ses moyens d'action sur les bâts et cacolets et fasse des litières, dont nous avons un trop grand nombre, et des voitures d'ambulance que je trouve à faire confectionner sur place. Dans de telles conditions, je ne puis compter sur lui. Je ne sais ce qu'il produira; j'éprouve des difficultés très grandes pour me procurer ces objets dont la construction ne rentre pas dans les ouvrages du commerce. Cependant, mes dispositions sont prises pour tirer de nos ateliers, 300 bâts, en demandant les ferrures à l'industrie, et un marché pour 500 est en voie de passation. J'ai donné quelques cacolets à faire en ville, j'espère arriver à compléter 500 paires au moins en m'adressant à de grandes maisons. Je vous ferai connaître ultérieurement le résultat de mes recherches. Si, comme je l'espère, je puis réussir, notre service sera assuré dans toutes ses parties. Pour l'avenir, l'expiration des marchés actuels ne dépassera pas le 31 janvier et, s'il était nécessaire de continuer sur 1871, on aurait tous les constructeurs actuels, au nombre de cinquante environ, qui seraient heureux d'avoir du travail.

Le Ministre de la Guerre aux Généraux commandant les corps d'armée.

Tours, 2 décembre.

Je suis informé qu'on n'observe pas tout l'ordre désirable dans la marche des convois de voitures auxiliaires de l'armée. Il en résulte un certain encombrement sur les routes latérales et en arrière, encombrement qui gêne les mouvements de l'armée et de l'artillerie.

Afin de remédier à cet état de choses et en attendant l'arrivée des cadres qui seront spécialement chargés de régulariser le service des convois des voitures auxiliaires, il est de toute nécessité que les généraux commandant les corps d'armée, divisions et brigades, fassent exercer une surveillance sévère sur tous les convois, non seulement par la gendarmerie, mais encore par les troupes qui sont chargées de leur escorte et de leur défense.

On devra avoir soin, notamment, d'interdire l'admission dans les convois, de voitures qui n'en doivent pas régulièrement faire partie.

Je vous prie de donner, à qui de droit, des instructions dans ce sens.

Le Directeur des parcs des équipages militaires au Ministre de la Guerre.

Châteauroux, 7 décembre.

J'ai l'honneur de répondre à votre télégramme du 6 courant, concernant la situation des compagnies montées et légères des régiments du train et les ressources dont nous pouvons disposer pour l'avenir.

3e régiment du train.

La 12e compagnie, destinée à l'artillerie, forte de 308 chevaux de trait, 32 de cadres et 4 d'officiers, est partie pour Nevers le 25 novembre dernier.

La 21e compagnie part aujourd'hui à destination d'Angers, au même effectif que la 12e, pour y faire également le service de l'artillerie.

1er régiment du train.

Les quatre compagnies légères qui ont été organisées à Châteauroux ont reçu les destinations suivantes :

4e compagnie, Le Mans ; 5e compagnie, Gien ; 7e compagnie, Orléans ; 8e compagnie, Tours.

Comme ressources, il reste à Châteauroux, au 3e régiment du train, la 22e compagnie, organisée en compagnie provisoire, à l'effectif de 25 chevaux de selle et 180 de trait. Elle pourrait être mise en route dès qu'elle aura reçu son harnachement. Je suis en mesure de le lui délivrer sitôt que vous en donnerez l'ordre. Il resterait alors à ce régiment 700 hommes et 90 chevaux de trait.

Le 1er régiment a laissé à Châteauroux 302 mulets qui étaient destinés à la formation de compagnies légères. Le parc de Châteauroux possède des bâts et accessoires pour l'organisation de deux de ces compagnies.

Les cadres devraient venir de Lyon.

Pour l'avenir, outre la compagnie montée dont il est question ci-dessus, et sans compter les ressources nouvelles que je pourrai me procurer, il sera possible, à partir du 15 courant, d'équiper, par semaine, une compagnie provisoire de 45 attelages avec les cadres et une compagnie légère au moins, par quinzaine, à partir du 31 décembre.

Pour augmenter ces ressources, on pourrait faire venir d'Alger 100 bâts complets et 50 attelages à 4 chevaux, les colliers et les selles seraient fournis par Châteauroux. Je n'ai pas parlé du matériel qui dépasse les besoins prévus.

Le même au même.
Châteauroux, 8 décembre.

Ma lettre d'hier vous a indiqué les compagnies montées qui ont été affectées au service de l'artillerie, celles disponibles prêtes à être organisées, ainsi que les lieux de destination des quatre compagnies légères formées à Châteauroux.

Je vous ai fait également connaître nos ressources actuelles et celles dont nous pourrons disposer pour l'avenir.

Je complète ces renseignements par la situation des compagnies montées, formées à Châteauroux depuis le 1er septembre dernier, indiquant les endroits sur lesquels elles ont été dirigées et la date de départ.

1re compagnie...................	Tours, 20 novembre.
2e —	Paris, 7 septembre.
9e —	Bourges, 17 octobre.
11e —	Mer, 5 octobre.
12e —	Nevers, 25 novembre.
14e —	Besançon 22 octobre.
15e —	Tours, 20 novembre.
17e et 18e compagnies	Paris, 10 septembre.
19e compagnie...................	Tours, 21 septembre.
20e —	Blois, 5 octobre.
21e —	Angers, 7 décembre.

22e et 23e compagnies, en organisation à Châteauroux.

On ignore au dépôt du 3e régiment les corps d'armée auxquels ces compagnies ont été affectées, les ordres de départ n'en faisant pas mention.

Le même au même.
Châteauroux, 19 décembre.

J'ai l'honneur de vous faire connnaître qu'à la date d'aujourd'hui il ne reste plus à expédier, pour compléter l'évacuation du parc de Châteauroux, que 329 voitures vides.

Les réquisitions pour le transport par terre ne nous ont donné aucune ressource ; tout est parti par chemin de fer et ce qui reste suivra la même voie.

Nous aurons terminé, je pense, à la fin de la semaine.

Les cinq parcs de réparations, que j'avais organisés pour l'armée, n'ont pu partir de suite, faute de personnel. M. le commandant ....., désigné pour le parc principal, est encore à Lyon. Quand les autres officiers et employés ont été rendus à leurs postes, le 3e régiment du train était en route pour Toulouse et il ne nous restait aucun moyen de transport. Le matériel a dû suivre, cependant j'ai conservé à Châteauroux un parc composé de : 2 officiers, 1 employé, 2 sous-officiers, 31 hommes et deux chariots de parc chargés d'outils et d'approvisionnements, mais il n'y a pas de chevaux pour les conduire.

A moins d'ordres contraires de votre part, il restera dans cette place jusqu'à ce que l'évacuation soit terminée et rejoindra ensuite Toulouse. Dans ce cas, je ne laisserais ici que deux officiers, un employé et quelques hommes ayant pour mission de recevoir et d'expédier sur Toulouse le matériel et le harnachement en cours de confection.

Je regarde mon départ pour Toulouse comme d'autant plus urgent que l'officier qui y est détaché m'informe qu'il ne trouve pas de locaux disponibles. Si je ne pouvais m'en procurer, veuillez m'autoriser à faire des recherches à Montauban ou sur tout autre point à proximité et à y installer le parc (1). Il nous faudra un certain temps pour l'installation et la réunion de notre matériel, et mon départ ne devant pas avoir lieu avant mercredi soir, *21 novembre,* je vous prierai de me faire connaître par le télégraphe si vous approuvez mes propositions.

Note de la Direction du génie pour la 6e direction (Bureau de l'intendance militaire et des transports).

Bordeaux, 25 décembre.

Le contingent de la classe 1870 n'ayant amené au dépôt du 3e régiment du génie, à Bordeaux, qu'un nombre insuffisant d'hommes sachant soigner les chevaux, ce corps se trouve manquer de *50* hommes aptes à faire des conducteurs.

S'il est vrai que le corps du train des équipages possède à Lyon un dépôt largement pourvu de cavaliers et qu'une réduction de 50 hommes ne soit pas de nature à gêner le service des transports de l'armée, on a l'honneur de prier la 6e direction de vouloir bien autoriser le passage de 50 cavaliers dudit dépôt au 3e régiment du génie à Bordeaux, et de

---

(1) *En marge :* « oui ».

donner les ordres pour que ce détachement soit immédiatement expédié à sa destination.

État indicatif du train des équipages militaires attaché au 24ᵉ corps d'armée.

Lyon, 25 décembre.

	TRAIN RÉGULIER.		TRAIN AUXILIAIRE.		TOTAUX.
	Grand quartier général.	2ᵉ division.	1ʳᵉ division.	3ᵉ division.	
Officiers..............	3	2	3	3	11
Troupe................	108	101	105	104	418
Chevaux...............	207	172	108	108	595
Voitures à 4 ou à 2 roues.	60	60	65	65	250
Forges................	1	1	»	»	2
AMBULANCES (TRAIN RÉGULIER).					
Mulets de cacolets......	10	10	10	10	40
Mulets haut-le-pied.....	7	7	7	7	28
Voitures auxiliaires n° 2.	10	10	10	10	40
Voitures Masson........	2	2	2	»	6
Ambulances à 4 roues...	1	1	1	1	4
Caissons d'ambulances...	2	2	2	2	8

L'Intendant en chef du 20ᵉ corps au Ministre de la Guerre, à Bordeaux.

Châlon-sur-Saône, 27 décembre.

..... Les ambulances du 20ᵉ corps ont fonctionné jusqu'à présent avec les moyens très imparfaits que j'avais pu rassembler à la formation de l'armée de l'Est devant Besançon, et qu'elles ont encore leur service de réserve.

J'ai l'honneur de vous prier de donner des ordres (bureau des transports) pour que l'on mette à ma disposition les 16 chevaux nécessaires pour les quatre caissons que je demande; quant aux mulets qui devront porter les cantines régimentaires, je pourrai me les procurer au moyen des ressources de l'artillerie.

Je profiterai de l'occasion pour vous rappeler, Monsieur le Ministre, que je n'ai ni litières ni cacolets, ainsi que le prescrit le décret du 6 décembre 1870... .

Le Ministre de la Guerre au Général commandant la 8ᵉ division militaire, à Lyon.

Bordeaux, 27 décembre.

J'ai l'honneur de vous prier de vouloir bien donner au 1ᵉʳ régiment du train des équipages, l'ordre de diriger, sur Bordeaux, 50 cavaliers pour être incorporés au 3ᵉ régiment du génie, qui a un urgent besoin de conducteurs.

Ce détachement, qui devra prendre les voies ferrées, sera placé sous la conduite d'un maréchal des logis et d'un brigadier, qui rejoindront le 3ᵉ régiment du train, à Lyon, leur mission terminée.

Le Ministre de la Guerre au Directeur des parcs des équipages militaires, à Toulouse.

Bordeaux, 3 janvier 1871.

A la suite de livraisons faites en vertu de marchés en cours d'exécution, le service de l'artillerie est désormais en mesure de satisfaire à tous ses besoins de harnais, sans qu'il soit nécessaire de recourir aux ressources des équipages militaires.

Mon intention est donc de reconstituer successivement, pour chacun des corps d'armée qui n'en ont pas été pourvus, des compagnies montées et des compagnies légères qui seront organisées dans le 1ᵉʳ régiment du train, à Lyon, dont l'effectif était, au 1ᵉʳ décembre dernier, de 1,800 hommes et 1,200 chevaux de trait.

Mais avant d'en prescrire la formation, je désire savoir de combien de harnais à 4 chevaux les parcs pourront disposer à la date du 10 janvier courant et de combien ces ressources s'augmenteront tous les dix jours. Je vous prie de me fournir ces renseignements dans le plus court délai possible.

Le Directeur des parcs des équipages militaires au Ministre de la Guerre.

Toulouse, 4 janvier 1871.

J'ai l'honneur de répondre à votre dépêche du 3 courant.

L'évacuation du parc de Châteauroux, l'occupation par l'ennemi de certaines localités habitées par des entrepreneurs avec lesquels j'avais traité par marchés, ont changé toutes les prévisions des ressources que je vous avais adressées. Une partie seulement de notre matériel est arrivé et encore, faute de locaux, je n'ai pu ni le décharger ni installer nos ateliers. Aujourd'hui, je m'occupe activement à remettre tout en ordre. Je m'adresserai de nouveau à l'industrie pour obtenir ce qui nous manquerait ; je vais envoyer des officiers en mission dans les environs car, à Toulouse, l'artillerie a absorbé une grande partie des ressources locales et, sitôt installé, je vous adresserai les renseignements demandés.

Pour le moment, je ne puis disposer que de matériel roulant ; le nombre de harnais disponibles, à l'exception de ceux pour petites voitures, est très restreint et il me serait impossible de dire, comme je l'avais fait à Châteauroux, ce qui pourra être livré tous les dix jours ; mais, je le répète, pas une minute ne sera perdue pour satisfaire à votre demande dont je comprends toute l'importance.

Le même au même.
Toulouse, 4 janvier 1871.

J'ai l'honneur de vous faire connaître que le parc de Châteauroux est complètement évacué ; il n'y reste ni matériel ni approvisionnements, à l'exception des fers et des bois dont le déplacement eût été difficile et onéreux et que nous pouvons d'ailleurs trouver sur place. Ainsi que je vous l'avais dit dans ma lettre du 19 décembre dernier, je n'ai laissé à Châteauroux que 2 officiers, 2 employés, 1 sous-officier, 13 hommes, qui seront chargés de surveiller les constructions qui s'exécutent dans cette place et aux environs et de les diriger sur Toulouse au fur et à mesure de leur achèvement.

La plupart des objets ont été expédiés par chemin de fer. Des voitures avaient été dirigées par terre sur Argentan ; embarquées par chemin de fer, elles sont aujourd'hui en route pour Toulouse ; le détachement qui s'y trouvait est arrivé.

Une partie des voitures que j'avais données au 3ᵉ régiment du train, à son départ de Châteauroux, ont été laissées par lui à Limoges. J'ai dû y envoyer 1 employé avec 6 hommes pour veiller à leur conservation. Châteauroux et Argentan étant libres, j'ai donné l'ordre à l'employé de nous expédier son matériel. Il est sans doute en route aujourd'hui, ce qui nous permettra de réunir ici toutes les ressources dont nous pourrons disposer.

L'installation du parc aux Jacobins a présenté les plus grandes difficultés. Personne n'avait une idée de l'importance de notre service. L'établissement dépend de toutes les autorités et ce que j'obtenais de l'une était refusé par l'autre. Hier seulement, j'ai pu arriver à un résultat et, de l'accord de tous, une partie des locaux dont nous avons besoin nous ont enfin été accordés ; les industriels qui les occupent nous opposent la force d'inertie, mais cette résistance ne saurait être de longue durée. Demain, j'espère les avoir astreints à un déménagement complet. Déjà une partie de notre matériel est arrivée; le déchargement, suspendu pendant toutes ces discussions, est commencé et l'installation de nos ateliers marchera aussi vite que possible.

L'Intendant de la 8ᵉ division militaire au Ministre de la Guerre, à Bordeaux.

Lyon, 5 janvier 1871.

La place de Lyon possède un régiment du train des équipages militaires et un parc de réparations du matériel de la même arme ; mais, par suite des nombreux prélèvements déjà faits sur le matériel de ce corps et de cet établissement pour les besoins des corps en formation, les ressources dont ils disposaient sont épuisées.

Pour qu'ils puissent continuer à alimenter de moyens de transports les troupes envoyées aux armées, il conviendrait de rehausser leur matériel.

Dans cet ordre d'idées, j'ai l'honneur de vous prier de vouloir bien donner des ordres pour qu'il soit expédié, le plus tôt possible, du parc des équipages de Toulouse au parc de réparations de Lyon, les objets ci-après qui existent à Toulouse : 50 caissons, 50 chariots de parc, 150 bâts complets, 6 forges de campagne, 100 paires de cacolets, 25 paires de litières, 20 voitures d'ambulance à deux roues, 10 voitures d'ambulance à quatre roues.

200 selles complètes avec brides et garnitures de tête seraient également nécessaires, mais je ne sais si les ressources du parc de Toulouse permettraient de les envoyer.

Le Ministre de la Guerre à l'Intendant en chef du 25ᵉ corps d'armée, à Bourges.

Bordeaux, 10 janvier 1871.

Le 25ᵉ corps d'armée, en formation à Bourges, dont l'administration supérieure vous a été confiée, se composera de trois divisions d'infanterie et une de cavalerie.

Comme par le passé, les troupes d'infanterie et de cavalerie qui ont été désignées pour faire partie de ce corps trouveront au parc des équipages militaires, transporté aujourd'hui à Toulouse, leur matériel d'équipages régimentaires et les harnais pour les animaux d'attelage.

Ce matériel se composera :

Par régiment d'infanterie ou de garde nationale mobile, de quatre voitures, dont une pour l'état-major et une par bataillon.

Par régiment de cavalerie, de trois voitures, dont une pour l'état-major du régiment et une par deux escadrons.

La distribution en sera faite par le parc de Toulouse à l'officier ou sous-officier de chaque régiment qui se présentera porteur d'un bon visé par le fonctionnaire de l'intendance chargé de la surveillance administrative du corps.

Le service des équipages militaires ayant été dans la nécessité de céder la presque totalité de ses harnais pour l'organisation complète des batteries et des parcs d'artillerie de campagne, vous n'aurez à votre disposition aucune compagnie montée du train des équipages militaires pour l'organisation du service des transports généraux du 25e corps.

Votre première préoccupation devra donc consister à organiser, aussi promptement que possible et par voie de marché, une entreprise de transports auxiliaires destinée à suppléer le train régulier. Je mettrai d'ailleurs à votre disposition les cadres fixés par le décret du 29 novembre dernier pour assurer, par des moyens militaires, une surveillance efficace de tous les transports auxiliaires ou réquisitionnés à la suite du 25e corps.

De plus, une compagnie légère du 1er régiment du train des équipages militaires, ayant un effectif de 200 mulets de bât avec cacolets et litières, sera rattachée au 25e corps pour assurer le service du transport des malades et blessés.

Le Général commandant la 12e division militaire au Ministre de la Guerre

Toulouse, 12 janvier 1871.

J'ai l'honneur de vous rendre compte qu'ayant trouvé, à 800 mètres de Toulouse, un local très convenable à tous égards pour y installer le dépôt de l'escadron du train, venu de Châteauroux et qui est placé en deux fractions à Grisolles et Grenade, j'ai ordonné de centraliser à Toulouse ces deux portions du corps. Il y avait tout intérêt pour le service à ce que ce corps, qui est le complément du parc de construction, fût placé exactement dans la main de l'intendant militaire directeur dudit parc.

J'ai pensé que vous ne blâmeriez pas ce mouvement qui est aujourd'hui en voie d'exécution.

Les ateliers particuliers de l'escadron ne pouvaient s'installer convenablement à Grisolles; il y avait déjà commencement de souffrance à ce point de vue, surtout à cause du fractionnement de l'escadron.

Note en marge : « Approuvé et le féliciter de son initiative ».

Le Directeur des parcs des équipages militaires au Ministre de la Guerre.

Toulouse, 13 janvier 1871.

J'ai l'honneur de vous rendre compte que j'ai passé marché ..... pour la fourniture de 300 harnais complets à 4 chevaux, avec brides de porteur, bridons, licols et brides-licols de sous-verges sans colliers ni selles, au prix de 405 fr. 60 l'un.

Moitié de ces harnais, livrables à Bordeaux, serait fournie le 15 février prochain, l'autre moitié, le 28 du même mois.

Ces prix dépassent de 78 fr. 10 les prix du marché passé le 4 août dernier....., mais la hausse survenue dans le prix des cuirs, les difficultés de se procurer des ferrures motivent cette augmentation.....

Le payement serait fait en bons du Trésor payables un mois après acceptation.

En note : « Bordeaux, 15 janvier. — Je vous autorise à approuver le marché..... pour 300 harnais à 4, au prix de 405 fr. 60 l'un, si le modèle-type déposé..... est reconnu acceptable ».

Extrait d'une lettre, en date du 14 janvier 1871, adressée de Metz à M. Grellois (1).

La commission instituée pour le partage entre la France et la Prusse, du matériel des ambulances, a terminé son travail.

M. d'Arrest (médecin en chef de la garnison prussienne de Metz) a fait hier remise à M. Bruneau d'environ 100 grandes voitures d'ambulance et 200 voitures Masson. M. d'Arrest a dit au médecin français : « J'avais promis à M. Grellois tous les mulets qui se trouvaient à Metz lors de la reddition, mais je doute que le gouverneur consente à s'en dessaisir, les chevaux manquant et les mulets nous étant indispensables pour les services des ambulances, vivres, etc. ; mais l'administration prussienne louera des chevaux qui feront le nombre de voyages nécessaires pour transporter dans le grand-duché de Luxembourg toutes les voitures. Les mulets seront estimés et remboursés au service français des ambulances (2) ».

---

(1) Le médecin principal Grellois avait rempli pendant le siège de Metz les fonctions de médecin en chef des hôpitaux civils et militaires et des ambulances de la place, *intra* et *extra muros*.

(2) D'après une dépêche adressée le 25 janvier 1871 au Ministre de

En marge, de la main de M. Férot, directeur de la 6ᵉ direction à la délégation du ministère de la Guerre :

« M. le docteur Robin (chef de la 3ᵉ sous-direction de la 6ᵉ direction). Prière d'informer notre consul de la remise de ces voitures, et de lui indiquer les ponts de destruction (*sic*), afin qu'il les expédie par chemin de fer ou par mer, suivant les besoins ».

Le Directeur des parcs des équipages militaires au Ministre de la Guerre.

Toulouse, 15 janvier 1871.

J'ai l'honneur de vous rendre compte que M. l'intendant divisionnaire de Lyon m'ayant informé qu'il lui était offert 400 attelages à 4 chevaux au prix de 700 francs, je viens de lui faire connaître qu'il pouvait traiter pour 200. Mais les harnais proposés étant à bricole et ce mode d'attelage ne valant pas, pour notre service, celui à collier, je l'invite à modifier le type offert.

Je lui enverrais les colliers de Toulouse dès qu'il m'en ferait la demande.

Ces prix sont à peu près ceux du marché que j'ai soumis à votre approbation par lettre du 13 janvier, et qu'il y aurait lieu de maintenir.

Le même au même.

Toulouse, 18 janvier 1871.

Bien que je ne sois pas encore complètement en mesure de vous donner un état exact de nos ressources, car tout notre matériel expédié de Châteauroux n'est pas encore arrivé, je crois devoir, dès aujourd'hui, vous donner un aperçu de notre situation.

Installation du parc.

Tous nos ateliers sont installés dans des conditions aussi bonnes que possible et meilleures que je ne l'avais espéré tout d'abord. Nous pouvons employer les 350 ouvriers dont nous disposons. Les seuls qui nous fassent défaut sont les bourreliers et, s'il était possible d'ouvrir les engagements volontaires pour les hommes de cette profession, Lyon, où ils font également défaut, et Toulouse, pourraient peut-être nous en donner quelques-uns.

---

la Guerre par l'intendant en chef des 22ᵉ et 23ᵉ corps, les Allemands auraient cependant renvoyé 95 chevaux et 60 mulets.

Matériel.

Avec les voitures que nous possédons et celles en cours de construction à Châteauroux, je pense être en mesure de satisfaire à toutes les demandes; si elles venaient à dépasser mes prévisions, l'industrie locale et nos ouvriers combleraient le déficit.

Harnachement.

Je suis en mesure de fournir les harnais à toutes les voitures à deux roues que nous possédons. Au début, vu le grand nombre de colliers Hermet en magasin, ils avaient été employés pour ce mode d'attelage; aujourd'hui, nos ressources diminuant, j'ai pris le collier de l'industrie qui s'y adapte mieux et ne nous coûtera que 14 francs. Il m'en sera livré 300 dans quelques jours; le prix du collier Hermet est de 30 francs; nous aurons en outre, disponibles, des ferrures immédiatement utilisables et dont la valeur, 3 francs environ, viendra en déduction des 14 francs payés pour le collier du commerce.

Pour les selles, nos ateliers nous en donneront 25 par jour, soit 600 au moins par mois et, de ce côté encore, le service sera assuré.

Pour les attelages, dans quelques jours nos ateliers nous en fourniront pour 400 chevaux; Lyon a passé marché pour 350. Par dépêche télégraphique, dont je vous ai rendu compte, un nouveau marché a été passé pour 800. J'ai un marché à Preuilly pour 900; les fournisseurs de Châteauroux doivent m'en donner pour 600; le marché avec MM. ......, à Niort, en stipule pour 1,200 (il n'a pu encore être signé). Total : 4,250 chevaux.

Tous ces harnais sont livrables d'ici le 1er mars, à époques variables; je tâcherai de parer à l'imprévu soit avec nos ateliers, soit en passant de nouveaux marchés.

Transports à dos.

Il nous reste en magasin des bâts pour 420 mulets. Tout n'est pas arrivé, 250 seulement sont disponibles. Nous avons, en outre, 60 voitures d'ambulance à deux roues; on pourrait en donner une vingtaine par compagnie légère, ce qui nous permettrait d'en organiser deux immédiatement : celle qui doit venir de Lyon et une autre qui serait formée avec un cadre et des hommes venant également de Lyon; les mulets seraient pris au 3e régiment à Toulouse. Ce serait une mesure d'autant meilleure que le fourrage manque ici. Les voitures qui seraient prises par les compagnies légères nous laisseraient des bâts disponibles pour le service des hôpitaux.

J'ai passé, en outre, un marché à Vierzon pour 500 bâts et 1,000 cacolets. Les ateliers des fournisseurs ayant été dérangés par l'invasion de l'ennemi, j'envoie un exprès de Châteauroux à Vierzon afin d'être fixé.

Un marché par télégraphe, que je vous soumettrai, vient en outre d'être passé avec les forges de Pamiers, pour 1,000 cacolets et 500 bâts, livrables à des époques avant le 1er mars.

Je donne pour mémoire ce que nous fourniront nos ateliers déjà très occupés par le harnachement et la mise en bon état du matériel venu de Châteauroux. Je ne compte pas non plus sur l'Afrique qui aura à pourvoir les compagnies légères du 2e régiment. Je considère ces dernières ressources comme assurées; cependant, aujourd'hui, il faut compter sur un large imprévu et je ferai le possible pour les augmenter afin d'éviter les déceptions. Notre évacuation du parc de Châteauroux nous a paralysés pendant quelque temps, mais, aujourd'hui, le service étant réorganisé, nous tâcherons de regagner, autant que faire se pourra, le temps perdu.

Le même au même.

Toulouse, 21 janvier 1871.

Comme suite à ma lettre du 18 de ce mois, relative à la situation du parc de Toulouse, j'ai l'honneur de vous adresser une situation du matériel en date de ce jour.

Le matériel en construction va bientôt être achevé et les soumissionnaires voudraient être autorisés à continuer. D'un autre côté, des constructeurs me demandent du travail. Avant de faire de nouveaux marchés, j'ai cru devoir prendre vos ordres, afin de connaître dans quelle limite je dois augmenter nos ressources en voitures. Je pense que les caissons et les chariots de parc sont en nombre suffisant. Les forges, d'un modèle défectueux et embarrassant, seraient à remplacer par des forges portatives. Il n'y aurait donc lieu de s'occuper que de voitures d'état-major à quatre roues et des voitures à deux roues n° 1, qui sont fort recherchées, surtout celles du nouveau modèle. Les voitures d'état-major à quatre roues remplacent très avantageusement les caissons, car elles ne pèsent que 640 kilogrammes au lieu de 1,150, n'exigent que 2 chevaux pour leur conduite, coûtent 2/3 de moins à peu près, et peuvent porter la même quantité de denrées, attendu que le peu de capacité du caisson 1848 ne permet pas de le charger de plus de 800 kilogrammes au maximum. Je pense qu'en portant à 400 le nombre des voitures d'état-major à quatre roues et à 800 celui des voitures n° 1, notre service serait largement assuré. J'attendrai vos ordres à ce sujet, les ressources dont je dispose me permettront de les exécuter dans un assez bref délai.

Direction des parcs des équipages militaires. Situation du matériel existant au parc et de celui à livrer par les fabricants.

Toulouse, 21 janvier 1871.

MATÉRIEL.		EXISTANTS.	A LIVRER jusqu'au 31 JANVIER.	TOTAL.
Caissons	modèle 1848	258	»	258
	à roues égales	2	»	2
	divers	22	»	22
Chariots	de parc	120	150	270
	fourragères	5	»	5
	transformés	85	»	85
Forges	de campagne	62	»	62
	portatives	»	30	30
Ambulances.	à 4 roues	19	26	45
	à 2 roues	53	60	113
Voitures pour état-major		37	204	241 (1)
Voitures auxiliaires.	n° 1	7	333	340 (2)
	n° 2	113	»	113
	d'infanterie	244	»	244

(1) Dont 100 livrables en février et mars.
(2) Dont 75 sont à livrer après le 31 janvier.

L'Intendant en chef du corps d'armée du Havre au Ministre de la Guerre, à Bordeaux.

Le Havre, 21 janvier 1871.

J'ai l'honneur de vous informer que, d'après l'ordre de M. le Général commandant en chef l'armée, j'ai formé ici un train auxiliaire destiné à remplacer le train des équipages militaires et le train d'artillerie pour les transports :

1° Dans les quartiers généraux ;
2° Dans le service intérieur des corps de troupe ;
3° Dans le service des ambulances ;
4° Dans le service des subsistances ;
5° Dans le service des transports des engins et matériel de guerre de l'artillerie et du génie.

J'ai trouvé à traiter ici avec un entrepreneur qui se charge de tout ce service, moyennant : 6 fr. 50 pour une voiture à 1 collier, 12 francs pour une voiture à 2 colliers, 16 francs pour une voiture à 3 colliers, 20 francs pour une voiture à 4 colliers.

Les hommes recevront 1 franc par jour ou les vivres de campagne.

Les chevaux seront nourris comme chevaux d'artillerie.

L'importance du service sera de 400 voitures environ ; il y en a 150 au moins pour les services du génie et de l'artillerie, environ 170 pour le service des subsistances (15 jours de vivres pour 25,000 hommes et 4,000 chevaux) et 80 voitures pour le service intérieur des corps de troupe et quartiers généraux.

L'Intendant en chef des 22ᵉ et 23ᵉ corps au Ministre de la Guerre, à Bordeaux (D. T.).

Lille, 25 janvier 1871, 10 h. 10 matin.

Je fais venir, à Lille, le matériel des ambulances de Metz rendu par les Prussiens. Il y a 81 caissons d'ambulance, 124 voitures Masson, 6 omnibus, 4 fourragères, 231 cantines, 40 sacs ou sacoches, 250 brancards, 80 drapeaux, 60 mulets, 95 chevaux. Je garderai à Lille ce qui nous sera nécessaire ; où voulez-vous que j'expédie le reste ?

Le Ministre de la Guerre au Directeur des parcs des équipages militaires, à Toulouse.

Bordeaux, 25 janvier 1871.

En me rendant compte, par votre lettre du 21 janvier courant, du prochain achèvement des travaux en construction, vous m'avez proposé de faire à l'industrie une commande nouvelle de 400 voitures d'état-major et de 800 voitures auxiliaires n° 1.

J'approuve vos propositions en ce qui concerne les 400 voitures d'état-major ; mais les allocations de voitures n° 1, faites aux corps à titre d'équipages régimentaires, ayant été considérablement réduites, il m'a paru utile de réduire à 500 le nombre des voitures de ce modèle à construire.

Le Ministre de la Guerre à l'Intendant en chef des 22ᵉ et 23ᵉ corps, à Lille (D. T.).

Bordeaux, 26 janvier 1871.

Prélevez, sur le matériel d'ambulance renvoyé de Metz, tout le nécessaire à l'armée du Nord, puis concertez-vous par le télégraphe avec l'intendant divisionnaire du Havre pour constituer, avec tout ou partie du surplus, des moyens militaires d'ambulance pour le corps du général

Loysel (1) ; expédiez-lui ce dont il aura besoin et dirigez sur Bordeaux ce qui restera de cantines, sacs, sacoches, brancards et drapeaux.

Conservez comme réserve le surplus du matériel des équipages militaires et faites-le abriter si c'est possible.

Le Directeur des parcs des équipages militaires au Ministre de la Guerre.

Toulouse, 28 janvier 1871.

J'ai l'honneur de vous rendre compte du départ, qui a lieu aujourd'hui, de la compagnie légère du train des équipages militaires destinée au 25ᵉ corps. Je reçois à l'instant l'ordre de préparer le matériel pour une deuxième compagnie pour le 26ᵉ corps. Nous sommes en mesure. Les mulets seront harnachés avant l'arrivée de cette compagnie et elle pourra partir le lendemain.

J'ai, en outre, le matériel et le harnachement nécessaires pour organiser une compagnie montée. Le 1ᵉʳ régiment, à Toulouse, peut fournir le cadre et les hommes. Pour les chevaux, je comptais d'abord sur 80 qui étaient disponibles à Châteauroux, mais il paraît qu'ils ont été dirigés sur Vierzon. Si les dépôts de remonte ne peuvent en fournir, le 3ᵉ régiment envoyant chercher 200 mulets à Saint-Maixent, on compléterait les attelages en prenant des mulets. Enfin, dans le cas où vous voudriez envoyer un détachement à l'armée du Nord, je pourrais donner de suite : 50 bâts complets, 45 paires de cacolets, 5 paires de litières, 10 voitures d'ambulance à deux roues, 2 voitures d'ambulance à quatre roues et, avec le restant des 200 mulets à recevoir de Saint-Maixent, le 3ᵉ régiment serait en mesure de fournir cadres, hommes et animaux.

Le Ministre de la Guerre au Général commandant le corps d'armée du Havre.

Bordeaux, 6 février 1871.

Par votre lettre en date du 20 janvier dernier, que j'ai reçue le 4 février seulement, vous m'informez que vous avez nommé à titre provisoire, un capitaine, un lieutenant et un sous-lieutenant pour commander le corps du train auxiliaire que vous avez organisé.

Je regrette que vous ayez cru devoir procéder à cette organisation sans mon autorisation. Si vous m'aviez fait connaître vos besoins en temps opportun, j'aurais pris telles mesures que j'aurais jugées néces-

---

(1) Commandant le corps d'armée du Havre.

saires pour assurer le service du train des équipages militaires sans qu'il en résultât aucune dépense nouvelle pour le Trésor.

Quoi qu'il en soit, j'approuve, à titre de fait accompli, les nominations que vous avez faites et je vous prie de m'envoyer, par retour du courrier, un rapport établissant les bases d'après lesquelles vous opérez.

Le Général commandant le corps d'armée du Havre au Ministre de la Guerre, à Bordeaux.

Le Havre, 14 février 1871.

En réponse à votre dépêche du 6 de ce mois, relativement aux nominations que j'ai faites d'officiers au titre du train auxiliaire du corps d'armée du Havre, j'ai l'honneur de vous informer qu'aux termes de mes conventions avec M. l'entrepreneur commandant le train, ces nominations ne confèrent que l'autorité indispensable sur le personnel du train, mais ne donnent droit à aucune espèce de solde ; par conséquent, il n'y a là aucune nouvelle dépense pour le Trésor.

État des détachements du 3e régiment du train des équipages militaires mis à la disposition du service de l'artillerie, du matériel et du harnachement détiorés à ce même service par les parcs des équipages militaires de Châteauroux et de Toulouse.

Toulouse, 16 février 1871.

DÉSIGNATION des COMPAGNIES OU DÉTACHEMENTS et du matériel et du harnachement.	DATES DES DÉPARTS OU des livraisons.	DESTINA-TION.	EFFECTIF.						MATÉ-RIEL.	HAR-NACHE-MENT.	OBSERVATIONS.
			OFFI-CIERS.	TROUPE.	d'offi-ciers.	CHEVAUX de troupe de selle.	de trait.	MULETS.			
15e compagnie montée...	7 novembre 1870.	Tours....	4	212	4	32	»	239	»	»	} Complètement harnachés.
1re — ...	20 —	Id......	3	163	3	32	202	»	»	»	
12e — ...	25 —	Nevers...	5	246	5	32	231	»	»	»	
21e — ...	26 décembre —	Angers...	4	209	5	32	308	»	»	»	Équipés.
Détachement de renfort...	1er janvier 1871.	Le Mans..	»	470	»	»	»	»	»	»	Nus.
Id — ...	13 —	Id......	»	670	»	»	120	»	»	»	} Complètement harnachés.
22e compagnie montée...	19 —	Id......	3	262	3	25	150	»	»	»	
TOTAUX pour le personnel (hommes, chevaux, mulets).			19	1.232	20	153	1.011	239			
TOTAUX GÉNÉRAUX....				1.251			1.423				
Matériel et harnachement.											
Caissons modèle 1848........									12	»	
Chariots de parc et divers...									15	»	
Harnais complets à 4 chevaux.									»	63	
Selles de cadre complètes....									»	305	
Colliers nus.................									»	4.000	

L'Intendant militaire de la 3e division au Ministre de la Guerre.

Lille, 21 février 1871.

Conformément aux prescriptions de votre dépêche, en date du 7 février courant, et pour faire suite à une lettre du 18 du même mois, j'ai l'honneur de vous rendre compte que j'ai fait vérifier et prendre en charge le matériel d'ambulance venant de Metz par le comptable de l'hôpital militaire de Lille.

Ce matériel se compose de :

1° Caissons d'ambulance, au nombre de 69.

La plupart, au lieu d'avoir tout le contenu réglementaire, ne contiennent que des paniers vides ou du harnachement, des brancards ou des cantines. Un seul contenait les boîtes de chirurgie réglementaires ;

2° Caissons de pharmacie, au nombre de 12.

Tous très incomplets. Il en existe deux complets à l'hôpital militaire, ils pourraient être utilisés à deux ambulances de quartiers généraux d'armée ;

3° Omnibus à quatre roues, au nombre de 6, pouvant rouler mais ayant besoin de réparations ultérieurement ;

4° Voitures Masson, au nombre de 130 ; 97 seulement sont garnies de leurs brancards ; 33 sont complètement vides, 27 sont pourvues de matelas dont beaucoup ont besoin d'être lavés, rebattus, soit 54 matelas ;

5° Fourragères à quatre roues, au nombre de 4, ont été emmenées immédiatement par le train ;

6° Voitures à bagages à deux roues, au nombre de 4, ont besoin de réparations, peuvent marcher telles qu'elles sont cependant ;

7° Cantines médicales au nombre de 217, dont 179 pourvues d'un matériel dépareillé et 10 complètement vides, plus 28 cantines pour cuisines d'officiers, vides.

Les cantines pour cuisine avaient été délivrées du campement, à Metz, aux ambulances des quartiers généraux, pour former des ambulances légères ; elles ne comportent pas les distributions intérieures nécessaires pour pouvoir être utilisées régulièrement comme cantines médicales, il y aurait lieu de les réintégrer au campement ;

8° Sacs d'ambulance au nombre de 31, complètement vides et sans trousses ;

9° Paires de sacoches, au nombre de 7, vides et sans trousses ;

10° Brancards, au nombre de 140, beaucoup sont à laver, la plupart sont en bon état ;

11° Cantines de vétérinaire, paire 1, à reconstituer entièrement.

Il y a, en outre, une quantité importante d'objets de harnachement pour chevaux de trait, tels que licols, selles, brides, bridons, colliers, etc.

Une cantine du service des subsistances contenant des outils de boucher.

Deux soufflets de boucher.

M. l'intendant en chef de l'armée du Nord a disposé d'une partie de ce matériel pour les ambulances du 22e corps.

Historique de la 11e compagnie du 1er régiment du train des équipages.

Le 2 septembre, la compagnie rallia ses détachements, et les hommes travaillèrent sans relâche à l'enlèvement des blessés.

Le 3 septembre, les Prussiens déclarèrent la compagnie prisonnière et la conduisirent à Yges, île formée par la Meuse, à 4 kilomètres de Sedan.

La compagnie resta dans cette position jusqu'au 8 septembre; à cette date, une convention était intervenue, aux termes de laquelle tous les soldats du train pouvaient quitter le lieu de leur captivité et rentrer à Sedan, à la condition d'y ramener un cheval garni; il n'était pas difficile de trouver des chevaux, il y en avait plus de 10,000 qui erraient sans maître et sans nourriture dans l'île d'Yges. Les hommes de la compagnie eurent bientôt une monture et les officiers les ramenèrent ainsi à Sedan. Le service déjà commencé reçut une nouvelle impulsion; on évacuait sur Donchery, devenu tête de ligne pour la France, tous les malades dont les blessures nécessitaient plus d'un an de soins.

Pendant ce temps, l'intendance française, restée à Sedan, parlementait avec l'autorité prussienne pour faire neutraliser les ambulances françaises, prises à Sedan; elle s'appuyait sur les clauses de la Convention de Genève signée par la France et la Prusse; l'autorité allemande résista d'abord, accorda ensuite, et revint plus tard sur sa seconde décision. Pendant ce temps, les évacuations sur Donchery continuaient; enfin, une nouvelle tentative auprès de l'autorité allemande eut un plein succès. Celle-ci, en considération surtout des services rendus par les ambulances, pour les évacuations, consentait à neutraliser 1,019 hommes du train des équipages et 60 voitures attelées.

La 11e compagnie fut comprise dans cette neutralisation quant à son personnel, et, le 15 septembre, elle défilait à cheval devant l'état-major allemand pour se rendre à Mézières; de cette place, elle fut dirigée sur Lyon; elle y arriva le 22 septembre.

XI

Services administratifs.

§ 1ᵉʳ. — Personnel.

L'Intendant en chef de l'armée de la Loire au Ministre de la Guerre.

24 septembre.

Aux termes des dispositions réglementaires, il doit y avoir dans chaque division un sous-intendant militaire et un adjoint. L'expérience de la dernière campagne à l'armée du Rhin et à l'armée de Châlons a prouvé que là où il n'existait qu'un fonctionnaire, les divers services et particulièrement le service de l'ambulance et celui des vivres n'étaient pas assurés. Je viens donc vous prier, à défaut de fonctionnaires de l'intendance, de détacher à l'armée de la Loire six sous-commissaires ou aides-commissaires de la Marine et de donner des ordres pour qu'un pareil nombre de capitaines soit mis à la disposition de l'intendant du 15ᵉ corps. Déjà à l'armée d'Italie et à l'armée du Rhin, des officiers de ce grade ont été adjoints aux fonctionnaires de l'intendance. Un de ces capitaines se trouve en ce moment à Tours, après avoir rempli très utilement les fonctions d'adjoint à la 1ʳᵉ division du 1ᵉʳ corps..... Je vous prie de le mettre dès à présent à la disposition de M. l'Intendant du 15ᵉ corps. Cet officier figure sur le tableau de classement pour être admis dans l'intendance.

Je vous demande aussi de détacher à l'armée vingt commis aux vivres de la Marine, attendu que les officiers comptables des subsistances n'ayant pas été neutralisés, il n'en existe qu'un seul pour tout le 15ᵉ corps.

Le Ministre de la Guerre aux Intendants militaires.

Tours, 22 novembre.

Ma circulaire du 20 octobre dernier n'a pas été interprétée comme il convient, en ce sens que plusieurs propositions m'ont été adressées en faveur de sous-préfets et de conseillers de préfecture en activité de service.

Mon intention était uniquement de faire rechercher parmi ces fonctionnaires ceux qui, n'étant plus dans l'exercice de leurs fonctions, auraient pu rendre des services réels à l'administration militaire pendant la durée de la guerre actuelle; mais je n'ai jamais eu la pensée de dégarnir les cadres de l'administration civile pour arriver à ce but.

Par ce motif, il ne sera donné aucune suite aux propositions qui ont pu être faites en faveur de fonctionnaires en exercice, et celles qui me seront adressées à l'avenir ne devront comprendre que ceux de ces fonctionnaires qui, n'étant plus en activité, consentiraient à servir comme adjoints de 1re ou 2e classe à l'intendance militaire.

Vous voudrez bien vous conformer à ces prescriptions à l'avenir.

Le Ministre de l'Intérieur et de la Guerre aux Généraux et Intendants divisionnaires et des corps d'armée.

Tours, 28 novembre.

Plusieurs de vos collègues m'ont demandé comment il convient de traiter les officiers, fonctionnaires ou employés militaires attachés à l'armée auxiliaire.

Je vous informe que les officiers adjoints à l'intendance militaire venant de la vie civile, les adjudants des services administratifs pris parmi les élèves d'administration ou les civils, nommés pour la durée de la guerre, ne sont pas tenus de prendre l'uniforme, si l'autorité dont ils dépendent ne le prescrit pas.

Dans le cas où ils seraient forcés de faire des dépenses pour cet objet, ils recevraient la demi-gratification d'entrée en campagne pour remplacer une première mise d'équipement, ainsi que cela se pratique à l'égard des officiers de la garde mobile.

S'ils viennent à faire campagne, le complément de la gratification leur sera dû.

Quant aux officiers de santé, leurs droits continueront à être réglés conformément à la décision du 10 septembre dernier.

Le Ministre de la Guerre aux Intendants divisionnaires.

Tours, 1er décembre.

L'effectif de la section des officiers d'administration des bureaux de l'intendance militaire est incontestablement inférieur à celui qu'exigeraient les circonstances actuelles.

Dans le but de suppléer à cette insuffisance, il m'a paru utile d'autoriser les fonctionnaires de l'intendance à commissionner, pour la durée de la guerre, avec le titre de commis auxiliaires de l'intendance, les personnes qui, par leur aptitude, leur paraîtraient pouvoir rendre presque immédiatement des services. Il serait attribué à ces commis un traitement mensuel de 125 francs.....

Je n'ai pas besoin de vous recommander de vous montrer dans cette circonstance économe des deniers de l'État, en ne recourant à ce mode de recrutement provisoire que dans la limite des besoins réels du service.

Je vous adresse un certain nombre de demandes d'emplois dans les bureaux que m'ont fait parvenir des personnes domiciliées dans votre arrondissement administratif.

Vous me rendrez compte de chaque désignation que vous aurez faite.

Le Ministre de la Guerre au Général commandant la Ire armée et à l'Intendant en chef de la Ire armée, à Bourges, au Général commandant la IIe armée, à Cosne, et à l'Intendant en chef de la IIe armée, à Vendôme (D. T.).

Tours, 10 décembre, 5 h. 46 soir.

J'ai décidé qu'à l'avenir, l'intendant en chef de chaque armée devra se tenir constamment à côté du général en chef, et l'intendant de chaque division à côté du général qui la commande, afin que les ordres du commandement puissent toujours être exécutés sans aucun retard.

Les services en arrière et sur les flancs des armées seront exécutés par d'autres intendants désignés par l'intendant en chef ou par les intendants de division.

Cette décision devra être immédiatement notifiée par les généraux en chef aux généraux de division et aux intendants.

Le commandement devra prêter tout son concours aux intendants pour la transmission des ordres qu'ils auront à faire parvenir aux fonctionnaires placés sous leurs ordres.

Note de la 6e direction.

Bordeaux, 8 mars 1871.

La nécessité impérieuse de réduire les dépenses publiques doit appeler sérieusement l'attention sur l'existence et l'action des fonctionnaires auxiliaires du service de l'intendance, appelés à concourir aux actes de l'administration de la Guerre.

Doivent-ils conserver leurs fonctions actuelles? On ne le pense pas.

Leur concours a-t-il eu les résultats qu'on en attendait (1)? Les renseignements qui viennent de tous côtés démontrent que, loin d'avoir été des régulateurs intelligents du service, ils ont été au-dessous de leurs fonctions. Leur inexpérience, leur ignorance des détails pratiques et des règlements de comptabilité ont été certainement la cause de beaucoup de dépenses inutiles ou abusives (2).

Maintenant qu'il est nécessaire et indispensable d'établir la situation exacte et précise des dépenses, il y a danger à leur continuer des fonctions qui touchent de si près aux intérêts du Trésor. Il semble donc qu'il y aurait lieu à ne pas leur continuer leurs fonctions, à arrêter leurs comptes et à remettre à l'action régulière des fonctionnaires titulaires le soin d'assurer leurs comptes et d'établir le bilan des opérations effectuées sous la pression des nécessités passées (3).

En marge, au crayon :
(1) Non.
(2) Cela n'est pas douteux.
(3) C'est ce qui va être fait.

Rapport de l'Intendant en chef du 18e corps sur le fonctionnement des services administratifs de ce corps d'armée.

(Sans date.)

.....Il me semble utile de faire connaître quelques-unes des causes qui ont rendu le fonctionnement de l'intendance toujours laborieux et parfois insuffisant. D'abord, il est incontestable que le personnel n'est pas assez nombreux. Une division, pour être solidement organisée, devrait avoir trois membres de l'intendance et un personnel d'officiers d'administration en proportion. Il m'a paru aussi que les généraux se désintéressent trop de l'administration. Ils ne doivent pas oublier qu'ils en ont la responsabilité et que les règlements leur donnent à cet égard l'autorité nécessaire et désirable. Ils ont l'obligation de donner les ordres et d'en surveiller l'exécution, et les fonctionnaires de l'intendance sont tout à leur dévotion.

Les rapports entre le commandement, quoique clairement définis, n'ont pas lieu toujours en vue du bien du service et des graves intérêts qui sont en cause. Il me paraît qu'aux armées actives, à côté du chef d'état-major, chargé des opérations militaires, doit se trouver l'intendant, chargé de la direction des opérations administratives et renseigné comme le précédent sur le but à atteindre, sur les moyens à employer, sur les ressources dont on dispose.

.....Il faut au corps de l'intendance un point d'appui plus rapproché de la réalité des faits que celui qu'il peut trouver dans la responsabilité ministérielle. Ce point d'appui, il doit le trouver complètement auprès du commandement dont il relève, d'une manière absolue, à l'armée et qui doit prendre résolument la responsabilité dont il s'est déchargé jusqu'à ce jour sur les fonctionnaires de l'intendance. Dans ces conditions, le service s'exécutera, sous l'impulsion du chef militaire, avec ensemble, régularité, sans froissement, sans résistance et, aux premières épreuves que notre armée aura à traverser, on reconnaîtra que le corps est un bon instrument qui profite à celui qui sait convenablement s'en servir.

§ 2. — **Commission pour la liquidation des marchés. Commission d'achat pour les subsistances et pour l'habillement et le campement.**

Rapport fait au Ministre par la 6ᵉ direction.

Tours, 12 décembre.

L'augmentation rapide de l'effectif de l'armée et la nécessité de faire vivre les troupes en campagne et de les pourvoir sans retard de tous les effets d'habillement et d'équipement obligent les deux services des subsistances et de l'habillement à faire un assez grand nombre de commandes, et amènent un accroissement considérable dans les offres de fournitures faites directement à l'administration de la Guerre.

Il me paraît tout à fait urgent de soulager ces deux services et de les dégager de la responsabilité qu'entraîne pour eux l'appréciation de la qualité et de la valeur des denrées et des effets à commander.

J'ai donc l'honneur de vous proposer la création de deux commissions qui éclaireront l'administration de la Guerre par les connaissances spéciales de leurs membres, et qui seront chargées d'examiner les offres faites et de se prononcer sur l'opportunité de les accueillir ou de les rejeter.

Elles seront ainsi composées :

Pour le service de l'habillement.

1° Un fonctionnaire de l'intendance ;
2° Trois commerçants désignés par le président de la Chambre de commerce de la ville où siège le Gouvernement ;
3° Un officier d'administration de l'habillement ;
4° Deux officiers de l'armée régulière.

Pour le service des subsistances.

1° Un fonctionnaire de l'intendance ;

2° Trois commerçants désignés comme pour le service de l'habillement;

3° Un officier de l'administration des subsistances;

4° Deux officiers de l'armée régulière.

A chacune de ces commissions sera adjoint un membre secrétaire avec voix consultative.

Ces commissions ne pourront être saisies que par renvoi du Ministre de la Guerre; leur avis sera consultatif; elles ne connaîtront que des offres qui auront été faites directement à l'administration de la Guerre, et leur fonctionnement ne fera nul obstacle aux achats qui devront être effectués d'urgence, ni aux opérations que les intendants ont à faire par eux-mêmes.

. . . .

Approuvé, sous réserve que les membres ne soient pas soumis à la loi de mobilisation.

Signé : DE FREYCINET.

Rapport fait au Ministre par la 6ᵉ direction.

Bordeaux, 16 décembre.

Une décision ministérielle, en date du 12 décembre 1870, a porté création de deux commissions consultatives chargées d'examiner les offres de denrées et d'objets d'habillement et de campement, faites directement à l'administration de la Guerre.

Cette décision porte que le personnel de la commission créée pour le service des subsistances sera composé :

1° D'un fonctionnaire de l'intendance, président;

2° De trois commerçants notables de la ville où siège le Gouvernement, désignés par le président de la Chambre de commerce;

3° De deux officiers de l'armée régulière;

4° D'un officier d'administration des subsistances;

5° D'un secrétaire avec voix consultative;

et que le personnel de la commission créée pour le service de l'habillement se composera ainsi :

1° D'un fonctionnaire de l'intendance, président;

2° De trois commerçants notables désignés comme pour le service des subsistances;

3° De deux officiers de l'armée régulière;

4° D'un officier d'administration de l'habillement;

5° D'un secrétaire.

En exécution de cette disposition, j'ai l'honneur de vous proposer, Monsieur le Ministre, d'arrêter ainsi qu'il suit le personnel des deux commissions dont il s'agit :

Commission de l'habillement.

MM....., intendant militaire de 2ᵉ classe.
.....⎫
.....⎬ notables commerçants
.....⎭
....., capitaine au 3ᵉ régiment du génie.
....., sous-lieutenant au 4ᵉ de dragons.
....., adjudant d'administration en second de l'habillement et du campement.
....., attaché au cabinet du Ministre de l'Intérieur et de la Guerre, secrétaire.

Commission des subsistances.

MM....., intendant militaire de 2ᵉ classe.
.....⎫
.....⎬ notables commerçants.
.....⎭
....., capitaine au 9ᵉ de ligne.
....., capitaine au 100ᵉ de ligne.
....., officier d'administration principal comptable de la place de Bordeaux.
....., secrétaire.

Le Président de la Commission d'achat pour l'habillement, l'équipement et le campement au Directeur de la 6ᵉ direction, à Bordeaux.

Bordeaux, 4 janvier 1871.

La commission d'achat, constituée près le ministère de la Guerre par l'arrêté ministériel du 31 décembre écoulé, est chargée, par cet arrêté, de procéder aux achats des divers effets nécessaires aux armées suivant les besoins, en se conformant aux avis qui lui seront transmis à ce sujet par l'administration.

En conséquence, la commission vous prie de lui faire connaître sans retard quels sont les besoins à satisfaire pour les divers effets à acheter, le chiffre des besoins étant l'élément indispensable d'appréciation dans l'examen des offres qui peuvent être faites par le commerce ou l'industrie, et pour faire les achats.

La commission ajoute que plusieurs fois déjà, il a été soumis à son examen des effets que l'administration n'achète pas pour divers motifs, et que l'appréciation de ces effets lui a pris un temps précieux que le renseignement demandé épargnera à l'avenir.

Le Ministre de la Guerre au Président de la Commission d'achat des effets d'habillement et de campement.

Bordeaux, 12 février 1871.

Par suite à mes dépêches des 5 et 27 janvier derniers et 5 février courant, j'ai l'honneur de vous prévenir qu'eu égard à l'état actuel des approvisionnements existant dans les magasins de l'État, il y a lieu de cesser immédiatement et sans aucune exception, tout achat de matériel pour le service de l'habillement et le campement.

Je vous laisse le soin d'apprécier quels sont ceux des marchés actuellement en préparation auxquels il devra être donné suite, en tenant compte de la situation des négociants qui ont fait des offres, et qui ont pu, ces offres étant acceptées, contracter eux-mêmes des engagements. Il faut éviter de s'exposer aux justes réclamations que pourraient élever les négociants placés dans cette situation fâcheuse.

Je vous prie, en outre, de m'adresser un état complet du personnel attaché à la commission que vous présidez, et me faire connaître nominativement quels sont ceux des employés qui vous paraissent devoir être conservés jusqu'à nouvel ordre dans les bureaux de cette commission, qui doit continuer son rôle d'inspection sur les livraisons.

§ 3. — Service des vivres. Approvisionnements. Alimentation en campagne.

L'Intendant en chef de l'armée de la Loire au Ministre de la Guerre, à Tours.

24 septembre.

Aux termes des dispositions du tarif approuvé le 3 août 1870 par M. le Major général de l'armée du Rhin, le taux de la ration de viande est de 400 grammes, et celui de la ration de lard de 300 grammes ; ils me paraissent devoir être réduits, le premier à 350 grammes et le second à 200 ; l'expérience a montré que, notamment, le poids de la ration de lard était beaucoup trop élevé. J'ai l'honneur de vous prier d'approuver ces réductions.

Le Ministre de la Guerre aux Généraux commandant les divisions territoriales et actives et aux Généraux de brigade.

Tours, 30 septembre.

On a constaté, dans cette campagne, que les soldats n'ont pas toujours conservé les vivres qui leur étaient donnés à titre de réserve. Ces vivres, consommés d'avance ou jetés, dans la marche, pour s'alléger, ne se trouvaient plus sur le sac le jour de bataille, et lorsque les mouvements opérés rendaient impossible la distribution ordinaire.

D'un autre côté, les approvisionnements que l'intendance est chargée de réunir sont exposés aux attaques de l'ennemi, voire même quelquefois, il est pénible de le dire, à des tentatives coupables de nos propres troupes ; dans les deux cas, l'administration est impuissante à les défendre avec les moyens dont elle dispose.

J'appelle, sur cet état de choses, toute la sollicitude du commandement.

C'est à lui qu'il appartient, dans toute circonstance, d'empêcher, par une surveillance constante, la consommation prématurée des approvisionnements de réserve qu'emporte le soldat ; il faut faire comprendre aux hommes les funestes conséquences qu'entraînerait, pour eux-mêmes, la transgression des ordres qui leur ont été donnés à ce sujet.

Le commandement doit prendre, en même temps, des mesures efficaces pour assurer la protection et la sécurité des approvisionnements qui se trouvent chargés en arrière de l'armée, sur wagons ou voitures, ou qui font partie des convois appartenant aux quartiers généraux ou aux divisions ; si des déprédations étaient commises par nos soldats, elles devraient être réprimées avec toute la rigueur de la loi militaire.

Je vous prie de prendre toutes les dispositions à cet effet.

L'Intendant en chef de l'armée de la Loire à l'Intendant du 15ᵉ corps.

3 octobre.

Les troupes qui composent le 15ᵉ corps d'armée pouvant être appelées à faire prochainement mouvement, je crois devoir vous résumer les dispositions générales que j'ai arrêtées pour assurer sur tous les points la subsistance du 15ᵉ corps, conformément aux instructions que j'ai déjà eu l'honneur de vous adresser à ce sujet.

Chaque division du corps d'armée doit être pourvue de huit jours de biscuit et vivres de campagne obtenus au moyen des versements prescrits sur les places de Tours, Blois, Bourges et Vierzon, suivant ordre ministériel en date du 17 septembre dernier, à défaut, par voie d'achats sur place s'il est possible.

Cet approvisionnement sera porté à dix jours, jusqu'au jour où les troupes feront mouvement. Ces huit jours d'approvisionnements seront tenus en réserve ; au jour du départ, deux jours de biscuit et vivres de campagne seront distribués aux troupes pour être conservés dans le sac, et le reste chargé sur les voitures divisionnaires. J'ai appelé l'attention du Ministre sur la nécessité d'obtenir que les vivres du sac ne soient mangés que les jours de bataille et dans le cas où les convois resteraient en arrière ; vous devrez insister de votre côté auprès du général commandant le 15ᵉ corps, pour que les ordres les plus sévères soient donnés à ce sujet. Les voitures divisionnaires qui transporteront les six jours d'approvisionnements restant seront réparties en deux groupes dans le convoi de chaque division, de manière qu'un certain nombre d'entre elles, portant un jour de biscuit, de vivres de campagne, un jour de lard et un jour d'eau-de-vie, marchent après la division, et soient chaque jour d'une façon immédiate à la disposition des troupes arrivées au lieu de l'étape. Vous aurez à vous concerter avec M. le Général commandant le 15ᵉ corps, pour assurer l'exécution de cette importante mesure, dont la non-application a si souvent, à l'armée du Rhin, laissé des approvisionnements inutilisés par les troupes, par le seul fait que les voitures qui les portaient, attardées dans leurs marches, souvent coupées de la colonne principale, ne pouvaient pas arriver en temps utile pour les distributions au lieu du campement. Les voitures qui pourront rester disponibles dans chaque division, après le chargement des approvisionnements dont il est ci-dessus question, recevront de l'avoine. Cette denrée pourra d'ailleurs être achetée ou requise sur tous les points du territoire, par les sous-intendants militaires, au fur et à mesure des besoins de leurs divisions. Aux huit jours d'approvisionnements mis à la disposition des divisions, il convient d'ajouter une réserve au quartier général du corps d'armée, égalant huit jours de vivres de campagne et un jour de lard et un jour d'eau-de-vie, à distribuer au besoin aux divisions sur la demande des sous-intendants militaires. Je vous prie de constituer le plus tôt possible cette réserve, tant par voie d'achats sur place qu'en m'adressant des demandes pour les denrées que vous ne pourrez pas vous procurer, notamment pour le biscuit, je m'empresserai d'y satisfaire ; par suite de l'exécution de ces mesures, le corps d'armée se trouvera approvisionné pour seize jours au moins. Ces seize jours d'approvisionnements, tant dans les divisions qu'au quartier général du corps d'armée, devront être entretenus le plus possible au fur et à mesure de leur épuisement, par achats sur place, au besoin par réquisitions payées. Quand ces moyens vous feront défaut, je vous ferai expédier des centres d'approvisionnements de réserve que je viens de créer, et sur votre demande, les denrées qui pourront vous être nécessaires ; ces centres d'approvisionnements sont Moulins, Châteauroux, Poitiers, Clermont-Ferrand, Limoges et Angoulême. Vous serez tenu au courant des ressources qui seront réunies dans ces magasins, par des situations que je vous ferai parvenir périodiquement. Enfin, dans le cas d'urgence, vous devrez puiser dans ces mêmes magasins jusqu'à concurrence des besoins de votre corps d'armée, sans passer par mon intermédiaire, mais en me rendant compte immédiatement.

En ce qui concerne la formation d'un troupeau de bêtes à cornes, je vous rappelle que je l'ai laissé complètement à votre initiative; il importe de presser ces achats. D'après les derniers ordres du Ministre, 2,000 bêtes doivent être réunies, partie à Bourges, partie à Vierzon, partie à Nevers et partie à Châteauroux. Vous devez commencer par constituer les troupeaux de Bourges et de Vierzon, qui pour le moment ne seront pas affectés aux besoins du 15e corps.

Le Ministre de la Guerre à l'Intendant militaire du 15e corps d'armée, à Bourges.

Tours, 3 octobre.

Par suite à ma dépêche du 29 septembre, je vous informe que, par décision du 2 octobre, j'ai modifié comme il suit le taux de composition de la ration de certaines denrées, qui avait été arrêté par tarif en date du 17 septembre, pour les troupes sur pied de guerre opérant à l'intérieur, savoir :

Biscuit de repas..........................	600 grammes.
Viande fraîche...........................	350 —
Bœuf salé................................	300 —
Lard salé................................	225 —

J'ai, en outre, décidé que la ration habituelle de fourrages ne comprendra, avec l'avoine, que le foin ou la paille, l'un excluant l'autre, et sauf remplacement à faire, par voie de substitution, d'après les fixations du tarif. Vous voudrez bien faire rectifier, en conséquence de ces nouvelles dispositions, les exemplaires dudit tarif qui accompagnaient ma dépêche précitée.

L'Intendant en chef de l'armée de la Loire à l'Intendant de la 18e division militaire, à Tours.

21 octobre.

Il est de toute urgence de développer par tous les moyens possibles la fabrication du pain, le biscuit ne devant être considéré que comme une réserve à consommer dans les moments difficiles, d'autant plus que son usage trop répété est préjudiciable à la santé du soldat. J'ai l'honneur, en conséquence, de vous prier de donner des ordres immédiats afin que la fabrication du pain la plus grande puisse s'exécuter à Tours. Vous userez, à cet effet, de tous les moyens en votre pouvoir. Je vous adresse à titre de renseignement un état des boulangers de la ville avec indication du nombre de kilogrammes de pain qu'ils peuvent fabriquer. Il existe, en outre, cinq fours vacants que l'administration pourrait utiliser, je vous en adresse aussi l'état; il donne des détails sur les ressources en matériel de ces divers établissements. L'hospice général de Tours offre, d'autre part, de mettre deux fours d'une capacité de 300 rations l'un, à la disposition de l'administration, de 1 heure du soir à 5 heures du matin. Enfin, la manutention elle-même pourrait peut-être augmenter la fabrication. Tels sont les renseignements que j'ai réunis et que je vous communique; veuillez en tirer tout le parti possible et dans le plus bref délai. Vous me rendrez compte du résultat de vos démarches. Le mode le plus simple à adopter sera d'adresser au maire une réquisition indiquant le nombre de rations de pain nécessaires (30,000) par jour, et le local où elles devraient chaque jour être réunies; il est de toute urgence d'arriver à un très prompt résultat.

L'Intendant en chef de l'armée de la Loire à l'Intendant du 16e corps d'armée.

Blois, 27 octobre.

Il importe que les divisions et votre quartier général soient pourvus d'environ 120 voitures chacun, marchant toujours à petite distance des troupes et sur lesquelles seront placés le matériel des différents services et des six jours de denrées dont je vous ai indiqué la répartition. En outre, il vous faudra, dès demain, au moins 600 voitures pour faire le va-et-vient de la gare, où je fais venir de grands approvisionnements, aux divisions qui opéreront plus ou moins loin des stations de chemin de fer.....

L'Intendant en chef de l'armée de la Loire au Ministre de la Guerre.

28 octobre.

Je cherche à faire fabriquer, en arrière de l'armée et pour ses besoins, un aussi grand nombre que possible de rations de pain. Ce nombre sera, j'espère, prochainement de 40,000 à 50,000; mais pour arriver à ce résultat, il est nécessaire de venir en aide aux boulangers civils, dont la plupart des ouvriers sont enlevés par le service de la garde nationale mobile ou mobilisée. En tenant compte du nombre d'ouvriers d'administration occupés à Nevers à la garde du troupeau formé par les soins de M. le sous-intendant militaire Bruyère, le détachement employé pour le service considérable du grand quartier général qui, depuis trois semaines, ravitaille entièrement l'armée, compte à peine une trentaine d'hommes; il faudrait leur adjoindre une quarantaine d'ouvriers boulangers. En conséquence, j'ai l'honneur de vous prier d'avoir la bonté de donner d'urgence des ordres, afin que ce détachement, qui comprendrait autant que possible 2 brigadiers principaux et 10 brigadiers de four, soit envoyé d'urgence à Tours ; on pourrait prendre ces hommes dans la 4e section d'ouvriers d'administration, qui se trouve à proximité. Si ces hommes n'étaient pas complètement équipés et armés et même habillés, ce ne devrait pas être un obstacle à leur envoi, vu le service sédentaire qu'ils auraient à faire.

L'Intendant en chef de l'armée de la Loire au Directeur de l'administration à la délégation du ministère de la Guerre, à Tours.
28 octobre.

Les effectifs de l'armée de la Loire, complétés par le mouvement à court intervalle parfaitement exécuté par la compagnie d'Orléans, atteignent un chiffre énorme, plus considérable que je ne m'y attendais. En présence de cette nombreuse population à nourrir, le général en chef a donné des ordres pour que des magasins intermédiaires, entre les gares et les points de consommation, soient successivement organisés suivant le déplacement de ces points. Le va-et-vient entre les magasins sera formé par les voitures de réquisition, dont le général d'Aurelle a provisoirement porté le nombre à 1,200, chiffre qui sera dépassé, si l'on s'éloigne ou si l'on se morcelle.

Il nous faut donc du personnel pour les magasins, et des hommes capables d'encadrer, de conduire et de commander cette masse de voituriers disposés à s'échapper (bien que beaucoup soient payés sur la demande du préfet) et qui peuvent présenter des dangers à l'endroit de l'espionnage.

Je viens donc vous prier de nous constituer des comptables, tant en nommant adjudants les élèves des divers services administratifs et en remplaçant ceux-ci par des commis, qu'en nous constituant rapidement du personnel auxiliaire pris, soit dans les administrations civiles, soit parmi les conducteurs des Ponts et Chaussées.

Les intendants des corps ont bien été autorisés à nommer adjudants temporaires des personnes civiles ; mais le choix est difficile à faire quand on est en marche ou dans des villes dont on connaît peu la population, et l'on risque de tomber sur des gens dangereux.

Quant aux transports auxiliaires, j'ai déjà eu l'honneur de vous demander des sous-officiers et des brigadiers du train pris au dépôt, car les cadres des compagnies régulières attachées à l'armée ne peuvent se dédoubler sans compromettre des services importants, tels que le service hospitalier.

Si les voitures auxiliaires doivent, comme à l'armée de Metz, arriver à plusieurs milliers, il faudra beaucoup de monde pour les gouverner, ainsi que l'a prévu du reste le règlement sur le service des transports en campagne. Dans ce cas, il faudrait non seulement des sous-officiers et des brigadiers, mais des officiers. Il serait du reste équitable, aussi bien que dans l'intérêt du service, de faire des promotions dans les services administratifs et dans les troupes d'administration, qui ont beaucoup souffert dans ces derniers temps.

J'ajoute que nos cadres actuels sont inférieurs à ce qu'ils étaient en temps de paix, puisque nous avons des prisonniers, des tués et des malades. Or l'administration, comme les combattants, doit voir son effectif grandir suivant les nécessités, ou bien le service fait défaut sur certains points, s'exécute incomplètement sur d'autres et l'emploi du matériel est compromis.

J'espère que votre sollicitude et celle de M. le Délégué viendront au secours d'une situation que j'ai déjà signalée plus d'une fois, et qui devient de plus en plus tendue.

L'Intendant en chef de l'armée de la Loire au Ministre de la Guerre.

Blois, 29 octobre.

Les approvisionnements dirigés sur Blois, par M. le sous-intendant Roux, des divers points où sont nos grandes réserves, arrivent en abondance; le pain ne manquera pas non plus, et les corps, sauf le cas de déplacements imprévus, pourront recevoir habituellement le pain; mais la pénurie du personnel d'exécution, tant à Blois que dans les divisions, amènera bien des à-coups. J'avais, au moment où s'est réunie l'armée du Rhin, signalé dans un rapport au Ministre la nécessité de créer du personnel administratif et je lui en donnais les moyens. Il est profondément regrettable que rien n'ait été fait; les embarras de l'administration ne seraient que peu de chose, mais l'armée peut en pâtir parfois et voilà le mal. Quoi qu'il en soit, nous ferons les uns et les autres de notre mieux et nous nous multiplierons.

Le même au même.

Blois, 3 novembre.

C'est en rentrant d'une visite dans quelques campements du 16ᵉ corps, en avant, en arrière de la forêt de Marchenoir, que j'ai trouvé la lettre écrite par le comité d'initiative de Marseille et votre note l'accompagnant. Cette lettre formule une plainte contre la manière dont est exécuté le service des subsistances militaires à l'armée de la Loire. Le comité croit devoir conseiller d'adopter une organisation différente de celle qui existe aujourd'hui. Je vais répondre successivement à ces deux points.

L'armée de la Loire est largement approvisionnée. Les rations de toute nature, tant celles déjà réunies dans les gares des deux voies ferrées entre lesquelles se meut l'armée que celles déjà existant dans les quartiers généraux des divisions, représentent plusieurs jours d'approvisionnements, sans compter les six jours placés sur les convois divisionnaires.

Quant à la qualité des denrées, les soldats que j'ai interrogés dans les camps m'ont répondu de façon à m'édifier complètement sur la nature des approvisionnements ; on peut donc dire qu'au point de vue des vivres, elle est dans l'abondance. Je crois donc qu'il serait à propos de rassurer les populations par une note insérée au *Journal officiel*, mais il faut bien remarquer que les distributions ne peuvent pas se faire aussi régulièrement qu'à l'intérieur, dans des campements qui se déplacent et qui sont, par les temps de pluie, souvent séparés des magasins par des routes impraticables et comme, en outre, en raison de la rapidité des mouvements et du secret qui doit les entourer, on n'est pas toujours prévenu assez tôt pour faire arriver les convois divisionnaires sur les points de ravitaillement, il faut nécessairement s'attendre à quelques à-coups. De plus, il est arrivé fréquemment, depuis le commencement de la guerre, que les troupes aient manqué de vivres dans des circonstances où elles auraient dû les trouver dans la réserve du sac. Cela tient à ce que, par défaut de surveillance, les hommes avaient vendu, jeté ou dissipé follement cette réserve. Ces faits regrettables ne se reproduiront pas, je l'espère, dans l'armée de la Loire, où la plus stricte discipline est sévèrement recommandée. Le personnel de l'intendance est très dévoué à ses devoirs, je puis vous le garantir. Ces fonctionnaires sont bien recrutés et choisis à la suite d'un concours sérieux parmi les capitaines de l'armée ; ils offrent de hautes garanties de moralité, et les officiers d'administration qui gèrent les services montrent comme eux le plus grand dévouement. Ceux qui les ont vus les uns et les autres à l'œuvre savent rendre justice à tout ce qu'ils déploient d'activité, d'intelligence et d'énergie pour suppléer à leur petit nombre.

Le comité d'initiative pense que l'intendance militaire, dont l'organisation est d'ancienne date, ne répond plus aux besoins si nombreux des armées modernes. S'il veut parler de leur trop petit nombre, le comité a parfaitement raison. Il suffit pour s'en convaincre de comparer les cadres d'aujourd'hui à ceux d'autrefois : en 1870, on ne compte que 264 fonctionnaires de l'intendance, tandis que la loi du 28 nivôse an III portait à 600 le nombre des commissaires des guerres. Je partage encore sur un autre point l'avis du comité de Marseille, quand il prétend qu'il faut mettre en entreprise tous les services qui sont susceptibles d'être confiés au commerce lorsque leur nature le permet. Je suis entré dans cette voie en cherchant à mettre en entreprise le service de la viande sur pied qui était encore géré à l'économie dans quelques divisions de l'armée de la Loire. C'est ainsi que je cherche à diminuer le nombre des voitures conduites et dirigées par nos agents, en donnant une plus grande extension à une entreprise qui entretient déjà plus de 500 colliers dans les divisions.

Ordre pour la division de cavalerie du 17e corps.

Châteaudun, 21 novembre.

..... A dater d'aujourd'hui, tous les corps devront se pourvoir de voitures de réquisition nécessaires pour le transport de leurs vivres pour deux jours ; car, en principe, les corps devront envoyer eux-mêmes prendre leurs vivres aux lieux qui seront fixés pour le ravitaillement.

Les corps ne devront jamais se dessaisir de leurs voitures, qu'ils conserveront d'une manière permanente......

L'Intendant du 18e corps au Général commandant le 18e corps.

Ladon, 29 novembre.

J'ai l'honneur de vous proposer de déterminer comme il suit la hauteur des approvisionnements courants.

1° Vivres du sac portés par les hommes : deux jours de biscuit et de vivres de campagne ;

2° Vivres de chaque division ou du quartier général : six jours de biscuit et de vivres de campagne ; deux jours d'eau-de-vie et deux jours de pain ; enfin six jours d'avoine et de foin pressé quand on le pourra.

J'espère pouvoir constituer presque immédiatement ces deux espèces d'approvisionnements. Quand ce projet sera réalisé, je demanderai à MM. les sous-intendants militaires d'assurer par les moyens qui leur sont propres, l'entretien continuel de ces approvisionnements de première mise, et je sais d'avance qu'ils feront tout ce qui est humainement possible pour atteindre ce but.

Je ne me cache pas les difficultés qu'ils rencontreront. Je sais que nous pourrons avoir à traverser des pays épuisés. Dans ce cas, je ferai en sorte de leur venir en aide au moyen des approvisionnements réunis sur ma base d'opérations.

Le même au même.

Ladon, 29 novembre.

J'ai reçu aujourd'hui un convoi considérable, composé de huit cents voitures, dont 340 appartiennent au service des transports auxiliaires et vont être placées à la suite des divisions.

Ce convoi a été arrêté à environ 2 kilomètres sur la route qui conduit de Ladon à Bellegarde.

Permettez-moi d'appeler votre attention sur la nécessité de faire constamment garder nos convois dans toutes les positions de station ou de marche.

Des approvisionnements de cette nature sont trop importants pour qu'on ne cherche pas à les conserver précieusement.

Mes souvenirs de l'armée du Rhin me retracent des scènes de pillage dont il faut à tout prix éviter le retour. Vous saurez mieux que moi déterminer l'importance de la garde chargée de faire respecter nos approvisionnements.

En marge : « A diriger sur Châteauneuf. Prendre pour escorte un bataillon de la colonne Goury ».

Rapport de l'Intendant du 18ᵉ corps d'armée.

(Sans date).

C'est dans les premiers jours du mois de novembre 1870 que fut décidée la formation du 18ᵉ corps d'armée au camp près de Nevers.

L'organisation des services administratifs présenta des difficultés dont on se rendra facilement compte, si l'on veut considérer que la plus grande partie de nos moyens d'action, tant en personnel qu'en matériel, avait disparu à la suite des désastres de Sedan et de Metz, et que les efforts du patriotisme sont impuissants à improviser ces moyens, qui doivent être préparés de longue main.

Le 18ᵒ corps manquait totalement, au début, de voitures du train régulier et même d'hommes appartenant à ce service si indispensable aux troupes appelées à se mouvoir en présence de l'ennemi.

L'intendant en chef du 18ᵉ corps d'armée rejoignit son poste vers le 10 novembre, alors qu'il n'y avait encore que quelques troupes, sans général en chef, sans état-major et sans aucun personnel pour organiser les différents services administratifs.

Tout était à créer, tout était à faire dans un moment où les magasins et les ressources du pays étaient épuisés et que six corps d'armée étaient en voie de formation sur divers points du territoire.

..... L'administration avait eu, en tout, onze jours à Nevers pour organiser les services administratifs, réunir le personnel, le matériel et les approvisionnements pour un corps qui comprenait déjà un effectif de 36,000 hommes et de 8,000 chevaux.

Ce temps si court avait été fructueusement employé. Un marché avait été passé avec un entrepreneur dans le but d'avoir 900 voitures du train auxiliaire, dont une grande partie était déjà réunie.

D'autres marchés étaient passés avec trois entrepreneurs pour assurer le service des vivres-viande, aux prix modérés de 1 fr. 18 et de 1 fr. 20 le kilogramme.

Des traités, consentis dans toute la région sur la ligne du chemin de fer, assuraient une fabrication journalière de 40,000 rations de pain pour l'approvisionnement des troupes.

Des quantités considérables de vivres de campagne étaient demandées tant à Tours qu'à Lyon et à Marseille et arrivaient successivement sur les derrières de l'armée; simultanément, il était fait de grands achats de vin, d'eau-de-vie, d'avoine, de foin et de paille.

Des demandes de matériel étaient adressées à la délégation du Gouvernement, qui y satisfaisait dans la mesure du possible, en faisant faire des expéditions ou en indiquant les magasins où l'administration pouvait trouver des ressources.

Un magasin d'habillement et de campement avait été créé à Nevers, pour y réaliser les importantes commandes de toute nature qui avaient été faites avec des délais de livraison aussi rapprochés que possible.....

Il est certain que si l'administration avait disposé de quinze jours de plus à Nevers, les divers services du corps d'armée eussent été parfaitement organisés, tant au point de vue des transports qu'au point de vue des approvisionnements généraux; mais le 22 novembre, nous étions à Gien, le 25 à Nogent, le 26 à Montargis et le 27 à Ladon, en face de l'ennemi avec lequel on allait s'engager bientôt. Cependant, les divisions n'étaient pas organisées; on marchait par colonnes, et cette organisation incomplète apportait dans le fonctionnement des services des obstacles et des complications que les gens du métier seuls peuvent comprendre.

Les approvisionnements de l'armée se trouvaient à Nevers et dans les environs, on les transportait en chemin de fer jusqu'à Gien et de Gien à Ladon dans des voitures. Cela demandait deux jours pour l'aller et un pour le retour. Le corps consommait le chargement d'environ 400 voitures par jour, ce qui représente un mouvement journalier de 1,200 voitures. Il devait s'accroître proportionnellement à mesure que l'on s'éloignerait de la base d'approvisionnement.

A cette date, l'entreprise avait à peine pu réunir 400 voitures; l'intendance, pour faire face aux nécessités impérieuses du ravitaillement, avait dû réquisitionner toutes les voitures de l'arrondissement de Gien. Le concours actif et dévoué du sous-préfet avait pu permettre de réunir, de charger et d'expédier 1,300 voitures de vivres dans les journées des 28, 29 et 30 novembre.

Des mesures étaient prises pour assurer les approvisionnements dans l'avenir; 500 wagons étaient échelonnés dans les différentes gares de la ligne de Nevers à Gien. Chacune de ces gares ne contenait qu'une espèce de denrée, de telle sorte qu'une locomotive, en partant de

Nevers, pouvait, sans confusion et sans perte de temps, entraîner à Gien les différentes denrées nécessaires au chargement des voitures qui y étaient réunies.

L'administration avait pris ses précautions pour assurer le ravitaillement des troupes dans le cas où elles continueraient leur marche en avant.

..... En vue de cette éventualité, j'avais prescrit des achats considérables de denrées de toute sorte. Le sous-intendant militaire..... avait passé un marché de 10,000 quintaux d'avoine livrables derrière les lignes, au fur et à mesure des besoins de l'armée ; je faisais acheter également, chaque fois que j'en trouvais l'occasion, du vin et de l'eau-de-vie, dans le but de réconforter les hommes fatigués par la rigueur de la saison et les marches forcées.....

La base d'opérations du 18e corps, d'abord à Auxonne, dut être transportée, vers le 8 janvier, à Beaume-les-Dames, où les convois durent aller chercher leur chargement, à partir du 9 janvier. Ce jour-là, le 18e corps se battait à Villersexel ; le 14, il marchait vers Athenans et Faymont, le 15 sur Belverne et le 16 sur Etobon, c'est-à-dire à plus de trois journées de marche de Beaume-les-Dames. Pour ravitailler le corps à cette distance, il eut fallu 1,600 voitures ; nous étions loin de les avoir. Les pertes de chevaux, les accidents de toute sorte, les désertions, en avaient sensiblement diminué le nombre. Je dus envoyer toute la nuit M. le sous-intendant militaire..... à la base d'opérations, avec la mission de chercher à remédier à cet état de choses. Il put, en courant de nuit et de jour, réunir en peu de temps et organiser un convoi supplémentaire de 250 voitures. Mais la distance était longue, les routes bien mauvaises, les chevaux épuisés, il fallait tripler les équipages pour parvenir à faire gravir la côte de Rougemont aux voitures du convoi, et les sous-intendants, trop peu nombreux, sans moyens d'action suffisants, passaient leurs nuits, s'épuisaient en efforts impuissants pour faire arriver des vivres aux points utiles.

§ 4. — Habillement. Équipement. Campement.

Le Ministre de l'Intérieur aux Préfets des départements (D. T.).

Tours, 6 octobre.

Veuillez requérir immédiatement, pour l'équipement des régiments de mobiles, tous les ceinturons, gibernes, porte-sabres et havresacs, qui se trouvent actuellement en la possession des pompiers. Ces objets seront ultérieurement remplacés. Ils devront être dirigés par les voies rapides, suivant les régions, sur les villes ci-après : Bourges, Tours, Châteauroux, Lille, Poitiers, Lyon ou Clermont-Ferrand.

Avis des envois successifs sera donné au maire et au sous-intendant de la ville sur laquelle ils seront dirigés. Les communes et les pompiers comprendront la nécessité du sacrifice momentané qui leur est demandé pour des soldats marchant au feu. Je compte sur leur patriotisme. Faites au besoin réquisition aux compagnies de chemins de fer pour que ces envois ne souffrent aucun retard.

L'Intendant en chef de l'armée de la Loire au Directeur de la 6ᵉ direction à la délégation du ministère de la Guerre, à Tours.

Tours, 10 octobre.

D'après les avis que je reçois des sous-intendants militaires, les versements des pompiers en havresacs et effets de grand équipement n'auront pas l'importance qu'on pourrait leur attribuer.

Il devient donc indispensable de concentrer les versements sur la base d'opérations de l'armée de la Loire, c'est-à-dire exclusivement sur les villes de Bourges et de Tours.

Le grand équipement, essentiellement lié à l'armement, est une question militaire autant qu'administrative, et je sais que les généraux considèrent son absence ou ses mauvaises conditions comme un danger véritable dans les circonstances où vont se trouver nos mobiles.

Le Ministre de l'Intérieur et de la Guerre aux Généraux commandant les divisions militaires et les départements, aux Intendants militaires des divisions militaires et aux Préfets des départements.

Tours, 20 octobre.

Un décret du Gouvernement de la Défense nationale, en date du 14 octobre courant, dispose que toutes les forces armées de la nation seront soumises au même traitement.

Les bataillons de la garde nationale mobile, les francs-tireurs, les corps francs, etc., se trouvent donc placés aujourd'hui sous les ordres de l'autorité militaire, seule chargée de pourvoir à tous les besoins de ces corps et de les organiser.

Par suite, MM. les préfets, auxquels appartenait le soin d'assurer le service des gardes nationales mobiles, doivent cesser, à partir de ce jour, de passer des marchés pour l'achat des effets d'habillement et d'équipement nécessaires à cette garde, et devront se borner à surveiller l'exécution des marchés déjà passés par eux.

L'administration de la Guerre, à qui incombe aujourd'hui la tâche d'assurer cet important service, devra donc être tenue au courant des besoins des corps de la garde nationale mobile, et j'ai adopté les dispositions suivantes afin d'arriver promptement à pourvoir les hommes des effets qui leur sont indispensables.

MM. les intendants des divisions de l'intérieur feront établir immédiatement des états indiquant, par département et pour chaque bataillon, régiment ou batterie formant corps, de la garde nationale mobile :

1° Le nombre et la nature des effets d'habillement, de grand et de petit équipement et de campement qui font défaut;

2° Les places sur lesquelles les effets manquants doivent être dirigés;

3° Les ressources que pourrait produire l'industrie locale en effets de toute nature, avec indication des prix de revient pour chaque effet, des délais de fabrication et du nombre des effets qui pourraient être livrés.

Les états dont il s'agit seront établis de concert avec MM. les préfets des départements ; ils seront centralisés par MM. les intendants militaires des divisions, qui les arrêteront définitivement et me les transmettront sans retard (6e direction, bureau de l'habillement.)

Je n'ai pas besoin, Messieurs, d'insister auprès de vous sur la nécessité de me mettre en mesure, *dans le plus bref délai*, d'apprécier l'importance et la nature des besoins de la garde nationale mobile, et je compte sur votre concours pour me faciliter ce résultat.

Le Ministre de l'Intérieur et de la Guerre aux Intendants des divisions territoriales et aux Préfets des départements.

Tours, 22 novembre.

Il est de toute nécessité, pour pouvoir donner complète satisfaction aux besoins des corps d'armée actuellement en ligne, de réunir rapidement à portée de la base des opérations militaires, des quantités importantes d'effets d'habillement et de campement.

Je vous invite, dans ce but, à faire diriger sans retard sur Tours, à la consignation de l'officier comptable du magasin d'habillement de cette place :

1° Toutes les capotes existant encore dans les dépôts des corps, soit en magasin, soit entre les mains des jeunes soldats de la classe 1870.

2° La totalité des effets d'habillement, d'équipement et de campement existant dans les magasins des corps de troupe et de toutes armes, ne réservant que les effets nécessaires aux besoins *immédiats* des corps.

3° La totalité des effets de même nature destinés à la garde nationale mobile et non *immédiatement* utilisables.

MM. les intendants militaires se concerteront à cet effet avec MM. les préfets des départements.

Les besoins des corps d'armée, qui sont ou vont être immédiatement en présence de l'ennemi, sont pressants, et aucun retard ne peut être apporté à les satisfaire.

J'entends que vous vous assuriez personnellement de l'expédition faite de ces effets, que vous la pressiez par tous les moyens possibles et, surtout, que vous teniez la main à ce qu'il ne soit conservé, dans les dépôts des corps ou ailleurs, que les réserves d'effets strictement nécessaires.

En attendant, veuillez m'adresser le plus tôt possible l'état détaillé des effets de toute espèce qui, aux termes de la présente dépêche, vont être expédiés sur Tours, des diverses places de votre division.

Le Ministre de l'Intérieur et de la Guerre aux Généraux commandant les divisions de l'intérieur et aux Intendants militaires des divisions de l'intérieur.

Tours, 3 décembre.

Les ateliers régimentaires, tailleurs ou cordonniers, étant organisés de façon à pouvoir produire rapidement et dans de bonnes conditions un nombre considérable de souliers, de capotes et de pantalons, je vous informe qu'afin de donner à ces ateliers une activité plus grande encore et en rapport avec l'importance des besoins, vous devrez requérir et faire entrer dans ces ateliers tous les gardes nationaux mobiles ou mobilisés, qui seront notoirement connus comme ouvriers tailleurs ou cordonniers, et qui justifieront de leur aptitude à l'exercice de l'une ou de l'autre de ces professions.

Cette mesure devra être appliquée d'une façon absolue, c'est-à-dire à tout ouvrier tailleur ou cordonnier, sans pouvoir pourtant dégénérer en abus et laisser pénétrer, dans les ateliers des corps, un seul homme qui n'aurait pas exercé ou qui n'exercerait pas la profession de cordonnier ou de tailleur.

Je vous charge de prendre toutes les mesures nécessaires pour l'exécution immédiate de ces dispositions, et de me faire connaître, dans le plus bref délai, le nombre d'ouvriers cordonniers et tailleurs (gardes nationaux mobiles ou mobilisés) qui auront pu être attribués aux ateliers régimentaires de chacun des corps de votre division.

Vous voudrez bien, en même temps, m'indiquer la quantité de souliers, de capotes et de pantalons qui pourront être confectionnés par semaine par chacun de ces ateliers, afin que je puisse prendre des mesures pour faire mettre à leur disposition les matières premières nécessaires.

Dans le cas où les locaux des ateliers régimentaires deviendraient insuffisants, vous demanderiez aux autorités civiles d'en mettre de plus spacieux à votre disposition, et au besoin vous opéreriez par voie de réquisition.

Veuillez assurer, en ce qui vous concerne, la rapide et ponctuelle exécution de ces dispositions, et m'accuser de suite réception de la présente dépêche.

Le Ministre de l'Intérieur et de la Guerre aux Préfets des départements.

Bordeaux, 31 décembre.

Par dépêche du 29 octobre dernier, je vous ai invité à requérir dans votre département les havresacs que possédaient les anciens militaires rentrés dans leurs foyers, et de les faire expédier sur Tours.

Il importe aujourd'hui de prendre des mesures pour que les hommes qui étaient détenteurs de ces havresacs soient remboursés de leur valeur, et pour que vous soyez couvert de la dépense qu'a pu occasionner, soit à vous soit à vos administrés, le transport et l'emballage de ces effets.

Je vous prie, en conséquence, Monsieur le Préfet, de vouloir bien adresser à M. l'intendant militaire de la division, un état indiquant le nombre de havresacs que vous avez expédiés sur Tours, ainsi que le montant des frais auxquels a pu donner lieu l'emballage et l'expédition. Chacun de ces effets devra être décompté par vous approximativement au prix de l'effet neuf (14 francs) diminué d'un tiers pour les havresacs en bon état, et de moitié pour les autres.

Sur la vue de cet état, ce fonctionnaire mandatera à votre nom la somme totale due pour cession desdits effets. Vous voudrez bien ensuite faire remettre aux ayants droit, par l'intermédiaire des maires, le montant de la somme revenant à chacun d'eux.

Le Ministre de la Guerre au Président de la Commission d'achat des effets d'équipement, d'habillement et de campement.

Bordeaux, 4 janvier 1871.

J'ai l'honneur de vous faire parvenir, conformément à la demande contenue dans votre lettre du 4 du courant, l'état des étoffes et des effets qui doivent être achetés pour compléter l'approvisionnement de l'armée.

Les quantités indiquées ci-après ne sont qu'approximatives et doivent être considérées comme des maxima :

Drap du commerce pour capotes...............	2,000,000
— pour pantalons.............	1,000,000
Capotes d'infanterie........................	200,000
— d'artillerie........................	30,000
— du génie...........................	10,000
Collets à capuchons.........................	20,000
Manteaux d'artillerie.......................	20,000
— de cavalerie.....................	30,000
Vareuses....................................	100,000
Vestes d'infanterie de ligne.................	600,000
Pantalons d'infanterie de ligne	600,000
Pantalons de garde mobile (infanterie)........	600,000
— — (artillerie)..........	20,000
Bonnets de police d'infanterie de ligne........	600,000
Képis d'infanterie de la garde mobile..........	600,000
Bretelles de fusil...........................	200,000
Couvertures de campement....................	100,000
— de marche ou demi-couvertures	600,000
Petits bidons d'un litre......................	1,000,000
Courroies de petit bidon.....................	1,000,000
Bottes (paires).............................	1,000,000
Bottines (paires)............................	50,000
Caleçons....................................	200,000
Chemises cretonne de coton	1,200,000
Guêtres (paires) en cuir	600,000
— — en toile avec boucles...........	100,000
Souliers (paires)............................	3,000,000
Tricots de laine	200,000
Chemises de flanelle........................	600,000
Chaussettes de laine........................	1,200,000

La Commission devra donc acheter, quand ils lui seront offerts dans de bonnes conditions de prix et de qualité, les étoffes et les effets énumérés ci-dessus. Il est bien entendu d'ailleurs, qu'il n'y a pas nécessité de traiter en même temps pour la fourniture de la totalité de ces quantités.

Les effets dont l'achat présente plus particulièrement un caractère d'urgence sont les suivants : capotes et les draps, couvertures, petits bidons, effets de chaussure, chemises, guêtres de cuir, tricots, chaussettes de laine.

Le Ministre de l'Intérieur et de la Guerre aux Intendants en chef, aux Intendants militaires des corps d'armée et aux Intendants militaires des divisions militaires et des camps.

Bordeaux, 7 janvier 1871.

Les hommes appartenant aux corps de l'armée régulière doivent toujours être pourvus de trois chemises, ce qui leur permet d'en porter deux à la fois, et de supporter avec moins de peine le froid excessif qui règne en ce moment.

Mais il ne doit pas pouvoir en être de même pour les gardes nationaux mobiles ou mobilisés, et il serait vivement à désirer que toutes les troupes, sans exception, fussent pourvues des chemises en nombre suffisant pour pouvoir en mettre deux ensemble.

Je vous charge, en conséquence, d'examiner quelle est la situation réelle des troupes placées sous votre haute surveillance administrative et de prescrire sur-le-champ les mesures nécessaires pour leur faire délivrer les chemises dont elles peuvent avoir besoin. Vous m'adresserez, s'il y a lieu, un état indiquant le nombre des chemises qui pourront faire défaut pour atteindre le but proposé.

Le Ministre de l'Intérieur et de la Guerre aux Intendants des divisions militaires.

Bordeaux, 8 janvier 1871.

Je vous invite à donner aux fonctionnaires sous vos ordres les instructions nécessaires pour assurer le versement immédiat, sur les magasins centraux les plus à proximité, de tous les effets militaires susceptibles d'être remis en service, et qui ont été laissés par des hommes, décédés ou autres, dans les hospices civils et militaires, et dans les ambulances particulières de votre division.

Des recommandations seront faites pour qu'à l'avenir ces versements soient effectués d'urgence, au fur et à mesure que les effets deviendront disponibles.

En outre, les intendants des départements porteront à la connaissance du public que les particuliers détenteurs d'effets de cette nature seront tenus d'en faire sans aucun retard le dépôt, par l'intermédiaire de la gendarmerie, à l'intendance du chef-lieu. Ces effets recevront ensuite la destination ci-dessus prescrite pour ceux provenant des hospices. Le cas échéant, les intendants se concerteraient avec l'autorité civile pour faire faire des perquisitions au domicile de toute personne qui serait soupçonnée de conserver intentionnellement ces effets.

J'ai adressé des instructions aux directeurs des diverses compagnies de chemins de fer, en les invitant à faire activement rechercher dans les gares les effets de toute nature qui peuvent y avoir été abandonnés par des militaires de passage.

Ils vous feront connaître les gares dans lesquelles se trouvent ces effets; vous y enverrez aussitôt des agents de l'administration chargés de les reconnaître et d'en assurer l'expédition sur le magasin central le plus à proximité.

Le Ministre de l'Intérieur et de la Guerre aux Généraux et aux Intendants militaires.

Bordeaux, 3 février 1871.

Au moment où un grand nombre de légions de gardes nationaux mobilisés sont remises par le département de l'Intérieur au département de la Guerre, il importe que les prescriptions des règlements qui intéressent particulièrement le bien-être des troupes soient rappelées aux autorités militaires et aux troupes elles-mêmes.

HABILLEMENT ET CAMPEMENT.

Aussitôt que les gardes nationaux mobilisés sont placés sous l'autorité militaire, soit dans un camp, soit dans une place de garnison, soit directement dans un corps d'armée, le général qui en prend le commandement, même transitoirement, doit en passer immédiatement la revue de détail. Le chef de la troupe, dont le premier devoir est de veiller sur ses soldats, remet au général un état de tous les effets de linge et chaussure, d'habillement, de grand équipement et de campement, dont ils n'auraient pas été pourvus par les soins des préfets.

Cet état résume les états partiels qui ont dû être établis avec le plus grand soin, et sous leur responsabilité, par les capitaines de compagnie. Le général s'assure de l'exactitude de ce document, et le fait parvenir à l'intendant du camp, de la résidence ou du corps d'armée, avec *l'ordre de pourvoir*. L'intendant doit faire délivrer de suite, en échange des bons réglementaires, les effets réclamés. Si ces effets n'existent pas en quantités suffisantes dans les magasins de la place, de la division ou de l'armée, il doit m'adresser un avis par le télégraphe et en rendre compte à son chef hiérarchique.

SUBSISTANCES.

L'instruction ministérielle du 6 novembre 1855, concernant le transport des troupes en chemins de fer, prescrit de ne jamais les mettre en route sans qu'elles aient été munies de vivres pour la durée entière du trajet.

Les hommes doivent recevoir des rations de pain ou de biscuit et de viande froide. La nourriture des chevaux doit être assurée de même en foin et avoine.

On ne doit pas perdre de vue que, par suite de l'encombrement des voies ferrées, le temps passé en route, dans les circonstances actuelles, excède souvent, d'une manière très notable, la durée habituelle des voyages.

Le général qui met la troupe en marche doit aviser télégraphiquement l'autorité militaire du point d'arrivée, et les fonctionnaires de l'intendance agissent de même entre eux. Les commandants de troupes adressent aussi des avis télégraphiques au point de destination, s'il survient en route des incidents qui modifient les indications données au départ. A l'arrivée, les commandants de troupes ou de détachements doivent faire immédiatement auprès du commandant de la place, de l'intendant et du maire, les démarches nécessaires pour obtenir sans aucun retard le logement et les vivres auxquels les hommes ont droit.

Si les troupes voyagent par les voies de terre, elles doivent se conformer exactement à l'itinéraire qui est tracé sur leur feuille de route, et qui indique les gîtes d'étapes où elles doivent passer la nuit. Dans ces gîtes, les municipalités assurent le logement et, au besoin, la fourniture des ustensiles de cuisine. La troupe vit au moyen de sa solde et reçoit seulement le pain en nature, ainsi que les fourrages pour les chevaux. Ces approvisionnements sont délivrés sur la présentation de mandats d'étape, dressés par l'intendant militaire de la résidence la plus proche sur la route parcourue. Les fournitures sont préparées d'avance par l'autorité locale prévenue en temps utile par l'intendance, et par l'officier qui doit précéder, d'un jour, les colonnes en marche. Des voitures, dont le nombre varie suivant l'effectif des troupes, sont également fournies d'étapes en étapes, sur la présentation des mandats, pour assurer le transport des éclopés et des bagages des officiers.

L'exécution rigoureuse des prescriptions qui précèdent est particulièrement recommandée.

Elle évitera le retour des faits regrettables qui se sont produits lors de la mise en route des gardes mobiles.

Rapport de l'Intendant du 18ᵉ corps.

(Sans date).

..... Le corps d'armée arriva le 22 janvier à Besançon, il en partit le 27. L'intendance employa ces cinq jours pour rallier les convois, faire des achats de toutes choses, recharger les voitures; elle fit de grandes distributions d'effets d'habillement, de linge et de souliers. Malheureusement à ce moment, beaucoup de soldats, indisciplinés et complètement démoralisés, vendirent, pour boire, les effets qui leur avaient été distribués. Il s'en fit un commerce presque public à Besançon, au faubourg de Bastant. Il a été livré des manteaux de cavalerie tout neufs pour 5 francs, des capotes d'infanterie pour 3 francs, et des paires de souliers pour 2 francs et au-dessous.....

Marchés passés pendant la guerre pour le service de l'habillement et du campement.

Paris, 10 mai 1872.

Tableau indiquant :

1° L'importance des marchés afférents aux exercices 1870 et 1871, passés pour le service de l'habillement et du campement à Paris et à Tours, par le ministère et par la délégation de Tours ;

2° L'importance des marchés conservés et de ceux résiliés ;

3° Le montant des dépenses engagées et des réductions provenant des résiliations.

	PARIS.		TOURS ET BORDEAUX.	
	EXERCICES		EXERCICES	
	1870.	1871.	1870.	1871.
	francs.	francs.	francs.	francs.
Marchés passés......	67,000,000	»	140,000,000	»
	»	10,000,000	»	40,000,000
Marchés conservés....	65,000,000	»	130,000,000	»
	»	10,000,000	»	30,000,000
Marchés résiliés......	»	»	3,000,000	»
	»	»	»	15,000,000
Dépenses engagées....	67,000,000	»	140,000,000	»
	»	10,000,000	»	40,000,000
Réductions provenant des résiliations.....	»	»	3,000,000	»
	»	»	»	15,000,000

La résiliation des marchés en retard dans leur exécution a été prononcée selon le vœu formel de l'Assemblée nationale. Par une circulaire du 9 février 1871, le Ministre devançant ce vœu avait donné des ordres très précis.

XII

Service de santé.

L'intendant général Robert (1) au Ministre de la Guerre.

Charleville, 11 septembre.

.....Il y a 191 médecins de l'armée de terre et 19 de la marine à Sedan, mais on n'en laisse venir aucun ici.....

Ordre d'évacuation de la place de Mézières.

Charleville, 13 septembre.

Aujourd'hui que le personnel hospitalier commence à arriver de Sedan.....

L'intendant général Robert à l'Intendant de la 3ᵉ division militaire, à Lille.

Lille, 16 septembre.

Je m'empresse de vous informer que, conformément à une autorisation ministérielle du 15 courant que j'ai provoquée, je mets à votre disposition le personnel désigné ci-après pour le service des hôpitaux de votre division et pour celui des évacuations. Le personnel médical sera sous les ordres de M. l'intendant.....:

5 médecins : 3 aides-majors de 1ʳᵉ classe et 2 aides-majors de 2ᵉ classe;
5 officiers d'administration des hôpitaux : 1 officier de 2ᵉ classe, 2 adjudants en 1ᵉʳ, 2 adjudants en 2ᵉ.

Mon intention est de parer à l'insuffisance du personnel que vous m'avez signalée.

---

(1) Chargé de la direction du service de l'évacuation des blessés de Sedan.

Le Général commandant la 2ᵉ division militaire au Ministre de la Guerre, à Tours et à Paris (D. T.).

Rouen, 16 septembre, 4 h. 45 soir.

300 infirmiers de toutes les ambulances de l'armée du maréchal de Mac-Mahon sont arrivés ici. Ils appartiennent à toutes les sections ; je propose de les envoyer à Tours comme point central. 20 sous-intendants, 40 officiers d'administration, 130 officiers de santé sont arrivés ici venant de Sedan ; quelle destination à leur donner ? 1,100 hommes et 200 chevaux appartenant aux 1ᵉʳ, 2ᵉ et 3ᵉ régiments du train des équipages arrivent ici ; j'enverrai le contingent de chaque corps sur le dépôt.

En marge : 1° A l'intendant de la 2ᵉ division militaire, à Rouen, 17 septembre :

Faites-moi connaître immédiatement le nom et le grade des officiers de santé, venant de Sedan et qui n'ont pas signé la capitulation ;

2° Répondre le 17 septembre par télégraphe au général commandant la 2ᵉ division militaire à Rouen :

Si vous n'avez pas reçu des ordres de Paris, envoyez les hommes et les chevaux du train sur leurs dépôts ; 150 infirmiers à Niort, 150 à Rennes. Dirigez sur Tours les sous-intendants et les officiers d'administration rendus comme neutralisés, et sur Marseille, ceux qui ont signé la capitulation de Sedan. Quant aux officiers de santé, ceux des corps doivent rejoindre leur dépôt ; ceux des hôpitaux seront envoyés à Rennes, Bordeaux, Lyon et Toulouse.

Le Ministre de l'Intérieur aux Préfets.

Tours, 20 septembre.

Dans le but de donner satisfaction à de légitimes sollicitudes, le Ministre de la Guerre a ordonné l'insertion au *Journal militaire officiel* de la note suivante :

Des parents de militaires malades ou blessés ont sollicité la faveur d'obtenir que ceux de ces militaires qui sont en état d'être transportés soient autorisés à quitter les établissements hospitaliers où ils sont en traitement et dirigés sur leurs foyers.

Les demandes de cette nature pouvant prendre une certaine extension, il y a lieu d'adopter des mesures qui, tout en prévenant les abus que pourrait entraîner ce mode d'évacuation, puissent, dans la limite du possible, donner satisfaction aux familles intéressées.

Le Ministre de la Guerre, après s'être fait rendre compte de la situation, a arrêté, par décision du 30 août 1870, que les officiers, malades ou blessés et en état d'être transportés, pourront être envoyés en congé de convalescence dans leurs familles sur leur propre demande; quant aux sous-officiers et soldats qui se trouveront dans des conditions analogues, ils ne seront autorisés à se rendre dans leurs foyers qu'en vertu de permissions ou de congés en rapport avec leur état, et qu'autant qu'ils auront été réclamés par leurs familles; pendant tout le temps de leur absence, ils demeureront soumis au contrôle de l'autorité militaire locale, qui les fera rejoindre à l'expiration de leurs permissions ou congés.

MM. les Généraux commandant les divisions militaires et les Intendants divisionnaires sont chargés d'assurer, chacun en ce qui le concerne, l'exécution de la présente décision.

Je vous prie de donner la plus large publicité possible à cet avis, qui sera certainement accueilli avec reconnaissance par les militaires et leurs familles. Vous ferez en même temps connaître à celles-ci que les demandes tendant à obtenir la rentrée momentanée d'un malade ou d'un blessé dans ses foyers devront être visées par le maire de la commune et transmises par lui au général commandant la division où se trouve l'établissement hospitalier dans lequel est actuellement traité le blessé ou malade.

Les demandes qui ne contiendraient pas des renseignements précis sur le lieu où le militaire réclamé est en traitement n'auraient aucune chance d'être accueillies. MM. les Maires devraient donc se dispenser de les transmettre à l'autorité militaire et informer les familles des conditions formellement exigées par l'administration de la Guerre pour qu'il puisse être donné suite à leurs désirs.

L'Intendant en chef de l'armée de la Loire au Ministre de la Guerre.

Tours, 23 septembre.

Par suite de nos pertes en matériel d'ambulance et de l'interruption des communications avec le magasin central de Paris, il est indispensable de se procurer, dans le plus bref délai, les boîtes d'instruments de chirurgie et certains objets de pansement qui entrent dans la composition des caissons d'ambulance et qui sont destinés au 15e corps d'armée. Ces acquisitions ne peuvent être faites que dans un centre industriel de premier ordre tel que Londres; M. le médecin inspecteur Périer offre de remplir cette mission. J'ai l'honneur de vous prier de la lui confier et de le faire accréditer d'urgence auprès de la légation de France en Angleterre. Aux termes des dispositions réglementaires, le 15e corps, qui est composé d'un quartier général, de 4 divisions d'infanterie, de

2 divisions et de 2 brigades de cavalerie, doit être pourvu de 31 caissons ayant chacun les boîtes d'instruments n°s 2 et 4 que doit contenir le caisson unique adopté par décision du 21 avril 1845. Il faudrait aussi faire l'acquisition, à titre de réserve, de quelques boîtes n°s 2 et 4, de boîtes n°s 14 et 16 pour sections, de boîtes n° 15 pour instruments divers, de boîtes n° 1 pour la bouche, de boîtes n° 19 pour compresses et linge. En outre, il y aurait lieu d'acheter aussi les instruments que doivent contenir les cantines des régiments qui feront partie du 15e corps, dans le cas où ils ne les posséderaient pas. Enfin, en prévision de la formation d'un autre corps d'armée, il me paraît nécessaire de vous proposer de doubler les quantités demandées, indiquées ci-dessus, en tenant compte enfin des besoins du grand quartier général.

L'Intendant en chef de l'armée de la Loire à l'Intendant militaire, à Niort.

Tours, 30 septembre.

J'ai l'honneur de vous informer que je viens de soumettre à M. le Ministre de la Guerre la répartition ci-après des 219 infirmiers venus de Sedan et dont vous me faites connaître la présence à Niort par votre télégramme d'hier :

	Infirmiers.	Infirmiers d'exploitation.	Total.
Ambulance du grand quartier général....	1	30	31
1re division d'infanterie................	1	40	41
2e —	1	40	41
3e —	1	40	41
Division de cavalerie	1	30	31
Brigade de cavalerie (trois régiments)....	»	30	30
Brigade de cavalerie (deux régiments)....	»	14	14
Totaux..........	5	214	219

A la réception de ma dépêche, vous aurez à préparer l'organisation des détachements, de manière que chacun d'eux contienne la proportion voulue de sous-officiers, caporaux et soldats.

La mise en route aura lieu aussitôt que le Ministre, auquel j'écris, aura donné des ordres au général commandant la subdivision.

Quant aux 125 infirmiers qui ne sont pas compris dans la répartition, je vous prie de les garder à Niort ; je me propose de puiser dans cette réserve au fur et à mesure des besoins de l'armée de la Loire.

SERVICE DE SANTÉ.

Le Ministre de la Guerre aux Généraux commandant les divisions militaires et aux Intendants militaires.

Tours, octobre.

Les élèves de l'École du service de santé de Strasbourg ont été dirigés sur divers points de l'intérieur et attendent des destinations.

J'ai l'honneur de vous informer que j'ai arrêté à leur égard les dispositions suivantes, savoir :

Les élèves de 1re année (nommés le 13 octobre 1869) seront dirigés sur Bordeaux ; ceux de 2e année (nommés le 8 octobre 1868) sur Rennes, et ceux de 3e année (nommés le 12 octobre 1867) sur Montpellier.

Ils seront mis à la disposition de MM. les Médecins en chef qui les utiliseront dans les établissements hospitaliers selon les besoins du service et leur feront, autant que possible, continuer leurs études médicales dans les conditions qui leur sembleront les plus avantageuses pour ces élèves.

Ils recevront la solde de sous-aide (1,350 francs par an) et une indemnité de logement de 20 francs par mois, s'ils ne sont pas logés aux frais de l'État.

Des autorisations d'absence pour se rendre dans leurs familles pourront être accordées à ceux de ces élèves qui en feront la demande, à la condition de rejoindre leurs postes à l'expiration de ces permissions, pendant la durée desquelles ils n'auront droit à aucune solde.

Vous assurerez, en ce qui vous concerne, l'exécution de ces dispositions et vous m'en rendrez compte.

Le Ministre de la Guerre aux Généraux commandant les corps d'armée et aux Généraux commandant les divisions militaires.

Tours, 14 octobre.

J'ai constaté à diverses reprises que des médecins militaires, attachés à des dépôts de corps de troupe, se mettaient en route avec des compagnies de ces mêmes dépôts, lorsque celles-ci étaient appelées à former des régiments de marche, concurremment avec des compagnies tirées d'autres dépôts.

Il peut résulter de cet état de choses une agglomération inutile de médecins militaires sur un point donné au détriment de services plus importants et, en outre, une perturbation regrettable dans la transmission et l'exécution de mes ordres.

Quand un détachement de troupes se met en marche, je ne puis qu'approuver que vous le fassiez accompagner par un médecin militaire. Mais il doit demeurer entendu que ce médecin, après avoir accompagné ce détachement au lieu de rassemblement, devra toujours rétrograder isolément sur le dépôt d'où il est parti et y attendre mes ordres. En d'autres termes, aucun médecin militaire ne doit se croire attaché à un régiment de marche par la seule raison que le dépôt, dont il fait partie, contribue à la formation de ce régiment.

Ce n'est que dans le cas où un régiment de marche n'aurait pas encore reçu de médecin militaire que ceux qui accompagnent les détachements peuvent être retenus jusqu'au moment de l'arrivée des médecins désignés pour faire partie de ce régiment.

Veuillez prendre bonne note de ces prescriptions et assurer, en ce qui vous concerne, leur stricte exécution.

L'Intendant en chef de l'armée de la Loire à l'Intendant général Regnier.

28 octobre.

Il est possible que les blessés, si l'on en fait, soient dirigés sur une gare au delà de Blois. Je vous en préviens afin que vous puissiez organiser sur place votre tête de convoi. Il vous faudrait réunir quelques centaines de couvertures sur les lieux comme nous l'avions fait à Charleville. Les intendants des corps d'armée vous enverront des hommes n'ayant rien que leur tunique ou leur veste, car les couvertures de marche ne se trouveront pas le plus souvent à leur place. Il faudrait, à Blois, une belle ambulance de gare avec beaucoup de linge et aussi des couvertures. On y referait les pansements..... J'ai du matériel d'ambulance à Poitiers, on pourrait en faire venir à Blois. J'en ferai venir de Poitiers, mais ce ne sera pas assez.

L'Intendant en chef de l'armée de la Loire au Ministre de la Guerre.

29 octobre.

La Compagnie de l'Est, dans un traité qui avait été passé avec elle au moment de la guerre, s'était engagée, en se portant fort pour les autres Compagnies, non seulement à organiser des hamacs dans les wagons, mais à réunir de la paille en tête de ligne d'évacuations de blessés, à distribuer du bouillon, du pain et de l'eau vineuse à la gare de départ et dans les principales gares du parcours, et enfin de prêter partout le secours de ses médecins. Le matériel organisé dans les grands ateliers de Montigny a été presque entièrement perdu. Cependant la Compagnie a retrouvé quelques brancards-hamacs pour le service de Sedan et a délivré, sur ma demande, dans la gare de Charleville, du bouillon, du pain, de l'eau vineuse et de la viande pour les officiers. Il serait bien à souhaiter que la Compagnie d'Orléans fut engagée, le cas échéant, à en faire autant sur la ligne commençant soit à Blois, soit plus loin et se prolongeant par Tours sur les diverses lignes d'évacuations.

La Compagnie de l'Est avait demandé que les remboursements lui fussent acquis sur production de simples factures sans pièces à l'appui.

Vous pourriez juger si cette facilité doit être accordée à la Compagnie d'Orléans.

Le Ministre de la Guerre aux Généraux commandant les divisions militaires.

Tours, 29 octobre.

Il convient d'augmenter les ressources hospitalières des villes de garnison, afin de pouvoir réserver les places des hôpitaux aux malades évacués des armées actives.

A cet effet, j'ai décidé que, dans chaque centre de réunion de troupes, un local serait désigné dans le casernement pour recevoir les malades de la garnison et approprié le mieux possible à cet usage. Les militaires de la garnison atteints de graves maladies seront traités dans tout état de cause à l'établissement hospitalier militaire ou civil de la place.

Je vous prie de vouloir bien assurer, de concert avec l'autorité administrative, l'exécution de cette disposition.

L'Intendant en chef de l'armée de la Loire aux Intendants des 15e et 16e corps.

5 novembre.

Au moment où, par suite de la formation de nouveaux corps, le service des ambulances internationales à l'armée va prendre une nouvelle extension, je crois devoir, en vous rappelant tous les services que la Société de secours aux blessés a déjà rendus dans la première partie de la campagne, vous inviter à prêter à leurs ambulances tout votre concours et tout votre appui. Je vous prie de me faire connaître le nombre des ambulances internationales qui peuvent être actuellement attachées à votre corps d'armée, le numéro de chacune d'elles, le nom du médecin en chef ainsi que le nombre des malades qu'elles sont susceptibles de recevoir et de traiter.

Vous joindrez à ces renseignements, l'indication des emplacements qu'occupent actuellement ces ambulances.

L'intendant général Robert au Ministre de la Guerre.

Tours, 13 novembre.

Le matériel d'ambulance légère n'est pas suffisant au 16ᵉ corps. Je m'en suis assuré dans mon inspection. Je demande qu'on prescrive au général commandant la 18ᵉ division militaire de faire partir pour le quartier général du 16ᵉ corps, à Saint-Péravy, les hommes, les mulets et le matériel qui peuvent se trouver à Tours.

Le même au même.

Tours, 14 novembre.

Conformément à vos ordres en date du 10 novembre, je me suis occupé d'inspecter quelques points du service hospitalier.

Le personnel dans les ambulances se montre actif et dévoué. On se plaint généralement de n'avoir pas assez de matériel.

Il serait bon, je crois, que les ambulances volontaires et de la Société internationale fussent soumises à une action commune, afin de combiner d'une manière plus efficace leur répartition et celle des ambulances militaires.

Les moyens de transport pour les blessés, des ambulances aux gares, ont besoin d'être augmentés à mesure qu'on s'éloigne. J'ai recommandé de continuer ce que j'avais commencé, c'est-à-dire la réquisition des omnibus et des voitures fermées, non seulement dans l'Orléanais où il reste peu de chose, mais dans les départements voisins.

J'ai vu les ambulances de gare sur la ligne de Tours à Orléans et indiqué les moyens de compléter leur organisation. Elles sont généralement dans de bonnes conditions..... Les médecins et infirmiers bavarois..... ainsi que le médecin en chef du général Thann (*sic*) avaient été laissés par l'autorité militaire française complètement libres de circuler, ce qui peut avoir des inconvénients sérieux au point de vue des renseignements à donner à l'ennemi.

Le mieux en pareil cas sera, à l'avenir, de diriger immédiatement le personnel médical et administratif allemand loin du théâtre de la guerre, et de ne le rendre, comme l'ont fait les Prussiens, que plusieurs jours après.

Les ambulances d'Orléans auront besoin de grands soins pour être mises sur un bon pied. M. l'intendant ..... est chargé du service hospitalier en arrière de l'armée et, par conséquent, du dépôt des blessés restés dans la gare. Les hôpitaux temporaires organisés sur la base d'opérations et les trains aménagés pour malades tombent sous sa surveillance ; il serait donc nécessaire qu'il fût invité à se rendre à Orléans, où il donnerait des ordres convenables pour la bonne exécution du service. Il pourrait en même temps diriger utilement de cette place les convois de blessés sur les diverses lignes d'évacuation qui traversent la France.....

En ce qui concerne l'organisation des wagons, j'ai demandé à la Compagnie d'Orléans de placer des boules d'eau chaude non seulement dans les wagons où les hommes voyagent assis, mais aussi dans ceux où ils sont couchés sur la paille. Le chef d'exploitation m'a fait savoir que le matériel était resté à Paris. Sur ma demande, M. ....., celui de nos délégués auquel on doit les dernières améliorations apportées au service des gares, a bien voulu se charger d'écrire à une autre Compagnie.

Le même au même.
                                            19 novembre.

Le 17e corps, au quartier général duquel je me suis rendu, ne possède pas les moyens convenables pour le transport des blessés. Il y aurait lieu, par conséquent, de le doter d'un certain nombre d'omnibus, qui seraient répartis entre ses quatre divisions, et comme les ressources du Loiret et du Loir-et-Cher sont à peu près épuisées, je pense que vous jugerez à propos de donner des ordres pour réunir ces véhicules dans les départements voisins.

Il en faudrait environ six par division.

L'intendant général Robert au Sous-Intendant militaire du Mans.
                                            Le Mans, 18 décembre.

J'étais chargé par le Ministre de dire que l'on tenait beaucoup au ministère à ce que les trains de blessés fussent accompagnés, soit par des médecins requis, soit à défaut par des infirmiers. Le Ministre veut aussi que les malades et blessés soient amplement pourvus de paille, pour les pieds ou pour se coucher, et de couvertures..... Frappez sur la ville des réquisitions payées à la paix pour tout ce qui sera nécessaire sur une large échelle.

L'intendant général Robert au Ministre de la Guerre.
                                            25 novembre.

Je me suis fait rendre compte, dans ma dernière inspection, du nombre des rationnaires, tel qu'il ressort des bons de distribution, et j'ai reconnu que certains corps de troupe ont déjà subi des diminutions d'effectif que ne justifient pas suffisamment, chez les mobiles, l'absence presque générale du second vêtement, chez tous, des bivouacs humides et la fatigue de la guerre.

Une autre cause existe donc, et cette cause se trouve dans l'absence trop prolongée des blessés, des éclopés et des malades ayant quitté l'armée. En effet, bon nombre de ceux-ci sont évacués, non pas sur les hôpitaux militaires soumis à une discipline régulière, mais sur les établissements créés depuis la guerre par les municipalités, les sociétés de secours, les maisons religieuses, etc... D'autres sont envoyés directement dans leur famille ou placés chez des particuliers qui tiennent à les conserver, soit par dévouement à l'armée, soit pour donner à leur maison la protection du drapeau international. Il est facile de comprendre que, dans de telles conditions, beaucoup de malades ne rejoignent que tardivement leur corps, et cela d'autant plus qu'on s'imagine parfois dans le public, et surtout dans les villages lointains, qu'un mobile blessé a complètement payé sa dette. J'ajoute qu'il doit y avoir encore sur quelques points de la France, soit chez les particuliers, soit dans quelques établissements de charité, plus d'un des nombreux traînards laissés en arrière par l'armée de Châlons, dès avant son arrivée à Sedan.

Il me semble urgent, en présence de ces abus, de créer une inspection médicale, qui aurait pour mission de faire rentrer à leur corps les hommes en état de reprendre les armes. Cette inspection pourrait être composée de M. ....., médecin inspecteur, homme très énergique, dont la présence dans le Nord n'est plus utile depuis que M. ..... y a été envoyé; et, en outre, de trois ou quatre médecins principaux de première classe, qui seraient nommés inspecteurs titulaires ou inspecteurs provisoires.

Les inspecteurs médicaux militaires parcourraient la France, verraient eux-mêmes les principaux établissements, en feraient sortir les hommes suffisamment guéris et donneraient aux médecins civils les instructions nécessaires pour qu'une visite générale et sévère fût faite des hommes en nombre très considérable qui se trouvent dans les petites ambulances, dans les maisons particulières ou chez leurs parents.

Comme complément à cette mesure urgente, il y aurait lieu de charger l'intendant en chef de l'armée de la Loire d'appeler l'attention de M. le Médecin en chef sur la nécessité de régulariser le service médical de l'armée, et notamment celui de la mobile, où l'on n'observe pas complètement les règles à suivre pour la délivrance des congés, l'envoi des hommes dans leurs foyers et leur évacuation sur les établissements hospitaliers, et où, nécessairement, on se montre plus facile que dans les régiments pourvus d'un médecin militaire.

L'Intendant en chef du 18ᵉ corps au Général commandant le 18ᵉ corps.

Ladon, 29 novembre.

J'ai l'honneur de vous informer de l'arrivée, à Ladon, du matériel d'ambulance envoyé par M. le Ministre de la Guerre.

J'apprends que je vais recevoir, d'un jour à l'autre, la 5ᵉ compagnie légère du 1ᵉʳ régiment du train des équipages militaires.

Le même au même.

Bellegarde, 1ᵉʳ décembre.

J'ai l'honneur de vous rendre compte de l'arrivée à Bellegarde du matériel d'ambulance régimentaire, et de vous prier de vouloir bien donner aux corps les instructions nécessaires pour qu'ils le fassent retirer à l'ambulance du quartier général.....

Le même au même.

Gien, 7 décembre.

Jusqu'à ce jour, quatre corps seulement se sont présentés pour retirer les cantines médicales et les sacoches d'ambulance qui leur sont destinées. Ce sont : le 42ᵉ de marche, le 5ᵉ dragons de marche, le 5ᵉ cuirassiers de marche, le régiment d'artillerie mobile de l'Isère.

Je vous prie d'inviter les autres corps à faire toucher le matériel qui leur revient, savoir :

Une paire de cantines médicales par régiment d'infanterie ;
Une paire de sacoches par régiment de cavalerie.....

L'intendant général Robert à l'Intendant directeur du service des évacuations de l'armée.

Le Mans, 24 décembre.

.....J'ai vu M....., qui peut vous procurer une partie des couvertures devant être réunies à la gare avec une montagne de paille. Il est possible que Le Mans reçoive prochainement beaucoup de blessés. Je ne saurais trop, puisque vous me demandez mon avis, vous engager à vous trouver là pour présider à la gare aux évacuations. Les nouvelles plaintes arrivées au Ministre depuis, je crois, votre départ, exigent que vous donniez à l'organisation des évacuations des soins tout particuliers.

Les ambulances sont aux mains des habitants qui les améliorent petit à petit ; les convois sont plus ou moins abandonnés et promènent au loin leurs misères.

L'intendant général Robert à l'Intendant en chef de l'armée de la Loire.

Angers, 21 décembre.

Analyse. — On lui confirme le télégramme relatif à la nécessité de prendre à la mobile et à la mobilisée, et dans le personnel devenu disponible au 19e corps, des médecins, élèves en médecine et infirmiers, pour accompagner malades et blessés de l'armée. On lui fait remarquer que les ambulances et hôpitaux temporaires sont pour la plupart du domaine des sociétés de secours, mais que l'organisation des convois appartient exclusivement à l'intendance. On ajoute que l'on ne se rend pas compte dans le public et au Ministère des difficultés du premier moment, et que la présence des blessés ou malades arrivés morts à destination a justement surexcité l'opinion publique.

L'intendant général Robert à l'Intendant, à Nantes (D. T.).

Angers, 21 décembre.

Je donne ordre sous-intendant réunir gare Angers, d'urgence, 1,500 nouvelles couvertures et paille pour service hospitalier. Veuillez donner ordres télégraphiques en conséquence.

L'intendant général Robert à l'Intendant en chef de l'armée de la Loire (D. T.).

Angers, 21 décembre.

Urgent mettre en mouvement élèves en médecine ou pharmacie, à prendre dans mobiles ou mobilisés, pour accompagner évacuations blessés ou malades.

Plaintes continuent sur plusieurs points.

Le même au même (D. T.).

La Possonnière, 22 décembre.

Vous avez deux médecins en chef; chargez-en un des évacuations. Je vous y engage.

L'intendant général Robert au Sous-Intendant, à Angers (D. T.).

La Possonnière, 22 décembre.

Si Intendant Nantes pas répondu, passez outre; il faut les 1,500 couvertures demandées par ordre d'hier.

Le même au même (D. T.).

Bressuire, 22 décembre.

Prévenir à l'avenir gares de Cholet et de Bressuire des trains de blessés; entendez-vous avec maires pour qu'il y ait bouillon, paille et couvertures.

L'intendant général Robert au Préfet des Deux-Sèvres.

Bressuire, 22 décembre.

Analyse. — On demande d'établir à Niort une ambulance de gare, où il sera distribué aux blessés et malades évacués, du pain, du bouillon chaud et de l'eau vineuse. Les plus malades y seraient gardés pour se reposer. M. le Préfet ferait à la gare un dépôt de couvertures et de paille.

Les trains de chemins de fer étant très lents, une petite ambulance de passage serait établie à la gare de Bressuire et Saint-Maixent (*sic*).

Si la ville et les sociétés de secours ne sont pas assez riches pour payer ces frais, le département de la Guerre solderait les dépenses ultérieurement.

Au besoin, le préfet emploierait la réquisition pour avoir de la paille et des couvertures.

L'intendant général Robert au Préfet de Maine-et-Loire.

Niort, 22 décembre.

Analyse. — Lettre dans le même sens (que celle au préfet des Deux-Sèvres), pour établir une ambulance de gare à Cholet.

Le préfet est prié d'appuyer réquisition des couvertures, réquisition portée à 6,000; on compte sur patriotisme pour les faire réunir.

L'intendant général Robert à l'Intendant en chef de l'armée de la Loire (D. T.).

Niort, 23 décembre.

Trains très lents; militaires malades et blessés souffrent en route; évacuez le moins possible par ce grand froid.

L'intendant général Robert au Sous-Intendant, à Angers (D. T.).

Niort, 23 décembre.

Outre les 2,000 couvertures ordonnées à Angers, une deuxième réserve de 4,000 doit être réunie par réquisition. Préfet prévenu.

L'intendant général Robert au Sous-Intendant, à Niort (D. T.).

Niort, 23 décembre.

J'ai l'honneur de vous informer que je profite de mon passage à Niort pour appeler l'attention de M. le préfet des Deux-Sèvres sur la nécessité de constituer des ambulances de gare à Bressuire, Niort et Saint-Maixent, où existeraient des couvertures, de la paille, et où seraient distribués du bouillon chaud, du pain et de l'eau vineuse. Le service des blessés a donné lieu à des plaintes fondées. L'administration militaire n'a ni hôpital, ni médecins, ni infirmiers. Il faut que les villes fassent des sacrifices. Si réquisitions sont nécessaires, préfet les fera. M. ......, adjoint, vous donnera des détails sur la manière dont s'est fait le service à Tours.

L'intendant général Robert au Directeur de la 6ᵉ direction de la délégation du ministère de la Guerre (D. T.).

Niort, 23 décembre.

J'ai profité de mon passage pour m'entendre avec préfet pour organisation petites ambulances dans gares Cholet, Bressuire et Saint-Maixent. Je demande aussi dépôt paille et couvertures à bifurcation La Possonnière. Trains souvent arrêtés plusieurs heures et marchant très lentement rendent critique position évacués. Je télégraphie au Mans pour qu'on répartisse les hommes le plus possible à petite distance tant que dureront grands froids et qu'on donne à chacun deux couvertures.

L'intendant général Robert à l'Intendant en chef de l'armée de la Loire (D. T.).

Niort, 23 décembre.

Trains très lents, s'arrêtant souvent plusieurs heures ; ne pas évacuer à grandes distances, par ce grand froid, malades et blessés qui resteraient deux jours en route. En tout cas, faire donner deux couvertures par homme et beaucoup de paille aux pieds. Prescrire à ceux qui accompagnent, laisser aux ambulances gares Cholet, Bressuire, Niort, Saint-Maixent, qui sont ou vont être établies, hommes devenus plus malades ou atteints par froid.

L'intendant général Robert au Préfet de Maine-et-Loire (D. T.).

Niort, 23 décembre.

Je demande à votre sollicitude aider intendance et Internationale pour porter à 6,000 réserve couvertures Angers. Malades et blessés peuvent rester plus de vingt-quatre heures en route, même pour petite distance, trains ne marchant pas régulièrement; faut porter à deux nombre de couvertures par malade tant que froid durera. Je rappelle création demandée par lettre pour la gare de Cholet.

L'intendant général Robert au Chef de gare (D. T.).

Aigrefeuille, 23 décembre.

Ordre de faire donner aux blessés qui restent en gare pour être dirigés sur Rochefort ou La Rochelle, du bouillon, pain et de l'eau vineuse. Remboursement ultérieur par la Guerre sur simple facture.

L'intendant général Robert au Directeur de la 6ᵉ direction de la Délégation du ministère de la Guerre (D. T.).

Rochefort, 23 décembre.

Les trains de blessés évacués ne sont jamais annoncés aux gares intermédiaires de passage; les trains marchant lentement et n'étant pas annoncés, les blessés ne reçoivent pas pain, eau vineuse et bouillon chaud.

Le même au même.

Bordeaux, 25 décembre.

L'administration du chemin de fer se plaignait au Mans de l'emploi trop fréquent du chemin de fer pour des détachements de Conlie se rendant à des points peu distants du camp (10 à 12 kilomètres, par exemple).

Le chef du mouvement faisait remarquer qu'il lui est difficile de satisfaire aux divers transports, matériel, denrées et malades qui lui incombent forcément, si l'on abuse de la voie ferrée dans les ordres de mouvement de la troupe.

Je crois devoir signaler cette observation à Monsieur le Directeur, attendu qu'elle peut s'appliquer aux mouvements qui se font aux abords de toute grande concentration de troupes.

Le même au même.

Bordeaux, 25 décembre.

Les boules d'eau chaude seraient un grand moyen pour prévenir les cas de congélation qui peuvent se produire en hiver dans des trains de blessés exposés à être souvent ralentis dans leur marche et à passer par conséquent un temps considérable entre le point de départ et le point d'arrivée. Malheureusement, ces accessoires sont restés à Paris en ce qui concerne la ligne d'Orléans et celle de Bretagne. Je crois que le Midi en a fourni quelques-unes sur ma demande à la Compagnie d'Orléans, mais elles sont en trop petit nombre pour rendre des services sérieux.

Les tronçons restants de la ligne de Normandie en sont pourvus, si je suis bien renseigné. On pourrait les retirer aux voyageurs pour les donner aux trains des blessés.

La Compagnie des Charentes a certainement ses boules, je m'en suis assuré; il serait urgent de les faire prêter à la Compagnie d'Orléans et de faire faire un prélèvement plus considérable sur les ressources du Midi.

Le même au même.

Bordeaux, 25 décembre.

Les convois étant sujets, en ce moment, à des retards considérables dans leur marche, les blessés subissent de plus en plus l'action du froid, et des accidents graves peuvent se produire.

Il importe donc :

1° Tant que la température sera aussi basse, de diriger les évacuations sur les points les plus voisins, soit du champ de bataille, soit des hôpitaux et établissements à débarrasser ;

2° De former sur une très large échelle des approvisionnements de paille et de couvertures. Ces approvisionnements doivent être réunis, non seulement aux points de départ où des causes de guerre ou autres ne laissent pas toujours le temps ou les moyens de pourvoir complètement les malades, mais encore dans les gares intermédiaires où l'on pourra toujours réparer les oublis et compléter l'organisation.

Il faut aussi, dans ces gares, pouvoir donner une ou deux couvertures nouvelles aux malades sur lesquels les médecins jugeraient que le froid opère d'une manière dangereuse et que les ressources locales ne permettraient pas d'hospitaliser sans aller plus loin.

Il faut enfin avoir, dans ces mêmes gares, du bouillon chaud, du pain et de l'eau vineuse. Ces fournitures diverses sont faciles à obtenir ; les couvertures, si l'administration de la Guerre n'est pas à même de les fournir partout et largement, seront requises par les préfets, sauf remboursement ultérieur. Ces ressources ne manquent nulle part, ni chez les marchands, ni chez les habitants. Il faut seulement qu'on ait la volonté ferme de les réunir. Quant au bouillon, au pain et à l'eau vineuse, ils peuvent être délivrés par les sociétés de secours, les municipalités et les buffets.

En prenant ainsi comme exemple, la ligne d'évacuation qui, partant du Mans, arrive à Poitiers et que je viens de parcourir, il faut, ainsi que je l'ai recommandé aux fonctionnaires de l'intendance en demandant aux préfets leur concours, qu'il y ait couvertures et paille en grande quantité, de manière à suffire à plusieurs passages, non seulement à Angers (6,000 couvertures, paille en conséquence), mais à la bifurcation de La Possonnière, à Cholet, à Bressuire, à Niort et à Saint-Maixent.

Je me suis assuré que les trains, surtout à cause des tronçons à une voie, sont restés pour diverses causes, fort longtemps en route; il devient donc indispensable que l'on puisse réconforter très fréquemment les malades ou blessés, et combattre le péril d'un si long séjour au froid.

Si les intendants divisionnaires sont chargés de cette organisation, il convient de les inviter à ne pas s'arrêter aux formalités administratives des temps ordinaires qui nous nuisent beaucoup dans les divers services, en présence des circonstances où nous sommes. On pourrait aussi engager les généraux, comme on le fait au Mans, à laisser partir les évacuations, sauf à signer ultérieurement les autorisations nécessaires.

Pour régulariser le service, il faut exiger que les avis des trains de malades et de blessés soient donnés du point de départ, non seulement au point d'arrivée, mais aux stations intermédiaires choisies sur chaque ligne. J'ajoute que cet avis doit être simultanément télégraphié à toutes les autorités qui doivent concourir à l'œuvre (sous-intendant s'il y en a, maire et président de société de secours). En général, on se borne à avertir le sous-intendant. Or, ce fonctionnaire n'est pas toujours présent et demeure souvent loin de la gare où, au contraire, stationne parfois la société de secours. En un mot, si l'on veut, ce qui est indispensable, que les stations intermédiaires soient utiles à nos malades et blessés, il faut que les avis télégraphiques ne soient pas ménagés.

Je n'insiste pas sur la nécessité de faire accompagner les convois de malades et de blessés, ainsi que le veulent les anciens règlements, par des médecins, des agents d'administration, des infirmiers, en nombre proportionné au chiffre de l'évacuation. Je pense qu'il a été pris des mesures à ce sujet. Je demande seulement que le personnel réuni soit très considérable en vue des grandes affaires qui ont lieu de temps en temps, et à la suite desquelles il y a toujours du désordre dans les services administratifs qui ne sont organisés que pour les circonstances journalières.

En terminant, j'appelle l'attention de Monsieur le Directeur sur les services que peuvent rendre, dans les ambulances intermédiaires, les médecins des chemins de fer qui montrent partout un grand dévouement, mais qui n'ont pas tous reçu, je crois, de leurs Compagnies, des instructions suffisantes.

On ne peut demander à ces médecins d'accompagner les convois; ils ne peuvent que reviser les pansements et faire entrer, dans les ambulances locales, les hommes dont l'état s'est empiré dans la route et qui ne pourraient aller plus loin.

Quant aux médecins qui doivent accompagner, il sera toujours difficile d'en réunir un assez grand nombre, car, il ne faut pas se dissimuler qu'il en faut plusieurs toujours prêts, non seulement en arrière des armées où commencent les évacuations, mais dans tous les points de France, où le nombre des malades et blessés oblige à faire des évacuations.

Je crois qu'il ne faut pas exiger des docteurs, mais se contenter d'élèves en médecine et même en pharmacie, mobiles ou mobilisés, quel que soit le nombre de leurs inscriptions.

Le Ministre de la Guerre aux Généraux commandant les armées et les corps d'armée.

Bordeaux, 25 décembre.

Aux termes d'un arrêté du 20 décembre courant et inséré au *Moniteur*, il est créé six dépôts de convalescents qui seront établis à Nantes, Bayonne, Toulouse, Montpellier, Perpignan et Nice.

Ces dépôts recevront les blessés et les convalescents jugés incapables, pour le moment, de rester dans le rang. Par suite, il ne sera plus accordé de congés de convalescence. Les militaires faisant partie de la IIe armée devront être dirigés sur Nantes, Perpignan et Toulouse. Les trois autres dépôts sont réservés à la Ire armée.

Je vous prie de donner des ordres pour assurer l'exécution de ces prescriptions.

Les militaires devenus disponibles pour le service de guerre, au bout d'un certain temps de séjour dans un dépôt de convalescents, seront dirigés à la portion mobilisée de leur corps.

L'Intendant en chef du 18e corps au Général commandant le 18e corps d'armée.

Chagny, 26 décembre.

J'ai l'honneur de vous informer qu'il existe à l'ambulance du quartier général du 18e corps d'armée *un approvisionnement de médicaments suffisant* pour tous les besoins des ambulances et des corps de troupe. Je vous prie de vouloir bien donner des ordres pour qu'à l'avenir les médecins et les vétérinaires des corps adressent leurs demandes de médicaments à l'intendant militaire chargé de l'ambulance du quartier général, au lieu de s'approvisionner directement par voie d'achat chez les pharmaciens, ce qui constitue une dépense très onéreuse pour le Trésor.

Le même au même.
                              Chagny, 27 décembre.

Par ma lettre du 21 de ce mois, j'ai eu l'honneur de porter à votre connaissance qu'à cette date, quatre corps de troupe seulement avaient retiré le matériel d'infirmerie régimentaire que l'ambulance du quartier général était chargée de leur distribuer, et je vous priais de vouloir bien donner l'ordre aux autres corps de faire prendre le matériel dont ils peuvent manquer.

J'ai l'honneur de vous rendre compte que, depuis cette époque, le 19e régiment de mobiles seul s'est présenté et qu'il reste encore disponible, savoir : 12 paires de cantines régimentaires, contenant des objets de pansement et des médicaments, 1 paire de sacoches, dites d'ambulance, avec boîte à amputation pour la cavalerie et 20 sacs d'ambulance avec boîte à amputation pour l'infanterie.

L'Intendant en chef du 20e corps au Ministre de la Guerre, à Bordeaux.
                              Chalon-sur-Saône, 27 décembre.

..... Quant au personnel, j'aurais à réclamer surtout 105 infirmiers, qui m'ont été annoncés il y a plus d'un mois et qui n'ont jamais rejoint le 20e corps ; leur arrivée me permettrait de porter à 45 le nombre des infirmiers par ambulance, tandis que je n'en ai que 20 en ce moment.

Le Ministre de la Guerre aux Généraux commandant les armées et les corps d'armée.
                              Bordeaux, 1er janvier 1871.

Je suis informé que la plupart des militaires qui se présentent comme malades aux ambulances organisées dans les places en arrière de l'armée ne sont porteurs ni de billets d'hôpital, ni de certificats établissant le résultat de la visite qu'ils ont dû subir avant leur départ du corps. Les simulateurs et les fuyards trouvent ainsi un accès momentané dans les convois de malades ou les établissements hospitaliers et forment une perte pour l'armée combattante. Il importe de mettre un terme à cet état de choses et, dans ce but, j'ai l'honneur de vous prier de donner les ordres les plus formels pour qu'il soit toujours délivré par le médecin qui aura procédé à la visite aux militaires reconnus malades, un billet d'hôpital ou, à défaut de ce document, une attestation pouvant en tenir lieu.

Le Ministre de la Guerre aux Intendants divisionnaires.

Bordeaux, 18 janvier 1871.

Les sous-intendants militaires nommés en exécution de l'instruction du 25 décembre 1870, pour concourir, avec les inspecteurs désignés dans la circulaire du 12 janvier courant, à l'exécution du service des évacuations des militaires malades ou blessés, ne doivent, sous aucun prétexte, être distraits de leurs fonctions spéciales.

Je vous prie de donner des ordres en conséquence et de me proposer la confirmation des nominations que vous avez faites.

Le Ministre de la Guerre aux Généraux commandant les divisions et subdivisions militaires et aux Intendants militaires.

Bordeaux, 6 février 1871.

J'ai décidé que les établissements hospitaliers qui, aux termes des instructions en vigueur, sont visités tous les trois mois et, dans certaines places mensuellement, par les généraux ou leurs délégués, seraient visités au moins tous les dix jours. Ces visites s'étendront aux dépôts de convalescents, créés en exécution de l'arrêté du 20 décembre 1870.

Des permissions ou congés seront immédiatement remis aux hommes que les médecins, en présence de l'autorité militaire, auraient reconnus hors d'état de faire un service actif et qui pourraient en jouir dans leurs familles. Quant aux militaires qui n'auraient pas de famille en position de les recevoir, ils seront dirigés sans délai des hôpitaux sur le dépôt de convalescents le plus voisin, ou maintenus, jusqu'à leur complet rétablissement, au dépôt dans lequel ils auraient été admis.

Les convalescents seront tenus de rejoindre leur corps aussitôt qu'ils auront été reconnus en état de le faire par les médecins des dépôts ; à cet effet, ces derniers dresseront un état journalier des hommes devenus valides et le remettront au commandant militaire du dépôt, qui prendra les mesures exigées pour leur mise en route.

Je vous prie de vouloir bien assurer, en ce qui vous concerne, l'exécution de ces dispositions.

Note sur le service hospitalier (1).

Février 1871.

Première question. — Quel est l'état sanitaire de l'armée ?

---

(1) Établi par le docteur Robin, chef de la sous-direction des hôpi-

Première réponse. — L'effectif de l'armée étant d'environ (1) hommes et le nombre des malades de 73,017, en y comprenant l'Algérie (8,418), l'état sanitaire doit être considéré comme assez satisfaisant, puisque la moyenne est de 13,5 p. 100. C'est ce que constatent du reste les rapports des inspecteurs généraux des corps de santé militaire, qui, tout en reconnaissant l'impossibilité de donner des statistiques à cet égard, indiquent que le nombre des malades est moindre que dans les campagnes précédentes, les cas de variole exceptés.

Seconde question. — Quel est l'état des ressources hospitalières de l'armée ?

Seconde réponse. — Matériel des hôpitaux.

La presque totalité des approvisionnements de matériel d'ambulance ayant été affectée à l'armée du Rhin, il restait, abstraction faite des quelques ressources laissées à Paris, le 10 septembre dernier, à peine de quoi assurer le service des ambulances d'un corps d'armée; des commandes ont été simultanément faites à Marseille, Lyon, Bordeaux et Toulouse, et, avec quelques achats opérés en Angleterre, on est arrivé à hausser dans moins de trois mois, l'approvisionnement de 20 chargements de caissons de pharmacie, 75 chargements de caissons d'ambulance, 20 paires de cantines de chirurgie, 386 paires de cantines médicales, 706 sacs d'ambulance, 167 paires de sacoches et d'une grande quantité de brancards, de tonnelets et d'instruments de chirurgie, ce qui a permis non seulement de pourvoir de matériel hospitalier tous les corps d'armée en campagne, mais encore de constituer une réserve pouvant suffire à l'organisation des ambulances de cinq ou six nouveaux corps d'armée, dans l'hypothèse où chacun d'eux, indépendamment de son contingent de cantines médicales, sacs, sacoches d'ambulance, serait doté de 2 caissons de pharmacie et de 8 à 9 caissons d'ambulance ou sections d'ambulance légère.

Tous les mouvements du matériel existant au 15 septembre, matériel confectionné dans les différents établissements ou acheté à Londres (ce dernier ayant une valeur de 300,000 francs au maximum), matériel réparti entre les divers corps d'armée, depuis le 15ᵉ corps, jusques et y compris le 26ᵉ, matériel restant disponible au 10 février 1871, se trouvent résumés dans le tableau ci-après (nᵒ 1) :

---

taux à la 6ᵉ direction de la délégation du ministère de la Guerre à Tours.

(1) En blanc sur l'original.

Situation du matériel

DÉSIGNATION DES ÉTABLISSEMENTS.	CAISSONS de pharmacie.	CHARGEMENT de caissons de pharmacie.	CAISSONS d'ambulance chargés.	CHARGEMENT de caissons d'ambulance.	SECTION d'ambulances légères complètes.	CANTINES de chirurgie, fabriquées à Toulouse.
Existants au 15 septembre.						
Hôpital militaire de Lyon	5	»	9	»	6	»
— de Marseille	1	»	5	»	2	»
— de Toulouse	»	»	1	»	3	»
— de Bordeaux	»	»	»	»	»	»
— de Rennes	5	»	10	»	3	»
— de Lille	»	»	»	»	»	»
TOTAL des existants au 15 septembre	11	»	25	»	14	»
Entrées.						
Confectionné à Lyon	»	»	13	»	»	»
— à Marseille	»	14	1	24	»	»
— à Toulouse	»	»	»	»	»	20
— à Bordeaux	»	»	1	12	»	»
— à Châteauroux	»	»	»	»	»	»
Acheté à Londres	»	6	»	24	»	»
TOTAL des entrées	»	20	15	60	»	20
REPORT des existants au 15 septembre	11	»	25	»	14	»
TOTAL GÉNÉRAL	11	20	40	60	14	20
Sorties	8	10	31	32	12	17
RESTE au 10 février 1871	3	10	9	28	2	3

(1) L'original porte 2,886 au lieu de 2,866.

SERVICE DE SANTÉ. 613

se au 10 février 1871.

SACOCHES.	BRANCARDS.	TONNELETS.	Boîte à amputation, n° 2.	Boîte de couteaux de rechange n° 4.	Boîte à résection des os n° 7.	OBSERVATIONS.
						Les pansements contenus dans le matériel d'ambulance disponible, se détaillent ainsi qu'il suit, savoir :
»	»	»	»	»	»	9 caissons d'ambulance à 2,000 pansements... 18,000
»	202	»	39	19	37	28 chargements de caissons d'ambulance à 2,000 pansements......... 56,000
»	»	»	»	»	»	2 sections d'ambulance légère............. 4,000
»	»	»	»	»	»	
5	»	»	»	»	»	3 paires de cantines de chirurgie à 200 pansements............. 600
»	»	»	»	»	»	204 paires de cantines médicales à 200 pansements............. 40,800
5	202	»	39	19	37	299 sacs d'ambulance à 24 pansements............. 7,176
						118 paires de sacoches d'ambulance à 24 pansements............. 2,832
30	600	»	»	»	»	
57	1,000	80	»	»	»	Soit, en tout... 129,408
50	330	90	»	»	»	pansements, sans compter les réserves importantes en bandes roulées, linge à pansement, charpie, attelles et autres objets nécessaires au réapprovisionnement du matériel fonctionnant aux armées.
»	150	90	»	»	»	
»	1,600	»	»	»	»	
30	»	»	100	12	»	
167	3,680	260	100	12	»	
5	202	»	39	19	37	
172	3,882	260	139	31	37	
54	1,046	113	34	15	8	
118	2,886(1)	147	105	16	29	

Si, comme en témoignent les rapports des inspecteurs du conseil de santé des armées, les ambulances ont fonctionné aussi bien que possible, on doit reconnaître que les ambulances volantes nationales et étrangères, ont contribué puissamment à ce résultat, et l'on ne saurait trop les remercier du concours aussi dévoué qu'éclairé que l'administration de la Guerre a trouvé en elles dans toutes les circonstances.

Pour assurer le service médical en arrière des armées, on a donné toute l'extension possible aux hôpitaux militaires ; les hôpitaux civils ont augmenté le nombre de leurs lits et, grâce au concours de la Société internationale de secours aux blessés, des municipalités, des associations religieuses, des particuliers, qui ont partout rivalisé de patriotisme et de dévouement, on a pu faire face à des besoins qui ont dépassé toutes les prévisions.

C'est ainsi qu'à l'aide de subventions accordées aux sociétés et aux municipalités dont les ressources étaient épuisées, subventions qui généralement n'ont pas dépassé la minime somme de 1 franc par journée de traitement des malades, on est parvenu, dans les mois de décembre et janvier derniers, à porter le nombre des places de l'intérieur de 58,000 à 92,000, et cela malgré les envahissements successifs de l'ennemi pendant la même période.

Au surplus, le tableau ci-après résume la situation des ressources hospitalières à la date du 1er février 1871, tant en France qu'en Algérie (n° 2).

TABLEAU Nº 2.

Relevé des ressources hospitalières dans les divisions non occupées par l'ennemi à la date du 1ᵉʳ février 1871.

DIVISIONS.	LITS OCCUPÉS.	LITS VACANTS.	TOTAL des RESSOURCES.
2ᵉ division	4,080	499	4,579
3ᵉ —	6,018	6,161	12,179
7ᵉ —	3,451	93	3,544
8ᵉ —	7,918	2,786	10,704
9ᵉ —	4,206	2,741	6,947
10ᵉ —	3,584	892	4,476
11ᵉ —	1,962	1,000	2,962
12ᵉ —	3,355	1,096	4,451
13ᵉ —	2,545	1,402	3,947
14ᵉ —	4,569	1,407	5,976
15ᵉ —	5,518	2,042	7,560
16ᵉ —	3,853	1,573	5,426
17ᵉ —	560	630	1,190
18ᵉ —	1,415	107	1,522
19ᵉ —	5,072	2,829	7,901
20ᵉ —	1,490	853	2,343
21ᵉ —	2,698	942	3,640
22ᵉ —	2,305	606	2,911
TOTAUX pour l'intérieur.	64,599	27,660	92,259
Division d'Alger	5,020	2,530	7,550
— d'Oran	1,532	768	2,300
— de Constantine	1,866	934	2,800
TOTAUX pour l'Algérie	8,418	4,232	12,650
TOTAUX GÉNÉRAUX	73,017	31,892	104,909 (1)

(1) Aux chiffres résultant de ce relevé il faut ajouter celui des hommes admis dans les dépôts de convalescents créés par arrêté du 20 décembre 1870 et dans les ambulances des camps d'instruction qui ressortissent au commandement.

Les évacuations sur l'Algérie se sont bornées d'abord aux militaires originaires de la colonie, puis elles ont été étendues à des catégories de malades pour lesquels la traversée ne serait pas un sujet de crainte sérieuse, et enfin aux militaires atteints de maladies vénériennes invétérées.

Celles sur la Corse se sont appliquées aux seuls vénériens.

Par suite des nombreux combats livrés par nos différentes armées, de l'épidémie variolique et des influences climatériques, le nombre des malades a pris, dans le courant de décembre, de telles proportions qu'on a dû réorganiser le service des évacuations ; par arrêté du 25 du même mois, le Ministre a ordonné la création d'ambulances provisoires aux principales gares, d'ambulances temporaires dans les centres les plus importants et, grâce au concours prêté par les autorités militaires et civiles aux médecins chargés spécialement du service si difficile des évacuations, on est arrivé à éviter sur un même point l'encombrement des malades et blessés et à les répartir aussi judicieusement que possible dans les différents établissements hospitaliers qui se trouvaient en mesure de les recevoir et de leur donner des soins.

En résumé, il a été fait de grands achats de matériel d'ambulance ; on a maintenu, à la hauteur des besoins, les approvisionnements d'objets et d'effets d'hôpitaux ; on a pourvu, avec l'aide des sociétés de bienfaisance et des particuliers, à l'alimentation et aux soins médicaux d'un nombre de malades quadruple du chiffre normal, et, ainsi que les commissions de finances pourront s'en convaincre, on s'est renfermé dans la limite des crédits alloués en prévision de la guerre par les anciennes Chambres.

Rapport du Médecin inspecteur chargé de l'inspection médicale de la IIe armée, sur l'état sanitaire de la IIe armée.

Bordeaux, 7 février 1871.

J'ai l'honneur de vous adresser le rapport sur l'état sanitaire de la IIe armée de la Loire que vous m'avez demandé par votre lettre du 23 janvier, me prescrivant de m'occuper, pendant mon inspection, de la nature des blessures et des maladies dont les hommes sont atteints, ainsi que de l'état des blessés et des malades qui n'ont pu être éloignés de l'armée par évacuations successives.

Il n'existe, à l'heure qu'il est, à Mayenne, à Laval et dans les cantonnements environnants, que des blessés atteints légèrement et pouvant rentrer à bref délai dans les rangs. Les blessés plus gravement atteints ont été tous évacués en arrière ou sont restés entre les mains de l'ennemi, ceux-ci étant en plus grand nombre que ceux-là. C'est pourquoi, n'ayant pu voir les blessés de ces deux dernières catégories, j'ai été obligé de m'en rapporter aux déclarations des médecins des ambulances, sur la nature des lésions dont ils sont atteints.

Les blessures par armes blanches ont été en très petit nombre ; viennent ensuite, par ordre de fréquence, les blessures par les gros projectiles et leurs éclats ; enfin, les blessures par balles de mitrailleuses et surtout par balles de fusil ont été, exceptionnellement, dans les derniers combats livrés par la IIe armée, les plus nombreuses ; le plus grand nombre des coups de feu ont atteint les membres inférieurs, notamment dans le 21ᵉ corps, ce qui s'explique par les positions respectives des combattants.

Ni plus ni moins graves que les autres blessures par armes à feu que nous avons vues depuis le commencement de la guerre, les lésions observées à la IIᵉ armée ont donné lieu de pratiquer quelques résections, de nombreuses amputations ou désarticulations et un plus grand nombre de ligatures d'artères que dans les guerres précédentes. Cette particularité tient sans doute, d'une part, à la multiplicité des blessures par éclats de gros projectiles et, de l'autre, aux efforts persévérants que j'ai faits, dans mes cours et conférences sur la chirurgie d'armée, pour introduire cette pratique conservatrice dans l'exercice de la chirurgie de bataille.

Les maladies régnantes à la IIᵉ armée sont les maladies de la saison, sans caractère spécial de gravité, bon nombre d'affections du tube digestif, quelques fièvres typhoïdes et d'assez nombreuses varioles.

Angines, bronchites tenaces, quelques pneumonies franches, broncho-pneumonies très nombreuses, pleurésies rares, embarras gastriques, diarrhées simples, peu de dysenteries; quelques cas de fièvres intermittentes à types variés; fièvres typhoïdes de formes cérébrale ou abdominale prédominantes, sans mortalité insolite; de très nombreuses varioles, devenues aujourd'hui, pour la plupart, discrètes, après avoir été très confluentes et quelques-unes hémorragiques, se terminent heureusement aujourd'hui après avoir donné une mortalité notable, surtout dans la période d'éruption s'accomplissant mal. Tel est le tableau pathologique qu'il m'a été donné de voir.

D'une manière générale, on peut donc dire que l'état sanitaire de la IIᵉ armée n'est pas mauvais; que la constitution médicale qui le domine est l'état muqueux des voies respiratoires et des voies digestives; que l'épidémie de variole qui en fait partie, a perdu de son intensité et de sa gravité; en résumé, que les maladies, devenues plus nombreuses, ont perdu beaucoup de leur gravité.

Ce que je dis de l'état sanitaire général s'applique également à l'état sanitaire particulier du 21ᵉ corps d'armée, dont l'élévation du chiffre des malades m'a préoccupé. Ce corps, qui a beaucoup souffert et a été très fatigué par la retraite qu'il a soutenue, est rentré dans les conditions de santé normales depuis qu'il a pu se reposer dans des cantonnements.

J'ai examiné, avec une attention toute spéciale, deux lésions qui m'ont été signalées comme très communes, savoir : les blessures des mains et les congélations.

Il est incontestable qu'un certain nombre des blessures des mains résultent de mutilations volontaires que se font les hommes dans le but de quitter l'armée, mais il est aussi incontestable que la plupart des blessures sont le résultat de la maladresse et de l'impéritie des hommes à manier des armes qu'ils n'ont pas eu le temps d'apprendre à connaître. Ce fait n'est pas nouveau; il s'est produit dans les jeunes troupes notamment qui, en 1813, prirent part aux combats de Lutzen et Bautzen; il doit être jugé aujourd'hui, comme il le fut à cette époque, c'est-à-dire avec une prudente sévérité, plus voisine de l'indulgence que de la rigueur.

Quant aux blessures de l'éminence-thénar, spéciales au maniement inhabile du fusil Chassepot et qui ont été observées quelquefois dans les camps de manœuvre, je n'en ai vu aucune et aucune ne m'a été signalée.

Les congélations ont été fort nombreuses, notamment dans le 21ᵉ corps, mais elles ont été généralement peu graves. Dans l'immense majorité des cas, elles se sont bornées aux 2ᵉ et 3ᵉ degrés, c'est-à-dire à des phlyctènes, à des ulcérations, à des gangrènes limitées du derme et elles ont eu les orteils pour siège. La mortification totale de ces derniers a été rare et celle de l'avant-pied plus rare encore. Aussi, les opérations nécessitées par les congélations ont-elles été fort peu nombreuses.

Nul des effets généraux du froid n'a été observé, et je pense que le nombre des congélations des orteils n'a semblé considérable qu'en raison du temps prolongé que demande la guérison de cette lésion, temps qui a permis au chiffre des congelés de grossir par l'adjonction successive et l'augmentation des hommes atteints.

Je crois devoir appeler votre attention sur l'alimentation et le mode d'alimentation des troupes de la IIᵉ armée. Les régiments de marche vivent à *l'ordinaire*; les corps de garde mobile vivent les uns, en assez grand nombre, à *l'ordinaire*, les autres isolément. Je pense qu'il est utile, pour régulariser le régime alimentaire et l'assurer, en même temps que pour prévenir les excès et les imminences morbides consécutives, de prescrire le régime de *l'ordinaire* à tous les gardes mobiles, tel qu'il est en usage dans les régiments de marche.

Une maladie épizootique et contagieuse, les aphtes, règne dans les troupeaux des pays occupés par la IIᵉ armée et dans les troupeaux de l'armée même. J'ai interdit la consommation de la viande des animaux malades abattus, et j'ai cru pouvoir autoriser la consommation de la viandre des animaux suspects, abattus par mesure prophylactique du mal, à la condition que cette viande, salée immédiatement après l'abattage, n'entre que de deux jours l'un dans l'alimentation des troupes et seulement en cas de pénurie ou menace de pénurie de viande saine.

Cette partie capitale de l'hygiène exige une surveillance toute spéciale et soutenue jusqu'aux limites de l'épizootie et au delà.

Rapport du Médecin inspecteur chargé de l'inspection médicale de la II⁰ armée, sur le matériel des ambulances de la II⁰ armée.

Bordeaux, 7 février 1871.

J'ai l'honneur de vous rendre compte de la situation des ressources médico-chirurgicales, du matériel et des objets au service des malades et blessés dans les ambulances de la II⁰ armée de la Loire. A quelques exceptions près, que je signalerai, les ressources sont en général assez nombreuses.

Grand quartier général.

Ambulance pourvue convenablement en objets de chirurgie et médicaments. Manque de chemises, de couvertures et de cacolets, mais n'a pas l'indispensable besoin d'en posséder en propre.

16ᵉ corps d'armée.

Toutes les ambulances de ce corps d'armée sont abondamment pourvues en ressources de toute nature et parfaitement tenues.

17ᵉ corps d'armée.

L'ambulance du quartier général n'a qu'un caisson de pharmacie incomplet et deux cantines de pharmacie très incomplètes. Il est nécessaire de compléter son approvisionnement en médicaments pour un caisson de pharmacie ou un chargement de caisson pris à Rennes, où se trouvent deux caissons de pharmacie chargés et les cantines de pharmacie d'une section légère.

1ʳᵉ division. — Cette ambulance, passant au 16ᵉ corps, n'a qu'un caisson d'ambulance ; elle a besoin d'un second caisson ou d'un chargement de caisson.

2ᵉ division. — Prise par l'ennemi et ramenée depuis deux jours seulement, cette ambulance ne paraît pas avoir subi de pertes notables dans son matériel ; ce dernier doit être examiné par le médecin en chef et recomplété sur ses demandes.

3ᵉ division. — Prise par l'ennemi, cette ambulance ne possède en fait de matériel que 60 demi-couvertures ; elle est à recréer tout entière.

Cavalerie. — Ambulance suffisamment pourvue, manque cependant de litières et de cacolets.

N. B. — Ce corps a perdu toutes ses réserves de linge et de médicaments. Dans la conversation que j'ai eue avec M. l'intendant en chef du 17ᵉ corps, il m'a semblé que ce fonctionnaire était peu disposé à recompléter le matériel des ambulances. Je n'ai pas cru, par déférence pour lui et en raison des circonstances actuelles, devoir vous demander d'urgence ce complément indispensable. J'ai avisé M. l'intendant en chef de la IIᵉ armée de la Loire, dans la visite que j'ai eu l'honneur de lui faire, des besoins qui se faisaient sentir, en lui signalant le dépôt de ressources médico-chirurgicales fait à Rennes par vos soins ; je crois néanmoins qu'il serait bon de lui envoyer des ordres à ce sujet.

21ᵉ corps d'armée.

Quartier général. — Ambulance complète.

1ʳᵉ division. — Cette ambulance, dont le personnel est civil, est alimentée par l'administration de la Guerre quant au matériel. M. le docteur ....., médecin-major de 2ᵉ classe requis, se trouve suffisamment pourvu en joignant ses ressources personnelles à celles qui sont mises à sa disposition par l'administration ; mais j'estime que cette ambulance aurait besoin d'un caisson ou d'un chargement de caisson de chirurgie.

2ᵉ division. — Les ressources de cette ambulance, provenant d'achats directs et de cantines médicales fournies par l'administration de la Guerre, sont à peu près suffisantes, mais fort disparates, et n'exigent pas moins de *cinq* voitures du train des équipages et *trois* voitures de réquisition pour être transportées. Il est nécessaire qu'elle soit pourvue d'un caisson d'ambulance.

3ᵉ division. — L'ambulance de la 3ᵉ division n'ayant qu'un caisson d'ambulance incomplet (ses paniers 15, 17, 19 et 21 manquent) a besoin d'un caisson, d'un chargement de caisson de chirurgie.

4ᵉ division. — Alimentée par la marine de l'État, cette ambulance ne manque de rien.

Cavalerie. — L'ambulance, dite *Strasbourgeoise*, possède un matériel de choix et un approvisionnement en médicaments très bien entendu ; l'un et l'autre proviennent de l'ambulance internationale.

En résumé, Monsieur le Ministre, les besoins en ressources médico-chirurgicales des ambulances de la IIᵉ armée sont :

17ᵉ corps :

    Un caisson de pharmacie au quartier général ;
    Un caisson d'ambulance à la 1ʳᵉ division ;
    Un matériel d'ambulance complet à la 3ᵉ division ;
    Des réserves de linge et de médicaments.

21ᵉ corps :

    Trois caissons ou chargements de caisson d'ambulance pour les 1ʳᵉ, 2ᵉ et 3ᵉ divisions.

J'aurai l'honneur de vous signaler verbalement les desiderata du fonctionnement de ce matériel et du fonctionnement général des ambulances, tant pour le champ de bataille qu'en station.

Note complémentaire du rapport du Médecin inspecteur chargé de l'inspection médicale de la IIe armée.

Bordeaux, 9 février 1871.

J'ai l'honneur de vous adresser, sous forme de note, le résumé de la conversation que nous avons eue, sur les observations que m'a suggérées mon inspection médicale de la IIe armée de la Loire et que je n'ai pas cru devoir consigner dans mon rapport, en raison des susceptibilités plus ou moins justes qu'elles peuvent éveiller.

Fonctionnement du personnel médical et des ambulances.

Les médecins des corps de troupe ont suivi partout leurs régiments sur le champ de bataille et les ont assistés, en toute circonstance, dans la mesure des moyens mis à leur disposition.

Ces moyens sont, en fait de ressources médico-chirurgicales : le sac ou les sacoches d'ambulance et les cantines médicales. Le sac ou les sacoches, portés par un homme qui accompagne le médecin, ont toujours été sous la main de ce dernier, mais les ressources qu'ils présentent sont très restreintes et rapidement épuisées.

Les cantines médicales, mieux et plus abondamment pourvues de ressources que les sacs et sacoches, sont loin d'avoir toujours été à la disposition des médecins pour cette raison que, transportées sur des voitures, elles ont souvent été reléguées aux bagages, toujours tenus à une assez grande distance du lieu du combat. Il en résulte que bon nombre de médecins des corps ont été privés de leurs moyens d'action et qu'un très grand nombre de blessés n'ont pu recevoir de secours immédiat.

Pour parer à ce grave inconvénient, il conviendrait que les cantines médicales fussent transportées à dos de mulet ; elles pourraient suivre ainsi tous les mouvements des corps de troupe et toujours être à la disposition des médecins. A cet effet, ordre serait donné aux régiments de se pourvoir de mulets et de bâts, à raison d'un par bataillon, ainsi que cela se pratique en Algérie.

Le service médical dans les gardes mobiles n'a pas toute la régularité désirable. Le choix du personnel médical, laissé aux officiers de ces troupes, et quelquefois imposé par des considérations particulières, n'a pas toujours été heureux : il est tombé sur un très grand nombre de jeunes gens ne possédant ni pratique, ni titres universitaires suffisants, ou n'en possédant aucun ; le 88ᵉ mobiles notamment, a un vétérinaire pour médecin.

Les médecins de la garde mobile ne se considèrent obligés qu'envers leurs bataillons respectifs et ne croient pas devoir donner leurs soins aux autres bataillons formant le régiment, lorsque ceux-ci viennent à être dépourvus des médecins qui y sont attachés. De là, des demandes continuelles faites aux ambulances par les commandants de garde mobile pour assurer le service médical de leurs troupes; de là, de nombreux détachements, soit définitifs soit temporaires, de médecins des ambulances et l'affaiblissement de ces dernières : dans la 3ᵉ division du 21ᵉ corps d'armée, le service médical, presque tout entier, est fait par les médecins des ambulances, pour lesquels il est un surcroît de fatigues.

Il est désirable d'obtenir du grand quartier général de la IIᵉ armée la situation du personnel médical des corps de troupe (régiments de marche et de garde mobile), que j'ai vainement demandée. La situation afférente aux gardes mobiles porterait les titres et qualités des médecins ; on pourrait ainsi prendre efficacement les mesures jugées convenables pour assurer le service par le nombre et la qualité du personnel.

Il est indispensable de prescrire aux médecins de la garde mobile de donner leurs soins à tous les hommes de leur régiment, quel que soit le bataillon auquel ils appartiennent les uns et les autres, en leur rappelant que la charité et le dévouement, n'ayant pas de nationalité, ne sauraient être bornés par des limites départementales.

Les ambulances de la IIᵉ armée, pendant les combats livrés par cette armée, ont été établies aussi près que possible du champ de bataille ; cependant elles auraient pu être installées plus près encore des combattants qui, recevant des secours plus prompts, ne se seraient pas laissés aller à quelques récriminations dont le personnel médical doit être exonéré.

En présence de l'inobservation par l'ennemi des conventions de neutralité du matériel d'ambulance qui, en maints endroits, a été pris et non rendu, les fonctionnaires de l'intendance, justement préoccupés de la conservation de ce matériel, ont, à peu près partout, donné l'ordre de le tenir à l'abri d'un enlèvement possible ; de là, l'éloignement des secours et des moyens de transport pour les blessés, dont il est inutile de faire ressortir les résultats matériels et l'effet moral produit sur les hommes.

Il serait possible, ce me semble, de satisfaire les besoins du service médical sur le champ de bataille et de garantir en même temps, dans les limites possibles, le matériel des ambulances d'un enlèvement par l'ennemi, par les mesures suivantes, dont l'initiative a été prise en 1868 par M. l'intendant général....., de concert avec moi, et qui, adoptées en principe, n'ont été suivies que d'une exécution partielle.

La pratique a démontré que le caisson d'ambulance et le caisson de pharmacie sont trop lourds et trop encombrants pour suivre d'assez près les troupes dans les péripéties d'un combat : il conviendrait de les laisser aux réserves et de subvenir aux besoins des ambulances de bataille par un matériel plus léger, composé d'un certain nombre de cantines médicales, facilement transportables sur de petites voitures à deux roues, fournies par l'administration ou réquisitionnées, qui, en raison de leur légèreté, auraient une grande mobilité, pourraient passer partout, seraient facilement tirées des mauvais pas et dont l'enlèvement ne constituerait ni pour le service médical, ni pour le Trésor, une perte considérable.

L'enlèvement des blessés du champ de bataille, pendant et après l'action, est un service qui, dans la pratique, n'est attribué exclusivement à personne et qu'on n'a mis personne en état de faire efficacement et avec la régularité que peuvent laisser, pour l'exécuter, les conditions de la guerre.

Nous avons encore vu, dans cette campagne comme dans les campagnes précédentes, des blessés qui auraient pu gagner seuls les ambulances, y être conduits par plusieurs de leurs camarades ne retournant plus au feu.

Il serait utile d'augmenter le nombre des infirmiers en proportion suffisante pour que ces soldats soient chargés de relever les blessés pendant l'action. Les infirmiers d'exploitation sont trop peu nombreux dans les ambulances, au service desquelles ils ne suffisent pas, pour qu'on puisse les employer au transport des blessés.

Percy, en 1808, avait créé à cet effet un corps de *brancardiers* que les événements empêchèrent d'organiser complètement : c'est aux errements de cet illustre chirurgien d'armée qu'il faut revenir pour assurer la conservation, sous le feu, des hommes dans les rangs, en même temps que les droits de l'humanité.

La direction des ambulances, de par le règlement sur le service en campagne, appartient aux fonctionnaires de l'intendance. En fait, et sur le champ de bataille, souvent même en route ou en station, cette direction est exercée par tout le monde et personne, moins par le médecin en chef que par tout autre. Le comptable d'une part, maître du matériel, l'officier du train, de l'autre, maître des moyens de transport, le médecin en chef ne disposant même pas de son personnel propre, l'intendance enfin, que ses attributions multiples tiennent souvent éloignée de l'ambulance, tels sont les éléments disparates et fréquemment désunis d'un service réservé à sa véritable et logique direction. Il en résulte, sans parler de la situation dépendante de tous que cet état de choses fait au médecin en chef, des ordres, des contre-ordres et un manque de concert préjudiciables à la bonne exécution du service.

La direction des ambulances devrait appartenir aux médecins qui ne sont volontiers considérés que comme des accessoires à leur propre service, quand les malades et blessés eux-mêmes ne sont point considérés comme un simple prétexte à administration.

Les évacuations des malades et blessés des ambulances militaires ont souvent été ordonnées en masse et sans contrôles, sur les établissements en arrière de la première ligne. Les ambulances civiles notamment, contrairement au principe de leur création et de leur fonctionnement, ont, pour la plupart, évacué leurs malades et blessés, soit en arrière soit sur les établissements militaires, tout simplement pour s'en débarrasser. Il en résulte qu'un très grand nombre d'hommes, surtout dans les gardes mobiles, qui pourraient rentrer dans les rangs, soit immédiatement soit à bref délai, sont éloignés de leurs corps sans motifs sérieux, encombrent les trains de chemins de fer qu'ils prennent quelquefois d'assaut, séjournent plus ou moins longtemps dans les gares transformées en ambulances ou dans les ambulances mêmes et y abandonnent leurs armes, regagnent rarement leurs régiments et, qu'ils restent où qu'ils viennent, augmentent inutilement ces difficultés avec lesquelles les administrations des chemins de fer sont aux prises.

Il est à peu près impossible de mettre quelques régularités dans des évacuations faites en masse d'une première station sur des stations en arrière; mais dès la seconde station, un triage sévère des malades et blessés doit être fait; à la troisième, à la quatrième, s'il le faut, un nouveau triage doit avoir lieu pour compléter les précédents, de façon à établir en quelque sorte un système de *tamis*, espacés et à mailles successivement plus étroites, à travers lequel ne passeront que les hommes véritablement malades ou blessés et qui retiendra ces hommes suivant la gravité ou la nature de l'affection dont ils sont atteints, à des distances plus ou moins rapprochées du lieu occupé par l'armée en opérations.

C'est aux médecins inspecteurs des évacuations qu'incombe cette importante partie du service, plus que l'installation d'ambulances que les administrations civiles ou militaires peuvent préparer; ces médecins ne devraient quitter une gare ou un train que pour en regagner et en reprendre d'autres, multipliant ainsi une surveillance pour laquelle leur zèle et leur activité ne sauraient trop se déployer, et contre laquelle s'élèvent quelquefois, de la part des populations mal inspirées, des récriminations qu'ils doivent avoir le courage d'affronter.

Les rapports du corps médical avec l'intendance sont généralement bons et courtois : ils sont tendus néanmoins par l'attente d'un changement, que l'une semble redouter autant que l'autre le désire, dans le fonctionnement du service auquel tous deux concourent. Il est à espérer que le changement, à tort ou à raison attendu, étendra l'action du médecin en chef de l'armée sur le personnel médical des corps de troupe comme sur celui des ambulances : c'est à cette condition seule que le médecin en chef d'une armée, disposant de *tout* le personnel médical et le répartissant suivant les aptitudes des médecins qui le composent et suivant les besoins, pourra diriger avec une compétence efficace le service, important à tous les titres, dont il sera responsable.

La conservation d'un personnel aussi précieux que celui des médecins militaires ne m'a pas moins préoccupé que l'état sanitaire de la II° armée, l'état du matériel des ambulances et leur fonctionnement. J'ai donc porté mon attention sur la manière dont les médecins des ambulances mangent et sont transportés.

Les médecins des ambulances vivent à l'ambulance même et en popote, pour me servir d'un terme consacré, avec l'officier comptable. Au point de vue matériel, cette disposition est bonne et mérite d'être conservée ; mais à un point de vue différent, elle met en quelque sorte les médecins à la discrétion du comptable, disposant des servants, des ustensiles et transportant dans des fourgons les provisions de la popote. La dépendance des médecins dans cette circonstance peut avoir des inconvénients qu'il est inutile d'indiquer et qui disparaîtraient si la direction des ambulances était donnée au médecin en chef de chacune d'elles.

Quelques médecins marchent à pied, d'autres à cheval, le plus grand nombre voyage en voiture ; le dernier mode de transport s'est peu à peu établi par l'expérience, je le crois en effet le meilleur. C'est de tous le moins fatigant ; en descendant de voiture, le médecin ou le chirurgien est plus apte, à de rares exceptions près, à faire un service toujours pénible, qu'en descendant de cheval. Il supprime les préoccupations constantes du cavalier pour sa monture et l'exonère des soins qu'elle exige. Il décharge les médecins de la nécessité d'avoir pour chacun une *ordonnance*, toujours difficile à se procurer quand elle n'est pas refusée, et il allège du même coup les ambulances d'hommes et de chevaux qui n'en font pas essentiellement partie.

Les médecins ont acheté ou mis en réquisition des omnibus où ils placent près d'eux, quelques petits bagages et quelques provisions de bouche.

Peut-être conviendrait-il d'ordonner ce qui n'existe qu'officieusement, et de faire transporter les médecins par des omnibus ou des chars à bancs analogues à ceux de certaines compagnies de chemins de fer, et attelés de deux chevaux du train des équipages, conduits et soignés par un militaire de ce corps.

Je ne transcrirai pas cette note, Monsieur le sous-directeur, sans insister près de vous sur l'indispensable nécessité d'accorder au corps médical de la II⁰ armée des nominations et des promotions dans le plus bref délai ; il le mérite et il a le droit d'y compter en voyant les récompenses nombreuses dont les autres corps de l'armée ont été comblés, lui seul n'ayant encore obtenu que des faveurs partielles.

Les conclusions de cette note peuvent être formulées de la manière suivante :

1° Nécessité de pourvoir les corps de troupe de mulets et de bâts, à raison d'un par bataillon, pour transporter les cantines médicales qui doivent toujours être à proximité et à la disposition des médecins de régiment ;

2° Demander instamment au chef d'état-major du grand quartier général de la II⁰ armée la situation du personnel médical des régiments de marche et des régiments de garde mobile, cette dernière situation indiquant les titres universitaires de chacun des médecins ;

3° Faire donner l'ordre aux médecins de la garde mobile d'assurer le service médical par régiments et non par bataillons ;

4° Laisser aux réserves de l'armée les caissons d'ambulance et les caissons de pharmacie, trop lourds et trop encombrants pour suivre les opérations militaires rapides, et les remplacer dans les ambulances de bataille par un certain nombre de cantines médicales transportées sur des voitures légères à deux roues et attelées d'un cheval ou de deux chevaux, l'un en sous-verge ;

5° Assurer l'enlèvement des blessés du champ de bataille et leur transport aux ambulances, notamment pendant le combat, par des infirmiers militaires, dont le nombre serait augmenté suffisamment dans chaque ambulance pour former un groupe spécial de brancardiers ;

6° Donner la direction des ambulances au médecin en chef de chacune d'elles ;

7° Appliquer surtout l'action des médecins inspecteurs d'évacuations dans les gares et les trains de chemins de fer, laissant aux administrations des établissements civils ou militaires hospitaliers le soin de préparer des locaux pour recevoir les malades et blessés et, aux médecins de ces mêmes établissements, celui de désigner, pour être évacués, les hommes qu'ils traitent ;

8° Convenance de faire paraître ou de démentir le décret d'organisation attendu pour le corps médical militaire ;

9° Étendre l'action du médecin en chef de l'armée sur le personnel médical des corps de troupe ;

10° Faire transporter les médecins des ambulances sur des voitures spéciales.

Telles sont, Monsieur le sous-directeur, les observations que m'ont suggérées non seulement l'inspection du service médical de la II° armée que je viens de faire, mais encore l'expérience que j'ai pu acquérir pendant trente et un ans de services et dans dix-huit campagnes. Je sais qu'elles portent, la plupart, sur des points qu'on s'efforce de rendre litigieux, mais je ne doute pas que, dans un avenir prochain, elles ne soient prises en effective considération par l'administration de la guerre, comme elles sont approuvées déjà par l'opinion publique dont elles ne sont que l'écho.

Rapport sur le service de santé au 18ᵉ corps d'armée pendant la campagne de l'Est.

(Sans date).

Le service de santé du 18ᵉ corps d'armée était institué d'une façon à peu près complète. Chaque régiment avait ses deux médecins réglementaires, et les quatre divisions, constituant le corps d'armée, leurs ambulances. De plus, le quartier général avait encore une grande ambulance de réserve.....

Tous les chefs d'ambulance appartenaient à la médecine militaire, mais leur personnel, exclusivement composé de médecins auxiliaires presque tous étudiants encore, n'avait peut-être pas toute la science et surtout la discipline nécessaires. Aussi leur fallût-il une énergie et un dévouement que nous ne saurions assez louer pour faire face à toutes les exigences de leurs pénibles et difficiles fonctions.

Si le personnel médical était à peu près suffisant, il était bien loin d'en être ainsi pour le matériel. Chaque ambulance possédait à peine trois ou quatre caissons, garnis d'approvisionnements beaucoup trop restreints.

On pourra s'en faire une idée quand on saura que l'ambulance du grand quartier général, qui reçut 480 blessés après la bataille de Villersexel et 950 environ pendant et après les trois journées d'Héricourt, possédait à peine 200 couvertures, et cela par un froid de 10 degrés en moyenne. Le linge et la charpie étaient également en quantité insuffisante ; j'en dirai autant des moyens de transport, qui étaient nuls. Le nombre des mulets et cacolets, pour tout le corps d'armée, ne dépassait pas 150, un peu plus de la moitié de ce qu'il eût fallu pour une seule division. Pas de voitures non plus pour le transport des malades qui étaient disséminés dans les villages ou les hameaux que l'on traversait et envoyés dans les hôpitaux de la ville la plus voisine, par les soins du maire de la localité.

Cet abandon forcé des malades qu'on semait, pour ainsi dire, tout le long de la route, était des plus fâcheux. Quoique les maires eussent reçu l'ordre de ne recevoir que ceux qui étaient régulièrement pourvus d'un certificat de leurs médecins, il se glissait à chaque étape, parmi les hommes réellement incapables de continuer la campagne, une foule de simulateurs, qui, prétendant n'avoir pu rencontrer de médecin pour se faire visiter, se soustrayaient ainsi, grâce à une coupable tolérance, à leur service.

De plus, par la négligence des autorités locales, les évacuations étaient mal faites ; au lieu de réunir les malades dans les maisons communes et les écoles, on les laissait s'éparpiller dans les habitations particulières où ils séjournaient indéfiniment, au grand détriment de leur santé et des habitants dont ils épuisaient les ressources.

Quand, après un combat, le nombre des blessés exigeait une évacuation immédiate, on était obligé de réquisitionner les voitures dans les localités voisines, qui en fournissaient toujours en trop petite quantité. On entassait alors blessés sur blessés et, quoique le chargement se fît toujours sous les yeux des médecins des ambulances, ils se voyaient, faute de ressources matérielles suffisantes, forcés de tolérer des dérogations sans nombre aux règles les plus élémentaires de leur profession.

Les voitures d'évacuation, ainsi réquisitionnées, étaient généralement remplies de paille, mais les malheureux blessés n'avaient pour se couvrir que leurs habits souillés de sang, bien rarement leur demi-couverture, et ils cheminaient ainsi, pendant 8 et 10 lieues souvent, au milieu de chemins détestables, par un froid terrible et des secousses qui leur arrachaient, à chaque pas, des cris lamentables.

Aussi n'y eut-il pas d'évacuation où il ne périt en route cinq ou six malades ou blessés, et il n'était pas rare d'en voir mourir un beaucoup plus grand nombre à leur arrivée à destination, avant qu'on eût même eu le temps de les déshabiller et de les mettre dans un lit.

Les évacuations principales furent faites sur Rougemont, Beaume-les-Dames, Besançon et, de cette dernière ville, avant son complet investissement, sur Lyon.

Rien malheureusement n'était préparé dans ces différents centres pour recevoir l'énorme quantité de malades et de blessés qui y furent dirigés. Les hôpitaux et les édifices publics étaient insuffisants ; des baraques, construites à la hâte, ne répondaient pas aux conditions les plus simples de l'hygiène ; l'initiative et la charité particulières avaient beau se multiplier, elles ne parvenaient pas à soulager toutes les souffrances. Les lignes de chemins de fer étaient encombrées ; quand on parvenait à faire partir un train de blessés, on était réduit, faute d'aménagements spéciaux, à les entasser dans des wagons à bestiaux, où ils passaient un temps indéfini jusqu'au moment où ils pouvaient enfin recevoir un abri définitif.

Ainsi, nous ne craignons pas de le dire, le défaut de transports a été une des grandes lacunes de cette guerre, à laquelle nous n'étions préparés en rien, ni pour rien, et une des premières préoccupations de l'administration future devra être l'étude de cette question si importante pour une armée en campagne, où il faut pouvoir se débarrasser à propos des impédimenta, restreindre le nombre des traînards et des simulateurs, tout en sauvegardant les règles de l'humanité.

Nous sommes obligés de signaler aussi, à propos de transports, un détail moins important, mais qui ne laisse pas d'avoir une certaine valeur: les médecins des ambulances n'étaient pas montés, l'administration leur avait désigné un omnibus par ambulance et ils suivaient leur division au milieu des voitures et bagages. Ce mode de service était assurément vicieux. Tous les médecins sans distinction eussent dû être montés et placés à la queue de leurs divisions respectives pour presser les retardataires, faire monter en cacolets les malades et donner des billets à ceux qui, tombés sur la route, ne pouvaient être emmenés plus loin. Quatre ambulances volontaires, appartenant à la Société internationale des blessés, venaient compléter le service de santé.....

Ces ambulances, pourvues d'un matériel beaucoup plus complet que les ambulances officielles, rendirent des services qu'on ne peut nier, mais qui eussent été beaucoup plus considérables encore si elles avaient été soumises à une réglementation militaire. A leur titre d'ambulances volontaires, elles échappaient au commandement, s'établissaient où bon leur semblait, avec 60 ou 80 blessés, souvent avec moins encore, demeuraient en place ou partaient sans s'inquiéter des besoins du service, du déplacement des troupes, des nécessités d'évacuations, et créaient parfois des embarras sérieux à l'autorité militaire. Nous ne faisons, bien entendu, ici aucune personnalité.... Mais c'est l'institution tout entière à laquelle nous croyons devoir nous attaquer et nous avons l'intime conviction que les ambulances internationales ont été plus nuisibles qu'utiles dans la désastreuse campagne que nous venons de traverser.

Et cependant, il eût été bien simple d'utiliser le dévouement réel du personnel et de lui faire produire des résultats proportionnels aux sacrifices pécuniaires énormes que s'étaient imposés les membres de l'association.

Il eût suffi pour cela de soumettre absolument toutes les ambulances volontaires à l'autorité militaire qui les eût placées sous la direction du médecin en chef de chaque corps d'armée, qui, seul, était apte à en disposer suivant les besoins réels de l'armée ; ce n'est que de cette manière qu'on peut arriver à l'unité d'action nécessaire pour satisfaire à toutes les exigences d'un service compliqué par des marches incessantes et des combats journaliers. Les ambulances militaires eussent fonctionné alors comme de simples ambulances volantes de champ de bataille, les ambulances volontaires, comme réserves destinées aux blessés qui n'auraient pu être transportés dans les hôpitaux permanents à cause de la gravité de leur blessure ou de l'insuffisance des moyens de transport. Elles eussent, de plus, été chargées du service des évacuations en détachant des médecins pour accompagner à destination les blessés et malades. Enfin, elles auraient encore pu rassembler les matériaux scientifiques que la chirurgie militaire, à cause de sa mobilité et de ses déplacements continuels, n'a ni le temps ni le moyen de recueillir.....

Jusqu'au 15 décembre 1870, les troupes avaient été campées ; à cette époque, le Gouvernement de la Défense nationale envoya au général en chef l'ordre de cantonner les hommes à cause de la rigueur de la saison.

Le froid était en effet excessif : trois fois nous avons constaté un minimum de 22 degrés et la moyenne, pendant les mois de décembre et janvier, a oscillé entre 10 et 12 degrés. Nous donnons ici un tableau recueilli par nous des températures du 15 décembre au 2 février.

Décembre. Température minimum.			
15........	17 degrés.	27........ 18 degrés.	10........ 15 degrés.
16........	17,5 —	28........ 20 —	11........ 16 —
17........	15 —	29........ 23 —	12........ 16 —
18........	14 —	30........ 19 —	13........ 12 —
19........	22 —	31........ 17 —	14........ 13 —
20........	19 —	*Janvier.*	16........ 2 dégel.
21........	16 —	1er....... 12 degrés.	19........ 15 degrés.
22........	17 —	2........ 17 —	21........ 16 —
23........	20 —	3........ 19 —	22........ 1 dégel.
24........	21 —	4........ 15 —	23........ 1 —
25........	25 —	5........ 14 —	26........ 16 degrés.
26........	19 —	6........ 10 —	27........ 11 —
		7........ 15 —	*Février.*
		8........ 12 —	1er....... 0 dégel.
		9........ 14 —	2........ 0 —

Les froids exceptionnels étaient rendus plus pénibles encore par l'état des routes couvertes de neige où les hommes enfonçaient parfois jusqu'aux genoux et par un vent du Nord-Ouest qui ne cessa de souffler pendant le mois de décembre et une bonne partie du mois de janvier. Les habits aussi étaient insuffisants. Plus de la moitié des hommes, composés de mobiles, ne portaient qu'une vareuse de molleton, abri illusoire contre les rigueurs du climat. Les chaussures étaient non moins défectueuses, presque toutes prenaient l'eau, beaucoup étaient trop étroites et venaient ajouter aux fatigues de la marche les tortures de la constriction auxquelles succédaient presque inévitablement de larges ulcérations du talon et du dos du pied, qui souvent se convertissaient en gangrène partielle ou totale. Une nourriture insuffisante ou incomplète, les ressources bornées des petites localités qu'on traversait, qui ne pouvaient offrir que des suppléments illusoires à l'ordinaire des hommes ; le manque de tentes qui, dans la première partie de la campagne, forçait les hommes à bivouaquer devant quelques maigres feux de bois vert ; l'encombrement, après le 15 décembre, dans des chambres où les soldats s'empilaient parfois vingt ou trente quand il n'y avait souvent de place que pour huit ou dix ; les fatigues des marches forcées et des marches de nuit devaient agir d'une façon terrible sur de jeunes soldats qui quittaient pour la première fois leurs foyers et avaient à lutter, pour leur coup d'essai, contre les épreuves dont nous n'avons donné qu'une pâle et incomplète idée. Aussi les maladies firent-elles fondre en peu de temps un corps d'armée qui, au début, comprenait 35,000 hommes environ.

Le nombre des malades, pendant les deux mois de décembre et de janvier, oscilla entre 8,000 et 9,000 hommes. Le chiffre n'en a pu être déterminé d'une façon plus précise, mais il se rapproche plutôt de 9,000, d'après les rapports hebdomadaires demandés aux corps de troupe et aux ambulances qui n'ont jamais, du reste, été fournis régulièrement. Sur ces 9,000 malades, il y a eu environ, d'après les divers documents que nous avons pu nous procurer, 1,500 décès, soit 17 p. 100, chiffre énorme, surtout si nous défalquons de ces 9,000 malades, 3,000 hommes environ atteints d'infirmités légères, ulcérations du pied, courbatures, congélations superficielles, simulations, etc., etc.

Les maladies qui ont sévi sur nos troupes, avant le cantonnement, sont, par ordre de fréquence :

Les affections pulmonaires, bronchites, pneumonies, congestions pulmonaires.

Ces affections présentaient presque toujours une gravité extrême ; ainsi, nous relevons dans une statistique mise à notre disposition, 157 décès de pneumonies et pleuro-pneumonies.

Après les affections pulmonaires, les affections rhumatismales, rhumatismes articulaires et musculaires.

Les affections intestinales dues au froid et à une nourriture insuffisante, diarrhée entérite, dysenterie aiguë, quelques péritonites rhumatismales.

Et enfin les congélations. Les congélations ont été, avec les affections des organes respiratoires, la maladie la plus fréquente de cette terrible campagne de l'Est, dont on ne peut apprécier convenablement les épreuves que quand on les a traversées.

Nous comptons, sur nos relevés statistiques, 1,546 congélations à différents degrés, depuis le plus simple, l'engelure, jusqu'au dernier, la gangrène complète des deux membres et la mort par congélation. Le froid était la cause de ce terrible accident, mais il y avait encore des causes adjuvantes qui favorisaient son action et dont nous avons dit déjà quelques mots au commencement de ce chapitre.

Parmi ces causes, nous citerons en première ligne le vêtement. Les régiments de mobiles, qui composaient la plus grande partie du corps d'armée, avaient été équipés à la hâte dans leurs départements de la façon la plus détestable. Ils ne possédaient qu'une vareuse de molleton, souvent de qualité inférieure, et des pantalons d'un drap léger qui ne résistait pas à la fatigue. Peu d'entre eux étaient munis de leur demi-couverture, pas d'effets de rechange, de sorte qu'ils étaient obligés de faire sécher sur eux l'humidité dont la neige les avait imprégnés.

Les congélations les plus fréquentes furent celles des extrémités inférieures, 947 sur 1,546. Cette extrême fréquence était due principalement au mauvais état des chaussures qui, crevées en plusieurs endroits, réduites à l'état de pantoufles, laissaient à nu, sur la neige humide ou glacée, une partie du pied des hommes.

Les Prussiens, grâce à leurs demi-bottes et à la précaution de se frotter, matin et soir, les pieds avec du suif, ont eu beaucoup moins de congélations que nous. Parmi ces 947 congélations du pied, nous ne notons que 87 cas chez les cavaliers : c'est donc le mauvais état des chaussures qui est la cause principale de ce terrible accident. Les guêtres blanches, portées par plusieurs de nos régiments, ont aussi exercé une influence fâcheuse par la constriction du mollet, qui ralentissait la circulation déjà compromise par le froid.

Il faut donc absolument proscrire désormais l'usage des souliers et des guêtres et adopter la demi-botte, *qui est par la chaleur, mais surtout par le froid, la chaussure la plus hygiénique.*

Les congélations ont encore été favorisées par d'autres causes plus accessoires mais qui, en débilitant les troupes, ont diminué leur résistance au froid : je veux parler de l'alimentation insuffisante, de l'absence des légumes frais dans les ordinaires, de l'abus des salaisons, ainsi que des fatigues écrasantes résultant de cette guerre de montagnes. Un fait intéressant pour la science et l'histoire des congélations, c'est qu'elles aient augmenté d'une façon sensible après le cantonnement des troupes, quoique le froid en janvier ne s'élevât pas plus haut qu'en décembre. Cette recrudescence est due au brusque changement de température par lequel passaient les hommes, en entrant sans précaution, avidement, si je puis m'exprimer ainsi, après de longues marches dans la neige, dans des chambres encombrées et chauffées outre mesure, par les poêles de fonte dont on se sert dans tout le Jura. On avait pris cependant toutes les mesures nécessaires pour s'opposer au désastreux effet du froid. Des distributions de vin et d'eau-de-vie étaient faites aux troupes toutes les fois qu'on pouvait s'en procurer.

Dans les régiments, on avait donné les ordres les plus sévères pour empêcher les hommes de s'arrêter en route, car « quiconque s'arrête, s'endort, et qui s'endort ne s'éveille plus », comme disait Solandes à ses compagnons de route. Mais malgré les plus sages précautions, on ne put parer complètement aux vices de l'équipement et aux terribles conséquences du froid.

Dans la seconde partie de la campagne, au moment où on se décida à cantonner les hommes, une cause nouvelle de maladie vint s'ajouter à celles qui existaient déjà. Je veux parler de l'encombrement. Arrivés à l'étape, les hommes s'entassaient pêle-mêle dans des chambres trop étroites, chacun prenait ce qu'il trouvait et comme les maisons étaient peu nombreuses, on s'y engouffrait jusqu'à ce qu'elles fussent littéralement bondées. Il en résulta tout naturellement un encombrement fatal à la santé des hommes, qui passaient ainsi leur nuit dans un air méphitique, saturé d'émanations animales et de gaz délétères.

Parmi les maladies dues à cet encombrement, nous citerons en première ligne la petite vérole et la fièvre typhoïde. La petite vérole sévissait à ce moment sur toute la France, mais tant que les troupes campèrent en plein air, elle fit relativement peu de victimes dans le 18e corps ; dès qu'elles furent cantonnées, elle commença à sévir d'une façon très marquée.

A Chagny, où le corps d'armée s'arrêta pendant huit jours pour s'organiser et compléter son matériel de guerre, la petite vérole commença à prendre un caractère épidémique. Il s'en déclara 600 cas environ. On dirigea les malades, par les voies ferrées, sur Dijon et Lyon. Cette rapide extension de la maladie était due à l'encombrement des locaux, à l'infection directe de l'homme sain par l'homme malade qui couchait à côté de lui et qui infectait non seulement ses voisins, mais souvent toute une chambrée par contagion immédiate.

Depuis Chagny, la petite vérole continua à sévir dans l'armée ; elle était surtout propagée par la paille qui servait de couchage successif aux hommes qui se suivaient dans les maisons destinées au logement des troupes. Nous avons vu des maisons où la même paille avait servi pendant quinze jours de suite au couchage des hommes sans avoir été ni battue ni renouvelée. Nos relevés statistiques portent à 1,462 le nombre d'hommes atteints de petite vérole pendant la campagne ; sur ce nombre, 460 décès environ, mortalité énorme due d'abord à la malignité de la maladie produite en grande partie par l'encombrement — beaucoup de ces petites véroles étaient hémorragiques — et enfin, au défaut de soins et à l'insuffisance des moyens de transport.

Les hommes étaient, en effet, nécessairement abandonnés, dans les villages où ils avaient été frappés, aux seuls soins des paysans qui les avaient recueillis. Là, ils restaient étendus sur la paille, presque sans nourriture, couverts de haillons, en attendant de la nature seule, la mort ou la guérison.

Wartensleben, dans son *Histoire de la campagne de l'Est*, raconte que les Prussiens ont vu, dans leurs marches, un grand nombre de ces malheureux, et il estime, avec juste raison, que la petite vérole a fait beaucoup plus de ravages parmi nos troupes que dans les armées prussiennes.

Les fièvres typhoïdes firent aussi leur apparition à ce moment. Dues à l'encombrement et à la contagion favorisée par l'encombrement, elles offrirent un caractère de gravité exceptionnelle. On ne note cependant que quelques cas de typhus pétéchial, mais les fièvres typhoïdes présentèrent un caractère gangréneux qui fut signalé dans presque toutes les autopsies faites à ce moment. Leur nombre alla jusqu'à 1,206, sur lesquels 230 décès, mortalité aussi effrayante que celle de la petite vérole et qu'il faut attribuer aux mêmes causes, en y faisant entrer de plus la jeunesse des hommes qui, presque tous, étaient des recrues pour la première fois soumises aux fatigues de la guerre.

Maintenant, eut-on pu s'opposer à cet état de choses?

Nous ne le croyons pas, les circonstances étant exceptionnelles, le matériel incomplet, la distribution régulière des vivres impossible par suite du mauvais état des routes qui empêchait les convois d'arriver en temps utile, l'encombrement forcé à cause du froid et du petit nombre de locaux que l'autorité avait à sa disposition. Mais, dans ces désastres, nous devons au moins puiser un enseignement; si une guerre pareille devait se reproduire, dans l'intérêt des hommes, dans l'intérêt même des opérations, il faudrait éviter l'encombrement à tout prix et cela serait chose facile en employant un système de campement mixte, dans lequel la moitié des régiments serait campée, l'autre moitié logée chez l'habitant. Les régiments alterneraient chaque jour, et un jour sur deux ces hommes pourraient coucher sous un toit. Chaque jour, les régiments qui devraient être cantonnés enverraient en avant des officiers et sous-officiers chargés de faire les logements qui seraient marqués d'avance à la craie, comme l'ont fait les Prussiens pendant toute la campagne. On éviterait ainsi la confusion et le désordre qui accompagnent toujours l'installation des troupes quand elle n'est pas déterminée d'avance, et surtout l'entassement des hommes dans des locaux trop restreints dont nous avons montré les funestes conséquences. Les troupes campées fourniraient le service des grand'gardes, des reconnaissances, des avant-postes, de sorte qu'un jour sur deux le soldat aurait une nuit complète de repos qui lui permettrait de réparer ses forces et de continuer sans trop de fatigue les pénibles opérations de la campagne. Les troupes campées auraient, autant que possible, leurs tentes de campagne et les officiers montreraient l'exemple à leurs soldats en restant au milieu d'eux et sans chercher, comme cela a lieu presque toujours, à se soustraire aux rigueurs de la saison en s'abritant dans les maisons voisines du camp.

Trois combats furent livrés pendant la campagne, auxquels le 18e corps prit une part des plus actives : le combat de Villersexel, le 9 janvier, où nous eûmes 987 hommes hors de combat, 684 blessés et 303 tués ; les trois journées d'Héricourt, les 15, 16 et 17 janvier, où nous eûmes 1,460 blessés et 456 tués ; enfin le combat de la Cluse, le 1er février, où le 18e corps couvrit la retraite de l'armée de l'Est et sauva tout son matériel. Dans ce brillant combat, nous eûmes 980 blessés et 326 hommes tués. Les Allemands accusent des pertes beaucoup moins considérables ; ainsi, d'après Wartensleben, chef d'état-major de l'armée du Sud, le corps d'armée de Werder n'aurait eu que 2,780 hommes hors de combat ; la majeure partie de ces pertes ont porté sur les 2e et 3e brigades badoises qui ont combattu à Chenebier contre le 18e corps.

D'après le même auteur, Manteuffel aurait perdu 600 hommes au combat de la Cluse : ces chiffres sont évidemment trop faibles. Des médecins militaires du corps d'armée, restés à Pontarlier, nous ont affirmé que les Prussiens y auraient ramené, après le combat de la Cluse, environ 3,000 blessés, ce qui supposerait de 600 à 800 tués environ et un total de 4,000 hommes hors de combat. Ces faits montrent combien les Prussiens ont cherché, dans leurs ouvrages, à dissimuler leurs pertes, et avec quelle méfiance il faut se servir des renseignements puisés à ces sources.

Au combat de Villersexel, l'ambulance du grand quartier général, dirigée par M ....., fut établie à Espielle, où elle reçut 480 blessés, le reste fut recueilli à Villersexel même, par l'ambulance de la 2e division. La plupart des blessures furent produites par des balles et des éclats d'obus ; on ne signale que peu de blessures par armes blanches, 2 p. 100 seulement.....

Les plaies par éclats d'obus ont été nombreuses également et ont nécessité, ainsi que les fractures comminutives des os faites par de simples balles, un grand nombre d'opérations qui ont été pratiquées par les médecins de nos ambulances dans les villages situés près du champ de bataille. Le nombre des amputations, désarticulations et résections, pratiquées à l'ambulance du grand quartier général a été de 45 à Villersexel et de 105 aux trois journées d'Héricourt.....

Après avoir dit quelques mots sur les blessures faites par l'ennemi, nous ne pouvons passer sous silence les mutilations volontaires qui, malheureusement, ont été si nombreuses dans cette triste campagne. Terrifiés par le feu meurtrier de l'ennemi, de jeunes soldats ont préféré se mutiler eux-mêmes que de rester à leur place de combat. Nous ne saurions assez flétrir une pareille conduite qui prouve trop éloquemment à quel degré était tombé le niveau moral du pays dans les derniers temps de l'Empire, où les instincts de jouissances matérielles avaient été développés outre mesure dans toutes les parties du pays.

Le nombre de ces blessures volontaires a été considérable. Après la bataille de Villersexel on en signale 125 ; après les combats d'Héricourt, 256. Généralement les malheureux qui se rendaient coupables de ce crime, déchargeaient leur arme sur le pouce ou à l'extrémité d'un doigt, pour ne s'enlever que la dernière phalange. Ils pensaient ainsi éviter la mort ou des blessures plus graves, mais leurs misérables calculs furent souvent déjoués et plusieurs périrent du tétanos qui, par ces froids cruels, venait fréquemment compliquer les plaies les plus légères en apparence.

Note de la direction des services administratifs pour le Ministre.

10 mai 1872.

..... En province, au contraire, les ressources étaient excessivement restreintes ; indépendamment du matériel d'ambulance pour six corps d'armée, qui a servi, en grande partie, à organiser les ambulances de l'armée de Versailles pendant l'insurrection, on a dû constituer le matériel de douze corps d'armée (du 15e au 26e), matériel qui ayant, pour plus de rapidité, fait l'objet de commandes simultanées à Lyon, à Marseille, à Toulouse et Bordeaux, a occasionné une dépense d'environ 3,500,000 francs. Comme les ressources menaçaient de s'épuiser en France, M. ....., médecin inspecteur, a reçu, de la délégation de Tours, la mission d'aller en Angleterre acheter 600,000 francs de matériel d'hôpital et de médicaments ; c'est le seul marché de quelque importance qui ait été passé à l'étranger par le service des hôpitaux.....

XIII

Corps francs.

Le Ministre de la Guerre aux Commandants des corps de volontaires.

Tours, 15 novembre.

Nous avons surpris dans nos corps irréguliers, et même dans l'armée active, des engagés volontaires de nation allemande, qui, munis de faux papiers, avaient réussi à s'y faire incorporer.

J'appelle votre attention sur cette nouvelle et dangereuse forme d'espionnage de l'ennemi, et vous prie de bien vouloir faire examiner le plus scrupuleusement possible la provenance et l'identité de vos volontaires.

Le Ministre de la Guerre aux Généraux commandant les 2e, 3e, 7e, 8e, 9e, 10e, 11e, 12e, 13e, 14e, 15e, 16e, 18e, 19e, 20e, 21e et 22e divisions territoriales et les 15e, 16e et 17e corps d'armée (D. T.) (1).

Tours, 15 novembre.

Les corps francs vont être formés en groupes de huit ou dix compagnies, force d'un bataillon. Envoyez le plus tôt possible des états de proposition pour l'emploi de commandant de ces groupes. Les candidats pourront être pris dans l'armée régulière ou auxiliaire, ou en dehors.

Le Ministre de la Guerre aux Généraux commandant les corps d'armée, commandants régionaux et commandant les divisions territoriales (2).

Tours, 16 novembre.

Pour faire suite au décret du 4 novembre dernier relatif à l'organisation des francs-tireurs, j'ai arrêté les dispositions suivantes :

---

(1) Il ne semble pas que cette dépêche ait été envoyée.
(2) Il ne semble pas que cette circulaire ait été envoyée.

1° Les corps de francs-tireurs, actuellement existants, seront réunis par groupes de cinq à dix compagnies sous l'autorité de chefs qui recevront leurs ordres des commandants des corps d'armée ou, à leur défaut, des commandants des divisions territoriales ;

2° Ces chefs de groupes opéreront d'après vos instructions, soit isolément, soit réunis au nombre de deux, trois au plus, s'il est nécessaire, sous le commandement de l'un d'eux ou d'un officier supérieur désigné par vous ;

3° Chaque commandant de groupe devra vous envoyer immédiatement, pour m'être transmis, un état *nominatif* de tous les hommes composant les compagnies sous ses ordres, avec indication de leur *nationalité* ;

4° Les compagnies resteront constituées telles qu'elles sont, sauf celles dont l'effectif serait inférieur à 60 hommes. Lorsque pour ce dernier motif, ou pour tout autre, il y aura lieu de dissoudre une compagnie, son licenciement s'opérera, sur votre proposition, par le retrait de la commission donnée à l'officier qui la commandait et par une notification insérée au *Journal officiel* ;

5° A moins de circonstances de guerre bien connues de vous, les chefs de groupes de francs-tireurs devront vous adresser tous les cinq jours, pour m'être transmis, un rapport sur leurs opérations. S'il y a inconvénient à le faire au point de vue du secret de ces opérations, vous devrez exiger qu'ils envoient des courriers pour vous informer des entreprises qu'ils projettent ou des résultats déjà obtenus ;

6° Les commandants pourront être montés, et un médecin, également monté, devra leur être attaché. Ils devront avoir de 15 à 25 hommes montés et commandés par un officier pour faire le service d'éclaireurs. Cette organisation devra être assurée par les commandants eux-mêmes, au moyen des ressources dont ils disposent ou des prises faites sur l'ennemi ;

7° Vous veillerez autant que possible à ce que les francs-tireurs ne commettent aucun acte de nature à s'aliéner l'esprit des populations et de même à ce que les populations leur donnent aide et assistance. Vous me signalerez immédiatement tous les faits graves à la charge des francs-tireurs ou des habitants, afin qu'il soit fait contre les uns ou les autres, bonne et prompte justice ;

8° Tout franc-tireur qui cessera de faire partie de son corps pour un motif quelconque sera tenu de se présenter au général commandant la division ou le corps d'armée duquel il dépend. Vous lui donnerez immédiatement la destination qu'il doit recevoir d'après les conditions dans lesquelles il se trouve au point de vue du recrutement ;

9° Vous trouverez ci-joint un état indiquant le groupement des compagnies qui se trouvent dans le rayon de votre commandement, avec les noms des chefs qui seront affectés à chaque groupe. Vous pourrez apporter à cet état toutes les modifications que les circonstances vous suggéreront ; vous me rendrez compte ensuite de tout ce que vous aurez cru devoir faire à cet égard.

Le Ministre de la Guerre au Général commandant en chef la IIe armée, au Mans (D. T.).

Bordeaux, 27 décembre, 9 h. 45 soir.

On me signale un grand nombre de francs-tireurs qui scandaliseraient Le Mans de leur bruyante oisiveté, et qui même obligeraient les cafés de la ville à les servir après l'heure de 9 heures, que vous avez fixée pour leur fermeture.

Je vous prie de ranger tous ces francs-tireurs sous votre commandement, de les obliger de camper sur des points déterminés, de les astreindre, en un mot, à des allures parfaitement réglées, et, s'ils s'y refusent, de les dissoudre et les désarmer.

Appliquez dans toute sa sévérité le décret du 4 novembre, aux termes duquel (article 8) tous ces corps francs sont rattachés d'office à votre armée, nonobstant tous ordres contraires, qui se trouvent par la présente annulés.

Le Délégué à la Guerre au Général directeur des 1re, 2e et 3e directions.

Bordeaux, 3 février 1871.

Veuillez proposer demain un décret aux termes duquel :

1° Les corps de volontaires et de mobilisés, commandés par les généraux Charette, Lipowski et Cathelineau seront désormais désignés sous le nom de brigade Charette, Lipowski, etc.

2° Tous les détachements, dits de francs-tireurs, sont rattachés aux corps d'armée et en font partie à titre *d'éclaireurs*.

Le Ministre de la Guerre aux Généraux commandant les armées et les divisions territoriales (D. T.).

Bordeaux, 7 février 1871.

Le décret du 5 février vous a fait connaître qu'un certain nombre de corps de francs-tireurs vont être embrigadés et prendre le nom de leur commandant.

Les autres, sauf ceux qui se sont distingués par leur bonne conduite au feu et avec les habitants, seront dissous.

En conséquence, je vous invite : 1° à réunir et à maintenir sur un point déterminé les corps de francs-tireurs se trouvant sous votre commandement ; 2° à passer la revue d'effectif exacte et à me donner le détail des corps à dissoudre ou à conserver.

Le Ministre de la Guerre aux Généraux commandant les corps d'armée et les divisions territoriales et aux généraux Charette, Lipowski et Cathelineau.

Bordeaux, 24 février 1871.

Aux termes du décret du 5 février 1871, les corps francs qui n'auront pas été reconnus susceptibles d'être compris dans les corps des généraux Charette, Lipowski et Cathelineau, ou rattachés aux divers corps d'armée comme éclaireurs, doivent être dissous. Les hommes qui, par leur âge ou leur position, appartiennent à une des catégories du recrutement de l'armée, seront rendus à leur destination légale, les autres seront renvoyés dans leurs foyers. Les officiers seront prévenus que leur mission cesse ; mention de cette circonstance sera inscrite sur leur commission ; ils cesseront de porter les insignes de leur grade.

Les hommes rendront leurs armes et les effets d'équipement et de campement qu'ils pourront avoir reçus. Les armes seront versées à la direction de l'artillerie, et les effets d'équipement et de campement dans les magasins de l'État.

Toutes les pièces de comptabilité et d'administration seront remises aux mains de l'intendance, qui en donnera récépissé.

Les officiers et les hommes de troupe recevront une indemnité d'un mois de solde. Les étrangers du continent seront réunis par nationalité et dirigés sur le point le plus rapproché de la frontière où ils toucheront leur indemnité.

Les francs-tireurs d'outre-mer seront dirigés sur un port d'embarquement en rapport avec leur nationalité et déterminé par le Ministre de la Guerre, sur les renseignements que les commandants de corps d'armée et les commandants de division auront à lui transmettre à cet effet. C'est au port d'embarquement qu'ils toucheront la deuxième partie de leur indemnité, la première moitié seulement devant leur être payée au lieu du licenciement, et qu'il sera statué, s'il y a lieu, dans l'espèce, de les rapatrier par les soins du ministère des Affaires étrangères.

Quant aux étrangers qui ne désireraient pas rentrer chez eux et voudraient continuer à servir la France, ils seront réunis à Aix, d'où ils seront ensuite dirigés sur le dépôt du régiment étranger en Algérie, mais sous la réserve qu'aucun d'eux ne pourra y recevoir un grade supérieur à celui de sous-officier.

La dissolution du corps sera constatée par un procès-verbal dressé par les soins de l'intendance et dont copie sera envoyée au ministère de la Guerre.

Les autorités militaires veilleront à ce que les francs-tireurs licenciés ne s'attardent point en route.

Veuillez donner des ordres immédiats pour l'exécution des dispositions qui précèdent dans l'étendue de votre commandement et m'en rendre compte, sauf les exceptions que je me réserve de vous signaler.

XIV

Douaniers et forestiers.

Le Ministre de la Guerre au Ministre de l'Agriculture.

Tours, 12 octobre.

Plusieurs décrets ont mis précédemment à la disposition du Ministre de la Guerre les agents et préposés de l'administration des forêts. Jusqu'ici, ces décrets n'ont pas été exécutés.

Il conviendrait cependant de tirer parti pour la défense nationale des éléments dont il s'agit, qui comprennent un assez grand nombre d'anciens sous-officiers.

J'ai l'honneur de vous proposer à cet effet de réunir sur un certain nombre de points que vous désignerez, et par groupes de 200 hommes environ, les agents et préposés des forêts, *célibataires et en état de faire un bon service de guerre*. Chaque groupe formera une compagnie.

Dès que vous m'aurez fait connaître l'époque à laquelle les agents pourront être réunis sur les points indiqués, et l'effectif de chacun des groupes, je prescrirai les mesures nécessaires pour que les compagnies des agents forestiers organisées soient pourvues des armes et de l'équipement nécessaires. Ces compagnies seront ensuite dirigées sur les points où elles pourront être utilisées.

XV

Service postal aux armées.

Le Directeur général des télégraphes et des postes au Ministre de la Guerre, à Tours.

Tours, 26 septembre.

Par une lettre que vous m'avez fait l'honneur de m'adresser à Paris et qui m'est parvenue, le 24, à Tours, vous avez bien voulu m'informer qu'un 15ᵉ corps d'armée était en formation à Bourges et me demander de prendre d'urgence les mesures nécessaires pour assurer le service postal de ce corps.

J'ai l'honneur de vous informer que si M. le Ministre des Finances, qui a réservé spécialement cette nature d'affaires au mouvement général des fonds, n'organise pas un service des postes et de la trésorerie spécialement attaché au corps d'armée en formation à Bourges, le bureau de poste de cette ville sera en mesure de pourvoir, au moins provisoirement et tant que ledit corps restera à Bourges, à la réception et à l'expédition des correspondances des troupes qui en font partie et d'assurer les autres services dont mon administration est chargée.

Le Délégué du Ministre des Finances, à Tours, au Ministre de la Guerre.

Tours, 30 septembre.

J'ai reçu les deux dépêches que vous m'avez fait l'honneur de m'adresser le 27 septembre courant, au sujet des mesures à prendre pour l'organisation d'un service de trésorerie et de postes destiné au 15ᵉ corps d'armée en formation à Bourges. Je me suis empressé d'accéder à votre désir et je vous adresse ci-joint l'état nominatif des agents que j'ai désignés pour composer le personnel de ce service.

Ce personnel est moins nombreux que ne le comporte le cadre réglementaire, puisqu'il ne comprend que deux agents par division au lieu de trois. Mais, dans les conditions où le 15ᵉ corps est appelé à opérer en France, il me paraît suffisant et je pense que vous en jugerez ainsi. Il serait d'ailleurs augmenté, s'il était nécessaire, d'après les indications du payeur principal, M. . . . . .

M. ..... partira ce soir pour Bourges, où la plus grande partie de son personnel l'a devancé. Deux agents seulement, mandés par le télégraphe, sont attendus à Tours et seront, aussitôt leur arrivée, dirigés sur les points que leur désignera le payeur principal.

Vous pouvez donc considérer le service de trésorerie et de postes du 15ᵉ corps comme organisé et prêt à fonctionner, pourvu que votre département mette à sa disposition le matériel, en fourgons et en chevaux, nécessaire pour ce fonctionnement.

Le Ministre de la Guerre au Général commandant le 15ᵉ corps d'armée, à Bourges.

Tours, 1ᵉʳ octobre.

J'ai l'honneur de vous donner ci-après la liste des agents de la trésorerie et des postes du 15ᵉ corps d'armée, que le Ministre des Finances vient de désigner pour composer le personnel de ce service : ..... Des instructions vont être données pour que le matériel et les chevaux nécessaires au fonctionnement de ce service soient fournis aux agents ci-dessus désignés.

Arrêté du Directeur général des télégraphes et des postes, relatif à l'uniforme des agents des postes aux armées.

Tours, 3 décembre.

Le Directeur général des télégraphes et des postes,

Vu le décret de la délégation du Gouvernement de la Défense nationale, en date du 3 décembre courant, qui règle l'organisation et le fonctionnement du service des postes en campagne ainsi que l'assimilation des grades des agents de ce service avec ceux de l'armée,

Vu notamment l'article 5 du décret, ainsi conçu : « L'uniforme des agents des postes sera déterminé par un arrêté du directeur général »,

Considérant que le plus grand nombre des agents des postes qui sont aux armées ou pourront y être appelés faisaient partie du service de la trésorerie et, en cette qualité, sont déjà munis d'un uniforme,

Que, par raison d'économie, il convient de leur maintenir cet uniforme,

Arrête :

Art. 1ᵉʳ. — Les agents des postes qui sont ou seront attachés aux armées, et qui sont déjà munis d'un uniforme, conserveront provisoirement cet uniforme ; seulement, ils devront remplacer le képi par une casquette de forme marine, en drap vert, et faire appliquer sur cette casquette et aux parements de leur vareuse des galons en argent, dont le nombre est fixé ci-après, d'après le grade respectif de chaque agent.

Une étoile avec rayonnement, dont le modèle est joint au présent arrêté, devra en outre être brodée en argent sur le devant de la casquette et aux deux coins du col de la vareuse.

Art. 2. — L'uniforme des agents des postes qui seront appelés aux armées, et qui ne sont pas déjà munis d'une tenue de campagne, sera réglé ainsi qu'il suit :

Vareuse en drap vert, à deux rangées de boutons argentés portant l'exergue « Service des postes » avec une étoile au milieu ;

Gilet en drap vert avec une seule rangée de boutons-grelots ;

Pantalon en drap vert avec bande noire ;

Casquette en drap vert, de forme marine, avec une étoile d'argent au-dessus ;

Une étoile d'argent sera également brodée aux deux coins du col de la vareuse.

Le nombre des galons en argent à appliquer à la casquette et aux parements de la vareuse est ainsi fixé : directeur, 5 galons ; contrôleur, 4 ; commis principal, 3 ; commis ordinaire, 2.

Art. 3. — Le costume des sous-agents des postes aux armées est maintenu tel qu'il est déterminé aujourd'hui.

Le Ministre de la Guerre au Général commandant le 15e corps d'armée.

Tours, 5 décembre.

Par un décret du 27 novembre dernier, le service des postes aux armées a été séparé et rendu indépendant du service de la trésorerie.

NOMS.	GRADES DANS LES POSTES.	GRADES CORRESPONDANTS dans l'armée par assimilation.	RATIONS		
			de vivres.	de fourrages.	de chauffage.
MM........	Contrôleur.......	Chef de bataillon..	3	2	6
....	Commis........	Lieutenant.......	1 ½	»	4
....	Id.	Id.	1 ½	»	4
....	Id.	Id.	1 ½	»	4
....	Id.	Id.	1 ½	»	4
....	Id.	Id.	1 ½	»	4
....	Id.	Id.	1 ½	»	4
....	Id.	Id.	1 ½	»	4
....	Courrier.......	Sous-officier.....	1	»	2
....	Id.	Id.	1	»	2

Par suite, j'ai l'honneur de vous faire connaître la composition du personnel du service des postes, attaché au 15ᵉ corps d'armée; le tableau ci-dessus indique, en même temps que les noms des agents, leurs grades dans l'administration des postes ainsi que ceux auxquels ils sont assimilés dans l'armée et les rations auxquelles ils ont droit.

Pour compléter les renseignements relatifs à la nouvelle organisation du service des postes aux armées, j'ai l'honneur de vous informer que, dans le but de simplifier la comptabilité et d'éviter d'entraver ou de retarder leur action, j'ai décidé que les directeurs seraient chargés de pourvoir directement à toutes les dépenses, à la condition, pour ces chefs de service, d'en rendre compte mensuellement à la direction générale des télégraphes et des postes qui assurera leurs comptes et réclamera ultérieurement au ministère de la Guerre le remboursement des dépenses incombant à sa charge.

Vous trouverez ci-joint une copie de l'arrêté du directeur général des télégraphes et des postes, relatif à l'uniforme des agents des postes aux armées.

Même lettre au général commandant le 21ᵉ corps d'armée avec le tableau indiquant la composition du personnel attaché à ce corps.

NOMS.	GRADES DANS LES POSTES.	GRADES CORRESPONDANTS dans l'armée par assimilation.	RATIONS de vivres.	de fourrages.	de chauffage.
MM.	Directeur	Colonel	3	2	6
....	Commis principal.	Capitaine	1 ½	»	4
....	Commis	Lieutenant	1 ½	»	4
....	Id.	Id.	1 ½	»	4
....	Id.	Id.	1 ½	»	4
....	Id.	Id.	1 ½	»	4
....	Id.	Id.	1 ½	»	4
....	Courrier	Sous-officier	1	»	2
....	Id.	Id.	1	»	2
....	Id.	Id.	1	»	2
....	Id.	Id.	1	»	2

XVI

Discipline. Justice militaire.

Le Général commandant le 15ᵉ corps d'armée au Général commandant la 1ʳᵉ division de cavalerie, à Blois.

Tours, 21 septembre.

Je vous envoie, aujourd'hui même, les imprimés nécessaires pour la formation d'un conseil de guerre dans votre division.

Tant que vous serez dans une position analogue à celle où vous vous trouvez en ce moment, c'est-à-dire avec un chef-lieu de division territoriale et en arrière, vous devez mettre les inculpés à la disposition du commandant de cette division dans les formes ordinaires, mais il peut arriver que, même en France, il y ait pour vous grande difficulté à communiquer avec un chef-lieu de division et que nous ayons besoin d'une justice expéditive, surtout en ce moment où la discipline a si besoin d'être soutenue par des exemples.

Il faut, en conséquence, qu'il y ait dans chaque division un conseil toujours prêt à fonctionner, que le commissaire près du conseil de guerre, le rapporteur et le greffier soient nommés immédiatement et qu'ils étudient à l'avance pour être en mesure de bien remplir leurs fonctions. Quant aux juges, ils peuvent être nommés seulement pour les séances que vous ordonnerez, vos régiments devant avoir une mobilité qui ne vous permettra sans doute pas d'avoir longtemps près de vous les mêmes officiers ou sous-officiers.

Il n'y aura pas de conseil de revision spécial pour le corps d'armée ; vous vous adresseriez au conseil de revision de Lyon, dans le cas où vous en auriez besoin.

Je ne puis vous envoyer ni Code de justice militaire ni Code pénal puisqu'on ne m'en a pas donné à moi-même ; il faudra que vous et le commissaire que vous aurez nommé, vous vous préoccupiez de vous procurer surtout le premier de ces deux ouvrages, le deuxième devant se trouver partout.

P.-S. — Ci-joint une instruction ministérielle du 18 juillet 1870, relative à l'organisation des tribunaux militaires à l'armée.

Le Général commandant la 1re division du 15e corps d'armée au Ministre de la Guerre.

Nevers, 30 septembre.

J'ai l'honneur de vous transmettre ci-joint le double du rapport de mon chef d'état-major sur un acte d'indiscipline (1) des plus graves qui vient de se passer ici. Je pense qu'il est de nature à décider MM. les membres de la délégation du Gouvernement à prendre au plus tôt l'arrêté que j'ai eu l'honneur de vous proposer, sans lequel il n'y a pas de commandement possible aujourd'hui. Les officiers qui ont l'énergie de faire leur devoir en arrivent tout simplement à se faire assommer, et les autres ont peur de leurs soldats. Dans ces conditions, des ordres du jour menaçant de peines disciplinaires illusoires sont sans aucune portée et ne peuvent que constater l'impuissance du commandement à réprimer ces désordres.

Je vous supplie donc d'obtenir que nous soyons armés de manière à pouvoir répondre à la confiance que vous avez placée en nous. Sans cela, notre devoir est de vous représenter que nous ne pouvons pas absolument compter sur les troupes que vous nous chargez d'organiser.

Je dois aussi vous dire que mon chef d'état-major a été, à Vierzon, l'objet d'une agression pareille, de la part des soldats du 29e de marche.

Je vous serais obligé d'être assez bon pour m'expédier au plus tôt les hommes de l'infanterie de marine qui sont à Tours.

Le Général commandant le 15e corps d'armée aux Généraux commandant les divisions du 15e corps.

Bourges, 4 octobre.

J'ai l'honneur de vous faire connaître que le Ministre de la Guerre ayant été consulté sur la question de savoir si les officiers et les sous-officiers de la garde nationale mobile pouvaient entrer dans la composition des conseils de guerre à l'armée dont ils font partie, a résolu cette question affirmativement à la date du 3 octobre courant.

En conséquence, je vous invite à user de cette faculté, principalement pour la composition du parquet du conseil de guerre de la division placée sous vos ordres. Les fonctions de rapporteur et de greffier

---

(1) Le rapport n'a pas été retrouvé (Voir pour cet acte d'indiscipline, l'ouvrage du général Martin des Pallières, *Orléans*, p. 42).

pourront être avantageusement remplies par des officiers et des sous-officiers qui seront désignés à votre choix, par leurs études spéciales de droit ou leur position antérieure à leur appel à l'armée.

Je vous informe en même temps qu'un conseil de revision va être créé au quartier général du 15ᵉ corps pour prononcer sur tous les pourvois qui pourraient se produire à l'un des conseils de guerre des divisions du corps d'armée.

Le Général commandant le 15ᵉ corps d'armée au Général commandant la 1ʳᵉ division du 15ᵉ corps, à Nevers.

Bourges, 5 octobre.

J'ai l'honneur de vous faire ci-joint l'envoi de deux plaintes en conseil de guerre que vous avez adressées à M. le général commandant la 19ᵉ division militaire, en nous faisant connaître que, par suite de l'encombrement résultant des circonstances actuelles, il est impossible au conseil de guerre permanent de ladite division de juger toutes les affaires qui lui seraient déférées par les troupes du 15ᵉ corps.

En conséquence, les deux plaintes ci-jointes, comme toutes celles qui se produiront à l'avenir, doivent être portées devant le conseil de guerre de notre division, créé et opérant conformément aux instructions du 18 juillet 1870 et sur la composition desquels je vous ai adressé ma dépêche du 4 de ce mois.

Il est important que les affaires pendantes soient immédiatement portées devant les conseils de guerre suivant la procédure ordinaire, afin de ne pas être retardé dans le fonctionnement des cours martiales créées par un décret récent dont il sera prochainement envoyé ampliation.

Le Ministre de la Guerre au Général commandant le 16ᵉ corps d'armée.

Tours, 24 octobre.

Par votre lettre en date du 21 octobre courant, vous me rendez compte que, dans sa séance du 20 du même mois, la cour martiale de la division de cavalerie du 16ᵉ corps d'armée a condamné le nommé X..., à deux ans d'emprisonnement pour tentative de maraudage, avec menace de faire usage de ses armes envers des habitants.

Vous ajoutez que « la modération de la peine a été basée sur cette « considération que la tentative n'avait pas reçu de commencement « d'exécution et que *l'individu menacé était en costume civil* ».

..... De deux choses l'une : ou X... avait commis les faits relatés..... et alors, comme il est de principe que la tentative d'un crime doit être considérée comme le crime même, il aurait dû être condamné à la peine de mort ; ou bien sa tentative n'avait pas reçu un commencement d'exécution, et, dans ce cas, il ne devait pas être traduit en jugement.

Quoi qu'il en soit, il n'est pas possible de revenir sur la décision de la cour martiale, et je ne puis que vous prier de communiquer mes observations à son président. Il ne faut pas oublier que les peines édictées par le décret du 2 octobre doivent être appliquées dans toute leur rigueur sans qu'il y ait à se préoccuper des circonstances atténuantes.

Si les cours martiales se laissaient aller à l'indulgence, à la pitié, le but de leur institution serait complètement manqué, et je ne vois pas où serait leur utilité.

Le Délégué à la Guerre au général de Loverdo, directeur des 1re, 2e et 3e directions.

Tours, 28 octobre.

Pour prévenir tout malentendu, j'ai l'honneur de vous confirmer ce que je vous ai dit hier, à savoir, qu'aucun officier ne doit, sous aucun prétexte, accepter une mission quelconque sans un ordre précis du Ministre de la Guerre ou de son délégué. Les officiers qui, pour un motif quelconque, ne sont pas actuellement en service n'ont par conséquent pas le droit d'accepter une mission sans l'assentiment du Ministre.

Je vous prie de donner vos instructions pour que la règle ci-dessus soit ponctuellement observée. Tout officier qui contreviendrait serait l'objet de mesures disciplinaires.

Circulaire du Général commandant le 16e corps d'armée.

Marchenoir, 5 novembre.

Le général commandant le 16e corps d'armée a fait connaître au Ministre, par lettre du 26 et du 27 octobre dernier, son appréciation sur les jugements rendus, les 24 et 25 octobre, par la cour martiale du 6e lanciers, siégeant à Oucques, et par la cour martiale de la division de cavalerie, et avait signalé ces jugements comme entachés, le premier d'irrégularité relativement à la constitution de la cour martiale, tous les deux d'une excessive indulgence en contradiction avec les principes qui ont fait instituer les cours martiales.

Le Ministre de la Guerre, à la date du 4 novembre, répond ce qui suit : « Comme les sentences prononcées par ces tribunaux ne sont susceptibles ni de revision ni de cassation, il y a lieu de recommander aux juges de se montrer inflexibles dans l'application de la loi et d'infliger le maximum des peines chaque fois, bien entendu, que la culpabilité est bien établie. En se montrant indulgentes, les cours martiales rendront illusoires les dispositions rigoureuses du décret du 2 octobre, dispositions nécessitées par l'indiscipline qui existait dans l'armée. Quant à la manière dont les cours martiales doivent être constituées, elle est trop clairement indiquée dans le décret pour qu'une erreur dans leur composition soit excusable ».

Ces observations seront en conséquence communiquées aux cours martiales du 16e corps d'armée.

L'intendant général Robert au Ministre de la Guerre.

13 novembre.

J'ai rencontré à Meung et à Beaugency un assez grand nombre d'isolés devant rejoindre leurs corps, mais personne n'était là pour les diriger.

Si l'on ne peut demander d'avoir, comme la Prusse, en arrière de l'armée, des commandants de gare et des majors d'étapes, qui forment sur le territoire un réseau administratif et militaire, auquel aucun fait n'échappe, du moins faudrait-il qu'un officier restât sur les principaux points en arrière de l'armée pour diriger les détachements, les isolés et faire rallier les voitures régimentaires telles que celles qui se trouvaient lors de mon passage dans la dernière des places dont je viens de parler.

Bien que cette question ne soit pas du ressort de l'administration, j'ai cru devoir vous la soumettre.

Le Ministre de la Guerre aux Généraux commandant les divisions territoriales et aux Préfets.

Tours, 2 décembre.

Je suis informé que des gardes mobiles sortis des ambulances ou des hôpitaux sont rentrés dans leurs foyers où, sans titres réguliers de congés de convalescence, ils restent sans destination et éloignés de leurs corps.

Cet état de choses est contraire à toutes les règles du service militaire et il serait de nature, s'il se prolongeait, à compromettre les intérêts de la défense nationale. Il importe d'y mettre un terme au plus tôt. Je vous invite à faire rechercher ces hommes et à les diriger d'urgence sur les portions actives de leurs corps respectifs. Je mets sous votre double responsabilité l'exécution de cette mesure dont vous me rendrez compte.

Le Ministre de la Guerre au Général commandant le 17ᵉ corps d'armée.

Tours, 7 décembre.

Par suite du manque d'indications suffisantes, un assez grand nombre d'isolés éprouvent de sérieuses difficultés pour rejoindre leur corps à l'armée. Ne pouvant arriver à destination, ces hommes errent dans les localités voisines du théâtre des opérations, ce qui est préjudiciable au bon ordre, à la discipline et à la constitution des corps.

Afin de remédier à ces inconvénients, il convient qu'un officier par division soit laissé sur l'un des principaux points en arrière de l'armée pour donner une direction exacte tant aux isolés qu'aux détachements et aux voitures régimentaires.

Je vous prie de vouloir bien assurer l'exécution de cette disposition dans votre corps d'armée.

Le Ministre de la Guerre aux Généraux commandant les subdivisions et aux Préfets des 89 départements de la République (D. T.).

Tours, 10 décembre.

Par suite de la dernière évacuation précipitée d'Orléans, un certain nombre de fuyards ont abandonné leur drapeau et ont pu, grâce au premier moment d'émoi, se retirer soit dans leurs foyers, soit dans de grands centres, où il pourrait leur être possible de se soustraire pendant quelque temps à leurs obligations militaires. A la réception de la présente, vous les ferez rechercher et les contraindrez au besoin à rejoindre sans délai, à l'armée de la Loire, leurs corps respectifs. Vous feriez traduire en conseil de guerre, ou devant la cour martiale, ceux qui n'obtempéreraient pas immédiatement à leur ordre de rejoindre.

Le Général commandant la 14ᵉ division militaire au Ministre de la Guerre.

Bordeaux, 14 décembre.

J'ai l'honneur de vous rendre compte des renseignements suivants que je reçois de M. le colonel commandant la subdivision de la Dordogne :

L'arrivée d'un certain nombre de blessés et de fuyards de l'armée de la Loire, à Périgueux et dans plusieurs autres localités, répand en ce moment une vive inquiétude.

On s'occupe activement d'y remédier en faisant entrer les blessés à l'hôpital et en mettant les fuyards dans les différents dépôts de la garnison jusqu'à ce que leur position ait pu être régularisée, car tous ou presque tous sont dépourvus de titres justificatifs.

Ces individus appartiennent généralement à la garde mobile de la Dordogne et ils paraissent très démoralisés. Des mesures sont prises pour éviter autant que possible qu'ils communiquent avec le public.

Le Ministre de l'Intérieur et de la Guerre aux Préfets de la Charente, de la Haute-Savoie, de la Gironde, de Maine-et-Loire, du Puy-de-Dôme et de l'Ariège (D. T.).

Bourges, 19 décembre, 9 h. 6 soir.

Je vous donne l'ordre de faire rechercher activement dans toutes les communes, les mobiles, soldats et officiers, qui, à la suite des derniers événements, ont regagné leurs foyers sans être grièvement blessés, et de les diriger, au besoin par les soins de la gendarmerie, sur leurs corps respectifs. Vous auriez soin, pour ceux des officiers qui n'auraient aucune blessure, de les déférer à la cour martiale.

Le Ministre de la Guerre aux Généraux commandant les armées, les corps d'armée et les divisions militaires.

Bordeaux, 20 décembre.

Il faut prendre des mesures contre l'évacuation abusive des militaires sur les hôpitaux et contre l'ivrognerie. Les prescriptions du service en campagne, ainsi que celles de la circulaire relative au séjour abusif des militaires dans les hôpitaux civils ou militaires, doivent être rigoureusement observées et alors les désordres que l'on me signale disparaîtront d'eux-mêmes. Comme mesure supplémentaire à prendre contre les ivrognes, j'ordonne que tout soldat dont l'état d'ivresse, étant de service, aura été constaté, sera tenu aux grand'gardes pendant huit jours consécutifs et y sera surveillé spécialement. S'il lâche pied au feu, il sera fusillé immédiatement sans que l'ivresse soit pour lui une excuse. Je recommande en outre de veiller à ce que les hommes ne quittent pas leur rang, sous prétexte d'aller porter un blessé à l'ambulance. Le règlement proclame sagement que le meilleur moyen de garantir les secours aux blessés, c'est d'assurer la victoire.

Le Général commandant la 10e division militaire au Ministre de la Guerre.

Montpellier, 8 janvier 1871.

Le général commandant la 10e division militaire a l'honneur de confirmer à M. le Ministre de la Guerre sa dépêche télégraphique de ce jour, ainsi conçue :

« Pour faire suite à mes dépêches télégraphiques des 3 et 4 janvier, j'ai l'honneur de vous rendre compte que, depuis quelques jours, *l'arrivée des hommes isolés, se disant convalescents*, a porté le chiffre total des arrivés à plus de 1,000 personnes et qu'il est urgent d'arrêter l'envoi à Montpellier de tant de monde que je ne sais plus où placer. La plupart de ces hommes proviennent de Bourges, de Nevers et de La Charité. Quelques-uns ont des papiers, d'autres n'en ont pas. Un détachement de 100 et quelques hommes, commandé par un sous-lieutenant de mobiles et venant de Nevers, est arrivé ici sans chef, l'officier ayant quitté son détachement à Lyon en emportant le prêt.

« Parmi ces 1,000 hommes, 200 au plus sont des hommes fatigués ou blessés que j'ai fait entrer aux hôpitaux : 200 seront envoyés en convalescence dans leur famille ; les 600 autres sont de mauvais soldats, fricoteurs de profession, et parmi lesquels se trouvent 127 zouaves. Je les renvoie tous aux dépôts de leurs corps. Plus de la moitié de ces hommes n'avaient pas leurs armes.

« Il est urgent d'arrêter ce vagabondage au point de départ.

« Le dépôt de convalescents de Montpellier n'est pas encore organisé ; lorsqu'il le sera, il ne pourra contenir plus de 500 à 600 hommes ».

En marge, de la main de M. de Freycinet : Général Haca, donnez, je vous prie, les ordres les plus précis pour que ce scandale cesse et que ces hommes retournent immédiatement à leurs corps. Pourquoi ne fait-on pas quelques exemples militaires ?

Le Général commandant la IIe armée au Général commandant la division de réserve.

Laval, 16 janvier 1871.

Je vous ai envoyé hier deux hommes accusés d'espionnage, arrêtés dans les lignes prussiennes, en même temps qu'on faisait des prisonniers à l'ennemi.

Le paysan a avoué son crime devant les hommes présents dans la cour du quartier général, en demandant seulement qu'on lui permît d'écrire à sa femme, avant de le faire fusiller. Il est certain, en outre, que le chasseur arrêté est un déserteur du 11e chasseurs à cheval. Il a été reconnu par le chasseur ..... et le chasseur ..... du même régiment. Il a déclaré venir du Mans, au moment où il a été arrêté. Ses antécédents sont déplorables.

Ces hommes devaient passer devant la cour martiale de votre division, qui s'est réunie, aujourd'hui 16 janvier, sans statuer sur leur sort.

Cette manière de faire est contraire au règlement du 2 octobre, qui ordonne que le tribunal juge séance tenante. Il est important que les membres des cours martiales se pénètrent du principe de cette institution qui n'est analogue en aucune façon aux conseils de guerre. C'est avec leur conscience que les juges décident, sans avoir d'autre compte à rendre que le compte rendu de l'exécution, s'il y a lieu de le faire.

La cour martiale de la division de la réserve se réunira demain pour statuer d'une façon définitive sur le sort de ces deux hommes.

Le Général commandant la 10ᵉ division militaire au Ministre de la Guerre.

Montpellier, 22 janvier 1871.

Le général commandant la 10ᵉ division militaire a l'honneur de confirmer à M. le Ministre de la Guerre sa dépêche télégraphique de ce jour, ainsi conçue :

« Comme j'ai eu l'honneur de vous en rendre compte à différentes reprises, je suis encombré chaque jour, à Montpellier, de convalescents ou d'hommes de toutes armes qui m'arrivent sans avis préalable et sans papiers. J'ai aujourd'hui ici 820 soldats de ces catégories. Parmi eux se trouvent au moins 500 hommes valides qui appartiennent à tous les régiments de l'armée. Ces hommes, qu'on est obligé de renvoyer aux dépôts de leurs corps, avec feuilles de route, souvent comme isolés, dissipent leurs frais de route et changent de direction pour aller fricoter ailleurs.

« Pour remédier à de pareilles manœuvres, je vous demande l'autorisation de les incorporer définitivement, par changement de corps, dans les dépôts d'infanterie ou de cavalerie de ma division où ils seront rhabillés, réarmés, rééquipés et enfin placés dans les détachements que ces dépôts fourniront à l'armée active. De cette manière on placera ces hommes sous une discipline immédiate et sévère, on les empêchera de vagabonder, on évitera des frais de route à l'État et on tirera ainsi, de ces hommes valides, le meilleur parti possible. Je crois que cette mesure serait très efficace ».

En marge : C'est autorisé. Par suite, des détachements vont être envoyés à Bordeaux.

Le Général commandant le 19ᵉ corps d'armée au Général commandant la cavalerie du 19ᵉ corps.

Falaise, 6 février 1871.

J'ai examiné avec attention les dossiers que vous m'avez transmis relatifs aux jugements rendus, le 30 janvier dernier, par la cour martiale de Ranes (1).

Cette cour a acquitté le nommé X....., dragon appartenant au 8ᵉ régiment de marche, prévenu d'abandon de son poste, étant en vedette en présence de l'ennemi, et elle a condamné à deux ans de détention, le nommé Y....., dragon du même régiment, pour destruction de munitions devant l'ennemi.

Pour ce qui concerne X....., je pense comme vous, que la cour martiale de Ranes ne s'est pas bien pénétrée de la gravité du fait. L'infraction était tout à fait caractérisée; elle était même aggravée par le cas d'ivresse. Les dépositions des témoins sont toutes dans le même sens.

Ce fait d'abandon du poste, en état d'ivresse, en présence de l'ennemi, devait donc être sévèrement puni.

En ne le faisant pas, la cour martiale du 8ᵉ dragons ne s'est pas inspirée, non seulement du vœu de la loi militaire, mais encore des règles vraies de la discipline. Dans la période d'armistice que nous traversons, ces règles, loin de se relâcher, doivent au contraire recevoir une rigoureuse application.

Cependant, s'il n'y a pas lieu judiciairement de revenir sur cette affaire, j'ai décidé que, disciplinairement, X..... sera puni de deux mois de prison. Il subira sa peine dans la prison militaire la plus voisine de la résidence de son escadron.

Quant au jugement rendu contre Y ...., je suis également d'avis que la cour s'est montrée très indulgente devant le délit patent et incontesté de destruction de munitions, en présence de l'ennemi.

Je vous prie, mon cher général, de faire connaître au président de la cour martiale, mon peu de satisfaction et de l'inviter à appliquer, à l'avenir, plus strictement la loi, en vue du maintien si nécessaire de la bonne discipline.

Les pièces relatives aux cours martiales seront désormais transmises au grand quartier général.

---

(1) Localité à **19** kilomètres au Sud-Ouest d'Argentan (Orne).

XVII

Organisation d'un conseil administratif dans chaque division militaire.

Le Ministre de la Guerre aux Généraux commandant les divisions et subdivisions militaires.

Paris, 6 septembre.

Dans les graves circonstances que nous traversons, l'établissement des rapports, entre les autorités des divers ordres, sur le pied d'une confiance réciproque, est l'une des conditions principales d'où dépend le salut du pays.

Vos efforts doivent tendre à obtenir un résultat si désirable.

Je vous recommande à cet effet de prêter sans réserve un concours actif aux autorités civiles constituées par le nouveau Gouvernement et de mettre tous vos soins à prévenir les causes de conflit.

Un autre intérêt appelle également votre sollicitude. Il importe que le principe d'autorité ne soit pas méconnu.

Partout où les fonctions civiles seront restées vacantes en attendant l'arrivée des nouveaux titulaires, vous veillerez donc à ce qu'aucune volonté individuelle n'usurpe l'exercice de l'autorité qui appartient aux seuls délégués du Gouvernement national.

Votre patriotisme éclairé sera, je n'en doute pas, à la hauteur des exigences de la situation.

Le même aux mêmes.

Tours, 22 septembre.

Je suis informé que, sur certains points, l'autorité militaire supérieure ne se croit pas autorisée à prendre les mesures que l'autorité administrative ou municipale réclame d'elle en vue de hâter l'organisation de la défense, soit au point de vue du personnel, soit à celui du matériel, lorsque ces mesures n'ont pas reçu préalablement l'assentiment du Ministre de la Guerre.

Cette circonspection, excellente en temps ordinaire, n'a pas de raison d'être dans les circonstances présentes et serait même préjudiciable aux intérêts de la défense.

J'ai l'honneur de vous rappeler que l'autorité militaire supérieure, sauf les cas graves, ne doit pas hésiter à faire acte d'initiative chaque fois que, dans les affaires relatives à l'organisation de la défense, son concours immédiat, en supprimant les formalités, peut avoir pour résultat d'accélérer l'exécution des mesures décidées par l'autorité administrative ou municipale.

Vous pouvez compter d'avance sur mon approbation dans les divers cas où vous aurez cru devoir user de la latitude qui vous est laissée à cet égard.

Le Ministre de la Guerre aux Généraux commandant les divisions territoriales, aux Intendants militaires et aux Préfets des départements.

Tours, 27 septembre.

Les règlements en vigueur donnent à l'administration militaire le droit d'assurer, dans un grand nombre de circonstances, l'exécution des diverses branches de service de l'armée, au moyen de réquisitions forcées.

La situation présente de l'armée, qui est à peu près dépourvue de tout ce qui lui est nécessaire par suite de l'interruption des communications avec les principaux centres d'approvisionnement, nécessitera prochainement *l'usage de réquisitions*.

Il devient donc indispensable que le commandement et l'autorité civile appuient de tout leur pouvoir les réquisitions qui seront successivement proposées par les fonctionnaires de l'intendance militaire, quel que soit l'objet de ces réquisitions (fournitures de matériel de campement, moyens de transport, denrées alimentaires, etc.).

Je vous invite en conséquence à prêter un énergique concours à l'administration militaire, et à faciliter par tous les moyens les réquisitions qu'elle aura à vous adresser pour assurer le service de l'armée.

Le Général commandant la 21ᵉ division militaire au Ministre de la Guerre.

Limoges, 4 novembre.

J'ai l'honneur de vous rendre compte que j'ai formé et réuni hier à Limoges le conseil d'administration dont l'organisation est prescrite par votre circulaire du 19 octobre. Ce conseil était composé de tous les chefs de service, et j'y avais adjoint tous les chefs de corps au nombre de deux pour l'infanterie et de trois pour la cavalerie, afin de pouvoir, en présence de tous, avoir leurs avis contradictoires sur les questions que je ne cesse de leur poser isolément, et que je voulais traiter de nouveau avec eux.

Après avoir fait connaître au conseil le but de la réunion, nous nous sommes d'abord occupés des besoins des corps ; j'ai examiné et discuté avec les majors les situations qu'ils me remettent journellement sur l'état de leurs magasins, sur le travail des ateliers et sur les confections faites à l'extérieur.

Je me suis confirmé dans l'opinion que j'avais déjà, que la plus grande activité règne partout et que nous étions en mesure de satisfaire promptement, en ce qui concerne les livraisons d'effets d'habillement et d'équipement, à tous les besoins des corps d'infanterie de la division pourvu que l'intendance, par suite d'ordres supérieurs, ne nous enlève pas ce que les corps possèdent, comme cela a déjà eu lieu.

Le point le plus en souffrance est l'armement.

Je vous ai adressé hier une dépêche télégraphique pour vous exposer la nécessité de faire donner promptement suite aux demandes d'armes qui ont été faites, l'instruction des hommes est arrêtée, cette situation a de graves inconvénients en tous genres.

Dans la cavalerie, les casques, les cuirasses et les selles font complètement défaut ; on cherche tous les moyens d'activer la confection du harnachement et de se créer des ressources ; je fais verser dans le dépôt du 10ᵉ dragons, 150 brides qui sont disponibles dans la gendarmerie, mais je ne peux y avoir de selles.

Je ne trouve aucune ressource dans la ville et l'intendance n'a pu passer de marchés avec aucun des selliers de Limoges.

La question de l'emploi du temps des troupes, de leurs exercices, de leur instruction, est venue ensuite.....

Le Général commandant la 10ᵉ division militaire au Ministre de la Guerre.

Montpellier, 10 novembre.

J'ai l'honneur de vous rendre compte que le Conseil administratif de la 10ᵉ division militaire, formé d'après les instructions du décret du 19 octobre 1870, s'est réuni, le 8 novembre, sous ma présidence.

Les questions qui ont été abordées dans cette réunion ont eu trait à l'armement, à l'habillement, à l'équipement et à l'instruction des soldats placés dans les onze dépôts de la division.

Les différentes situations de ces dépôts ont été constatées par les rapports des chefs de corps qui assistaient à cette réunion.

Ces situations peuvent se résumer de la façon suivante :

Le 13ᵉ de ligne, à Pont-Saint-Esprit, manque de capotes et de campement pour 1,800 hommes. Il a 1,200 paires de souliers en réserve;

Le 46ᵉ, à Rodez, a besoin de 800 capotes et de 800 havresacs. Il a 3,000 paires de souliers en magasin;

Le 50ᵉ, à Mende, n'a qu'un effectif très faible (180), le contingent de la Meurthe, qui lui était assigné, n'ayant pu rejoindre. Il possède tout au complet et même des sacs, souliers et cravates en excédent. L'armement seul fait défaut;

Le 56ᵉ, à Nîmes, a besoin de campement pour 1,000 hommes. Il a 1,000 paires de souliers en magasin;

Le 60ᵉ, à Alais, n'a ni capotes ni campement. Il lui manque des accessoires de fusil et de ceinturons. Il réclame 800 paires de guêtres en toile;

Au 63ᵉ, à Cette, il faut 200 équipements complets, 200 havresacs et 400 paires de guêtres en cuir;

Au 87ᵉ, à Montpellier, il manque 300 capotes, 400 havresacs, le campement pour 200 hommes. Il possède 1,200 paires de souliers en excédent;

Le 3ᵉ zouaves, à Montpellier, a son armement, son habillement, son équipement et son campement complets;

Enfin; le 2ᵉ régiment du génie, à Montpellier, qui a un effectif de 3,116 hommes, a déjà envoyé à l'armée plusieurs compagnies. Il en a encore une de 200 hommes prête à partir. On s'occupe activement d'armer et d'habiller le reste pour former au fur et à mesure, en compagnies, les hommes équipés et instruits et les mettre à la disposition du Ministre. Il manque environ 2,500 équipements complets. Des marchés sont passés pour subvenir successivement aux besoins. Le campement manque également pour 2,500 hommes.

En résumé, l'habillement est, en général, complet dans les dépôts d'infanterie, moins les capotes qui, suivant les ordres du Ministre, ont été retirées aux soldats et ont été expédiées à l'armée de la Loire. Mais les dépôts ont le drap nécessaire pour les confectionner, et leurs ateliers en produisent environ 200 par semaine dans chaque corps. Presque tous ont des souliers en excédent. Le campement seul est loin d'être au complet. Il fait entièrement défaut pour un effectif d'environ 4,000 hommes. Mais l'intendant militaire de la division fait distribuer aux compagnies qui sont les premières à partir, les effets d'équipement et de campement qu'il a en magasin. Des marchés sont passés pour fournir le reste : en un mot, les mesures sont prises pour que prochainement les corps soient pourvus entièrement, suivant leurs besoins. L'intendant a pris toutes les mesures nécessaires pour faire hâter la confection de l'habillement et de l'équipement. Il a augmenté le nombre des ouvriers dans les corps dont les confections étaient arriérées. Il a réparti avec intelligence les ressources que présentaient certains corps, en excédent de leurs besoins; il a imprimé enfin la plus vigoureuse impulsion à tout ce qui pouvait hâter la fourniture des objets nécessaires à l'entrée des troupes en campagne.

L'armement, complet aux 56e, 60e, 63e, 87e de ligne et 3e zouaves, est insuffisant au 13e qui réclame 808 fusils, au 46e auquel il en manque 360, au 50e qui en a besoin de 250, et enfin au 2e régiment du génie dont 750 fusils compléteraient l'armement.

En somme, environ 2,550 fusils modèle 1866 seraient nécessaires pour compléter l'armement des troupes de la division. Les dépôts sont presque entièrement dépourvus de munitions. 34,000 cartouches à Rodez, 3,000 à Alais et 1,200 au 3e zouaves à Montpellier, composent tout l'approvisionnement de la division. L'effectif de ces dépôts étant de 9,900 hommes, il manque 800,000 cartouches pour les munir, à raison de 90 par homme.

Quant à la cavalerie, les deux dépôts présents dans la division, celui du 6e cuirassiers, à Béziers, et celui des carabiniers de l'ex-Garde, à Lunel, manquent presque entièrement d'habillement, mais ils ont le drap nécessaire et font confectionner activement. Les casques et cuirasses manquent au 6e cuirassiers; ils ne peuvent leur être fournis, les dépôts de ces effets de grand équipement étant dans Paris.

La dernière question traitée par le conseil administratif a été l'instruction.....

..... Les chevaux ne sont pas harnachés au 6e cuirassiers, leur dressage ne peut donc faire que des progrès très lents. Des marchés sont passés pour parer à cet inconvénient, avec les maîtres selliers. Mais ces livraisons demandent beaucoup de temps. La gendarmerie n'a pu fournir aucune ressource quant au harnachement. Au 6e cuirassiers, le maître sellier peut confectionner 50 selles par mois.

Le Général commandant la 13e division militaire au Ministre de la Guerre.

Bayonne, 11 novembre.

Conformément au décret du 9 octobre et à la circulaire du 26 du même mois, tous les chefs de corps de la division ont été convoqués pour exposer au conseil d'administration divisionnaire les ressources et les besoins de leurs corps.

Le Conseil s'est ensuite occupé des diverses questions relatives à l'organisation et à l'instruction des troupes.

En ce qui concerne la formation des compagnies et escadrons à 100 ou 150 hommes, cette disposition a été reconnue, par le conseil et par les chefs de corps, complètement impraticable. Elle nécessiterait en effet dans la plupart des corps d'infanterie comprenant plus de 1,500 hommes, la formation de quinze compagnies ou de dix au minimum; dans la cavalerie, les dépôts comptant en moyenne un effectif de 1,000 hommes, il y aurait lieu de former six escadrons au minimum. Or, c'est avec des difficultés inouïes qu'on est arrivé jusqu'à ce jour, dans l'infanterie, à organiser des cadres pour les deux compagnies provisoires et pour les quatre compagnies de dépôt destinées à créer des ressources pour la formation des régiments de marche; ces compagnies, malgré les promotions faites par le général de division, ne possèdent aujourd'hui que 2 officiers chacune.

Dans la cavalerie la situation n'est pas plus favorable et le seul escadron de dépôt que chaque corps possède compte à peine 2 capitaines et 4 ou 5 officiers d'escadron. Il a cependant été fait appel au dévouement de tous les anciens officiers et sous-officiers pouvant être rappelés à l'activité.

Pour ces motifs, il y a donc urgence de maintenir le *statu quo* afin d'éviter une division dans les moyens d'exécution qui ne pourrait avoir que des résultats les plus regrettables.

Il résulte des renseignements fournis par les chefs de corps que les confections sont poussées autant que possible. Il est fait appel à l'industrie, aux ouvriers civils, et les compagnies ou pelotons hors rang ont été augmentés d'une manière considérable; il faut reconnaître cependant que le défaut de matières premières et que des changements de garnison commandés par les mouvements de l'armée, ont occasionné des retards que l'on cherche à réparer. Le service de l'intendance a fait de grands efforts pour la passation des marchés et cela sans s'arrêter aux prix souvent exagérés qui étaient exigés par les fournisseurs.

Un appel a été fait à la gendarmerie en ce qui concerne les harnachements et les manteaux, mais il convient de faire remarquer que les ressources ne répondent pas aux espérances du Ministre. La 13ᵉ légion n'offre en effet que quelques harnachements qui sont dans un état tel qu'on ne pourrait les confier sans danger à des soldats appelés à l'armée; quant aux manteaux, le nombre s'élève à 50 ou 60 environ. Ces effets ne présentent pas plus de garantie que les selles; cela se comprend, le manteau n'est pas un vêtement de luxe, par suite les officiers ne se montrent pas aussi sévères pour son remplacement que pour les effets d'un usage moins journalier. Il n'y a donc pas lieu de trop compter sur les ressources que peut offrir la gendarmerie.

Si on a recours aux réquisitions pour se procurer des chevaux, il conviendra de confier ce soin aux dépôts de remonte et aux dépôts de cavalerie, d'artillerie et du train des équipages, afin que ces réquisitions ne portent que sur des animaux en état d'être utilisés dans l'armée.

La 13ᵉ division n'ayant pas de régiments d'artillerie dans ses garnisons, le conseil ne s'est pas occupé des besoins de cette arme. Dès l'arrivée des recrues, on s'occupe de leur faire des théories sur les marques extérieures de respect, sur le Code pénal, sur le démontage et le remontage des armes et sur le tir, en conformité des règlements en vigueur.....

Les besoins constatés par les situations remises par les commandants des dépôts ont été signalés à chaque chef de service et surtout à l'intendance militaire afin qu'il y soit satisfait dans la mesure du possible.

Le général de division a cru pouvoir prendre sur lui de faire passer aux compagnies ou pelotons hors rang tous les ouvriers auxiliaires afin de débarrasser les escadrons ou compagnies de non-valeurs qui compliquent le service et l'administration intérieurs.

Les cadres des sous-officiers et brigadiers des dépôts de cavalerie ont été aussi mis en rapport avec l'importance de l'effectif. 20 sous-officiers, 3 fourriers, 3 brigadiers fourriers et 30 brigadiers ont paru nécessaires pour assurer les différentes branches du service des dépôts, qui comptent près de 1,000 hommes.

Au moyen de ces mesures, qu'il conviendrait de généraliser dans tous les dépôts, il sera possible d'arriver à atteindre le but proposé, surtout si, contrairement à ce qui a eu lieu jusqu'à présent, les matières premières, les armes, les arçons de cavalerie, les effets de campement et de linge et chaussures sont expédiés au fur et à mesure des besoins.

XVIII

Instruction.

Ordre du Général commandant la brigade de cavalerie de la division mixte du 15ᵉ corps d'armée.

Tours, (?) septembre.

Rien n'étant plus nuisible que l'oisiveté au bon esprit des troupes et à leur instruction, il importe de reprendre le travail régulièrement, pendant deux heures le matin et deux heures le soir ; on exécutera l'école du soldat, l'école du peloton et du tirailleur, selon le degré d'instruction acquise. Deux fois par semaine, les lundi et vendredi, on fera une marche militaire avec armes et bagages, de 11 heures à 3 heures ; on en profitera pour instruire le soldat de ses devoirs en campagne et notamment pour lui apprendre à s'embusquer derrière des obstacles, à faire une guerre de tirailleurs, en un mot, à faire le plus de mal possible à l'ennemi, tout en évitant ses coups et ses surprises. C'est aux officiers qu'il appartient de ramener l'ordre dans la tenue, l'ordre et la confiance dans les esprits et d'instruire leur troupe de manière à faire face à toutes les nécessités du service de guerre. Il n'est pas de meilleur guide que l'Ordonnance sur le service en campagne, dont l'application doit être constante sur le terrain. La ferrure, les armes et les munitions doivent être l'objet d'une surveillance permanente de la part des cadres, et les lois de la discipline doivent être inflexibles pour tous. C'est dans le rajeunissement des vertus militaires que les troupes puiseront de nouvelles forces pour changer nos revers en succès sérieux.

Le général prescrit aux chefs de corps, de détachements et de cantonnements de bien se pénétrer de leurs devoirs et de faire passer dans la pratique du service de chaque jour les hauts sentiments qui les animent.

Le Ministre de la Guerre aux Généraux commandant les divisions et subdivisions militaires, aux Intendants militaires, aux Chefs de corps de l'armée active et de la garde nationale mobile et aux Préfets et Sous-Préfets.

Tours, 8 octobre.

Il importe que les hommes et les chevaux réunis dans les dépôts soient mis le plus promptement possible en état d'être compris dans des portions mobilisées et d'y faire un bon service.

Les qualités qui leur sont nécessaires à cet effet ne peuvent être acquises que par un travail persévérant et habilement dirigé. C'est la tâche qui incombe spécialement aux commandants des dépôts.

Ces officiers doivent préparer les hommes à la vie de bivouac par des marches et des exercices fréquents à pied et à cheval. Dans les marches, les hommes apprendront à camper, à faire la soupe ; il faudra les initier, en un mot, à tous les détails de la vie en campagne.

D'un autre côté, l'arrivée des jeunes soldats de la classe de 1870 va créer de nouvelles exigences auxquelles chacun devra s'efforcer de faire face dans la sphère de ses attributions.

Les généraux et les fonctionnaires de l'intendance se préoccuperont particulièrement de la marche des travaux de confection dans les corps ou dans l'industrie, et les activeront par tous les moyens, afin que les jeunes soldats du contingent et les engagés volontaires arrivant dans les dépôts, puissent être habillés et équipés au plus tôt, après leur incorporation.

Des faits récents n'ont que trop démontré que, tant que le soldat n'a pas revêtu l'uniforme, il se croit affranchi des règles de la discipline.

Des mesures doivent être prises pour que les hommes soient armés aussitôt qu'ils sont habillés.

En vue de hâter l'exécution des confections dans les ateliers des corps, on pourra employer tel nombre d'ouvriers que les besoins de la main-d'œuvre exigeront.

La constitution des cadres des dépôts appelle toute l'attention des généraux. En vertu des pouvoirs étendus qui leur ont été conférés, les généraux compléteront les cadres en nommant à tous les emplois vacants auxquels ils sont autorisés à pourvoir et en provoquant, pour les autres, les nominations qui sont réservées au Ministre.

Il sera tenu la main à ce que les recrues soient exercées régulièrement deux fois par jour.

En dehors de l'armée régulière, l'action des généraux divisionnaires doit s'étendre sans relâche sur les gardes mobiles. Il faut que l'habillement, l'équipement et l'armement de ces jeunes troupes se complètent promptement sous la surveillance et l'impulsion des officiers généraux.

La dissémination des bataillons de mobiles, par groupes, sur une étendue de territoire considérable, crée, pour les approvisionnements, des difficultés que le commandement, de concert avec l'Intendance, doit s'attacher à vaincre ou au moins à atténuer par tous les moyens.

Sous les différents rapports ci-dessus spécifiés, les troupes de la garde mobile, qu'elles soient originaires du département ou qu'elles aient été appelées de loin pour défendre le territoire en partisans, ont droit indistinctement à la même sollicitude.

Je compte sur votre zèle pour assurer la complète exécution des recommandations qui font l'objet de la présente.

Le Ministre de la Guerre aux Généraux de division et de brigade.

Tours, 31 octobre (1).

Je crois nécessaire de ramener votre attention sur diverses prescriptions de l'ordonnance du 3 mai 1832 relatives au service des armées en campagne, et je vous prie de les rappeler, à votre tour, aux officiers et soldats placés sous vos ordres.

L'article 6, qui règle les devoirs des officiers généraux à l'égard des troupes, dispose que les généraux de division doivent passer eux-mêmes des revues de détail par compagnie et par escadron, et que les généraux de brigade doivent passer ces revues toutes les fois que le service l'exige.

Je désire, Général, que ces revues aient lieu aussi souvent que les circonstances le permettront, et au moins deux fois par semaine, ainsi que le prescrit un récent décret.

Les rapports relatifs à certaines affaires qui ont eu lieu dans ces derniers temps me sont parvenus très tardivement. Vous voudrez bien rappeler aux chefs d'état-major que l'article 8 les charge d'établir et de m'adresser ces rapports, et les inviter à ne mettre aucun retard dans cette partie de leur service.

Les services de l'artillerie ne doivent pas perdre de vue qu'ils sont responsables, aux termes de l'article 11, du bon approvisionnement de l'armée en armes et munitions, et qu'il leur incombe, en conséquence, de demander en *temps utile* les compléments ou renouvellements de munitions nécessaires. Des ordres ont été donnés pour qu'il soit immédiatement satisfait à ces demandes.

J'insiste sur les bons résultats que vous devez obtenir de l'emploi de fortifications passagères pour conserver les positions que vous avez conquises. Ces travaux protégeront vos positions, et celles-ci pourront être gardées par la garde nationale quand vous jugerez utile de les abandonner.

Je désire, Général, que vous exerciez une surveillance particulière

---

(1) Cette circulaire figure au *M. U.* du 5 novembre (édition extraordinaire) avec la date du 30 octobre.

sur les services de l'intendance, afin que rien de ce qui est nécessaire au bien-être du soldat ne lui fasse défaut. Je vous rappelle qu'aux termes de l'article 17, l'ordre de pourvoir et de distribuer « constitue une partie de la responsabilité des généraux », et je vous invite à me signaler par télégraphe toute insuffisance, tout défaut des services dont il s'agit.

Je vous prie de recommander sans cesse aux officiers sous vos ordres de multiplier les reconnaissances lointaines, qui doivent vous permettre de découvrir et de vérifier les mouvements et les forces de l'ennemi, et d'exercer la plus vigilante surveillance sur les grand'gardes destinées à garantir les troupes auxquelles elles appartiennent contre les attaques imprévues et les surprises nocturnes. Le service des reconnaissances n'a pas été fait, dans ces derniers temps, avec l'activité et l'énergie nécessaires. Il importe de donner une vigueur nouvelle à cet important service et surtout de le diriger en vue de son objet spécial, qui est d'éclairer les positions de l'ennemi et non d'obtenir sur lui, par de brillantes escarmouches, des avantages illusoires.

Les corps si nombreux de francs-tireurs et de partisans, qui ont été récemment créés, nous offrent de précieuses ressources pour cet objet. Veuillez en réclamer le nombre nécessaire et les utiliser dans les conditions déterminées par l'article 115 de l'ordonnance que je rappelle :

« Les partisans et les flanqueurs, dit cette ordonnance, doivent éclairer au loin les flancs de l'armée, protéger ses opérations, tromper l'ennemi, l'inquiéter sur ses communications, intercepter ses courriers et ses correspondances, menacer ou détruire ses magasins, enlever ses postes ainsi que ses convois, ou, tout au moins, retarder sa marche en le forçant à protéger les uns et les autres par de forts détachements ».

Ces corps isolés doivent, en un mot, fatiguer l'ennemi, gêner ses opérations et troubler notamment le repos des camps ennemis pendant la nuit.

La recommandation la plus expresse sera faite aux corps francs opérant avec l'armée de ne négliger aucun moyen pour inspirer la confiance et le dévouement aux habitants de nos campagnes.

Vous voudrez bien rappeler aux intendants et sous-intendants qu'ils sont responsables du service de santé, et me dire dans vos rapports si ce service est bien assuré.

Je vous prie, Général, de ne rien négliger pour stimuler le zèle et l'élan des troupes et de mentionner à l'ordre et au bulletin, conformément à l'article 138, tout officier ou soldat qui méritera par sa conduite une mention particulière.

Vous voudrez bien me signaler aussi avec soin les avancements ou décorations qui vous paraîtraient devoir être accordés.

J'appelle enfin votre attention sur le port de l'uniforme et la tenue. Un arrêté récent a rendu l'uniforme obligatoire pour tous les officiers. Vous voudrez bien tenir la main à ce que cet arrêté soit pleinement observé. Il importe que les officiers donnent eux-mêmes l'exemple aux troupes placées sous leurs ordres, et vous ne sauriez tolérer qu'ils soient plus indulgents pour eux-mêmes qu'ils ne doivent l'être pour leurs soldats.

Le Général commandant la 21ᵉ division militaire au Ministre de la Guerre.

Limoges, 4 novembre.

..... J'ai renouvelé les recommandations que j'ai déjà faites pour que les soldats ne restent jamais inactifs et que leur temps soit constamment occupé par des promenades, même sans armes, par des théories, des instructions sur le tir, dans l'intérieur des casernes ; mais le manque d'armes est toujours le grand obstacle de la situation ; toutes les bonnes dispositions se trouvent ainsi paralysées.

La question de l'emploi du temps a amené naturellement celle du campement que vous désirez voir employer dans les garnisons dont l'effectif excède 2,000 hommes. Je m'en étais déjà sérieusement occupé. J'ai visité moi-même plusieurs emplacements qui m'avaient été indiqués dans les environs de Limoges. Le sol est généralement très humide et marécageux et il faut surtout éviter de faire naître chez nos jeunes soldats, avant leur entrée en campagne, des germes de fièvres et de maladies qui ne peuvent que se développer plus tard, et faire fondre promptement nos effectifs comme cela a lieu dans toutes les armées.

Le terrain de l'hippodrome, situé à 6 kilomètres de la ville, m'a paru cependant convenable et le seul qui remplisse toutes les conditions que nous devons désirer. Il est à proximité de l'eau et on pourra pourvoir, par des marchés, aux transports des denrées et du bois.

Mais il faut assurer l'établissement des officiers. Il n'y a pas ici de grandes tentes à leur donner, et leurs faibles ressources ne peuvent leur permettre de s'en procurer. Il est donc indispensable de leur payer de suite la gratification d'entrée en campagne. D'ailleurs cette gratification, touchée ordinairement au moment du départ des troupes, est toujours illusoire. Les officiers emportent de l'argent, mais ils n'ont pas eu le temps de se procurer ce qui leur est nécessaire, et ils partent dépourvus de tout.

Dans quelques jours, lorsque les troupes auront reçu les armes qui leur manquent, je ferai camper une partie de la garnison ; les compagnies iront s'établir au camp pour habituer les jeunes soldats à cette nouvelle vie, mais je ne les y enverrai qu'alternativement ; elles y resteront pendant quelques jours et se relèveront, pour éviter, en commençant, une trop grande fatigue (1).

Quant aux subdivisions, celle de la Charente ne comprend en hommes armés que 1,200 hommes du 49ᵉ et 500 de la mobile; les compagnies du 49ᵉ, dès qu'elles seront organisées, iront camper jusqu'au moment de leur départ; j'ai prescrit les mêmes mesures pour le 2ᵉ de ligne et le 68ᵉ.

(1) *P.-S.* — J'ajoute à cette considération que le service des postes d'infanterie s'élève par jour à une centaine d'hommes. C'est donc une force d'à peu près 500 hommes *armés* qui doit rester en ville et diminue celle qui doit aller au camp.

Le Général commandant la 10ᵉ division militaire au Ministre de la Guerre.
Montpellier, 10 novembre.

..... Les hommes composant les dépôts sont presque en totalité des jeunes gens de la classe 1870. Arrivés depuis vingt-cinq jours, un mois au plus, au corps, leur instruction ne peut être encore très avancée. Cependant, dans l'infanterie, ils ont tous exécuté tous les mouvements de l'école du soldat, les charges et les feux. Une bonne moitié est chaque jour exercée aux mouvements de l'école de peloton. Ils n'ont pas encore, dans le maniement d'armes et les mouvements de peloton, la précision d'anciens soldats, mais, en général, l'instruction est bien dirigée et on a atteint tous les résultats que l'on pouvait attendre de troupes aussi jeunes. Deux fois par semaine des marches militaires rompent les hommes à la fatigue. Dans chacune de ces promenades on leur fait faire un simulacre de campement pour les habituer à la vie de campagne.

Dans les deux régiments de cavalerie, l'instruction des hommes et surtout des chevaux est en retard. Cela tient au manque de capitaine instructeur (il n'en existe ni aux cuirassiers ni aux carabiniers) et au manque d'officiers. Au 6ᵉ cuirassiers, par exemple, sur 7 officiers, un sous-lieutenant seulement est vraiment un officier de cavalerie. Les autres, malades, âgés ou infirmes ne peuvent pas apporter à l'instruction l'activité nécessaire.....

Rapport établi par le Général commandant la 13ᵉ division militaire en exécution de la circulaire du 26 octobre 1870.
Bayonne, 11 novembre.

..... L'instruction est poussée aussi rapidement que possible; on écarte tous les détails qui ne sont pas d'une utilité incontestable, mais on ne peut songer à arriver en vingt jours à familiariser les recrues avec le maniement des armes, l'entretien du fusil nouveau modèle et leur apprendre les mouvements de l'école du soldat et de peloton. Dans ce laps de temps, il faut compter les journées d'exemption pour cause de maladie, le temps nécessaire pour la délivrance des effets d'habillement et d'équipement; et si on ajoute que, pour que le mécanisme des premières leçons et du maniement d'armes soit bien enseigné, un instructeur ne doit avoir que 5 ou 6 recrues au plus et qu'il en a souvent 30 aujourd'hui, et enfin qu'il n'y a qu'un officier pour 300 ou 400 hommes, on comprendra que les résultats obtenus en quinze ou vingt jours ne sont pas de nature à permettre l'envoi des hommes à l'armée.

Des théories pratiques sur les reconnaissances militaires ont été ordonnées par le général de division; les rapports qui lui sont fournis à la suite de chaque marche militaire prouvent que chacun a compris l'importance de ce service. Les troupes sont exercées pendant ces marches à l'établissement d'un bivouac, au service des grand'gardes, etc., etc.

L'instruction dans les dépôts de cavalerie présente encore plus de difficultés que celle de l'infanterie, en raison de l'insuffisance des cadres, mais aussi à cause des détails multiples que comprend le service et de la nécessité de respecter certains principes sans lesquels on ne peut espérer former des hommes capables de conduire leurs chevaux et de manier les armes.

L'absence d'anciens soldats rend difficile le dressage des chevaux. Ceux-ci font souvent défaut pour l'instruction des jeunes soldats, aussi l'urgence commande que l'effectif des chevaux des dépôts de cavalerie soit maintenu à 350 au moins et 400 si la chose est possible, afin de pouvoir entretenir les régiments de marche et d'en créer de nouveaux si les événements de la guerre l'exigent.....

Le Ministre de la Guerre aux Généraux (1).

Bordeaux, 26 janvier 1871.

L'ensemble des observations que j'ai recueillies me démontre une chose : c'est que l'officier ne vit pas assez avec le soldat et ne s'occupe pas assez de lui.

Contrairement aux prescriptions de décrets et d'arrêtés récents, on

---

(1) Cette circulaire figure au *Moniteur universel* du 29 janvier 1871.

voit les officiers logés en ville, alors que les soldats sont au camp sous la tente. Pendant le jour, très peu de contact entre eux; leur existence est pour ainsi dire séparée : on dirait deux classes différentes. Il n'en doit pas être ainsi; l'officier doit être l'ami et le tuteur de ses soldats. Pour leur faire accepter l'autorité sévère dont la loi l'a investi, il doit leur montrer sa sollicitude constante pour leur bien-être et pour leur moral. Pour les aider à supporter les privations, il doit les supporter lui-même et leur donner l'exemple. Il ne suffit pas d'être à leur tête le jour du combat; c'est là un devoir familier à l'officier français; mais il doit être constamment à côté d'eux, dans la vie obscure du camp, dans les labeurs de la marche; en un mot, dans toutes ces situations variées où le soldat a besoin de se sentir soutenu et réconforté par la présence de ses chefs. Je vous prie, Général, d'être d'une sévérité inexorable à l'égard des officiers qui manqueraient à ce devoir sacré. Vous voudrez bien me les signaler, pour que je puisse, à mon tour, leur faire sentir les effets de mon mécontentement.

Enfin, Général, il est indispensable que des revues fréquentes mettent les soldats et les chefs en présence, dans des conditions d'un ordre plus relevé. Ces rapprochements sont, en outre, l'occasion d'allocutions, d'ordres du jour, qui permettent au général de communiquer avec l'ensemble de ses troupes, et de porter à leur connaissance les faits de nature à exciter leur patriotisme. C'est en vous adressant souvent à elles, en leur faisant entendre des paroles qui vont à leur cœur, que vous conquerrez graduellement sur vos troupes cet ascendant, grâce auquel vous pourrez plus tard leur faire braver la mort et les privations.

J'attache un intérêt tout particulier à ce que vous fassiez observer les prescriptions de la présente circulaire dont je vous prie de m'accuser réception.

Le Ministre de la Guerre aux Généraux commandant les corps d'armée.

Bordeaux, 31 janvier 1871.

Lorsque vos troupes seront rentrées en dedans de la ligne de démarcation, votre premier soin sera de les établir dans des cantonnements où elles pourront se refaire de leurs fatigues, trouver un abri contre les rigueurs de la saison et procéder à la réparation de leurs objets d'habillement, de campement et d'équipement, tout en perfectionnant leur instruction militaire.

En distribuant les troupes dans ces cantonnements, vous veillerez à conserver leur organisation tactique, de manière à pouvoir les concentrer rapidement en prévision de la réouverture des hostilités. Il faudra donc éviter d'intercaler des corps entre d'autres appartenant à une même brigade ou à une même division.

Vous donnerez des ordres pour que chaque semaine les compagnies tirent à la cible, et vous fixerez les jours où les bataillons, régiments et brigades se concentreront sur un point pour exécuter des manœuvres d'ensemble.

Pour refaire votre cavalerie, vous choisirez, en arrière de votre première ligne, s'il est nécessaire, des cantonnements abondants en fourrage. Vos parcs seront établis dans des conditions semblables ; on y placera les forges et des ateliers de réparations pour le harnachement, la sellerie, les voitures des corps, de l'artillerie, des ambulances et du train des équipages.

Je ne saurais trop insister sur la nécessité d'exercer votre cavalerie au service des reconnaissances, votre infanterie au service d'avant-postes.

Quand les troupes de votre corps d'armée seront assises dans leurs cantonnements, je vous fixerai un jour, le même pour toutes, où une revue exacte sera passée de l'effectif et du matériel. On dressera l'état des places vacantes et des réformes nécessaires, celui des besoins en souliers, capotes, objets de linge et de chaussure, d'habillement, de campement, d'équipement et d'armement ; la quantité de cartouches à remplacer, de munitions à compléter, d'équipages à réparer.

Ordonnez que les chefs de corps et les commandants de compagnie visitent par eux-mêmes le sac et le livret du soldat.

Dans la cavalerie, l'artillerie et le train, vous ferez dresser l'état des besoins en chevaux et objets de harnachement et pièces de rechange de toute nature. Il demeure bien entendu que nul cheval ne pourra être réformé définitivement qu'on n'ait reçu une autre monture pour le remplacer.

Vous prescrirez aux chefs d'état-major de vos divisions et à ceux des armes spéciales d'apporter la plus grande exactitude dans l'établissement de ces états et des effectifs : les généraux en seront responsables, et nulle rectification ultérieure ne sera admise.

Votre chef d'état-major général centralisera ces documents et me les adressera, après que vous vous serez assuré de leur exactitude. Inspectez vous-même vos troupes, rendez-vous un compte exact de leurs besoins, et exigez que les officiers de compagnie connaissent le nom de leurs soldats ; rien n'attire mieux leur confiance.

Le chapitre 2 du titre 1er du service des armées en campagne prescrit aux chefs d'état-major d'envoyer au ministère de la Guerre les tableaux de la force et de l'emplacement des corps et postes, les rapports sur les marches et les opérations ; j'ai constaté que ce devoir avait été complètement négligé. Vous voudrez bien tenir la main à ce que ces documents soient envoyés au ministère dans le plus bref délai, ainsi que tous ceux exigés par les règlements : situation de quinzaine, états des pertes, actes d'état civil, procès-verbaux des jugements des conseils de guerre, croquis des emplacements des corps, des ouvrages de fortifications exécutés ou en projets.

Vous profiterez de l'armistice pour faire étudier et me signaler, ce que vous avez omis jusqu'ici, l'emplacement à choisir en arrière de votre corps et sur sa ligne de communication pour y placer vos petits dépôts, afin que j'y dirige avec exactitude les renforts qui vous sont destinés.

Pendant les mauvais temps, vous prescrirez des théories fréquentes sur le service en campagne, le montage et le démontage des armes, les règles du tir. Faites faire des conférences fréquentes aux officiers. Vous ne sauriez surtout donner trop de soins à l'instruction des cadres des mobilisés ; presque tout est à faire sous ce rapport. Si parmi ces cadres des insuffisances trop notoires étaient constatées, vous n'hésiteriez pas à les remplacer par mon ordre, sans tenir compte davantage du principe de l'élection.

C'est de l'ensemble de ces mesures que dépend dans l'avenir le succès de nos armes.

XIX

Organisation de la défense dans les départements.

§ 1er. — **Répartition sur deux lignes des bataillons de la garde nationale mobile disponibles le 21 septembre.**

Répartition des bataillons de garde nationale mobile (1).

CIRCONSCRIPTION des BATAILLONS.	NOMBRE DES BATAILLONS actuels.	NOMBRE DES BATAILLONS déterminés.	BATAILLONS A FOURNIR par LES DÉPARTEMENTS ENVIRONNANTS.
Première ligne (ligne de la Loire).			
Nièvre	»	6	1er bataillon de l'Isère. 2 bat. de la Haute-Vienne. 3 bat. de l'Aveyron (régiment).
Cher	3	3	»
Loiret	1	6	1 bat. de la Savoie. 2 bat. du Tarn-et-Garonne (retenus à Châteauroux). 2 bat. du Lot.
Loir-et-Cher	2	4	2 bat. du Gers.
Indre-et-Loire	2	2	»
Droite de la première ligne.			
Aube	»	4	1 bat. du Puy-de-Dôme. 2 bat. du Morbihan.
Yonne	1	6	1 bat. de l'Indre. 2 bat. du Cantal (formant régiment avec le bataillon de l'Yonne).

(1) Sans date. On remarquera que certains chiffres ne concordent pas entre eux.

CIRCONSCRIPTION des BATAILLONS.	NOMBRE DE BATAILLONS		BATAILLONS A FOURNIR par LES DÉPARTEMENTS ENVIRONNANTS.
	actuels.	déterminés.	
Haute-Saône.......	1	8	3 bat. de la Haute-Savoie. 1 bat. de la Savoie. 1 bat. des Hautes-Alpes. 2 bat. des Alpes-Maritimes.
Haute-Marne.......	3	6	1 bat. (nouveau) du Gard. 3 bat. de l'Isère. 1 bat. de la Lozère.
Côte-d'Or.........	»	8	1 bat. de l'Ain. 3 bat. des Basses-Pyrénées. 3 bat. de l'Yonne.
Vosges...........	1	6	3 bat. stationnés dans la Haute-Marne (rég. des Vosges). 2 bat. de Saône-et-Loire. 1 bat. de la Meurthe.
Doubs............	5	6	1 bat. des Basses-Alpes. 1 bat. de la Loire.

Gauche de la première ligne.

Eure-et-Loir......	4	6	2 bat. du Lot-et-Garonne.
Eure.............	3	6	3 bat. de l'Ardèche.
Seine-Inférieure....	1	8	2 bat. des Landes. 2 bat. des Hautes-Pyrénées. 1 bat. du Maine-et-Loire. 2 bat. de l'Oise (sont au Havre).
Somme...........	1	6	2 bat. du Gard (dans le Finistère). 4 bat. de la Marne.
Nord.............	10	10	»
Pas-de-Calais......	8	8	»
Calvados.........	4	4	»
Manche..........	6	6	»
Orne.............	4	4	»

Deuxième ligne.

Mayenne.........	3 (1)	4	(1) 1 bat. de la Loire-Inférieure (régiment à embrigader).
Sarthe...........	4 (2)	4	(2) 1 bat. de la Loire-Inférieure (régiment à embrigader). 2 bat. de la Corrèze.
Maine-et-Loire.....	»	2	1 bat. de la Loire-Inférieure.
Deux-Sèvres	»	2	2 bat. de la Corrèze.
Vienne...........	»	2	1 régiment formé de 2 bat. de la Haute-Loire (retenu au Puy).
Indre............	»	4	1 régiment formé de 3 bat. de la Charente-Inférieure.
Creuse	»	2	»
Allier............	»	2	1 régiment formé de 2 bat. de l'Ariège.
Saône-et-Loire.....	»	4	»
Ain..............	»	4	»
Jura.	1	4	1 bat. des Pyrénées-Orientales, à Rochefort. 2 bat. de la Corse.

Troisième ligne.

CIRCONSCRIPTION des BATAILLONS.	NOMBRE DE BATAILLONS actuels.	NOMBRE DE BATAILLONS déterminés.	BATAILLONS A FOURNIR par LES DÉPARTEMENTS ENVIRONNANTS.
Rhône............	»	8	2 bat. du Var. 2 bat. de Vaucluse. 2 bat. de l'Aude. 1 bat. de la Drôme. 1 bat. de la Gironde.

Mouvements vers la Loire.

CIRCONSCRIPTION des BATAILLONS.	NOMBRE de bataillons faisant mouvement.	DÉPARTEMENTS SUR LESQUELS ILS SERONT DIRIGÉS.
Basses-Pyrénées..........	3	Gironde.
Hautes-Pyrénées..........	2	Lot-et-Garonne.
Ariège...................	2	Creuse.
Landes...................	2	Dordogne.
Gers.....................	2	Corrèze.
Haute-Garonne...........	3	Cantal.
Lot-et-Garonne...........	2	Deux-Sèvres.
Tarn-et-Garonne.........	2	Puy-de-Dôme.
Lot......................	2	Aveyron.
Haute-Savoie.............	3	Rhône.

Le Vice-Amiral, Ministre de la Guerre par intérim, aux Généraux commandant les divisions et subdivisions militaires.

Tours, 21 septembre.

Je m'empresse de vous faire connaître les intentions du Gouvernement au sujet des bataillons et des régiments de garde mobile.

En dehors des bataillons appelés à Paris pour concourir à la défense et des 7 régiments qui vont être encadrés dans les brigades des troupes de ligne, il reste encore environ 300 bataillons, dont 180 sont à peu près disponibles.

Le Gouvernement de la Défense nationale a dû se préoccuper de tirer parti de cette force considérable, actuellement dispersée dans toute la France, qui est sans emploi et qui peut nous rendre les plus utiles services.

En conséquence, il a paru nécessaire de chercher à répartir ces moyens de défense suivant les besoins.

A cet effet, tous les départements menacés plus ou moins directement par l'invasion, ont été divisés en deux zones : la première comprenant ceux qui sont en contact immédiat avec l'ennemi, et la seconde ceux qui sont en arrière, et l'on a désigné pour chacun de ces départements le nombre des bataillons que l'on devait y envoyer.

Cette répartition a été faite par département, afin que les généraux commandant ces départements puissent se rendre compte sans retard des moyens qu'ils auront à leur disposition et prendre telles mesures qu'ils jugeront nécessaires pour l'emplacement des bataillons ou des régiments, leur emploi, leur procurer des vivres, munitions, etc.....

Je vous ferai connaître ultérieurement le nombre et les numéros des bataillons qui seront affectés à chacun des départements sous vos ordres, ainsi que l'époque de leur arrivée.

Lorsque ce mouvement général sera terminé, l'ennemi se trouvera enveloppé, en avant, sur ses flancs et sur ses derrières, par des forces qui seront disséminées partout et contre lesquelles il aura à se défendre sur tous les points à la fois.

Après vous avoir mis au courant du plan d'ensemble des opérations dont la garde mobile va être chargée, il me reste à vous donner quelques instructions succinctes sur le rôle que ces troupes auront à jouer et la manière dont elles doivent être employées.

Les gardes mobiles n'ont ni une instruction, ni des cadres, ni une constitution assez solides pour pouvoir être utilisés comme troupe de ligne, avec d'autant plus de raison qu'on ne pourra presque jamais les faire soutenir par des forces régulières. Il faut les considérer comme des troupes légères destinées à agir en partisans et dont la mission est moins de combattre que de harceler l'ennemi. Leur mission est, par leur présence tout autour de l'ennemi, d'abord de le gêner dans les réquisitions dont il écrase les territoires envahis, mais surtout de faire des coups de main et des pointes pour enlever les convois, couper les routes, les chemins de fer, détruire les ponts, etc.

Partout où les mobiles trouveront une résistance un peu sérieuse, ils se retireront pour tenter un autre coup sur des points plus vulnérables.

En un mot, c'est une véritable guerre de partisans que ces troupes doivent faire et pour laquelle il faut de la vigueur, de l'audace, de l'intelligence et surtout beaucoup de ruse. Cette guerre doit être d'autant plus facile pour les mobiles qu'ils sont renseignés et soutenus par les populations, qui leur fourniront des guides pour toutes leurs excursions. Je n'ai pas besoin d'ajouter que c'est surtout dans les pays coupés et boisés que les troupes légères doivent être placées : c'est là où elles trouveront le plus de facilités pour masquer leurs mouvements et tomber à l'improviste sur les portions faibles de la ligne ennemie.

Vous donnerez connaissance à tous les généraux commandant les départements où ces forces doivent agir, de ces instructions que je vous laisse le soin de compléter d'après les circonstances, les lieux et la connaissance que vous pouvez avoir de la situation et de la position de l'ennemi. Les généraux de brigade devront se mettre en rapport avec leurs voisins pour se renseigner et combiner leurs mouvements.

Si ces instructions sont bien suivies et bien appliquées, l'on peut faire beaucoup de mal à l'ennemi, qui, ayant à se défendre à la fois sur un développement de plus de 100 lieues de front, sera, dans tous les cas, bien gêné dans ses mouvements. Aussi je ne saurai trop faire appel à toute votre énergie, tout votre zèle et toute votre activité pour imprimer une vigoureuse direction à cette partie de la défense nationale. Je ne doute pas que les gardes mobiles, bien pénétrés de l'importance de la mission qui leur est confiée dans les graves circonstances où nous sommes, ne secondent le Gouvernement et le pays, qui fait un appel suprême à leur patriotisme.

Vous m'accuserez réception de cette dépêche, en me rendant compte des mesures que vous aurez prises pour en assurer l'exécution, et vous me tiendrez au courant des opérations ultérieures.

Le Général commandant la subdivision de la Nièvre au Ministre de la Guerre.

Nevers, 24 septembre.

En exécution de vos ordres, j'ai l'honneur de vous accuser réception de votre dépêche en date du 21 septembre 1870.

Pour que les prescriptions fort sages qu'elle contient puissent être mises en exécution, il faudrait avoir des mobiles *à demeure* dans chaque département au lieu de les avoir seulement de passage, et nuls ne seraient plus à même de bien faire ce service d'éclaireur dans chaque département que les gardes mobiles mêmes des départements, qui connaissent tous les plis du terrain, toutes ses ressources pour la défense et l'attaque et qui, plus que tous autres, trouveraient les moyens de vivre, de se cacher momentanément et de recueillir des renseignements utiles. A ces gardes mobiles devraient être annexés, pour le même service et le même esprit de défense partielle, les gardes forestiers, les gardes de rivière, les cantonniers, les facteurs, le tout sous la surveillance de la gendarmerie.

Mais, gendarmes et mobiles partant aussitôt qu'ils sont formés, il est impossible, malgré le bon vouloir qu'on en ait, d'organiser aucun service avec des troupes uniquement de passage.

Note pour la 1re direction.

Tours, 25 septembre.

On a l'honneur d'informer la 1re direction (bureau de la correspondance générale) que, par décision du 21 septembre courant, les bataillons de garde nationale mobile ci-après désignés ont reçu l'ordre de faire les mouvements indiqués dans l'état suivant :

Départements d'où ils partent.	Nombre de bataillons.	Départements où ils vont.
Isère	1	Nièvre.
Haute-Vienne	2	Nièvre.
Aveyron	3	Nièvre.
Savoie	1	Loiret.
Tarn-et-Garonne	2	Loiret.
Lot	2	Loiret.
Gers	2	Loir-et-Cher.
Puy-de-Dôme	1	Creuse.
Cantal	2	Yonne.
Haute-Savoie	3	Haute-Saône.
Savoie	1	Haute-Saône.
Hautes-Alpes	1	Haute-Saône.
Alpes-Maritimes	2	Haute-Saône.
Loire	4	Côte-d'Or.
Haute-Garonne	3	Côte-d'Or.
Haute-Marne (régiment des Vosges)	3	Vosges.
Basses-Alpes	1	Doubs.
Loire-Inférieure	1	Mayenne.
Loire-Inférieure	1	Maine-et-Loire.
Corrèze	2	Deux-Sèvres.
Haute-Loire	2	Vienne.
Charente-Inférieure	3	Indre.
Ariège	2	Allier.
Rhône (bataillon de l'Isère)	3	Saône-et-Loire.
Lozère	1	Saône-et-Loire.
Basses-Pyrénées	3	Ain.
Charente-Inférieure (bataillon des Pyrénées-Orientales)	1	Jura.
Corse	2	Jura.
Var	2	Rhône.
Vaucluse	2	Rhône.
Aude	2	Rhône.
Drôme	1	Rhône.

Départements d'où ils partent.	Nombre de bataillons.	Départements où ils vont.
Gironde	1	Rhône.
Lot-et-Garonne	2	Eure-et-Loir.
Ardèche	3	Eure.
Landes	2	Seine-Inférieure.
Hautes-Pyrénées	2	Seine-Inférieure.
Maine-et-Loire	1	Seine-Inférieure.
Mayenne (bataillons de l'Oise)	2	Seine-Inférieure.
Finistère (bataillons du Gard)	2	Somme.

Les ordres pour l'exécution de ces mouvements ont été expédiés par le télégraphe le 21 septembre courant.

§ 2. — Commandements supérieurs régionaux.

Le Préfet de l'Ille-et-Vilaine au Ministre de l'Intérieur, à Paris (D. T.).

Rennes, 12 septembre, 5 h. 35 soir.

Il me paraît nécessaire, pour que la défense soit sérieuse et obtienne de bons résultats, que les départements de l'Ouest soient soumis à un chef militaire unique qui aurait le commandement de toutes les forces vives du pays avec les pouvoirs nécessaires pour les faire passer d'un département dans l'autre. Si les forces restent isolées chacune dans son département, elles ne pourront rien, ou presque rien, pour s'opposer à la marche de l'ennemi.

Les pouvoirs du commandant supérieur doivent être très étendus; un décret autorisant la mobilisation des hommes valides serait nécessaire. En vous soumettant ces observations, je me fais l'organe de beaucoup de citoyens décidés à une résistance à outrance.

Le Préfet de la Somme au Ministre de l'Intérieur, à Paris.

Amiens, 15 septembre.

J'ai l'honneur de vous prier d'accorder une audience à MM. ....., que j'ai envoyés vers vous et qui vous exposeront mes vues sur la défense du département qui m'est confié. Ces Messieurs vous développeront oralement les raisons qui me font penser qu'il est nécessaire de confier l'organisation de la défense dans tous les départements du Nord de la France à un seul chef militaire revêtu des pleins pouvoirs, notamment pour appeler à l'activité tous les hommes non mariés de 20 à

35 ans, rallier les traînards revenant de la frontière, les concentrer et leur donner une organisation utile ; diriger toutes les forces vives de la contrée et en disposer ; autoriser la formation des corps francs, faire évacuer les denrées et subsistances ainsi que les provisions de guerre et les armes inutiles et généralement faire toutes les réquisitions et prendre toutes les mesures qu'il jugerait utiles à la défense nationale.

Je vous prie, Monsieur le Ministre, de leur accorder toute votre bienveillance ; j'attache la plus grande importance à la mission que je leur ai confiée.

En marge, de la main de Gambetta : « Je prie avec instance Monsieur le Ministre de la Guerre de vouloir bien accorder son attention à la demande ci-contre. Elle est fort nette, fort pressante et résume bien d'autres dépêches analogues. Il faudrait aviser au plus vite et prendre la mesure. Permettez-moi d'y compter ».

Le Comité de défense de la ligue des 12 départements de l'Ouest au Ministre de la Guerre, à Paris (D. T.).

Rennes, 16 septembre, 5 h. 15 soir.

Prière nommer général en chef de l'Ouest, le général Fiéreck passé au cadre de réserve. M. le comte Daru qui assiste à la réunion croit que ce choix serait excellent.

M. Carré-Kérisouët au Ministre de la Guerre, à Paris (D. T.).

Saint-Brieuc, 18 septembre, 4 heures soir.

Voici les noms des treize départements : Côtes-du-Nord, Loire-Inférieure, Morbihan, Ille-et-Vilaine, Finistère, Vendée, Deux-Sèvres, Sarthe, Maine-et-Loire, Mayenne, Orne, Manche, Calvados.

Dans réunion générale des préfets, on a décidé qu'un général en chef serait immédiatement demandé au Ministre de la Guerre. Le comte Daru, présent à la réunion, a demandé que le général Fiéreck fût désigné. Il est au cadre de réserve à Grenoble.

Je suis chargé par les délégués des treize départements de procurer des armes aux bataillons de volontaires pris dans les gardes nationales sédentaires. Plus de 15 millions sont déjà votés à cet effet. Que Monsieur le Ministre de la Guerre nous envoie un général en chef pour former une armée active dans l'Ouest en groupant tous les corps épars dans les diverses garnisons ; cette armée sera invincible dans ce pays au milieu de la population en armes ; toutes les dispositions sont prises pour rétablir les clôtures interrompues par les routes, faire sauter les ponts à l'approche de l'ennemi; ce groupe de treize départements offre au Gouvernement une retraite inviolable en cas de besoin. Il faut que les ateliers et les ouvriers des ports de Brest et de Lorient soient mis à la disposition de la Guerre; on peut y fabriquer immédiatement chassepots et mitrailleuses et canons; je m'en suis assuré près des directeurs de ces arsenaux. L'arsenal de Rennes possède des canons mais n'a pas d'affûts; il faudrait tripler le nombre des ouvriers qui sont occupés à en fabriquer; la fabrique de poudre du Pont-de-Buis est amplement approvisionnée.

On installe en ce moment une fabrique de cartouches pour les fusils à percussion dans le voisinage. L'arsenal de Brest contient toutes les matières premières nécessaires, bronze, acier, fer, bois.

Le Ministre de la Guerre au général Fiéreck, à Grenoble (D. T.).

Paris, 19 septembre, 1 h. 40 soir. Reçue par ballon, à Evreux, le 23 septembre, à 12 h. 30; transmise le même jour.

Quatorze départements de l'Ouest, représentés à Saint-Brieuc par les hommes les plus considérables, dans le but d'organiser la défense, ont chargé M. Carré-Kérisouët de me demander de vous désigner pour prendre la direction et le commandement de toutes les forces de cette région. Je fais appel à votre patriotisme et je vous prie de vous rendre à Paris, si c'est possible, sinon à Saint-Brieuc, par Tours, et prenez les instructions de la délégation du Gouvernement qui s'y trouve. Cette dépêche vous servira d'introduction auprès des membres du Gouvernement et du vice-amiral Fourichon, délégué pour le Ministre de la Guerre.

Le Ministre de la Guerre au Préfet des Côtes-du-Nord.

Paris, 20 septembre.

Je vous prie de faire savoir à M. Carré-Kérisouët que je donne la plus complète approbation aux efforts tentés par les quatorze départements de l'Ouest et au commencement d'organisation qui en est résulté.

Je fais mander à Paris le général Fiéreck pour recevoir mes instructions. Dans le cas où il ne pourrait pas y pénétrer, il se rendrait à Tours et recevrait des ordres du vice-amiral Fourichon, délégué pour le département de la Guerre, auprès de la fraction du Gouvernement siégeant hors de Paris.

J'ai saisi hier le Gouvernement de la Défense nationale de la demande de crédit que vous m'adressez. Le Gouvernement a décidé qu'il vous créditerait pour le *tiers* des sommes que les quatorze départements s'imposeraient eux-mêmes.

En ces graves circonstances, la Bretagne doit se maintenir, comme toujours, à la hauteur de sa réputation de patriotisme tant de fois éprouvée.

Quant à la question des armes de toute nature que vous avez l'intention de faire fabriquer, je vous envoie ci-joint une note qui pourra vous éclairer et vous diriger. Les illusions seraient funestes. Il faut rester dans la réalité des choses, exposée avec une autorité digne de toute confiance, par l'auteur de cette note.

Ordre du 15ᵉ corps d'armée.

Tours, 22 septembre.

Par décision ministérielle, en date du 22 septembre courant, les départements d'Eure-et-Loir et du Loiret sont attachés, provisoirement, le premier à la 18ᵉ division, et le second à la 19ᵉ division militaire.

Le Délégué à la Guerre au Ministre de la Guerre, à Paris (D. T.).

Tours, 24 septembre, 1 h. 30 soir.

J'ai formé deux commandements supérieurs régionaux, l'un de l'Ouest, confié au général d'Aurelle, l'autre du Centre sous le général Polhès. Le premier comprend les 15ᵉ, 16ᵉ et 18ᵉ divisions militaires, les départements d'Eure-et-Loir, de l'Eure, de l'Orne, du Calvados; le deuxième comprend la 19ᵉ division militaire, les départements de Loir-et-Cher, Loiret, Yonne, Aube. Cette concentration de l'action militaire m'a paru nécessaire. J'en attends de bons et prompts résultats. Approuvez-vous qu'elle soit appliquée dans l'Est sous le général Cambriels, et dans le Nord, sous un autre que vous désigneriez?

Le même au même (D. T.).

Tours, 25 septembre, 9 h. 40 soir.

Je poursuis le développement des commandements régionaux supérieurs qui vont s'étendre depuis les Ardennes jusque Belfort et Besançon en passant par Tours.....

Je forme une division territoriale provisoire, comprenant : Eure-et-Loir, Eure, Orléanais, Calvados et Manche, et j'en donne le commandement au général de division des Pallières, de l'infanterie de marine, hardi et vaillant officier, blessé à Sedan.

Le Ministre de la Guerre aux Généraux, commandants supérieurs régionaux de l'Ouest, du Centre et de l'Est.

Tours, 26 septembre.

J'ai l'honneur de vous adresser ci-après des instructions qui ont pour objet de vous faire connaître l'étendue des pouvoirs que les commandants supérieurs régionaux sont appelés à exercer, quant à la disposition des moyens militaires existant dans le territoire qu'ils commandent.

En fait de personnel, ces moyens militaires se composent de deux éléments :

1° Gardes mobiles, corps de francs-tireurs et de partisans ;

2° Troupes de ligne.

Pour ce qui touche la garde mobile, la circulaire du 21 septembre 1870 (1)..... a indiqué comment le Gouvernement entendait que cette force fût utilisée. Les généraux appliqueront les mêmes règles pour l'emploi des compagnies de francs-tireurs et des autres corps francs créés régulièrement.

Il reste à déterminer l'action que les commandants supérieurs exerceront sur les troupes de ligne, dont les dépôts sont stationnés dans les divisions territoriales comprises dans la région de leur commandement.

Les dépôts, dont la plupart présentent des effectifs nombreux en hommes de troupe, ne se prêtent pas à la mise en action immédiate des ressources qu'ils contiennent, par la raison que les effectifs des cadres sont, dans presque tous, très limités et nullement proportionnés avec celui de la troupe.

Il faut pourtant que, dans l'état où ils sont, ils soient mis à même de rendre des services.

C'est sur ce but important à atteindre que les commandants supérieurs régionaux devront porter de suite leur attention. En conséquence, ils se feront rendre compte, sans délai, par les généraux divisionnaires et subdivisionnaires, de la fraction que chaque dépôt pourrait mobiliser sur l'heure avec les ressources qu'il possède ; ils feront constituer de suite cette fraction et la dirigeront sur les points qu'ils jugeront convenable, soit pour appuyer les opérations des gardes mobiles et corps francs, soit pour tout autre motif. A cet effet, les pouvoirs des commandants régionaux sont illimités.

---

(1) Circulaire concernant la répartition des bataillons de mobiles sur deux lignes.

Au fur et à mesure que les dépôts acquerront de nouvelles ressources en cadres, soit par la rentrée d'officiers actuellement prisonniers ou absents, soit par suite de promotions effectuées, de nouvelles fractions seront constituées pour être réunies à celles qui auront été mobilisées d'abord.

Les commandants régionaux ne perdront pas de vue, d'ailleurs, que les prescriptions de mes circulaires du 21 septembre (1)..... ont donné à l'autorité supérieure les moyens de pourvoir rapidement à l'insuffisance des cadres signalée dans les dépôts.

Les ressources en matière et en matériel de toute sorte seront à la disposition des commandants supérieurs régionaux. Ils en prescriront l'emploi suivant les besoins pour hâter l'organisation et la mobilisation des troupes à tirer des dépôts.

Par suite, les chefs des différents services des divisions devront être prévenus de se tenir prêts à déférer aux demandes en objets de cette nature qui leur seraient adressées par l'autorité supérieure.

Les commandants régionaux auront autorité sur tous les généraux dont les divisions sont comprises dans la circonscription de leur commandement régional, et cela sans aucune considération d'ancienneté. Ils régleront leurs relations avec les généraux commandant les corps d'armée déjà constitués d'après les principes posés par les règlements pour les rapports à entretenir entre les généraux commandant les divisions territoriales et ceux commandant les divisions actives.

Je vous prie de bien vous pénétrer de ces instructions et de me rendre compte des diverses mesures que vous aurez prescrites en vue d'en assurer l'exécution.

Le Ministre de la Guerre au Délégué à la Guerre, à Tours (D. T.).

Paris, 26 septembre, 6 h. 45 soir.

Vous faites à merveille. Poussez ferme dans cette excellente voie.....
Il faut passer le plus tôt possible de l'organisation à l'action.

Vous ne pouvez songer à opposer, quant à présent, aux corps prussiens si puissamment organisés, nos corps qui manquent encore d'une suffisante cohésion, mais harceler sans cesse et sans trêve ses détachements ; les empêcher de s'étendre ; restreindre le champ de ses réquisitions ; menacer ses communications ; l'obliger ainsi à se dégarnir

---

(1) Circulaires relatives à la rentrée dans l'armée des officiers en retraite ou démissionnaires et à la création dans les dépôts d'emplois supplémentaires de sous-officiers, caporaux et brigadiers.

devant Paris. Inquiéter jour et nuit, partout et toujours, voilà le but à atteindre de votre côté.

De cette guerre de chicane, de chouannerie, vous passerez insensiblement, au fur et à mesure de l'accroissement de vos forces, à des opérations plus sérieuses susceptibles de se relier avec la défense de Paris, objet capital de vos méditations et but de toute votre action. Aider à la défense de Paris, c'est couvrir la France. Même objet à poursuivre en Normandie et dans les Ardennes dont vous me parlez.

Attirez du monde et du monde selon vos ressources d'armement.

Employez vigoureusement votre cavalerie, mais par détachements de régiment, d'escadron même, selon la valeur des chefs. Une division réunie ne servirait à rien et ne rendrait pas le quart des services d'un régiment bien commandé.

Gardez toujours une forte réserve de troupes organisées des trois armes.

A l'Est, vers Belfort, le général Cambriels, intelligent et hardi, doit avoir pu déjà entrer en campagne. Son champ de manœuvre, à lui, ce sont les Vosges.

Il doit pouvoir disposer d'une colonne mobile de 12,000 hommes au moins, qu'il manœuvre avec prudence mais avec audace aussi ; il faut arriver là à couper les chemins de fer de l'ennemi, qui sont ses vraies lignes d'opérations. Couper seulement une de ses communications avec l'Allemagne serait une victoire.

C'est de ce côté la grande œuvre à poursuivre. Qu'il jette des corps francs, en enfants perdus, partout.

Ici tout va bien. Les Prussiens font des lignes de circonvallation. Nous sommes en mesure partout. Renseignez-moi sur les mouvements des Prussiens vers l'intérieur.

Avez-vous des nouvelles de Strasbourg ?

Poussez ferme à la fabrication des armes et des munitions. Il faut couvrir la France de fer. Maintenez les meilleures relations avec l'autorité civile, votre mutuel concours est indispensable à la plus prompte organisation de vos forces.

Le général Fiéreck au Ministre de la Guerre, délégué.

Saint-Brieuc, 1er octobre.

J'ai l'honneur de vous rendre compte de mon arrivée à Saint-Brieuc seulement hier matin. Dans la soirée, j'ai assisté à la réunion du Comité de défense du département. Il m'a semblé être très sérieux et établi sur de bonnes bases. Chaque département fournira 2,500 hommes armés en général de bons fusils, pour la défense de la partie du territoire de l'Ouest, ce qui constituera des forces assez considérables pour opposer une résistance utile aux Prussiens. J'ai fait part au Comité de défense des moyens de défense que je comptais employer, et j'ai ajouté que pour cela, il me fallait avoir des comités de défense, une liberté complète ; ce qui a été accepté.

La dépêche de Paris, dont je vous ai donné connaissance et dont je vous envoie copie (1), fait appel à mon patriotisme pour prendre la direction et le commandement des forces des 14 départements de l'Ouest, à l'effet d'y organiser une défense. Cette organisation ne peut avoir lieu qu'autant que je ne serais pas contrôlé par les généraux de division commandant le territoire. C'est ainsi, au reste, que l'ont entendu les comités dans leur demande au général Le Flô qui a été approuvée par une dépêche du 20 septembre dernier dont je vous envoie également copie (2).

Dans cette dépêche, comme dans celle que j'ai reçue de Paris, il est dit que, dans le cas où je ne pourrais pas entrer dans Paris, je devrais prendre à Tours les instructions de la délégation du Gouvernement qui s'y trouve, et que cette dernière dépêche me servira d'introduction auprès des Ministres, du Gouvernement et du vice-amiral Fourichon, délégué pour le Ministre de la Guerre.

J'ai, en conséquence, Monsieur le Ministre, l'honneur de vous prier de m'envoyer vos instructions qui me serviront de titres pour l'accomplissement de ma mission.

Dans le cas où vous admettriez que ce commandement a une trop grande importance pour un général de division, vous jugerez s'il n'y aurait pas lieu de le réduire aux deux divisions militaires de Rennes et de Caen qui sont tout à fait liées pour une bonne défense, car il serait nécessaire de réunir un certain nombre de départements dans les mêmes mains afin de pouvoir disposer d'une force encore assez grande pour opposer une résistance utile à l'ennemi.....

Je vais attendre à Rennes votre réponse.....

Notification du bureau de la correspondance générale et des opérations militaires.

Tours, 17 novembre.

En vertu d'une décision du Ministre de l'Intérieur et de la Guerre,

---

(1) Voir ci-dessus : Le Ministre de la Guerre au général Fiéreck, Grenoble, D. T., Paris, 19 septembre, 1 h. 10 soir (Reçue par ballon à Évreux, le 23 septembre à 12 h. 30, transmise le même jour).

(2) Voir ci-dessus : Le Ministre de la Guerre au Préfet des Côtes-du-Nord, Paris, 20 septembre.

en date du 11 novembre courant, le commandement supérieur de la région de l'Est est supprimé.

Le département de la Côte-d'Or, qui avait été rattaché à ce commandement en ce qui touche les opérations militaires, rentre, par suite, pour toutes les parties du service, sous l'autorité du général commandant la 8e division.

Une nouvelle décision, en date du 14 novembre, a prononcé la suppression des autres commandements supérieurs régionaux (Nord, Ouest, Centre).

En conséquence, les commandements des divisions militaires reprennent leur fonctionnement normal.

Toutefois, M. le général Bourbaki, commandant supérieur du Nord, conservera provisoirement le commandement des troupes stationnées dans les subdivisions composant la 3e division militaire (Nord, Pas-de-Calais, Somme, Aisne, Ardennes); il en sera de même de M. le général Fiéreck, commandant supérieur de l'Ouest, en ce qui concerne les troupes non endivisionnées, actuellement sous ses ordres dans l'Eure-et-Loir, la Sarthe, et les départements de la Normandie (Calvados, Orne, Eure, partie située sur la rive gauche de la Seine).

Enfin, M. le général Marme, qui commandait la région du Centre et la 19e division militaire, n'exercera plus dans toute l'étendue de la 19e division (Cher, Nièvre, Allier, Indre, Loiret, Yonne, Aube) que la part d'action attribuée aux commandants territoriaux.

§ 3. — Comités de défense. Comités départementaux.

Le général Martin des Pallières à M. Le Cesne, président de la commission de l'armement au ministère de la Guerre, à Tours.

Nevers, 7 octobre.

Au moment où j'apprends que vous allez faire partie de la Commission du ministère de la Guerre, sachant que vous êtes de ceux qui ne perdent pas de temps pour agir, je crois de mon devoir envers le pays et le Gouvernement qui s'est chargé de la défense, de vous exprimer sans phrases la série de mesures que semblent nous commander les événements dans lesquels j'ai été mêlé comme acteur et qui m'ont permis de connaître, non seulement les moyens d'action de l'ennemi, mais aussi sa manière d'opérer contre nous.

La première partie découle évidemment de la seconde.

L'armée de Paris, par sa constitution et son essence même, est une armée qui ne peut faire que des sorties très limitées, puisqu'elle manque de cavalerie et d'artillerie de campagne, et que partout, d'ailleurs, elle rencontrera les retranchements de l'assiégeant... Tout ce qu'on peut attendre d'elle, dans les meilleures conditions possibles, c'est qu'elle tienne jusqu'à ce qu'elle manque complètement ou de vivres ou de munitions.

Jusqu'ici, l'armée prussienne s'est occupée principalement d'entourer Paris d'une ligne qui lui permette non seulement d'isoler la place, mais encore, au moyen de quelques camps retranchés qu'elle ne tardera pas à élever, de se mettre elle-même à l'abri d'un coup de main intérieur, afin de pouvoir laisser dans différentes directions des troupes destinées soit à la ravitailler, soit à disperser les corps que nous pourrons rassembler.

Supposez 100,000 hommes dirigés sur Lyon, 80,000 sur la Normandie, 80,000 sur Tours. S'ils sont 400,000 hommes devant Paris, il leur restera encore, en comptant 100,000 hommes venant d'Allemagne, et sans tenir compte de l'armée opposée à Bazaine, qui pourrait se trouver libre, 340,000 soldats retranchés autour de la capitale.

On a paru croire, jusqu'à présent, qu'il suffirait de distribuer des fusils de tous côtés à ceux qui en demandent pour que chacun en fît un usage vraiment utile, sans tenir compte des dangers personnels auxquels cela exposerait, vis-à-vis d'un ennemi qui ne marchande pas les représailles. C'est une grave erreur. Les trois quarts de ceux qui ont pris des fusils ne s'en serviront pas et les immobilisent. Quand on a commandé dans les armées, un jour de combat, on s'aperçoit combien il y a de braves gens qui ont plus de bonne volonté que d'étoffe, et combien une discipline de fer est nécessaire pour les maintenir dans le sentier du devoir, alors qu'ils se sentent soutenus pour tout par un grand nombre de leurs camarades sur lesquels ils peuvent compter et sur des moyens d'action dont l'énergie soutient le courage de chacun.

Comment donc espérer pouvoir arrêter, avec ces faibles moyens, des masses contre lesquelles se sont brisées nos meilleures armées ?

Pour trois hommes qui s'illustrent dans un village, il y en a cinq cents qui, à la première réquisition, livreront leurs armes, leurs troupeaux et tout ce qu'ils possèdent.

Il y a pourtant là des éléments de défense dont il faut tirer tout le parti possible, mais sur lesquels il ne faut pas se faire d'illusion.

Nous avons à combattre un ennemi pratique, qui ne met un pied devant l'autre qu'avec une parfaite connaissance du terrain sur lequel il s'engage et de l'esprit des populations non combattantes et non organisées.

Pour dire la vérité, entre nous, les pertes qu'il a faites en France de ce chef sont loin d'être aussi grandes qu'on le suppose et ne sont pas, dans tous les cas, de nature à entraver sa marche.

S'il convient donc de laisser autour de lui cette grande quantité d'hommes armés, pour lesquels on peut utiliser les fusils ancien modèle, très bons pour les coups de main, il importe de ne pas perdre une minute pour que toutes les forces qui peuvent être organisées en corps de troupe et armées de fusils à tir rapide soient immédiatement enrégimentées, puis embrigadées et mises en mouvement dans les départements où elles se trouvent, réunissant au besoin, un, deux, trois départements limitrophes pour former une brigade.

Il serait avantageux, aussitôt cette opération terminée, d'avancer une partie de ces troupes du côté de l'ennemi, si elles en sont proches, ou du côté où doivent se former les corps d'armée dont elles feront partie plus tard, de manière à parfaire rapidement leur éducation militaire par de petits engagements peu importants ou par des marches qui les soustraient à la dissipation des villes et les tiennent dans la main de leurs officiers.

Pendant ce temps-là, en arrière, les commandants des divisions territoriales, les préfets et aussi les commandants de ces corps rassembleront tous les effets d'habillement nécessaires à ces troupes ou les matières et les ouvriers nécessaires à ces confections.

Mon avis est que tout effet d'habillement de drap, pourvu d'un collet rouge, blanc ou bleu, avec un képi ou turban de même couleur, peut suffire pour indiquer qu'on fait partie de l'armée, de la mobile ou de tout autre corps organisé. On supprimerait, par cette mesure, toutes les lenteurs relatives à la question d'habillement. De même, dans chaque département, toutes les chaussures confectionnées pourraient être réquisitionnées pour les troupes, ainsi que les ouvriers nécessaires pour fabriquer des sacs en toile et des cartouchières en cuir.

Les mouvements d'exercice vraiment indispensables dans une campagne sont si peu nombreux, qu'en dix jours, dans ces conditions, un régiment peut se présenter devant l'ennemi, surtout depuis que le décret sur la justice militaire concède à l'autorité des moyens qui assurent, pour la fin de la campagne, une discipline sérieuse.

Ces brigades de divisions, vivant cantonnées chez l'habitant, et au moyen de réquisitions auxquelles nul ne pourra se soustraire, il sera permis d'accumuler dans les centres, où devront se former les armées, de grands approvisionnements en canons, munitions, vivres et habillement pour les régiments de l'armée qui devront encadrer les troupes dont nous nous occupons actuellement. De la sorte, à un moment donné, il suffira d'appeler dans ces centres les brigades éparpillées, pour faire des corps d'armées qui pourront se mettre immédiatement en mouvement.

Il me reste à traiter deux questions : celle du personnel et celle de l'administration de ces corps.

Personnel des officiers. — L'administration de la Guerre, comme celle de la Marine, est en présence de ce fait : elle a au moins les quatre cinquièmes de ses officiers prisonniers de guerre et elle éprouve quelque appréhension à faire de nouvelles nominations qui, à la paix, pourraient la jeter dans de grands embarras. Elle se demande encore si ces officiers improvisés seront capables de remplir les fonctions qui leur seraient données.

A cela, je réponds : puisque vous voulez créer des armées, il faut aussi créer des cadres. Et puisque vous ne craignez pas de faire marcher des soldats qui ne se formeront complètement que devant l'ennemi, faites de même pour leurs officiers.

Délivrez à ces officiers, que vous prendrez dans les cadres des officiers et sous-officiers existants, des commissions provisoires qui permettent de conserver leur grade à ceux qui s'en montreront dignes, avec latitude au commandement de se débarrasser de ceux qui ne seraient pas à hauteur de l'emploi provisoire qui leur est concédé.

Ces officiers toucheraient, bien entendu, la solde du grade qu'ils occuperaient provisoirement et, à la paix, la plus large part possible serait faite aux services par eux rendus pendant la guerre.

Ce qui importe surtout en ce moment, c'est de nommer à tous les commandements de brigades des officiers de grande énergie et de grande activité. Il ne manque pas de colonels pour remplir ces situations. Ceux qui auraient trop peu d'ancienneté pourraient, comme il est expliqué ci-dessus, être munis de commissions provisoires qui leur donneraient des droits aux premiers emplois vacants.

A une époque où des régiments de garde mobile marcheront avec cinq ou six officiers ayant servi dans l'armée, il me semble que les compagnies des régiments ordinaires peuvent bien marcher avec trois officiers, dont deux sous-officiers faisant fonctions de lieutenant et de sous-lieutenant, commissionnés pour la campagne.

En un mot, il faut des hommes pour lesquels la durée de la guerre soit une chance de conserver les situations qui leur sont faites et de les améliorer.

Administration. — Chacun des régiments dont nous avons parlé a un capitaine-major, un officier-payeur et un officier d'habillement. Le premier centralise la comptabilité du régiment, les deux autres lui viennent en aide pour le service de la solde et des perceptions de toute nature.

Le capitaine-major et les officiers de tous grades, depuis le capitaine jusqu'au colonel, et le conseil d'administration, sont responsables pécuniairement des situations du personnel sur lesquelles sont établies toutes les prestations en nature.

Les situations établies, elles sont contrôlées par le capitaine-major ; les états de perceptions, dressés par lui sous forme de réquisitions, sont adressés soit à l'intendant, soit aux maires des localités, soit aux habitants, par l'intermédiaire des maires, pour toutes les denrées dont la brigade a besoin.

Ces réquisitions seront approuvées par le général de brigade ou l'officier le plus élevé en grade, et transmises à l'autorité qui centralise l'administration de la troupe, soit qu'elle fasse partie d'une brigade isolée ou d'un corps d'armée.

Il est indispensable qu'un décret paraisse préalablement, qui autorise les corps susmentionnés à faire dans les formes indiquées plus haut les réquisitions qui leur sont nécessaires, lesquelles réquisitions seront remboursables en numéraire ou admises comme acomptes sur les contributions dues à l'État.

Vu les circonstances où nous nous trouvons, les citoyens ou les municipalités qui se refuseraient à ces réquisitions pourraient y être contraints sur l'ordre de celui qui avait le droit de la faire.

En résumé, organisation rapide des forces en brigades, leur mise en mouvement et leur apprentissage simultané de la marche et de quelques mouvements utiles. Endivisionnement des brigades et leur appel sur les points de concentration où elles trouveront réuni, en prenant place dans les corps d'armée, tout ce qui leur est indispensable pour compléter leur équipement et leur armement.

Cette manière de procéder nous permettra en vingt jours de réunir sur trois points, trois armées, dont deux agiront de concert, tandis que la troisième manœuvrera pour tenir en échec les forces de l'ennemi qui sont devant Paris.

Décret du Gouvernement de la Défense nationale sur la formation des comités de défense départementaux.

Tours, 12 octobre.

Le Gouvernement de la Défense nationale :

Considérant qu'il est indispensable d'imprimer une impulsion unique, incessante, universelle à la défense nationale ;

Considérant qu'il importe de grouper en un seul et même effort toutes les ressources et toutes les forces des départements ;

Considérant que l'organisation des comités ou des sous-comités de défense permettrait d'aller faire sentir jusque dans les cantons et les communes l'influence du Gouvernement central et assurerait ainsi la bonne et prompte exécution des mesures décrétées par lui, dans l'intérêt de la défense générale ;

Décrète :

Art. 1er. — Il sera procédé par département à la formation de comités de défense.

Art. 2. — Les comités de défense se subdiviseront en sous-comités d'arrondissement et de canton.

Art. 3. — Les comités et sous-comités seront permanents, ils auront le pouvoir consultatif et délibérant, mais seulement dans la limite de leurs attributions.

Art. 4. — Afin d'éviter toute confusion de pouvoirs ou tout empiétement sur les attributions des autorités légalement constituées, les comités ou sous-comités de défense n'auront d'action qu'en ce qui concerne la bonne et prompte exécution, soit des ordres du gouvernement central, soit des mesures qu'ils auront arrêtées sous leur responsabilité propre, à l'effet : — d'activer la levée, l'équipement, l'armement et le ravitaillement des forces militaires ; — d'assurer l'exécution des travaux de défense ; — d'effectuer le placement contre espèces ou contre fournitures des emprunts votés par les départements ou les communes.

Art. 5. — Les comités ou sous-comités pourront déléguer à tel de leurs membres qu'ils jugeront convenable, les pouvoirs nécessaires pour veiller efficacement dans l'arrondissement, le canton, la commune, à ce que les prescriptions du Gouvernement et les décisions du comité soient rapidement et sûrement exécutées.

Art. 6. — Les membres des comités seront nommés par le préfet.

Art. 7. — Les autorités supérieures militaires feront de droit partie des comités et sous-comités de défense.

Le Délégué à la Guerre aux Généraux commandant les divisions et subdivisions territoriales.

Tours, novembre.

Je suis informé que lors de l'envahissement de certains départements, les défenseurs de toutes sortes, qui se sont repliés dans les départements voisins, n'ont pas trouvé un accueil en rapport avec leur situation et qu'ils ont manqué du nécessaire pendant les premiers jours.

Il importe essentiellement au contraire de relever par tous les moyens possibles le moral de ces combattants malheureux.

Vous vous concerterez donc avec M. le Préfet, afin de régler à l'avance les mesures à prendre en pareil cas.

Aussitôt qu'un combat quelconque aura lieu dans un département voisin du vôtre, vous donnerez les ordres nécessaires pour la prompte exécution de ces mesures, si les circonstances l'exigent.

Vous vous attacherez à faire comprendre à chacun dans votre commandement, quel est son devoir en pareil cas et veillerez autant que possible à la bonne exécution de vos prescriptions.

§ 4. — Évacuation des approvisionnements devant l'ennemi.

Le Délégué à la Guerre à l'intendant général Robert.

18 octobre.

Vous m'avez exprimé le désir de reprendre la question du *vide* devant l'ennemi. Si vous voulez bien faire un projet de décret qui se concilierait avec le dernier décret sur la défense locale, nous pourrions le discuter avec les deux autres personnes qui vous accompagnaient. Je suis à votre disposition pour le jour et l'heure.

Service des reconnaissances. — Aperçu sommaire des opérations entreprises pendant la période du 18 *octobre* 1870 *au* 7 *février* 1871.

Bordeaux, 20 février 1871.

....

4° *Service des évacuations.*

Un décret du 22 octobre 1870 avait prescrit l'évacuation des approvisionnements devant l'ennemi afin d'éviter le ravitaillement de l'armée envahissante. Les prescriptions du décret n'ayant reçu leur exécution que sur un très petit nombre de points, M. le Ministre de la Guerre a créé une inspection spéciale des évacuations.

Cinq inspecteurs ont été nommés. Leurs attributions sont définies dans l'arrêté qui les instituait et dans leurs lettres de service.

Je me bornerai à mentionner ici les avantages résultant de l'application exacte du décret du 22 octobre. On faisait le vide devant l'ennemi, et en même temps les produits évacués servaient au ravitaillement de l'armée française.

L'intendance, prévenue en temps utile, trouvait dans les magasins généraux des évacuations, les bestiaux, grains et fourrages dont elle avait besoin. Elle pouvait également se procurer les chevaux et voitures de transport qui lui étaient nécessaires. D'après le décret du 22 octobre 1870, les chefs militaires et les préfets des départements avaient été chargés de procéder aux évacuations. Cette disposition était insuffisante.

La multiplicité des affaires incombant aux préfets et aux généraux ne leur permettait pas de poursuivre l'application d'une mesure exigeant de nombreuses démarches et des déplacements incessants. Les inspecteurs spéciaux, sans avoir autorité propre, agissaient selon les inspirations des chefs civils ou militaires et provoquaient au besoin les décisions des comités locaux. Ces inspecteurs devaient avoir et ont eu une action bien plus efficace. Ils étaient assistés dans leurs opérations par des délégués pris dans chaque canton et par le maire des communes.

Le fonctionnement a été très régulier ; les habitants des campagnes ont accepté avec empressement les bons de réquisitions qui leur étaient délivrés en échange de leurs produits, et je n'ai pas eu à constater la moindre réclamation, la plus légère plainte.

On n'est sans doute pas arrivé au mieux, mais il est certain que des résultats utiles ont été obtenus et que l'expérience faite est de nature à servir d'exemple pour l'avenir.....

XX

Camps d'instruction.

Le Délégué à la Guerre à M. .....

Tours, 15 novembre.

Nous voudrions instituer à Bordeaux, ou plutôt vers la pointe de Grave ou dans tout autre endroit bien choisi, un grand camp pour l'instruction des mobilisés. Voulez-vous vous en charger, de concert avec quelque officier supérieur ? J'ai un bon colonel à vous offrir.

Ce serait, mais avec une supériorité évidente, ce qu'on vient de faire à Toulouse.

Si la chose vous va, nous rendrions le décret, en modifiant suivant vos indications le décret du 12 courant.

Note du général Véronique.

Tours, 30 novembre.

Je crois que la circulaire, qui a été signée par le Ministre le 27 novembre et qui va paraître au *Moniteur* d'aujourd'hui à l'adresse des généraux commandant les divisions, des préfets et des directeurs des fortifications, ne suffit pas pour assurer la rapide exécution du décret du 25 novembre sur les *camps d'instruction* et les *camps stratégiques*.

Il faut, ce me semble, désigner dès à présent *les commandants du camp*, ayant rang de général de division, et les *chefs du génie*, ayant rang de colonel, et leur donner l'ordre de procéder immédiatement au choix des emplacements. Les *administrateurs* et les *médecins en chef* seraient aussi très utiles pour l'étude de cette question.

Je crois que la première chose à faire serait donc de désigner les *commandants*.

Ceux-ci devraient se rendre immédiatement sur les lieux et, dans les trois jours, proposer au Ministre les *chefs du génie*, les administrateurs et les *médecins en chef*.

Aussitôt ceux-ci nommés, et le cinquième jour, une commission composée de ces quatre membres, et à laquelle serait adjoint un délégué du Préfet, visiterait les lieux propres à l'établissement des camps (lieux sur lesquels les commandants auraient dû faire quelques études préliminaires pendant les quatre premiers jours) et, le huitième, des propositions définitives devraient être soumises au Ministre afin que le dixième jour on fût en mesure de mettre la main à l'œuvre.

Si cette distribution du travail paraît rationnelle, il faut aujourd'hui même désigner les *commandants du camp*, mission qui me semble être dans les attributions du cabinet ou de la 1re direction. En même temps, le cabinet (ou la 1re direction) devrait leur adresser les instructions nécessaires pour mettre l'affaire en train.

Le Délégué à la Guerre à M. ....., commissaire des guerres à l'armée du Sud-Ouest, à Toulouse.

Tours, 6 décembre.

M. Gambetta a le désir de vous confier un commandement important. Mais, pour débuter, il ne croit pas pouvoir vous offrir plus qu'un régiment de mobiles, que vous conduirez sous la direction d'un général.

Quant à M. ....., M. Gambetta va le nommer vice-président. On lui accordera de fait toute l'autorité nécessaire, mais le Ministre ne voudrait pas, en lui donnant le grade d'officier général, risquer de fausser l'institution du vice-président, qui doit représenter l'élément essentiellement civil.

En ce qui me concerne, je souhaiterais beaucoup vous voir inspecteur de camp, car vous auriez communiqué une impulsion bien utile à la jeune institution.

Le Ministre de la Guerre au Préfet de la Gironde.

Bordeaux, 14 décembre.

M. le Général commandant la division m'a dit que vous deviez vous rendre aujourd'hui au sein du Comité militaire pour y discuter et y décider, si possible, la question de l'emplacement du camp de Bordeaux.

Je m'empresse, dès lors, de vous communiquer une lettre en date du 11 courant par laquelle M. ..... proteste vivement contre l'emplacement qui paraîtrait avoir réuni les suffrages du comité. M. ..... a ajouté de vive voix que son émotion était partagée par une partie notable de la population et qu'il y avait un véritable intérêt politique à ce que l'emplacement projeté ne fût pas adopté.

Il m'appartient d'autant moins de me prononcer sur ces motifs qu'aux termes du décret, le Ministre de la Guerre n'a pas à intervenir dans le choix de l'emplacement. Toutefois, à raison de l'importance de la question, j'ai cru devoir vous communiquer le document sus-mentionné, en vue d'éclairer s'il y a lieu la religion du comité.

Je vous serai obligé, Monsieur le Préfet, de vouloir bien me tenir au courant des suites qu'aura reçues cette affaire.

Le Ministre de la Guerre aux Généraux commandant les divisions militaires et aux Généraux commandant les camps d'instruction.

Bordeaux, 17 décembre.

Des doutes se sont élevés relativement à l'étendue des pouvoirs attribués aux commandants des camps d'instruction institués par le décret du 25 novembre 1870.

Afin de couper court aux divergences d'opinion à cet égard, je crois devoir vous donner les explications ci-après :

Les commandants de camps d'instruction exercent leur autorité sur les troupes de toute provenance qui sont établies à l'intérieur de leur camp et sur les divers corps de mobilisés placés dans les limites de la circonscription de ces camps.

En ce qui touche leurs rapports avec le commandement militaire du territoire, ces commandants observent les prescriptions réglementaires qui fixent les rapports des commandants des divisions actives avec les généraux commandant les divisions territoriales.

Ainsi le commandant d'un camp d'instruction ne saurait, sans sortir de ses attributions, procéder à l'inspection d'un dépôt de l'armée régulière ou de la garde mobile installée en dehors du camp. Si, en raison des exigences du service, il se trouvait dans le cas de faire des observations concernant quelques parties du service dans ces dépôts, il aurait à les présenter au Général commandant la division territoriale qui statuerait.

Le Chef du génie du camp de Toulouse au Délégué à la Guerre.

Camp de Toulouse, 27 janvier 1871.

Vous avez bien voulu m'autoriser à vous faire part officieusement des difficultés qui pourraient se présenter dans le service du camp de Toulouse ; je m'empresse de profiter de cette autorisation.

On a fait arriver trop tôt les mobilisés au camp. Il en résulte une gêne indescriptible pour le service du génie chargé de l'organisation du campement. Je suis obligé de préparer dans la journée les logements qui doivent être occupés le soir même, et je n'ai pu faire face jusqu'ici à cette exigence qu'en faisant appel à tous les moyens en mon pouvoir pour stimuler l'activité des entrepreneurs et grâce surtout au beau temps qui règne depuis quelques jours ; mais qu'un chargement de plancher soit en retard au chemin de fer, que le temps rende l'exécution des travaux plus difficile, et les hommes en route ne trouveront plus de gîte en arrivant au camp.

Cette situation est pleine de périls et ne peut durer. Je la signale verbalement au général Demay tous les jours et, dans le rapport adressé le 24 janvier à M. le Ministre, j'ai dit que le camp ne pouvait pas recevoir plus de 10,000 hommes avant la fin du mois de janvier et 5,000 hommes ensuite par semaine. Il ne faut pas sortir de ces limites si l'on ne veut pas s'exposer à des encombrements pleins de périls.

Or, l'effectif présent au camp et l'effectif annoncé dépassent de beaucoup les chiffres que je viens d'indiquer. Dans ces conditions, je ne voudrais pas provoquer une explication officielle, mais je fais appel à votre bienveillance pour vous prier de vouloir bien transmettre au camp une dépêche prescrivant de n'y laisser arriver que les effectifs que le chef du génie a, dans son rapport du 24 janvier dernier, déclarés susceptibles d'être accueillis, c'est-à-dire de ne pas dépasser 10,000 hommes pour le mois de janvier et d'augmenter ensuite successivement ce chiffre de 5,000 hommes par semaine. Dans ces conditions, tout sera bien fait, j'en réponds. Le service est bien organisé, tout le monde est animé des meilleurs intentions et le succès est certain. Si le temps est beau, je serai certainement en avance sur les délais ci-dessus indiqués, mais dans ce cas je m'empresserais de faire connaître cette situation à qui de droit afin d'accélérer l'envoi des mobilisés. Si le temps devient mauvais, il vaut mieux que les troupes restent dans leurs communes ou même dans des cantonnements voisins de Toulouse.

P.-S. — Je vous serais bien reconnaissant de me faire savoir par un télégramme si vous prenez ma demande en considération.

En note, de la main de M. de Freycinet : « Général Haca, prière de donner au général Demay des ordres télégraphiques en conséquence de la présente lettre ».

Note du ministère de la Guerre pour le ministère de l'Intérieur.

30 janvier 1871.

On a l'honneur d'informer le ministère de l'Intérieur qu'à la date du 22 janvier, le général commandant la 8ᵉ division militaire a été invité à former des petites colonnes de 15 à 20 hommes d'infanterie dirigées, selon les localités, par des gendarmes ou des gardes champêtres, afin de faciliter les mesures qu'il est devenu nécessaire d'employer contre les réfractaires du département de .....

Rapport du Général de division inspecteur des camps d'instruction.

Bordeaux, 1er mars 1871.

J'ai l'honneur de vous adresser les rapports que vous m'avez demandés sur l'inspection des camps d'instruction. Trois camps n'ont pas encore été inspectés : le camp de Toulouse, le camp de Montpellier et le camp des Alpines ; je suis, par suite, dans l'impossibilité d'exprimer un avis sur les avantages que ces camps peuvent présenter pour être conservés comme camps permanents d'instruction. Si le Ministre désire avoir promptement un avis à ce sujet, je puis en quelques jours aller visiter ces trois camps et les examiner à ce point de vue, tout en faisant une inspection très rapide des troupes qui s'y trouvent, inspection qui sera suffisante si ces camps doivent être dissous.

Je crois devoir, Monsieur le Ministre, en vous faisant l'envoi de ces rapports, appeler votre attention sur les avantages importants que me paraît présenter l'Algérie pour l'établissement des camps ou grands dépôts d'instruction qui seront à créer pour la formation de la nouvelle armée.

Sous le rapport de la formation des officiers, des soldats et de l'esprit militaire surtout, ces camps seraient dans des conditions militaires parfaites et certainement dans des conditions bien meilleures que des camps de cette espèce placés en France.

On peut dans chaque province trouver facilement de vastes terrains peu coûteux pour l'établissement de ces grands camps où l'installation pourrait être faite, partie baraquée, partie sous la tente. Pour la construction des baraques, on utiliserait, sans autre perte que le transport, les bois des camps qui avaient été construits en France.

J'ai l'honneur de soumettre à l'appréciation de M. le Ministre cette proposition qui, je le crois, mérite d'être étudiée.

1° *Camp de La Rochelle.*

L'état-major général du camp était fort nombreux, trop nombreux, puisqu'il comptait 56 officiers présents, compris l'intendance, le service médical, le génie qui était chargé de la construction du camp et l'artillerie qui n'avait aucun service dans ce camp où il n'y a jamais eu ni un canon, ni un canonnier. Cet état-major était arrivé dès le jour de la création du camp, trop tôt pour pouvoir être utilisé, à l'exception des officiers du génie chargés de la construction du camp.

Lorsque, plus tard, quelques bataillons sont arrivés successivement, le commandement n'a pas été assez exigeant et n'a pas rempli les plus importants devoirs de sa mission.

On n'a pas tenu la main à ce que les cadres s'occupent de leurs hommes et leur donnent des habitudes de discipline et de propreté. L'esprit des mobilisés est resté ou est devenu très mauvais ; ils étaient très mal tenus et d'une saleté extrême. Les cadres, les officiers eux-mêmes, provenant de l'élection, donnaient, pour la plupart, l'exemple du mauvais esprit, du manque de dignité et d'une grande ignorance de leur service et de leurs théories.

Le peu d'instruction qui a été donné ne l'a pas été avec intelligence. On s'est attaché à l'instruction de parade : point d'instruction individuelle du soldat, auquel on devait apprendre tout d'abord la propreté personnelle, les soins et la connaissance de son arme, la charge, le tir, le service des tirailleurs. Dans la situation, c'était la première chose à apprendre aux soldats qui devaient être appelés à marcher à l'ennemi dans le plus bref délai, au lieu de leur apprendre, comme on l'a fait, un peu d'école de peloton et de bataillon pour les montrer au public.

Sous le rapport de la formation des nouveaux soldats appelés, les résultats obtenus par le commandement ont donc été mauvais.

Il a manqué une impulsion ferme, assidue, éclairée et dévouée à ses devoirs.

Les résultats obtenus sous le rapport de l'administration ne sont pas plus à louer. On n'a exigé la tenue d'aucune espèce de comptabilité dans les compagnies :

1° Les hommes n'avaient point de livrets ou, si on leur en avait remis, il n'y avait rien d'inscrit ;

2° Ce qui est bien plus grave, ce qui est très grave, les sergents-majors, à très peu d'exceptions près, n'avaient pas de carnets de compagnie, même réduits à leur plus simple expression et, par suite, pas de situation journalière, pas d'inscription des mutations, pas d'inscription de feuilles de prêt ni de bons de subsistances.

A peine les sergents-majors avaient-ils un contrôle nominatif détaché dans leur poche ! Par conséquent, désordre complet et possibilité de faire toute les fraudes possibles, et d'autant plus facilement que les commandants de compagnie ne connaissaient même pas les pièces de comptabilité qu'ils devaient vérifier ou ne s'en inquiétaient pas, par négligence.....

Le camp déjà construit contenait des baraques pour 10,000 hommes. Le plan général du campement est bien entendu, mais le modèle des baraques adopté est aussi défectueux que possible.....

Il a cependant été fourni par un ingénieur en chef des ponts et chaussées. Ce modèle est simplement une ferme ordinaire, de $2^m,45$ de hauteur de faîte, posée sur le sol, *sans pieds droits* pour l'élever un peu : d'où il résulte une disposition on ne peut plus vicieuse ; pour y loger les hommes, on est obligé de placer la tête du lit de camp du côté de la ruelle du milieu de la baraque. Pour utiliser convenablement les baraques de ce modèle, il faudrait soulever la toiture de 1 mètre au moins, ce qui serait difficile et coûteux. Une autre défectuosité existait : les planches pour la couverture étaient clouées en travers, au lieu de l'être en long dans le sens des fibres et, l'eau, retenue par la capillarité, tombait à l'intérieur. En l'état, une baraque de 50 hommes a coûté 1,339 fr. 22, soit par homme 26 fr. 78, tout en étant d'un service presque impossible.

Sur les observations de l'inspecteur général, un nouveau modèle de baraque a été adopté pour la deuxième partie du camp, si toutefois on reçoit l'ordre de la construire.

L'inspecteur général a donné d'urgence, pendant son inspection, tous les ordres nécessaires pour rectifier les diverses irrégularités et mauvaises dispositions qu'il a reconnu exister dans chacun des bataillons ou légions inspectés. Ces ordres, qu'il serait sans intérêt de reproduire ici, puisque les troupes qui composaient le camp de La Rochelle ont été envoyées sur d'autres points, ont été donnés à chacun des corps pour *exécution*.

L'inspecteur général signale une heureuse exception : quelques compagnies du Ier bataillon de la 2e légion de la Charente-Inférieure ont présenté une comptabilité bien tenue, des livrets en règle, le tout dû à l'initiative intelligente du chef de bataillon.

Le camp de La Rochelle peut-il être conservé avantageusement ?

1° La partie du baraquement déjà construite l'a été sur un modèle si défectueux qu'il y aurait lieu de la remanier complètement, ce qui serait difficile et coûteux.

2° Le terrain choisi pour le camp est un terrain très riche, très cher, entièrement planté en vignes, ainsi que tout le pays environnant. Le champ de manœuvre, qu'on devra tailler au milieu de ces vignes, coûtera une somme très forte si on veut lui donner une étendue suffisante pour les troupes que contiendrait le *camp complet*, qui devrait être de 20,000 hommes et qui n'a aujourd'hui des baraques que pour 10,000 hommes.

3° On ne pourrait amener l'eau nécessaire à ce camp qu'avec de grosses dépenses. Deux projets ont été proposés : le premier, le seul qui donnerait l'eau nécessaire et avec abondance suffisante, serait l'élévation par une machine à vapeur de l'eau du canal de La Rochelle à Marans, versée dans une rigole qui la conduirait au camp. Établissement, entretien, dépense journalière (20,000 francs de frais d'établissement, sans compter la dépense journalière) ..... cela me semble inadmissible. Le deuxième projet consisterait à faire des puits maçonnés. Grande dépense pour la construction de ces puits, probablement très profonds pour arriver à l'eau, et débit d'eau pénible, peu abondant et, en outre, peu sûr avant des essais de forage.

4° Le terrain environnant le camp est une terre fine et profonde, sans pierres, se détrempant très facilement et par suite très souvent impraticable pour les manœuvres.

Par ces considérations, la suppression du camp de La Rochelle me paraît non seulement justifiée, mais, à mon avis, commandée par tous les inconvénients que je viens de signaler.

Si cette mesure est prise, il y aurait intérêt à la prendre de suite. En rendant dans quelques jours le terrain aux propriétaires qui le désirent beaucoup, on peut espérer que l'indemnité à payer sera notablement réduite. Aussitôt que la vigne aura commencé à pousser, il serait trop tard pour restituer aux propriétaires, l'année serait perdue.

2° *Camp de Clermont-Ferrand.*

..... Les hommes sont mal équipés, mal armés; ils manquent de souliers.....

Dans presque tous les bataillons, l'instruction pratique est presque nulle et surtout on avait négligé l'instruction individuelle du soldat, instruction qui, dans les circonstances présentes, devait être avant tout l'objet des soins et de la sollicitude des officiers. Les cadres, les officiers, n'ont pas une instruction plus suffisante.

En résumé, les mobilisés réunis au camp de Clermont-Ferrand peuvent-être considérés comme une troupe d'une valeur presque nulle et ne devant, dans ces conditions, offrir pour l'avenir qu'une ressource d'une très faible valeur et cela pour les raisons suivantes :

1° Insuffisance du commandement ;

2° Impossibilité de recruter dans ces troupes des cadres d'officiers et sous-officiers ayant quelque expérience.....

Le modèle des baraques adopté est bien entendu. Les travaux de construction ont été retardés par le manque de bois, non arrivé par suite des retards peu justifiés du chemin de fer.

Le camp est établi dans une plaine très fertile où le terrain est très bon et très cher. Ce terrain se détrempe facilement à la pluie. Le champ de manœuvre, d'une contenance suffisante, sera d'un prix élevé. L'eau de l'Allier est à proximité du camp, on peut en amener facilement. Le camp est près d'un village et à proximité d'une station de chemin de fer, conditions favorables à l'établissement d'ambulances mobiles qui n'ont pas besoin d'être importantes en raison de la possibilité de l'évacuation des malades sur les hôpitaux de Clermont.

En considérant le prix élevé des terrains très productifs sur lesquels le camp resterait établi et la valeur du champ de manœuvre qu'on devra y ajouter, en considérant, en outre, la valeur qu'on pourra retirer des bois neufs qui ont servi à faire les baraques qui peuvent être utilisées dans le pays, avec 50 p. 100 de perte seulement, il y aurait, je crois, intérêt à ne pas conserver le camp de Clermont et à placer les camps futurs dans des terrains moins riches.....

3° *Camp de Nevers.*

Le camp de Nevers ayant été levé et dissous, le rapport à faire sur ce camp serait actuellement sans intérêt. Du reste, tous les détails relatifs à ce camp ont été transmis dans des dépêches adressées au moment où cette inspection a été faite.

Ce camp était bien commandé par le général ..... qui avait donné à tout son service une impulsion très ferme et en même temps bienveillante. Les officiers, sous l'influence intelligente et assidue du chef, s'occupaient de leurs hommes, vivaient beaucoup avec eux, leur communiquaient un bon esprit et leur donnaient l'instruction individuelle qu'ils étaient capables de leur donner. L'ensemble était dans une bonne voie et aurait probablement produit de bons résultats.

La tenue des hommes était incomplète. Les effets étaient de mauvaise qualité ainsi que l'armement. La comptabilité laissait à désirer, mais, en raison de la surveillance des officiers, les dangers de fraude étaient très atténués.

L'établissement du camp était assez dispersé sur une grande étendue et distribué un peu irrégulièrement suivant la qualité du terrain. Mais partout où on avait construit des baraques, le terrain était solide, habituellement sec, propre à l'emplacement des troupes et des manœuvres et presque partout d'une valeur ordinaire et même peu élevée.

Les premières baraques avaient été construites en paille, très bien entendues et d'un très bon modèle. Ces baraques, peu coûteuses, chaudes en hiver, fraîches en été, paraissent très avantageuses dans un pays où l'on peut se procurer facilement de la paille de seigle, seule convenable pour ce genre de couverture.

Si ce camp, qui a été dissous à cause de la trop grande proximité de l'ennemi, existait encore, il y aurait peut-être eu intérêt à le conserver.

4° *Camp de Sathonay, près Lyon.*

Le camp de Sathonay se compose de deux parties : 1° l'ancien camp permanent de Lyon, qui est dans de très bonnes conditions, avec des baraques maçonnées, bien construites et très bien entendues, pour loger 10,000 hommes, avec tous les accessoires nécessaires à cette installation complète ; 2° le nouveau camp, composé de baraques en bois d'un bon modèle, pour 10,000 hommes. Les baraques de ce nouveau camp, placé dans le champ de manœuvre de l'ancien, étaient à peu près terminées vers le 17 février. Un vaste champ de manœuvre, très convenable comme terrain, a été loué à une distance assez rapprochée, en avant de l'ouvrage de La Pape. On peut faire, dans ce terrain, le tir aux premières distances, jusqu'à 400 mètres. Pour les tirs à plus grande distance, ils devront être faits sur les buttes du grand camp de Lyon. L'inspection de ces deux camps a été faite vers le milieu de février.....

Le camp de Sathonay réunit toutes les conditions nécessaires pour être un bon camp d'instruction. Je pense que la décision du Ministre sera pour le conserver.....

Ordre du Général de division commandant supérieur du camp de Montpellier.

Camp de Montpellier, 9 mars 1871.

..... Après une suite de revers aussi désastreux qu'immérités, levées pour venir prêter aide et secours à l'armée et à la garde nationale mobile, les légions avaient d'abord à s'organiser, puis à s'instruire dans le métier des armes, pour être au plus tôt à même de répondre à l'appel pressant du pays.

A cet effet, elles furent dirigées sur le camp de Montpellier pour puiser, dans cette école, l'instruction nécessaire et les principes indispensables à toute troupe armée. Mais, il faut le constater, cet appel suprême de la patrie en danger ne fut pas entendu comme les circonstances le commandaient ; un grand nombre n'y répondirent pas et cherchèrent à se soustraire aux obligations qui leur étaient imposées. Qu'ils soient mis au ban de l'opinion publique et que l'exemple de ceux qui ont obéi soit pour eux un éternel reproche !

Malheureusement aussi, une température excessive et insolite dans la contrée, la persistance de la neige et de la gelée, des pluies incessantes, ont arrêté la marche de l'installation du camp et, par suite, entravé les progrès de l'instruction.

Il y a un mois à peine que le retour du beau temps a permis d'activer les travaux et de procéder à des exercices réguliers sur les parties principales de l'état militaire. Tandis que les troupes apprenaient le maniement des armes et les manœuvres, qu'elles s'habituaient peu à peu à la vie des camps, les officiers étaient appelés à suivre des théories et des conférences dans lesquelles on s'efforçait de leur inculquer, avec les connaissances techniques du métier, les principes généraux de discipline, de subordination, de dévouement et de sacrifice qui font la véritable force des armées. C'est ainsi que les légions de l'Hérault, de l'Aveyron et du Var sont venues passer par cette école pour se former et pouvoir prendre ensuite une part active à la défense du pays. Mais c'était là, on doit en convenir, une initiation difficile pour des soldats inexpérimentés, à qui les hasards de l'élection avaient donné pour instructeurs des hommes en général tout aussi étrangers au métier et, par suite, incapables de répandre dans les rangs la confiance et la solidarité étroite entre chefs et subordonnés qui, seules, peuvent assurer le succès.

Aussi, malgré les efforts éclairés des officiers de l'armée active attachés aux différents services, le résultat obtenu n'a pas été celui qu'on avait espéré.....

Le Général de division commandant supérieur du camp de Montpellier au Ministre de la Guerre.

Montpellier, 11 mars 1871.

Arrivé au terme de la mission dont m'avait honoré la confiance du Gouvernement, je crois devoir vous adresser un rapport sommaire sur l'ensemble des opérations de mon commandement et de vous signaler les officiers et les fonctionnaires qui m'ont aidé de leur concours éclairé dans la tâche que j'avais à remplir.

J'avais eu déjà, comme général commandant la subdivision de l'Hérault et président du comité de défense, à m'occuper du choix de l'emplacement du camp. Une commission, composée d'ingénieurs, d'un médecin en chef et de plusieurs officiers, avait été désignée à cet effet et mise sous ma présidence. Étranger au pays, je me vis dans l'obligation de me renseigner auprès du préfet et des personnes compétentes qui, d'accord avec les membres de la commission, portèrent leur choix sur un terrain voisin du ruisseau *la Salaison* et situé contre la route de Nîmes. Ce choix fut peut-être un peu précipité, mais les circonstances commandaient de se hâter. La création du camp fut d'ailleurs entravée par une température excessive et presque inconnue dans cette contrée; la neige et la gelée persistantes, suivies de pluies diluviennes, retardèrent et arrêtèrent même parfois les travaux. En même temps, les ouvriers civils montraient peu d'empressement à répondre à l'appel qui leur était fait et ceux qui s'offraient ne produisaient qu'un travail très insuffisant, malgré leurs prétentions exagérées comme prix de journée. D'un autre côté, le sol rocailleux apportait de nombreuses difficultés aux fondations, il fallait faire jouer la mine pour les surmonter. De là un travail de construction irrégulier, qui n'a pas permis de procéder par ordre et qui laisse aujourd'hui des baraquements incomplets.

L'organisation des légions fut abandonnée aux soins du préfet et du général commandant les gardes nationales de l'Hérault et, à ce propos, je dois signaler à Votre Excellence les résultats funestes du mode de l'élection dans le choix des officiers. Nommés par les soldats qu'ils devaient commander, les officiers étaient marqués ainsi d'un vice originaire qui devait compromettre leur action et leur autorité, tandis que les premiers étaient tentés de ne voir en eux que leurs créatures et non leurs chefs. A cette cause s'en joint une autre qui explique la mauvaise composition des cadres ; c'est la mesure par laquelle tous les mobilisés anciens militaires furent versés dans l'armée active.

Il ne reste plus dans les légions que des hommes inexpérimentés, conduits par des officiers tout aussi inexpérimentés. Dès lors, le soldat, déjà alarmé de son manque d'instruction militaire, se vit compromis sous la conduite de chefs qui ne lui inspiraient aucune confiance.

Je dois vous signaler aussi la pénurie complète des comptables, tant parmi les officiers que parmi les sous-officiers ; c'est là ce qui explique l'administration déplorable des légions ; la surveillance de l'intendance a été impuissante à réagir contre ce manque absolu de tout élément.....

Ce ne fut guère que vers le 1er février que je pus établir toutes les troupes au camp. Dès cette époque, la marche de l'instruction fut poussée activement, mais sans toutefois arriver à un bon résultat. C'était, en effet, une tâche d'une difficulté inouïe que de mener de front, avec un nombre restreint d'instructeurs, l'instruction des officiers et celle de la troupe, car ceux-ci étaient en général aussi novices que leurs soldats. Il fallait d'ailleurs embrasser à la fois les exercices du tir, les théories indispensables à l'exécution du service et les conférences spéciales sur les règlements à faire aux officiers. Je dois dire que la plupart de ces derniers étaient complètement incapables, non seulement de conduire leurs soldats, mais même de veiller à leur bien-être. Ainsi, alors que nos magasins étaient abondamment pourvus, des hommes manquaient de vivres, même de pain, par suite de l'indifférence et de la paresse des officiers. Il a fallu toute l'activité des officiers de mon état-major et des instructeurs, pour organiser le service des distributions. J'entre dans ces détails pour expliquer à Votre Excellence la difficulté d'obtenir un résultat, même dans les choses les plus simples, avec les éléments dont je disposais.

La discipline, la subordination n'existaient pas ; le soldat n'avait aucune considération pour l'officier, et celui-ci n'inspirait aucune confiance, n'avait pour son inférieur aucune sollicitude.

Je joins à ce rapport une expédition de l'ordre du licenciement que j'ai publié. Il fait la part du mérite particulier des légions qui ont séjourné au camp.....

PARIS. — IMPRIMERIE R. CHAPELOT ET Cⁱᵉ, 2, RUE CHRISTINE.

A LA MÊME LIBRAIRIE

Histoire abrégée des campagnes modernes, par J. **Vial**, colonel d'état-major en retraite, professeur d'art et d'histoire militaires à l'École d'application d'état-major. Complétée et mise à jour par son fils, C. **Vial**, chef d'escadron d'artillerie. 6ᵉ édition. 1910, 2 vol. in-8 avec un atlas format 28×42 contenant 120 cartes tirées en noir et en couleurs et 12 tableaux synoptiques des campagnes.................................. **18 fr.**
(Le texte et l'atlas sont vendus séparément.)
Texte seul.......... **12 fr.** | L'atlas............. **10 fr.**

Les Volontaires et les Réquisitionnaires des Basses-Alpes (de la levée à l'amalgame) (1791-1796); par L. **Cauvin**, professeur au lycée de Digne, et A. **Barthélemy**, lieutenant au 3ᵉ régiment d'infanterie, avec une préface de M. Arthur **Chuquet**, membre de l'Institut. 1 vol. gr. in-8 de 562 pages, avec 1 carte... **10 fr.**

Étude sur les opérations du maréchal Macdonald du 22 août au 4 septembre 1813. — *La Katzbach*; par **X**... 1910, 1 vol. gr. in-8 avec une carte hors texte.............................. **10 fr.**

Rapports du maréchal Berthier à l'Empereur pendant la campagne de 1813; publié par **X**... Tome I, du 15 mars au 31 juillet. Tome II, du 1ᵉʳ août au 31 décembre. Les deux volumes. **20 fr.**

Marseille-Révolutionnaire. — *L'Armée-Nation* (1789-1793); par S. **Vialla**, lieutenant au 10ᵉ d'artillerie à pied. 1910, 1 vol. in-8 illustré de nombreuses gravures et portraits...... **10 fr.**

Nos Campagnes au Tyrol (1797-1799-1805-1809); par le général **Derrécagaix**. 1910, 1 vol. in-8 avec une carte hors texte. **10 fr.**

Réflexions sur quelques conséquences de la guerre franco-allemande (1870-71). — *Instruction.* — *Recrutement.* — *Etat-Major*; par le capitaine **Gauthey**, du 16ᵉ d'artillerie. 1910, broch. in-8.. **1 fr.**

Étude sur les opérations du maréchal Oudinot du 15 août au 4 septembre 1813. *Gros Beeren* publié par **X**... 1910, 1 vol. in-8 avec cartes.. **10 fr.**

Publications de la Section historique de l'État-Major de l'Armée.

L'École polytechnique pendant la campagne de France (1814); par le capitaine **Sautai**, du 24ᵉ rég. d'infanterie. 1910, 1 vol. gr. in-8 avec une carte et une planche d'uniforme en couleurs hors texte.. **2 fr.**

Le canon à balles en 1870, par le commandant Frédéric **Reboul**, chef de bataillon d'infanterie breveté. 1910, 1 vol. in-8 avec 2 gravures hors texte................................ **3 fr. 50**

Les Volontaires de la Marne. — Iʳᵉ partie : *Levée et Recrutement* (1791-1793); par Georges **Dumont**, capitaine de cavalerie breveté à l'état-major de l'armée et Georges **Lestien**, lieutenant d'infanterie détaché à l'École de guerre. 1910, 1 vol. gr. in-8.. **6 fr.**

Campagne de 1813. — *Les Préliminaires.* — Tome Iᵉʳ : *Le Commandement de Murat* (5 décembre 1812-16 janvier 1813); par le commandant Frédéric **Reboul**, chef de bataillon d'infanterie breveté à la Section historique. 1910, 1 vol. gr. in-8 avec 6 cartes hors texte.................................... **12 fr.**

Un mémoire de Hoche sur la réorganisation de nos armées en l'an V. 1910, broch. in-8.................................. **50 c.**

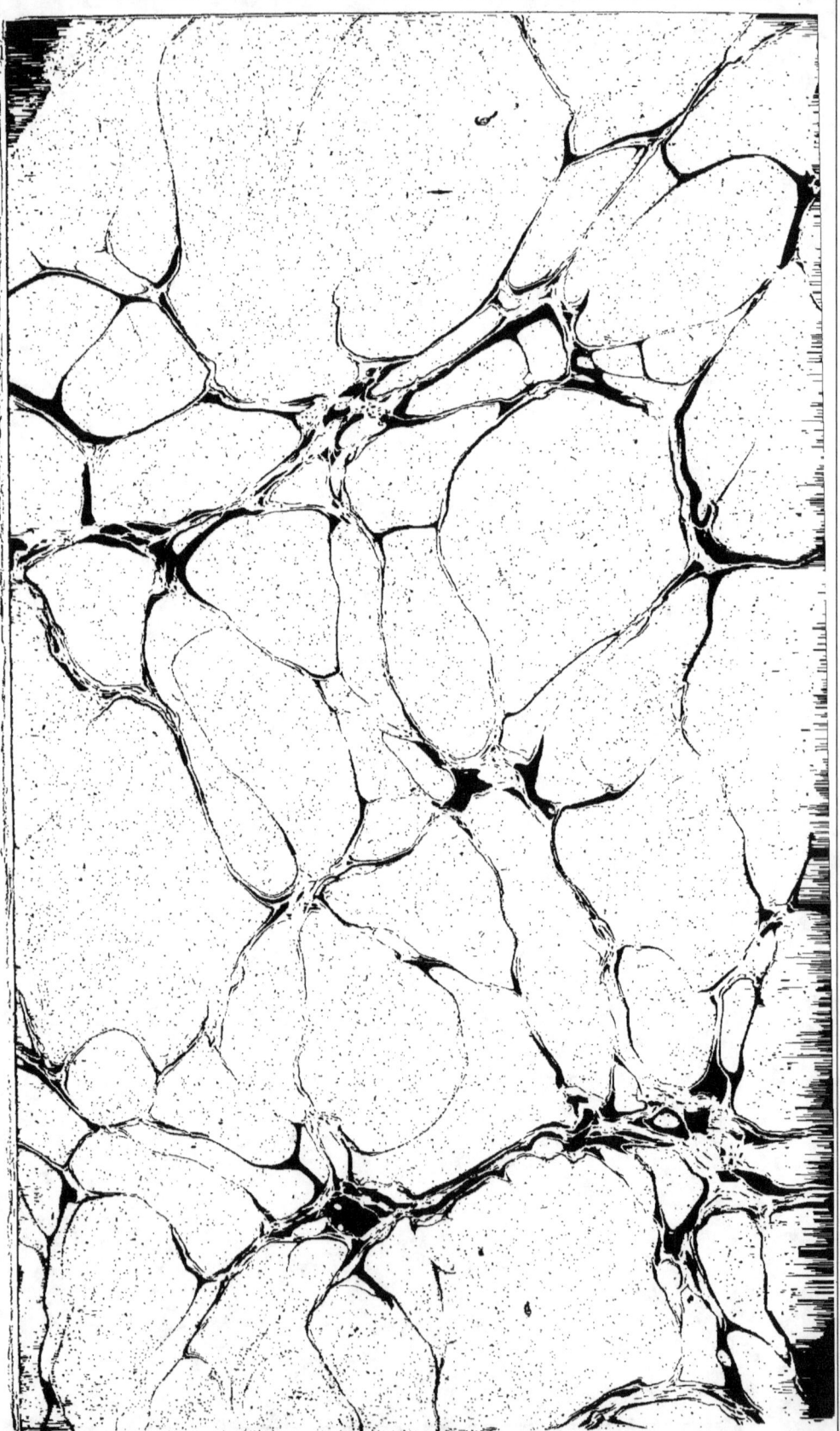

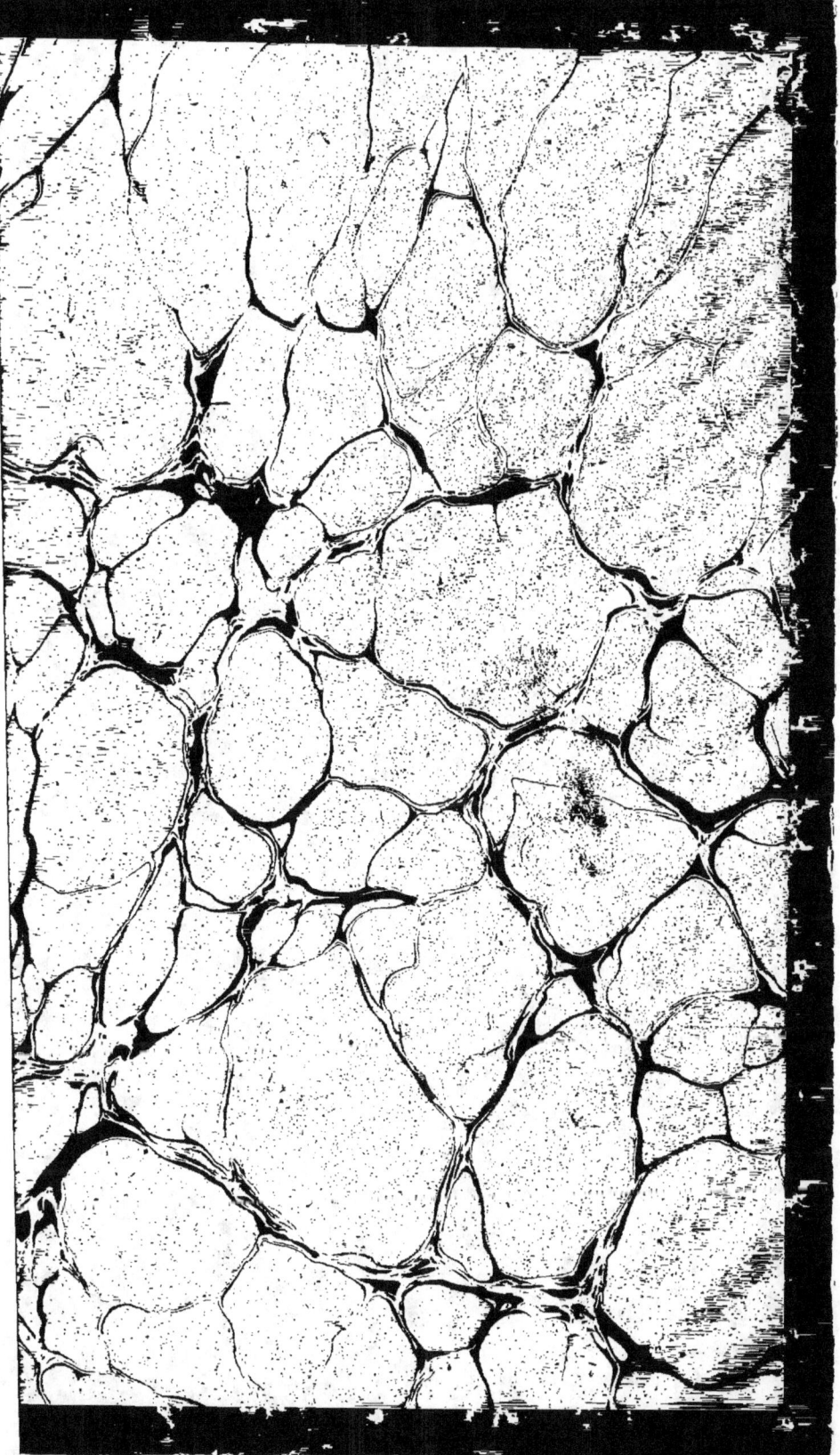